# 三字经 百家姓 千字文

无障碍阅读典藏版

田文◎主编

中國華僑出版社
北京

**图书在版编目 (CIP) 数据**

三字经·百家姓·千字文：无障碍阅读典藏版 / 田文主编 . — 北京：中国华侨出版社，2016.12（2021.12 重印）
ISBN 978-7-5113-6554-5

Ⅰ. ①三… Ⅱ. ①田… Ⅲ. ①古汉语—启蒙读物Ⅳ. ① H194.1

中国版本图书馆 CIP 数据核字 (2016) 第 294684 号

**三字经·百家姓·千字文：无障碍阅读典藏版**

主　　编：田　文
责任编辑：高文喆
封面设计：李　荣
文字编辑：申燕芝
美术编辑：张　娟
经　　销：新华书店
开　　本：787mm×1092mm　1/16　印张：26　字数：502 千字
印　　刷：三河市燕春印务有限公司
版　　次：2017 年 3 月第 1 版　2021 年 12 月第 2 次印刷
书　　号：ISBN 978-7-5113-6554-5
定　　价：99.00 元

中国华侨出版社　北京市朝阳区西坝河东里 77 号楼底商 5 号　邮编：100028
发 行 部：（010）88893001　　传　　真：（010）62707370
网　　址：www.oveaschin.com　　E-mail：oveaschin@sina.com

# 前言

古人云："蒙以养正，圣功也。"蒙学就是启蒙教育，中华蒙学经典著作将古代文化的精粹浓缩其间，以做人处世的道德教育为核心，大力宣扬了中华民族的传统美德，字里行间饱含着极其丰富的人生哲理。随口吟诵便能认知历史变迁，明了典故风俗，品味优秀诗歌，体会人文沉淀，知晓礼义仁智……品之既能丰富传统文化知识，体会传统文化的精神，又有利于身心的发展、人格的塑造。因此，不仅在中国流传广泛，甚至也受到同时代一衣带水的日本、朝鲜等的欢迎。中华民族之所以历经磨难而不衰，其重要一点是，源于由蒙学而产生的民族向心力和人文精神。阅读经典的蒙学书籍，对于更好地了解中国文化、学习中国文化，甚至弘扬中国传统文化，是很有必要的。

蒙学经典大都出经入史，集百家之精华，并参以人们从长期生产生活实践中总结出的人生哲学、处世方略等，易学易懂，朗朗上口。传统蒙学读物中，《三字经》《百家姓》《千字文》是千百年来流传最广的幼儿启蒙教材，俗称"三、百、千"。所谓"读《三字经》以习见闻；诵《百家姓》以便日用；懂《千字文》通晓义理"，以《三字经》《百家姓》《千字文》等为代表的启蒙读物，堪称我国传统文化中影响最大的部分，在历史上对普及文化知识、加强道德教育发挥过积极的作用。

本书收录了《三字经》《百家姓》《千字文》《千家诗》《笠翁对韵》《弟子规》《幼学琼林》《名物蒙求》等历代蒙学经典著作，汇集了古代圣贤的智慧，涉及文史哲经、典章制度、天文地理、名物典故、风俗人情、礼仪道德等多方面的知识以及传统的中华美德。其中，《百家姓》《千家诗》《笠翁对韵》是节选版本。《三字经》为南宋王应麟撰写，共一千多字，三字一句，内容包括了历史、天文、地理、伦理道德等中国文化的基本常识，广博生动而又言简意赅。《百家姓》成书于北宋初，原收集姓氏411个，后增补到504个，全文按韵语写成，读来顺口，易学好记。《千字文》是南朝梁武帝在位时期编成的，其优美的文笔、华丽的辞藻，使得众多童蒙读物都无法望其项背。《千家诗》囊括了唐、宋、五代、明众多名家名篇，题材丰富，包括山水田园、赠友送别、思乡怀人、吊古伤今、咏物题画、侍宴应制等，广泛地反映了中国古代的社会面貌。《笠翁对韵》按韵分部，包罗天文地理、花木鸟兽、人物器物等，从单字对到双字对、三字对、五字对到十五字对，音韵铿锵，节奏明快，声调和谐，对仗工整，语感强烈，对学习写诗、对句、作文都是大有帮助的。《弟子规》是依据至圣先师孔子的教诲编写而成的，列述了弟子在家、出外、待人、接物与学习上应该恪守的守则规范，是启蒙养正，养成良好的道德和日常行为规范的最佳读物。《幼学琼林》一书全部用对偶句写成，内容广博、包罗万象，被称为中国古代的百科全书。《名物蒙求》是最值得称道的常识教材，介绍了自然和社会的各种名物知识，含天文、地理、鸟兽、花木、日用器物、耕种操作，以及当时社会上的亲属、家庭等关系之种种称谓，广而不繁，通顺易懂。这些蒙学精品，思想健康向上，蕴含着丰富的历史文化知识，不仅在历代蒙学教育中占有举足轻重的地位，也是当代人传统文化教育的重要范本。

为了方便读者阅读，本书编排整理过程中，在忠实于原著的基础上，针对原文中的生僻字、繁难词句、典故出处等做了详细的注释和准确的译文，并从蒙学经典的文化背景、思想内容、作者生平等方面做了简洁生动的题解指导读者阅读和鉴赏，以帮助读者更深刻地领悟蒙学精髓，立君子品，做智慧人。

# 目录

# 三字经

[宋]王应麟

《三字经》相传为南宋王应麟撰写（一说宋末区适子所撰）。共一千多字，可谓家喻户晓，脍炙人口，是影响最大的启蒙读物。此书三字一句的韵文，极易成诵，内容包括了历史、天文、地理、伦理道德等中国文化的基本常识，广博生动而又言简意赅。1990年新加坡出版的英文译本更是被联合国教科文组织选入“儿童道德丛书”，加以世界范围的推广，直到现在也是儿童的必读之书。

**【原文】**

人之初①，性本善②。性相近③，习相远④。

**【注释】**①人之初：人在刚刚生下来的时候。初，开始。②性：天性，人天生具有的性情和气质。本：原来、原本。善：善良。③相近：相似。④习：积习，习染，这里包括主动接受知识和被动受到影响两种情况。相远：互相远离，差别越来越大。

**【译文】**每个人在刚出生的时候，本性都是善良纯洁的。可以说，大家的天性十分相似。但由于后天所处的环境和所受的教育不同，每个人的性格和行为习惯便出现了差别。随着年龄的增长，最开始相似的本性越来越不同，使每个人逐渐往不同的方向发展，因此才有了善与恶、好与坏的分别。

**【原文】**

苟不教①，性乃迁②。教之道③，贵以专④。

**【注释】**①苟：如果、假如。教：教育、教导。②乃：于是，就。迁：改变、转变。③道：规律、法则。④贵以专：以“专心致志”最为重要。贵，宝贵，重要，值得重视；专，专一，专心致志，一心一意。

**【译文】**一个人如果没有接受良好的教育和恰当的引导，那么，他生来就具有的纯洁善良的本性，就会因为外界的各种不良诱惑，导致最后迷失本性，逐渐变坏。

教育的根本法则就是“专心致志”，全心全意地教诲，一心一意地学习，可以让人真诚善良。

【原文】

昔孟母[①]，择邻处[②]。子不学[③]，断机杼[④]。

【注释】①昔：过去、从前。孟母：孟子的母亲。孟子是战国时代著名的思想家、教育家。②择：选择、挑选。邻：邻居。处：居住。③子：孩子，这里指孟子。④断：割断、折断。机杼：织布机。杼，织布的梭子。

【译文】从前，孟子的母亲对选择好的邻居这一点十分重视，为了挑选到适合孟子学习的居住环境，曾多次搬家。

孟子一开始贪玩不爱学习。有次他偷懒逃学回家，母亲非常痛心，把织布机上的梭子折断了，严厉地训诫孟子："不能认真有恒心地学习，就像这梭子一样，梭子断了，就不能织布了，前面的努力都白费了，这样半途而废是不可能成为有用的人的。"

【原文】

窦燕山[①]，有义方[②]。教五子，名俱扬[③]。

【注释】①窦燕山：五代人，本名窦禹钧，由于他住在燕山附近，人们就称他为"窦燕山"。窦是人的姓。②义方：（教育孩子的）好方法、好办法。③名：名声。俱：全，都。扬：显扬、传播。

【译文】五代时的窦燕山很重视对孩子的教育，不仅采用恰当、良好的教育方式，而且总是以身作则。

窦燕山有五个儿子，在他的严格教育下，都成了品学兼优的人才，每个人都很有成就，声名传播四方。

【原文】

养不教[①]，父之过[②]。教不严[③]，师之惰[④]。

【注释】①养：养育、抚养。不教：不教导、不教育。教，教育、教导。②之：的。过：过错、过失。③不严：不严格。严，要求严格。④惰：懒惰、懈怠，马虎不尽责，与"勤"相对。

【译文】父母如果认为只要将孩子们抚养长大，满足他们的物质需求就可以了，却没有教给他们做人的基本道理，这是父母的过错。

而老师不能严格要求学生，导致学生因为放任自流而荒废了学业，这是老师怠惰，没有认真担负起自己的责任。

【原文】

子不学[①]，非所宜[②]。幼不学[③]，老何为[④]。

【注释】①子：子女、孩子。②非所宜：不应该。非，表示否定的意思；宜，合适、应该。③幼：年纪小的时候。④老何为：年纪大了能做什么。老，年老的时候；何，表示疑问的语气，什么；为，作为。

【译文】如果父母和老师都尽到了自己的责任，创造了良好的学习环境，小孩子却不好好读书，这是不应该的。

一个人小时候不好好读书学习，等到年纪大了，什么都不懂，什么都不会，还能有什么作为呢？

【原文】

玉不琢①，不成器②。人不学，不知义③。

【注释】①玉：玉石。琢：雕刻加工玉石。②成：成为。器：器皿、用具。③知：知道，懂得，明白。义：义理，公正合宜的事，思想行为的规范。

【译文】璞玉刚开采出来的时候，看上去和普通的石头差不多，如果没有经过专门的雕刻加工，就不能成为珍贵的饰品和器皿。

人也是一样。一个人无论有多高的天赋，如果不学习，就不会懂得为人处世的正确道理，原本优良的天赋也无法得到充分发挥。

【原文】

为人子①，方少时②。亲师友③，习礼仪④。

【注释】①为：作为。人子：儿女。②方：正当。少时：年少、年纪小的时候。③亲：亲近、接近。④习：学习。礼仪：礼节和仪式，指应对进退的分寸，以最恰当的方式来表达对他人的尊重。

【译文】作为子女，应该趁着年少的时候，好好把握学习的机会。平时要跟老师多亲近，随时接受老师的言传身教，学习各种礼仪规范，了解如何待人处事；还要多结交好的朋友，在互相鼓励、互相帮助中一起成长。

【原文】

香九龄①，能温席②。孝于亲③，所当执④。

【注释】①香：人名，黄香是东汉时著名的孝子。九龄：九岁。龄，岁数，指年纪。②能：知道，懂得。温席：焐暖被窝。温，温暖、加热；席，用草或苇子编成的成片的东西，用来铺床或炕等，这里指睡觉用的被褥。③孝于亲：孝顺父母。孝，孝顺；亲，双亲、父母。④所当执：应该实行。当，应当、应该；执，执行、实行。

【译文】黄香从小就非常孝顺，才九岁就知道在寒冷的冬天，自己先躺在冰冷的被窝里，用体温把被子焐暖和了，再让父亲睡觉。这种体贴孝顺父母的行为，每个做子女的都应该学着去做。

【原文】

融四岁①，能让梨②。弟于长③，宜先知④。

【注释】①融：人名，孔融，东汉时著名的文学家。②能：知道，懂得。让：谦让、礼让。③弟：这里和“悌”字意思相同，指弟弟敬爱哥哥。长：兄长。④宜：应该。先知：早点知道，这里是从小就懂得的意思。知，明白、了解。

**【译文】**孔融四岁的时候，有一天吃梨，他挑了一个最小的，别人问他为什么这么做，他说要把大的梨让给哥哥吃。这种尊敬兄长、兄弟之间要互相友爱的道理，是我们每个人从小就应该知道的。

**【原文】**

首孝悌①，次见闻②。知某数③，识某文④。

**【注释】**①首：首先。孝悌：尊敬、孝顺父母，友爱兄弟。②次：其次。见闻：指看到、听到的知识、学问。③某：一些。数：算术。④识：认识，掌握。文：文字。

**【译文】**我们首先要培养尊敬、孝顺父母，友爱兄弟姐妹的良好品质，其次要学习的才是生活中的各种常识，懂得算术，认识文字，然后才能逐步充实自己。

**【原文】**

一而十①，十而百。百而千，千而万。

**【注释】**①而：到，这里表示按照顺序递进。

**【译文】**一是数字的开始，也是计算的起点，一到十是最基本的十个数字。

十个一是十，十个十是一百，十个一百是一千，十个一千是一万……这样一直计算下去，结果是无穷无尽的。

认识了一到十这十个基本数字，掌握了初级算术，就能继续学习难度更高的数学问题。

**【原文】**

三才者①，天地人。三光者②，日月星。

**【注释】**①三才：天、地、人。才，这里与“材”的用法相同，泛指一切原料或资料，这里指构成宇宙世界的基本要素。者：语气助词。②三光：日光、月光、星光。光，光明，这里指光明的自然来源。

**【译文】**“三才”，指天、地、人，是构成世界的三种基本要素。天地共同形成了生存空间：天空带来了万物生存必须的阳光、空气、雨雪以及四季、寒暑、昼夜的交替；大地提供了水分、养料以及合适的地理条件；而我们人类，被称为“万物之灵”，是最高级的动物。“三光”，指太阳、月亮、星星三个发光体，是光明和能量的主要来源，有了它们，生物才能生存。

**【原文】**

三纲者①，君臣义②。父子亲③，夫妇顺④。

**【注释】**①三纲：指君臣、父子、夫妻，君为臣纲，父为子纲，夫为妻纲。纲是渔网的总绳，抓住它就能拉起整张渔网，引申为要领，事物的关键部分，处在决定地位的事物。②君：

君王，皇帝。臣：臣子、大臣。义：正义，这里指行为公正，符合法律制度及道德标准。③亲：亲密和睦。④夫：丈夫。妇：妻子。顺：和顺、和谐。

【译文】“三纲”，是指三种最重要的社会伦理关系，即君臣关系、父子关系、夫妻关系。

君臣之间（在现代社会是上司与下属之间）要遵守法律制度的规定，认真履行职责；父母和子女之间要亲密融洽；夫妻之间要互相尊重、和睦相处。只有三纲之间维持应有的秩序，整个社会才能和谐欢乐。

【原文】

曰春夏①，曰秋冬。此四时②，运不穷③。

【注释】①曰：说，这里是叫作、称为的意思。②此：这，代名词，这里代指春夏秋冬四季。四时：四个时序，这里指春、夏、秋、冬四季。③运：运转、循环。不穷：无穷尽，无终极，没有停止的时候。穷，终止、停止。

【译文】一年分为春、夏、秋、冬四个季节，先从温暖的春季到炎热的夏季，再从凉爽的秋季到寒冷的冬季，每一年，四季都这样按顺序循环交替。

还有，春耕、夏耘、秋收、冬藏，万物的生长及活动也都随着四季变化不息。

【原文】

曰南北①，曰西东。此四方②，应乎中③。

【注释】①南北（西东）：方位名，指东、西、南、北四个方向。早晨太阳升起的方向是东方。②此：这，代名词，这里代指东南西北四方。③应乎中：与中心相对应。应，对应；乎，于；中，中央、中心。

【译文】早晨起来面向太阳，前面是东方，后面是西方，左手边是北方，右手边是南方。

南、北、西、东四个空间方位，都是对应于一个中心基准点而言的。

【原文】

曰水火，木金土①。此五行②，本乎数③。

【注释】①金：金属。②五行：金、木、水、火、土，古人认为它们是构成宇宙万物的五种基本要素，是总称各项事物的抽象概念。③本乎数：根源于天地自然的数理。本，根源；数，天地自然之数。

【译文】金、木、水、火、土是构成物质的五种基本元素，宇宙万物的形成、变化都是来源于此。

对古人来说，宇宙天地的道理及奥妙，都包含在复杂的五行生克理论之中。

【原文】

曰仁义①，礼智信②。此五常③，不容紊④。

【注释】①仁：仁爱，仁慈友爱的善良之心。义：正义，正直、符合道义标准的行为。②礼：礼貌，表示尊敬的态度和动作。智：明智，明辨事理的智慧。信：诚实，不欺骗。③常：永恒不变的法则。④容：容许。紊：乱。

【译文】仁、义、礼、智、信是五种为人处世的基本原则，就是一个人应该有仁慈友爱的善良心肠，为人正直，行事公正，对人诚恳有礼，有明辨事理的智慧，对人要诚实守信。它们体现的智慧和价值是恒久不变的，因此被称作“五常”。每个人都应该遵守五常，随便乱来的行为是绝对不容许的。

【原文】

稻粱菽①，麦黍稷②。此六谷③，人所食④。

【注释】①稻：稻子，去壳后称大米，南方人以稻米为主食，分水稻和旱稻，但“稻”通常指水稻。粱：高粱。菽：豆类的总称。②麦：麦子。黍稷：同类异种的谷物，有黏性的是黍，又称黄米；没有黏性的是稷，又称小米。③谷：谷物，粮食。④食：吃。

【译文】稻米、高粱、豆类、麦子、黄米和稷，这六种谷物的果实颗粒饱满、产量丰富，是人类维持生存的主要粮食作物，合称为“六谷”。六谷既养活了中华民族的众多人口，又孕育了源远流长的中华文明。

【原文】

马牛羊，鸡犬豕①。此六畜②，人所饲③。

【注释】①犬：狗。豕：猪。②六畜：指马、牛、羊、鸡、狗、猪这六种家畜。畜，家畜。③饲：饲养、喂养。

【译文】马、牛、羊、鸡、狗、猪开始都生活在野外，但是聪明的古人将它们驯服后，喂养在家里，它们从各方面改善了人们的生活，有的还能帮助人类干重活，节省了人的力气和时间。

马能供人骑乘、搬运重物，牛是农夫耕田的重要帮手，猪是人们日常生活中最主要的肉类来源，羊可以提供皮毛和肉类，狗能看家，保护人们的安全，鸡的肉、蛋可以食用。这六种动物对人们有不同的重要贡献，合称为“六畜”。

【原文】

曰喜怒①，曰哀惧②。爱恶欲③，七情具④。

【注释】①喜：高兴、开心。怒：生气、愤怒。②哀：伤心、悲伤。惧：恐惧、害怕。③爱：喜欢、喜爱。恶：讨厌。欲：想得到某个东西或想达到某个目的。④七情：指喜、怒、哀、惧、爱、恶、欲这七种情绪。情，情绪、情感。具：具备。

【译文】高兴、生气、悲伤、害怕、喜欢、讨厌、贪欲，这七种情感是人类共同拥有的，合称为“七情”。

这七种情绪是人类与生俱来的基本情绪，我们不能排斥或消灭它，但是放纵或过分压抑自己的情感都是不健康的，我们要学会掌握理智与情感之间的平衡。

【原文】

匏土革①，木石金②。丝与竹③，乃八音④。

【注释】①匏：匏瓜，形状像葫芦，这里指匏瓜制成的乐器。土革：这里分别指用陶土烧制的“埙”以及用皮革制成的鼓、二胡等乐器。②木石金：指用木材、玉石、金属制成的乐器。③丝（竹）：用丝弦（竹管）演奏发声的乐器。④乃：是。

【译文】古人把制造乐器的主要材质分为：匏瓜、陶土、皮革、木材、玉石、金属、丝弦和竹子，用它们制成的乐器合称为“八音”。

“八音”的主要代表分别为笙、埙、鼓、板、磬、钟、琴、箫，它们的音色各具特点，听的人很容易就能分辨出来。八音经过组合变化能产生多种优美的旋律，使音乐更加丰富。

【原文】

高曾祖①，父而身②。身而子③，子而孙④。

【注释】①高：高祖父，是祖父的祖父。曾：曾祖父，是祖父的父亲。祖：祖父，是父亲的父亲。②父：父亲。身：指自己。③子：儿子。④孙：孙子。

【译文】从高祖父、曾祖父、祖父、父亲，再到我们自己为止，这样从上往下一共是五代，代表着家族中的长幼秩序，是家庭伦理的基础。中华文化非常重视伦理传统，因为血缘亲情就是这样直接继承下来的。

【原文】

自子孙①，至玄曾②。乃九族③，人之伦④。

【注释】①自：由，从。子孙：这里指儿子和孙子。②玄：玄孙，指孙子的孙子。曾：曾孙，指孙子的儿子。③九族：从高祖父到玄孙，一共九代人。④伦：人伦，指尊卑长幼之间的等级关系。

【译文】从我们自己传到儿子、孙子，再往下传，就是曾孙与玄孙。从高祖父这一辈开始算起，曾祖父、祖父、父亲、自己、儿子、孙子、曾孙、玄孙，一共九代，就是“九族”。

古代家族往来十分密切，大家互相照应、祸福与共，因此特别强调长幼尊卑的伦理秩序，要求每个家族成员都要尽到自己的本分，共同维护家族的平安与荣誉。

【原文】

父子恩①，夫妇从②。兄则友③，弟则恭④。

【注释】①恩：恩情、慈爱。②从：顺从，和睦相处。③兄：兄长，哥哥。则：表示并列关系。友：友爱、爱护。④恭：恭敬、敬重。

**【译文】**在家庭中，父母对子女要慈爱，子女对父母要孝顺，丈夫和妻子要和睦相处，兄弟姐妹之间要团结友爱，哥哥姐姐要爱护弟弟妹妹，弟弟妹妹则要尊敬哥哥姐姐。这些是家庭关系中最基本的道理。

家庭是社会的基本组成单位，只有每个家庭都和谐融洽，社会才可能安定祥和。

**【原文】**

长幼序①，友与朋②。君则敬③，臣则忠④。

**【注释】**①长幼：指年长的与年幼的。序：排列顺序，次序。②友：志趣相投，志向相同的人。朋：在同一个老师门下接受教育的人。③君：皇帝。敬：尊敬，敬重。④臣：大臣。忠：尽忠，诚心尽力做事。

**【译文】**在人际交往中一定要注意长幼有序，不可以没大没小。朋友往来要讲信用，真诚相待。身为君主（在现代社会是上司），要懂得尊重、体恤臣民百姓（在现代社会是下属）；身为臣子（下属）要忠于职守，尽心竭力地做事。这些是社会上人际交往的基本原则。

掌握了这些基本道理，在应对交往中才有所依据，不会无缘无故惹来麻烦。

**【原文】**

此十义①，人所同②。

**【注释】**①十义：指父慈、子孝、夫和、妇从、兄友、弟恭、朋谊、友信、君敬、臣忠十种美德。②同：共同遵守。

**【译文】**古人认为上面提到的十种人伦关系是每个人都必须遵从的美德，于是称之为“十义”。

每个人都应该根据身份的变换，随时做出调整，努力遵循这十种人伦义理，因为这十义不是无理专制的规定，它可以帮助我们发挥人性善良美好的一面。

**【原文】**

凡训蒙①，须讲究②。详训诂③，明句读④。

**【注释】**①凡：凡是。训蒙：对小孩子进行启蒙教育。训，教育、教导；蒙，没有知识，这里指刚开始读书识字的儿童。②讲究：尽力做到精美完善。③详：详细。训诂：用通俗的话语解释古代语言文字或方言的字义。④明：明白。句读：标上标点符号，给文章断句。

**【译文】**教育刚入学读书的儿童，必须注意方式方法，尽量做到无微不至、面面俱到。文章中每一个字的读音和意义都要详细讲解；一句话到哪里停顿意思才是完整的，都要解说得明明白白，这样才能正确标注标点符号，使段落间层次分明，方便儿童了解文意。

【原文】

为学者①，必有初②。小学终③，至四书④。

【注释】①为学者：读书求学的人。为学：求学，研究学问。②必：一定。初：开始、基础。③小学：指研究字形、字音、字义，并学会使用的学问，这里指古人编的讲字音、字形、字义方面知识的儿童启蒙课本。终：结束。④至：到，到达。四书：《论语》《孟子》《大学》《中庸》这四部书合称为“四书”。

【译文】好的开始是成功的一半。每一个求学的人，都要打下坚实的基础。

刚入学的时候，必须先学习每个字的音、形、义。只有把小学里的知识学透了，才能开始研读经书。

《论语》《孟子》《大学》《中庸》是儒家的四部重要经典著作，合称为“四书”，它能让人了解并思考更深奥的道理。

【原文】

《论语》者①，二十篇②。群弟子③，记善言④。

【注释】①论语：书名，儒家的经典著作之一，是孔子的弟子及再传弟子对孔子及其弟子言行的记录。②二十篇：《论语》整部书一共有二十篇。③群：众多。弟子：徒弟，学生。④记：记录、记载。善言：有益的、有保存价值的重要语言。

【译文】《论语》总共有二十篇，是儒家最有代表性的著作之一，直接体现了孔子的思想、学说及处事原则。

相传孔子有三千多弟子，其中以贤能著称的有七十二人。《论语》就是孔子的弟子及再传弟子编成的。他们将孔子的教诲，孔子和弟子相处时的情形，研究学问的内容，以及孔子应答当时人的言论等都整理记录了下来，孔子博大精深的思想和高尚的品德因此得以流传千古。

【原文】

《孟子》者①，七篇止②。讲道德③，说仁义④。

【注释】①孟子：名轲，战国时代著名的思想家、政治家、教育家，这里是书名，指记录孟子言行的著作。②七篇止：共有七篇的意思。止，结束、停止。③讲：讲述、阐述。道德：人们共同生活及其行为的准则和规范。④说：论述、说明。仁义：宽厚正直、仁爱正义的行为。

【译文】孟子是儒家的另一位代表人物，他继承孔子“仁”的思想，创立了“仁政”学说。

《孟子》整部书共分七篇，由孟子本人亲自编写而成，文章气势浩然，长于辩论，言语犀利，说理透辟，充分阐述了儒家精神。

《孟子》这部书主要讲的是道德、仁义问题，主张个人修养浩然正气，希望君王实行王道和仁政，建设“老吾老以及人之老，幼吾幼以及人之幼”（对待别人家的老人、小孩和对待自己家的老人、小孩一样，一视同仁）的理想社会。

【原文】

作《中庸》①，子思笔②。中不偏③，庸不易④。

【注释】①作：写作、创作。中庸：书名，作者是子思。②子思：本名孔伋，字子思，孔子的孙子，是儒家学说的重要传承者。笔：执笔，写作。③中：中正，不偏不倚。不偏：没有偏差。④庸：平常。易：改变。

【译文】子思，是孔子的孙子，相传他是曾参的学生，他的弟子是孟子的老师。他在儒家学派中承上启下，是儒学的重要传承者。

子思写了《中庸》。“中”就是坚持原则，不偏不倚、不走极端；“庸”是永恒不变。

【原文】

作《大学》①，乃曾子②。自修齐③，至平治④。

【注释】①大学：书名，原本是《礼记》中的一篇，作者曾参。②曾子：名参，字子舆，是孔子的弟子。③自：从。修齐：指修身齐家。修身，陶冶身心、涵养品德；齐家，治理家庭，使家族成员能够齐心协力、和睦相处。修，修身养性。④平治：治国平天下，治理国家，使天下太平。

【译文】曾子是孔子的学生，他写了《大学》这部书。

《大学》的主要内容是，一个人要想有所作为，首先必须学习为人处世的道理，提高自身品德修养，广泛吸收知识。只有这样，才能治理好家庭；家庭和睦融洽，才能为国家发展做出贡献；最后推广到世界上的其他地方，使天下太平。

【原文】

《孝经》通①，四书熟②。如六经③，始可读。

【注释】①孝经：书名，记载了孔子和弟子曾子谈论孝顺的道理。通：通晓，了解，明白。②熟：熟悉，了解透彻。③六经：指经过孔子整理而传授的六部先秦古籍，分别是《诗经》《尚书》《仪礼》《乐经》《周易》《春秋》。

【译文】《孝经》是儒家的重要典籍，它从头到尾只讲了一个问题：什么是孝。俗话说“百善孝为先”，孝是中华民族的传统美德，是每个人都应该具备的品质。因此，把《孝经》的道理了解透彻，熟读《论语》《孟子》《大学》《中庸》四部经书，这样才算打牢了做学问的基础。

接下来就可以开始阅读更加深奥的六部经书了，它们分别是：《诗经》《尚书》《仪礼》《乐经》《周易》《春秋》。

【原文】

《诗》《书》《易》①，《礼》《春》《秋》②。号六经③，当讲求④。

【注释】①诗：这里是书名，即《诗经》。书：也是书名，即《书经》，又名《尚书》。易：书名，《易经》。②礼：书名，《仪礼》。⑤春秋：书名，相传是孔子根据鲁国史书修订整理而成。

③号：号称，称为。④当：应该，应当。讲求：仔细阅读、研究。

【译文】《诗经》是我国第一部诗歌总集；《书经》又名《尚书》，中国上古历史文件的汇编，是我国最早的官方史书；《易经》讲述了宇宙和哲学，内容非常深邃；《仪礼》记载古代的典礼仪节；《春秋》相传是孔子根据鲁国史书修订整理而成。这五部书和早已失传的《乐经》合称“六经”，是儒家的重要经典。“六经”是了解古代政治、历史、思想、制度的重要途径，应当仔细阅读和研究。

【原文】

有《连山》[①]，有《归藏》[②]。有《周易》[③]，三易详[④]。

【注释】①连山：书名，相传是伏羲氏所作。②归藏：书名，相传是黄帝所作。③周易：书名，相传是周文王所作，古人用它来预测未来、决策国家大事、反映当前现象。④三易：指《连山》《归藏》《周易》三本书。详：详细，详尽，完备。

【译文】传说伏羲氏作《连山》，黄帝作《归藏》，周文王作《周易》，三本书虽然作者不同，但都是以“卦爻”来阐明天地万物生灭变化的道理，因此合称为“三易”。《连山》《归藏》已经失传，《周易》就是现在流行的《易经》。儒道两家都把《易经》尊为经典，其中所讲的阴阳之道及其变化规律，以及与时俱进、天人合一等哲学思想，对中国人产生了深远的影响。

【原文】

有典谟[①]，有训诰[②]。有誓命[③]，《书》之奥[④]。

【注释】①典谟：古代文体，《尚书》中《尧典》《舜典》和《大禹谟》《皋陶谟》等篇的并称。典是立国、治国的基本原则，谟是计谋策略。②训诰：古代文体，《尚书》中《伊训》《召诰》等篇的并称。训是臣子劝导君王的进谏之词，诰是君王颁发的号令、通告。③誓命：古代文体，《尚书》中《秦誓》《说命》等篇的并称。誓是起兵讨伐时的文告，命是君王对臣子下达的命令。④书：这里指《书经》，又名《尚书》。奥：精深奥妙的道理。

【译文】《尚书》是夏、商、周三个朝代历史文献汇编。它的内容分六个部分：一典，记载立国、治国的基本原则；二谟，记载计谋策略；三训，记载臣子劝谏君王的言辞；四诰，记载君王颁发的号令、通告；五誓，是起兵讨伐时的文告；六命，是君王对臣子下达的命令。《尚书》丰富详实的材料、精深奥妙的道理，就是通过这六种特别的体式展现的。

【原文】

我周公[①]，作《周礼》[②]。著六官[③]，存治体[④]。

【注释】①周公：姓姬名旦，亦称叔旦，是周文王第四个孩子。②周礼：书名，最系统地记录了礼的体系，相传是周公所作。③著：写作、撰写。六官：《周礼》中以天官冢宰、地官司徒、春官宗伯、夏官司马、秋官司寇、冬官司空帮助君王掌管朝政，称“六官”或“六卿”。④存：保存，保全。治体：治理国家的纲领、要旨。

【译文】周公在《周礼》一书中将周代的礼乐制度、行政官制与政府组织体系完整记录下来，为后代留存了宝贵的资料。

周朝设立天官家宰、地官司徒、春官宗伯、夏官司马、秋官司寇、冬官司空这“六官”，各自掌管不同的职务，帮助君王治理朝政，使国家运作迈入正式的轨道。

【原文】

大小戴①，注《礼记》②。述圣言③，礼乐备④。

【注释】①大小戴：西汉今文经学家，大戴是戴德，小戴是戴圣，两人是叔侄关系。②注：解释古书原文的意义。③述：记述，阐述。圣言：圣人所说的话。④礼乐：礼节仪式及典礼乐章。备：完备，完整。

【译文】西汉学者戴德和戴圣叔侄二人，都曾仔细研究过《礼记》这部书。叔叔戴德编辑的称为《大戴礼记》，侄子戴圣编纂的称为《小戴礼记》。

《大戴礼记》与《小戴礼记》的篇章内容虽略有不同，但都整理并详细注解了《礼记》，忠实记载了圣人的言论，其中各种礼节仪式及典礼乐章的制度都记述得十分完整详细，使后代人充分了解了前代的典章制度及礼乐文化的精神与意义。

【原文】

曰《国风》①，曰《雅》《颂》②。号四诗③，当讽咏④。

【注释】①国：这里指古代诸侯的封地。风：民间歌谣。②雅：朝廷正乐，宫廷宴飨、朝会时的乐歌，分为大雅和小雅，多数是朝廷官吏及公卿大夫的作品，有一小部分是民歌。颂：宗庙祭祀的乐歌和史诗，内容多是歌颂祖先的功业。③四诗：指国风、大雅、小雅、颂。④讽咏：朗诵吟咏。讽，不看着书本念，背书；咏，唱，声调有抑扬地念。

【译文】《诗经》是我国第一部诗歌总集，收入自西周初年至春秋中叶五百多年的诗歌共305篇，又称“诗三百”，分为风、雅、颂三部分。

风，指国风，是各诸侯国地区的民间歌谣；雅，分为大雅、小雅，大雅多为西周王室贵族的作品，主要是赞颂天子功绩的乐歌，小雅是天子宴飨宾客时的乐歌；颂，分为周颂、鲁颂、商颂，是宗庙祭祀时赞颂祖先功业的乐歌和史诗。国风、大雅、小雅、颂合称为“四诗”。《诗经》的内容非常丰富，充满了浓郁的感情和生活气息，我们应该经常加以朗诵吟咏。

【原文】

《诗》既亡①，《春秋》作②。寓褒贬③，别善恶④。

【注释】①诗：这里指周朝曾经实行的到民间采诗的制度。既：已经。亡：失去，消失。②春秋：书名，相传是孔子根据鲁国史书修订整理而成。作：书写，创作。③寓：寄寓，包含。褒：赞美，称赞。贬：批评，指责。④别：区分，辨别。善：好的。恶：坏的。

【译文】自从把国都迁移到东方的洛邑之后，周天子的势力逐渐衰弱，各诸侯国都不将周天子放在眼里，互相争夺霸主的地位，《诗经》的礼乐教化已经不再受到重视，逐渐没落了。

孔子看见当时纷乱的情形，于是根据鲁国史书修订整理了《春秋》，书中以隐喻的方式评论史事，或是给予赞扬，或是给予指责，辨明了各国行为的是非善恶。

**【原文】**

三传者①，有《公羊》②。有《左氏》③，有《穀梁》④。

**【注释】**①传：替经书作注解的著作。三传就是指解释史书《春秋》的三部书《左传》《公羊传》《穀梁传》。②公羊：指《公羊传》，也叫《春秋公羊传》或《公羊春秋》。③左氏：指《左氏春秋》，也叫《春秋左氏传》，简称为《左氏传》，通称《左传》。④穀梁：复姓，这里指《穀梁传》，也叫作《春秋穀梁传》或《穀梁春秋》。

**【译文】**孔子撰写的《春秋》文字极其简练，却蕴藏精微深远的寓义，这样的微言大义不用功钻研是难以理解的。“三传”是解释《春秋》的三本书，分别是《公羊传》，相传为鲁国人公羊高所作;《左氏传》(左传)，相传为鲁国人左丘明写成;《穀梁传》，相传为鲁国人穀梁赤所著。“三传”能帮助读书人更好地阅读、理解《春秋》这部书。

**【原文】**

经既明①，方读子②。撮其要③，记其事④。

**【注释】**①经：圣贤所作，具有特殊性和权威性的典籍，这里主要指儒家经典。既：已经。②方：然后，才。子：记载诸子百家及佛道宗教思想的书籍。③撮：选取，选择。要：要点。④记：记下，记住。

**【译文】**“四书”“六经”“三传”这些重要典籍都读熟之后，就可以开始接触诸子百家的思想了。这些记载各家各派思想言行的书，统称为“子书”。

“子书”数量庞大，内容包罗万象，必须选择比较重要的来读，并且仔细分辨读过的内容，抓要点，记住每件事的因果本末，才能收到事半功倍的效果。

**【原文】**

五子者①，有荀扬②。文中子③，及老庄④。

**【注释】**①五子：这里指荀子、扬子、文中子、老子与庄子。②荀：指荀子，姓荀名况，著名思想家、文学家、政治家，儒家代表人物之一。扬：扬子，名扬雄，西汉学者、辞赋家、语言学家。③文中子：指隋朝的王通，著名教育家、思想家。④老：指老子李耳，春秋人，我国古代最伟大的哲学家和思想家之一，道家学派的创始人，后被封为太上老君，在道教中被尊为道祖，著有《道德经》(又称《老子》)。庄：指庄子，名周，战国人，伟大的思想家、哲学家和文学家，道家学派的主要代表人物之一，与道家始祖老子并称为“老庄”，代表作为《庄子》，道家尊称此书为《南华经》。

**【译文】**诸子百家的言论著作繁多，不胜枚举，其中比较重要和著名的有五位，即所谓的“五子”，分别是：荀子、扬子、文中子、老子、庄子。

荀子主张人性本恶，和孟子人性本善的观点恰好相反，著有《荀子》一书；扬子模拟《易经》作《太玄经》，模拟《论语》作《法言》；文中子著有《续六经》（又称《王氏六经》），众弟子在他去世后，仿效孔子门徒作《论语》编撰了《中说》，保存了他讲课的主要内容，以及他与众弟子、学友、时人的对话；老子与庄子是道家的代表人物，老子著有《道德经》，庄子著有《南华经》，他们的哲学思想体系被思想学术界尊为“老庄哲学”。

【原文】

经子通①，读诸史②。考世系③，知终始④。

【注释】①经子：经书和子书。通：通透，了解透彻。②诸史：指历代以来的历史著作。考：探究，研究。③世系：家族世代相承的系统，这里指朝代的系统次序。④终始：从头到尾，这里指国家从兴起到灭亡。

【译文】熟读经书与子书，了解、掌握了各种思想之后，就应该开始阅读各朝各代流传下来的史书了。

研读史书的时候要注意历代王朝的次序，深入研究其中的关系与因果，才能明白国家兴亡盛衰的道理，掌握治国的方法和原则。确切地研读史书才能从中吸取历史教训，避免再犯同样的过错。

【原文】

自羲农①，至黄帝②。号三皇③，居上世④。

【注释】①羲：指伏羲氏，号太昊，中华民族的人文始祖，是我国古籍中有记载的最早的王。农：指神农氏，即炎帝，远古传说中的太阳神，被后世尊为农业之神。②黄帝：有熊氏，姓公孙，名轩辕，他首先统一华夏族的伟绩被载入史册，也是华夏民族文明的始祖，传说中远古时代华夏民族的共主，五帝之首。③三皇：指伏羲氏、神农氏、黄帝。④居：处于。上世：上古时代。

【译文】上古时的人过着茹毛饮血的原始生活。伏羲氏发明了八卦，成为中国古文字的源头，结束了“结绳记事”的历史。他又结绳为网来捕鸟打猎，并在人类中普及了这个方法，他的活动，标志着中华文明的开始。后来神农氏播种五谷、尝遍百草，教导人们耕种饲养，以及如何使用火，人类至此开始定居的生活。黄帝统一华夏族，又率领族人打败外敌，保卫家园。他的功绩包括创造文字，制作衣冠，建造舟车，发明指南车等等，在中华文明中起着承前启后的重要作用。

伏羲氏、神农氏、黄帝都是勤政爱民的首领，被尊称为“三皇”。他们是上古时代功劳最大、最受敬爱的伟大领袖。

【原文】

唐有虞①，号二帝②。相揖逊③，称盛世④。

【注释】①唐：这里指陶唐氏，也就是尧。虞：指有虞氏，也就是舜。②二帝：指尧帝、舜帝。③相：互相。揖逊：揖让，这里是禅让的意思，即古代帝王让位给别人。④盛世：安定兴盛的时代。

【译文】黄帝之后，先是尧得了天下，国号唐；后来舜得了天下，国号虞，两位帝王都是古代贤明君王的代表，并称为“二帝”。

尧年老时，认为自己的儿子品行不好，不如德才兼备的舜，因此没有把帝位传给儿子，而传给了舜。舜果然不负尧所托，勤政爱民，到了年老时，就效法尧，将帝位传给比自己儿子更加优秀的禹。

尧和舜都是大公无私的优秀帝王，在他们的治理下，开创了安定繁荣、人人称颂的太平盛世。

**【原文】**

夏有禹①，商有汤②。周文武③，称三王④。

**【注释】**①夏：这里指夏朝。禹：夏禹，传说中夏朝的第一个君主，因治理洪水有功被尊称为“大禹”。②商：商朝。汤：指成汤，商朝的建立者。③周：周朝。④三王：指大禹、成汤、周文王和周武王。他们分别是三代的开国之君，所以这四个人称为“三王”。

**【译文】**夏朝的开国君王是大禹，商朝的开国君王是成汤，周朝有文王和武王。他们都是德才兼备的好君王，勤于政事，爱护百姓，分别开创了一段太平盛世，因此被尊为“三王”。

**【原文】**

夏传子①，家天下②。四百载③，迁夏社④。

**【注释】**①传子：把王位传给自己的儿子。②家天下：帝王把国家政权据为己有，作为一个家族的私有财产，世代相传。③载：年。④迁：变迁、改变，这里是结束的意思。社：社稷，“社”是土神，“稷”是谷神，古代君主都要祭祀社稷，后借指国家。

**【译文】**大禹年老时，将王位传给了儿子夏启。从此，尧舜以来的禅让制度被父传子的世袭制度所代替，国家成为一个家族的私有财产，世代相传。相传夏朝先后历经了十七位君王，维持了四百多年，直到成汤起兵才宣告结束。

**【原文】**

汤伐夏①，国号商②。六百载，至纣亡③。

**【注释】**①汤：指成汤，商朝的建立者。伐：讨伐，出兵攻打。②国号，即国家的称号，或一个朝代的名称。国家或朝代创建后的第一件事就是确立国号。商：成汤的国号。③至：到。纣：指纣王，是商朝的最后一位君王。亡：灭亡。

**【译文】**夏朝最后一位君王——夏桀的统治非常残暴。汤是夏朝一个附属小国的国王，他率领人民起兵讨伐夏桀，最后灭了夏朝，建立了新的国家，取名“商”。

汤王建立的商朝相传一共维持了六百多年，直到商纣王即位，商朝才走向灭亡。

**【原文】**

周武王①，始诛纣②。八百载，最长久③。

**【注释】**①周武王：姓姬名发，周文王的第二个儿子，西周的开国君王。②始：开始，才。

诛：杀死有罪的人。③最长久：指周朝是历史上持续时间最长的朝代。

**【译文】**商朝最后一位君王——纣王是历史上著名的暴君。周武王是商朝属国的国王，他雄才大略，趁机率领军队讨伐商朝。最后，纣王放火烧死了自己，商朝灭亡。武王建立了新的国家，取名为“周”。周朝总共持续了八百多年。放眼整个中国历史，没有任何朝代能与周朝的历史长度相比。

**【原文】**

周辙东①，王纲坠②。逞干戈③，尚游说④。

**【注释】**①辙：车轮经过留下的痕迹，这里指帝王的车驾。②王纲：君王的政治法度纲纪。坠：落下，掉下，引申为崩溃，衰落。③逞：放纵，任意。干戈：干和戈是古代常用武器，故而以“干戈”用作兵器的通称，引申为战争。④尚：尊重，注重。游说：用言语劝服他人听从自己的主张。这里指战国时代策士们周游列国，劝说君主采纳其政治主张的一种活动。

**【译文】**周平王将周朝国都迁到东方的洛阳之后，东周时代开始了。从此，周天子在诸侯中的权势威望和统治力日益衰落。诸侯们不再听从周天子的号令，为了争夺霸主的地位，相互间战争不断。在乱世动荡中，有才能的士人各凭本事四处向国君推荐自己，希望能说服君王采用自己的政治主张，从而施展才华、实现抱负。

**【原文】**

始春秋①，终战国②。五霸强③，七雄出④。

**【注释】**①始：开始。春秋（战国）：历史时期的名称。②终：结束。③五霸：春秋时期势力强大而称霸一时的五位诸侯，一般指齐桓公、晋文公、宋襄公、秦穆公、楚庄王。强：强盛，强大。④七雄：指战国时期秦、楚、齐、燕、韩、赵、魏这七个强大的诸侯国。

**【译文】**历史上将东周分为两个时期：第一个是春秋时期，从鲁隐公元年起，到鲁哀公十四年为止，总共二百四十二年；第二个是战国时期，从春秋时代结束，到秦始皇统一六国为止，总共一百八十二年。

春秋时代先后称霸的诸侯君王依次是齐桓公、晋文公、宋襄公、秦穆公、楚庄王。战国时代则是秦、楚、齐、燕、韩、赵、魏这七个强大的诸侯国并立。

**【原文】**

嬴秦氏①，始兼并②。传二世③，楚汉争④。

**【注释】**①嬴秦氏：指秦国或秦王朝。秦国的国君姓嬴，故称嬴秦。这里指秦始皇嬴政。②兼并：大国吞并小国。③传：传位。二世：指秦始皇的儿子秦二世胡亥。④楚：这里指西楚霸王项羽。汉：指刘邦，他被封为汉王，最后建立了汉朝。争：这里指争夺王位。

**【译文】**战国末年，秦国日渐强大，通过各个击破的方式吞并六国，统一天下，建立了中国历史上第一个封建王朝，秦国国君便自称为“始皇帝”。

秦始皇去世，他的儿子胡亥继承皇位。由于施行严刑峻法，加上宦官赵高专权，不过短短三年时间，秦朝的统治就被推翻了。

秦朝灭亡后，群雄并起，其中以西楚霸王项羽与汉王刘邦实力最强大，彼此争斗不止，各不相让。

【原文】

高祖兴[1]，汉业建[2]。至孝平[3]，王莽篡[4]。

【注释】①高祖：这里指汉高祖刘邦。兴：兴起。②汉业：指汉朝的天下大业。建：建立。③孝平：指汉平帝。④王莽：汉元帝王皇后的侄子，曾任汉朝宰相，后来自立为皇帝，建立了新朝。篡：特指封建时代臣子夺取君位。

【译文】刘邦在楚汉之争中最后胜出，打败项羽，登上帝位，成了汉高祖，开启了刘家的天下大业。到汉平帝时，野心勃勃的王莽掌握了国家大权，他杀了平帝，篡夺了帝位，建立了新朝。

【原文】

光武兴[1]，为东汉[2]。四百年，终于献[3]。

【注释】①光武：东汉光武帝刘秀，东汉的开国君主。②东汉：刘秀恢复汉朝，建都洛阳。由于洛阳在东边，而汉朝以前的都城长安在西边，为了区别，后人就把光武帝之前的汉王朝称为“西汉”，把光武帝重新建立的汉王朝称为“东汉”。③终：终止，结束。于：在。献：指汉献帝，是东汉最后一位皇帝。

【译文】王莽建立新朝后，人民无法安稳生活，于是国家重新陷入纷争局面。王莽在混乱中被杀，新朝灭亡。

刘秀沉稳冷静，又有谋略，最终打败其他势力，光复汉室，史称东汉，刘秀就是汉光武帝。汉朝到最后一位皇帝献帝为止，总共持续了四百年之久。

【原文】

魏蜀吴[1]，争汉鼎[2]。号三国[3]，迄两晋[4]。

【注释】①魏：国名，是三国中最强大的国家，曹操的儿子曹丕废除汉献帝后建立。蜀：这里是国名，刘备建立，定都成都，其国号“汉”意味着是汉朝的延续，又因其占据的益州俗称蜀地，也称“蜀汉”。吴：国名，孙权建立，定都金陵。②鼎：传国宝物，是王位和权力的象征。③三国：指魏、蜀、吴三个国家。④迄：到。两晋：指西晋与东晋。

【译文】东汉末年，天下大乱，赤壁之战奠定了三国鼎立的局面：曹操占据了北方绝大部分地区，他的儿子曹丕取代汉献帝自立为王，国号“魏”；刘备占据西南，国号“汉”，史称“蜀汉”；孙权统治了长江下游地区，国号“吴”。魏、蜀、吴三分天下，史称三国时代。

公元263年魏军攻入益州，蜀国灭亡。然后司马炎逼迫魏王退位，改国号为“晋”。晋武帝司马炎灭吴，重新统一天下，结束分裂局面。之后，晋元帝往东迁都，定都建康

（现在的南京），史称东晋。

**【原文】**

宋齐继①，梁陈承②。为南朝③，都金陵④。

**【注释】**①宋齐（梁陈）：南北朝时期南方的四个朝代名称。继：继续，继承。②承：承接，承继。③南朝：东晋之后建立于南方的四个朝代的总称，分别是宋、齐、梁、陈四国。④都：定都，建都。金陵：地名，即现在的南京。

**【译文】**刘裕灭了东晋，改国号为“宋”。六十年后，萧道成灭宋，改国号为“齐”。二十三年后，萧衍亡齐，改国号为“梁”。五十六年后，陈霸先灭梁，改国号为“陈”。三十三年后，陈的国运也最终宣告结束。

宋、齐、梁、陈四朝都把国都设在金陵，国土都局限于长江以南地区，统治时间又都非常短暂，于是历史上合称为“南朝”。

**【原文】**

北元魏①，分东西②。宇文周③，与高齐④。

**【注释】**①北：北方，北朝。元魏：北魏是拓跋氏建立，拓跋氏是鲜卑族，后改姓元，所以又称元魏。②分东西：元魏后来分为东魏、西魏。③宇文周：指宇文觉所建立的北周政权。宇文，复姓。④高齐：高洋所建立的北齐政权。高，姓。

**【译文】**长江作为天然界线将南方政权和北方政权隔开。拓跋氏在北方建立了魏朝，又称元魏。元魏到了孝武帝时，大臣高欢独揽大权，孝武帝向西投奔宇文泰，于是北魏分裂为东魏和西魏。

宇文泰的儿子宇文觉趁势夺取皇位，建立周朝，史称北周（宇文周）。高欢的儿子高洋同样趁机灭了东魏，建立齐朝，史称北齐（高齐）。

**【原文】**

迨至隋①，一土宇②。不再传，失统绪③。

**【注释】**①迨：等到。隋：指隋文帝杨坚建立的隋朝。②一：统一。土宇：土地和房屋，指国家、天下。③失统绪：亡国的意思。统绪，政权，统治。

**【译文】**南北朝时期朝代不停变换，直到杨坚以武力再度统一天下，才结束了这段纷乱的历史。

杨坚建立隋朝，史称隋文帝。可惜只传到隋炀帝就亡国了。

**【原文】**

唐高祖①，起义师②。除隋乱③，创国基④。

**【注释】**①唐高祖：指唐朝的开国皇帝李渊。②起：起义，兴起。义师：反抗残暴或为正义而战的军队。③除：去除，消除，平定。隋乱：指隋朝末年混乱的局面。④创：创立，开创。国基：国家基业。

【译文】隋炀帝好大喜功、荒淫残暴，到处发动战争，大量增加税收，百姓们生活在水深火热之中，于是纷纷起义对抗朝廷。

最后，李渊率领的军队脱颖而出，逐个铲平各地势力，李渊登基为唐高祖，开创了大唐帝国的基业。

【原文】

二十传①，三百载。梁灭之②，国乃改③。

【注释】①二十传：指唐朝自建国到灭亡，一共传了二十位皇帝。②梁：指五代时后梁开国皇帝梁太祖朱温（全忠）。之：代指唐朝。③国：国号。乃：才。

【译文】唐朝从建国到灭亡为止，总计历经二十位皇帝，统治将近三百年之久。

唐朝是一个文治武功都很有成就的大帝国，不过在“安史之乱”后，国势逐渐衰落，又经历了几次大规模的动乱，最后朱全忠掌握大权，篡夺了唐昭宣帝的皇位，改国号为“梁”，为了与南北朝时期的梁朝相区别，史称“后梁”。

【原文】

梁唐晋①，及汉周。称五代②，皆有由③。

【注释】①梁唐晋（汉周）：分别指后梁、后唐、后晋、后汉、后周。②五代：唐朝灭亡之后，在中原地区相继出现了五个朝代，即上面所说的后梁、后唐、后晋、后汉、后周。③皆有由：都是有原因的。皆，全、都；由，原因、缘由。

【译文】朱全忠篡唐建梁，史称后梁；李存勖篡梁建唐，史称后唐；石敬瑭篡唐建晋，史称后晋；刘知远篡晋建汉，史称后汉；郭威篡汉建周，史称后周，五个朝代合称“五代”。这些朝代最长的不过十几年，最短的甚至只有四年，是一个动荡不安的黑暗时代。

五代的开国君王都是篡夺了别人的帝位才当上皇帝，所以五个朝代的突然兴起和突然灭亡都是有原因的。

【原文】

炎宋兴①，受周禅②。十八传③，南北混④。

【注释】①炎宋：自秦开始，历代王朝为标榜自己是正统，取代前朝是天命所归，便用五行的转换来解释朝代的更替，宣称自己是五行之一。宋朝认为自己代表“火德”，因此称宋朝为炎宋。炎，是火的意思。②周：这里指五代中的后周。禅：禅让，古代帝王让位给别人。③十八传：一共传了十八位皇帝。传，这里是指传授帝王权位。④混：混同，掺杂在一起。

【译文】后周的恭帝七岁即位，大权便落入了禁军将领赵匡胤手中，他与部下合力演出“黄袍加身”的戏码，后周皇室知道大势已去，只好将帝位禅让给他。赵匡胤登基后，改国号为“宋”，就是宋太祖。

宋朝自建国至灭亡，总计经历了十八位皇帝，这时北方少数民族势力非常强大，经常南下袭击宋朝边境，造成南北混战的局面。

【原文】

辽与金①，帝号纷②。迨灭辽③，宋犹存④。

【注释】①辽：国名，契丹人耶律阿保机建立，后为金所灭。金：国名，女真人完颜阿骨打建立，后为蒙古所灭。②指辽、金纷纷建国称帝。③迨（dài）：及，等到。④宋犹存：辽被金灭时，北宋仍存在。后来宋室南渡，南宋又存在 153 年。

【译文】与宋朝同时存在的还有北方的辽国和金国，他们的首领也都号称皇帝。等到金国消灭了辽国时，宋朝仍然存在。

【原文】

至元灭①，金绪歇②。有宋世，一同灭③。

【注释】①元：公元 1206 年成吉思汗建蒙古国，陆续攻灭西辽、西夏、金、大理等国。1271 年忽必烈定蒙古国号为元。②金绪歇：元朝兴盛，金的事业功绩渐渐削弱停息。绪，功业。歇，停止。③一同灭：金与南宋同样是被元所灭。

【译文】元朝兴起时，金国的命运也就终止了。金国被元朝灭亡后，宋朝同样被元朝消灭了。

【原文】

并中国①，兼戎狄②。九十年，国祚废③。

【注释】①并中国：公元 1279 年元世祖忽必烈灭掉南宋统一中国，建都大都（今北京市）。并，吞并。②兼：兼并，大国吞并小国。戎狄：先秦时对中国北方、西北等地少数民族的统称。③国祚：祚是帝王的宝座。“国祚”引申为王朝统治的时间。废：废止，灭亡。

【译文】蒙古人入主中原，又吞并了西方和北方各少数民族，统一全国。元朝疆域空前广阔，它的全盛时期，经济繁荣，国力强盛，在当时是世界上数一数二的大帝国。

元朝统治期间四处征战，导致民不聊生，结果只维持了短短九十年的时间就被农民起义推翻了。

【原文】

明太祖①，久亲师②。传建文③，方四祀④。

【注释】①太祖：这里指明朝开国皇帝——明太祖朱元璋。②久：长期，一直。亲师：亲自率兵征战。③建文：明惠帝，年号建文，朱元璋之孙。④四祀（sì）：四年。建文帝在位仅四年。

【译文】明太祖朱元璋长期亲自督师血战，消灭了元朝，建立了明朝。死后传位给孙子朱允炆，朱允炆只做了四年皇帝。

【原文】

迁北京，永乐嗣①。追崇祯②，煤山逝。

【注释】①永乐：明成祖朱棣（dì），年号永乐。嗣（sì）：指继承帝位。朱棣是朱元璋第四子，建文帝叔，封燕王，镇守北平（今北京市）。他不满太祖传位皇太孙，以平定变乱为借口，起兵攻陷南京，建文帝生死下落不明。朱棣夺取帝位，后又迁都北京。②崇祯：明思宗朱由检，明朝最后一位皇帝，年号“崇祯”。

【译文】朱元璋第四子登上皇位，改年号为永乐，并由南京迁都到北京。到崇祯皇帝时，李自成攻入北京，崇祯皇帝朱由检在煤山上吊自尽，明朝从此灭亡。

【原文】

清太祖①，膺景命②。靖四方③，克大定④。

【注释】①清太祖：即清太祖爱新觉罗·努尔哈赤。②膺：承受，接受。景命：上天的命令。③靖：平定，使秩序安定。四方：指国土各地。④克：能够，这里引申为完成。定：平安，安定。

【译文】清太祖爱新觉罗·努尔哈赤声称自己接受了上天的旨意，建立了后金国（清朝的前身）。到清世祖顺治皇帝时，派兵进入山海关，打败了李自成，夺取了原本由他占领的北京，定为国都，成了第一位入主中原的大清皇帝。此后，清朝又先后平定了拥戴福王、鲁王、唐王、桂王等建立的南明小朝廷，以及全国各地的抗清斗争，建立了空前巩固的多民族国家。

【原文】

至世祖①，乃大同②。十二世③，清祚终④。

【注释】①世祖：爱新觉罗·福临，年号顺治。他六岁即位，由叔父多尔衮摄政。②大同：儒家所谓的理想社会。顺治元年（1644 年）清兵入关，击败李自成政权，建都北京。继而统一中国，建立所谓太平盛世。③十二世：自清太祖起清代共历十二帝。④祚（zuò）：帝王之位，也指国运。终：止。宣统三年（1911 年）辛亥革命推翻清王朝，结束了两千多年来的封建君主制度。

【译文】至顺治帝时统一中国。清朝传位十二世至宣统帝，清朝亡。

【原文】

读史者，考实录①。通古今②，若亲目③。

【注释】①考：研究、推求。实录：符合实际的记载。②通：懂得，彻底了解。古今：古代和现代，这里指古往今来的历史脉络。③若：好像。亲目：亲眼看见。目，看。

【译文】阅读史书还要注意进一步查找历史资料，和书籍互相对照参考，从多个角度和侧面去理解历史事件，对历史发展演变的过程及原因有一个比较客观的认识。

如果能做到这一点，就能深入透彻地掌握古往今来的历史脉络，好像自己身临其境，亲眼看见了历史上人、事、物盛衰兴亡的过程。

【原文】

口而诵①，心而惟②。朝于斯③，夕于斯④。

【注释】①诵：朗诵、朗读，有高低起伏地大声读出来。②惟：想，思考。③朝：早晨。于：在，到。斯：此、这，这里代指所读之书。④夕：夜晚，晚上。

【译文】掌握了研究历史应该注意的事项之后，就该总结学习方法了。

读书时，不仅要大声朗读、背诵，还要用心思考，深入了解所学的内容，这样可以让记忆更深刻。勤奋地学习是最重要的，必须持之以恒，才能对书中的内容熟记不忘，并不断有新的收获。

【原文】

昔仲尼①，师项橐②。古圣贤，尚勤学③。

【注释】①昔：以前，过去。仲尼：孔子。孔子名丘，字仲尼。②师：把……当作老师，就是向人学习。项橐：人名，春秋时鲁国的神童。③尚：尚且，还。

【译文】鲁国有个叫项橐的小孩，他只有七岁，但小小年纪便已十分聪明，很有主见，孔子并不因为自己是公认的大学问家，而对方比自己年纪小，就觉得向他学习是丢脸的事，仍然把他当作老师一样虚心请教。像孔子这样伟大的圣贤，尚且不耻下问、勤奋好学，我们普通人应该更加努力才对。

【原文】

赵中令①，读《鲁论》②。彼既仕③，学且勤④。

【注释】①赵中令：指宋太宗时中书令赵普。中令，宋朝官名，相当于宰相。②鲁论：书名，指《论语》。《论语》有三种流传版本，《鲁论》《齐论》《古论》，现在我们通常读的《论语》是《鲁论》。③彼：他，这里指赵中令。既：已经。仕：做官。④且：尚且，还。

【译文】宋太宗时的中书令赵普虽然做了大官，工作十分忙碌，但仍然没有放弃学习。在所有书籍中，赵普最爱读《论语》，一有机会就捧在手中反复品味，于是就有了“半部论语治天下”的典故。

赵普已经当了高官，尚且刻苦攻读，我们普通人更加不能放松对自己的要求。

【原文】

披蒲编①，削竹简②。彼无书③，且知勉④。

【注释】①披：翻开，翻阅。蒲编：编起来的蒲草，这里指用蒲草编成的书，讲的是西汉路温舒的故事。蒲，草名，又叫草蒲。②削竹简：将竹子削成薄片，编成书册。削，用刀切去或割去；竹简，竹片，战国至魏晋时代用来书写的材料，这里讲的是西汉公孙弘的故事。③彼：他们，指路温舒与公孙弘。无书：意思是贫穷买不起书。无，没有。④勉：勤勉，勤奋。

【译文】纸发明以前，所有的书都是逐字抄录在绢帛、羊皮、竹简和木牍上的，因此价格十分昂贵。西汉路温舒家里很穷，买不起书，但一心上进的他，把向别人借来的书抄在编起来的蒲草上阅读。

西汉还有个名叫公孙弘的人，和路温舒一样穷得买不起书，就把竹子削成薄片，再把文字一个个刻在竹片上，编成书册，供自己平时苦读。

路温舒和公孙弘家境贫寒买不起书，尚且勤勉好学。我们在学习中遇到困难，千万不能放弃，经过不懈的努力，最后定能取得优异的成绩。

【原文】

头悬梁①，锥刺股②。彼不教③，自勤苦④。

【注释】①头悬梁：头发挂在房梁上。头，这里指头发。悬，悬挂、吊挂。梁，房梁，架在墙上或柱子上支撑房顶的横木。这里说的是汉朝孙敬的故事。②锥刺股：用锥子刺自己的大腿。锥：锥子，尖头锐利的铁器；股：大腿。这里说的是战国苏秦的故事。③彼：他们，指孙敬和苏秦。不教：没有人教导。教，教导、教授。④自：自己。勤苦：勤奋刻苦。

【译文】汉朝的孙敬为了防止自己读书时不小心打瞌睡，于是用绳子绑住头发，再把绳子悬挂在屋梁上，这样，只要打瞌睡时低下头，绳子就会拉扯头发，然后痛醒过来，抖擞精神接着读书。战国时的苏秦，只要读书时累得快睡着，就拿锥子刺自己的大腿，用疼痛战胜疲倦，强迫自己打起精神继续读书。

孙敬和苏秦两个人，没有人督促和教导他们学习，全靠自己勤奋刻苦。

【原文】

如囊萤①，如映雪②。家虽贫③，学不辍④。

【注释】①如：比如，像。囊萤：把萤火虫装入袋子里。这里说的是晋朝车胤的故事。囊，用袋子装。②映雪：映着雪光，借着雪地反射的亮光。这里说的是晋朝孙康的故事。③虽：虽然。贫：贫穷。④辍：停止，中断。

【译文】比如晋朝的车胤，家里贫穷，买不起油来点灯看书，于是把萤火虫装进用纱布做成的袋子里，借着它们发出的微弱亮光来读书。再比如晋朝的孙康，同样是家境贫困，买不起油点灯读书，他不顾冬夜的寒冷，借着屋外雪地反射出的亮光读书。

车胤和孙康虽然家境贫困，却从未停止学习。

【原文】

如负薪①，如挂角②。身虽劳③，犹苦卓④。

【注释】①负薪：挑着木柴。负，背，挑担；薪，木柴、柴火。这里说的是汉朝朱买臣的故事。②挂角：（把书）挂在牛角上。角，指牛角。这里说的是隋朝李密的故事。③劳：劳累。④犹：依然，仍然，还。苦：用心，尽力。卓：高超不平凡。

【译文】比如西汉朱买臣出身贫寒，靠砍柴卖钱勉强维持生计。他总是把书挂在担子前，在挑柴去卖的途中一边走路一边看书。还有隋朝的李密，从小帮人放牛，他就把书挂在牛角上，一边放牛一边看书。

朱买臣和李密两个人，虽然天天都要干活，身体上非常劳累，但是依然用心学习。

【原文】

苏老泉①，二十七②。始发愤③，读书籍。

【注释】①苏老泉：北宋著名的文学家苏洵，大文豪苏东坡的父亲，唐宋八大家之一，老泉是他的号。②二十七：指二十七岁。③始：才。发愤：下定决心努力去做。

【译文】北宋著名的文学家苏洵，年轻时贪玩不爱学习，直到二十七岁才意识到自己的错误，下定决心努力向学。虽然起步比别人晚，但苏洵通过持之以恒地刻苦学习，最终成为大文学家。

【原文】

彼既老①，犹悔迟②。尔小生③，宜早思④。

【注释】①彼：他，这里指苏老泉。既：已经。②犹：尚且。悔：后悔，懊悔。迟：慢，晚。③尔：你，你们。小生：小孩子，年轻人，对晚辈的称呼。④宜：应当，应该。早思：早点思考，早点想清楚。

【译文】苏老泉到了二十七岁才发奋努力，尽管后来成了大文学家，但他还是后悔自己醒悟得太晚，只能更加勤奋以弥补过去浪费的时光。

你们这些小孩子，应该吸取苏老泉的教训，及早思考自己的人生道路，以免将来后悔。要珍惜最宝贵最适合读书的青春时光，努力用功。

【原文】

若梁灏①，八十二②。对大廷③，魁多士④。

【注释】①若：如。梁灏：人名，生活在五代末北宋初。②八十二：这里指八十二岁。③对大廷：参加殿试（古代科举考试的最高一级，在皇宫的大殿上举行，由皇帝亲自主持）。对，答，回答，这里指回答皇帝的提问；大廷，朝廷。④魁：魁首、第一，这里指夺得第一名。多士：诸多考生。

【译文】梁灏年轻时参加科举考试，成绩一直不理想，但他始终不放弃，终于在八十二岁那年金榜题名。他参加殿试时，对皇帝提出的问题总是对答如流，而且见解不凡，远远胜过其他诸多一同参加殿试的考生，最后高中状元。

【原文】

彼既成①，众称异②。尔小生，宜立志③。

【注释】①彼：他，这里指梁灏。成：成功。②众：众人，大家。称异：感到惊异，认为是令人惊讶的。③立志：树立志向。

【译文】和梁灏一同考上的人全都比他年纪小很多，对于梁灏勤奋好学，这么大年纪还能高中状元，大家都觉得既惊讶，又佩服。

你们这些小孩子，就应该向梁灏学习，树立远大的志向，不断向目标迈进。只要坚持到底，最后一定会有回报。

【原文】

莹八岁①，能咏诗②。泌七岁③，能赋棋④。

【注释】①莹：祖莹，北魏人。②咏：唱，朗诵，声调有抑扬起伏地念。③泌：李泌，唐朝人。④赋棋：以下棋为题目作诗。赋，这里是作诗的意思。

【译文】北魏的祖莹，从小聪明伶俐，喜欢读书，才八岁就会吟诗，让大人都惊叹不已。唐朝的李泌，同样从小聪明活泼，热爱读书。在他七岁时，皇帝召见了这个小神童，想看看他是否如传说的那样有真才实学，于是要小李泌以“棋”为题作一首诗。小李泌毫不慌张，当场写了一首好诗，皇帝大加赞赏。

【原文】

彼颖悟①，人称奇②。尔幼学③，当效之④。

【注释】①彼：他，他们，这里指祖莹和李泌二人。颖悟：天资聪慧，聪明过人（多指少年）。②称奇：因不寻常而表示惊奇。③幼学：初入学的儿童。④当：应该，应当。效之：学习他们。效，效法、向……学习；之，他们，同样指祖莹与李泌二人。

【译文】祖莹与李泌二人，天资聪颖，又热爱学习，小小年纪就能吟诗作赋，大家对他们的优异表现都是既惊奇又赞叹。

你们这些刚入学的小朋友，应该以他们为榜样，从小培养对学习的热情，用功读书。

【原文】

蔡文姬①，能辨琴②。谢道韫③，能咏吟④。

【注释】①蔡文姬：名琰，字文姬，东汉大学者蔡邕的女儿，精通音乐，是历史上著名的才女。②辨琴：辨识琴声。③谢道韫：东晋宰相谢安的侄女，诗才敏捷，也是著名的才女。④咏吟：这里是作诗的意思。

【译文】蔡文姬是东汉末年大学者蔡邕的女儿。她天资过人，尤其在音乐方面非常有天赋，她能准确分辨琴声好坏，甚至能听出弹奏者的感情。谢道韫是东晋宰相谢安的侄女。她文思敏捷，很小的时候就会吟诗作对，所作的咏雪诗句甚至压倒了其他兄弟。

【原文】

彼女子①，且聪敏②。尔男子，当自警③。

【注释】①彼：指蔡文姬和谢道韫。②且：尚且。聪敏：聪慧且反应敏捷。③自警：自我警醒。

【译文】蔡文姬与谢道韫都是女孩子，尚且如此聪明，有才华，一个能分辨音律，一个能吟诗作对。

你们身为男子，看到女生优异的表现，更应当时时刻刻自我警醒，以她们为榜样，珍惜时光，不断充实自己。

**【原文】**

唐刘晏[①]，方七岁[②]。举神童[③]，作正字[④]。

**【注释】**①唐：唐朝。刘晏：人名，七岁能作诗写文章，大家公认他是神童。②方：才，刚刚。③举：推选，推荐。神童：特别聪明、才能非凡的儿童，这里是唐宋时所设立的童子科举的别称。④作：担任，从事。正字：官名，负责校对文字。

**【译文】**唐朝的刘晏，天赋很高，热爱学习，小小年纪就能作诗写文章，年仅七岁就被推选为神童。唐玄宗听说了他的事迹，为了表示赞赏与鼓励，选拔他担任正字官，负责校对书籍文字。

**【原文】**

彼虽幼[①]，身已仕[②]。幼而学，勉而致[③]。有为者[④]，亦若是[⑤]。

**【注释】**①彼：指刘晏。幼：年纪小。②已：已经。身已仕：已经做官。仕，做官。③致：达到。④有为者：指希望有所作为的人。⑤亦：也。若是：像这样。若，如、像；是，这样。

**【译文】**刘晏虽然年纪这么小，但已经做官了，担当国家给他的重任，你们这些小孩子，要想成为有用的人，只要勤奋好学，也可以和刘晏一样名扬后世。

**【原文】**

犬守夜[①]，鸡司晨[②]。苟不学[③]，曷为人[④]。

**【注释】**①犬：狗。守夜：晚上担任守卫看家。②司晨：早上打鸣报晓。司，掌管。③苟：假如、如果。④曷为人：怎么做人呢？曷，如何、怎么；为人：做人。

**【译文】**狗会在晚上充当警卫，看守门户，保护主人的安全；公鸡每天清晨都会高声打鸣报晓，催促人们按时起床。

狗和鸡尚且能尽责工作，身为万物之灵的我们如果整天懒惰贪玩，不肯认真学习有用的本领，还怎么做人呢？

**【原文】**

蚕吐丝[①]，蜂酿蜜[②]。人不学，不如物[③]。

**【注释】**①蚕：家蚕，一种动物，能够吐丝结茧，是丝绸的主要来源。②蜂：蜜蜂。酿：发酵酿造。③不如：比不上。物：这里指动物。

**【译文】**蚕会吐丝结茧，人们用它来制作布料、衣服。蜜蜂会采集花粉，酿成甘甜的蜂蜜给人食用。蚕、蜂和狗、鸡一样，都能尽职完成自己的工作。如果我们不懂得自己应尽的责任，不勤奋读书学习实现自己的价值，岂不是连这些动物都比不上吗？

【原文】

幼而学，壮而行①。上致君②，下泽民③。

【注释】①壮：壮年，古代以三十岁为壮年，泛指中年人。行：努力实行。②上：对上。致君：尽力辅佐国君。致，尽力。③下：对下。泽民：施恩惠于人民，使人民能得到福利。泽，恩泽，恩惠；民，人民，百姓。

【译文】我们要在幼年时努力学习不断充实自己，长大后能够学以致用，替国家效力，为人民谋福利。

【原文】

扬名声①，显父母②。光于前③，裕于后④。

【注释】①扬：显扬，传播。名声：名誉声望。②显：传扬，显扬。③光：光耀、增光。前：前人，指祖先、祖宗。④裕：富裕，富足。后：指子孙后代。

【译文】如果长大后能用自己所学的知识和本领为祖国、人民作出应有的贡献，人民自然会赞扬你的功绩，不但自己能名扬天下，也使父母感到荣耀，给祖先增光，还能给子孙后代树立好榜样，使他们受益匪浅。

【原文】

人遗子①，金满籝②。我教子③，惟一经④。

【注释】①人：别人，有的人。遗：留给，遗留。子：孩子，子孙。②金满籝：满筐金子，意思是巨大的财富。籝，竹子编的筐。③教：教育。④惟：只有。一经：一本经书，这里指《三字经》。

【译文】有的人疼爱子女，给子孙留下许多钱财，希望他们能过上富裕的生活。我的想法和那些人不同，留下来教育子孙的，只有这本《三字经》。希望能教给他们做人的道理，还有自己的人生经验和教训，让他们努力学习，打好根基，将来能开创自己的事业。

【原文】

勤有功①，戏无益②。戒之哉③，宜勉力④。

【注释】①勤：勤奋，勤劳。有功：取得成就。功，功绩、功劳。②戏：玩乐，嬉戏玩耍。无益：没有好处。益，好处、利益。③戒之哉：要以此为警戒啊。戒：警戒、警惕；之：代指前面所说的“勤有功，戏无益”；哉：啊，表示感叹的语气。④宜：应该，应当。勉力：尽力，辛勤努力。

【译文】勤奋努力的人最后一定能取得相应的成就，这就是俗话说的“有志者，事竟成”“一分耕耘，一分收获”。相反，如果只知道贪玩，最终一定会后悔自己白白浪费了宝贵的时光，却一无所获。我们一定要把“少壮不努力，老大徒伤悲”的教训牢记在心，以此为警戒，经常提醒自己，珍惜时光，认真学习。

# 百家姓

《百家姓》是一本关于中文姓氏的书，成书于北宋初。通行本472字，现印本共568字，其中单姓444个，复姓60个。《百家姓》的次序的形成是有历史原因的，“赵钱孙李”成为《百家姓》前四姓是因为百家姓形成于宋朝的吴越钱塘地区，故而宋朝皇帝的赵氏、吴越国国王钱氏、吴越国王钱俶正妃孙氏以及南唐国王李氏成为百家姓前四位。全文按韵语写成，读来顺口，易学好记。《百家姓》与《三字经》《千字文》并称“三百千”，是中国古代幼儿的启蒙读物。

## 赵

**姓氏来源** 西周的周穆王时代，有个叫造父的人，善于驯马和驾车。传说周穆王到昆仑山去见西王母，乘坐的是造父驾的八匹骏马拉的车。因为造父驯马驾车有功，周穆王就把赵城（今天山西省洪洞县一带）作为封地赐给他，造父的后代就以封地为姓。春秋时期，造父的第五世孙赵夙做了晋国的将军，而赵夙的后代又建立了赵国。赵国是战国七雄之一。

**历史名人** [赵雍] 就是赵武灵王，他在战国时期积极倡导国家制度和社会文化习俗的改革创新，推行“胡服骑射”，使赵国成为强国。

[赵云] 字子龙，三国时期的蜀汉名将，有胆有识，武艺高强，功勋卓著。刘备称他一身是胆，人称“虎威将军”。

[赵匡胤] 宋代开国皇帝，有雄才大略，是卓越的政治家。

## 钱

**姓氏来源** 以长寿闻名的彭祖，是远古帝王颛顼（zhuān xū）的玄孙。传说他活了八百岁，在商、周时都做过官。据说他曾救过尧的命，所以得到了“大彭”封地。到了周朝，彭祖的后代中有个叫彭孚的人，他的官职为“钱府上士”，负责掌管朝廷的钱币，于是以官职为姓就姓“钱”了。钱姓发源于陕西，兴盛于江浙。唐朝末年，钱镠（liú）建立吴越国，政绩卓著。

**历史名人** [钱起] 唐朝诗人，“曲终人不见，江上数峰青”就是他的名句。

## 孙

**姓氏来源** 孙姓主要有四个来源。一是春秋时卫武公的儿子名惠孙，后人为纪念惠孙，取他名字中的“孙”字为姓；二是春秋时期楚国名相孙叔敖，后人取他的字“孙叔”为姓，演变为“孙”；三是春秋时期的田书，他是商朝君王的后裔，因为有功，被齐景公封赏并赐姓“孙”；四是商朝末年的贤臣比干，他是商纣王的叔父，因正直而被残暴的纣王杀害，他的子孙为避难而改姓，其中有一支姓孙。

**历史名人** [ 孙武 ] 又称“孙子”，春秋时期著名军事家。著有《孙子兵法》，世称“兵圣”。

[ 孙思邈 ] 隋唐时期著名医药学家，被后人尊为“药王”。

[ 孙中山 ] 中国民主革命的伟大先行者，领导辛亥革命，建立民主共和体制，被尊为“国父”。

## 李

**姓氏来源** 商朝末年，有个叫理徵的人，他是尧舜时期的“理官”（相当于今法官）皋陶的后人。为人正直，敢于进谏。纣王一怒之下要杀害他全家。理徵的妻子带着儿子利贞逃难，数日无食，终于找到一种长在树上的果子——“木子”充饥，才没饿死。于是，利贞脱离危险后就把自己的姓改为“李”（“木”加“子”）以示纪念。

**历史名人** [ 李世民 ] 就是唐太宗，是一位杰出的政治家，开创了著名的“贞观之治”。

[ 李白 ] 唐代伟大的浪漫主义诗人，被称为“诗仙”。

[ 李自成 ] 明朝末年的农民起义军领袖，又称“李闯王”。

## 周

**姓氏来源** 相传黄帝时有一位叫周昌的大将，商朝时有一名叫周任的太史，他们的后代都以“周”为姓氏。

周朝的建立者周文王，姓姬，是黄帝的儿子后稷的后裔。后稷种百谷于周原（今陕西渭河平原），从此称为周族。周朝很多是姬姓国。公元前 256 年，东周被秦所取代，很多周的子孙以及周朝遗民以“周”为姓。其中周平王的后裔，被认为是我国周姓的主要来源。

**历史名人** [ 周瑜 ] 三国时期吴国的名将，曾经指挥孙、刘联军火烧赤壁，大败曹操大军。

[ 周敦颐 ] 北宋著名的哲学家，朱熹曾推崇他为理学的创始人。著有《爱莲说》等。

## 吴

**姓氏来源** 远古的时候便有吴姓。颛顼帝时有个叫吴权的，少康帝时有个神箭手叫吴贺。他们的后代有些仍然姓吴。

但吴姓主要来源于姬姓。周太王古公亶父的长子太伯、次子仲雍都自动让贤，想让三弟的儿子姬昌（周文王）继承王位，于是躲到现在的江浙一带，被推为当地的首领，号称句吴。太伯死后，仲雍继位。仲雍的三世孙周章被周武王封为诸侯，国号称吴，并追封太伯为吴伯。后来吴国被越国所灭，王室子孙便以国名为姓。

**历史名人** [ 吴广 ] 秦末反秦起义领袖，与陈胜一起在大泽乡起义，建立了张楚政权。

[ 吴道子 ] 唐朝著名的画家。后人用“吴带当风”形容他的画，尊称他为“画圣”。

[ 吴承恩 ] 明代杰出的小说家，著名神魔小说《西游记》的作者。

## 郑

**姓氏来源** 西周末年，周宣王把他的弟弟姬友封为郑国的诸侯，这是西周所封的最后一个诸侯，史称郑桓公。公元前 375 年，郑国被韩国所灭，郑公的子孙流亡，以原来的国名郑为姓氏。

**历史名人** [ 郑和 ] 明朝人，本姓马，因为随明成祖起兵被赐姓郑，七次率领船队下西洋。

[ 郑成功 ] 明朝末年的名将，率军赶走荷兰殖民者，收复了台湾。

[ 郑燮 ] 清朝郑板桥，著名的书画家、文学家，“扬州八怪”之一。

## 王

**姓氏来源** 王姓起源很多，大多是王族的后代。起源于周朝的姬姓。如周灵王的太子姬晋，因为直言进谏而惹怒君王，被废为平民，一族人迁居琅琊。因原是王族，所以世代都称他们“王家”。

**历史名人** [ 王昭君 ] 名嫱，西汉人，受命与少数民族和亲，被称为中国古代四大美女之一。

[ 王羲之 ] 东晋人，我国最为著名的书法家之一，世称“书圣”。

[ 王维 ] 唐代诗人，是田园诗派的代表，也是杰出的画家。

## 冯

**姓氏来源** 冯姓来源于姬姓，周文王姬昌的第十五个儿子毕公高，被武王封于冯地，从此以后，他的子孙就用邑名作为姓氏。汉代出现了好几位姓冯的将军，他们的后代居住在河南、山西、河北、福建等地。

**历史名人** [ 冯梦龙 ] 明代著名的文学家，“三言”的编者。

## 陈

**姓氏来源** 陈姓主要来源于一个叫妫满的人，他是帝舜的后裔。周武王灭掉商朝后，想要追封前代圣王的后人，妫满于是受封在陈国，被称为胡公。其后人用原来的国名为姓，叫陈完。这便是陈姓的最早来源。

**历史名人** [ 陈胜 ] 秦朝末年著名的起义军首领，他与吴广联合，领导农民反抗秦朝的暴政，建立了张楚政权。

[ 陈平 ] 汉高祖刘邦的著名谋士，常常献上有智慧的计谋，帮助刘邦夺得天下。

## 卫

**姓氏来源** 康叔是周文王的儿子，他的兄弟周武王建立西周以后，把他封在了商朝的首都殷（在今河南安阳）一带，建立了卫国。秦朝统一天下以后，卫国的王族子孙，就以国名作为姓氏。

**历史名人** [ 卫青 ] 西汉武帝时有名的军事将领，曾七次出击匈奴，维护了边疆安定。

[ 卫玠 ] 西晋时著名的贵公子，传说因为相貌英俊常被人围观，疲惫而死，因此有“看杀卫玠”的典故。

[ 卫夫人 ] 卫夫人名卫铄，东晋有名的女书法家，据说是王羲之的启蒙老师。

## 蒋

**姓氏来源** 蒋姓的起源很单一，俗称“天下无二蒋”。蒋姓出自姬姓。西周初年，周成王分封诸侯的时候，把周公姬旦的第三个儿子姬伯龄封到了蒋国，他就是蒋姓的得姓始祖。

**历史名人** [ 蒋防 ] 唐代文学家。他年少时就才思敏捷，聪慧过人。他的作品《霍小玉传》是唐传奇的代表作。

[ 蒋廷锡 ] 清代康熙、雍正年间著名的花鸟画家，开创了“蒋派”花鸟画。

## 沈

**姓氏来源** 沈本来是个国名，最早是大禹子孙的封国。周朝初年，周武王死后，年幼的成王继位，成王的叔叔周公旦主持政事。新旧贵族联合一些边远地方的人发生叛乱。成王的另一个叔叔季载，帮助周公旦平定了叛乱，周公旦举荐他做了司空。后来，成王又把季载封到沈国。季载的后人以国为姓。

**历史名人** [ 沈约 ] 南朝齐梁之际的著名诗人和文坛领袖，“永明体”的开创者之一，作诗讲求声韵格律，促进了诗歌由古体向近体的发展。

[ 沈括 ] 北宋著名的科学家、政治家、军事家和文学家。写有《梦溪笔谈》。

[ 沈周 ] 明朝中期的著名画家，与文徵明、唐寅、仇英合称“吴门四家”。

## 韩

**姓氏来源** 周朝初年，周武王少子叔虞被哥哥周成王分封到唐国（在今山西省翼城县）。他的儿子燮继位后改国号为“晋”。山西简称晋，就是由此而来。

但是叔虞的后代万被封到韩原（现在的陕西韩城西南），人们称他为韩万。从此，他的后代便以邑名“韩”为姓。

**历史名人** [ 韩非 ] 战国时期“诸子百家”中法家的代表人物。他有著作《韩非子》。

[ 韩信 ] 秦末汉初著名的军事家。汉初三杰之一，帮助汉高祖平定天下，被封为齐王、楚王、淮阴侯。

[ 韩愈 ] 唐代著名的文学家，唐宋八大家之一，又称“韩昌黎”。

## 杨

**姓氏来源** 西周末年，周宣王姬静有个小儿子叫尚父。周宣王把他封在杨地（在今山西省洪洞县），称为杨侯。后来，杨国被晋国吞灭，杨侯的子孙就依照当初周王的分封姓了杨。

还有一种说法，说杨姓人是唐叔虞的后代。唐叔虞是周武王的第三子，是晋国人的祖先。杨氏源于周朝的王族姬姓。

**历史名人** [ 杨坚 ] 即隋文帝，隋朝的开国皇帝。

[ 杨贵妃 ] 唐玄宗最为宠爱的贵妃，中国古代四大美人之一。

## 朱

**姓氏来源** 朱姓和曹姓都是远古帝王颛顼的后代。颛顼的玄孙叫安，大禹赐其姓为曹。周武王时，曹安的后人有个叫曹挟的，受封在邾国（现在的山东省邹城市）。后来，楚宣王率军吞灭了势力弱小的邾国，曹挟的子孙有的继续姓曹，有的为了避难，将“邾”字去掉偏旁，改姓朱。

**历史名人** [ 朱熹 ] 南宋哲学家、教育家，宋代理学的集大成者。

[ 朱元璋 ] 即明太祖，明朝开国皇帝。

[ 朱耷 ] 清初的著名画家，自号“八大山人”。他画的鱼鸟都是“白眼向人”的样子，表达了对明朝的怀念，对清朝的不合作。

## 秦

**姓氏来源** 秦姓有两个来源：靠北的一支，是颛顼嬴姓的后代；靠南的一支，则是黄帝姬姓的后代。秦始皇姓嬴，是颛顼的后代。秦王子婴投降刘邦以后，子孙开始以秦为姓。另一支秦姓是周公的儿子伯禽的后代。伯禽的后代被封在秦邑（今山西境内），于是姓秦。

**历史名人** [ 秦越人 ] 就是神医“扁鹊”，战国时期影响最大的医学家。

[ 秦琼 ] 唐朝初年的著名将领，又叫秦叔宝。他的故事被编成小说和评书、戏剧等。

[ 秦观 ] 又叫秦少游，北宋著名词人。苏东坡称他为“山抹微云秦学士”。

## 尤

**姓氏来源** 尤姓来源于沈姓。五代时，一个叫王审知的人在福建称王，因为他名字中的“审”和“沈”同音，所以福建姓沈的人都要避讳，把“沈”字去掉偏旁，改为“尤”。这就是尤姓的由来。

**历史名人** [ 尤袤 ] 南宋著名诗人，与杨万里、范成大、陆游齐名，合称“南宋四大家”。

[ 尤怡 ] 清代名医，著作有《伤寒贯珠集》《金匮要略心典》等。

## 许

**姓氏来源** 在尧帝的时候，有一个贤能的人叫伯夷，他辅佐尧帝治理天下，被尊称为“四岳”之一。西周灭商后，周成王把伯夷的后裔封在许国（在今河南省许昌市东部），称为许文叔。到战国初期，许被楚国所灭，许国的子孙流散在中原和江南各地，以国名为姓。

**历史名人** [ 许行 ] 战国时期“诸子百家”中农家的代表人物。他主张人人都应该劳动，并带着学生穿布衣、织草鞋，干各种活计。

[ 许慎 ] 东汉经学家、文字学家。他写的《说文解字》是我国文字学的开山之作。

## 何

**姓氏来源** 战国末年，韩国被秦国吞灭。秦王下令追捕韩王的后人，有位韩国的贵族逃亡到江淮地区避难。在渡河时，遭到官吏的盘查。当时天气非常寒冷，官吏问他姓什么，他心里慌张，便指了指寒冷的河水，意思是姓韩。官吏误会了，以为他是姓河，从此他以“河”为“何”，便姓了何。

**历史名人** [ 何晏 ] 三国时期玄学家，是魏晋玄学的主要创始人之一。

## 吕

**姓氏来源** 炎帝的后裔伯夷，在尧帝时掌管礼仪，在舜帝时被任命为“秩宗”。舜帝晚年赐他姓姜，并封为吕侯。商朝末年就有了吕姓。吕尚是吕侯的后裔，人们仍用他的祖姓“姜”来称呼他，叫作姜尚，又叫姜子牙。他曾辅佐周文王和周武王。这是吕姓之源。

**历史名人** [ 吕不韦 ] 战国末期的大商人。他利用政治投机辅佐了秦王，被封为宰相，并组织门客编写了著名的杂家著作《吕氏春秋》。

[ 吕雉 ] 就是吕后，汉高祖刘邦的妻子。她是中国古代行使皇帝权力的第一位女子。

[ 吕蒙 ] 三国时期吴国著名的军事家。

## 施

**姓氏来源** 春秋时候有个鲁国君主之子叫施父，他精通音乐，看到曹国太子欣赏音乐的姿态，就断言曹国国君将会很快去世。后来果真如此。施父还很有政治才能，是当时的名臣。他的后人孝叔，把他的名字“施父”作为自己的姓。后来又省去了“父”字，这就是施姓的最早来源。明朝时，名士方孝孺拒绝为朱棣起草登极诏书而被害，族人为了避难，有人改姓施，因为“施”字拆开，恰是“方人也”。这是今天上海施姓的来源。

**历史名人** [施耐庵]元末明初人，著名小说《水浒传》的作者。

[施琅]清朝著名的军事家，海军统帅。他率水军出击台湾，为实现国家统一做出了重要贡献。

## 张

**姓氏来源** 远古时候，有个人名叫挥。他的父亲和颛顼帝的父亲，都是黄帝正妃嫘祖所生。挥自幼生活在父亲的封地顿丘。当时的人们以打猎捕鱼为生，挥受到天上星星的启发，折来树枝，发明了弓，用来打猎。黄帝死后，颛顼继位。共工和颛顼争夺帝位。挥率兵迎敌，把弓矢用于战争，打败了共工，使得他撞上不周山而死。因为挥功勋卓著，颛顼帝封他为“弓正”，也叫“弓长”，赐姓张。挥就是张姓人的祖先。

**历史名人** [张骞]西汉时期的外交家。他两次出使西域，开辟丝绸之路，建立起我国与中亚各国的友好往来。

[张衡]东汉科学家、文学家。他绘制星象图，发明了“浑天仪”“地动仪”等。

[张仲景]东汉医学家。他写了著名的《伤寒杂病论》，被后人尊称为“医圣”。

## 孔

**姓氏来源** 传说中的五帝之一帝喾（kù），是黄帝的曾孙，他的夫人名叫简狄。简狄吞鸟蛋而怀孕，生下一子，取名叫契。因为契是简狄吞吃鸟的子（也就是鸟蛋）而生的，就以“子”为姓。经过十四代的演变，从契传到商朝的开国国君汤。汤字太乙，加上姓便叫“子太乙”。汤的后代把“太”字去掉，以“子乙”为姓，就是“孔”姓。

**历史名人** [孔子]名丘，“孔子”是人们对他的尊称。他是春秋时期鲁国人，伟大的思想家和教育家，儒家学派的创始人。

[孔融]汉朝末年的文学家，建安七子之一，后来被曹操杀害。

[孔尚任]清朝初年的诗人、戏曲作家，著名戏剧《桃花扇》的作者。

## 曹

**姓氏来源** 曹姓主要有两个来源。一是周文王的第十三个儿子，叫振铎，他被周武王封在曹邑，建立了曹国。曹国后来被宋国吞灭，曹王的后人便以故国的国名为姓。二是颛顼的玄孙陆终。陆终的第五个儿子叫安，安曾经辅佐大禹治水，因为有功，大禹赐姓曹。

**历史名人** [ 曹参 ] 西汉建立时期的功臣之一，与萧何一起辅佐汉高祖刘邦，开国后继任萧何的宰相职位。

[ 曹操 ] 东汉末年的政治家、军事家、诗人。他“挟天子以令诸侯”，统一了中国北部。

[ 曹雪芹 ] 清代伟大的文学家，《红楼梦》的作者。

## 严

**姓氏来源** 严姓是从庄姓改来的。东汉的汉明帝名叫刘庄。因为避讳，刘庄就下令姓庄的人改姓严。到了魏晋时期，有一部分姓严的人又恢复了原来的庄姓。这样，庄、严两姓就同时存在了。

**历史名人** [ 严光 ] 又叫严子陵，东汉初年人，曾与光武帝刘秀同学。他拒受官禄，是著名的隐士。

[ 严羽 ] 宋代著名诗歌理论家。他写的《沧浪诗话》对后来的人写诗有很大影响。

[ 严嵩 ] 明朝嘉靖年间的大奸臣，阉党的领袖，也是一位书法家。

## 华

**姓氏来源** 春秋时期，宋戴公的儿子考父，受封于华邑，他的后代就以封地名为姓。

也有一种说法，认为华姓来源于考父的儿子子督。子督字华父，当时担任宋国的太宰职务，他作恶多端，杀死了大夫孔父嘉，并夺其妻，然后又杀死了宋殇公，迎立公子冯为宋庄公，自己做了一国之相。后来，狂妄的子督自己改姓华，他就成了华姓的得姓始祖。

**历史名人** [ 华佗 ] 东汉末年的名医，在中国历史上首次使用麻醉疗法为人治病。

[ 华罗庚 ] 当代著名数学家、教育家，在数论方面作出了重要贡献。

## 金

**姓氏来源** 少昊是传说中的“五帝”之一，是黄帝和正妃嫘祖所生。他在位八十四年，都城在现在的山东曲阜。按照古人的五行学说，西方是属金的，所以少昊又有金天氏的称号。他有一支子孙就以金为姓，一直沿用到现在。

**历史名人** [ 金圣叹 ] 明末清初著名文学批评家。他将《水浒传》《西厢记》等评定为“六才子书”。

[ 金农 ] 清代书画家，号冬心先生，是著名的“扬州八怪”之一。

## 魏

**姓氏来源** 晋献公的大夫毕万受封于魏，他的后代就以魏为姓。毕万有着周朝王族的血统，他的先祖毕公高，是周文王的第十五个儿子。毕公高受封在毕国。后来毕国被西戎攻灭，毕万投奔到晋国，做了大官，因为有功，被赐封在魏地。

**历史名人** [ 魏无忌 ] 又称信陵君，战国时期魏国的贵族，是以供养食客而出名的“战国四公子”之一。

[ 魏徵 ] 唐朝的著名大臣，以敢于直言劝谏唐太宗而闻名。

[ 魏源 ] 清朝的军事思想家和战略家。他的《海国图志》是我国以及东亚第一本介绍西方文明的著作。

## 陶

**姓氏来源** 陶姓的祖先是尧帝和舜帝。尧曾经是个制作陶器的人，现在的山东省菏泽市定陶区就是他当年制陶的地方。因此，他的后代中有的姓陶，有的姓唐。舜有一个叫虞阏的后人，在周朝做“陶飞”的官，负责管理陶器的制作。他的子孙便以官名为姓，改姓陶。

**历史名人** [ 陶侃 ] 东晋的开国功臣，被封为长沙郡公。

[ 陶弘景 ] 南朝齐梁之际的著名道士、医药学家、炼丹家，编写过《名医别录》。

[ 陶渊明 ] 东晋人，又叫陶潜，别号五柳先生，是魏晋南北朝时期最杰出的诗人，散文和辞赋成就也很高。

## 姜

**姓氏来源** 姜姓是中国最古老的姓氏之一。姜姓人是炎帝的后代。传说中的炎帝，也就是神农氏，是远古时期的“三皇”之一。炎帝出生在姜水（今陕西省岐山县），所以就姓姜。

**历史名人** [ 姜尚 ] 又叫姜子牙、吕尚、太公望，俗称姜太公，是周朝初年著名的军事家，先后辅佐周文王和周武王。

[ 姜维 ] 三国时蜀国后期的主要将领。

[ 姜夔 ] 南宋词人，又称白石道人。他精通音乐，写词注重格律。

## 戚

**姓氏来源** 戚姓来源于地名。在春秋时代，卫国有一位大夫叫孙林父。他本是卫国的贵族，被封在了戚地（今河南省濮阳市戚城）。这个地方是一望无际的平原，在当时是晋国、郑国、吴国、楚国等国的交通要道，而且紧挨着黄河，可以作为天然的防御。孙林父的子孙非常喜爱这个地方，就用“戚”作为姓，世代居住在这里。

**历史名人** [ 戚夫人 ] 汉高祖刘邦的宠妃，也是西汉初年的歌舞名家，善于跳“翘袖折腰舞”，会弹瑟唱歌、吹笛击筑。

[ 戚继光 ] 明朝名将，著名的军事家，率军成功地抗击倭寇的民族英雄。

## 谢

**姓氏来源** 周朝的时候有个称为“申伯”的人，他原是炎帝的姜姓后裔，历经了周朝的三代帝王。在周成王时，他被封在申地（在今河南省南阳市），所以称为“申伯”。周厉王当政后，娶了申伯的女儿，生下了周宣王。后来周宣王继承王位，把母舅申伯封到了谢地。谢地在今河南省唐河南部，后来申伯的子孙们流散到其他地方，就把封地谢当作姓了。

**历史名人** [ 谢安 ] 东晋政治家，是一代名士与名相。

[ 谢玄 ] 东晋著名的将军。他指挥了著名战役淝水之战，被誉为以少胜多战例的典范。

[ 谢灵运 ] 南朝诗人，谢玄的孙子，又称谢康乐。他的山水诗成就很高，是我国山水诗作的开创者。

## 邹

**姓氏来源** 邹姓和朱姓都来源于邾国的王族。当年周武王把颛顼帝的后人封在了邾国。邾国成为鲁国的附庸，被改为邹，后来又被楚国所灭。邾国的子孙一部分姓朱，另一部分就拿后来的国名“邹”作为姓。

**历史名人** [ 邹忌 ] 战国时期齐国的谋臣，以敢于进谏和善于言辞而著称。

[ 邹衍 ] 战国末年齐国人，著名的哲学家，诸子百家中阴阳家的代表人物。

## 窦

**姓氏来源** 窦姓的祖先是四千多年前夏朝帝王相的儿子少康。相在位的时候，有人作乱犯上。相的妻子当时正怀着少康，她在万分紧急的情况下从墙的洞口逃亡，生下了少康。少康后来复兴了夏朝。为了纪念当初母亲带着自己从洞中逃亡的经历，少康让自己的儿子姓窦。窦，就是洞的章思。

**历史名人** [ 窦融 ] 东汉时的著名将领，曾经跟随汉光武帝远征，后来被封为安丰侯。

[ 窦默 ] 元朝时的著名医学家，是我国针灸史上的名家之一。

[ 窦建德 ] 隋末唐初人，河北起义军的领袖。

## 章

**姓氏来源** 姜太公是西周最大的功臣，在他的辅佐下，周文王、周武王父子推翻了商纣王的统治，建立了新的王朝“周”。周朝建立后，周武王封姜太公做齐国的诸侯。姜太公的一支子孙被封在了鄣国（在今山东省境内），是杞国的附庸国。后来，子孙把“鄣”字去掉偏旁，姓章。

**历史名人** [ 章邯 ] 秦朝将领，曾率秦军与项羽所率起义军在巨鹿大战，被击败，后来被刘邦的部下韩信所灭。

[ 章学诚 ] 清朝著名学者，是乾隆年间的进士，在史学方面造诣很深。

## 苏

**姓氏来源** 传说有一个叫祝融的人，是帝喾时候的火正，也就是掌管火的官。祝融的后人昆吾，有四个儿子被封，其中一个封在了苏国（今河南、河北一带）。从此以后，这一支子孙就用苏作为姓。

**历史名人** [ 苏武 ] 西汉尽忠守节的著名人物。他出使匈奴被扣留，却决不投降，被流放牧羊十九年，最终回到汉朝。

[ 苏秦 ] 战国时著名的说客、谋士、纵横家，是“合纵派”的代表。

[ 苏轼 ] 就是苏东坡，北宋杰出的文学家。他的诗、词、文章、书法、绘画都有很高的成就。

## 潘

**姓氏来源** 潘姓人的祖先，是一个叫季孙的人。他是周文王之子毕公高的儿子。周武王继承王位后，把毕公高封在了毕地，就是今陕西西安和咸阳以北一带。毕公高就是毕国的国君，他把儿子季孙封在“潘”这个地方。季孙的子孙就以这个地名为姓，世世代代姓潘。

**历史名人** [ 潘岳 ] 就是有名的美男子潘安，西晋时的文学家。

## 葛

**姓氏来源** 远古时期，我国有一个部落叫葛天氏，相传是北方葛姓人的祖先。北方葛姓的另一个祖先是葛伯，他是颛顼帝的后代，三千多年前，他在今河南蔡丘屯村建立葛国，和商汤是邻居。到商汤灭掉夏朝的时候，葛国也被灭了，子孙就把国名当作姓。

**历史名人** [ 葛洪 ] 东晋时期著名的医学家、道教学专家和思想家，在道教史和道教思想史上都占有重要的地位。主要著作有《抱朴子》。

## 范

**姓氏来源** 范姓人来源单一，是尧帝的后代。尧的后人有个叫杜伯的，被周宣王杀害。杜伯的儿子隰（xí）叔逃到晋国，做了“士师”这个官职。于是就用官名做姓，姓士。他的曾孙叫士会，很有才能和智谋，当上了晋国的大官，被封在了范地（今河南省范县）。士会的子孙就改姓了范。

**历史名人** [ 范蠡 ] 春秋时越国大夫。他足智多谋，帮助越王勾践打败了吴王夫差。

[ 范晔 ] 南北朝时期著名的史学家。他写了有名的史书《后汉书》。

[ 范仲淹 ] 北宋著名的政治家、文学家，有“先天下之忧而忧，后天下之乐而乐”的名言。

## 彭

**姓氏来源** 据说彭姓和钱姓都是彭祖的后代。在传说中，彭祖很会做一种好吃又有营养的羹汤。尧帝生病的时候，他献上这种羹汤，尧帝的病就好了。所以，后世也认为他是厨师的祖先。尧帝把他封在大彭国。他活了八百多岁，被叫作“人瑞”，表示他的长寿；又被称作“彭祖”，他的后代有的便以彭为姓。

**历史名人** [ 彭咸 ] 商朝著名的贤臣，因为劝谏君王不被接纳，投水而死。屈原曾在《离骚》中反复提到要学习他。

## 鲁

**姓氏来源** 周公是西周初期政治家，姓姬名旦，为周成王的叔叔，周武王的弟弟。周公当初被封在东方的鲁国（在今山东省曲阜市），但是他要留在周朝的首都辅佐周成王，就派儿子伯禽去鲁国。战国时，楚国灭鲁。鲁国王族子孙被迫迁居下邑（国都以外的所属城邑），就以国名为姓了。

**历史名人** [ 鲁仲连 ] 战国末期有名的高士，齐国人。

[ 鲁肃 ] 三国时吴国将领，足智多谋。他在赤壁之战中促成了孙刘联盟，经周瑜统帅，打败了曹操。

## 韦

**姓氏来源**“豕韦”这个复姓是韦姓的演化来源。夏朝时，大彭国的君主将元哲封到“豕韦”这个地方（在今江苏省徐州市铜山区附近）。元哲以豕韦为姓，建立了韦国。后来的王族子孙们就以“韦”字为姓，省去了“豕”字，一直流传到今天。另外一些韦姓人，是西汉初年的大将韩信的后代。韩信的子孙当时避难到广西，为了掩人耳目，取“韩”字的右半边“韦”当作姓。

**历史名人** [ 韦应物 ] 唐朝诗人，有《韦苏州集》。其诗以描写田园风物著名，语言简约恬淡。

[ 韦庄 ] 晚唐五代时期的诗人、词人。《秦妇吟》是他的名作之一。其词与温庭筠齐名，

并称“温韦”。

## 马

**姓氏来源** 战国时期，赵国有个叫赵奢的大将，很善于用兵打仗，功勋卓著。他被赵惠文王封在马服（在今河北省邯郸市西北），称为马服君，死后便葬在了这个地方。他的子孙最初用“马服”两个字作为姓氏，后来又省去“服”字，于是就有了马姓。

**历史名人** [马融] 东汉文学家、经学家。

[马超] 东汉末年著名的军事将领，智勇双全，武功卓越，后来依附了刘备。

[马致远] 元朝戏曲家、散曲家，有著名杂剧《汉宫秋》传世。

## 花

**姓氏来源** 传说有几种版本：一种是说花姓来源于何姓，而何姓人的祖先是周文王。一种是说华姓分化而出了花姓，因为古时原本没有“花”字，后来从“华”中分化出“花”，专门指花草的花。因此，华姓人的祖先宋微子应该是这部分花姓人的祖先。还有一种说法是金代有个叫范用吉的人改姓花，他的后代便姓花。这也是现在一部分花姓的起源。

**历史名人** [花敬定] 唐朝上元年间著名的武将。他曾受到诗人杜甫的赞美，非常骁勇善战。

[花云] 曾跟随明朝开国皇帝朱元璋东征西战，成长为著名的将领，后成为明朝的开国元勋。

## 方

**姓氏来源** 榆罔是远古时代的神农氏的后代，将儿子封在方山一带。这个儿子本来叫“雷”，受封方山后又叫方雷。方雷的子孙就以地名为姓，世代姓方。另外周朝时，南方的诸侯国在周宣王的时候发生叛乱，大臣方叔率领三千辆兵车平定了叛乱，方叔的后代就跟着姓方。方叔的后代当初主要在河南境内活动，后来逐渐南迁，在福建形成了望族。

**历史名人** [方孝孺] 明代初年的大学问家。他拒绝为篡位的朱棣写即位诏书，被灭了十族，所谓十族就是九族加上他的朋友学生一族。

[方苞] 清代“桐城派”散文的创始人，著名的散文家。

## 俞

**姓氏来源** 俞跗是黄帝的一个大臣，他医术很高明，通过摸病人的脚就可以诊断病情。他甚至能割开病人的皮肤和肌肉，清洗肠胃等内脏，这在四五千年前是非常了不起的。战国时的名医扁鹊对他十分敬佩，西汉的史学家还把他的事迹写进了史书里。他就是俞姓人的祖先。

**历史名人** [ 俞伯牙 ] 春秋时期人，他和钟子期的“高山流水”的传说是千古美谈，其琴艺非常出众。

[ 俞大猷 ] 明代抗倭名将，也是诗人和兵器发明家。

## 任

**姓氏来源** 禺阳是远古帝王黄帝的小儿子，他受封在任邑，建立起了任国（在今山东省济宁市一带）。任国王族的子孙，就以任为姓。还有传说认为，黄帝有二十五个儿子，其中有十二个因为有德，被赐封了姓氏，任姓就是其中之一。像后来的谢、章、薛、舒、吕、祝、终、泉、毕、过这十个姓，最初的时候都是从任姓发源而来。

任姓历史非常悠久，周文王的母亲太任，就是上古时候的任姓人氏。

**历史名人** [ 任不齐 ] 春秋时期孔子的七十二贤弟子之一，楚国人。被唐朝皇帝追封为任城伯，被宋朝天子加封为当阳侯。

[ 任昉 ] 南北朝文学家，和著名诗人沈约并称“任笔沈诗”。

[ 任仁发 ] 元朝画家、水利家。《二马图》是他的代表作。曾主持修浚吴淞江等工程。

## 袁

**姓氏来源** 周朝时，有个叫诸的贵族，是被周武王分封为陈侯的胡公满的十一世孙，他字伯爰。伯爰的孙子叫涛涂，他把祖父的字作为姓，就有了爰姓。在春秋时期，“爰”字和“袁、辕、榬、溒、援”等字读音同，意思也相通，所以后来的子孙就分别以这六个字为姓。繁衍到后来，袁姓的子孙最多、势力最大，直到今天仍然是一个大姓。伯爰也就是袁姓的始祖。

**历史名人** [ 袁绍 ] 东汉末年北方的一位军事首领，在官渡之战中被曹操打败。

[ 袁崇焕 ] 明朝末年著名的边防将领，有勇有谋，威震关东。

[ 袁枚 ] 清朝文学家，是“江右三大家”之一，人称“随园先生”。

## 柳

**姓氏来源** 春秋时候，鲁国有个叫展禽的人，是掌管刑狱的官，被封在柳下这个地方。他很懂得尊重人，也很正直，人们都很尊敬他。有一次，一个女子到他家后门躲雨，他怕女子冷，就用衣服把她裹在怀里，抱在腿上，但是心里没有一点淫乱的念头，真正做到了“坐怀不乱”。孟子称他是贤良君子。他死后，鲁公赠给他“惠”的谥号，人们就叫他“柳下惠”。他的后代也就跟着用柳作为姓了。

**历史名人** [ 柳宗元 ] 唐代著名哲学家、文学家。和韩愈齐名，是唐代古文运动的倡导者，“唐宋八大家”之一。

[ 柳公权 ] 唐代大书法家。与颜真卿齐名，世人并称“颜柳”，书法界也素有“颜筋柳

骨”之说。

[ 柳敬亭 ] 明末清初著名的说书人，评书的创造者。

## 鲍

**姓氏来源** 敬叔是春秋时期人，他原本是禹的后人、杞国的公子，到齐国当上了大官，得到鲍邑这块封地。敬叔的后代就用鲍作为自己的姓，齐国也就成了鲍姓的发源地。鲍敬叔的儿子叫鲍叔牙，曾孙叫鲍国。

**历史名人** [ 鲍叔牙 ] 春秋时期齐国的大臣，因为举荐管仲有功，被齐桓公封到鲍城。

[ 鲍照 ] 又称鲍参军，南朝宋文学家，杜甫诗中“俊逸鲍参军”，指的就是他。

[ 鲍令晖 ] 著名才女，钟嵘在《诗品》中专门称赞过她，南北朝时期人。

## 史

**姓氏来源** 史姓人的祖先是传说中汉字的发明者仓颉。黄帝的时候，仓颉任大臣，职务相当于后来的史官。后人就以先祖的官职作为姓，安徽宣城一带是这一支史姓的繁衍发展地。另一支发源于湖北武昌的史姓，他们的祖先是周朝一个被称作太史佚的人。其实太史佚是他的官名，职责是记录天子的言行。太史佚的后代便取“史”字作为姓，世代传了下来。

**历史名人** [ 史达祖 ] 南宋中期的词人，在当时名气很大，尤其善于咏物。

[ 史可法 ] 明朝末年著名的爱国将领，后英勇就义于清军大举南下时。

## 唐

**姓氏来源** 尧帝的后代和周文王的子孙是唐姓人的祖先。尧帝年老时把帝位主动让给舜，舜封尧的一个儿子做了唐侯。唐侯的后人于是用“唐”作为姓流传下来。周成王灭掉唐国以后，把它改封给了自己的弟弟叔虞。唐叔虞的儿子迁居到晋地，一部分子孙就用原来的国号“唐”作为姓。这两支唐姓，都出现在西周初年的时候，均为黄帝轩辕氏的后代。

**历史名人** [ 唐伯虎 ] 明代的著名画家，又叫唐寅，自称江南第一风流才子。和仇英、沈周、文徵明合称“吴门四家”。

## 费

**姓氏来源** 姓费的人早在夏朝就有。史书上有记载的费昌、费仲等人，据说都是夏禹的后代。春秋时候，鲁国鲁懿公的孙子、大夫无极被分封在山东费县西北，人们称他为费无极。费无极的子孙就用邑名“费”为姓。所以说，费姓人是鲁国公族的后代。

**历史名人** [ 费祎 ] 三国时期蜀国重要的文臣，官至后军师、尚书令、大将军，直至主持相府。

## 薛

**姓氏来源** 黄帝有个后裔叫奚仲，是个聪明灵巧的人。最早的马车就是由他发明的，在大禹时期做“车正”的官，他就是薛姓人的祖先。奚仲因为造车有功，被封在了薛国（在今山东省滕州市）。薛国历经了夏、商、周朝，直到周朝末年被楚国吞灭。奚仲的后代就用薛作为姓。还有的薛姓来源于战国四公子之一的孟尝君。孟尝君被封在薛国，也就是奚仲曾经受封的地方，人们称他为“薛公”。孟尝君的后代也有的姓薛。

**历史名人** [薛烛] 春秋时期秦国人。他善于鉴别宝剑，被人称为天下第一相剑大师。

[薛仁贵] 唐朝初年著名的将领，在唐王朝开国时期功勋卓著。

[薛涛] 唐朝有名的女诗人。曾创制了一种特别精美的信纸，称“薛涛笺”。她晚年居住在成都浣花溪畔。

## 雷

**姓氏来源** 相传在黄帝时有一个精通医术的大臣，叫雷公，曾和黄帝一起讨论医学理论，可见雷姓是个古老的姓氏。具体说，雷姓的起源，是来自方雷氏族。方雷氏是炎帝神农氏的九世孙，和黄帝关系密切，方雷氏的女子还曾嫁给黄帝。后来这个氏族因为战功被黄帝封在方山（在今河南省中北部的嵩山一带），建立了诸侯国。氏族的子孙就把国名当作姓氏，也就是复姓方雷。后来逐渐又分化为两支，一支姓方，一支姓雷。

**历史名人** [雷焕] 晋代天文学家。会观天象，曾看出斗牛（星名）间有紫气而断定丰城有宝剑，果然当地挖出龙泉、太阿两把宝剑。

[雷威] 唐代著名的古琴制作家，是唐代制琴名手四川雷氏中的杰出者。

## 贺

**姓氏来源** 贺姓人本来姓庆。东汉时，汉安帝的父亲叫刘庆，姓庆的人避讳帝王的名字，就改为同义词“贺”了。贺姓人的祖先是庆封。他是春秋时期齐桓公的曾孙，取父亲公孙庆克名字中的庆字为姓，由子孙继承下来。他在齐国做了很多坏事，引起了齐国人的极大不满，儿子被杀死，他逃到了吴国。吴王给他很高的待遇，比在齐国时还要好。庆氏宗族的人听说后，都赶来吴国相聚。直到东汉，贺氏主要在江浙一带繁衍。

**历史名人** [贺知章] 唐朝著名诗人，生性喜酒，与李白、张旭等并称“饮中八仙”，其号为“四明狂客”。

[贺岳] 明朝著名医学家，著有《医经大旨》《明医会要》《药性准绳》等。

## 汤

**姓氏来源** 成汤是汤姓人的始祖，他是商朝的开国国君。他本来姓子，叫履，又叫天乙，是帝喾的十五世孙，成汤是他死后人们给他的谥号。成汤最初是夏朝专管征伐的官。

夏朝末年，帝桀残暴昏庸，他就开始实行灭夏的计划。经过多年的征战，他终于把夏桀放逐到南巢，建立了中国历史上第二个奴隶制国家——商朝。由于他爱护百姓，施行仁政，很受拥护，死后有了“成汤”的谥号。他的子孙中有一支就以这个谥号为姓。

**历史名人** [ 汤显祖 ] 明朝戏曲家、文学家，《牡丹亭》的作者。

[ 汤天池 ] 清朝人，铁画的创始人。

## 罗

**姓氏来源** 周武王灭商后封了一些异姓的诸侯国，罗国就是其中之一，在今湖北襄阳。春秋初期，罗国被楚国所灭，国人就以国名作为自己的姓氏，从此姓罗。他们迁居到今长沙、南昌两地，繁衍发展起来。还有一部分罗姓人来自熊姓。他们的祖先重黎，是远古时期管理火种的官员，被称做“祝融”。后来重黎被杀，他的弟弟吴回继任。吴回后人又从熊姓中分化出罗姓来。

**历史名人** [ 罗艺 ] 隋末唐初的著名将领。

[ 罗隐 ] 唐朝末年的著名诗人，咏物诗写得很有特色。

[ 罗贯中 ] 元朝末年的著名文学家，中国四大名著之一《三国演义》的作者。

## 毕

**姓氏来源** 周朝的王族姬姓是毕姓的来源。周文王的第十五子叫姬高，被封在了毕国（现在的陕西西安、咸阳以北），人们叫他毕公高。毕国后来被楚国所灭，毕公高的后人就用国名做了姓，毕姓就这样流传下来。

**历史名人** [ 毕轨 ] 西汉著名的学者，与创立清谈风尚的何晏齐名。

[ 毕昇 ] 宋朝著名的科学家，是中国古代四大发明之一活字印刷术的发明者。

## 郝

**姓氏来源** 商朝的帝乙是郝姓的始祖。帝乙即位后，将他的儿子子期封在了太原郝乡（在今山西太原）。大概是在商朝被周朝灭亡以后，子期的后代子孙有的用故国的国名作为姓，姓商；有的就用先祖的地名作为姓氏，姓郝。郝姓是一个比较典型的北方姓氏。从商朝末年到汉代，郝姓人大都活动在今山西太原一带。直到宋代，南方一些地方才出现了少数的郝姓人家。

**历史名人** [ 郝孝德 ] 隋末农民起义领袖。他带领好几万人起义，加速了隋王朝的灭亡，转战在黄河下游以北地区。

[ 郝澄 ] 宋代著名画家。他所画的道佛、人马很有名。

[ 郝懿行 ] 清代著名的经学家、训诂学家。

## 安

**姓氏来源** 安姓人是安息国人的后代。上古时候，黄帝有个儿子叫昌意。昌意的第二个儿子叫安，被封在西戎，后来建立了安息国。东汉时，安息国的王子清，在父王去世后，主动让位给他的叔父，自己出家到河南洛阳，专门从事佛经翻译，为我国早期的佛学作出了巨大贡献。当时，王子清以及和他一起来到中原的安息人，都用国名为姓，这就是安姓的由来。于是，后世的安姓人尊奉安清为得姓始祖。

**历史名人** [ 安清 ] 汉代佛教学者。他本是安息国王子，放弃王位传扬佛法，翻译佛经三十多种。

[ 安禄山 ] 唐朝人。他和史思明同为著名的"安史之乱"的发动者。

## 常

**姓氏来源** 常姓是一个古老的姓氏，早在远古的黄帝时代，就有姓常的人。比如黄帝曾让一个叫常仪的人观看月亮来占卜。当时还有一个叫常先的人，被黄帝任命做大司空。今天河南的常姓人，大多是他们的后人。还有一部分常姓来自周朝的王族、卫国的国君康叔。康叔被周武王封到卫国后，又把自己的儿子封到常邑去。卫国直到秦二世时才被攻灭，经历了春秋战国时代，王族子孙有的姓卫，有的姓常。所以，有的卫姓人和常姓人是有相同血脉的。

**历史名人** [ 常惠 ] 汉代人。他曾随苏武出使匈奴，被拘留十余年而始终不屈。

[ 常遇春 ] 明朝名将，曾为朱元璋建立明朝立下汗马功劳，能征善战，有勇有谋，因其能率领十万士兵，号称"常十万"。

## 于

**姓氏来源** 周朝王族是于姓的来源之一。周武王推翻商朝以后，把王族子弟分封到各地。其中一个儿子分封到于邗国这个地方，被称为于邗叔。后来，于邗国的子孙就以国名为姓氏，姓"于邗"，后来又简化为姓"于"。于姓另外一个重要来源是淳于姓。唐宪宗李纯时，为避讳"纯"和"淳"同音，复姓淳于氏改为单姓于氏。到了宋代，有部分于姓恢复淳于姓，也有一部分没有改，仍然姓于。

**历史名人** [ 于禁 ] 三国时期魏国著名的军事将领，跟随曹操，屡立战功，被拜为虎威将军、左将军。

[ 于谦 ] 明代大臣，以"两袖清风"、正直无私著名。

## 傅

**姓氏来源** 黄帝有个后代叫大由，他就是傅姓的祖先。大由被封在傅邑这个地方，后来他的子孙就以地名为姓。傅姓的另外一个主要来源是商朝名相傅说。当时，商高宗武丁想要重振国力，希望找一个得力的大臣。他在一个叫傅岩的地方，找到了一个叫“说”的人，当时他还只是一个筑墙的奴隶。武丁任命他为宰相，结果天下大治。说因此被赐姓为傅，成为了傅姓的祖先。

**历史名人** [ 傅玄 ] 西晋时期著名的文学家、哲学家，学问渊博，擅长乐府诗。

[ 傅山 ] 明末清初著名学者，不但在诗文、书画、医学等领域都有很高造诣，更是精通经史诸子、佛道之学。

## 齐

**姓氏来源** 商朝末年有位大才，叫姜子牙，年过七十了仍然没有作为。他就在渭水边用直的鱼钩钓鱼，等待贤明的君主来发现他。周文王知道他与众不同，封他为国师。在他的辅佐下，周文王和周武王推翻了商朝，建立了新政权。因为功劳显著，姜子牙被封到齐国做诸侯。姜姓的后裔有的就以国号为氏，姓齐。

**历史名人** [ 齐德之 ] 元代著名的外科医生，担任过当时的医学博士、御药院外科太医。

[ 齐召南 ] 清朝人，小时候就被称为“神童”，长大后成为著名的史地学家。

## 康

**姓氏来源** 周武王灭商后，把同母的弟弟姬叔封在康这个地方，称为康叔。武王死后，成王继位，商朝的旧臣勾结商纣王的后裔发动了叛乱，最后被贤臣周公平定。然后，周公就把原来商都周围的地区和商朝的旧臣交给康叔管辖，改封康叔到卫国，所以又称卫康叔。康叔把卫国治理得很好，被成王升为司寇，权位比其他诸侯都要高。康叔死后，谥号是“康”，他的后代有的就用谥号作为姓，姓康。

**历史名人** [ 康泰 ] 三国时吴国人，曾出使扶南（今柬埔寨）等国，写有《吴时外国传》，是中国早期的旅行家。

[ 康昆仑 ] 唐朝时西域康国人，琵琶演奏家，在当时有“长安第一手”之称。

[ 康有为 ] 近代维新派著名领袖，“公车上书”的主要人物。

## 伍

**姓氏来源** 伍胥，黄帝时候人，传说是著名的《玄女兵法》的作者。今天有些伍姓人就是他的后代。春秋末期，楚国有个将领叫伍参。楚庄王讨伐郑国，晋国派兵阻挠。紧急时刻，伍参要求参战，结果立了战功。伍参被封为大夫，就以自己的名字做了姓。从此，伍家在楚国非常显贵，伍参的儿子伍举、孙子伍奢都世袭了大夫这个职位。伍姓就流传下来了。

**历史名人** [ 伍子胥 ] 春秋时期楚国人，帮助吴王实现了富国强兵，先后打败了楚国和越国，成为了吴国有名的大臣。

[伍孚]东汉灵帝时的大臣，刺杀奸臣董卓失败，大骂董卓，慷慨就义。

## 余

**姓氏来源** 由余，春秋时期人，是余姓人的祖先。由余本来是晋国人，为了避难，逃到我国西北部的西戎，在那里做了大官。西戎王只知道饮酒作乐，昏庸无能，由余多次劝告，都没有效果。有一次，由余代表西戎出使秦国，和秦穆公交谈，十分投机。秦穆公非常欣赏他的才干，劝他来秦国。由余答应了，在秦国大展才华，为秦国称霸做出了很大的贡献。他的子孙把他的名字分作由、余两姓，有的姓由，有的姓余，共同来纪念他。

**历史名人** [余象斗]明朝著名的通俗小说编著者和刊刻者。

[余怀]明末清初著名的文学家。笔记《板桥杂记》是其最为出名的著作。

## 元

**姓氏来源** 商朝末年，商王帝乙打算废除太子启的王位继承权，改立另一个儿子受辛。史官元铣极力劝阻，但是帝乙不听。后来受辛继承王位，就是历史上有名的暴君商纣王。贤臣元铣死后，有的子孙就用他名字中的“元”字作为姓，沿袭下来。另有一些元姓是源于春秋时期，魏武侯的儿子被封在了元邑（现在的河北省元氏县），他的后代就用这个地名作为自己的姓。

**历史名人** [元稹]唐朝著名的诗人、文学家，和白居易是好朋友，两人文学主张也相近，世人将他们共称“元白”。

[元德昭]五代十国时期著名的将领。他战功卓著，被吴越王拜为丞相。

[元好问]金朝最为优秀的诗人、文学家。

## 顾

**姓氏来源** 越王勾践是顾姓人的祖先。汉代时候，越王勾践的七世孙叫摇，曾担任过闽越族（分布在今福建北部和浙江南部地区）的首领。他因为帮助刘邦打败项羽有功，受封为东海王。他又在自己的诸侯国封儿子为顾余侯。顾余侯的一支子孙就用他封号的第一个字为姓，顾姓由此开始传承。

**历史名人** [顾恺之]东晋时期著名画家，对中国画的发展有很大的影响。

[顾宪成]又叫东林先生，明代人，曾在东林书院讲学，议论朝政人物，从而促成了历史上有名的东林党的形成。

[顾炎武]清朝著名的思想家、学者。很有气节，有“天下兴亡，匹夫有责”的名言。

## 孟

**姓氏来源** 春秋时期鲁庄公的弟弟庆父据说是孟姓的祖先。鲁庄公死后，子般继位，庆父派人行刺了他。鲁闵公接着做了两年国君，庆父又行刺闵公，想自己做国君。鲁国人非常恨他，说："庆父不死，鲁难未已。"庆父非常害怕，逃到莒国，改称孟孙氏。但鲁国还是要追究他的罪责，他就在回国的途中自杀了。庆父的子孙都改称孟孙氏，后来又简化为孟，就有了姓孟的人。

**历史名人** [ 孟子 ] 名轲，人称"亚圣"。战国时期的思想家、政治家和教育家，儒家的代表人物。

[ 孟光 ] 东汉时期的一个女子，是"举案齐眉"这个成语的主人公。

[ 孟浩然 ] 唐代初期的著名诗人，山水田园诗派的代表人物，对后来的诗人有很大影响。

## 黄

**姓氏来源** 黄姓发源于古黄国（现在的河南省潢川县），是中国最古老的姓氏之一。舜帝的时候，东方部落的首领叫伯益，因为帮助大禹治水有功，被舜帝赐姓嬴。传说伯益的后裔有十四支，其中一支就是黄氏。大约商末周初的时候，黄氏子孙建立了黄国，又称黄子国。春秋时期，楚国称霸一方，只有黄国和随国敢于抗衡，但最后还是被楚国灭了。亡国后的黄国子孙，以国名为姓，姓黄。

**历史名人** [ 黄歇 ] 战国时楚国的丞相，被封为春申君，是著名的"战国四公子"之一。

[ 黄盖 ] 三国时期吴国有名的老将，赤壁之战中用苦肉计假装向曹操投降，帮助孙刘联军打败了曹操。

[ 黄庭坚 ] 宋代四大书法家之一，也是著名的文学家，所写诗与苏轼并称"苏黄"，开创了江西诗派。

## 穆

**姓氏来源** 穆姓是产生较早的一个姓。春秋时期，宋国国君宋宣王死后，由弟弟和继位。和执政九年，临死时遗诏传位给哥哥宋宣王的儿子与夷，而让自己的儿子离开宋国，到郑国去做事。因和做君主的时候贤良和气，所以与夷即位后，给和追加谥号为"穆"，史称宋穆公。后来，宋穆公的子孙们就以祖上的谥号为姓，姓穆。穆姓的另一个主要来源，是北魏孝文帝迁都洛阳时，鲜卑族丘目陵氏改为汉姓，姓穆。

**历史名人** [ 穆宁 ] 唐朝人。他和韩休都以家教严格而闻名，人们用"韩穆二门"形容有家教的人。

[ 穆修 ] 宋朝人。专心于学问，他的古文造诣受到欧阳修的赞赏。

## 萧

**姓氏来源** 宋国的始祖微子启的孙子叫大心，春秋时期，大心的封地在萧邑（今安徽省萧县）。当时宋国有个叫南宫长万的大将杀死闵公，发动了叛乱。宋国公子纷纷逃往萧邑。

大心把这些王族子弟和他们的随从人员组成一支军队，又从曹国请来援军，消灭了南宫长万，平息了内乱。闵公的弟弟宋桓公即位后，把大心的萧邑封为附属国，称大心为萧叔。萧国后来被楚国所灭，大心的后世子孙就以封地为姓，姓萧。

**历史名人** [ 萧何 ] 西汉著名的大臣，辅佐刘邦建立了西汉王朝。

[ 萧统 ] 是梁武帝的儿子，又称昭明太子，南朝时梁朝文学家。他编的《昭明文选》是我国现存最早的文章总集。

[ 萧太后 ] 名叫萧绰，辽景宗的皇后。是著名的女军事家、政治家，她使辽国达到了鼎盛。

## 姚

**姓氏来源**“三皇五帝”之一的舜帝的后人就是姚姓人。传说舜出生在姚墟，他的父亲和继母，以及同父异母的弟弟企图陷害他，但是善良的舜一直以德报怨。舜的德行渐渐被尧帝知道，于是把自己的两个女儿娥皇、女英嫁给他，又将帝位让给了他。舜治理天下，和尧一样英明贤德，人们都很尊敬他。舜为国操劳，后来死在了南巡的途中。他的子孙以他为骄傲，就用他出生的地名“姚墟”作为姓氏，姓姚。

**历史名人** [ 姚崇 ] 唐朝政治家，曾任武则天、唐玄宗朝的宰相。

[ 姚广孝 ] 明朝著名的僧人，又叫僧道衍，是明成祖朱棣的心腹，曾参与修纂《永乐大典》等工作。

[ 姚鼐 ] 清朝文学家，曾参加《四库全书》的编纂，创立了清代散文的重要流派——桐城派。

## 邵

**姓氏来源** 周朝王族的后代就是邵姓人。周朝初年，大臣姬是因功被周王封在召地（今陕西省岐山县西南），因而被称为召公。召公曾与周公旦一起平定武庚之乱，是周朝初年的四朝元老。召公的子孙世袭他的爵位，并以“召”为家族的姓氏。由于“召”在古代有“邵”和“召”两种写法，召氏也因此分为邵氏和召氏两支。汉代以后，召姓大多都改为邵姓。

**历史名人** [ 邵雍 ] 北宋著名哲学家。他精研周易，创立了象数之学。

## 汪

**姓氏来源** 汪姓也是一个古老的姓氏，有四千年左右的历史。其祖先是夏朝的诸侯防风氏。传说，夏朝的国君禹召集诸侯到会稽山，防风氏因为来得迟了，被禹杀了头。到了商朝，防风氏改为汪芒氏，又称汪罔氏。商朝以后，后代子孙又改为单字“汪”。春秋时代，又出现一支汪氏子孙——鲁国国君鲁成公的儿子，被封到了汪邑，他的后世子孙有的就用地名为姓，姓了汪。这一支汪姓的后裔在隋唐时期成为望族。

**历史名人** [ 汪元量 ] 南宋末年著名的爱国诗人，擅长弹琴，曾是宫廷的乐师。

[ 汪昂 ] 明末清初的著名医学家，有《医方集解》《汤头歌诀》等著作，非常实用，流传很广，对普及医学有很大贡献。

[ 汪士慎 ] 清代著名画家，“扬州八怪”之一。

## 毛

**姓氏来源** 周文王的第八个儿子名叫叔郑，武王灭商后，把叔郑封在毛国（今陕西省岐山、扶风一带），叔郑就被称为毛公。直到西周晚期，毛国还存在。毛公的子孙在周朝世代继承显要的官位，称为毛氏。因此，毛姓也是一个历史悠久的姓氏，今毛姓人大多都是他们的后代。

**历史名人** [ 毛亨 ] 西汉著名学者，他注解的《诗经》一直流传到今天，被称为《毛诗》。

[ 毛晋 ] 明朝藏书家。他有九万八千余册藏书，历代收藏家无能出其右者。

## 狄

**姓氏来源** 周武王的儿子孝伯因居于参卢，又被叫作参卢氏。周成王继位后，为巩固统治，分封了十五个同姓兄弟做诸侯，孝伯被封在狄成（今山东省高青县南），建立了狄国。狄国灭亡后，子孙便用国名当作姓氏，这便是狄姓的一支。古时常把北方的少数民族泛称为狄族。周代有一支狄族活动在山东、河南、河北、山西东部一带，他们的子孙有的用族名作为自己的姓氏，也姓狄。

**历史名人** [ 狄仁杰 ] 唐朝武则天时的宰相，善于断狱和举贤。

[ 狄青 ] 北宋靖边名将，熟读兵法，在抵御西夏的战争中功勋卓越。

## 臧

**姓氏来源** 春秋时期鲁国公有个儿子名彄，字子臧，他的子孙就以他的字“臧”为姓，称为臧氏；而到鲁惠公时，惠公也有个儿子，名叫欣，字臧，后代也把他的字当作姓氏，这是臧氏的另一个来源。由于鲁国的始创者是周公旦之子伯禽，因此，这两支臧姓子孙其实都是周公的后裔。

**历史名人** [ 臧洪 ] 东汉末年人，在董卓乱政时，他游说各地首领，合力讨伐董卓。

[ 臧懋循 ] 明朝戏曲家、文学家，编有《元曲选》，对元杂剧的保存和流传贡献颇大。

## 戴

**姓氏来源** 戴国是西周初分封的一个小诸侯国。戴国灭亡后，国人以国名为姓，是为戴姓的起源。还有一个说法，春秋时期，宋国第十一位国君死后，谥号为“戴”，也就是宋戴公，他的后人有的用他的谥号为姓，这也是戴姓的一个来源。先秦时期，戴姓主要在发祥地河南东部一带发展繁衍，后来迁居到安徽、山东、江苏扬州等地，在那儿成为望族。

**历史名人** [ 戴复古 ] 号石屏，南宋“江湖诗人”代表人物，诗词兼有文采，一生不仕。

[ 戴名世 ] 清代史学家。康熙年间，他一本《南山集》触怒清廷，株连甚广，自己也被逮捕入狱，为清朝四大文字狱之一。

[ 戴震 ] 清代思想家、学者。他对经学、语言学贡献颇大，开一代考据之风。

# 宋

**姓氏来源** 微子启是商纣王的兄长，周灭商后，周王分封他做了商朝旧都附近的宋国的国君，都城在商丘（现在的河南省商丘市南）。到了春秋时期的宋襄公以后，宋国国势渐渐衰微，后来终于被齐国灭了。宋国国君的后代就姓了宋。宋姓发源于河南境内，经过了几千年的繁衍，已经成为中国古老而又辉煌的姓氏之一。

**历史名人** [ 宋玉 ] 战国时期楚国的辞赋家，相传为屈原的弟子，他以《九辩》闻名后世。

[ 宋慈 ] 南宋法医学家，曾任提点刑狱官，写了一部世界上最早的法医学专著——《洗冤集录》。

[ 宋应星 ] 明代科学家，所写的《天工开物》是中国古代科学技术名著。

# 茅

**姓氏来源** 周公旦是周武王的弟弟。武王死后，幼子成王即位，周公旦就帮他处理政事。为巩固统治，成王分封王族子孙及一些有功劳的人到各地做诸侯。诸侯管理自己的封地，对王室负责。周公旦的儿子茅叔被封在了茅（今山东省金乡县西南），建立了茅国。茅国是个小国，春秋时期，被相邻的邹国灭掉。茅国的公族子孙就用国名为姓，世代相传。

**历史名人** [ 茅焦 ] 秦朝人，因冒死劝谏秦始皇与太后恢复母子关系，被尊为“仲父”。

[ 茅星来 ] 清朝著名的学者，著有《近思录集注》《钝望文钞》，是研究经史和宋明理学的大家。

# 庞

**姓氏来源** 西周初，周文王的儿子毕公高被封在毕国做诸侯王。毕公高在自己的诸侯国里，继续分封子孙，让他们分别去管辖各个地方。其中一支就被封到“庞”这个地方，庞地的子孙后来就用地名为姓，一直发展到今天。

**历史名人** [ 庞涓 ] 战国时魏国大将，与孙膑一起学兵法，才能不及孙膑，后来战败而死。

[ 庞统 ] 东汉末年人，因为很有才干，被称为“凤雏”。

## 纪

**姓氏来源** 文坚是商纣王时候贤臣比干的儿子。周朝建立后，文坚受到了周武王的接见。周武王看到他左右手掌纹分别像“纟”和“己”字，合在一起就是“纪”字，于是赐他姓纪。还有一种说法，周武王封炎帝后裔于纪国，也就是今山东寿光一带，到春秋时纪国灭亡，公族子孙就以国名为姓了。

**历史名人** [纪信]刘邦的大将，楚汉相争时，为保护刘邦而被项羽所杀。

[纪君祥]元代戏曲作家，代表作《赵氏孤儿》闻名海外。

[纪晓岚]又叫纪昀，清代著名的学者、文学家，曾任《四库全书》总编纂，并写有短篇志怪小说集《阅微草堂笔记》。

## 屈

**姓氏来源** 楚国是黄帝后裔的封地。到楚武王时，他的儿子瑕在朝中政绩显著，楚武王很满意，就封了屈邑这个地方给他，所以后人称他为屈瑕。以后他的子孙世代以屈为姓，这就是屈姓的起源。

**历史名人** [屈原]战国时楚国名臣，曾任左徒、三闾大夫，创作了中国文学史上第一首文人诗《离骚》，其他著作如《九问》《湘夫人》等亦是名作。

[屈大均]明末清初著名诗人、文学家，“岭南三大家”之一。曾参与反清，后出家落发为僧。

## 项

**姓氏来源** 周成王时分封诸侯，其中将王族中的一支封到项国（今河南项城一带）。这是一个小国，到春秋时即为楚国灭掉（有的史书上说是被鲁国灭掉的）。亡国后，项国王族子孙就以国名为姓，这就是项姓的开始。

**历史名人** [项橐]春秋时候的神童，传说他善于辩论，七岁时就能让孔子口服心服，被后世称为“圣人之师”。

[项羽]又叫项籍，楚将项燕之孙，自称西楚霸王。后来楚汉相争，于乌江兵败自尽。

## 祝

**姓氏来源** 远古时代，有一个官职名叫巫祝，专门负责祭祀，还跟鬼神交流，测问吉凶。由于巫祝是世袭的，传到后来，有的子孙就以官职为姓，祝作为姓氏就诞生了。还有一种说法，黄帝的后裔曾被周武王分封到祝这个地方，建立了祝国（今山东济南），亡国后，祝国的公族子孙就世代姓祝了。

**历史名人** [祝融]颛顼帝的孙子，名叫重黎，传说上古时由他掌管火，所以被称为火神。

[ 祝枝山 ] 又叫祝允明，明朝书法家、诗人，与唐伯虎等人并称“吴中四才子”。

## 董

**姓氏来源**“董”最初是指一种能制绳索的草。远古时候，有一个擅长编制草绳的部落叫惠连氏，他们以草为图腾。

生活在舜帝时代的董父，是惠连的孙子。传说他颇了解龙的习性，擅长驯龙，于是舜帝任命他当专门养龙的官职——豢龙氏。董父工作认真，龙经他的驯养，不但能听懂人话，还很善舞。舜帝看了很高兴，对他进行奖赏，而且赐他姓董，他的后代就以董做了姓氏。这是董姓的开始。

**历史名人** [ 董仲舒 ] 西汉武帝时的大儒。武帝采纳了他提出的“罢黜百家，独尊儒术”的建议，对后世中国影响深远。

[ 董卓 ] 东汉灵帝朝的权臣。他操持朝政，深为时人痛恨，后为部将吕布所杀。

[ 董其昌 ] 明朝书画家，“华亭派”的代表人物，精于书画鉴赏及文物收藏。

## 梁

**姓氏来源** 秦仲是周宣王时的名臣，也是善于养马的非子的曾孙，他在征讨西戎时，不幸兵败被杀。秦仲的五个儿子十分悲愤，他们率兵继续打仗，终于战胜了西戎。康是秦仲的小儿子，因征伐有功被封在梁，建立了梁国，他就是梁康伯。春秋时，梁国为秦穆公所灭，梁国子孙在亡国后大部分逃到晋国，他们以梁国国名为姓，于是有了梁姓。

**历史名人** [ 梁鸿 ] 东汉时的隐士，妻子名孟光，“举案齐眉”的典故说的就是他们两个。

[ 梁红玉 ] 宋朝时的巾帼英雄，出身卑微，后成为抗金名将韩世忠之妻。

[ 梁启超 ] 清末民初的国学大师，康有为的学生，是戊戌变法的参与者之一，著有《饮冰室合集》。

## 杜

**姓氏来源** 尧帝的后代中有个叫刘累的人。传说他跟豢龙氏学习驯龙，是夏朝有名的驯龙师，于是被夏王赐为御龙氏。后来，刘累的后代建立了唐国。西周初年，周成王的弟弟叔虞被封在唐，于是唐国国君迁往杜城居住，被称为杜伯。宣王时，杜国因杜伯被杀而亡，公族子孙大都投奔他国，留在杜城的就以杜为姓，成为杜氏先人了。

**历史名人** [ 杜康 ] 传说中发明酒的人，善于造酒，生活在上古黄帝时期。

[ 杜甫 ] 唐朝大诗人，又称“老杜”“诗圣”。因忧国忧民，他的很多写实诗歌被称作“诗史”。

[ 杜牧 ] 唐朝著名诗人，晚唐诗歌的代表之一，被称为“小杜”。

## 阮

**姓氏来源** 商朝的时候，有个由尧帝后裔建立的诸侯国，名叫阮国，大概在今甘肃泾川县境内。商朝末年，西伯侯姬昌吞灭了许多小国，其中就包括阮国。亡国后，阮国王族为了避难，分散到了各个地方，并以“阮”为姓开始新的生活，这就是阮姓的起源。

**历史名人** [ 阮瑀 ] 东汉文学家，“建安七子”之一。

[ 阮籍 ] 三国时曹魏名士、文学家，“竹林七贤”之一，有八十二首《咏怀诗》留世。

[ 阮咸 ] 魏晋名士，阮籍之侄，“竹林七贤”之一。

## 蓝

**姓氏来源** 春秋后期，楚国有个叫亹（mén）的大夫，官居蓝县尹，他亦被称为蓝尹亹。蓝尹亹的后人就以他官名中的“蓝”字为姓，蓝姓就此出现。蓝姓还有一个来源，在陕西渭河流域有个盛产玉石的蓝田，它在战国时本是魏国国土。后来秦国贵族秦子向战败于魏国，魏王把他封在蓝田，秦子向的后代就以地名为姓，改姓蓝了。

**历史名人** [ 蓝采和 ] 唐朝末年的逸士，传说中的八仙之一。

[ 蓝玉 ] 明朝初年著名将领，朱元璋打天下的功臣之一，后因谋反罪被杀。

[ 蓝瑛 ] 明末著名的画家，工于山水画，是画坛上的“浙派殿军”。

## 季

**姓氏来源** 春秋时期，吴国有个叫季札的公子。季札博学且谦虚，曾多次推辞王位，北游齐、鲁、郑、晋等地，有远见卓识。后来，他的后代便以他名字中的“季”为姓，这是季姓的主要来源。另外，春秋时鲁僖公有个宰相名叫季友，他在鲁国劳苦功高。他的后人就用“季孙”或“季”为姓，沿用至今。

**历史名人** [ 季布 ] 秦末汉初人，楚汉战争中的名将。

[ 季振宜 ] 清初江浙人士，著名的藏书家，以精藏宋元版本而闻名。

## 贾

**姓氏来源** 西周初年，身为成王兄弟的叔虞，被分封做了唐国的诸侯王。后来周康王即位，又把“贾”这个地方，也就是现在山西襄汾西南一带，封给了叔虞的小儿子公明，作为唐国的一个附庸，公明就是贾伯。后来，唐叔虞的子孙燮做了唐的国王，把国名改名叫晋国。后来春秋争霸，晋国把同宗的贾国灭掉，贾伯的后裔就以国名为姓，这就是贾姓最主要的来源。

**历史名人** [ 贾谊 ] 西汉文学家，官至长沙太傅。擅长散文，《过秦论》是其代表作。

[ 贾岛 ] 晚唐苦吟派诗人，早年曾出家为僧。他的诗清峭瘦硬，与孟郊并称为“郊寒

岛瘦”。

[ 贾思勰 ] 北魏农学家，他根据自己的观察实验、搜集到的资料以及对老农的访问，完成了一部农学巨著《齐民要术》。

## 江

**姓氏来源** 颛顼帝有个玄孙叫伯益，他的第三个儿子名恩成。后来周朝分封诸侯，恩成做了江国的君主。江国位于楚、宋、齐三国之间，乃大国必争之地，时常为大国操纵，又因为淮水泛滥等自然原因，江国始终很弱小，后来楚国把它灭掉了。而江国王族的后代就把国名当作姓氏，江姓就此出现了。还有一种说法，江姓是从萧姓改来的。唐朝末年，天下大乱，群雄并起，有位姓萧的义军领袖在混战中败给了黄巢，于是他指着江水，把姓氏改成了江。

**历史名人** [ 江淹 ] 南朝时文学家，善于写辞赋，代表作有《别赋》。

[ 江总 ] 南朝时陈国的宰相、文学家，以写宫体诗闻名。

## 颜

**姓氏来源** 郑子挟是传说中的圣王陆终的后人，他在周武王的时候，被分封在郑这个地方，在那儿建立了郑国。又过了五代，郑子挟出了个叫夷父的子孙，因为他字颜，又称为郑颜公。后来郑国为楚国所灭，颜公的子孙就有人把颜作为姓氏。颜姓还有个来源，周成王把伯禽封在鲁国，鲁国有个颜邑后来成为伯禽子孙的领地，子孙就把邑名做了姓氏。

**历史名人** [ 颜真卿 ] 唐朝书法家。他的字被称为“颜体”，擅长楷书，“楷书四大家”之一。

[ 颜师古 ] 唐代文字学家，著有《五经定本》等。

[ 颜之推 ] 北齐文学家，《颜氏家训》是其影响后世的名作。

## 郭

**姓氏来源** 西周初，周武王的弟弟虢叔、虢仲被分封到西虢、东虢做诸侯。后来，西虢和东虢随着西周的衰亡而湮没。虢国的后代子孙们就把国名做了姓氏。由于古时“虢”和“郭”这两个字是相通的，所以姓氏就称为“郭”。还有个说法，据古书记载，夏商时有两个叫郭支和郭崇的人，他们也是郭姓人的祖先。

**历史名人** [ 郭子仪 ] 唐朝中兴名将，因平定安史之乱有功，被封为“汾阳王”，也称“郭令公”“郭汾阳”。

[ 郭守敬 ] 元代天文学家、水利学家、数学家，他主持编制了我国历史上施行最久的历法《授时历》。

## 梅

**姓氏来源** 商王太丁有个弟弟，被太丁封在梅（今安徽省亳州市东南），他和他的子孙就被称为梅伯。到商纣王时，忠心且正直的梅伯因批评纣王荒淫，被纣王施以酷刑致死。商灭周兴后，周武王把前朝贤臣的后人封为诸侯，于是分封梅伯的后裔到了黄梅，号称忠侯。梅伯的一支子孙就以梅为姓，是为梅姓的起源。

**历史名人** [ 梅尧臣 ] 北宋文学家，与欧阳修一起推动古文运动。擅长写诗，与苏舜臣合称“梅苏”。

[ 梅文鼎 ] 清代天文学家、数学家。曾考察古今中外历法，又对国内传播了欧洲数学。

## 林

**姓氏来源** 商纣王有个叔父名叫比干，是个正直的忠良之才，传说他有七窍玲珑心。纣王昏庸残暴，他把批评自己的叔父比干杀了，还把他的心剖出来看。比干身怀六甲的夫人陈氏怕纣王斩草除根，逃到树林里躲避追杀，在一个石室里产下了儿子，取名叫坚。后来周武王灭商，他听说了坚的逃难经历，赐他“林”姓，于是名字变成了林坚，而他就是林姓人的得姓始祖。

**历史名人** [ 林禄 ] 第一个把林姓从北方带到南方的人，也是“闽林”（南方林姓中影响最大的一支）的始祖。

[ 林默娘 ] 宋朝时福建莆田人，相传她慈善好施、泽被苍生，故而百姓尊她为圣母或妈祖，是浙闽一代家喻户晓的保护神。

[ 林则徐 ] 清末禁烟名臣。他清正廉洁，忧国忧民，一场虎门销烟更是可歌可泣。

## 钟

**姓氏来源** 春秋时候，宋国有个叫伯宗的贵族，后来他做了晋国大夫。伯宗这个人很直爽，他因给一位贤臣求情说好话，遭到晋国奸臣陷害致死。而他的儿子州犁为避难逃到楚国，楚王出于尊重贤人之后，赐他以太宰之职，并把他分封在钟离（今安徽省凤阳县一带），他的后人就以封地之名为姓，有的姓钟，有的姓钟离。到了以后，这两个姓氏合并起来都姓钟了。

**历史名人** [ 钟离春 ] 战国时期齐国人，虽相貌丑陋，却贤良有才，后成为齐宣王的王后。

[ 钟繇 ] 三国时魏国大书法家，官至太傅，他在书法上堪与王羲之齐名。

[ 钟嵘 ] 萧梁时著名学者，尤善文学批评，最有名的著作当属《诗品》。

## 徐

**姓氏来源** 伯益是辅佐大禹治水的功臣，舜帝很赏识他，赐他姓嬴，还为他挑了本族的姑娘姚氏做妻子。他们后来生有二子，其中小儿子叫若木，若木因父亲的功劳而被封在徐地（江苏泗洪一带），建立了徐国。徐国传了四十多代，历经夏、商、周三朝。到春秋时，吴国灭了徐国，徐国的子孙就用“徐”为姓，一直用到现在。

**历史名人** [ 徐渭 ] 即徐文长，明朝著名的文学家、书画家，自称书法天下第一。亦擅长戏曲，《四声猿》是流传后世的名篇。

[ 徐霞客 ] 明代旅行家，著有《徐霞客游记》。

[ 徐光启 ] 明代科学家。他是较早学习并介绍西方科技的中国学者，写有《农政全书》。

## 邱

**姓氏来源** 姜太公吕尚是西周开国之相。他凭伐纣兴周之功获封诸侯，成为齐国首位国君，定都营丘。他的后代有的就以国都名字中的“丘”为姓。还有一个来源，春秋时陈国、邾国分别有宛丘、弱丘这两个地方，而那两个地方的人就以“丘”为姓氏了。到了后来，为避孔子之讳，清雍正帝下令把“丘”一律改为“邱”姓，邱作为姓氏才开始出现。

**历史名人** [ 邱心如 ] 清代女作家，善弹词。晚年曾设帐授徒，著有长篇弹词《笔生花》。

[ 邱远才 ] 清末人士，太平天国“淮王”。因作战勇猛而获“邱老虎”之名，后在冀中饶阳战役中阵亡。

## 骆

**姓氏来源** 西周初年，开国功臣姜尚受封于齐地，称为齐太公。齐太公的后代中有个叫公子骆的，其后人便把他的名字作为姓氏，这就是北方骆姓的起源。南方也有一支骆姓，传说他们的始祖是春秋时的霸主越王勾践。

**历史名人** [ 骆俊 ] 东汉末年人，官至陈留相。他为人忠义，因不肯借粮给袁术而招致杀身之祸。

[ 骆统 ] 三国时期吴国名将。

[ 骆宾王 ] 初唐诗人，与王勃、杨炯、卢照邻合称“初唐四杰”。

## 高

**姓氏来源** 周朝时，齐国有由周天子直接任命的国、高二公，他们地位显赫，可以决断齐国大事。其中高公就是一部分高姓人的祖先。大部分高姓人其实是齐国公子的后代。姜子牙的六世孙齐文公把自己的一个儿子封到了高邑（今河南省禹州市），这个儿子被称为公子高。公子高的后人就以他的封地名作了姓氏。从此，这个姓就传下来了。

**历史名人** [ 高渐离 ] 战国末燕人，长于击筑（一种乐器），因刺杀秦始皇未遂而被杀害。

[ 高适 ] 盛唐时候边塞诗人的代表。与岑参齐名，并称为“高岑”。

## 夏

**姓氏来源** 大禹凭治水之功获封夏国。他死后儿子启登上王位，建立夏朝，从此王位的继承由禅让变成世袭。夏朝享国十七代，最终亡于桀之手。之后，亡国的夏朝王族后人就把夏作为他们的姓氏了。夏姓还有个来源。西周初年，舜的后代妫满被封在陈国。到春秋时，陈国有位公子名叫子西，字子夏。子夏的孙辈征舒就以祖父的字“夏”为姓，是为夏征舒，而他的后人也将夏姓延续下去。

**历史名人** [ 夏圭 ] 南宋画家，与马远齐称“马夏”，他常以半边或一角景色构图，人称“夏半边”。

[ 夏完淳 ] 明末诗人、抗清义士。十四岁随父抗清，后不幸被俘，慷慨就义。著有《夏完淳集》。

## 蔡

**姓氏来源** 周武王时，文王的第十二个儿子叔度获封蔡地，人称蔡叔。他是“三监”之一，负责跟管叔、霍叔一起监管商之遗民。武王死后，因成王年幼，朝政由周公暂摄。这引起“三监”的嫉妒，于是联合武庚造反。后来蔡叔兵败而遭流放，周公便让他的儿子做了蔡国之君，称为蔡仲。战国时期，楚国灭掉了蔡国，蔡国子孙便散居各地，以国名为姓了。

**历史名人** [ 蔡伦 ] 东汉时人，他用树皮、麻头、破布、旧鱼网等为原料造纸，发明了造纸术。

[ 蔡邕 ] 东汉文学家、书法家，官至左中郎将，故人称“蔡中郎”。

[ 蔡琰 ] 又叫蔡文姬，东汉蔡邕之女。际遇坎坷，曾被南匈奴掳去十二载，后为曹操以重金赎回。音乐、诗歌造诣颇深，《胡笳十八拍》是其名作。

## 田

**姓氏来源** 春秋时，陈国因诸公子争夺王位而内乱不止，陈历公的儿子陈完出于避难，到了齐国，被齐桓公封在了田这个地方。后来，陈完就以齐国的封地为姓，改姓田，他的子孙也效法陈完，一直把田姓延续下去，后来田氏还废了姜氏，成了齐国新主人。

**历史名人** [ 田单 ] 战国时期齐国大将，最早采用火攻之术作战。

[ 田文 ] 又称“孟尝君”，战国时齐国贵族。他尊贤纳士，手底下有食客三千，是“战国四公子”之一。

[ 田横 ] 齐国贵族的后裔。汉初，他因不向刘邦屈服，带领五百人逃亡到海岛，全部自杀。

## 樊

**姓氏来源** 周文王有个孙子名叫仲山甫，他因在辅佐周宣王开创“宣王中兴”的过程中功勋卓著，被封为樊侯。以后樊姓就为仲山甫的子孙所用了。还有一部分樊姓是有其他来源的。商朝自成汤立国之后，他的子孙形成了陶、施、樊、繁、锜、几和终葵七大族，其中樊族子孙将樊姓沿用下来，一直到今天。

**历史名人** [ 樊於期 ] 战国时秦国名将。后因败给了赵将李牧而逃到燕国，父母宗族皆为嬴政杀戮，最后自捐项上人头助荆轲去刺杀秦王。

[ 樊哙 ] 西汉初年名将，屡次救高祖刘邦于危难之间。

## 胡

**姓氏来源** 西周初年，虞舜的第三十三代孙有个叫胡公满的，他是周武王的女婿，后来周王把他封到陈国。春秋末期，陈国为楚国所灭，陈国后人就以胡公满的姓氏为姓，流传下来。还有个说法，西周时候有一个与王室同姓的胡国，后来被楚国灭掉。另外，春秋时期还有一个王族姓归的胡国，在鲁定公的时候也被楚国吞并。这两个诸侯国王族的后代便以国名为姓氏，胡姓得以光大。

**历史名人** [ 胡安国 ] 宋朝经学家，很受王安石推崇。

[ 胡宗宪 ] 明中期大臣、抗倭名将，官至兵部尚书，后因“严嵩案”下逮入狱，瘐死牢中。

## 霍

**姓氏来源** 叔处是周武王之弟，周文王的第八个儿子。后来武王分封王族做诸侯，叔处被封霍地（今山西省霍州市西南），人称霍叔，他是负责监管商朝遗民的“三监”之一。后来“三监”勾结武庚造反失败，周公把他废为平民，他的儿子做了霍君。春秋时，霍国被晋献公灭掉。霍君的后人就以霍为姓，叔处就是霍姓祖先。

**历史名人** [ 霍去病 ] 西汉名将，抗击匈奴有功，有“匈奴未灭，何以家为”的名言，死时仅二十四岁。

[ 霍光 ] 西汉政治家，与霍去病是同父异母的兄弟。他辅佐昭帝，中兴汉室，权倾朝野二十年。

## 万

**姓氏来源** 西周时有个大夫被封在芮国，历代国君称为芮伯。春秋时期，有位叫万的君主做了芮伯，他还一度去朝中做官，官至周朝司徒。后来他迷恋女色，母亲芮姜把他赶出芮国。他的子孙就以他的名字“万”为姓，这是万姓的一大来源。万姓的另一祖先是毕万。他身为晋国大夫辅佐晋献公有功，故而获封魏地，人们称他魏万，他的后人就世代以“万”为姓了。

**历史名人** [ 万树 ] 清朝文学家、戏曲作家。编有一部重要的词学著作《词律》。

[ 万斯同 ] 清朝史学家，人称石园先生。康熙年间，以平民身份参与修撰《明史》。

## 管

**姓氏来源** 管叔原名叔鲜，周文王之子，封地是管国，跟蔡叔、霍叔一起监管商朝遗民，并称“三监”。后来侄子成王继位，由周公摄政，“三监”不服气发动了叛乱，失败后管叔被杀。他的后代把封地名“管”作为姓氏沿用至今，所以管姓的祖先就是管叔了。

**历史名人** [ 管仲 ] 春秋时期齐国宰相，他助齐桓公成为春秋第一位霸主。后来人们尊称他为“管子”。

[ 管道升 ] 元代有名的女画家，乃书画家、诗人赵孟頫的妻子，被封为魏国夫人，又叫管夫人。

## 卢

**姓氏来源** 春秋时，有位叫高傒的齐国正卿，他品德敦厚，而且还是姜子牙的十一世孙。齐襄公时，公孙无知勾结边将管至父和连称弑君夺位。齐国上下义愤填膺，高傒施计骗管、连这两个奸臣来家赴宴，伏兵于酒席旁，将二人诛杀。然后，高傒辅佐公子小白做了齐王，小白即是后来的齐桓公。为表彰高傒之功，齐桓公把卢邑封给他。后来他的子孙就以邑名为姓，卢姓就此产生并延续至今。

**历史名人** [ 卢照邻 ] 唐代诗人，“初唐四杰”之一，其作《长安 · 古意》脍炙人口。

[ 卢纶 ] 中唐诗人，“大历十才子”之一，代表作有《塞下曲》。

## 解

**姓氏来源** 叔虞是周武王之子，他被封在了唐国。后来叔虞分封给儿子们一些领地，其中有个儿子叫良，封到了解地（今山西省运城市盐湖区解州镇），被称为良解。他的后人就以“解”这个地名为姓，世代相传。解姓还有个起源。周朝京城镐京分为大解和小解，住在小解的人后来就以“解”为姓，这是解姓的另外一支。

**历史名人** [ 解处中 ] 五代时期南唐画家。长于画竹，尤善雪中之竹，经常冒雪到野外写生。

[ 解缙 ] 明永乐年间大臣，主编了一部当时世界上最完备的百科全书《永乐大典》。

## 宗

**姓氏来源** “四岳”是尧时掌管地理物候事务的官职。周朝时，四岳的后人中有的做了掌管祭祀典礼“宗伯”，跟后来的礼部尚书差不多。“宗伯”是世袭的，后来的子孙以官职为姓，宗姓就产生了。宗姓还有一支。春秋时期，宋人伯州犁因父亲伯宗遭难，逃到了楚国。后来小儿子连去了南阳居住，就以他祖父的字为姓，后代也一直沿袭下来。

**历史名人** [ 宗炳 ] 南朝刘宋时杰出的书画家和画论家，《明佛论》和《画山水序》是其代表作。

[ 宗泽 ] 两宋之交的政治家、军事家，官至东京留守，主战派的代表人物。

## 丁

**姓氏来源** 商朝原本有个诸侯叫丁侯。他对纣王忠心耿耿，尽管知道商纣昏庸无道，可还是死心塌地地追随。后来周武王伐纣，丁侯被其所灭。丁侯的子孙便以“丁”作为姓氏，散居到各地生活。还有一种说法是大部分的丁姓人的祖先是姜子牙。姜太公有个儿子叫姜伋，死了以后谥号为“丁公”，他的后人就以谥号为姓，沿用至今。另外，还有史书记载说，三国时吴国国主孙权后人改姓了丁，这又是丁姓的一个源头。

**历史名人** [ 丁敬 ] 清代篆刻家，开“浙派”篆刻之先河，是“西泠八家”之首。

[ 丁谦 ] 清末地理学家，著有《蓬莱轩地理学丛书》。

## 邓

**姓氏来源** 商朝时候，商王武丁的叔父曼季被封在曼城，是为曼侯。后来，曼季的后人又被改封在邓国。楚国灭掉邓国后，曼侯的子孙为了纪念故国，以邓为姓。邓姓的来源最主要就是这支了。较晚的一支邓姓，出现在五代十国时期。南唐后主李煜把儿子李从镒封为邓王，后来南唐为赵宋所灭，李从镒之子李天和为躲避追杀改姓邓，他的子孙就此继承了下来。

**历史名人** [ 邓攸 ] 晋朝人，字伯道，战乱中弃子而保全侄子，此后再也没有生儿子。成语“伯道无儿”正出于此。

[ 邓石如 ] 清代篆刻家、书法家，开创篆刻的一个新派“邓派”，也称“皖派”。

## 洪

**姓氏来源** 共工是远古传说中专管水利的人物，他的后代称为共工氏，都做了治水的官。到了后来，共工氏在颛顼和大禹时代谋反，以失败告终，最后被放逐到了江南荒凉之地，并在那儿定居。共工氏的后人为纪念祖先掌管水利的功绩，在“共”旁加上“水”，成了“洪”字，作为自己的姓氏流传下来。

**历史名人** [ 洪迈 ] 宋朝学者，凭四十年之功力写成《容斋随笔》，深为后世推崇。

[ 洪承畴 ] 明末蓟辽督师。后降清，成为清军南下之重臣。

## 包

**姓氏来源** 远古时代有个伏羲，是中华文明的始祖。相传他不但创八卦、造文字，还教人捕鱼和饲养家畜，于是人们的厨房里有了鸡鸭鱼肉，故而他又被叫作庖牺或庖羲。由于庖有厨房、做饭之意，他的后代便以“庖”为姓，后来“庖”字演化成“包”，包姓就出现了。包姓还有个较大分支。春秋时有个大夫申包胥，他曾为救楚国到秦国求援，他的后人为纪念他便以他名字中的“包”为姓，包姓也就流传了下来。

**历史名人** [ 包咸 ] 东汉学者。曾以帝师之身教导汉明帝。

[ 包拯 ] 北宋直臣。官至天章阁待制、龙图阁直学士，世称包待制、包龙图。为人刚毅廉洁，其事迹流传民间，编成戏曲、小说，还被尊称为“包公”“包青天”。

## 左

**姓氏来源** 史书记载，远古黄帝时代有个名叫左彻的小官，他被认为是左姓人最早的祖先。还有个说法，周朝时朝廷和各诸侯派专人记录君王言行和国家大事，这些人就是可以世袭的史官。史官分左、右史：左史记录君臣言论，右史记载国家大事。后来，左史的后人有的就以“左”为姓，流传至今。

**历史名人** [ 左丘明 ] 春秋时期鲁国史官。著有《春秋左氏传》，即《左传》。

[ 左思 ] 西晋文学家。曾以一篇《三都赋》，惹得洛阳人竞相抄写，一时“洛阳纸贵”。

## 石

**姓氏来源** 春秋时期，卫国有个叫公孙碏的王族公子，字石。他为人忠义，他的儿子厚联合恶人州吁刺死了国君卫桓公。公孙碏不但不支持，还暗地里给陈国君主发出密信，把州吁和厚骗到陈国处死。之后，公孙碏又辅佐桓公之弟做了卫君，公孙碏的孙子骀仲为纪念祖父忠厚，便以公孙碏的字“石”为姓，石姓由此产生并流传至今。

**历史名人** [ 石崇 ] 西晋富豪，曾和贵戚王恺斗富。八王之乱时，赵王将其杀害。

[ 石介 ] 北宋文学家、理学家。与孙复、胡瑗授书于泰山，并称为“宋初三先生”。

## 崔

**姓氏来源** 西周初年，姜子牙受封建立齐国。姜子牙的儿子丁公伋，是齐国第二代国君。其退位时，长子季子没有继位，却让位给弟弟叔乙，自己去了崔邑（现在的山东省济南市章丘区西北）。后来，季子的子孙就用这个地名作为姓氏，于是有了崔姓。

**历史名人** [ 崔颢 ] 唐朝诗人。他写的七言律诗《黄鹤楼》（昔人已乘黄鹤去），连李白都自愧不如。

[ 崔护 ] 唐朝诗人。他写的《题都城南庄》非常有名，成语“人面桃花”即来源于此。

## 龚

**姓氏来源** 龚姓有两个来源：

其一，西周后期，贵族姬和，被封在共地，封位是伯爵，所以又称共伯和。适逢周厉王昏庸异常，京城发生暴乱，他被赶出王宫。于是共伯和被推举暂时代理国事，史称“共和行政”，这一年即共和元年（公元前 841 年），是中国历史有确切纪年的开始。共国在春秋时期被大国吞灭。共伯和的子孙就用国名作为姓氏，写作“龚”，继承了下来。

其二，上古时期，黄帝时治水之官，名为共工，共工的儿子就姓“洪”（“共”加上“水”）。他有一个儿子名叫句龙，句龙的后代就以句龙中的“龙”字与姓氏中的“共”字合而为一，组成“龚”字，作为自己的姓氏。

**历史名人** [ 龚遂 ] 史书上有记载的第一位龚姓名人，西汉时担任渤海太守。后世把他和黄霸作为“循吏”的代表，称为“龚黄”。

[ 龚自珍 ] 清代著名的思想家和文学家。他的诗和文都有较高的成就。

[ 龚贤 ] 清代著名的画家，是“金陵八家”之一。

## 程

**姓氏来源** 上古时代的程国是远古时期重黎的后代。当时，重黎任“火正”这个官职，管控火，对人们的生活十分重要。此后，重黎的子孙世代都担任这个官职。商朝时，重黎的后人在程地（今河南省洛阳市东）建立程国，国君为程伯。从此以后，程伯的子孙就以程为姓了。

周宣王时，程伯的后裔休父做了大司马，他的子孙有的姓司马，有的姓程。

**历史名人** [ 程邈 ] 秦朝人，他把大小篆变化成隶书，使汉字定型，在汉字发展史上有重要地位。

[ 程普 ] 三国时的著名大将。

[ 程颐、程颢 ] 北宋人，宋明理学的奠基人，史称“二程”。他们的学说被朱熹发扬光大，后世称为“程朱理学”。

## 陆

**姓氏来源** 陆姓有三个来源：

其一，尧帝时，有个“祝融”叫吴回，他儿子名陆终。陆终的后世子孙有一部分以“陆”为姓。

其二，战国时，齐宣王的孙子田通受封在山东平原县陆乡，即陆终原来所在的地方，所以就以“陆”为姓。日后陆姓就在山东发展起来。

其三，春秋时，有一个少数民族国家叫陆浑国，后来晋国将其攻灭。亡国之后，陆浑国的人依照汉人的习惯，以国为姓，世代流传下来。

**历史名人**［陆逊］三国时期吴国的名将，曾经打败关羽。

［陆羽］唐代著名的茶道专家。他的著作《茶经》既是关于茶的科学著作，又是关于茶的文化专著。

［陆游］南宋著名爱国诗人。他一生中创作了很多诗歌，现存九千多首。

## 翁

**姓氏来源** 翁姓有两个来源：

其一，夏朝建立时，有个叫翁难乙的人，据说他就是翁姓最古老的祖先。

其二，周朝时，昭王的儿子，出生时双手握拳，没人能掰开。后来周昭王亲自来掰，一掰便掰开。只见儿子左手的掌纹像"公"，右手的掌纹像"羽"。于是，昭王就给儿子起名"翁"。翁的子孙后代有的就以"翁"为姓，一直流传到今天。

**历史名人**［翁方纲］清朝人，著名书法家、金石学家、藏书家、学者，著有《两汉金石记》《复初堂集》。

［翁同龢］清朝人，官至军机大臣兼总理各国事物衙门大臣，是光绪皇帝的老师。

## 荀

**姓氏来源** 荀姓有三个来源：

其一，远古时期，据说黄帝有二十五个儿子，分别有十二个姓氏，荀就是其中之一。

其二，黄帝时的大臣荀始，他是荀姓的另一个祖先。他的后代子孙用他的名字作为姓，传了下来。

其三，西周初期，被分封在古郇国的是周文王的第十七个儿子。古郇国灭亡后，他的子孙以国名为姓，后来又去掉偏旁，加"草"字头，成为"荀"姓。

**历史名人**［荀况］战国时期思想家，儒家代表人物，被人们尊称为荀卿，著有《荀子》三十二篇。著名思想家韩非、政治家李斯都是他的学生。

［荀彧］东汉末年人，曹操的谋士，官至尚书令。

## 焦

**姓氏来源** 焦姓有两个来源：

其一，周朝初年，周武王分封诸侯，王族子弟、有功的大臣及前代圣贤的后人都在分封之列。炎帝神农氏的嫡系后裔，被分封在焦地为伯爵，建立了焦国，人们称这位神农后裔为焦伯。春秋时期，焦国被晋国吞并，焦伯的后人就以国名为姓，称焦姓。

其二，许灵公是春秋时期许国的诸侯，迁居在焦地，后代就以这个地名作为姓氏。

**历史名人**［焦遂］唐朝名士，与贺知章、李适之、李白、张旭等人并称"饮中八仙"。

［焦竑］明朝学者，精于文、史、哲学科，著有《澹园集》等。

## 侯

**姓氏来源** 侯姓的来源有三个：

其一，有的侯姓是仓颉的后代。仓颉作为黄帝的史官，据说汉字是他发明的。他的后代有一支住在冯翊衙县，称为侯氏。

其二，春秋初期，郑庄公的弟弟共叔段因为谋反被杀。他死后，郑庄公赐他的儿子共仲姓侯，这也是侯姓的一个来源。

其三，春秋时期，晋武公杀害了晋国的哀侯，哀侯的子孙们逃到其他国家。哀侯的爵位是侯爵，所以子孙们都以“侯”字为姓。曾经帮助魏国公子信陵君的侯嬴，就是这一支的后裔。

**历史名人** [ 侯方域 ] 明末清初“复社”名士，明末“四公子”之一，文学家，古文成就很高，是“清初三大家”之一。

## 班

**姓氏来源** 以班为姓的人，有的是楚国贵族芈氏的后代，有的是上古颛顼高阳氏的后裔。说到班姓起源，就不得不说到楚国一个叫斗班的人。他是楚国贵族若敖的孙子，斗伯比的儿子，从小吃老虎的奶长大，而喂他的老虎身上有斑纹，所以人们又叫他“斗斑”。在古代，“斑”和“班”通用。斗斑的孙辈就用祖父的名字为姓，姓了班。

**历史名人** [ 班彪 ] 东汉光武帝时人，史学家。

[ 班固 ] 班彪的儿子，史学家，继承父亲的事业，用二十年时间写成《汉书》。

[ 班昭 ] 又名班姬，班固的妹妹，我国第一位女历史学家。

## 仇

**姓氏来源** 仇姓有两个来源：

其一，仇姓来源于九吾氏。夏朝诸侯九吾氏，到了商朝，立国号为“九”。后来纣王杀害了九侯。九侯的族人逃难到各地，于是有些人把“九”字加上”人”字偏旁，成为“仇”姓。

其二，春秋时期的仇牧是宋国宋湣公的大夫。宋国奸臣宋万要杀湣公，仇牧得知后，急忙前去搭救。于宫门处遇到宋万，仇牧欲取这弑君的国贼的性命，可惜寡不敌众，被宋万摔死。因为感动于仇牧的忠烈行为，所以仇氏的后人都奉他为仇姓始祖。

**历史名人** [ 仇远 ] 宋末元初人，著名诗人，和诗人白挺齐名，人称“仇白”。

[ 仇英 ] 明朝大画家，号十洲，画作题材广泛，尤其擅长人物。与沈周、文徵明、唐寅并称“明四家”或“吴门派”。

[ 仇兆鳌 ] 清朝文学家、学者。他用二十多年的时间编著成《杜诗详注》，是一部关于杜甫诗歌的集大成之作。

## 祖

**姓氏来源** 祖姓来源有两个：

其一，“祖”作为一个古老的姓氏，大约有三千多年的历史了。商朝的建立者成汤，其六代孙中有祖甲、祖乙、祖丁三位帝王，后代子孙就以他们的名字为姓，世代相承。

其二，商朝的时候还有叫祖已、祖伊的两位宰相，他们的子孙也用先祖的名字为姓，这也是祖姓的一个来源。

**历史名人** [ 祖逖 ] 晋朝时著名的北伐将领。成语“闻鸡起舞”“击楫中流”都是源自他的故事。

[ 祖冲之 ] 南朝时期宋朝人，著名的科学家。他首次把圆周率计算到小数点后第七位，在当时是最精密的。

[ 祖孝孙 ] 唐朝音乐家。他创作了大唐雅乐。

## 武

**姓氏来源** 武姓的来源有三个：

其一，西周末年，周平王的小儿子姬武手掌上有一片形状像“武”字的纹路。于是周平王就赐他姓武。后来，姬武做了大夫。他的子孙便继承了“武”姓，他们主要是河南武姓的源头。

其二，还有，商朝国君武丁的后人以“武”为姓。

其三，春秋时的宋武公，死后谥号是“武”，其后人以此为姓。这也是武姓的一个来源。

**历史名人** [ 武则天 ] 中国历史上唯一的女皇帝。她本是唐高宗的皇后，后来自称圣神皇帝，将国号由唐改为周。

[ 武禹襄 ] 清朝的武术家，创造了武氏太极拳。

[ 武训 ] 清朝末年人。他靠着乞讨、织麻攒钱，兴办义务学校，受到清政府的奖励，被封为“义学正”。

## 刘

**姓氏来源** 刘姓有三个来源：

其一，相传祁姓是黄帝后裔的姓氏之一，后来被封在刘国（今河北省唐县）。祁姓后来的子孙就用国名“刘”为姓。

其二，周朝时，刘国的覆灭使得刘姓人曾改为杜唐氏。春秋时，一部分杜唐氏逃到秦国，他们又恢复了刘姓。

其三，秦朝末年，平民刘邦建立汉朝。刘姓子孙被他分封到各地建立诸侯国，于是两千多年来，刘姓几乎遍及全国。

**历史名人** [ 刘邦 ] 即汉高祖。他和项羽经过四年的楚汉战争，最终取得胜利，建立了西汉。

[ 刘备 ] 三国时蜀国的建立者，和北方的曹操、东吴的孙权形成了三足鼎立的局面。

[ 刘禹锡 ] 唐代著名文学家、哲学家、诗人。他提出了“天人交相胜”的哲学观点。

## 叶

**姓氏来源** 叶姓人的祖先就是成语“叶公好龙”中的叶公。他说喜欢龙，可是真龙来了，他又吓得魂飞魄散。其实，历史上的叶公才能出众，他是颛顼的后人，本名沈诸梁，在楚惠王时，他做了楚国北边叶邑的行政长官。因为楚国县尹通称“公”，所以人们叫他“叶公”。他在叶邑兴修水利，改善环境，深受百姓爱戴。他还平定了白公之乱，功成身退，终老叶邑。他的后裔就以邑名“叶”为姓，叶公也就成为叶氏始祖。

**历史名人** [ 叶适 ] 宋代著名的唯物主义哲学家、思想家。在哲学、史学方面都有成就，是南宋“永嘉学派”集大成者，其著述自成一家。

## 白

**姓氏来源** 白姓来源有两个：

其一，春秋时，一个叫胜的贵族，被楚王封在白羽（今河南省西峡县），所以叫白胜。他发动政变，想夺取王位，但最终失败。他死后，子孙以他的封地名为姓，代代相传。唐朝大诗人白居易就是这一支白姓的后人。

其二，春秋名臣百里奚的孙子叫白乙丙。他在秦国做了大官，其后人便以“白”为姓。

**历史名人** [ 白起 ] 战国时期秦国的著名将领，白乙丙的后人。

[ 白居易 ] 唐代杰出的诗人。他诗歌的风格自成一派，与李白、杜甫一样出名。

[ 白朴 ] 元代著名的戏曲家。他最著名的杂剧是《墙头马上》和《梧桐雨》。

## 蔺

**姓氏来源** 战国时，韩国国君韩献子的玄孙叫韩康，他在赵国做官，获得蔺（在今山西省柳林县北）这个封地。韩康的子孙就用封地名作为姓。蔺相如就是这支蔺姓的后裔。

最初，蔺姓主要分布在中山（在今河北省境内）和华阳（在今四川省境内），后来向全国扩散，渐渐发展，壮大起来。

战国时期，蔺氏家族出现了文臣蔺相如，后来又出了很多著名的武将。

**历史名人** [ 蔺相如 ] 战国时期赵国的名相。“完璧归赵”“将相和”“负荆请罪”等故事都和他有关。

[ 蔺钦 ] 南北朝时期的著名将领，被称为“智武将军”。他的父亲蔺子云也是当时的名将。

[ 蔺亮 ] 隋朝的名将。他曾经在浦口山屯兵，当时的人把山上的岩石叫作蔺将军岩。

## 乔

**姓氏来源** 乔姓来自“桥”。相传有座山的名字叫“桥”，黄帝死后，就葬在这座山下。守陵看山的子孙，就以山名“桥”为姓。南北朝时，魏孝武帝不堪忍受宰相高欢的专权和压迫，于是同北魏平原内史桥勤一起投奔到西魏。一天，建立西魏的宇文泰突发奇想，叫桥勤去掉木字边改“桥”为“乔”，取“乔”的高远之意。桥勤从此姓乔，世代传承下去。

**历史名人** [ 乔吉 ] 元代散曲家、戏曲作家，和张可久并称元散曲两大家。作品有《两世缘》《扬州梦》《金钱记》。

[ 乔清秀 ] 近代著名河南坠子演员。她创造的表演风格被称为“乔派”。

## 谭

**姓氏来源** 相传尧时中原洪水泛滥，尧派鲧治水失败。鲧的妻子生下了禹。舜即位后，任用禹治水。禹治水成功后，舜赐“姒”姓给他。

西周初年，姒姓的一支被封在了谭国。谭国不久就沦为齐国附庸。春秋初期，齐桓公吞并谭国。谭国国君的儿子逃到莒国，而留在故国的子孙就以国名“谭”为姓。

**历史名人** [ 谭元春 ] 明朝文学家，与钟惺同为“竟陵派”的创始人。

[ 谭鑫培 ] 近代京剧表演艺术家和戏曲革新家，自创“谭派”，被誉为清代“同光十三绝”之一。

[ 谭嗣同 ] 近代改良派政治家、思想家。他在戊戌变法中牺牲，是“戊戌六君子”之一。

## 郦

**姓氏来源** 在距今四千多年前，大禹敬重黄帝，把他的后裔涓封在了郦这个地方，并让他们建立郦国。

夏商时期，郦国逐步成为骊戎部落，迁到骊山一带。

商末周初，骊戎部落首领郦山助周灭商，成为十大功臣之一。

春秋时期，骊戎被晋国所灭，王族后裔聚居在新蔡，就用国名作为姓氏，世代相传，称为郦氏。

**历史名人** [ 郦食其 ] 西汉初年人，是帮助刘邦统一天下的功臣之一。

[ 郦炎 ] 东汉诗人、学者，有文才，精音律，以品行高洁闻名。

[ 郦道元 ] 北魏时期的地理学家、散文家，作《水经注》四十卷，是中国古代地理名著之一。

## 温

**姓氏来源** 周朝时的温国所在地，是郄至的封邑。当时晋厉公对权势很大的郄氏非常不满。一天，郄至打到一头野猪，派人拿给厉公，却被厉公宠幸的宦官孟张夺去，一怒之下郄至射死了孟张。厉公极为恼火，想除掉郄氏。郄至知道后，有人主张先下手杀厉公，但郄至认为宁可被杀也不可犯上，结果郄至被厉公杀死。有些郄至的子孙逃到国外，就以封邑名为姓。

**历史名人** [ 温峤 ] 西晋和东晋时期的政治家，是一代名臣、名士。

[ 温庭筠 ] 唐朝诗人，擅长诗和词，与李商隐并称“温李”。

## 晏

**姓氏来源** 颛顼帝后裔陆终的第五个儿子叫晏安。晏安的后代用“晏”为姓。

尧帝时期的大臣晏龙是历史上记载的最早的晏姓人。

春秋时期，晏姓和高、国、鲍姓成为齐国的四大望族，世代做高官。名相晏婴就是这一族的子孙。

在以后的历史中，晏姓从北向南发展、迁移。北宋时，江西晏氏家族曾经很兴盛。

**历史名人** [ 晏婴 ] 春秋时期齐国人。他处理政事很有成就，后人把他的言行编辑成《晏子春秋》一书。

[ 晏殊 ] 北宋时的宰相，著名的文学家，尤其擅长写词。有词集《珠玉词》传世。

[ 晏天章 ] 宋代的棋师。他擅长下棋，著有《元元棋经》。

## 瞿

**姓氏来源** 上古时，有个地方叫瞿上。商朝时，有一位大夫被封到那里，人们称“瞿父”。其后代就以这个封地名为姓氏，称为瞿氏。瞿父是瞿姓人最早的祖先。

春秋时，跟孔子学习《易》的一个弟子，姓商。因为他曾居住于瞿上，所以叫商瞿。后来，瞿上这个地方就被人称为商瞿里。以后，居住在这里的人，就分别姓“商”和“瞿”。

**历史名人** [ 瞿佑 ] 明朝初年著名文学家，著有小说集《剪灯新话》。

[ 瞿式耜 ] 南明文渊阁大学士，抗清志士。他在抗清斗争中就义，被清朝乾隆皇帝追谥“忠宣”。

[ 瞿秋白 ] 中国共产党早期领导人之一，马克思主义者，无产阶级革命家、理论家和宣传家，是中国革命文学事业的奠基人之一。

## 文

**姓氏来源** 文姓有两个来源：

其一，商朝时，纣王的统治非常腐朽。诸侯姬昌在位五十年，渐渐扩充势力，灭掉其他许多诸侯国，举起反商大旗。他死后，儿子姬发建立周朝，自称周武王。姬昌被追封为周文王。在周文王的子孙中，有些用他的谥号“文”为姓。

其二，春秋时，卫国将军孙文子很有声望，他的子孙中有人以他的名字为姓，于是形成了河南的文姓。

**历史名人** [ 文种 ] 春秋时楚国人。他在越国辅佐越王勾践，帮助勾践灭了吴国。后来勾践听信谗言，让他自杀。

[ 文天祥 ] 南宋大臣，历史上有名的民族英雄。

[ 文徵明 ] 明代书画家。他与沈周、唐寅、仇英合称“明四家”，又被称为“吴门派”。

## 聂

**姓氏来源** 聂姓来源有两个：

其一，周朝第一开国功臣姜子牙，在周成王时被封在齐国。齐丁公时，姜子牙的一些子孙被封到聂国，这些子孙后来就以国名为姓。因此，姜子牙被尊奉为聂姓始祖。

其二，春秋时期，地处中原的聂北归属邢国。邢国灭亡以后，聂北就归齐国所有，住在那里的人就以地名为姓。

**历史名人** [ 聂政 ] 战国时期人，著名的刺客。

[ 聂夷中 ] 唐朝末年诗人。他的诗篇大多关怀民生疾苦、讽喻时世。代表作有《咏田家》。

[ 聂耳 ] 现代作曲家，中国共产党早期党员。我国国歌《义勇军进行曲》的作曲者。

## 曾

**姓氏来源** 夏朝贤君少康曾经把最小的儿子封在了鄫国（今山东省兰陵县西北），历经夏、商、周三代，到了春秋时期，鄫国被莒国吞灭。太子巫逃奔到鲁国。他的后代为了纪念故国，把“鄫”字去掉“阝”旁，改姓了“曾”。

原本，鲁国是曾姓人的聚集地。不过，西汉末年，为了躲避王莽乱政，一部分曾姓人南下到了今江西吉安，从此曾姓在南方也繁衍起来。

**历史名人** [ 曾参 ] 春秋末战国初人，是孔子最得意的弟子之一。

[ 曾巩 ] 北宋著名的文学家，散文创作的成就最高，是唐宋八大家之一。

[ 曾国藩 ] 清朝的封疆大吏，中兴名臣，建立了与太平天国对抗的湘军，是洋务运动的创办者之一。

# 关

**姓氏来源** 关姓有两个来源：

其一，远古时代，董父为帝舜养龙，他是颛顼帝的后裔，被封为豢龙氏。因为古时“豢”“关”二字通用，所以后来又写作“关龙氏”。

到了夏朝，贤臣关龙逄因为帝王桀的统治腐朽，他前去劝谏，结果犯上被囚，赐死。于是，关龙逄的后代就改姓关。

其二，春秋时期的尹喜在函谷关任关令。相传尹喜在老子西游出关时，追随他而去。之后，尹喜的后代就以他的官名为姓，也称关氏。

**历史名人** [ 关羽 ] 东汉末年人，刘备的部将，著名的三国人物。

[ 关汉卿 ] 元朝戏剧家。他所作杂剧有六十余种，现存十三种，包括著名的《窦娥冤》。

[ 关天培 ] 清朝军事将领。他任广东水师提督，协助林则徐查禁鸦片，在鸦片战争中牺牲。

# 蒯

**姓氏来源** 蒯姓有三个来源：

其一，商代时有蒯国（在今河南省洛阳市西的蒯乡）。蒯国的人后来有的以国名为姓，称为蒯姓。

其二，春秋时，蒯地成为晋国大夫得的封邑，世称蒯得。他的子孙即以邑名“蒯”为姓，而称蒯氏。

其三，春秋时期的卫国，是卫灵公之子卫庄公的后代。卫庄公名叫蒯聩，他当太子的时候，曾经想刺杀灵公的夫人南子，失败后出奔晋国，后回卫国，被良夫、孔悝立为卫君。后为晋军所破，被杀。蒯聩的后代子孙以祖上的名字命姓，称蒯姓。

**历史名人** [ 蒯轲 ] 汉代人。当刘邦和项羽争夺天下时，他活跃于政界，为人出谋划策，以口才好和计谋高闻名天下。

[ 蒯祥 ] 明代营缮。官至工部侍郎，食俸一品。自永乐至天顺，举凡内殿陵寝，都是他营缮的。他能用两支手各握一支笔画龙，合在一起象一条龙一样。皇帝每每称他为“蒯鲁班”。

[ 蒯光典 ] 清朝人，知识极为广博，文章也极也，对古代文献加以整理注说考证，深受学界好评。所做的事业，光大华夏文化，功在千古。

# 司马

**姓氏来源** 周宣王时，重黎（颛顼的后人，帝喾的火正，即掌管火的官）的后代程伯休父做了司马。作为一种官职，司马非常重要，一方面掌管国家的军队，另一方面帮助君王处理国家大事。在征战中，程伯休父立下大功，于是周宣王允许他用官职为姓，让后代一直继承。于是，世上便有了司马这个姓氏。

从春秋一直到秦汉、魏晋时期，作为名门大姓的司马氏出了很多政治、军事、文学方面的名人。

**历史名人** [ 司马迁 ] 西汉史学家、文学家。他写的《史记》是我国第一部纪传体通史，对后世影响很大。

[ 司马相如 ] 西汉的辞赋家，也是历史上赋这种文体写得最好的人。

[ 司马光 ] 北宋著名的大臣、史学家。他编撰的《资治通鉴》是著名的史书。

## 上官

**姓氏来源** 春秋时，楚庄王重用孙叔敖，兴修水利，发展生产，使得国力强盛。他成为继晋文公之后的春秋五霸之一。楚庄王的小儿子兰被分封为上官邑（今河南省滑县东南）的大夫。兰的子孙就用这个邑名作为姓，于是有了“上官”这个姓氏。

战国时期，楚国的公族子弟靳尚担任了上官大夫，他的后代子孙就用上官作为姓。

**历史名人** [ 上官桀 ] 汉朝人，汉武帝时候的将军，后来想要造反，失败后被诛灭九族。

[ 上官仪 ] 唐朝初年的著名诗人。他创造的诗歌风格被称为“上官体”，在当时有很多人模仿。

[ 上官婉儿 ] 上官仪的孙女，中国历史上有名的才女。

## 欧阳

**姓氏来源** 夏朝国君少康把他的一个儿子封在会稽（今浙江省绍兴市），建立越国。战国时期，越王无疆把他的第二个儿子蹄分封在乌程欧余山的南边。古时称山的南边、水的北边为“阳”，所以蹄又称欧阳亭侯。后来，无疆被楚王打败，越国灭亡。欧阳亭侯的后代就以“欧阳”和“欧”为姓。

**历史名人** [ 欧阳生 ] 西汉时候的学者，以研究《尚书》著名。他的后代也有很多人以研究《尚书》为特长，因此，有关《尚书》的学问也被称为欧阳氏学。

[ 欧阳询 ] 唐朝的著名书法家。

[ 欧阳修 ] 北宋著名的文学家。他是当时的文坛领袖，在当时和后世都有很大影响。

## 诸葛

**姓氏来源** 诸葛姓有两个来源：

其一，葛伯，葛天氏的后裔，在今山东省诸城建立封国。封国灭亡后，原来葛姓人中的一部分由琅邪郡诸县迁徙到阳都。由于阳都已有葛姓，为了区分，就称这些来自诸县的葛姓人为“诸葛”姓，意即来自诸县的葛姓。经过代代相传，就成了一个新的姓氏。

其二，有的诸葛姓氏是来自一个口误。春秋时齐国熊氏的后人中有姓“詹葛”的，因为被叫错，遂成“诸葛”。

**历史名人** [ 诸葛亮 ] 三国时期蜀国的政治家、军事家。[ 诸葛瑾 ] 诸葛亮的哥哥，是三国时期东吴的重要大臣。

[诸葛高] 宋朝的制笔专家。宋朝文学家梅尧臣称赞他说：“笔工诸葛高，海内称第一。”

## 附：《百家姓》原文（此版本与中华书局版本一致）

| | | | | | |
|---|---|---|---|---|---|
| 赵钱孙李 | 周吴郑王 | 冯陈褚卫 | 蒋沈韩杨 | 朱秦尤许 | 何吕施张 |
| 孔曹严华 | 金魏陶姜 | 戚谢邹喻 | 柏水窦章 | 云苏潘葛 | 奚范彭郎 |
| 鲁韦昌马 | 苗凤花方 | 俞任袁柳 | 酆鲍史唐 | 费廉岑薛 | 雷贺倪汤 |
| 滕殷罗毕 | 郝邬安常 | 乐于时傅 | 皮卞齐康 | 伍余元卜 | 顾孟平黄 |
| 和穆萧尹 | 姚邵湛汪 | 祁毛禹狄 | 米贝明臧 | 计伏成戴 | 谈宋茅庞 |
| 熊纪舒屈 | 项祝董梁 | 杜阮蓝闵 | 席季麻强 | 贾路娄危 | 江童颜郭 |
| 梅盛林刁 | 钟徐邱骆 | 高夏蔡田 | 樊胡凌霍 | 虞万支柯 | 昝管卢莫 |
| 经房裘缪 | 干解应宗 | 丁宣贲邓 | 郁单杭洪 | 包诸左石 | 崔吉钮龚 |
| 程嵇邢滑 | 裴陆荣翁 | 荀羊於惠 | 甄麴家封 | 芮羿储靳 | 汲邴糜松 |
| 井段富巫 | 乌焦巴弓 | 牧隗山谷 | 车侯宓蓬 | 全郗班仰 | 秋仲伊宫 |
| 宁仇栾暴 | 甘钭厉戎 | 祖武符刘 | 景詹束龙 | 叶幸司韶 | 郜黎蓟薄 |
| 印宿白怀 | 蒲邰从鄂 | 索咸籍赖 | 卓蔺屠蒙 | 池乔阴郁 | 胥能苍双 |
| 闻莘党翟 | 谭贡劳逄 | 姬申扶堵 | 冉宰郦雍 | 郤璩桑桂 | 濮牛寿通 |
| 边扈燕冀 | 郏浦尚农 | 温别庄晏 | 柴瞿阎充 | 慕连茹习 | 宦艾鱼容 |
| 向古易慎 | 戈廖庾终 | 暨居衡步 | 都耿满弘 | 匡国文寇 | 广禄阙东 |
| 殴殳沃利 | 蔚越夔隆 | 师巩厍聂 | 晁勾敖融 | 冷訾辛阚 | 那简饶空 |
| 曾毋沙乜 | 养鞠须丰 | 巢关蒯相 | 查后荆红 | 游竺权逯 | 盖益桓公 |
| 万俟司马 | 上官欧阳 | 夏侯诸葛 | 闻人东方 | 赫连皇甫 | 尉迟公羊 |
| 澹台公冶 | 宗政濮阳 | 淳于单于 | 太叔申屠 | 公孙仲孙 | 轩辕令狐 |
| 钟离宇文 | 长孙慕容 | 鲜于闾丘 | 司徒司空 | 亓官司寇 | 仉督子车 |
| 颛孙端木 | 巫马公西 | 漆雕乐正 | 壤驷公良 | 拓拔夹谷 | 宰父谷粱 |
| 晋楚闫法 | 汝鄢涂钦 | 段干百里 | 东郭南门 | 呼延归海 | 羊舌微生 |
| 岳帅缑亢 | 况后有琴 | 梁丘左丘 | 东门西门 | 商牟佘佴 | 伯赏南宫 |
| 墨哈谯笪 | 年爱阳佟 | 第五言福 | 百家姓终 | | |

# 千字文

[南朝梁]周兴嗣

《千字文》是南朝梁武帝在位时期（502~549年）编成的，其编者是梁朝散骑侍郎、给事中周兴嗣。据唐代李倬《尚书故实》记载梁武帝命大臣殷铁石模次王羲之书碣碑石的字迹，又要求拓出一千字都不重复，以赐八王。梁武帝又命令周兴嗣将这一千字编成有意义的句子，“卿有才思，为我韵之”。结果周兴嗣用尽心血写成了《千字文》，据说写完以后，头发都白了。

**【原文】**

天地玄黄①，宇宙洪荒②。日月盈昃③，辰宿列张④。

**【注释】**①玄黄：指天地的颜色。玄，黑色，天的颜色；黄，黄色，地的颜色。②洪荒：无边无际、混沌蒙昧的状态，指远古时代。洪，洪大、辽阔；荒，空洞、荒芜。③盈：圆满，这里是针对月亮说的。昃：太阳偏西。④辰宿：星宿，星辰。列张：陈列，散布。列，排列；张，张开。

**【译文】**开天辟地，宇宙诞生。天是黑色的，高远苍茫；地是黄色的，深邃宽广。宇宙辽阔无垠、混沌蒙昧。日月在宇宙中运转，日出日落，月圆月缺，周而复始，无数星辰陈列散布，闪闪发光。

**【原文】**

寒来暑往，秋收冬藏。闰余成岁①，律吕调阳②。

**【注释】**①闰余成岁：中国古代历法以月亮圆缺变化一次为一个月，十二个月为一年，但人们实际经历的一年（地球绕太阳运行一圈所用的时间）和它之间存在差额，这个时间差额被称为“闰余”。为了解决这个问题，古人每过几年，就把积累到一定程度的“闰余”相加，合成“闰月”，插入该年份中，有“闰月”的这一年就是“闰年”。闰，余数；岁，年。②律吕：律管和吕管，中国古代用来校定音律的一种设备，相当于现代的定音器。古人将一个八度分为十二个不完全相等的半音，从低到高依次排列。每个半音称为一律，其中单数各律称为“律”，双数各律称为“吕”，十二律分为“六律”“六吕”，简称“律吕”。古人认为十二音律代表一年的十二个月，分“阴”“阳”两组，所以“律吕”除了用来校正音律，还用来勘测地下阴阳二气的变化，以校正历法节气的偏差。调：调整。阳：阴阳，这里指节气。

**【译文】**四季气候总是冬夏交替，农事活动总是春生夏长、秋收冬藏。历法上的一年与地球实际上绕太阳运行一周的时间出现误差，就设置闰月和闰年来解决；历法节气上产生偏差，则根据律管和吕管对地下阴阳二气进行勘测的结果进行调整。

【原文】

云腾致雨①，露结为霜。金生丽水②，玉出昆冈③。

【注释】①腾：上升。致：导致，造成。②丽水：就是云南丽江，因为盛产黄金，又名“金沙江”。③昆冈：昆仑山，在新疆维吾尔自治区、西藏自治区一带，古代出产玉石，著名的“和田玉”便产自这里。

【译文】云气上升遇到冷空气就形成了雨，夜晚气温下降露水就凝结成霜。丽江水中盛产黄金，昆仑山上盛产美玉。

【原文】

剑号巨阙①，珠称夜光。果珍李柰②，菜重芥姜③。

【注释】①巨阙：古代宝剑名，相传是春秋时期越国铸剑大师欧冶子所铸造的五大名剑之一，其余依次为纯钩、湛卢、莫邪、鱼肠，全都锋利无比，以巨阙为最，后来逐渐成为宝剑的代称。②李柰：两种水果名称，“李”是李子；“柰”，柰子，俗名花红，又叫沙果。③重：重视、看重。

【译文】“巨阙剑”在宝剑中最锋利，“夜光珠”在珍珠中最明亮；水果里最珍贵的是李子和沙果，蔬菜中最重要的是芥菜和生姜。

【原文】

海咸河淡，鳞潜羽翔①。

【注释】①鳞：鱼的鳞片，这里代指鱼类。潜：隐藏在水面下活动。羽：鸟的羽毛，这里代指鸟类。翔：盘旋地飞而不扇动翅膀。

【译文】海水咸，河水淡；鱼儿在水中潜游，鸟儿在空中飞翔。

【原文】

龙师火帝①，鸟官人皇②。始制文字③，乃服衣裳④。

【注释】①龙师：相传上古帝王伏羲氏所封的官名都带“龙”字，因此被称为“龙师”。火帝：相传上古帝王神农氏所封的官名都带“火”字，因此被称为“火帝”，又称炎帝。②鸟官：相传上古帝王少昊氏所封的百官都带有“鸟”字，因此被称为“鸟官”。人皇：人间的皇帝，这里指传说中上古部落的首领，后来被神化，与天皇、地皇合称三皇。③始制文字：传说黄帝命一个叫仓颉的史官创造了汉字。④乃服衣裳：传说远古时期，人类开始都是用树叶遮蔽身体、抵御寒冷。直到黄帝时，才有一个叫胡曹的人发明了衣裳，上身穿的叫衣，下身穿的叫裳（古代指裙子）。乃，才；服，穿（衣服）。

【译文】上古时期，伏羲氏以龙来命名百官，被称为“龙师”；神农氏以火来命名百官，被称为“火帝”；少昊氏以鸟来命名百官，被称为“鸟官”。还有传说中远古部落首领人皇，与天皇、地皇合称三皇。

黄帝时仓颉创造了文字，百姓穿上了衣服。

【原文】

推位让国①，有虞陶唐②。吊民伐罪③，周发殷汤④。

【注释】①推位：把皇位让给别人。推，推让，把自己的东西送给别人；位，这里指皇位。让：不争，谦让，这里指古代所说的“禅让”，指君王把帝位让给他人。②有虞：这里指舜，远古部落有虞氏的首领，号有虞氏，史称虞舜，传说中的五帝之一。陶唐：这里指尧，远古部落陶唐氏的首领，号陶唐氏，史称唐尧，也是传说中的五帝之一。传说尧把帝位禅让给了舜，舜又禅让给了禹。③吊民伐罪：慰问受苦的人民，讨伐有罪的统治者。吊，抚恤、慰问；民，人民；伐，征讨、讨伐；罪，作恶或犯法的行为，这里指有罪的统治者。④周发：指周武王姬发，他率军讨伐暴君商纣王，建立了西周。殷汤：成汤率军讨伐暴君夏桀，建立了商朝，历史上商朝又称殷，因此成汤又叫殷汤。

【译文】贤明的上古君王尧和舜，无私地把帝位让给德才兼备的人。商汤率军讨伐残暴的夏桀，而周武王又率军讨伐残暴的商纣王。

【原文】

坐朝问道①，垂拱平章②。爱育黎首③，臣伏戎羌④。遐迩一体⑤，率宾归王⑥。

【注释】①坐朝问道：君主端坐在朝堂上，与大臣们共同商讨治国之道。②垂拱：语出《尚书·武成》：“谆信明义，崇德报功，垂拱而天下治”。垂衣拱手，形容毫不费力，这里指天子不做什么而使天下安定，多用来称颂帝王无为而治。垂，垂衣，把衣服挂起来；拱，拱手。平章：太平彰明，指把国家治理得很好。平，平安、太平；章，通“彰”，明显、显著。③爱育：爱护养育。黎首：黎民，指老百姓。黎，黑色的；首，头，因为老百姓脸是黑色的，所以称为“黎首”。④臣伏：屈服称臣。戎羌：中国古代西北地区的两个少数民族，这里代指全部少数民族。⑤遐迩一体：指远近地区关系密切，形成一个整体。遐，远；迩，近。⑥率宾归王：出自《诗经·小雅·北山》：“普天之下，莫非王土；率土之滨，莫非王臣。”意思是：普天之下的土地都是君王的领土，领土内的百姓都是君王的臣民。率，率领、带领，这里是“自、由、从”的意思；宾，通“滨”，水边，近水的地方。率宾，四海之内。归，归依、归属；王，君王、天子。

【译文】贤明的君王只要端坐朝堂，和大臣们共同商讨治国之道，无为而治，就能毫不费力地把国家管理好，开创天下太平、政治清明的盛世。

君王体恤爱护百姓，百姓自然会心悦诚服地拥戴他，连边疆的少数民族也会心甘情愿地归顺臣服。远近地区关系密切，国家自然会形成统一的整体，四海之内的百姓都会主动归顺于贤明的君主。

【原文】

鸣凤在竹①，白驹食场②。化被草木③，赖及万方④。

【注释】①鸣凤在竹：凤凰是传说中的珍禽，只吃竹子的果实，只落在梧桐树上休息，它的出现象征着太平盛世。②白驹食场：出自《诗经·小雅·白驹》：“皎皎白驹，食我场苗，执之维之，以永今朝。”这里借白色的小马在牧场自在地吃草，来表现处在太平盛世的人生活非常悠闲。驹，小马。场，牧场。③化被草木：圣君贤王的感化使草木都沾光。化，政教风化。被，覆盖、遮盖。④赖及万方：普天下的百姓都享受到明君的恩泽。赖，幸蒙、依赖。万方，各地、四方，不仅仅指人，还泛指一切生物。

**【译文】**明君的恩泽覆盖了世间万物：竹林间，吉祥的凤凰在欢快地鸣叫；牧场上，白色的小马驹正悠闲地吃草；草木沐浴着君王的教化，生机勃勃；百姓享受君王的恩泽，生活幸福。

**【原文】**

盖此身发①，四大五常②。恭惟鞠养③，岂敢毁伤④。

**【注释】**①盖：发语词，引起下面所说的话，本身并无意义。身发：身体和头发。这里代指整个身体。②四大：指地、水、火、风四种元素。五常：指儒家认为人应具备的五种品德，仁、义、礼、智、信。③恭惟：也作“恭维”，对上的谦辞，一般用于文章开头。惟，助词，与恭合起来成为表谦虚的专辞。鞠养：抚养，养育。这里“鞠”和“养”意思相同。④岂敢：怎么敢，不敢，表示谦虚。岂，助词，表示反问的语气。

**【译文】**人的身体发肤，是地、水、火、风四大基本元素构成的；人的思想行为，是受仁、义、礼、智、信五种品德约束的。做儿女的要恭恭敬敬，时刻谨记父母的养育之恩，这样的话，怎么还敢轻易损毁自己的身体呢？

**【原文】**

女慕贞洁①，男效才良②。知过必改③，得能莫忘④。

**【注释】**①慕：向往，敬仰。贞洁：纯正高洁，指纯洁的内心和端正的品行。贞，端方正直，形容一个人的意志或操守坚定不移；洁，干净。②效：效法、学习。才良：德才兼备的人。才，有本领、有才能；良，善良、美好。③知过必改：知道自己错了就一定要及时改正。过，过错、过失；必，一定；改，改正。④得能：学到了本领。能，才干、本领。

**【译文】**女子要崇尚那些内心纯洁、品行端正的人；男子要效法那些德才兼备的人。发现自己错了，一定要及时改正；学到了知识本领，一定不要忘记。

**【原文】**

罔谈彼短①，靡恃己长②。信使可覆③，器欲难量④。

**【注释】**①罔：不，不要，表示禁止、否定。彼短：别人的缺点。彼，他人、别人；短，缺点、短处。②靡：不，不要，表示禁止、否定。恃：依赖，仗着。己长：自己的长处。③信：诚信，诚实不欺骗。覆：核实、检验。④器：气度，器量。欲：需要。

**【译文】**不要谈论别人的短处，不可炫耀自己的长处。做人要诚实守信，经得起反复考验；器量越大越好，最好大到让人难以估量。

【原文】

墨悲丝染①，诗赞羔羊②。

【注释】①墨：这里指墨子，名翟，是战国时期著名的思想家、教育家，墨家学派创始人，著有《墨子》一书。(墨)悲丝染：典故出自《墨子》，说有一次墨子路过染坊，看到雪白的生丝被放在各色染缸里染了颜色，无论怎样漂洗，再也无法将染过的丝恢复生丝的本色了。墨子于是悲叹道："染于苍则苍，染于黄则黄，不可不慎也。"墨子认为人的本性像生丝一样洁白美好，一旦受到环境的污染，就像生丝被染了色，再想恢复本性的质朴纯洁已经不可能了，因此而感到悲哀。这个故事教育我们要注意抵御不良影响，保持本性的纯正美好。②诗：这里指《诗经》，我国古代第一部诗歌总集，共305篇，又取整数，称为"诗三百"，分为风、雅、颂三部分。羔羊：《诗经·召南》里有"羔羊"一篇，表面上是赞美羔羊的素白，实质上是称颂穿皮袄的人——士大夫具有羔羊般纯洁正直、不受污染的品德。

【译文】墨子悲叹白丝被染了色，《诗经》赞美了士大夫纯洁正直的品德。

【原文】

景行维贤①，克念作圣②。德建名立③，形端表正④。

【注释】①景行：大路，比喻高尚光明的德行，语出《诗经·小雅·车辖》："高山仰止，景行行止。"意思是贤德的人，德如高山人人敬仰，行如大道人人向往。景，高、大；行，道路。维贤：要像贤人一样。维，思考；贤，贤人。②克念：克制自己的私欲杂念。克，制服、抑制。圣：圣人，古代对人格最高尚的、智慧最高超的人的称呼。③德：道德品行。名：名声。④形端：既包括形体端庄，也包括内在谦虚诚恳。形，这里指人的整体形态，包括外在的言行举止和内在修养两部分。表正：仪表端正。表，仪表，指人的容貌、姿态、风度等。

【译文】行为光明正大，才能接近贤人；克制私欲杂念，才能成为圣人。高尚的德行建立了，名声自然就会树立；心性举止庄重，仪表自然就会端正。

【原文】

空谷传声①，虚堂习听②。祸因恶积③，福缘善庆④。

【注释】①空谷：空旷的山谷。传声：传播声音。②虚堂：高大而空荡的厅堂。虚，空；厅，厅堂，用于聚会、待客等的宽敞房间。习听：回声引起重听。习，本义是小鸟反复地试飞，这里是重复的意思。③积：积累，聚积。④缘：因为，由于。庆：奖赏，赏赐。

【译文】空旷的山谷中，声音传播得很远；空荡的厅堂里，说话会有回声。灾祸是罪恶不断积累的下场，幸福是善行持续增加的奖赏。

【原文】

尺璧非宝①，寸阴是竞②。

【注释】①尺璧：直径一尺长的美玉，形容极为珍贵的玉。璧，本义是平滑、中心有孔的圆形玉环，后来将上等的美玉称为璧。②寸阴：一寸长的光阴，形容时间非常短暂。竞：竞争，争取。

【译文】直径一尺的美玉还不算真正的宝贝，短暂的时光却要努力争取。

【原文】

资父事君①，曰严与敬②。孝当竭力③，忠则尽命④。

【注释】①资：奉养。事：侍奉。②曰：本义是“说”，这里是“就是”的意思。严：严肃，认真。敬：恭敬。③竭力：尽力，用尽全力。竭，尽，用完。④尽命：忠于君主要不超越本位，一心一意做好本职工作。命，孔子说过“命者，名也”，命就是一个人的本分、名分。做人做事，都不要超越自己的本分，才有功德；越位行事，劳而无功。

【译文】奉养父母、侍奉君主，就是要严肃而恭敬。孝敬父母应当尽己所能，能做多少就做多少；忠于君主不要超越本位，一心一意，恪尽职守。

【原文】

临深履薄①，夙兴温凊②。似兰斯馨③，如松之盛。

【注释】①临深履薄：语出《诗经·小雅·小旻》：“战战兢兢，如临深渊，如履薄冰。”意思是面临深渊，脚踩在很薄的冰面上。比喻小心谨慎，唯恐出现差错。临，面对、面临；深，深渊；履，踩、踏；薄，薄冰。②夙兴：“夙兴夜寐”的缩略语，早起晚睡。夙，早；兴，起来、起床。温凊：“冬温夏凊”的缩略语，冬天注意防寒保暖，夏天注意防暑降温。温，温暖；凊，凉，凉爽。③馨，散布很远的香气，多比喻声誉流芳后世。

【译文】侍奉君主要像站在深渊边、踩在薄冰上一样小心谨慎；孝顺父母要比他们睡得晚、起得早，冬天注意防寒保暖，夏天注意防暑降温。这种尽忠尽孝的美德，像兰花那样清香远播，陶冶人心；像青松那样傲霜斗雪，苍翠茂盛。

【原文】

川流不息①，渊澄取映②。容止若思③，言辞安定④。

【注释】①川：河水，河流。息：停歇，停止。②渊：深水，深潭。澄：水静而清。取映：拿来当镜子照。取，拿，拿来；映，反映，因光线照射而显出。③容止：容貌仪表和行为举止。若思：像在思考问题一样。若，好像。④言辞：言语，所说的话。

【译文】要像河水那样流淌不息，要像潭水那样清澈照人。仪容举止要像在思考问题时那样沉静安详，言语对答要稳重自信。

【原文】

笃初诚美①，慎终宜令②。荣业所基③，籍甚无竟④。

【注释】①笃初：以忠实的态度开始做一件事情。笃，忠实，一心一意；初，开始。诚：虽然，固然。美：美好。②慎终：谨慎小心直到结束。慎，谨慎、慎重；终，完，结束。宜令：应该美好。宜，应该、应当；令，美好，善。③荣业：荣誉与功业。基：基础，根本。④籍甚：“籍籍之甚”的简称，形容声名盛大。竟：通“境”，止境。

【译文】以忠实的态度开始做一件事情固然很好，但直到事情结束都保持小心谨慎才更加难能可贵，这是人一生荣誉与事业的基础，有了这个基础，才能声名远扬，没有止境。

【原文】

学优登仕①，摄职从政②。存以甘棠③，去而益咏④。

【注释】①学优登仕：出自《论语·子张篇》："子夏曰：仕而优则学，学而优则仕。"意思是做了官还有余力就去学习（以便更好地发展）；学习好了就可以去做官（以推行仁政）。学优，学习成绩优异；登仕，当官、做官；登，登上；仕，官员。②摄职：代理官职。摄，代理。从政：参与政治事务，指做官。③存：保存，保留。甘棠：即棠梨树。典故出自《诗经·召南·甘棠》，相传周武王的臣子召伯巡视南方时，曾在甘棠树下休息、理政，当地人因其勤政爱民感激他，为了怀念他的功绩，一直珍惜这棵甘棠树不忍心砍伐，并作了《甘棠》一诗加以怀念。④去：离去，离开。益咏：更加歌颂赞美。益，更加。

【译文】学问好的人就可以去做官，行使职权、处理政事。周人怀念召伯的德政，不忍砍伐他休息过的甘棠树，召伯虽然离去了，但百姓作诗歌怀念他。

【原文】

乐殊贵贱①，礼别尊卑②。上和下睦③，夫唱妇随④。

【注释】①乐：音乐。殊：不同。贵贱：身份的高贵和低贱。②礼：礼节，礼仪。别：差别。尊卑：地位的尊贵和卑贱。③上：长辈或地位高的人。下：晚辈或地位低的人。睦：融洽。④夫唱妇随：原指封建伦理道德规定妻子必须绝对服从丈夫，后比喻夫妻亲密和睦相处。唱，通"倡"，倡导、发起；随，附和。

【译文】要根据身份贵贱选用不同音乐，要依据地位高低区别使用礼仪。不管地位高低，还是辈分大小，都要和睦相处，丈夫倡导的，妻子要顺从。

【原文】

外受傅训①，入奉母仪②。诸姑伯叔③，犹子比儿④。

【注释】①外：在外。傅训：师傅的教诲。傅，师傅，老师；训，教导，教诲。②入：进入家里，在家。奉：奉行，遵守。母仪：母亲的举止仪表。仪，容止仪表。③诸：众，各。④犹子：犹如自己的儿子，《礼记·檀弓》："兄弟之子，犹子也。"就是侄子。犹，如同。

【译文】在外要接受老师的教导，在家要奉行母亲的礼仪。要像孝顺父母那样对待姑姑、伯伯、叔叔；要像关爱亲生子女那样爱护侄子侄女。

【原文】

孔怀兄弟①，同气连枝②。交友投分③，切磨箴规④。

【注释】①孔：很，甚，非常。怀：思念，想念。②同气连枝：兄弟虽然形体不同，但共同承受父母的血气，就像连接在同一树干上的枝条。③投分：投缘，情投意合。投，相合、迎合；分，情分、缘分。④切：切磋。磨：琢磨。箴：劝告，劝诫。规：劝告，建议，尤指温和地力劝。

【译文】兄弟间要互相关爱，气息相通，因为彼此有共同的血缘关系，就像形体不同却同根相连的枝条一样。交朋友要意气相投，要能共同切磋钻研学问，还要能互相劝诫激励。

【原文】

仁慈隐恻①，造次弗离②。节义廉退③，颠沛匪亏④。

【注释】①仁慈：仁爱慈善。隐恻：也写作“恻隐”，看到人遭遇不幸感到不忍心，即同情、怜悯。②造次：慌忙，仓促。弗：不。③节：气节，操守。义：正义。廉：廉洁。退：谦让，谦逊。④颠沛：困顿挫折。匪亏：不缺少。匪，不；亏，欠缺、短少（应该有的而缺少）。

【译文】无论多么慌乱紧急的情况，都不可丢失仁爱和同情之心。无论多么颠沛流离的生活，都不能缺少气节、正义、廉洁、谦逊这些美德。

【原文】

性静情逸①，心动神疲②。守真志满③，逐物意移④。

【注释】①性静：心境宁静。性，性情。情逸：心性安逸。情，情绪、心情；逸，安闲、安适。②心动：心中浮躁动荡，不能安定。神疲：精神疲倦。神，精神。③守真：保持自己纯真的本性和操守。守，保持、卫护；真，这里指人的本性、本质。志满：志向得到满足。志，志气，意愿。④逐物：追求物质享受。逐，追求、追逐。意移：意志改变，这里指善良的本性发生变化。

【译文】心性淡泊宁静，情绪就自在安逸；内心浮躁动荡，精神就疲倦萎靡。保持纯真的本性和操守，志向就能得到满足；一心追逐物质享受，意志就会衰退，善良的本性也会改变。

【原文】

坚持雅操①，好爵自縻②。

【注释】①雅：高尚，美好。操：品行，节操。②好爵：代指高官厚禄。爵，古代饮酒的器皿，因贵族的等级不同使用的爵器也不同。后世把爵作为爵位、爵号、官位的总称。自縻：自己跑来拴住自己，这里是好运自来的意思。縻，本义是拴牛的绳子，这里是拴住、牵系的意思。

【译文】坚持高尚的节操，高官厚禄自会降临。

【原文】

都邑华夏①，东西二京②。背邙面洛③，浮渭据泾④。

【注释】①都邑：京城。邑，城市，都城。华夏：原指我国中原地区，后包括我国全部领土，遂成为中国的古称。②东西二京：中国古代很重要的两座京城，即西汉的都城长安“西京”（现在的西安），东汉的都城洛阳“东京”。③背邙面洛：这里是描述洛阳的地理位置。背邙，背靠邙山。邙，山名，北邙山，位于河南洛阳的北面。面洛，面对洛水。④浮渭据泾：这里是描述长安的地理位置。长安的左面有渭水，右面有泾河。渭水发源于甘肃，泾水起源于宁夏，二水在长安汇合后流入黄河。在汇入黄河以前，泾水清，渭水浊，水质完全不一样，这就是成语“泾渭分明”的来历。浮，漂浮；据，凭着、依靠。

【译文】中国古代的都城宏伟壮观，最古老的要数东京洛阳和西京长安。洛阳背靠北邙，面临洛水；长安左边是渭河，右边是泾河。

【原文】

宫殿盘郁①，楼观飞惊②。图写禽兽③，画彩仙灵④。

【注释】①盘郁：曲折幽深的样子。盘，盘旋、回旋；郁，是繁盛的样子。②楼观：古代宫殿群里面最高的建筑，这里泛指楼殿等高大的建筑物。观，楼台。飞惊：（楼阁亭台之势）如鸟儿展翅高飞，令人触目惊心，形容楼殿非常高大。飞，飞檐，中国古代特有的建筑结构，像展翅欲飞的鸟儿；惊，令人触目惊心。③图写：图物写貌，绘画。写，这里是描摹、绘画的意思。禽兽：泛指飞禽走兽。④画彩：用彩色绘画。仙灵：天仙和神灵。

【译文】雄伟的宫殿曲折盘旋，重叠幽深；高大的亭台楼阁凌空欲飞，触目惊心。宫殿里画着各种各样的飞禽走兽，还有彩绘的天仙神灵。

【原文】

丙舍傍启①，甲帐对楹②。肆筵设席③，鼓瑟吹笙④。

【注释】①丙舍：泛指正室两旁的别室、偏殿。傍启：从侧面开门。傍，通“旁”，侧面。②甲帐：汉武帝时所造的帐幕，用各种珍宝装饰，这里代指豪华的建筑。对楹：堂前对立的楹柱，这里指宫殿上第一排柱子。楹：厅堂前部的柱子。③肆筵设席：在宴会开始之前，进行桌椅的排摆和陈设的准备，这里就是摆设筵席的意思。肆、设，陈列、陈设。筵、席，古代的坐具，在唐朝以前，古人都是在地上铺席子，席地而坐，紧贴地面的那层长席叫筵，铺在筵上的短席叫席。④鼓瑟吹笙：宴会中助酒兴的音乐歌舞。鼓，敲击，弹奏；瑟，古代的一种弦乐器，形状像琴，这里代指弦乐；笙，古代的一种管乐器，这里代指管乐。

【译文】正殿两旁的偏殿从侧面开启，豪华的幔帐对着高大的楹柱。宫殿里大摆筵席，弹瑟吹笙，一片歌舞升平的欢腾景象。

【原文】

升阶纳陛①，弁转疑星②。右通广内③，左达承明④。

【注释】①升阶纳陛：指官员们一步步拾阶而上，登堂入殿。升阶，走上台阶。升，登、上；纳陛，用脚蹬着台阶一步步走上去；纳，进入；陛，帝王宫殿的台阶。②弁：古代的一种官帽，缝合处常用玉石装饰。转：转动。疑：这里是疑似的意思，类似，好像。③广内：汉代宫殿名，在长安的建章宫中，是西汉宫廷藏书的地方。④承明：汉代宫殿名，在长安的未央宫中，是西汉宫廷著述的地方。

【译文】文武百官走上台阶，进入宫殿，装饰着玉石的帽子不停转动，疑似天上闪耀的繁星。建章宫右边通向藏书的广内殿，未央宫向左到达进行著述的承明殿。

【原文】

既集坟典①，亦聚群英②。杜稿钟隶③，漆书壁经④。

【注释】①集：汇集，集中。坟典：《三坟》《五典》的并称，后来转为古代典籍的通称。坟，《三坟》，传说是记载三皇（伏羲、神农、黄帝）事迹的书；典，《五典》，传说是记载五帝（少昊、颛顼、帝喾、尧、舜）事迹的书，后来都已失传。②群英：众多贤能之士、英雄人物。③杜稿：汉朝杜度善写草书，是中国历史上写草书的第一人。杜度草书的手稿真迹，就是"杜稿"，被唐朝人称为"神品"。钟隶：三国时代的钟繇隶书天下第一，他的隶书真迹，就是"钟隶"。④漆书：上古时期还没有笔墨，古人通常用漆在竹简上书写文字。壁经：指在孔子旧宅墙壁中所藏的经书。秦始皇焚书坑儒，把所有的儒书都收缴上来。孔子的后代怕儒学从此失传，就把一部分经书藏在了夹壁墙里边。汉武帝的弟弟鲁恭王，想侵占孔子的旧宅修花园。在拆墙的时候发现了里边的竹简，内有《孝经》《古文尚书》《论语》等。

【译文】宫殿内既收藏了古今的名著典籍，又聚集了众多的文武英才。不但有书法家杜度的草书手稿和钟繇的隶书真迹，还有历史久远的漆书古籍，以及从孔府墙壁内发现的古文经书。

【原文】

府罗将相①，路侠槐卿②。户封八县③，家给千兵④。

【注释】①罗：搜罗，招集，聚集。将相：这里代指文武百官。武官最高级别的是"将"，文官最高级别的是"相"。②侠：同"夹"，处在两旁。槐卿：三槐九卿的简称。三槐就是三公，代表国家最尊贵的三个职位。《周礼》中记载：周代外朝种植槐树三棵，三公位列其下；左右各种植棘树九棵，九卿大夫位列其下，所以称公卿为"槐卿"。③封：分封土地，即帝王把爵位及土地赏赐给王室成员、诸侯及有功的大臣。④给：配给，供给。

【译文】朝廷内聚集着将相百官，宫廷外分列着三公九卿。皇帝给每家都赏赐了八个县之广的封地，还供给他们上千名士兵。

【原文】

高冠陪辇①，驱毂振缨②。世禄侈富③，车驾肥轻④。

【注释】①冠：帽子。陪：伴随，陪伴。辇：古代用人拉着走的车子，后来专指帝王与后妃乘坐的车子。②驱毂：驾车的意思。驱，赶马，驱赶；毂，车轮中心的圆木，中有圆孔，可以插轴，借指车轮或车。振：抖动，摆动。缨：这里有两重意义：一是古代帽子上系在颔下的冠带。古人乘车都是站在车厢里，车马一跑起来，帽带就会随风摆动，所以叫做"振缨"。二是套马的革带，驾车用。因此抖动马的缰绳也叫"振缨"。③世禄：古代贵族世代享受国家俸禄。侈富：奢侈，富有。侈，奢侈，过分追求物质享受；富，富裕、富足，财产、财物多。④车驾：马拉的车。肥轻：肥马轻裘的简称，语出《论语·雍也》："赤之适齐也，乘肥马衣轻裘。"形容富贵豪华的生活。肥，指肥壮的马。轻，指轻巧暖和的皮衣。

【译文】大臣们戴着高高的官帽，陪伴皇家的车辇出行，车轮飞驰，缨带飘扬。子孙世代享受优厚的俸禄，过着奢侈豪华的生活，乘高大肥壮的马，穿轻巧暖和的皮衣。

【原文】

策功茂实①，勒碑刻铭②。磻溪伊尹③，佐时阿衡④。

【注释】①策：谋划、策划，出谋划策，指的是文治。功：武功，上阵杀敌，指的是武功。茂实：盛美的德业。茂，茂盛、盛大；实，真实不虚。②勒碑：在石碑上刻字。勒，刻，雕刻。刻铭：在金属上刻字。铭，铭文，一种用于歌颂和纪念的文体，多刻在金属器皿上。③磻溪：水名，在陕西省宝鸡市东南，这里代指姜太公。传说姜太公一直在这里垂钓，后周文王寻访到此，请他出山，辅佐周王平定天下。伊尹：商朝开国君主成汤的宰相，辅佐成汤灭夏，建立商朝。④佐时：应时而生辅佐当朝君王。阿衡：商朝官名，相当于宰相。

【译文】这些将相大臣的文治武功卓越而真实，他们的丰功伟绩不但被载入史册，还被刻在金石上流传后世。周文王在磻溪寻访到了姜太公，尊他为太公望，周朝在他的辅佐下消灭商朝统一天下；伊尹辅佐成汤推翻夏朝建立商朝，成汤封他为阿衡，他们都是应时而生辅佐当朝君王成就大业的功臣。

【原文】

奄宅曲阜①，微旦孰营②。桓公匡合③，济弱扶倾④。

【注释】①奄宅曲阜：指曲阜，春秋时鲁国的都城，孔子的故乡，今山东省曲阜市。奄宅，奄宅之地，即曲阜一带。②微：要不是，如果没有。旦：指周公，周武王的弟弟，姓姬名旦，又称周公旦。孰营：谁来谋划治理。孰，谁；营，筹划、管理、建设。③桓公：指齐桓公，春秋时齐国国君，春秋五霸之一。匡合：纠合力量，匡定天下。匡，正，匡正；合，汇合。④济弱：帮助救济弱小的诸侯。济，帮助、救助。扶倾：扶持将要倾覆的周王室。扶，扶持、护持；倾，倒塌，这里是倾覆、颠覆的意思。

【译文】鲁国的都城曲阜，如果没有周公旦，谁还能把它治理得那么好呢？春秋时期，齐桓公多次纠合诸侯，匡定天下，帮助救济弱小的诸侯，扶持将要倾覆的周王室。

【原文】

绮回汉惠①，说感武丁②。俊乂密勿③，多士寔宁④。

【注释】①绮：绮里季，商山四皓之一，这里代指商山四皓。秦朝末年，有四位高人贤士绮里季、东园公、夏黄公和角里先生为避乱隐居商洛山，人称“商山四皓”。回：还，走向原来的地方，这里是挽回的意思。汉惠：指汉惠帝刘盈。当初，汉高祖刘邦想废掉太子刘盈，吕后非常着急，请张良出谋划策。张良替刘盈出主意，让他请商山四皓出山做老师。刘邦很仰慕这四位贤人，曾想请他们出山，却没请动，此时看到他们竟然愿意辅佐刘盈，很吃惊，认为刘盈羽翼已经丰满，于是打消了废掉太子的念头，刘盈才保住了太子的位子，后来继位当了皇帝。②说：傅说，商王武丁的宰相。感：感应。武丁：商朝的君主。③俊乂：人才。在古代“千人之英曰俊，百人之英曰乂”，百里挑一的精英叫“乂”，千里挑一的精英叫“俊”。密勿：勤勉努力。④多士：众多贤才。寔宁：所以才安宁。寔，这里通“是”，代词，此、这；宁，安宁。

【译文】汉惠帝靠商山四皓才挽回了当时的太子地位，武丁通过梦境感应得到了贤相傅说使商朝兴盛。这些贤人们才能出众、勤勉努力，正是依靠了这些众多的贤士，天下才得以太平安宁。

【原文】

晋楚更霸①，赵魏困横②。假途灭虢③，践土会盟④。

【注释】①晋：晋文公，春秋五霸之一。楚：楚庄王，春秋五霸之一。更霸：轮流当霸主。更，轮流；霸，称霸。②赵魏：赵国和魏国，战国七雄中的两个国家。困横：被“连横”政策所困扰。困，困扰，为人所阻遏；横，即连横，是战国时张仪所提出的主张，即破坏秦国以外六国的“合纵”关系，使秦国能够各个击破。连横成功后，秦国首先攻打的就是赵、魏二国，因为这两国距离秦国最近，所以说“赵魏困横”。③假途灭虢：春秋时晋国借口征伐虢国，向虞国借路，虞公被晋国丰厚的礼品和花言巧语所迷，遂不听大臣劝阻，就答应了。没想到晋国灭掉虢国后，在班师回来的路上趁其不备，发动突然袭击，把虞国也灭了。假，借；途，道路。④践土会盟：春秋时晋文公打败楚国后，周襄王认为他立了大功，就亲自到践土（今河南省原阳县西南）慰劳晋军。晋文公趁此机会在践土召集诸侯会盟，约定共同效命周王朝，他成为继齐桓公之后的第二个霸主。盟，在神明面前发誓结盟。

【译文】春秋时，晋文公和楚庄王等轮流称霸；战国时，赵、魏两国首先被“连横”政策所困扰。晋国向虞国借路出兵攻打虢国，得胜回来把虞国也一起消灭了。晋文公在践土会盟诸侯，成为新的霸主。

【原文】

何遵约法①，韩弊烦刑②。起翦颇牧③，用军最精。

【注释】①何：指萧何，汉高祖丞相，他制定了汉朝的法律。约法：汉高祖刘邦攻破咸阳时，曾经与关中的老百姓约法三章：杀人者死，伤人及盗者抵罪。秦朝的其余法律一概废除，受到百姓的热烈拥护。②韩：指韩非，战国时期法家的代表人物，主张严刑峻法。弊：倒毙，死亡。烦刑：苛刻的刑罚。烦，繁多琐碎，又多又乱。③起翦颇牧：指战国时期的四大名将，秦国的白起、王翦和赵国的廉颇、李牧。

【译文】萧何遵从“约法三章”制定了汉朝法律九章，韩非却死于自己所主张的严刑峻法之下。白起、王翦、廉颇、李牧，是战国时最精通用兵打仗的著名将领。

【原文】

宣威沙漠①，驰誉丹青②。九州禹迹③，百郡秦并④。

【注释】①宣威：威名远扬。宣，宣扬，广泛传播。沙漠：这里代指边疆少数民族地区。②驰誉丹青：他们的肖像被画师用丹青妙笔画下来，永垂青史。丹青，朱红色、青色，本是作画时常用的两种颜色，代指画像，这里指史籍，有载入史册、流芳百世的意思。③九州：传说上古时，中国分为兖、冀、青、徐、扬、荆、豫、梁、雍九个州，后用来代指中国。禹迹：相传大禹治水时，足迹遍布九州，后世因此称中国的疆域为“禹迹”。禹，大禹，是与尧舜并称的贤明君王，相传禹治黄河水患有功，舜将帝位禅让给他，成为夏朝的开国君王，又称夏禹。④百郡秦并：秦始皇统一中国以后，废除封建制，设立郡县制，将天下分为三十六郡，汉朝的“百郡”是在秦吞并六国的基础上而来，所以叫作“百郡秦并”。百郡，刘邦建立汉朝以后，将行政区域重新划分为一百零三郡，取整数称为“百郡”。郡，古代行政单位；并，合并、吞并。

【译文】他们的威名远播至边塞地区，他们的光辉形象将永垂青史、流芳百世。大禹治水的足迹遍布九州之地，天下数以百计的郡县，都是秦始皇统一中国的成果。

【原文】

岳宗泰岱①，禅主云亭②。雁门紫塞③，鸡田赤城④。

【注释】①岳宗：五岳的宗主。岳，这里指五岳，分别是东岳泰山、西岳华山、北岳恒山、南岳衡山、中岳嵩山。宗，尊崇、尊敬。泰岱：泰山。岱，泰山的别称，叫岱山，也叫岱宗，因为它位于山东泰安州，所以称为“泰岱”，又称泰山。②禅：即封禅，中国古代帝王为祭拜天地而举行的活动。举行封禅大典的地方就在泰山、云山和亭山。“封”是祭天的仪式，在泰山举行；“禅”是祭地的仪式，在泰山脚下的云山和亭山举行。云亭：云山和亭山，都在泰山附近，山很小，都是举行封禅大典的地方。③雁门：山的名字，位于山西代县北境，山上有著名的雁门关。紫塞：指长城。《古今注》：“秦筑长城，土色皆紫，故称紫塞。”秦朝修长城，下面土的颜色都是紫的，所以叫“紫塞”。④鸡田：古代西北塞外的地名，那里有中国最偏远的古驿站，在今宁夏回族自治区灵武市一带。赤城：古驿站，在今河北省西北部。

【译文】五岳以泰山为尊，古代帝王就在泰山祭天，在泰山脚下的云山、亭山祭地。中国名胜繁多，有地势险要的雁门关和雄伟的长城，还有古驿站鸡田和赤城。

【原文】

昆池碣石①，巨野洞庭②。旷远绵邈③，岩岫杳冥④。

【注释】①昆池：即滇池，位于云南省昆明市西南部。碣石：河北碣石山。②巨野：古代著名的水泊，在山东巨野县，今已干涸。洞庭：指洞庭湖，古称“云梦泽”，中国第二大淡水湖，位于湖南省北部。③旷远：广阔辽远，幅员辽阔，没有边际。旷，宽广、宽阔。绵邈：连绵遥远的样子。绵，接连不断；邈，距离遥远。④岩：高峻的山崖。岫：山洞。杳冥：昏暗幽深。

【译文】从西南的滇池到河北的碣石山，从北方的巨野泽到南方的洞庭湖，在中国这片幅员辽阔、连绵遥远的土地上，险峻的高山和幽深的洞穴密布其间。

【原文】

治本于农①，务兹稼穑②。俶载南亩③，我艺黍稷④。税熟贡新⑤，劝赏黜陟⑥。

【注释】①治本：治理国家的根本措施。于：在。②务：致力于，从事。兹：代词，此、这，代指下文的“稼穑”。稼穑：代指农业劳动。稼，播种；穑，收割。③俶载：开始从事。俶，开始；载，从事、施行。南亩：南坡向阳，利于农作物生长，古人多向南开辟田地，故称农田为“南亩”。亩，农田，田地。④艺：种植。黍稷：同类异种的谷物，有黏性的是黍，又称黄米，没有黏性的是稷，泛指五谷。⑤税熟：庄稼成熟后，国家向农民征收新打下来的粮食作为税收。税，征收赋税；熟，庄稼成熟。贡新：进贡新粮。贡，上交，献东西给上级；新，新收获的粮食。⑥劝赏黜陟：泛指奖罚措施。劝，劝勉，劝导勉励；赏，奖赏；黜，降职或罢免；陟，晋升。

【译文】农业是治理国家的根本，一定要做好播种与收割的工作。耕种的季节到来，就要平整土地、种植庄稼。庄稼一成熟，就要进贡给国家当作租税。官府要按照农户的贡献予以奖惩，而国家则根据官吏的政绩进行升迁或罢免。

【原文】

孟轲敦素①，史鱼秉直②。庶几中庸③，劳谦谨敕④。

【注释】①孟轲：即孟子，名轲，字子舆，战国时山东邹县人，中国古代著名的思想家、教育家，是儒家的“亚圣”。敦素：崇尚质朴的本色。敦，推崇、崇尚；素，本义是没有染色的丝绸，后引申为质朴，不加装饰。②史鱼：也称史鳝，字子鱼，春秋时卫国大夫、著名史官，以正直敢谏著称。秉直：坚持正直的品德。秉，保持、坚持。③庶几：接近、近似，差不多。中庸：儒家最重要的思想之一，主张待人处事不偏不倚、不过不失，折中调和，不走极端。④劳：勤劳。谦：谦虚，谦逊。谨：谨慎，严谨。敕：本义是告诫、嘱咐，这里是检点，不随便的意思。

【译文】孟子崇尚质朴的本色，史鱼坚持正直的品德，他们差不多达到中庸的高妙境界了。此外，还要做到勤劳、谦逊、严谨、检点。

【原文】

聆音察理①，鉴貌辨色②。贻厥嘉猷③，勉其祗植④。

【注释】①聆：侧耳细听。音：这里指人说话的声音。察：观察，仔细看。②鉴：观察，鉴别。貌：指一个人的容貌和外表，包括言谈举止、动作表情。辨色：辨别脸色。③贻：遗留，留下。厥：代词，其，他（们）的。嘉猷：好的计策。嘉，美好；猷，计谋、计策。④勉：勉励。其：代词，这里代指子孙。祗：敬，恭敬。植：立，树立。

【译文】听人说话要审察其中的是非曲直，看人外貌要辨别其人的善恶正邪。要把最好的忠告留给子孙，勉励他们小心谨慎地立身处世。

【原文】

省躬讥诫①，宠增抗极②。殆辱近耻③，林皋幸即④。

【注释】①省躬：反省自己。省，检查，反省；躬，自身，亲自。讥：讥讽，嘲笑。诫：告诫，劝告。②宠：荣宠，荣耀。抗极：到达顶点。抗，通“亢”，高；极，极限、顶点。③殆辱：将要受到侮辱。殆，将，将要。近耻：接近了耻辱。“耻”与“辱”的意义有区别，内心的羞愧为“耻”，外来的欺凌为“辱”。④林：山林，指隐居之地。皋：水边的高地。幸：意外地得到成功或免去灾害，侥幸、幸免。即：接近，靠近。

【译文】听到别人的讥讽和劝告，一定要认真反省自己，荣宠如果达到极点，就一定要警惕。地位越高越有可能招致灾祸，离耻辱也会越来越近，及时退隐山林或许可以幸免。

【原文】

两疏见机①，解组谁逼②。索居闲处③，沉默寂寥④。

【注释】①两疏：西汉宣帝时疏广、疏受叔侄二人，疏广任太子太傅，疏受任太子少傅。两人同时辞官回家，受人推崇。见机：看准时机。机，机会、时机。②解组：解下印绶，指辞官。解，解下、解除；组，即组绶，系官印的绳带。逼：逼迫。③索居：孤身独居。索，独自、孤单。闲处：在家闲居，悠闲地生活。处，居住。④寂寥：恬静淡泊。

【译文】西汉的疏广、疏受身居高位，却能看准时机，急流勇退。有谁逼迫他们呢？完全是他们自愿辞官还乡，过着悠闲的独居生活，沉默寡言，宁静淡泊。

【原文】

求古寻论①，散虑逍遥②。欣奏累遣③，戚谢欢招④。

【注释】①求：探索、寻求。寻：搜寻，研究。②散虑：排遣忧虑、忧愁。散，排遣，驱散。逍遥：自由自在，不受拘束。③欣：欣喜、高兴。奏：本义是奉献、送上，引申为进、进入。累：这里是指心中的牵挂、烦恼。遣：排遣，驱除。④戚：忧愁。谢：用言辞委婉地推辞拒绝，谢绝。欢：欢乐。招：招来，聚集。

【译文】探求古人古事，阅读至理名言。排遣忧虑，自由自在。喜悦放进来，烦恼就被排出了，忧愁一抛开，欢乐就聚集了。

【原文】

渠荷的历①，园莽抽条②。枇杷晚翠③，梧桐蚤凋④。

【注释】①渠：水塘，池塘。的历：光明、鲜亮的样子。②莽：草木茂盛的样子。抽条：草木长出嫩芽新枝。③枇杷：即枇杷树，植物学上属于常绿小乔木，果和叶可食用。晚翠：时令已经很晚了，即到了冬天，枇杷叶还是那么青绿，更显得苍翠宜人。④蚤：通“早”，早早地。凋：凋谢，凋落。

【译文】池塘里的荷花开得光艳动人；园里的草木抽出了嫩绿的枝条。到了冬天，枇杷叶子还是那么青翠欲滴；一入秋天，梧桐树叶就早早地凋落了。

【原文】

陈根委翳①，落叶飘摇。游鹍独运②，凌摩绛霄③。

【注释】①陈根：老树根。陈，旧的，时间久的。委翳：萎谢，枯萎衰败的样子。委，通“萎”，枯萎，衰败；翳，古同“殪”，树木枯死，倒伏于地。②游：飞行。鹍：古代指一种长得像鹤的大鸟，可以飞得很高。独运：独自飞翔。运，本义是运动，这里是飞翔的意思。③凌：向上升。摩，迫近，接近。绛霄：红色的云气，又叫“紫霄”，指天空极高处。绛，大红色。

【译文】陈年老树枯萎衰败、倒伏在地，落叶随风飘荡飞扬。鹍鸟独自在天空中翱翔，盘旋上升，直冲九霄。

【原文】

耽读玩市①，寓目囊箱②。易輶攸畏③，属耳垣墙④。

【注释】①耽：沉溺，沉迷。玩市：这里是指在集市上游逛。②寓目：过目，看一下。寓，观看。囊箱：书袋和书箱。③易：轻慢、轻视。輶：本义是古代一种很轻便的车子，有轻视、轻忽的意思。攸畏：所畏，有所畏惧。攸，所。④属耳垣墙：把耳朵附在墙上窃听。属，连接；垣，矮墙。

【译文】东汉王充沉醉于读书，因家贫无书，便常常在街市上游览，但眼中只看得到书袋和书箱。对于容易轻视的小事更要警惕，说话小心谨慎，防止隔墙有耳。

【原文】

具膳餐饭①，适口充肠②。饱饫烹宰③，饥厌糟糠④。

【注释】①具：准备，备办。膳：饭食。餐：吃。②适口：适合口味。充肠：充饥，填饱肚子。③饱饫：吃饱。饫，饱食。烹宰：指准备鱼肉之类的荤食。烹，水煮；宰，宰杀。④厌：满足，后作"餍"。糟糠：酒渣、谷皮等粗劣食物，贫者用来充饥。糟，酒渣，酿酒剩下的渣子；糠是谷子的外壳，用作饲料。

【译文】准备饭菜，只要口味合适、能填饱肚子就行。饱的时候大鱼大肉都会生厌，饿的时候吃糠咽菜也能满足。

【原文】

亲戚故旧①，老少异粮②。妾御绩纺③，侍巾帷房④。

【注释】①亲戚：现代汉语重叠使用，但古文中"亲"和"戚"含义有区别，所谓"内亲外戚"，父亲一脉同姓的为"亲"，母亲、妻子一脉不同姓的为"戚"，在血缘关系上不一样。故旧：旧友，老朋友。②异粮：不同的粮食，指年长者吃细粮，年幼者吃粗粮。异，差异、不同。③御：治理。绩纺：纺织。绩，把麻纤维披开接续起来搓成线或绳；纺，把丝棉、麻、毛等做成线或纱。④侍：服侍，侍奉。巾：指佩巾，手巾、头巾等。帷房：内室，卧室。

【译文】亲戚朋友来做客要以礼相待，招待老人和孩子的食物应该有所不同。妻妾婢女在家不但要纺纱织布，还要在内室侍奉丈夫的日常起居。

【原文】

纨扇圆洁①，银烛炜煌②。昼眠夕寐③，蓝笋象床④。

【注释】①纨扇：用细绢制成的团扇。纨，细致洁白的薄绸。洁：洁白。②银烛：银白色的火光。烛，本义是古代照明用的火炬，直到唐代才有了蜡烛。炜煌：辉煌，光辉灿烂。③昼眠：白天睡午觉。昼，白天；眠，本义是闭上眼睛，引申为睡觉。夕寐：晚上睡觉。夕，泛指晚上；寐，睡，睡着。④蓝笋：青篾编成的竹席。蓝，蓼蓝，晒干后变成暗蓝色，用作染料，可以提取出青色，也可泛指古代用来染青色的草。笋，嫩竹的青皮，柔韧性好，可用来制席，这里指笋席，嫩竹青皮编成的席子。象床：装饰精美的象牙床。

【译文】圆形的绢扇洁白素雅，银色的火光明亮辉煌。白天午休，晚上睡觉，青色的竹席铺在装饰精美的象牙床上。

【原文】

弦歌酒宴①，接杯举觞②。矫手顿足③，悦豫且康④。

【注释】①弦歌：依琴瑟而咏歌。弦，这里指琴瑟一类的弦乐器。②接：托，手掌向上承受。觞：古代的盛酒器皿。③矫：举起，抬起来。顿足：以脚跺地，多形容情绪激昂或极其悲伤、着急。顿，用脚（底）使劲往下踩。④悦豫：愉快，高兴。悦，喜悦；豫，快乐，安闲。康：健康，安乐。

【译文】酒宴上有歌舞弹唱，大家高举酒杯，开怀畅饮，随着音乐节拍手舞足蹈，身心既快乐又健康。

【原文】

嫡后嗣续①，祭祀烝尝②。稽颡再拜③，悚惧恐惶。

【注释】①嫡后：长房子孙。后，后代，子孙。续：继续。②烝尝：本指秋冬二祭，后亦泛称祭祀，这里代指四时祭祀。烝，冬天祭祀；尝，秋天祭祀。③稽颡（sǎng）：古代跪拜礼中最隆重的一种，屈膝下跪，以额触地，表示极度的虔诚。稽，叩头至地；颡，额头。再：表示又一次，有时专指第二次，有时又指多次。

【译文】嫡长子继承家业，负责主持一年四季的祭祀仪式，要磕头作揖，一拜再拜，心怀敬畏，诚惶诚恐。

【原文】

笺牒简要①，顾答审详②。骸垢想浴③，执热愿凉④。

【注释】①笺牒：书信的代称。笺，供写信、题词用的纸张，引申为书信；牒，本义是古代书写用的木片或竹片，后引申为文书、证件。简要：简明扼要。②顾答：回答问题。顾，回头看，回顾；答，回答，答复。审详：审慎周详。审，详细周密；详，细密完备。③骸：身体。垢：污秽，脏东西。浴：洗澡。④执：拿着。

【译文】给人的书信要简明扼要，回答别人的问题，却要审慎周详。身上脏了就想洗澡，拿着热东西就希望它快点凉。

【原文】

驴骡犊特①，骇跃超骧②。诛斩贼盗③，捕获叛亡④。

【注释】①犊：小牛。特：公牛。“驴骡犊特”泛指大小家畜。②骇：本义是马受惊，引申为惊骇、惊动，受到惊吓。跃：跳起来。超骧：腾跃而前的样子。超，跳过，越过；骧，腾跃，昂首奔驰。③诛：本义是声讨、谴责，引申为杀戮，夺去生命。斩：杀，古代死刑的一种，斩首或腰斩。但“诛”偏重于诛心，意即揭露、指责人的思想、用心，“斩”则是杀身，二者的含义是不同的。贼：先秦两汉时期，专指作乱叛国危害人民的人，如乱臣贼子。盗：偷盗财物的人。先秦两汉时期，“盗”多指偷窃者，很少指抢劫者；“贼”多指抢劫财物者，后来才指偷窃者。④捕获：缉拿，捉住。叛：叛乱的人。亡：逃亡的人。

【译文】驴、骡、牛等家畜一旦受惊就会狂奔乱跳。要严厉惩罚盗贼，捉拿叛乱和逃亡的人。

【原文】

布射僚丸①，嵇琴阮啸②。恬笔伦纸③，钧巧任钓④。

【注释】①布射：典出《三国志·吕布传》，说的是三国时吕布曾用“辕门射戟”的方法替刘备解围。布，指吕布，是东汉末年著名的猛将。僚丸：典出《庄子·徐无鬼》，春秋时楚国勇士熊宜僚擅长耍弄弹丸。②嵇琴：典出《晋书·嵇康传》，西晋名士嵇康善于弹琴，司马氏当政他坚决不肯出仕，最终被杀害，他临刑前弹奏的《广陵散》，成为千古绝响。嵇，嵇康，字叔夜，谯郡（今安徽宿州市西南）人，精通音乐，善弹琴赋诗，官居中散大夫，亦称嵇中散，著名的“竹林七贤”之一。阮啸：典出《晋书·阮籍传》，与嵇康齐名的名士，阮籍善于长啸。阮，阮籍，字嗣宗，陈留郡（今河南开封陈留镇）人，曾任步兵校尉，世称阮步兵，“竹林七贤”的领袖人物。③恬笔：典出晋朝崔豹的《古今注》，秦始皇的大将蒙恬发明了毛笔。伦纸：东汉蔡伦发明了纸，人称“蔡侯纸”。④钧巧：三国时魏国的发明家马钧心灵手巧，曾改进织绫机、发明翻车，还复原了已经失传的黄帝时的指南车。任钓：典出《庄子·外物》篇，任公子善于钓鱼。

【译文】吕布精于射箭，宜僚善玩弹丸，嵇康长于弹琴，阮籍长于长啸，蒙恬制造了毛笔，蔡伦发明了纸张，马钧心灵手巧善发明，任公子擅长钓鱼。

【原文】

释纷利俗①，并皆佳妙。毛施淑姿②，工颦妍笑③。

【注释】①释纷：解决纷争。释，解除、消除；纷，争执、纠纷。利俗：便利了老百姓。利，使有利；俗，一般人，百姓。②毛施：指春秋时两个著名的美女毛嫱和西施。淑姿：优美的姿容体态。淑，美丽；姿，容貌姿态。③工：善于。颦：皱眉。妍：美丽。

【译文】他们的技艺或解决纠纷，或造福百姓，都高明巧妙，为人称道。毛嫱和西施都姿容优美，皱眉时都无比俏丽，笑起来更是美艳动人。

【原文】

年矢每催①，曦晖朗曜②。璇玑悬斡③，晦魄环照④。

【注释】①矢：箭。每：常常、经常。②曦晖：日光。曦，多指早晨的阳光；晖，侧重指太阳周围的光圈。朗：明朗。曜：照耀。③璇玑：北斗七星的前四颗星，即天枢、天璇、天玑、天权的简称，也叫魁，这里代指北斗七星。悬：挂，吊在空中。斡：旋转。④晦：农历每月的最后一天。魄：月亮刚出现或即将隐没时的微光。环：循环，周而复始。

【译文】岁月如箭飞逝，不断催人向老。日光朗照，斗转星移，月光由暗到明，循环照耀，月盈月缺，永无止息。

【原文】

指薪修祜①，永绥吉劭②。矩步引领③，俯仰廊庙④。

【注释】①指：通“脂”，动植物所含的油脂。修祜：修福，行善积德，以求来世及子孙之福。修，修行，培养；祜，福，大福。②绥：平安，安好。劭：美好，高尚。③矩步：端方合度的行步姿态。形容举动合乎规矩，一丝不苟。矩，本义是矩尺，画直角或方形的工具，后引申为法度。引领：伸直脖子。④廊庙：殿下屋和太庙，指朝廷。廊，厅堂周围的屋子；庙，这里指宗庙，供奉祭祀祖先的处所。

【译文】人的一生只有行善积德，才能求自己及后世之福泽，像薪尽火传那样永久长存，子孙后代平安幸福、吉祥如意。走路姿势端方合度，昂首阔步，心地光明正大、举动严肃庄重。

【原文】

束带矜庄①，徘徊瞻眺②。孤陋寡闻③，愚蒙等诮④。

【注释】①束带：整饰衣冠，表示端庄。束，系，捆绑。矜庄：严肃庄重。矜，端庄，庄重；庄，谨严持重，表情严肃、容貌端正。②徘徊：欲进又止、小心谨慎的样子。瞻眺：这里是高瞻远瞩的意思，站得高，看得远，比喻眼光远大。瞻，向高处看，即“高瞻”；眺，往远处看，远眺，即“远瞩”。③孤陋寡闻：形容学识浅陋，见闻不广。陋，浅陋，知识浅薄；寡，少。④愚蒙：愚昧不明。愚，天性愚昧，愚蠢；蒙，蒙昧，没有知识。等：等同。诮：讥讽，嘲笑。

【译文】衣冠端正，矜持庄重，小心谨慎，高瞻远瞩。学识浅陋、见识狭窄的人，与那些愚昧无知的人都是要受人嘲笑的。

【原文】

谓语助者①，焉哉乎也。

【注释】①谓：称为，叫作。语助：即语助词，表示语气的助词，位于句中或句尾，表示停顿，属于虚词。

【译文】最后，还有焉、哉、乎、也这些所谓的语助词。

# 千家诗

《千家诗》是明清时期成为定本的为儿童启蒙而编的格律诗选本。《千家诗》虽然号称千家，实际只录有122家。但是囊括了唐、宋、五代、明众多名家名篇。易学好懂，题材十分丰富，包括山水田园、赠友送别、思乡怀人、吊古伤今、咏物题画、侍宴应制等，广泛地反映了中国古代特别是唐宋时代的社会面貌，在民间广泛流传，影响极其深远。

## 春日偶成[①]

程　颢[②]

云淡风轻近午天，傍花随柳过前川[③]。

时人不识余心乐[④]，将谓偷闲学少年[⑤]。

**【注释】**①偶成：偶然作成，就是即兴之作。②程颢：字伯淳，湖北黄陂人。后迁居洛阳（今属河南）。与弟程颐同为北宋理学的奠基人。③傍花随柳：依傍花丛，穿行于柳林间。④时人：当时的人。余：我。⑤将谓：还以为。

**【解析】**这是一首即景诗，借景抒情。诗人描写春天的景象，抒发闲适自得的心情。作者用白描的手法把柔和清丽的春光与作者怡然自得的心情融为一体，前两句写景：云淡风轻、花红柳绿，和煦的阳光，碧清的河水，表现出一幅美好的大自然春景图。后两句抒情，表达作者春日郊游的愉快心情。"偷闲学少年"，语意新颖，寓深意于平淡之中，这种自得其乐之情使读者似乎也受到感染。全诗色彩协调，情景交融，表达了理学家追求平淡自然、不急不躁而修身养性的修为，也表达了一种闲淡恬静的意境。风格平易自然，语言浅近通俗。

## 春　日

朱　熹[①]

胜日寻芳泗水滨[②]，无边光景一时新[③]。

等闲识得东风面[④]，万紫千红总是春[⑤]。

**【注释】**①朱熹：字元晦，号晦庵，徽州婺源（今属江西）人。南宋著名理学家；高宗绍兴十八年（1148年）进士。曾任秘阁修撰等职。死后谥号为"文"，世称朱文公。②胜日：指春来冬去的日子。寻芳：游春踏青。泗水：在今山东省中部，因四源并发而得名。流经曲阜、济宁，循运河注入淮河。③光景：风光景色。新：更新。④等闲：不经意地。东风面：以“东风”代表春天。⑤总是：都是。

【解析】这是一首富有哲理的写景纪游诗。诗的第一句描绘了春景之美，万物复苏的一片大好春光，其中“胜日寻芳”，交待了出游的时令、地点和目的。第二句描写春景壮阔，春回大地，万象更新，衬托出诗人无比欣喜的心情。第三句构思新奇绝妙，诗人把无形无色无味的东风拟人化，这焕然一新的春色都是由拂面的“东风”带来的。第四句“万紫千红总是春”，准确生动地描绘了春天的特征，因而成为千古名句。

诗人通过春天美景阐释儒家哲理。首句中的“泗水”指孔门，“寻芳”指探索儒学真谛，寻求圣人之道，“东风”指孔学，“万紫千红”指孔学的丰富多彩。在诗的后两句，是一个生动形象的比喻，在一派生机盎然之中蕴含着儒学的中心思想——仁，就如同万紫千红皆是春。此诗寓哲理于形象，富有理趣又不留痕迹，可见诗人妙笔生花。

## 春　宵①

苏　轼②

春宵一刻值千金③，花有清香月有阴。
歌管楼台声细细，秋千院落夜沉沉。

【注释】①春宵：春天的夜晚。②苏轼：北宋卓越的诗人和文学家。字子瞻，号东坡居士，眉山（今属四川）人。宋仁宗嘉祐年间进士及第。与父洵、弟辙合称“三苏”。③一刻：古代将一昼夜分为一百刻，略短于现在作为计时单位的一刻。

【解析】这是一首写春夜景色的诗。诗人诗情澎湃，开头一句，抒情议论，讲述光阴珍贵，遂成千古名句。第二句突出春夜的清幽的特点。百花隐去色彩但吐出的清香扑面而来，沁人心脾，与夜晚朦胧的月色相得益彰，给人一种清新、幽静的朦胧美。第三句写的是官宦贵族阶层的人们玩乐、享受的情景。对于他们来说，这样的春夜良辰，尤其显得珍贵。不无讽刺意味。第四句，写眼前之景，院子里的一片沉寂，秋千静静地挂在那里。“夜沉沉”与“声细细”呼应，表明已近深夜，还有一部分人在尽情欢乐。作者紧扣“春宵”，突出其朦胧、清幽的特征，表述华丽而含蓄，委婉地表达出对醉生梦死、贪图享乐、不珍惜光阴的人的深深谴责，耐人寻味。特别是“春宵一刻值千金”，成了千古传颂的名句，常常被用来形容良辰美景的短暂和时间的宝贵。

## 春　夜①

王安石②

金炉香烬漏声残③，剪剪轻风阵阵寒④。
春色恼人眠不得，月移花影上栏杆。

【注释】①春夜：一作《夜直》，即夜晚在学士院值班。②王安石：北宋政治家、文学家。字介甫，号半山，抚州临川（今江西省抚州市）人。仁宗庆历二年（1042年）进士。神宗时被任为宰相，推行新法。后因保守派得势而罢相，退居江宁（今江苏省南京市）。封荆国公。③金炉：铜制的香炉。香烬：香燃成了灰烬。漏声：古代用来计时的漏壶中滴水的声音。④剪剪：风轻微而带寒意。

【解析】全诗描写春夜之景，写景抒情，寓情于景。眼看要实现多年的政治抱负，诗人内心激动，彻夜难眠，写下此诗。诗的首句“金炉香烬漏声残”暗示着天将亮了。次句写诗人走到室外感受着微寒的春风，彻夜未睡。第三句说是由于“春色恼人”而不眠，实际是自己主观睡不着，却把原因归咎于室外客观存在的春色。显然，诗人是以此来掩饰自己澎湃的心情，同时也在焦虑着政治道路上会遇到的险阻。第四句，表现出诗人面对即将到来的种种复杂情势，长久的思考直站到月亮偏西花影上移。这首诗看似写景，实则通过对夜间春色的描绘与刻画，表达了诗人起伏不平的心情，委婉地抒发了即将一展宏图大志的激动心情。

## 初春小雨①

韩　愈②

天街小雨润如酥③，草色遥看近却无④。
最是一年春好处，绝胜烟柳满皇都。

【注释】①这一诗题是编者所加，原本是《早春呈水部张十八员外二首》中的第一首。“张十八”即诗人张籍，排行十八。他是韩愈的好友。②韩愈：唐代文学家、诗人。字退之，河南南阳（今河南省孟州市）人。自称郡望为昌黎，故世称韩昌黎。贞元年进士。宪宗时任刑部侍郎，因谏迎佛骨贬为潮州刺史。后官至吏部侍郎。他是中唐古文运动的倡导者。著有《韩昌黎集》。③天街：皇城中的街道。④“草色”句：草芽初绽，远望一片新绿，走近反而感觉不出来了。

【解析】这首诗描写和赞美长安城中早春时节的美丽景色，抒发诗人愉悦的心情。

首句点出初春小雨，以“润如酥”来形容它的柔腻滋润的特点。第二句紧承首句，描绘初生的小草刚吐嫩芽，远看时青青一片，走近了却看不出什么，描画出了初春小草沾雨后的朦胧景象。第三句诗人直抒胸臆，对初春景色大加赞美。第四句用晚春胜景来反衬初春绿意初显依稀可辨的清丽淡雅之美。此诗前两句在写景中抒发感情，后两句在抒情中描写春景，诗人用敏锐的洞察力和细腻的笔触，把早春的朴素美跃然纸上。其风格自然质朴而又跌宕起伏，深意蕴含在平淡之中。

## 元　日①

王安石

爆竹声中一岁除，春风送暖入屠苏②。
千门万户曈曈日③，总把新桃换旧符④。

【注释】①元日：农历正月初一，即春节。②屠苏：酒名。指用屠苏、肉桂、山椒、白术等草药泡浸制成的屠苏酒。唐宋时有在正月初一饮屠苏酒的风俗。③曈曈（tóng）：形容太阳初升，由暗转明时的样子。④“总把”句：全都用新的桃符换去旧的桃符。这里“新桃”与“旧符”是互文省略。古代风俗，每年正月初一，家家户户在大门两旁挂上画有神荼（shēn shū）、郁垒（yǔ lǜ）两个神名的桃木板（称作桃符）来驱邪，一年换一次。后世演变为春联。

**【解析】**这首诗描绘了新年热闹欢乐和万象更新的景象，抒发了作者革新政治、推行新法的坚定信念以及乐观情绪。

首句，在响亮的鞭炮声中送走旧岁，迎来新年，渲染春节热闹欢乐的气氛。次句，描写人们迎着和煦的春风，开怀畅饮屠苏酒，初春的暖风增长屠苏酒力，使其具有更大的抗拒瘟疫的能力。第三句，写新春初升的旭日普照千家万户，象征无限光明美好的前景。第四句，描写当时的民间习俗，换上崭新的桃符，辞旧迎新。全诗颇有象征意味，作者通过对新年新气象的描写，抒写自己执政变法，除旧布新，得以在政治上一展宏图实施抱负的欢快心情。

## 上元侍宴①

苏　轼

淡月疏星绕建章②，仙风吹下御炉香③。
侍臣鹄立通明殿④，一朵红云捧玉皇⑤。

**【注释】**①上元：节日名。旧时以农历正月十五日为上元节。这一夜又称“元宵”。②建章：汉代宫名，在长安城外未央宫西。这里借指宋代的皇宫。③御炉：皇帝所用的香炉。④鹄（hú）立：肃立。用鹄（即天鹅）伸直脖子站立的样子来形容站立时端正恭敬。通明殿：传说中天上玉皇大帝所居住的宫殿。这里借指侍宴时所处的宫殿。⑤玉皇：道教神话中主宰天界的最高神祇，即玉皇大帝。这里用作比拟当朝皇帝。

**【解析】**这首诗写的是元宵节夜侍臣子们陪侍皇帝过节的盛况，封建时代皇帝临朝，礼仪烦琐，等级森严，表明皇权高高在上，宫廷庄严神圣，臣子战战兢兢，整首诗充满了对皇权的崇拜。此诗仅简单提及有代表性的环境，而以氛围写场景，虚中见实，在结构上，采用层层递进的方法，从室外写到宫内，又由自然景物写到皇帝御用香炉，再由殿中陪侍的群臣写到高高在上的皇帝。从而突出强调皇帝拥有至高无上的尊贵与权威。

## 立春偶成

张　栻①

律回岁晚冰霜少②，春到人间草木知。
便觉眼前生意满③，东风吹水绿参差④。

**【注释】**①张栻：南宋理学家。字敬夫，又字乐斋，号南轩。汉州绵竹（今属四川）人。南宋抗金名将张浚之子。累官吏部侍郎兼侍讲。与朱熹、吕祖谦并称为“东南三贤”。著有《南轩集》等。②律回：阳气回生；古人以音乐上的十二音律来比拟一年的十二个月。春夏六月属阳，称为“律”，秋冬六月归阴，称为“吕”。立春是一年中的第一个节气，阳气初生，所以说“律回”。岁晚，一年将终。一年二十四节气据太阳运行而定，在阴历所处的日子每年不同。立春有时在春节后，有时则在春节前。此诗所写即在春节前，故称“岁晚”。③生意满：生机洋溢。④参差（cēn cī）：高低不平。这里指起伏不定。

【解析】这首诗描绘了春暖人间的动人情景。立春是一年之始，冬去春来，春回大地的欢愉心情跃然纸上。首句描写冰化雪消，暗示春天来了。第二句用拟人手法，描写草木滋生，首先知道春到人间的讯息，写出了春天的灵动。第三句直抒胸臆，“眼前生意满”，处处显露出生机勃勃的景象。第四句具体刻画出东风吹春水，碧波荡漾，波光起伏，充满了无穷活力。诗中充满典型的景物，用笔生动活泼，美好的情感蕴藉其中，乐观向上的精神由此体现，饱满的生活激情在这里洋溢。

## 打球图①

晁说之②

阊阖千门万户开③，三郎沉醉打球回④。
九龄已老韩休死⑤，无复明朝谏疏来⑥。

【注释】①打球图：描写唐玄宗打球的一幅图画。打球又称蹴（cù）鞠，是流行于唐宋时代的一种游戏。②晁说（yuè）之：字以道，号景迂生，济州巨野（今属山东）人。宋神宗元丰年间进士。官至徽猷阁待制。擅画山水，兼工诗文，著有《景迂生集》《晁氏客语》。③阊阖（chāng hé）：古代神话传说中天宫的宫门。这里借指唐代长安的宫门。④三郎：唐玄宗李隆基的小名。⑤九龄：张九龄。玄宗朝前半期任宰相，以忠谠著称，后被李林甫谗毁罢相。韩休：玄宗朝前半期为相，也以耿直忠谠著称。⑥无复：不再有。谏疏：谏书。臣下劝谏皇帝的书面意见。

【解析】这首诗写唐玄宗醉醺醺地打球归来，揭示了他在统治的后半期，沉迷女色和游艺，荒淫至极的昏庸状态。以至酿成“安史之乱”，使大唐江山气数逆转迅速走向衰退。

诗人生在北宋后期，当时的皇帝徽宗也曾沉溺于足球，耽于玩乐，荒淫无度。显然，此诗意在借古讽今，对宋朝统治者以当头棒喝望使其警戒。

## 宫　词

王　建①

金殿当头紫阁重②，仙人掌上玉芙蓉③。
太平天子朝元日④，五色云车驾六龙⑤。

【注释】①王建：唐代诗人。字仲初，颍川（今河南省许昌市）人。代宗大历年间进士。晚年为陕州司马，曾从军塞上。善作乐府诗，与张籍齐名，世称“张王乐府”。以七绝作《宫词》一百首。②紫阁：神仙居住的楼阁；这里指唐代建于骊山华清宫中的朝元阁，是唐代皇帝祭祀道教太上老君之处。重：重叠。③“仙人”句：朝元阁建有两根数丈高的柱子，柱上有仙人铜像，手捧玉制芙蓉盘承接天露，供皇帝服食。④朝元日：朝见玄元皇帝的日子。⑤五色云车：仙人乘坐的五彩云霓构成的车子。这儿借指天子所乘的銮舆。六龙：传说太阳神羲和车前驾六条龙。这儿借指驾天子銮舆的骏马。

【解析】以宫廷生活为诗料的诗词称为宫词。这首《宫词》生动形象地绘制了一幅天子朝拜图。前两句先描写皇家宫殿的雄伟壮观气魄恢宏，以写实为主；后两句描绘天子出行时那气宇轩昂，气派不凡，采取虚写的手法，描写天子的銮舆，肃穆气派。虚实结合，起到烘云托月的艺术效果。这首诗通过表现唐朝皇帝在农历正月初一驾着金碧辉煌的銮舆去骊山朝元阁朝见太上老君的情景，来表达诗人对太平盛世及带来太平盛世的天子的歌颂。

## 廷　试①

夏　竦②

殿上衮衣明日月③，砚中旗影动龙蛇。
纵横礼乐三千字④，独对丹墀日未斜⑤。

【注释】①廷试：科举时代，京城会试中式的举子，在宫廷由皇帝亲自考试分等，称“廷试”，也称“殿试”。②夏竦：北宋大臣。字子乔，江州德安（今属江西）人。累官枢密使，又曾出为武宁军节度使，封郑国公。卒谥“文庄”。③衮（gǔn）衣：古代天子及王公所穿的礼服，上面绣有日、月、星辰、龙纹等图案。④纵横：指才情纵横奔放。礼乐：这里指国家的典章制度。⑤独对：指被特荐者单独面对皇帝策试。丹墀（chí）：古代皇宫中涂成红色的石阶，亦称“丹陛”。

【解析】这首诗描绘了作者在皇帝面前廷试的情景。

首句通过描写服饰，突出天子神圣威严；第二句借助砚池倒影抒写殿中侍卫们所持的旌旗，暗示他们的气势。一来，渲染了宫廷环境的庄严华丽的气氛；二来，不落痕迹地将笔头转向主观化的应试者本人。三四两句集中突出应试者本人才华横溢、文思敏捷，千字文章，信笔写来；中午被皇帝单独策试，策试完成，太阳依旧当空直射。前两句，在庄严气氛的衬托下，应试者非同凡响的气魄和才华越发被突出和强调。

## 咏华清宫①

杜　常②

行尽江南数十程③，晓风残月入华清。
朝元阁上西风急，都入长杨作雨声④。

【注释】①华清宫：唐代宫殿名。在今陕西省西安市临潼区骊山上。②杜常：字正甫，北宋卫州（治所在今河南省卫辉市）人。神宗元丰年中知郓州，权发遣秦、凤等路提刑，累官至工部尚书。旧本《千家诗》题作者为“王建”，误。③数十程：数十个驿站的路程，泛指路途遥远。④长杨：宫名。秦代建于今陕西省周至县东南，汉代又重加修建，宫中植白杨数亩，故取名为长杨宫。

【解析】这首诗通过描绘凄凉之景，抒发作者对古今兴亡的感慨。

华清宫及其中的朝元阁在唐代盛极一时，天子经常居住登临于此；长杨殿在南朝陈时也是帝王的住处。如今它们在晓风残月、西风雨声等自然景象的烘托和暗示之下，其凄凉与凋敝的景象赫然呈现。除了衬托手法的精妙使用之外，本诗以二十八字的短小篇幅，在空间上从南到北，再从北到南，在时间上穿越宋、唐和陈三代，可谓纵横交错，挥洒自如。

## 清平调①

李 白②

云想衣裳花想容，春风拂槛露华浓③。
若非群玉山头见，会向瑶台月下逢。

【注释】①清平调：即“清平调”乐曲的歌词。原共三首，这里选的是第一首。②李白：唐代大诗人。字太白，祖籍陇西成纪（今甘肃省秦安县），幼年随父自中亚迁居绵州昌隆（今四川省江油市）青莲乡，故自号青莲居士。天宝元年（742年）一度被玄宗召入长安，供奉翰林，后受排斥离京。安史之乱后因任永王李璘幕僚而被流放夜郎（今贵州省桐梓县），中途遇赦北归，卒于当涂（今属安徽）。著有《李太白集》。③槛：栏杆。指牡丹园四周的围栏。露华：露水的光华。

【解析】《清平调词》共三首，此为第一首。是李白供奉翰林时奉命所作。这三首诗均以杨贵妃赏牡丹为题材。首句，把杨贵妃的衣裳比作云霞，把杨贵妃的容貌比作花。“想”字的使用，不落俗套，清新可喜，充满梦幻色彩。次句描写在春风拂动下，牡丹花更显妖娆。春风与露华既是大自然对牡丹的滋养，又暗喻着君王对杨贵妃的恩泽。三四句化实为虚，借缥缈的“群玉”“瑶台”，暗喻如此花容只有仙境里才能看到，把杨贵妃比作天女下凡。全诗并没有正面描写贵妃之美，而从侧面入手，虚实结合，将人与花融为一体，以梦幻仙境为烘托，回味无穷。

## 题邸间壁①

郑 会②

荼蘼香梦怯春寒③，翠掩重门燕子闲④，
敲断玉钗红烛冷⑤，计程应说到常山⑥。

【注释】①邸（dǐ）：客邸，旅舍。②郑会：字有极，号亦山。南宋人。③荼蘼（tú mí）：即酴醾，属蔷薇科。花有清香，春末夏初开放。怯：畏怯。这里是惊醒之意。④闲：静闲。⑤钗：古代妇女插在头发上的装饰物，以金、玉等制成。妇女常用以剔除烛烬。⑥常山：县名。在今浙江省。

【解析】本诗作于旅途中的客舍。表达了作者对妻子的深深思念之情。

前两句写荼蘼的花香侵入妻子梦中，妻子夜半梦醒深感寂寞，环顾四周，重门紧闭，燕子归巢，因而倍感孤寂。后两句写妻子无心睡眠，便用玉钗敲桌计算丈夫的行程，钗断烛熄也不觉。全诗充满想象，诗人从对方着笔，借妻子良宵思念丈夫、计算归程，来衬托自己的寂寞和对妻子的深切思念。

## 绝 句①

杜 甫②

两个黄鹂鸣翠柳③，一行白鹭上青天④。
窗含西岭千秋雪⑤，门泊东吴万里船⑥。

【注释】①唐代宗广德二年（764年），杜甫在安史之乱平定后重返成都草堂，写了《绝句四首》，本诗是其中的第三首。诗人未拟诗题，故径题作“绝句”。②杜甫：唐代大诗人。字子美，原籍襄阳（今属湖北），生于巩县（今属河南）。玄宗天宝五载（746年）赴京，举进士不第，寓居长安十年。安史之乱时安禄山攻下长安，杜甫逃至凤翔投奔肃宗，授左拾遗。后失官移居成都，筑草堂于浣花溪上。后被剑南节度使严武表为检校工部员外郎，故世称杜工部。晚年离蜀东游，病死在去湘江途中。著有《杜工部集》。③黄鹂（lí）：即黄莺，古称黄鸟。属鸣禽类。④白鹭：一种白色的小型涉禽。⑤西岭：西面的山岭。指成都西部的岷山诸岭。⑥东吴：今江苏省南部一带。

【解析】这首诗描写春天景象，一句一景、远近错落、互相呼应，共同组成一幅生机盎然、色彩绚丽的春日图画。

前两句写在杨柳中鸣叫的黄鹂、在青天中飞行的白鹭，上下远近动静，一应俱全，交织融汇出一幅明丽清新、开阔生动的图画。后两句写透过窗子望见西岭上的“千秋雪”、门前停着的“万里船”，“千秋雪”与“万里船”相对，既言空间广阔又言时间久远。全诗每句精细工整，自然流畅。以全然的景物描写，生动地反映出动乱过后，诗人复归成都草堂的欢快心情和开阔胸襟。

## 海 棠[①]

苏 轼

东风袅袅泛崇光[②]，香雾空濛月转廊[③]。
只恐夜深花睡去，故烧高烛照红妆[④]。

【注释】①海棠：蔷薇科植物。高丈余，春天开粉红色花。②袅袅（niǎo）：微风轻柔的样子。泛：浮泛，闪现。崇光：高贵华美的光泽。③空濛：迷漫朦胧。月转廊：月亮在空中转动，越过长廊。④红妆：本指多用红色妆饰的年轻女子，这里借指海棠花。

【解析】这是一首咏物诗，描写了溶溶月色里的海棠，抒发作者对海棠的痴情。

因为反对王安石的变法，苏轼被贬黄州（今湖北省黄冈市），居住在定惠院东，那里长着一株珍贵却被人冷落的海棠，他觉的自己的命运与海棠相似，就将它视为知已，时常在花下小酌赋诗。这首七绝便是其中的一首。

诗的前两句从光泽和味道着笔，描写海棠的美好与优雅。后两句表达诗人对海棠的痴恋。唐玄宗曾以海棠比喻美人。而在这里，苏轼用美人比喻海棠，这种反其道而行之的方法，更凸显了诗人对海棠的深情。

## 清 明

杜 牧[①]

清明时节雨纷纷，路上行人欲断魂[②]。
借问酒家何处有，牧童遥指杏花村。

【注释】①杜牧：晚唐诗人，字牧之，号樊川，京兆万年（今陕西省西安市）人。唐文宗大和年进士。长期担任江西等处节度使的幕僚，又历任黄州、池州、睦州的刺史。后入为司勋员外郎，官终中书舍人。有《樊川文集》。②断魂：形容人感伤愁苦之极。

【解析】这首诗用短短 28 字讲了一个小故事：烟雨蒙蒙的清明日，一个牧童为旅客指示酒家的所在地——杏花村。

首句交代时令与天气。"雨纷纷"，描写出细雨蒙蒙的情景。次句写出旅人愁苦、悲伤的情绪。后两句描写旅客欲借酒浇愁，牧童为他指出远方的酒家。有人物，有情景，生动传神。全诗以清新明了的语言营造清幽凄迷的美感，含蓄不尽，富于韵味。

## 清　明

魏　野①

无花无酒过清明，兴味萧然似野僧②。

昨日邻家乞新火③，晓窗分与读书灯④。

【注释】①魏野：字仲先，号草堂居士，陕州（今河南省三门峡市陕州区）人。北宋诗人。不求仕进，在陕州东郊乐天洞前筑草堂隐居。卒赠秘书省著作郎。原有《草堂集》，其子重编为《巨鹿东观集》。此诗作者，原题为"王禹偁"，误。今更正为魏野。②萧然：凄清寂寥。野僧：居于山野之僧人。③新火：新的火种。古代风俗，在清明节前的寒食节禁火，家家将火种熄灭，到清明节前一天再重新以钻木的方式取火，称之为"新火"。④晓窗：拂晓时的窗户。

【解析】这首诗中，作者以清明佳节为背景，描写自己作为寒士所过的清苦读书生活。

诗人，无花无酒无亲戚。要向邻居讨要火种。如同野僧一般生活的诗人，用讨来的火种，挑灯夜读，可见其日常读书之勤。

全诗采用节日中的典型细节，寥寥数笔，便将诗人日常生活中的孤独寂寞和清苦勤奋刻画得入木三分。

## 社　日①

王　驾②

鹅湖山下稻粱肥③，豚栅鸡栖半掩扉④。

桑柘影斜春社散⑤，家家扶得醉人归。

【注释】①社日：祭祀土地神的节日。每年春、秋两次，一般在立春、立秋后第五个戊日，分别称春社、秋社。这里写的是春社。②王驾：唐末诗人。字大用，号守素先生，河中（今山西省永济市）人。昭宗大顺元年（890 年）进士，累官至礼部员外郎。此诗旧本题作者为"张演"。③鹅湖山：在今江西省铅山县北。山上有湖，晋末龚氏在湖中养鹅，山因此得名。④豚（tún）栅：猪圈。鸡栖：鸡舍。扉（fēi）：门户。⑤柘（zhè）：黄桑，类似桑树的一种植物，其叶也可供蚕食用。

【解析】这首诗抓住了傍晚春社初散的一刻，具体而细微地刻画出丰收在望之时，农民欢畅淋漓的心情。

首句，一个"肥"字写出田野上丰收在望的景象。次句，猪归圈、鸡归巢，人们关闭自家门户，积极外出参与春社活动。第三句用“桑柘影斜”暗示傍晚的来临，从而引出“春社散”。末句正面描写春社初散的情景，家家都有人酣醉，这揭示了丰收前夕农民们内心巨大的欢乐。

全诗使用白描的笔法进行侧面描写，由远及近地勾勒出田野、农舍和村庄的景色；再从正面描写春社活动中散出的醉人气氛，从间接地不落痕迹地表达欢乐喜庆转移到直接地淋漓尽致地描绘，富于乡土气息，具有农村特色，是田园诗中的佳作。

## 寒　食①

韩　翃②

春城无处不飞花，寒食东风御柳斜③。
日暮汉宫传蜡烛④，轻烟散入五侯家⑤。

**【注释】**①寒食：节令名。在清明节前两天（一说一天）。相传起源于春秋时晋国功臣介之推被火烧死的故事，为表示纪念，这一天禁止生火，故称寒食。②韩翃：中唐诗人。字君平，南阳（今属河南）人。天宝末进士，历任驾部郎中，中书舍人等职。诗与钱起齐名，为“大历十才子”之一。原集散佚，明人辑有《韩君平集》。③御柳：皇帝宫苑中的柳树。④汉宫：汉代皇宫。这里借指唐宫。以汉朝指当代，是唐诗中惯用的手法。传蜡烛：汉代寒食节那天，全国禁烟火，皇帝特向贵戚近臣赐送蜡烛，以示恩宠，见《西京杂记》。⑤五侯：一家之中封了五个侯爵。被后世称为“五侯”的汉代贵族有多家，如西汉成帝时后族王氏一门、东汉光武帝时王兴之五子、东汉外戚梁氏叔侄等等。东汉桓帝时单超、徐璜等五个宦官在同一日被封侯，也被称为五侯。这里借用汉朝故事泛指唐代的贵族近臣。

**【解析】**这首诗描绘了京城长安寒食节时的景象。本诗有侧面描写，诸如“无处不飞花”的暮春景象，在禁去旧火后由皇帝向近臣贵戚赐送新火以示恩宠的制度。

诗人深得剪裁之道，把各种景象都处理得井然有序。

## 江南春

杜　牧

千里莺啼绿映红①，水村山郭酒旗风②。
南朝四百八十寺③，多少楼台烟雨中④。

**【注释】**①绿映红：绿叶映衬着红花。②水村山郭：傍水的村落和依山的城郭。酒旗：古代酒馆用作标志的旗帜。又称酒帘、望子。③南朝：魏晋之后建都于建康（今江苏南京）的宋、齐、梁、陈四朝。④烟雨：望之如烟的霏霏细雨。

**【解析】**这首诗描写了江南春天独特的美景。

在短短的四句诗中，作者没有拘泥于空间界限和固定视角，将江南的种种典型景观，诸如千里莺啼、桃红柳绿、水村山郭、旗亭酒肆、众多寺庙、烟雨楼台等一网打尽，造成尺幅千里的效果；把江南广大地区种种景象，譬如田野、村落、城郭、寺庙作了概括性的描写。作者没有为时间界限所束缚，上一联写晴天景色，下一联写雨中气象，挥洒自如，不拘一格。作者没有仅仅停留在写实性描写中，而是采用了虚写的方式，例如诗中的“四百八十寺”，并不是确切的数字，只是用来形容寺院佛殿之多。

## 上高侍郎[①]

高　蟾[②]

天上碧桃和露种[③]，日边红杏倚云栽[④]。
芙蓉生在秋江上[⑤]，不向东风怨未开。

【注释】①此诗原来的诗题是《下第后上永崇高侍郎》。②高蟾（chán）：晚唐诗人。渤海（在今山东省北部）人。早年科举不第，至僖宗乾符三年（876年）中进士，累官至御史中丞。③碧桃：传说中仙人食的碧桃。④日边：这里比喻皇帝近侧。⑤芙蓉：荷花。

【解析】这首诗通过以花喻人，来抒发作者因出身微寒而不能考中进士的感叹。诗人以“芙蓉”自喻，一方面在于芙蓉开花较晚，大器晚成；另一方面在于芙蓉孤高清奇，不与百花争妍。

全诗比喻恰当，寓意深微，寄兴悠远。

## 绝　句

僧志南[①]

古木阴中系短篷[②]，杖藜扶我过桥东[③]。
沾衣欲湿杏花雨，吹面不寒杨柳风。

【注释】①僧志南：南宋诗僧，生平不详。②短篷：有篷的小船。③藜（lí）：草本植物，其茎坚韧，古人常用它制为手杖。这里指以藜的老茎制成的手杖。

【解析】这是一首叙事兼写景的游春之作，表现了诗人在微风细雨中拄杖春游的乐趣。

诗的前两句，写年老的诗人驾舟出游，泊舟于古木荫中，扶杖过桥。他为什么说“杖藜扶我”？显然，是将藜杖人格化了，拐杖仿佛是这老和尚的一位伴侣，亲切而安全。诗的后两句，诗人以自己的主观感受来写杏花和杨柳，可谓微雨漾漾似有若无，轻风拂面了无寒意，就是在这样的和风细雨中，杏花红、杨柳飘。无论是叙事还是写景，都突出表现了诗人对春意充满喜悦的心情，虽然已经年老，但他对生命的热爱丝毫未减。此外，全诗字句精练、内涵丰富、寓意深远，充满浓浓的诗情画意。

## 游园不值[①]

叶绍翁[②]

应怜屐齿印苍苔[③]，小扣柴扉久不开。
春色满园关不住，一枝红杏出墙来。

【注释】①不值：没有遇见（主人）。②叶绍翁：南宋诗人。字嗣宗，号靖逸，处州龙泉（今属浙江）人。诗属江湖派，尤擅七绝。著有《靖逸小集》《四朝闻见录》。③屐（jī）齿：木屐下所安装的用以防滑的木齿。

【解析】作者春天乘兴游园，但是主人不在。原是一件特别扫兴的事，可在诗人的独特思维之中和生花妙笔之下，这件扫兴的事被写得充满情趣，惹人浮想联翩。其关键在于作者发挥了自己丰富的主观想象。本来主人不在家，诗人偏说是主人怕屐齿踩坏了园中的苔藓而不肯来开门。一方面，暗示了春天多雨地面遍生苔藓的景象；另一方面，揭示了主人怡情于自然的襟怀。本来未能尽览园中春色，诗人偏以“一枝红杏”来说明洋溢在园中的旖旎春光。虽然主人不在家，但是我们已经可以通过“小扣柴扉”来想象他脱离流俗的风神了。全诗叙事兼写景，经过锤炼的诗句更是蕴藉含蓄、寓意深刻、富于哲理。

## 客中行①

李　白

兰陵美酒郁金香②，玉碗盛来琥珀光③。

但使主人能醉客，不知何处是他乡。

【注释】①此诗题一作《客中作》。“客中”即旅居在外之意。“行”即歌行，乐府诗体之一。这里是歌、吟的意思。②兰陵：县名。治所在今山东省兰陵县西南兰陵镇。郁金香：姜科植物，古代用作香料。可用以酿酒，使酒呈金黄色，且有特殊香味。③琥珀：一种树脂化石，呈黄色或褐色，色泽晶莹，常用作饰物。

【解析】这首诗歌颂了在他乡之时，诗人所饮的美酒及主人的好客，表现了诗人狂放不羁的性格以四海为家的积极乐观精神。

诗的前一联用色如琥珀来形容郁金香浸制的兰陵美酒的颜色与光泽，暗示诗人看见酒便心生喜悦；诗的后一联抒写诗人饮用美酒时感慨万千：其实在他乡也能遇到故知，因为酒逢知己千杯少，一醉尽欢是缘分。这样一来，他乡和家乡的区别就不存在了。在这后两句里，诗人直抒胸臆，全情释放，充分表现了诗人的奔放和豪迈。

## 题　屏①

刘季孙②

呢喃燕子语梁间③，底事来惊梦里闲④。

说与旁人浑不解⑤，杖藜携酒看芝山⑥。

【注释】①此诗题实本作《题饶州酒务厅屏》。饶州，治所在今江西省鄱阳县。屏即屏风，古人常在屏风上画图或题诗。②刘季孙：北宋人。字景文，祥符（今河南省开封市）人。神宗时曾任地方官，居官清廉。③呢喃：燕子的低鸣声。④底事：何事。梦里闲：幽闲的梦境。⑤浑不解：完全不能理解。⑥芝山：山名，在江西省鄱阳县北。唐初刺史薛振在山顶获得三株灵芝，乃改名芝山。

【解析】这首诗表达了诗人与天地自然相通的闲适心境，只可意会，不可言传。那种幽闲自得的情趣和独特的内心感受，与他人无法说清。只有面对芝山、独自饮酒，以这种看似默然的方式来与大自然神交，从而获得一种情感的释放。

## 漫　兴[①]

杜　甫

肠断春江欲尽头[②]，杖藜徐步立芳洲[③]。

颠狂柳絮随风舞，轻薄桃花逐水流。

【注释】①漫兴：这是杜甫在肃宗上元二年（761年），在成都草堂所作的《绝句漫兴九首》中的第五首。“漫兴”就是兴之所至随手写出的意思。②欲尽头：快到尽头之处。③芳洲：长满花草的水中陆地。

【解析】这首诗看似抒写春光将尽，实则暗指国事衰败。作者对春光无限惋惜留恋，愁肠寸断，更对国家关怀备至，乃至愤世嫉俗。可见，忧国忧民的作者与“颠狂柳絮”和“轻薄桃花”所暗指的不思国事、趋炎附势的小人截然不同。

## 庆全庵桃花[①]

谢枋得[②]

寻得桃源好避秦[③]，桃红又是一年春。

花飞莫遣随流水，怕有渔郎来问津[④]。

【注释】①庆全庵：诗人在元初避居建阳（在今福建省）时给自己居处所取的名称。②谢枋（fāng）得：南宋诗人。字君直，号叠山，信州弋阳（今属江西）人。理宗宝祐四年（1256年）与文天祥同科进士及第。除抚州司户参军，弃去。任建康考官时出题得罪权相贾似道，谪居兴国军。元兵南下，起为江西招谕使，知信州，率兵抗元。城陷，流亡建阳，以卖卜教书为生。后元朝迫其出仕，强制送往大都（今北京市），乃绝食而死，门人私谥他“文节”。著有《叠山集》。③桃源：桃花源的简称。出自陶渊明《桃花源记》。避秦：躲避秦代的暴政。这里借指避免与元政权发生关系。④问津：询问渡口。在这里是寻访的意思。

【解析】这首诗表明作者要终身隐居，决然避世，以便全身而退，远离异族政权的心迹。

诗的首句，作者自喻为桃花源中躲避秦代暴政的人；次句表明作者如同桃源中人一样不记时日，不想为凡俗所侵扰。三四句推陈出新，暗示作者比桃花源中人更怕被外人发现，可见他避世的坚定决心。

## 玄都观桃花[①]

刘禹锡[②]

紫陌红尘拂面来[③]，无人不道看花回。

玄都观里桃千树，尽是刘郎去后栽[④]。

【注释】①这一诗题原为《元和十年自朗州至京，戏赠看花诸君子》。玄都观是当时长安近郊的著名道观。②刘禹锡：中唐诗人。字梦得，洛阳（今属河南）人。贞元年进士。任监察御史时因参预永贞革新贬为朗州（治今湖南省常德市）司马。十年后召至京师，为权贵所忌，迁连州（治今广东省连州市）等地刺史。后因裴度力荐，任太子宾客，加检校礼部尚书。著有《刘梦得文集》。③紫陌：京城的道路。红尘：都市的尘埃。④刘郎：诗人对自己的戏称。郎在唐代是对男子的尊称，略似如今的"先生"。

【解析】这首诗通过抒写玄都观桃花的盛况，调侃和讽刺了朝廷中那些新贵及趋炎附势之徒。诗的前两句写去玄都观看桃花的人络绎不绝；后两句抒发自己对众人观桃花的感慨。这里的"桃千树"，被作者喻为朝廷中的新贵。诗中没有任何贬损之意，但是调侃和讥刺的意味异常明显。

## 再游玄都观

刘禹锡

百亩庭中半是苔，桃花净尽菜花开。
种桃道士归何处①？前度刘郎今又来。

【注释】①种桃道士：此诗前有小引，言诗人元和十年（815年）自郎州回京，人人皆言玄都观内有道士手植仙桃，盛开如霞。此处借指那些提携新贵的权相。

【解析】这首诗是《玄都观桃花》的续篇，晚于前作14年。它通过描写玄都观桃园已成菜园这件事，抒发对官场上人事变迁（之前的新贵已去职，提携新贵的权相被放逐）的感慨，并对煞费苦心提拔追随者的"种桃道士"（权相）加以调侃和讥嘲。

《玄都观桃花》和《再游玄都观》两诗，一前一后，紧密相承，一气呵成，并以诙谐幽默的笔调，尽显诗人对权贵的鄙视以及不与之同流合污的清高。

## 滁州西涧①

韦应物②

独怜幽草涧边生，上有黄鹂深树鸣。
春潮带雨晚来急，野渡无人舟自横。

【注释】①滁州：治所在今安徽省滁州市。诗人曾任滁州刺史。②韦应物：中唐诗人。京兆长安（今陕西省西安市）人。少年时在玄宗宫廷任三卫郎。后历任滁州、江州、苏州刺史。著有《韦苏州集》。

【解析】这首诗描绘了春天里，滁州城西郊野西涧的风情景物。

诗的前两句：在这诸多景物中，诗人独爱西涧岸边的幽草，而写高树上黄鹂的鸣叫是为了反衬涧草的缄默，这里暗示了诗人甘于安贫守节的恬淡胸襟，绝无哗众取宠、引人注目的浮躁之心。诗的后两句：面对遇雨而涨的春潮和无人问津只剩空船的渡口，诗人不禁流露出在风雨飘摇的乱世，不能人尽其才、壮志难酬的忧伤情怀。诗人将自己尴尬无奈的处境和思慕隐居、渴望避世的心声，完全融入到富于诗情画意的景物描写中加以表现，意蕴深厚而又不留痕迹。

## 花　影

谢枋得①

重重叠叠上瑶台②，几度呼童扫不开。
刚被太阳收拾去，却教明月送将来。

【注释】①此诗本题作者为苏轼，《叠山集》卷一收为谢枋得之作，据以改正。②瑶台：本为传说中西王母所居之仙宫，这里指精巧美观的楼台。

【解析】这首诗通过吟咏花影来暗讽那些在国运日薄西山国家危亡之际发迹的小人。

无论在旧朝还是在新代，那些祸国殃民的小人总是屡屡出现，还节节高升。虽有贤臣要清除他们，却屡遭失败。因此，诗人在疾恶如仇的同时，也流露出无可奈何的感慨。此外，这首诗字句工整，比喻精妙，犀利辛辣的讽刺寓于生动妥帖的描绘之中，堪称寓意深刻。

## 北　山①

王安石

北山输绿涨横陂②，直堑回塘滟滟时③。
细数落花因坐久，缓寻芳草得归迟。

【注释】①北山：即位于江苏省南京市北面的紫金山。诗人晚年筑室隐居于此山山腰，自号"半山"。②输绿：流出碧绿的泉水。横陂（bēi）：横卧的陂堤。③直堑（qiàn）：笔直的沟渠。回塘：曲折的池塘。滟滟：水光闪闪的样子。

【解析】这首诗描写诗人晚年隐居北山时所过的闲适甚至有些无聊的生活。诗的前两句描写北山上的泉水和北山下的回塘。后两句写自己的活动：无所事事、百无聊赖，索性干脆清点飘落的残花、观赏地面的芳草，以至很晚归家。把春天水涨、春水闪光的景物描写与诗人数花寻草的无聊活动相对比，可以看出其内心愁苦烦闷。

## 湖　上①

徐元杰②

花开红树乱莺啼③，草长平湖白鹭飞④。
风日晴和人意好⑤，夕阳箫鼓几船归⑥。

【注释】①湖上：指南宋京都临安（今浙江省杭州市）的西湖之上。②徐元杰：南宋人。字仁伯，上饶（今属江西）人。理宗绍定五年（1232 年）进士，历官太常寺少卿、工部侍郎。卒谥"忠憨”。③红树：开满红花的树。形容花盛。乱莺啼：黄莺纷纷啭鸣，声音杂乱。形容鸟多。④平湖：平静的湖面。⑤人意：人的心情。⑥箫鼓：吹箫击鼓。这里泛指演奏各种乐器。

【解析】这首诗描写的是春天的西湖风光。

前一联写花开莺啼、草长鹭飞的美好景色，色彩丰富、动静结合、声色俱全，犹如活动影像。后一联抓住夕阳西下，游船纷纷归来并奏着乐的美好瞬间来描写，突出渲染在风和日丽的春天，游人荡舟西湖的欢愉，进一步烘托西湖风光之美，给人以遐想空间。此诗既写了客观景象（西湖的自然风光），又写了游人之乐（荡舟游西湖的欢愉）。多视角刻画和集中描写融合在一起。

## 漫　兴[1]

杜　甫

糁径杨花铺白毡[2]，点溪荷叶叠青钱[3]。
笋根稚子无人见[4]，沙上凫雏傍母眠[5]。

【注释】①这首《漫兴》是诗人上元二年（761年）所作《绝句漫兴九首》中的第七首。②糁（sǎn）：饭粒，这里是像饭粒那样散布的意思。铺白毡（zhān）：形容杨花满地，犹如铺了一层白色毡毯。③点：这里是点点散布的意思。青钱：青铜钱。④稚子：本是幼小的孩子，这里指笋根上初生的嫩芽。⑤凫（fú）雏：幼小的野鸭。

【解析】这首诗描写林间溪边暮春时节特有的自然景象。

全诗四句，一句一景，勾勒出暮春时节溪边林下最具特色的自然景观：杨花遍地、荷叶小巧、笋芽初生、小野鸭傍母而眠。诗人用精工的对仗、凝练的辞语和生动而富有新意的比喻将它们统摄于同一意境之中，使它们各具特色又浑然一体。例如，用“糁”来形容点点杨花；用“叠青钱”来比喻丛生在水面上的幼小荷叶，都十分逼真、凝练而富有新意。

## 春　晴[1]

王　驾

雨前初见花间蕊，雨后全无叶底花。
蜂蝶纷纷过墙去，却疑春色在邻家。

【注释】①此题一作《雨晴》。

【解析】这首诗通过描绘小园中雨后的残春景象，凸显了作者的惜春之情。

雨前，花开结蕊；雨后，徒留绿叶。这前后景象的对比，一片惜春之意跃然纸上。后两句写蝴蝶蜜蜂无花可采，失望地飞过墙去，这个景观引得诗人产生了一个奇思妙想：春色还在人间，只是躲到邻家去了。这个突发奇想，将诗人的惜春之情表达得酣畅淋漓，并在诗中具有别出心裁、妙趣横生的艺术效果。

## 春　暮

曹　豳①

门外无人问落花，绿阴冉冉遍天涯②。

林莺啼到无声处，青草池塘独听蛙。

【注释】①曹豳（bīn）：南宋人。字西士，别号东圳，瑞安（今属浙江）人。宁宗嘉泰二年（1202年）进士，历官浙东提点刑狱、宝章阁待制等职。②冉冉（rǎn）：柔弱下垂的样子。

【解析】这首诗刻画的是春光将逝的暮春景象，主要抓住色、声两个方面来体现。

在色的方面，用绿阴冉冉的单调苍翠取代百花凋谢的姹紫嫣红来展示暮春时节的景色；在声的方面，以嘈杂的青蛙叫声取代悦耳的黄莺鸣来反映季节的变换。单一取代丰富，嘈杂代替宛转，两相对比，诗人的惜春之情显而易见。而黄莺“啼到无声处”和“独听蛙”，这些都揭示出在暮春时节，诗人无可奈何的凄凉与孤寂。

## 落　花

朱淑真①

连理枝头花正开②，妒花风雨便相催③。

愿教青帝常为主④，莫遣纷纷点翠苔⑤。

【注释】①朱淑真：宋代女诗人。号幽栖居士，海宁（今属浙江）人，家居钱塘（今浙江省杭州市）。自幼聪慧，多才多艺。因婚姻不遂心意，抑郁而亡。著有《断肠集》《断肠词》。②连理枝：两株树木间连接生长在一起的枝条。诗人常以此比喻夫妻恩爱。③催：义同摧。④青帝：古代神话传说中的春神。主：主宰。⑤点：点染。

【解析】这首诗以花朵为喻，寄寓了诗人希望天下夫妻的婚姻永远美满的愿望。

诗的前两句，“连理枝”和“风雨”都是喻体，前者暗喻新婚夫妻相敬如宾、和美恩爱，后者暗喻外界对夫妻恩爱美满的干扰破坏。所以，这两句既是描绘暮春落花的景象，又是对当时摧残爱情的客观力量的谴责与控诉。后两句诗人直抒胸臆，描摹祝愿：她希望四季如春，好花常开，暮春不来，风雨不再。言外之意，即是她希望普天下的夫妻永远恩爱如初，感情永驻，坚不可摧。这种愿望与诗人自身的婚姻不幸是结合在一起的。基于此，诗人才对美满婚姻越发向往，并且不愿他人重蹈其覆辙。

## 春暮游小园

王　淇①

一从梅粉褪残妆②，涂抹新红上海棠。

开到荼蘼花事了，丝丝天棘出莓墙③。

【注释】①王淇：字菉漪，宋代人。生平不详。②一从：自从。③天棘：即天门冬。百合科攀缘草本植物。叶退化，由绿色线形叶状枝代替其作用。块根可入药。莓：苔藓。

【解析】这首诗通过具体描写春末的四种植物来展示暮春的单调与乏味。

首句写梅花萎谢，采用拟人手法，如同女人的粉褪残妆。次句写海棠花开，依旧采用拟人手法，如同女人涂抹新红。第三句里说到春天的百花中，荼蘼花开得最晚。第四句里说的天棘将在荼蘼花凋谢以后蔓延而生。

全诗四句，描述四种植物，梅花、海棠、荼蘼和天棘。它们四者的盛衰更迭生动展示了暮春的景象，诗人对春光将逝的惋惜之情不言而喻。

## 莺 梭①

刘克庄②

掷柳迁乔太有情③，交交时作弄机声④。
洛阳三月花如锦，多少工夫织得成？

【注释】①莺梭：像织布机上的梭子般迅速飞来飞去的黄莺。②刘克庄：南宋诗人。字潜夫，号后村居士，莆田（今属福建）人。理宗淳祐六年（1246 年）赐同进士出身。官至工部尚书兼侍读，以龙图阁学士致仕，卒谥“文定”。他是江湖派诗人中最重要的作家，著有《后村先生大全集》。③掷柳：像投掷般快速地飞上柳树。迁乔：飞上高大的树木。④交交：形容黄莺的鸣叫声。弄机：拨弄织布机。

【解析】这首诗通过把黄莺比作织布机的梭子来描绘锦绣春光，可谓是非常新奇而恰当的比喻。

首句中的“掷”字精妙地概括了黄莺在树林间上下飞行如梭。次句把黄莺的鸣叫声比作梭子的织布声。三四句展开联想，那繁花似锦的大好春光是如梭的黄莺用多长时间的鸣叫织成的呢？短短四句二十八字，拥有精妙的比喻和恰当的铺垫，又有建立在比喻之上的奇思妙想。由此，“莺梭”这一比喻被发挥得尽善尽美。

## 暮春即事①

叶 采②

双双瓦雀行书案③，点点杨花入砚池。
闲坐小窗读周易④，不知春去几多时。

【注释】①即事：就一事而生的感想作成的诗篇。②叶采：南宋人。号平岩，邵武（今属福建）人。理宗宝庆二年（1226 年）任秘书监之职。③瓦雀：在屋瓦上跳动的麻雀。这里指它们的影子。④周易：书名。亦称《易经》。儒家主要经典之一。

【解析】这首诗的描写范围仅仅局限于小小的书案之上，却凸显了大自然中暮春之景的特色，表达了诗人畅游在典籍之中任凭世事变迁也不乱我心的襟怀。诗人读书不为求取功名，只为闲适自得。这点从“闲坐小窗读周易”里可见一斑。

## 登　山

李　涉①

终日昏昏醉梦间，忽闻春尽强登山②。

因过竹院逢僧话，又得浮生半日闲。

【注释】①李涉：中唐诗人。号清溪子，洛阳（今属河南）人。宪宗时任太子通事舍人，因事贬为陕州司仓参军。文宗时召为太学博士，复流放南方。②强：勉强。

【解析】这首诗以悠闲的笔墨隐幽地抒写出诗人的郁郁不得志，凸显其苦闷无聊的生活。

前两句表现诗人久不出户、无所事事、终日醉酒、昏沉入梦，终于有一天他无精打采地登上山去，才发现春光将尽，只剩下残留的春色。一个“闻”字说明独特的暮春之景叫醒了诗人的耳朵；一个“强”字又写出了诗人并不振奋的精神状态。后两句写诗人与山僧闲谈许久，由此感到在漂浮不定的人生中暂时获得了半天清闲。末句的“浮生半日闲”与首句的“终日昏昏醉”构成鲜明对照，于是诗人内心的沉重与苦闷被揭示出来。

## 蚕妇吟

谢枋得

子规啼彻四更时①，起视蚕稠怕叶稀②。

不信楼头杨柳月，玉人歌舞未曾归③。

【注释】①子规：即杜鹃。杜鹃喜在夜间啼叫。四更：古代分一夜为五更，四更时天还没亮。②稠：密集。③玉人：像白玉一样皎洁的美女。这里指歌女舞姬。

【解析】这首诗将养蚕妇女与欢场女子在同一时刻的不同活动进行对比。反映了不同阶层女性的生存状况，暗示了劳动人民与达官贵人之间的生活悬殊。

诗的前两句写杜鹃彻夜鸣叫，养蚕妇女难以入睡，因为晚春时节，蚕将成熟，蚕妇天还不亮就起身视察蚕室，担心蚕太密而桑叶太少。诗的三四句写那些为达官贵人提供服务的欢场女子还没有回家呢。都是女性，在同一时间、不同地点，做的事情截然不同，实在令人倍感惊诧。“不信”二字将两类不同女性的生活状况巧妙联系，对比效果赫然出现，由此诗人以无声的力量抨击了达官贵人的享乐无度。

## 晚　春①

韩　愈

草木知春不久归，百般红紫斗芳菲②。

杨花榆荚无才思③，惟解漫天作雪飞④。

【注释】①此题一作《游城南晚春》。②百般红紫：犹言万紫千红。芳菲：花木芬芳妍丽。③

榆荚：榆树的果实，形状如钱大小，色白成串，俗称榆钱。④惟解：只懂得，只会。

**【解析】**这首诗以拟人的手法和幽默的情趣抒写了晚春的景致。

晚春时节，百花都在争奇斗艳。而杨树和榆树只能播撒如雪般漫天飞舞的杨花和榆荚。在富有独特艺术感受力的诗人眼中，花朵有情，树木有思，所以无论是姹紫嫣红、风姿绰约的花草，还是色彩单调、缺乏妩媚的杨榆，都是引人注目、惹人怜爱的。

## 伤 春[1]

杨万里[2]

准拟今春乐事浓[3]，依然枉却一东风[4]。
年年不带看花眼，不是愁中即病中。

**【注释】**①伤春：为春天将逝而感伤。②杨万里：南宋诗人。字廷秀，号诚斋，吉州吉水（今属江西）人。高宗绍兴二十四年（1154年）进士。历官太常博士、太子侍读、秘书监。其诗与尤袤、范成大、陆游齐名，并称为“南宋四大家”，当时有“诚斋体”之称。著有《诚斋集》。此诗旧本题杨简作，误。③准拟：本打算，满以为。浓：这里指多。④枉却：辜负。

**【解析】**这首诗通篇以议论方式揭示出诗人因为多愁多病，所以常常辜负大好春色。对此，诗人没有平铺直叙，而是匠心独具，写得一波三折，饶有趣味。

首句写诗人做的一个决定：对今春乐事早已安排好；次句用一个转折，推翻了之前的决定，也就辜负了好意送来春色的东风。第三句点明，不仅今年先做决定再推翻，而且年年如此；第四句指出年年辜负春光的原因。

## 送 春

王 令[1]

三月残花落更开，小檐日日燕飞来[2]。
子规夜半犹啼血[3]，不信东风唤不回。

**【注释】**①王令：北宋诗人。字逢原，广陵（今江苏省扬州市）人，以教书为生。其文章品格受到王安石的推崇。著有《广陵先生文集》《十七史蒙求》。②小檐：短小的屋檐。③啼血：子规啼声凄切而咽下有红斑，故古代有子规悲啼泣血的传说。

**【解析】**这首诗充满情趣地抓住了暮春时节常见的残花、飞燕和杜鹃，来表达诗人对春光的深情。

在上一联中，写鲜花虽已凋零，但星星点点的残花，落了又开；初春时节就飞来的燕子依旧在屋檐下，飞来飞去，不肯离开；最痴情的杜鹃，直到夜半还在凄厉地啼鸣，似乎想唤回已逝的春天。在后一联中，一方面写出了诗人的惜春之情；另一方面寄寓了他对终将回归的美好事物的虔诚信念。

## 三月晦日送春①

贾　岛②

三月正当三十日，风光别我苦吟身③。
共君今夜不须睡④，未到晓钟犹是春⑤。

【注释】①诗题实本作《三月晦日赠刘评事》。晦日即阴历每月的最末一日。②贾岛：中唐诗人。字阆仙，一作浪仙，范阳（今河北省涿州市）人。初为僧，法名无本。还俗后屡次应试进士，皆下第。文宗时任遂州长江县主簿，世称“贾长江”。作诗刻意求工，有“苦吟诗人”之称，著有《长江集》。③苦吟身：作者自指。④君：对同辈男子的敬称。这里指此诗所赠对象刘评事。⑤晓钟：即晨钟，古代清晨报晓的钟声。

【解析】这首诗用明白晓畅的文字，抒发了诗人对春光的珍惜之情，表达了他对美好事物的热烈追求。在三月三十日，暮春的最后一天，诗人对即将逝去的春光分外留恋，因此与友人相约彻夜不眠以度过这春季的最后一晚。

## 客中初夏①

司马光②

四月清和雨乍晴③，南山当户转分明④。
更无柳絮因风起，惟有葵花向日倾。

【注释】①此题实本作《居洛初夏作》。“洛”即洛阳。②司马光：北宋政治家、文学家。字君实，陕州夏县（今属山西）涑水乡人，世称“涑水先生”。宝元初进士。仁宗末年任天章阁待制兼侍讲、知谏院，主编《资治通鉴》。神宗时擢翰林学士，因反对王安石变法，出知永兴军，次年退居洛阳达十五年。哲宗即位，入朝主持朝政，废除新法。卒赠太师、温国公，谥“文正”。著有《司马文正公文集》《稽古录》等。③清和：清明和暖。④当户：正对门户。

【解析】这首诗借对初夏景色的描写，表明诗人宁为向日倾的葵花，也不作随风飞舞的柳絮。

在诗中，柳絮和葵花均有所指向。柳絮暗指依附权贵、随波逐流的小人；葵花暗指对皇帝忠贞不渝的贤士。

此外，这首诗非常出色地描绘了乍雨还晴的初夏景色，远近，虚（柳絮）实（葵花），互相映衬，一网打尽，使其喻意既生动鲜明又不着痕迹，越发耐人寻味。

## 有　约①

赵师秀②

黄梅时节家家雨③，青草池塘处处蛙。
有约不来过夜半，闲敲棋子落灯花④。

【注释】①此诗题一作《约客》。②赵师秀：南宋诗人。字紫芝，号灵秀，温州永嘉（今浙江省温州市）人。光宗绍熙元年（1190年）进士，曾任高安推官。与徐玑、徐照、翁卷并称“永嘉四灵”，开创“江湖派”诗风。著有《清苑斋集》。③黄梅时节：立夏后数日梅子由青转黄，其时江南多雨，俗称黄梅天。④灯花：油灯的灯芯燃烧后形成的花状灰烬。

【解析】这首诗主要描写在初夏的雨夜，相约的客人半夜都没来。这样一个情况引发了诗人的焦躁不安。为了形象而生动地展示诗人的心情，诗中所写的“家家雨”“处处蛙”和“闲敲棋子落灯花”这些景观，既可听可见，又动静皆有，并且从室外延伸到室内，范围广泛而集中，对比强烈而鲜明，从而起到反衬与烘托的作用，于是诗人焦灼的心情便跃然纸上。

## 初夏睡起①

杨万里

梅子流酸溅齿牙②，芭蕉分绿上窗纱。

日长睡起无情思，闲看儿童捉柳花。

【注释】①此诗本是《闲居初夏午睡起二绝句》中的第一首，诗题为编者所拟。作者原署“杨简”，误，今据《诚斋集》更正。②溅：在《诚斋集》中本作“软”，义较胜。

【解析】这首诗通过儿童与诗人的对比，越发凸显出儿童的充满活力、神采飞扬，诗人的百无聊赖、萎靡不振。

诗人午睡已久，食梅提神，可是初夏日长，无所事事，依然感到精神不振，便走出屋外，看到儿童们兴高采烈地做着捕捉柳花的游戏。在此，委婉地表达了诗人对积极向上、活力四射的生活之向往。

## 三衢道中①

曾　几②

梅子黄时日日晴，小溪泛尽却山行③。

绿阴不减来时路，添得黄鹂四五声。

【注释】①三衢（qú）：山名。在今浙江省衢州市。②曾几：南宋诗人。字吉甫，号茶山居士，原籍赣州（今江西省赣县），迁居河南（今河南省洛阳市）。南宋初，提刑江西、浙西。因力主抗金受到秦桧排斥。后官至敷文阁待制。爱国诗人陆游曾师事之。著有《茶山集》。③泛尽：泛舟到了尽头。却山行：改走山路。

【解析】这首诗描写了水上风光和山上美景，这是诗人的一次美好旅程。

诗人在小溪中乘舟溯流而上，到山下舍舟登岸，循山路前行，可见绿阴浓密，可听黄鹂啼鸣。诗人以舒缓清淡的语言，对旅途中的所见所闻娓娓道来，自然而隐约地透露出诗人的喜悦心情，平静清淡而又耐人寻味。

## 即　景①

朱淑真

竹摇清影罩幽窗，两两时禽噪夕阳②。
谢却海棠飞尽絮③，困人天气日初长④。

【注释】①即景：就眼前景物抒发感受。②两两：成双作对的。时禽：正当这一时季的禽鸟。③谢却：谢掉，凋谢。絮：这里指柳絮。④困人：使人感到困倦。

【解析】这首诗通过描写初夏景象抒发了诗人郁郁寡欢的心情。

首句拿竹影罩幽窗来渲染沉闷的气氛；次句用“噪”来形容成双结对的禽鸟鸣叫，又辅以夕阳残晖来加以烘托；第三句的海棠花谢、柳絮飞尽表明春光已逝；末句写人被漫长的岁月困住了，那是一种无法排遣的苦闷。

四句诗纯粹写景，以景抒情，诗人独坐深闺的沉闷烦恼暴露无疑。

## 初夏游张园①

戴复古②

乳鸭池塘水浅深③，熟梅天气半晴阴。
东园载酒西园醉，摘尽枇杷一树金④。

【注释】①张园：张姓主人的园林。②戴复古：字式之，号石屏，台州黄岩（今属浙江）人，南宋诗人。一生不仕，浪迹江湖。曾师事陆游，是江湖派中的重要诗人。著有《石屏诗集》《石屏词》。此诗作者本题作“戴敏”，据戴复古《石屏诗集》知为戴敏之子戴复古所作，据以改正。③水浅深：池水或浅或深。④金：这里指金黄色的枇杷。

【解析】这首诗写初夏黄梅时节，诗人载酒游园，那种愉悦尽兴、陶然忘形的情状被刻画出来。

以诗人饮酒游园、摘尽一树金黄色的枇杷为主，以雏鸭兴高采烈地在水中尽情嬉戏为辅，在一片明快活泼的黄颜色中，人与动物同乐。

## 鄂州南楼书事①

黄庭坚②

四顾山光接水光，凭栏十里芰荷香③。
清风明月无人管，并作南来一味凉④。

【注释】①此诗是诗人《鄂州南楼书事四首》中的第一首。鄂州的治所在今武汉市武昌区。南楼即鄂州南面的城楼。②黄庭坚：北宋诗人。字鲁直，自号山谷道人，晚号涪翁，洪州分宁（今江西省修水县）人。英宗治平年进士。哲宗时以校书郎为《神宗实录》检讨官，后以修史“不实”被贬谪。诗与苏轼齐名，并称“苏黄”，是江西诗派的创始人。著有《山谷集》《山谷琴趣外篇》等。③芰（jì）荷：菱花与荷花。它们常杂开于水面。④一味：指一种滋味，一种境界。

**【解析】**这首诗描绘了在鄂州南楼上所见景物的特征，抒写了诗人屏弃尘俗的澄净内心。

首句写月光照耀下的山光水色，次句写清风吹拂中的芰荷清香，视野开阔而色香俱全。第三四句表达诗人的感受：清风、明月为大自然所赐，可供人们尽情享受，它们本身以及由它们在南楼构成的清凉世界，不仅令诗人摆脱暑热煎熬，更达到一种心静自然凉的境界。

本诗写景气象开阔广大而明净清新，抒情含蓄而有理致，结构上看似凌乱而实则精巧，这一切都令人回味悠长。

## 山亭夏日

高　骈①

绿树阴浓夏日长，楼台倒影入池塘。

水晶帘动微风起②，满架蔷薇一院香③。

**【注释】**①高骈（pián）：唐末人。字千里，幽州（治今北京西南）人，其家世代为禁军将领。僖宗时任淮南节度使，参与镇压黄巢起义军。后在扬州拥兵自立，割据一方，为部将所杀。②水晶帘：用水晶制成的帘子。这里比喻晶莹的水波。③蔷薇：一种观赏植物，茎长似蔓，人常建架供其生长。花以白色、粉红色居多，有香味。

**【解析】**这首诗通过环环相扣、动静结合的意象来描写夏季风光，使得亭中所见的散漫景象变得井然有序，从而构成一幅布置得当的生动画面。

具体而言，从树荫想到夏日，由夏日联想到它造成的倒影，眼见倒影在池塘的水面上呈现。水面荡漾，那是微风吹拂所致。花香一院，它是由微风送来。

## 田　家①

范成大②

昼出耘田夜绩麻③，村庄儿女各当家④，

童孙未解供耕织⑤，也傍桑阴学种瓜。

**【注释】**①此题为编者所拟，在范成大诗集中本是《夏日田园杂兴十二绝》中的第七首。②范成大：南宋诗人。字致能，号石湖居士，苏州吴县（今属江苏）人。绍兴二十四年（1154年）进士。历任处州知府，参知政事等职。晚年退居故乡石湖畔。善写田园诗，与尤袤、杨万里、陆游并称“南宋四大家”。著有《石湖居士诗集》《石湖词》《吴船录》等。③耘（yún）田：田间除草。绩麻：将麻的纤维搓成线。④各当家：各自担当分内的家务。⑤童孙：在此泛指年幼的儿童。

**【解析】**这首诗以一个老农的口吻，颇具生活气息地正面描写了农家在夏季的劳动状况。

诗的首句写男人白天耕田，女人夜间绩麻。次句承上并概括：男女各顶半边天。第三四句指出他们那不懂织耕的孩子正在茂盛的桑树下学着种瓜。

全诗通过白描的手法和明白晓畅的文字，刻画与颂扬了农户人家勤劳的品格。

## 村居即事①

翁　卷②

绿遍山原白满川③，子规声里雨如烟④。
乡村四月闲人少⑤，才了蚕桑又插田⑥。

**【注释】**①此题在作者《苇碧轩诗集》中作《乡村四月》。②翁卷：字续古，一字灵舒，温州乐清（今属浙江）人。淳祐十年（1250年）登乡荐，终身未仕。与徐照、徐玑、赵师秀合称“永嘉四灵”。著有《苇碧轩诗集》。旧本题作者为“范成大”，今据翁卷《苇碧轩诗集》改。③绿：指绿色的植物。白：指映着白云天光的河水。④雨如烟：微雨漾漾，望之如烟。⑤闲人：不从事劳动的空闲人。⑥了：结束，完成。插田：在稻田里插秧。

**【解析】**这首诗描绘了江南农村初夏的景象。

前一联描写自然风光。首句，以“绿”“白”的对比来表现远望中静态的乡村整体景象。次句，如烟的细雨和啼鸣的杜鹃为这幽静的美景平添了动感。

后一联写人们务农忙。第三句，用“乡村四月”点明季节和描写对象，以“闲人少”衬托农事之忙。第四句，用“才”和“又”两个虚字使得忙意自见。

此外，末句的“蚕桑”照应首句“绿遍山原”“插田”照应“白满川”，可见其结构非常谨严。

全诗通篇以景色描写陪衬人事，在人事中又处处暗示着忙碌，从而生动传神地描绘了初夏农村的繁忙景象。

## 题榴花①

朱　熹②

五月榴花照眼明，枝间时见子初成③。
可怜此地无车马④，颠倒苍苔落绛英⑤。

**【注释】**①榴花：石榴花。②此诗一称韩愈作。③子：指石榴。初成：刚结成。④可怜：这里是可惜之意。⑤颠倒：破坏原状，扰乱。绛英：（榴花）红色花瓣。

**【解析】**这首诗细致入微地描绘了石榴花，诗人的全情投入明显可感。写石榴花盛放已极，枝叶间的果实也已成形，以花喻人。诗人满腹锦绣，却无人赏识，这等处境便与生于偏僻处，无人问津的石榴花颇为相似。

首句描写石榴花的红艳似火、光彩照人。次句表明石榴花虽光彩照人却盛极将衰。第三句抒发诗人的感叹：榴花生在偏僻处，无人问津。末句描写石榴花落花满地与苍苔为伍的凄凉景象，进一步突出了石榴花花开花落无人理会的可悲处境。

## 村晚

雷　震[①]

草满池塘水满陂[②]，山衔落日浸寒漪[③]。
牧童归去横牛背[④]，短笛无腔信口吹[⑤]。

【注释】①雷震：宋代人。生平不详。②陂：池岸。③漪（yī）：水波。④横：指横坐。⑤腔：腔调；曲调。信口：随口。

【解析】这首诗描绘了仲夏傍晚农村的景象。

首句通过水草满池、水波盈岸突出仲夏季节的特点，次句以倒映在池水中的落日揭示时间是傍晚时分。一个“衔”字形容落日半露山峰间的情状，一个“浸”字描绘碧波上的倒影，逼真传神而又静中见动。三四句写横骑牛背的牧童，信口吹着不成曲调的短笛，傍晚归来，一副天真烂漫、悠然自得的模样。

总之，全诗采用白描的手法勾勒出一幅诗情画意般的图景。此外，作者用以小见大的写法，从一个池塘及一位牧童，便能传达仲夏夜晚的丰富意蕴。

## 书湖阴先生壁[①]

王安石

茅檐长扫净无苔[②]，花木成畦手自栽[③]。
一水护田将绿绕[④]，两山排闼送青来[⑤]。

【注释】①这首诗是诗人《书湖阴先生壁二首》中的第一首。湖阴先生是诗人退居金陵（今江苏省南京市）时邻居杨德逢的别号。②茅檐：盖着茅草的屋檐，因日光照射不到，潮湿阴暗，易生苍苔。③畦（qí）：长条形的土垅。④护田：这是溪水环绕着稻田的比喻说法。⑤排闼（tà）：推开大门。

【解析】这首诗既写景又写人，突出体现了未露面的主人其高洁幽雅的品性。

前两句写庭院内洁净的茅檐、成畦的花木，庭院的清幽美观被生动体现，主人的高情雅趣呼之欲出。后两句用拟人手法写庭院外的景色：清溪护田，两山送青。

此外，全诗以充满动态的词语写静物，又通过描写景物来映衬生活在其中的人，体现静物的动态美，从而使整个画面灵动鲜活起来。

## 乌衣巷[①]

刘禹锡

朱雀桥边野草花[②]，乌衣巷口夕阳斜。
旧时王谢堂前燕[③]，飞入寻常百姓家。

【注释】①乌衣巷：此诗是《金陵五题》组诗中的第二首。乌衣巷在金陵（今江苏省南京市）

秦淮河南岸，是六朝时豪族聚居的所在。当时世家子弟多穿乌衣，故有此称。②朱雀桥：秦淮河上面对都城南门（朱雀门）的大桥。桥南即是乌衣巷。③王谢：东晋时的王导家族和谢安家族。他们是乌衣巷中最著名的世家豪族。

【解析】这首诗抚今怀古，诗人寓强烈的感慨于眼前的平常景物之中，抒发他对盛衰无常、世事沧桑的无限感慨，用笔曲折而耐人寻味。

首句，朱雀桥曾车马喧闹，如今人迹稀少到野草丛生。次句，乌衣巷曾因豪门聚居而声名鹊起，现在却在夕阳残照中极显惨淡与悲凉。三四句以筑巢的燕子，穿针引线地将过去的豪门高堂与现在的百姓人家联系在一起，从而构成今昔之鲜明对比，其构思极为巧妙。

## 送元二使安西①

王　维②

渭城朝雨浥轻尘③，客舍青青柳色新。

劝君更尽一杯酒④，西出阳关无故人⑤。

【注释】①此题又作《渭城曲》，曾谱为声诗，成为当时极流行的歌曲。元二，姓元，排行第二。当是作者友人，生平不详。安西：即安西都护府的简称，治所在龟兹城（今新疆维吾尔自治区库车县）。②王维：盛唐大诗人。字摩诘，原籍太原祁县（今属山西），其父迁居蒲州（今山西省永济市），遂为河东人。开元九年（721 年）进士。累官至给事中。安史之乱时陷长安，被迫受伪职，因降为太子中允。后官至尚书右丞，故世称“王右丞”。著有《王右丞集》。③渭城：地名。在今陕西省咸阳市东北，渭水北岸。浥（yì）：润湿。④更尽：再喝光。⑤阳关：关隘名。在今甘肃省敦煌市西南，是内地去西域的必经之地。

【解析】这首送别诗凝练概括地表现了人们在日常生活中与友人惜别时的普遍心理情感，寓真挚的情谊于清新的格调之中，含不尽之意，见于言外，成为千古绝唱。

前两句写折柳送别。时间是清晨，地点是渭城客舍，当时刚下过一场小雨，大道上的尘土被润湿，客舍周围的杨柳越发青翠欲滴，清新之感油然而生。这里描写杨柳具有双重含义，一是烘托清新明快的气氛，二是蕴含依依惜别之意。三四句是诗人对元二的送别之言，直抒胸臆，情真意切。

## 与史郎中钦听黄鹤楼上吹笛①

李　白

一为迁客去长沙②，西望长安不见家③。

黄鹤楼中吹玉笛，江城五月落梅花④。

【注释】①史郎中钦：即史钦郎中。郎中是属于尚书省的官职。黄鹤楼：在鄂州（今湖北省武汉市武昌区）长江边，因传说中仙人王子安在此乘黄鹤升天而得名。②迁客：有罪流放远地的人。长沙：在今湖南省。这里用西汉贾谊的典故：贾谊因抨击时政，受权臣谗毁而由太中大夫被谪为长沙王太傅。③长安：今陕西省西安市，是唐代的首都。④江城：指长江边的鄂州城。

【解析】晚年被流放夜郎的诗人，中途遇赦而还，途经武昌游黄鹤楼时作此诗。前一联，一方面暗示自己蒙受冤屈，另一方面直抒眷恋朝廷、关心国事的感慨，表达远离都城的惆怅。三四句通过笛曲《梅花落》含蓄地抒发内心的悲怆与凄凉，语尽情远，含而不露，富于弦外之意。

## 题淮南寺①

程 颢

南去北来休便休②，白蘋吹尽楚江秋③。
道人不是悲秋客④，一任晚山相对愁。

【注释】①淮南：道名。治所在扬州（今属江苏）。②休便休：有休息之处就随遇而安地休息。③白蘋：开白花的水上浮萍。又名芣菜、田字草。楚江：长江中下游的别称。④道人：修道及得道的人。这里是诗人称自己。悲秋客：为秋天感到悲哀的旅人。

【解析】首句点明诗人的旅客身份，体现其达观的人生态度。次句点明诗人所处地点，写出江上秋色。三四句描绘傍晚时分江边山峰对峙的景象，直抒对眼前秋景的感受。“白蘋吹尽”与“晚山相对愁”突出了秋天的萧瑟，反衬出一、三两句的故作达观，由此，更为深切的悲秋羁旅之感跃然纸上。

## 秋 月①

朱 熹②

清溪流过碧山头，空水澄鲜一色秋③。
隔断红尘三十里④，白云黄叶共悠悠⑤。

【注释】①此题为编者所拟，本是朱熹《入瑞岩道间，得四绝句，呈彦集、充父二兄》组诗中的一首。“瑞岩”当指瑞州（今江西省高安市）山区。所拟“秋月”，为秋季之意。②本诗作者原题“程颢”，误，据《朱文公文集》更正。③空水：天空和溪水。澄鲜：澄净鲜明。一色秋：同是一派秋色。④红尘：热闹的世俗之处。这里指有人烟的地方。⑤黄叶：黄色的落叶。“黄”一作“红”。

【解析】这首诗主要是通过色彩和情调上的强烈对比，渲染山间秋色的悠闲清雅。

前两句描绘秋天的清溪、碧峰和天空，用笔清新淡雅。第三句表明此处远离尘嚣。末句写出白云、黄叶与清溪、碧峰和天空“共悠悠”，为原本青色的画面平添了色彩，并与上句的“红尘”相互映衬，构成虚实对比。

## 七 夕①

杨 朴②

未会牵牛意若何③，须邀织女弄金梭④。
年年乞与人间巧⑤，不道人间巧已多。

【注释】①七夕：节日名。在农历七月初七。相传这天晚上被分隔在银河两岸的牛郎星和织女星渡过银河相会。②杨朴：宋初人，字契元，郑州（治今河南省郑州市）人。五代时曾隐居嵩山。宋初因同学推荐被太宗召见授职。后辞官而归。③未会：不理解，不懂得。牵牛：牵牛星。也称牛郎。④弄金梭：用金梭织锦。⑤“年年”句：每年给人间乞求许多灵巧。古代风俗，七夕晚上家家陈列瓜果，儿童作诗，妇女对月穿针，谓之“乞巧”。也就是向织女乞求心灵手巧的意思。

【解析】这首诗通过描写七夕的风俗，抒发诗人对时人多用智巧，渐失天真的感慨。

## 立 秋

刘 翰①

乳鸦啼散玉屏空②，一枕新凉一扇风。

睡起秋声无觅处，满阶梧叶月明中。

【注释】①刘翰：宋代人。字武子，长沙（今属湖南）人。曾为吴居父之幕僚。著有《小山集》。②玉屏：玉石制成的屏风。这里比喻傍晚明净的秋空。

【解析】这首诗描绘了立秋那天的景象，细致入微地表现出初秋的特征，抒发了人在久经暑热之后突然步入初秋时的清新与疏朗。

## 秋 夕

杜 牧

银烛秋光冷画屏①，轻罗小扇扑流萤②。

天阶夜色凉如水③，坐看牵牛织女星④。

【注释】①银烛：光色如银的蜡烛。秋光：秋天明亮的月光。②流萤：飞动的萤火虫。③天阶：皇宫中的石阶。阶一作“街”。④坐：一作“卧”。

【解析】这首诗以秋夕为背景，描写宫女的孤寂生活和凄凉心情。

前一联写在一个富贵而清冷的环境里，宫女执扇、扑打流萤，描绘出她落寞无聊的心情，“小扇”的意象暗示她失宠被弃的命运。三四句描写在寒凉的秋夜，宫女仰望牵牛、织女二星的情景，透露出其仰慕艳羡的心态。

全诗没有抒情句，只以一、三两句的背景描写和二、四两句人物的动作来表现宫女枯燥、单调的生活状态和复杂、微妙的心理活动，“潜台词”异常丰富，格外引人入胜。

## 中秋月

苏 轼

暮云收尽溢清寒①，银汉无声转玉盘②。

此生此夜不长好，明月明年何处看？

【注释】①溢：满而溢出。这里引申为散发。清寒：指清幽寒冷的月光。②银汉：天上的银河。玉盘：形容圆月如玉盘。

【解析】这首诗描写了中秋之夜天空晴朗、明月高悬的清凉美景，抒发了合家团圆不容易的感慨，更透露了诗人对日后命运的疑虑和担心。

这首诗前两句写景，后两句抒情，因景生情，情景交融。

## 江楼感旧①

赵　嘏②

独上江楼思悄然③，月光如水水如天。
同来玩月人何在，风景依稀似去年。

【注释】①江楼：江畔的楼台。感旧：感念往事。一作“有感”。②赵嘏：晚唐诗人。字承祐，山阳（今江苏省淮安市）人。武宗会昌二年（842 年）进士。曾任渭南尉。著有《渭南集》。③悄然：忧伤的样子。一作“渺然”。

【解析】这首诗表达了诗人在相同地点、相同情景下，今昔不同的复杂情怀。

现在是“独上江楼”，之前是“同来玩月”，两相对比，今昔不同；第二句与第四句相呼应，从如今的“月光如水水如天”，便可以想到去年这里的风景，物是人非。

诗中景物描写既揭示了秋夜江上的幽美恬淡，又暗示了诗人柔情似水的内心世界。独过秋夜，与悄然相伴，固然惬意。不过，这份美好太过孤单，乃至油然而生一种寂寥之情。

## 题临安邸①

林　升②

山外青山楼外楼，西湖歌舞几时休？
暖风熏得游人醉，直把杭州作汴州③。

【注释】①临安：南宋首都，即今浙江省杭州市。邸（dǐ）：旅店。②林升：南宋人。生平无考，仅知是孝宗淳熙间（1174 ~ 1189 年）曾旅经临安的一位士人。③汴州：北宋首都，在今河南省开封市。

【解析】这首诗借对西湖景象的描写，表达了诗人对终日醉生梦死、沉溺游乐、忘却失国之恨的南渡贵人之辛辣讽刺。

前两句诗，为了极言临安豪华奢侈和歌舞升平的景象，诗人用西湖这一典型景观为代表，以无限的空间与无尽的时间来强调。后两句诗写到在楼中观赏歌舞的客人。他们不仅忘却失国之耻，而且沉溺享乐，长此以往，将使杭州重蹈覆辙，化为又一个汴州。

虽然全诗写得含蓄蕴藉、意味深长，但是那极深的悲愤清晰可感。

## 晓出净慈寺送林子方①

杨万里

毕竟西湖六月中，风光不与四时同②。
接天莲叶无穷碧，映日荷花别样红③。

【注释】①净慈寺：杭州著名佛寺，位于西湖西南岸。林子方：诗人的朋友。官居直阁秘书。此诗旧本题作《西湖》，作者题为苏轼，误，今据《诚斋集》改正。②四时：四季。这里指四季中六月除外的其他时令。③别样：特别，分外。

【解析】这首诗通过描写西湖的六月风光来表达依依惜别的深情。

诗的前两句是虚写，总括西湖六月美景的特点，“不与四时同”，从而表达诗人不同于以往的心情。诗的后两句是实写，重点描绘了六月的西湖荷花开遍的独特景象。

因为这是一首送别诗，所以这里的景象描写具有特殊意义。这境界之大、色彩之绚的西湖六月美景恰好是诗人心中旷达而深厚的惜别之情的象征。

## 饮湖上初晴后雨①

苏　轼

水光潋滟晴方好②，山色空濛雨亦奇③。
欲把西湖比西子④，淡妆浓抹总相宜。

【注释】①此诗是苏轼在熙宁六年（1073 年）在杭州任通判时所作的《饮湖上初晴后雨二首》中的第二首。②潋（liàn）滟：波光闪动的样子。③空濛：亦作“溟濛”。烟雨迷蒙的样子。④西子：即西施。春秋时越国献给吴国的美女。是古代最著名的美人之一。

【解析】这首诗用虚实结合的手法和生动精妙的比喻描摹了西湖山水千娇百媚的神韵。

前两句实写西湖的水光山色、晴态雨姿。后两句是虚写，把西湖比作西施，这是一个空灵又贴切的比喻，突出了西湖山水天生丽质的独特韵致。

## 入　直①

周必大②

绿槐夹道入昏鸦③，敕使传宣坐赐茶④。
归到玉堂清不寐⑤，月钩初上紫薇花⑥。

【注释】①此题为编者所拟，原题为《入直召对选德殿，赐茶而退》。“入直”即进宫值班供职之意。“召对”是皇帝召去问事的意思。②周必大：南宋诗人。字子充，又字洪道，号子园老叟，吉州庐陵（今江西省吉安市）人。高宗绍兴二十一年（1151 年）进士。历任权给事中、中书舍人，直言敢谏。孝宗淳熙末年拜左丞相。后以观文殿大学士出判潭州。卒谥“文忠”。著有《玉堂类稿》《玉堂杂记》《二老堂诗话》等。③昏鸦：黄昏归巢的乌鸦。④敕使：传达皇帝命令的使者。⑤玉堂：翰林院的代称。⑥月钩：形状如钩的新月。紫薇：植物名。落叶乔木，高丈余；其花紫红色，如穗状，又名百日红。

【解析】这首诗表达了身为左丞相的诗人被皇帝召见之后的激动和喜悦之情。

诗的第三句“归到玉堂清不寐”，明写诗人被召见后返回翰林院的激动心情以致难以入眠。第四句“月钩初上紫薇花”以明丽的景色与首句“绿槐夹道入昏鸦”的清幽气象遥相对比，反衬出诗人内心的敞亮和喜悦。

## 夏日登车盖亭①

蔡　确②

纸屏石枕竹方床③，手倦抛书午梦长。

睡起莞然成独笑④，数声渔笛在沧浪⑤。

【注释】①车盖亭：在安州（治今湖北省安陆市）城西北。亭的形制如车盖。②蔡确：北宋人。字持正，泉州晋江（今属福建）人。仁宗嘉祐四年（1059年）进士。神宗元丰五年（1082年）为相。哲宗元祐中罢相，知陈州，复夺职徙安州，又徙邓州。坐讥讪，贬为英州别驾、新州安置。卒于贬所。③纸屏：用藤皮茧纸制成的屏风。竹方床：竹榻。④莞（wǎn）然：微笑的样子。⑤沧浪：上古河流名，其所指说法不一：或谓汉水的支流，一说即汉水之下游。这里指流经安州城西的汉水支流沥（lì）水。

【解析】这首诗通过描写诗人登亭之后的疲倦、入眠以及午睡之后的惬意、舒心，隐幽地表达了他对远离红尘的隐逸生活之向往。

前两句写中午时分，诗人登亭之后，躺在床上读书，深感疲倦，抛开手中书，酣然入梦的情景。虽然身处夏季，但是纸屏、石枕和竹方床这三件清凉的用品表现了环境的舒适宜人，而“抛书”“午梦长”表达了诗人的悠闲自得。后两句写诗人午睡起身后听到亭下沧浪水中传来了渔人的笛声，于是发出心有灵犀的会心一笑。在这里，渔人被比作隐士，而“独笑”暗示了隐逸生活对诗人的吸引。

## 直玉堂作①

洪咨夔②

禁门深锁寂无哗③，浓墨淋漓两相麻④。

唱彻五更天未晓⑤，一墀月浸紫薇花⑥。

【注释】①玉堂：见前周必大《入直》诗注⑤。②洪咨夔（kuí）：南宋人。字舜俞，号平斋，临安於潜（今属浙江）人。宁宗嘉定元年（1208年）进士。理宗朝累官至刑部尚书、翰林学士，知制诰。著有《平斋文集》《平斋词》《春秋说》等。③禁门：禁止随意通行的宫门。④相麻：写着拜相诏令的黄麻纸。⑤“唱彻”句：用汉代鸡人报晓的典故。汉代在拂晓时由头包红巾、扮作雄鸡状的人在宫门大声报唱时辰。⑥墀（chí）：宫中的石阶。

【解析】这首诗描绘了翰林院的夜景，通过写景表达了诗人志得意满的心态。首句以皇家宫院的庄严肃穆，反衬自己身居要职。次句直接描写自己的工作状态，以凸显这个工作的重要。第三句点明工作的完成时间是在五更天亮之前，以示其才思敏捷。末句写景，与首句相照应，暗示诗人完成工作后悠然自得地在院中俯首散步，其高雅状态，可以想见。

## 竹　楼①

李嘉祐②

傲吏身闲笑五侯③，西江取竹起高楼④。
南风不用蒲葵扇⑤，纱帽闲眠对水鸥⑥。

【注释】①此诗题为编者所拟，实本作《寄王舍人竹楼》。②李嘉祐：唐代诗人。字从一，赵州（今河北省赵县）人。天宝年进士。上元年间出为台州刺史。大历年间任袁州刺史。③傲吏：清高傲世的吏人。常指庄子，这里指王舍人。④西江：江西。江西多以竹建楼。⑤蒲葵：植物名。状如棕榈，叶可制扇，故又名扇叶葵。⑥纱帽：官员所戴的蒙以乌纱的帽子。

【解析】这首诗通过描写竹楼的安适和楼主的行动来表达一种抛却红尘仕宦、钟情独自隐居的情怀。

首句概括写竹楼的主人的闲散，次句通过取竹建楼的行动具体描写楼主的"闲"，第三句通过反衬手法写出竹楼的舒适凉爽，末句写主人在竹楼中的闲适生活。

全诗意蕴丰美，耐人寻味。

## 直中书省①

白居易②

丝纶阁下文章静③，钟鼓楼中刻漏长④。
独坐黄昏谁是伴？紫薇花对紫薇郎⑤。

【注释】①此题在《白居易集》中本作《紫薇花》。中书省：在唐代与门下省、尚书省同为中央政务中心，是代理皇帝拟定政策的机关。长官称中书令，其下为中书侍郎、中书舍人。②白居易：中唐诗人。字乐天，号香山居士。其先太原（今属山西）人，后迁下邽（今陕西省渭南市）。贞元进士。元和年任左拾遗，得罪权贵，贬为江州司马。后召拜尚书司门员外郎，迁中书舍人。不久自求外任，历任杭州、苏州刺史。官至刑部尚书。著有《白氏长庆集》。③丝纶阁：指皇帝颁发诏书之处，亦即中书省。旧称帝王诏书为"丝纶"，语出《礼记》："王言如丝，其出如纶。""纶"是众多丝缕编成的粗绳，意谓帝王极细微的话也会产生巨大作用。文章：《白居易集》中作"文书"。④钟鼓楼：宫中鸣钟击鼓来报告清晨、夜晚来到的小楼。刻漏：刻有刻度的漏壶。古代的报时器。⑤紫薇郎：中书舍人的别称。唐代在开元间曾改称中书省为紫薇省，中书舍人称为紫薇郎。

【解析】这首诗是诗人在中书省值夜班时所作。通过描写值班时的无所事事、时间漫长难捱，抒发内心的孤寂之感，暗示当时即使在中书省，也是党争剧烈、政事日荒。由于诗人心系国家，以国事为重，所以难逢知己，只有寂寞独坐。

前两句写在漫长的值班时间里没什么文章可写，极言在中书省夜值时的寂寞；后两句直抒落寞之感，除了一人独坐以外，就是与中书省院中的紫薇花相对两无言。人之孤独、花之寂寞，两两相对，同病相怜。

## 观书有感（其一）①

朱 熹

半亩方塘一鉴开②，天光云影共徘徊。

问渠那得清如许③？为有源头活水来。

【注释】①南宋大学问家朱熹的两首七言绝句《观书有感》中的第一首。②方塘：又称半亩塘，在福建尤溪城南郑义斋馆舍（后为南溪书院）内。鉴：镜子。古人以铜为镜，包以镜袱，用时打开。③渠：它，指方塘。如许：这样。

【解析】这是一首借景喻理的名诗。全诗以方塘作比喻，形象地表达了一种微妙难言的读书感受。池塘并非一湾死水，而是常有活水注入，因此像明镜一样，清澈见底，天光云影互相映照。“心如明镜台”，明镜般的半亩池塘正是诗人心智的譬喻。池水清澈而能反映广袤的天光云影，正如心智容纳之广、鉴理之明。后两句仍以方塘作譬喻来说明心智开豁的缘故是水之清澈，因为有源头活水不断注入，暗喻人要心灵澄明，就得认真读书，时时补充新知识。诗中所表达的这种读书感受寓意深刻，内涵丰富，可做广泛的理解。特别是“问渠那得清如许，为有源头活水来”两句，已凝缩为常用成语“源头活水”，用以比喻事物发展的源泉和动力。

## 观书有感（其二）①

朱 熹

昨夜江边春水生，艨艟巨舰一毛轻②。

向来枉费推移力③，此日中流自在行④。

【注释】①南宋大学问家朱熹的两首七言绝句《观书有感》中的第二首。②艨艟（méng chōng）：亦作“艨冲”，古代一种庞大的战船。一毛轻：轻如一根羽毛。③向来：过去，以前。推移：将巨舰牵拉推动。④中流：河流中央。

【解析】与前一首诗一样，这首诗也借助形象说理。此诗沿袭前首将书本知识譬作水的比喻，而将深奥难解的哲理比作沉重的“艨艟巨舰”。冬天水浅，巨舰在江中航行十分困难，人们牵拉推挽，使尽了九牛二虎之力也是白费气力。可是一旦春水方生，江流变深，那巨舰却顿时轻如羽毛，自由漂流。以此譬喻如果没有深厚的书本知识作基础，要把握艰深的哲理就像在浅水中驾驭巨舰一样枉费力气。而一旦读书既富，学理已深，艰深的哲理自然而然融会贯通。也可以从创作的角度理解，春水方生恰如艺术灵感的勃发，足以使得艺术创作流畅自如。此诗与前诗以同样的手法，从不同的角度阐明了读书的重要性，二者珠联璧合，相得益彰。

## 冷泉亭[①]

林 稹[②]

一泓清可沁诗脾[③]，冷暖年来只自知。

流出西湖载歌舞[④]，回头不似在山时。

**【注释】**①泉亭：在今浙江省杭州西湖北灵隐寺山门之左。②林稹：南宋人，字丹山，长洲（今江苏苏州）人。神宗熙宁九年（1076年）进士。③泓：水清深貌。沁：饮水而凉润于心。诗脾：诗人的心脾。④流出：一作“流向”。载歌舞：载着亦歌亦舞的游船。

**【解析】**本诗极言冷泉亭清泉水之清澈，可饮以沁涤诗人之心脾。泉在深山之处，年来岁往，或冷或暖，只自知之耳。其水流出山间，流进西湖，载过载歌载舞的游船之后便浊而不清，无复昔日之洁了。此诗以泉之清浊譬喻人生之初其性本善，及至富贵熏心物欲陷溺，则不复初性之清明。这首诗也寄寓着诗人对隐者出世后沉溺于世俗欲望、失去本来心性的讽刺。本诗喻义清晰，含蓄蕴藉，富寓哲理，隽永有味。

## 赠刘景文[①]

苏 轼

荷尽已无擎雨盖[②]，菊残犹有傲霜枝[③]。

一年好景君须记，最是橙黄橘绿时。

**【注释】**①本诗是北宋著名文学家苏轼于元祐五年（1090年）在杭州任知州时，送给好友刘景文（名季孙）的一首勉励诗。在苏轼任杭州知州时，刘景文也在杭州任两浙兵马都监，与苏轼诗酒往还，交谊颇深。②擎：举，向上托。擎雨盖：喻指荷叶。③傲霜：不怕霜冻，坚强不屈。

**【解析】**此诗前两句写景，抓住“荷尽”“菊残”描绘出秋末冬初的萧瑟景象。“已无”与“犹有”对比强烈，突出菊花傲霜斗寒的形象。后两句议景，揭示赠诗的目的。冬景虽然萧瑟冷落，但“自有岁寒心”的橙橘硕果累累、成熟丰收，这恰恰是其他季节无法相比的。诗人以此比喻人到壮年，青春已逝，却是人生成熟、大有作为的黄金阶段，勉励朋友珍惜这大好时光，乐观向上、努力不懈。此诗虽为赠刘景文而作，所咏却是初冬景物，了无一字涉及刘氏本人的道德文章。作者的高明之处正在于将对刘氏品格和节操的称颂，不着痕迹地糅合在对初冬景物的描写中。

## 枫桥夜泊[①]

张 继[②]

月落乌啼霜满天，江枫渔火对愁眠[③]。

姑苏城外寒山寺[④]，夜半钟声到客船[⑤]。

**【注释】**①枫桥：在今江苏省苏州市西郊。②张继：唐代诗人，字懿孙，襄州（州治在今湖北省襄阳市襄州区）人。天宝年进士。曾任检校祠部员外郎、洪州盐铁判官。著有《张祠部诗集》。③江枫：江边的枫树。或说是指寒山寺前的江、枫二桥。愁眠：旅人怀旅愁，难以入睡。或说是指江、枫二桥所对之愁眠山。④姑苏：苏州的别称，因城西南有姑苏山而得名。寒山寺：枫桥侧近的寺庙，始建于南朝梁代，因唐代高僧寒山曾在此居住而得名。⑤夜半钟声：当时寺庙有半夜击钟的习惯，也叫“无常钟”。

**【解析】**这首七绝是大历诗歌中最著名之作，描写了诗人在一个秋天的深夜泊船枫桥时所见的景象以及内心的感受。前两句，落月、啼乌、满天霜、江枫、渔火、不眠人等意象造成一种意韵浓郁的审美情境，既描写了秋夜江边之景，又表达了作者思乡之情。后两句，城、寺、船、钟声，意象疏宕，意境空灵旷远。夜行无月，本难见物，而渔火醒目，霜寒可感，夜半万籁俱寂，却闻乌啼钟鸣。明暗对照，景皆为情中之景；无声与有声相衬托，声皆为意中之音。此诗将形象、色彩、音响、情绪融浑为一，意境疏密错落，浑融幽远，具有撼人心魄的艺术魅力。

## 寒 夜

杜 耒①

寒夜客来茶当酒，竹炉汤沸火初红②。

寻常一样窗前月，才有梅花便不同。

**【注释】**①杜耒：南宋诗人。字子野，号小山，今江西抚州人。宁宗朝为太府卿许国的幕僚，随许国赴淮南。理宗宝庆三年死于军乱。②竹炉：用竹子制成的茶炉。汤：沸水，这里指茶水。

**【解析】**这首诗写诗人在冬末寒夜招待来客的喜悦。前两句写招待客人的情形，“寒夜”客至表明主宾二人情谊深厚，火红汤沸的意象象征着二人的热烈情感，以茶代酒映衬出主客二人清淡高雅的趣味。后两句写窗外冬末初放的梅花，不仅令窗前的明月增辉生意，也使得诗人心情大为改观。此诗的格调就像诗中着意渲染的清茶和幽梅一样，清淡隽永，耐人寻味。

## 霜 月

李商隐①

初闻征雁已无蝉②，百尺楼高水接天。

青女素娥俱耐冷③，月中霜里斗婵娟④。

**【注释】**①李商隐：晚唐诗人。字义山，号玉溪生，怀州河内（今河南沁阳）人。文宗开成年进士。历任县尉、秘书郎、东川节度使判官等职。因受牛李党争影响，长期受到排斥，终身郁郁不得志。著有《李义山诗集》。②征雁：长途飞行的鸿雁。③青女：青腰玉女，主霜雪的仙女。素娥：即嫦娥，居住在月亮中的仙女。④婵娟：色态美好。

**【解析】**这首诗写深秋月夜景色，但不作静态描写，而是借神话传说婉言月夜冷艳之美。首句以归雁南飞、蝉声断绝这两种物候变化来说明霜冷长天，深秋已至。次句言月华澄明，天穹高迥。前半首从声、色两方面描写，表明季节、时间及所处环境。三四句转而写诗人的想象，写超凡神女凭借月光霜华，争美竞妍。诗人隐然以青女、素娥自喻自己对高标绝俗的品格的向往与追求。本诗幻想和现实交织在一起，构成完美的整体，写出了清秋的魂魄和霜月的精神，意境清幽空灵，冷艳绝俗。

## 梅

王　淇

不受尘埃半点侵[1]，竹篱茅舍自甘心。
只因误识林和靖[2]，惹得诗人说到今。

【注释】①侵：侵染。②林和靖：即林逋。北宋名士。神宗末隐居杭州孤山之梅岭，性爱梅、鹤，有“梅妻鹤子”之称。

【解析】这首诗以拟人手法赞颂梅花一尘不染的本性和甘于清贫的品质，代梅立言。在唐诗格局中，牡丹最盛，菊花次之，梅再次之。自宋代以来，蕊沁幽香、气凌寒雪的梅花才日益为诗人推崇，特别是有了林逋“梅妻鹤子”的佳话，爱梅更成了人的品格志趣高雅的标志。诗的前两句写梅高标绝俗，不受红尘丝毫侵染，性志淡泊，甘心与竹篱、茅舍为伴。后两句寓庄于谐，以梅的口吻抱怨说：只因误与林逋相识，被他宣扬一番，引得诗人们纷纷作诗吟咏，至今不绝。诗人在这首诗中寄托了对清高人格的砥砺，在诸多咏梅之作中别具一格。

## 早　春

白玉蟾[1]

南枝才放两三花[2]，雪里吟香弄粉些[3]。
淡淡著烟浓著月[4]，深深笼水浅笼沙[5]。

【注释】①白玉蟾：本姓葛，名长庚。南宋人，字如晦、紫清、白叟，号海琼子，闽清（今属福建）人。早年至雷州，继为白氏子，取名玉蟾。后学道武夷山。嘉定年间，敕封紫清明道真人，世称“紫清先生”。南宗第五代传人，即“南五祖”之一。著有《海琼集》。②南枝：朝南生长的树枝。③吟香：吟咏（梅花的）清香。弄粉：欣赏粉红的花色。些：少许（时间）。④著：沾惹，带。⑤笼：笼罩。

【解析】此诗题作《早春》，其实咏的是早梅。时未入春，在寒气砭骨的雪夜里，梅树朝南向阳的树枝上已稀疏地绽开几朵梅花，传递着初春将来临的信息。诗人禁不住驻足“吟香弄粉”，细心玩赏。寒夜的雾气中，梅花幽香淡淡如缕，粉红的花朵却在月光下清晰可见，那枝干的疏影，更是在月光映照下，深入溪水，浅印沙滩。第三句以“淡淡著烟”承上句“吟香”，以“浓著月”承“弄粉”；末句又承上句末之“月”字写月光下的树影，脉络清晰分明。三四两句对仗工整，并且以“淡著烟”对“浓著月”“深笼水”对“浅笼沙”，在诗律中称为“当句对”。格律精巧而又无雕琢痕迹，颇见熔铸之工。

## 雪 梅（其一）

卢梅坡[①]

梅雪争春未肯降[②]，骚人阁笔费评章[③]。
梅须逊雪三分白[④]，雪却输梅一段香[⑤]。

【注释】①卢梅坡：南宋人。生平籍贯不详。②降：认输，服输。③骚人：诗人。阁：同搁，放置。评章：评论，评判，评议的文章，这里指评议梅与雪的高下。④须：虽然。逊：退让，不如。⑤输：差，不如。

【解析】这是一首咏物说理的七言绝句。咏物贴切自然，合乎情理，说理精辟深刻，很有启示性。瑞雪兆丰，寒梅迎春，给冬末的人间送来了春天的消息。雪、梅均为报春的使者，冬去春来的象征。但在卢梅坡的笔下，二者却为争春发生了“摩擦”，都认为各自占尽了春色，装点了春光，而且谁也不肯相让。诗人最终以评判公案的形式，判定同样以清幽澄净为特点的雪、梅，在色、香两方面各擅胜场，各有千秋。不过，相较之下，还是梅比雪略胜一筹。诗人从视觉看雪比梅白，从嗅觉闻梅比雪香入手，一色一香，观察入微，评判独到。这种写法，新颖别致，出人意料，巧妙地道出了雪、梅各执一端的根据，揭示了“骚人阁笔费评章”的真正原因。

## 雪 梅（其二）

卢梅坡

有梅无雪不精神[①]，有雪无诗俗了人。
日暮诗成天又雪，与梅并作十分春。

【注释】①不精神：没有精采神韵。

【解析】这首诗是上一首的姊妹篇。上一首诗主要为雪、梅评议高下，这首诗则重点说雪、梅在斗辉争春之外，还须互相陪衬，再加上诗人的锦心绣口，诗歌点缀，才能彻底完全地显示出春意。前两句承接前诗之意：尽管梅比雪略胜一筹，但梅如失去雪的衬托辉映，就显不出它傲雪凌霜、幽香暗度的精采神韵；即便梅雪映衬，若无雅人欣赏吟咏，更会平庸世俗。三四句补足前意：日暮时分，诗人作了前一首诗，天意有情又降下飞雪，于是有梅有雪复有诗，三美俱全，珠联璧合，一起谱写出十分的春意。前后两首《雪梅》诗，多议论之辞，具有宋人以议论入诗的特点，但仍写出了雪、梅的丰韵神采及诗人的情志，不失为佳作。

## 答钟弱翁[①]

牧 童[②]

草铺横野六七里，笛弄晚风三四声[③]。
归来饭饱黄昏后，不脱蓑衣卧月明[④]。

【注释】①钟弱翁：钟傅，北宋人，字弱翁，饶州乐平（今属江西）人。②牧童：此诗系作者假托牧童而作。③弄：吹奏。④蓑（suō）衣：用草编成的雨衣。

【解析】这是一首以牧童口吻对钟傅所作《牧童》诗的答诗。作者不明，可能就是钟傅自己。这种代人答赠的做法在古典诗歌中并不罕见。钟傅因大破西夏而擢官，但其后又曾屡次被贬。也有一说作者是吕岩（吕洞宾）。这首诗极力形容牧童悠然自得、无忧无虑的生活，以此反衬官场之风波险恶。此诗截取黄昏前后一段时间，分写牧童傍晚牧牛、夜晚卧月的情景，生动描写出牧童劳作和休息时内容不同而情调一致的乐趣，也透露出诗人无尽的羡慕和向往之情。

## 泊秦淮①

杜　牧

烟笼寒水月笼沙，夜泊秦淮近酒家。
商女不知亡国恨②，隔江犹唱后庭花③。

【注释】①秦淮：秦淮河。源出江苏溧水，穿越南京流入长江。流经南京的一段是历代著名的游乐场所。②商女：指卖唱的歌妓。恨：悲哀。③后庭花：乐曲《玉树后庭花》的简称。相传是因荒淫而亡国的陈后主所作。

【解析】这首诗是唐诗中的名篇之一。首句发端就不同凡响，以两个“笼”字将夜晚秦淮河上的雾气、寒流、明月、沙滩等景物和谐地融合在一起，构成了一幅朦胧清冷的江上夜色图景，渲染出一种凄凉寂寞的气氛。次句补出时间、地点、环境，并引出下文，网络全篇。三四句转写酒家中传出的歌声以及诗人由此而生的感触，那些歌妓没有经历过亡国的悲哀，还在江对岸的酒家中唱着《玉树后庭花》那样的亡国之音。这里诗人用的是曲笔，借陈后主因追求荒淫享乐终至亡国的历史，讽刺晚唐那班醉生梦死的统治者不从中吸取教训，表达了作者对国家命运的无比关怀和深切忧虑。全诗的境界由凄凉迷蒙到幽怨沉痛，层次分明，跌宕有致，构思细密，措辞精巧，堪称杜牧绝句代表作。

## 归　雁

钱　起①

潇湘何事等闲回②？水碧沙明两岸苔③。
二十五弦弹夜月④，不胜清怨却飞来⑤。

【注释】①钱起：唐代诗人。字仲文，吴兴（今属浙江）人。曾任考功郎中，故世称钱考功，与韩翃、李端、卢纶等号称“大历十才子”。其诗以五言为主，自称“五言长城”，又与郎士元齐名，合称“钱郎”。著有《钱考功集》。②潇湘：水名。在今湖南省。江畔有衡山回雁峰，相传是大雁南飞的终点。等闲：轻易。③沙明：沙砾明净。④二十五弦：指安有二十五根弦线的瑟。⑤胜：承受。

【解析】这首诗作于北方，咏从南方归来的春雁。前两句诗人问得奇：大雁你为何轻易离开环境优美（“水碧沙明”）、食物丰盛（“两岸苔”）的潇湘，北归长安？后两句大雁回答得更奇：湘灵在月夜鼓瑟，从那二十五弦上弹出的音调，实在太凄清、太哀怨了！我的感情，简直承受不住，只好飞回北方了。据传说，湘灵是舜的妻子，舜死于苍梧时，她也投水自尽。湘灵鼓瑟，哀怨婉转，在乐曲中寄托对丈夫的思念。诗人以雁为喻，婉转地寄托了他宦游难归的羁旅之思。此诗构思巧妙，想象丰富，体格新奇，理致清赡，笔法空灵，抒情婉转，意趣含蕴，以独特的艺术特色，而成为引人注目的咏雁名篇之一。

## 题 壁

无名氏

一团茅草乱蓬蓬，蓦地烧天蓦地空①。

争似满炉煨榾柮②，漫腾腾地暖烘烘③。

【注释】①蓦（mò）地：突然。②煨（wēi）：在火上慢慢地烧烤。榾柮（gǔ duò）：树根。③漫腾腾：犹漫悠悠。

【解析】这首诗出自南宋张端义所作的笔记小说《贵耳集》。据张端义所言，是他在嵩山极峻法堂的墙壁上见到后记录下来的。这首诗用极其口语化的语言，以火的燃烧为比喻，表达了作者不愿飞黄腾达，但求安逸度日的人生观。前两句写茅草所燃起的火虽旺盛却无法持久，燃烧时火焰冲天，但很快就熄灭了。诗人以此比喻得势时气焰万丈，而一朝失势身家难保的人。后两句写树根燃起的炉火，虽不旺盛，却能暖烘烘地久燃不衰。作者以耐燃的树根为喻，表明自己追求平凡稳定的生活态度。

## 早朝大明宫①

贾 至②

银烛朝天紫陌长③，禁城春色晓苍苍④。千条弱柳垂青琐⑤，百啭流莺绕建章⑥。剑珮声随玉墀步⑦，衣冠身惹御炉香。共沐恩波凤池上⑧，朝朝染翰侍君王⑨。

【注释】①此题本作《早朝大明宫呈两省僚友》。“大明宫”，又名蓬莱宫，唐代百官常在此朝见皇帝。“两省”指分居大明宫宣政殿左右的门下省和中书省。②贾至：唐代诗人。字幼邻，洛阳人。初任单父尉。肃宗时任中书舍人，出为汝州刺史，复因事贬岳州司马。后官至右散骑常侍。③银烛：蜡烛，有银饰的烛台，这里指百官早朝时擎的灯火。紫陌：京城长安的路。④晓苍苍：拂晓时暗青色的天空。⑤弱柳：嫩柳。青琐：宫门刻作连环花纹，涂成青色的一种装饰，这里代指宫门。⑥建章：汉代宫名，这里代指大明宫。⑦剑珮：百官在朝见时必须佩带的剑和玉饰。玉墀：宫中白色的阶石。⑧恩波：帝王的恩泽。凤池：凤凰池的简称，这里指中书省官署。⑨染翰：以墨染笔，指书写诏令文书。

【解析】在封建时代，只有官阶较高的官员才有资格在每天清晨入宫朝见皇帝，宫廷中庄严华贵的礼仪给他们很深的印象，一些官员往往作诗记叙。这一类诗被称作“朝省诗”。这首诗以及后面三首杜甫、王维、岑参的奉和之作，都属于这一类。因这四首诗都出于著名诗人之手，又以同一形式写同一题材，因此常为后人议论，成为朝省诗中最著名的一组诗。这首诗作于安史之乱后不久，诗中描写了皇帝复廷后宫廷中早朝的威严气象，表现了诗人重见帝王威仪的兴奋心情。诗的首联以“银烛”“晓苍苍”等进宫途中的景象表明朝见时间很早。颔联以“弱柳”“流莺”等春天景物写出了大明宫外的春色。颈联写百官上殿朝见皇帝的情景：官员们肃静无声地步上殿中阶石，只听得佩剑与玉饰相碰击的声音，端庄的衣冠上沾染了两旁香炉散发出的香味。末联以感恩效忠的话作为结束：我们都在凤凰池中沐浴皇帝恩泽，应每天认真地以文章笔墨侍候皇上。朝省诗与应皇帝之命所作的应制诗一样，都是宫廷文学，要求形式上措辞富丽，对仗精工，内容上表示感恩颂德，其间不能有带言外之意的比兴。贾至此诗，在各方面都符合这些标准。

## 和贾舍人早朝①

杜　甫

五夜漏声催晓箭②，九重春色醉仙桃③。旌旗日暖龙蛇动④，宫殿风微燕雀高。朝罢香烟携满袖，诗成珠玉在挥毫⑤。欲知世掌丝纶美⑥，池上于今有凤毛⑦。

**【注释】**①题原作《奉和贾至舍人早朝大明宫》，是对前一首贾至诗的奉和之作。当时贾至任中书舍人，故诗题中称之为“贾舍人”。②五夜：五更时的夜晚，其时夜已将终。漏声：古代用来计时的漏壶中滴水的声音。箭：指置于漏壶中表示时辰的竹筹。当一个壶中的水滴尽，一枝竹筹便完全露出水面，表示它所代表的这一时辰结束，下一时辰开始。③九重：指帝王所居的宫殿。语出《楚辞·九辩》：“君之门以九重。”醉仙桃：令宫中红如醉颜的桃花开放。④龙蛇动：像龙蛇那样蜿蜒舞动。⑤珠玉：形容文词像珠玉一样华美贵重。⑥世掌：世代执掌。贾至之父贾曾也曾任中书舍人，作过玄宗即位时的玉册文，故云。丝纶：皇帝的诏书。⑦池：指中书省的别称凤凰池。有凤毛：喻指得到了父亲优良的遗传。语出《宋书》：谢凤之子超宗文辞优美，颇有父风，宋明帝称他“有凤毛”。

**【解析】**前一首贾至《早朝大明宫》诗是贾至“呈两省僚友”的，当时杜甫任左拾遗，属门下省，故杜甫作此诗奉和。此诗前二联写早朝，后二联则是赞美贾至的。首联两句呼应贾至诗中的一二两联，贾至诗首联写早朝之“早”，这里用首句漏声催晓来表明夜晚将尽未尽，贾至诗第二联写宫殿春景，这里用第二句春色使宫中的桃花像醉酒般红艳来相应。第二联呼应贾至诗的第三联，写宫中的朝见。“日暖”和“风微”“旌旗”与“燕雀”，互文见义，既描写了朝见时所见的景象，又以旌旗和燕雀在朝阳下飞舞，象征群臣沐浴君恩时的亢奋和激动。第三联转而写贾至朝见后挥笔写成了珠玉般璀璨美妙的好诗。末联点出酬和之意，赞美贾至继承父亲当上了执掌皇帝文书的中书舍人，并且文辞华美，颇有父风。宋明帝称谢超宗“殊有凤毛”就是双关语，一方面指他文辞像凤凰毛羽一样华美，另一面指他获得了父亲谢凤之毛。杜甫此处用典，语意双关，又切合中书省“凤凰池”的别称，极其贴切巧妙。

## 和贾舍人早朝[①]

王　维

绛帻鸡人报晓筹[②]，尚衣方进翠云裘[③]。九天阊阖开宫殿[④]，万国衣冠拜冕旒[⑤]。日色才临仙掌动[⑥]，香烟欲傍衮龙浮[⑦]。朝罢须裁五色诏[⑧]，珮声归到凤池头。

**【注释】**①此诗题本作《和贾至舍人早朝大明宫之作》。②绛帻（zé）：红色的包头巾。鸡人：五更已尽，由头包红帻的卫士大声通报，令百官准备早朝。因其与雄鸡报晓相似，故得名。晓筹：即上首诗中的“晓箭”。③尚衣：掌管皇帝衣服的女官。翠云裘：绣着绿色云纹的皮袍。④九天：九重天。道教所称最高的一重天。这里喻为皇帝的居所。阊阖（chāng hé）：神话中的天门。这里指宫门。⑤万国：天下各国。指当时协助唐政权收复长安后仍有将领、使节留下的契丹、吐蕃、回纥等。冕旒（miǎn liú）：皇帝所戴的礼冠。这里代指皇帝。⑥仙掌：即仙人掌。指铜塑仙人以手掌擎盘之状的承露盘。汉代设于建章宫，唐代设于华清宫朝元阁。这里借指大明宫中所陈列的雕塑。⑦衮龙：皇帝衣上所绣的龙纹。⑧裁：拟写。五色诏：皇帝诏书。十六国时期后赵国君石虎曾以五色纸写诏书。

**【解析】**此诗也是对贾至诗的唱和之作。当时王维任太子中允之职。这首和作紧扣贾至原唱。首联也极力渲染“早”：鸡人方在宫外报晓，宫中的尚衣女官已送来翠云裘，伺候皇帝接受朝见。第二联写朝见前的盛况：宫门大开，各国官员都衣冠整洁地入宫朝拜天子。第三联描绘朝见时的景象，在初升朝阳的照耀下，宫中的种种雕塑栩栩如生，御炉的香烟围绕着皇帝衣上的绣龙飘浮。第四联写朝见结束，包括诗人在内的中书省官员带着剑佩，返回中书省，去为皇帝起草诏书。诗中第二联以“九天阊阖”对“万国衣冠”，气象高华博大，并且写出了当时朝会的特征，为前人所推崇。

## 和贾舍人早朝[①]

岑　参[②]

鸡鸣紫陌曙光寒，莺啭皇州春色阑[③]。金阙晓钟开万户[④]，玉阶仙仗拥千官[⑤]。花迎剑珮星初落[⑥]，柳拂旌旗露未干。独有凤凰池上客，阳春一曲和更难[⑦]。

**【注释】**①此题本作《和贾至舍人早朝大明宫之作》。②岑参：盛唐诗人。江陵（今属湖北）人。天宝年进士。初入安西节度使高仙芝幕掌书记，后又曾往来于北庭、轮台等边远之地。肃宗朝任右补阙。官至嘉州刺史。诗与高适齐名，并称“高岑”。著有《岑嘉州诗集》。③皇州：京都。指长安。阑：晚。④金阙：本指宫门两侧的楼观，这里代指宫殿。⑤仙仗：皇家的仪仗队。⑥星初落：星星刚隐没。指天亮。⑦阳春：古代歌曲名。高雅艰深，会唱的人很少。语出宋玉《对楚王问》：“有歌于郢中者，其始曰《下里》《巴人》，国中属而和者数千人……其为《阳春》《白雪》，国中属而和者不过数十人。”

**【解析】**在包括贾至原唱在内的四首《早朝大明宫》诗中，岑参所作的这首诗在明清诗评家中获得的赞美最多，有“精工整密，字字天成”之誉。此诗前三联写早朝。第一联两句分别以有声有色的景物描写点明时间（清晨）和时节（晚春三月）。这两句景物描写气象博大，每一句中都声色俱全。第二联描写朝见时庄严宏大的景象：晓钟既鸣，宫中的千门万户纷纷打开，朝见皇帝的众多官员在排列于玉阶两旁的仪仗队的簇拥下，鱼贯入宫。第三联以进宫朝见官员的所见景象合写“早”“朝”二字。“星初落”“露未干”写“早”，“花迎剑珮”“柳拂旌旗”写“朝”。此联写得鲜明绚烂，并且以拟人手法写花、柳，写出了朝见官员喜悦激动的心情，最为人推崇。第四联赞美贾至的原唱，将它比拟为古代的《阳春》《白雪》，并以“和更难”的谦抑之语点明唱和之意。此诗的遣字造语极为细密，写法上由远及近，动静结合，描写时注意气氛的渲染，整体的章法也很匀称。

## 上元应制①

**蔡　襄②**

叠耸青峰宝炬森③，端门方伫翠华临④。宸游不为三元夜⑤，乐事还同万众心。天上清光留此夕，人间和气阁春阴⑥。要知尽庆华封祝⑦，四十余年惠爱深⑧。

**【注释】**①上元：元宵节。应制：应皇帝之命作诗。②蔡襄：字君谟，北宋兴化仙游（今属福建）人。仁宗天圣年进士。累官知谏院、直史馆兼修起居注、知制诰。后以龙图阁直学士知开封府。又知福州、泉州。复以端明殿学士移守杭州。卒谥“忠惠”。著有《蔡忠惠集》。③宝炬：华美的灯彩。森：罗列。④端门：宫殿的正门，即宣德门。伫（zhù）：久立等侯。翠华：用翠鸟羽毛作装饰的旗帜，专用于皇帝的仪仗。这里借指皇帝仪仗。⑤宸（chén）：帝王的居处。常用作皇帝的代称。三元：正月十五的上元、七月十五的中元、十月十五的下元的合指。⑥和气：和煦的春天气息。阁：通搁，集中。春阴：春夜，指元宵。⑦华封祝：即华封三祝。语出《庄子·天地》：上古帝尧，到华州视察，华州封人（典守边疆的人）祝他长寿、富有、多子。后用以表示对帝王的祝颂。⑧四十余年：宋仁宗赵祯在位四十年。

**【解析】**此诗作于仁宗在位末年的嘉祐八年（1063 年）。自唐先天二年（713 年）上元夜胡人婆陀请于玄武楼外燃千百盏灯供佛以后，元宵观灯逐渐成为普天同庆的一大盛事，而在宋代达到顶峰。据载，北宋汴京元宵节夜晚，在面对宣德门的广场上，用竹木彩缎搭起规模极大的灯山，山上有人造瀑布，有手指尖喷水的文殊菩萨、普贤菩萨，又有蒙着绛纱的千百盏龙、象、百戏人物等类彩灯。灯山两旁有各种音乐、歌舞、杂技，延绵十余里。皇帝也乘辇车出宣德门与民同乐。这首应制诗写的就是仁宗出宣德门观灯的盛事。首联写皇帝仪仗出宣德门时所见峰峦重叠的灯山，以及簇拥着等待瞻仰“天颜”的百姓。中间二联，说天子夜出观灯，不为自己欢庆，而是为了与万民同乐，所以天从人愿，使明月的清辉和春天的气氛都集中在此时此地。末联援用《庄子》中华封三祝的故事，表示仁宗在位四十年来对百姓恩惠深厚，所以全天下的百姓都对他称颂祝祷。作为应制诗，与前几首“朝省诗”一样，都要求形式上精工富丽，内容上表示感恩颂德，所以这首诗描写上元景象的篇幅较少，而对皇帝歌功颂德则着力很多。

## 上元应制①

王 珪②

雪消华月满仙台③，万烛当楼宝扇开④。双凤云中扶辇下⑤，六鳌海上驾山来⑥。镐京春酒沾周宴⑦，汾水秋风陋汉才⑧。一曲升平人共乐⑨，君王又进紫霞杯⑩。

【注释】①此诗题为编者所拟，本作《依韵恭和御制上元观灯》。据原题可知是皇帝《上元观灯》诗的唱和之作。所谓“依韵”，就是所用诗韵依照原唱的韵部。②王珪：字禹玉，北宋成都华阳（今四川省双流县）人。仁宗庆历二年（1042年）进士。累官至翰林学士、知开封府。神宗时擢居相位。哲宗时封岐国公。卒赠太师，谥“文”。有《华阳集》。③华月：即月华，月亮的光华。仙台，宫中楼台。这里指宣德门楼。④宝扇：指皇帝仪仗中用以遮阳蔽尘的大扇。⑤辇（niǎn）：皇帝所乘的用人力推挽的车。⑥鳌（áo）：传说中背着蓬莱等仙山的巨龟。⑦镐（hào）京：西周京都。在今陕西省西安市长安区附近。这里借指北宋的汴京。⑧汾水：河流名。在今山西省中部。秋风：指汉武帝所作的《秋风辞》。汉武帝巡游至汾水，在宴会上作此歌辞。陋：浅陋。这里是“显得浅陋”的意思。⑨升平：指宋代教坊都知李德昇所作的《万岁升平》乐曲，是歌颂天下太平的。⑩紫霞杯：高丽国进贡的刻着紫霞花纹的酒杯。

【解析】这首诗也写皇帝在上元节观灯，但因是对皇帝所作的和诗，故在观灯之外还涉及皇帝在观灯后作诗、赐宴等事。诗的首联写皇帝驾临宣德楼的情景。当时皇帝登楼观灯，有红纱贴金灯笼一百对导引，这里夸张为“万烛当楼’。颔联承写皇帝下车观看楼下的灯彩。这里将皇帝比拟为天上的仙人，所以用“一对凤凰从云中夹侍着车辇飞下”来形容皇帝的车驾到达，用“六鳌从海上驾来仙山”来形容灯山一下子展现在皇帝眼前的情景。颈联转写观灯时皇帝赐宴，并当宴赋诗。诗中以西周时周王在镐京赐春酒大宴群臣的故事作比拟，形容当时的国势像西周一样处于鼎盛时期，而为了歌颂皇帝的诗才，又用汉武帝的《秋风辞》写得浅陋来衬托。尾联进一步渲染君民同乐的喜庆场面。这首诗用细腻的笔墨描写了皇帝登楼观灯、赐宴赋诗的过程，在描写时或将皇帝拟作神仙，或援用西周、汉代的典故称颂皇帝的文治武功，写得雍容华贵而又缥缈高雅，是应制诗中的上佳之作。

## 侍 宴①

沈佺期②

皇家贵主好神仙③，别业初开云汉边④。山出尽如鸣凤岭⑤，池成不让饮龙川⑥。妆楼翠幌教春住⑦，舞阁金铺借日悬⑧。侍从乘舆来此地⑨，称觞献寿乐钧天⑩。

【注释】①此题在原集中本作《侍宴安乐公主新宅应制》。安乐公主乃唐中宗的女儿，当时与其母一起专擅朝政。后为唐玄宗李隆基所杀。②沈佺期：初唐诗人。字云卿，相州内黄（今属河南）人。高宗上元二年（675年）进士。历任通事舍人、给事中，考功郎中。因交结武后权臣张易之，被流放驩州（今越南荣市）。中宗时召回，历任起居郎、中书舍人、太子詹事。诗与宋之问齐名，并称“沈宋”。③贵主：公主。指安乐公主。④别业：别墅。云汉边：形容楼观之高上接云天。⑤鸣凤岭：指岐山。在今陕西省岐山县东北。相传西周兴起时有凤凰鸣于山上。⑥饮龙川：指沂水。源出山东省沂水县，经江苏省邳州市入泗水。语出《尸子》：“有龙饮于沂。”⑦翠幌：翠绿色的帘幔。⑧金铺：门上装饰门环的铜饰，常雕作兽头或龙蛇状。⑨乘舆：皇帝的车驾。⑩称觞：举起酒杯。献寿：敬酒祝寿。乐钧天：钧天广乐，是天宫中所奏的乐曲。钧天，古代所说“九天”之一，是传说中天帝宫殿所在处。

**【解析】**沈佺期以善作应制诗著称，这首诗就是他在随从中宗去安乐公主新建的别墅游玩时所作的应制诗。首联先表明新宅的主人及其外观，“好神仙”表明主人心性的高洁，并引出了下句楼房高入云霄的描写。颔联将假山比喻成“鸣凤岭”，池塘比拟作“饮龙川”，夸饰宅中园林的壮观秀美。颈联通过对“翠幌”“金铺”的描写，以小见大地反映住宅建筑和装饰的华丽。尾联回应诗题，在对欢乐气氛的渲染中表示了对皇帝的祝颂。此诗气象宏大而又不失秀丽，在结构和措辞上都布置得宜，表现出诗人圆熟的作诗技巧。

## 答丁元珍①

欧阳修②

春风疑不到天涯，二月山城未见花③。残雪压枝犹有橘，冻雷惊笋欲抽芽④。夜闻归雁生乡思，病入新年感物华⑤。曾是洛阳花下客⑥，野芳虽晚不须嗟⑦。

**【注释】**①此题在欧阳修文集中作《戏答元珍》。丁元珍即丁宝臣，字元珍，当时任峡州军事判官，是作者的诗友。此诗是对丁宝臣所赠《花时久雨》诗的答诗。②欧阳修：北宋著名文学家、诗人。字永叔，号醉翁，又号六一居士，庐陵（今江西省吉安市）人。仁宗天圣八年（1030年）进士，授西京推官。景祐三年（1036年）降为夷陵县令。后历任枢密副使、参知政事。因所议新法与王安石不合，退居颍州。谥“文忠”。提倡古文，为北宋古文运动领袖。有《欧阳文忠公文集》《六一词》等。③山城：指夷陵。夷陵四周多山，故云。④冻雷：冰冻时的雷声。⑤物华：眼前的景物。⑥花下客：当时的洛阳园林花木十分繁盛，作者曾在那里做过留守判官，所以叫花下客。⑦嗟：叹息。

**【解析】**这首诗作于诗人由西京推官降职为峡州夷陵（今湖北省宜昌市）县令时，是对丁宝臣所赠《花时久雨》的答诗。通过对夷陵春天景象及由此而生的感触的描述，流露出诗人对无辜被贬的不满情绪。原题中冠以“戏”字，声明此诗是游戏笔墨，其实是对这种不满的掩饰之辞。首联、颔联概写山城景物的荒僻、冷落。首联以怀疑起句，十分突兀而耸人听闻。下句补叙了上句怀疑的来由：夷陵春晚不见花。此处暗寓了“春风不度玉门关”的怨旨。颔联以具体的描写进一步渲染春来之晚，毕竟时已入春。上句白雪黄桔，秀色可餐，下句“冻雷惊笋”，声若可闻，都写得有声有色。颈联、尾联写出了残雪中孕育的一片生机、无限活力。颈联写诗人在新春的感触。“夜闻归雁”暗示深夜难眠，“病入新年”表明患病已久，两句即物抒情，写得感慨万千。尾联接上联之感慨而自我宽慰：贬官前在洛阳任西京推官时，曾是饱览春色的花下之客，如今身处僻地，晚一些欣赏野花也不必嗟叹。虽故作宽慰之语，但是以名闻天下的“洛阳花”与“野芳”对举，更表现出幽怨之深沉。此诗首句宛如奇峰陡起，复一跌而入平缓，平缓后复一跌而入低谷，最后又振起作结。波澜起伏，曲折有致，耐人玩味。

## 插花吟①

邵　雍②

头上花枝照酒卮③，酒卮中有好花枝。身经两世太平日④，眼见四朝全盛时⑤。况复筋骸粗康健⑥，那堪时节正芳菲⑦。酒涵花影红光溜⑧，争忍花前不醉归⑨？

【注释】①插花：在头上插花枝。②邵雍：北宋学者。字尧夫，自号安乐先生、伊川翁等。范阳（今河北省涿州市）人，少随父迁卫州共城（今河南省辉县市）。后隐居洛阳苏门山百源上，世称百源先生。嘉祐、熙宁年中，两次被召，都称疾不赴。卒谥“康节”。于学无所不窥，尤精象数之学。著有《伊川击壤集》《皇极经世》等。③酒卮（zhī）：古代一种盛酒的器皿。④两世：六十年。古代以三十年为一世。⑤四朝：作者经历真宗、仁宗、英宗和神宗四朝。⑥筋骸：筋骨。⑦芳菲：花木芬芳茂盛。⑧涵：浸。溜：浮动。⑨争忍：怎忍。

【解析】这是一首怡然自得地歌唱内心欢乐的醉歌。诗首联表现了边饮酒边赏花的快乐，颔联叙写自己的经历，颈联和尾联的意思是自己身体健康，加上现在正值花木芳菲时节，面对酒涵花影的美景怎能不饮个醉？这首诗纯用口语，在格律上违反近体诗应避免有字重复的规定，在首尾两联还巧妙重复使用“花”“酒”二字，以此来表现老人心满意足、开朗乐观的情怀及其醺醺醉态。此诗语言浅白，虽然缺乏深意，也无宏大气象，但也自有其真朴天然的趣味。

## 寓　意①

晏　殊②

油壁香车不再逢③，峡云无迹任西东④。梨花院落溶溶月⑤，柳絮池塘淡淡风。几日寂寥伤酒后⑥，一番萧索禁烟中⑦。鱼书欲寄何由达⑧？水远山长处处同。

【注释】①一作《无题》。寓意：寄托某种不愿明说的情意。②晏殊：北宋前期婉约派词人。字同叔，抚州临川（今属江西）人。真宗景德年十四岁时就因才华横溢而被朝廷赐为进士。仁宗即位后，官至集贤殿学士。谥“元献”。性刚简，自奉清俭。能荐拔人才，如范仲淹、欧阳修均出其门下。诗词文章都著名于时，原集散佚，仅存《珠玉词》及后人所辑《晏元献遗文》。③油壁香车：古代妇女所坐的车子，因车厢涂刷了油漆而得名。④峡云：巫山峡谷上的云彩。暗用与楚襄王在梦中幽会的巫山神女故事。出自宋玉《高唐赋》中神女自称“旦为行云，暮为行雨，朝朝暮暮，阳台之下”。⑤溶溶月：月光似水一般地流动。⑥伤酒：犹言“病酒”。饮酒过量导致身体不适。⑦萧索：萧条冷落。禁烟：指寒食节禁烟火。⑧鱼书：指书信。古代有凭鲤鱼寄信的传说。

【解析】这是一首写别后相思的恋情诗。首联追叙离别时的情景：上句起笔蕴藉飘忽，兴象玲珑，伊人乘着油壁香车而去，从此再也没有机会重逢，引起深深的怀念，也表明了诗人对再度相逢的期待；下句用“峡云”飘忽无迹来譬喻车中女子不见踪影，暗用楚襄王与神女梦中相会的美丽传说，渲染出哀艳的悲剧气氛，并对诗人与那女子的关系作了暗示。颔联承首联，寓情于景，回忆当年花前月下的美好生活，进一步描写诗人不堪回首的心情。昔日相会时何等温馨旖旎，如今只剩下如水的月色和淡淡的清风。这里既有今昔对比的凄凉，又有回忆良宵的甜蜜，似悲似喜，难解难分。颈联叙述自己目前寂寥萧索的处境，揭示伊人离去之后的悲苦情状。尾联由设问自答来结束全诗，表达对所恋之人的刻骨相思之情，以及无处传达情愫的悲哀和绝望。这种绝望情绪在首联已透露，然后曲折写来，到结尾方正式点破。诗的主旨写相思之怨，字面上却不着一个“怨”字。从诗意看，诗人所怀念的很可能是一位浪迹天涯的歌女，却又无一笔对那女子的正面描写；涉及了与那女子的往事，却又写得扑朔迷离，若有若无。此类题材在晏殊的词中随处可见，不过他这次没有用长短句，而用一首律诗来表现，风格、情调都与长短句相近，含蓄婉约，清新流丽，韵味浓郁。

## 寒食书事①

赵　鼎②

寂寞柴门村落里，也教插柳纪年华③。禁烟不到粤人国④，上冢亦携庞老家⑤。汉寝唐陵无麦饭⑥，山溪野径有梨花。一樽竟藉青苔卧⑦，莫管城头奏暮笳⑧。

**【注释】**①寒食：节令名，清明前一天（一说清明前两天）。相传起于晋文公悼念介之推事，以介之推抱木焚死，就定于是日禁火寒食。书事：记事。②赵鼎：字元镇，宋解州闻喜（今属山西）人。徽宗崇宁五年（1106年）进士。累官开封士曹、殿中侍御史、御史中丞。绍兴年两度拜相，举荐张浚等，以图兴复。后因与秦桧不合，谪岭南，绝食自杀。孝宗时追谥“忠简”。著有《忠正德文集》。③插柳：宋代风俗，寒食节插柳枝于门。④粤人国：当时赵鼎被贬至岭南吉阳军（今海南省三亚市）。⑤上冢（zhǒng）：上坟，扫墓祭祀。庞老：指后汉隐士庞德公。曾有另一隐士司马徽去见庞德公，适值庞德公独自上坟去了，家中只有他的妻子儿女。此泛指一般平民百姓全家上坟事。⑥汉寝唐陵：即汉唐陵寝。指宋以前的皇家陵墓。麦饭：麦粒煮成的饭。指粗粝的食物。⑦一樽：指一樽酒。竟：尽，喝完。⑧暮笳：夜晚的笳声。笳，胡笳，从西域传来的一种类似笛的管乐器，其声悲凉。

**【解析】**诗人在晚年因支持岳飞进兵收复失地，反对秦桧的妥协投降，被贬岭南。诗即作于此时。当时岭南比较偏僻闭塞，风俗习惯也与中原、江南地区不尽相同。首联先说明地点和时间：荒凉贫穷的村庄里，家家插柳枝的寒食节。颔联突出描写岭南风俗之异：寒食节不禁烟火，全家老少一起上坟祭祀。颈联承前句上坟而宕开一笔，联想起前朝的皇家陵墓，竟无人祭祀，只有周围山溪野径旁如雪的梨花在默哀。诗人言下之意为，那些生前显赫的人物，死后连边远之地的村民也不如，以此观之，人生在世，功名爵禄不过是过眼云烟，毫不足取。因此尾联表明人生态度：放任自适，有酒即醉，醉了就藉苔而卧，不管它暮色复临，时光流逝，不管它城头悲笳，似怨似慕。即便如此，诗人对国事的忧虑以及深沉的爱国之情依然显露无遗。诗人以风俗的不同表明所处的荒僻，暗示贬谪之怨恨和怀乡之深情，又以上坟风俗古今之殊，表达对世道的愤慨不平和对国事的忧虑。通篇全用曲笔，寓强烈的感情于清新自然的笔调之中，意兴无穷，婉而多讽。

## 清明

黄庭坚

佳节清明桃李笑[①]，野田荒冢只生愁。雷惊天地龙蛇蛰[②]，雨足郊原草木柔。人乞祭余骄妾妇[③]，士甘焚死不公侯[④]。贤愚千载知谁是，满眼蓬蒿共一丘[⑤]。

【注释】①桃李笑：形容桃花、李花绽放吐艳。②蛰：蛰伏，冬眠。③人乞祭余骄妾妇：寓言，出自《孟子·离娄下》：一齐国人常出入坟墓间，向人乞讨祭祀用过的酒肉，回家后则向妻妾夸耀是受到他人款待。④士甘焚死不公侯：指介子推故事。春秋时晋文公重耳流亡国外，介子推随从立功。晋文公复国即位，封赏功臣时却遗忘了他，而他也不愿居功，与母亲隐居在绵田山。后晋文公屡次召他而不出，就放火烧山，逼他出来。介子推宁死不出，结果被烧死在山上。后人为了纪念他，就规定在那天禁止用火，这就是寒食节的由来。⑤蓬蒿（hāo）：野草名。

【解析】黄庭坚作此诗与赵鼎的《寒食书事》的情形十分相似，也是晚年所作，也遭贬宜州（今广西河池市宜州区），也借对节日景象的描述，抒发了满腔郁郁悲愤之情。然而，前一首诗含蓄深沉，这一首诗却奇崛开豁，纵横洒落，表现出不同的风格特征。首联一"笑"一"愁"造成极其强烈的对比：桃李欣欣而笑，生机盎然，荒冢无人，望而生愁，死气沉沉。颔颈两联，分承首联的上下句。颔联写春雷惊蛰，万物复苏，春雨润原，草木丰美，进一步描写"佳节"的蓬勃生意。颈联则从"荒冢"一路发挥开去，结合寒食、清明（两个节日只相差两天）的典故，对比了厚颜无耻的卑鄙齐人和宁死不改其节的高士介子推。尾联紧承上联，抒发诗人对历经千年贤愚莫辨、同埋荒草的感慨。通篇运用对比手法，抒发了人生无常的慨叹，表达了一种消极虚无的思想和悲观消沉的意气，但全篇爱憎分明，也鞭挞了人生丑恶，看似消极，实则愤激。

## 清明日对酒[①]

高　翥[②]

南北山头多墓田，清明祭扫各纷然[③]。纸灰飞作白蝴蝶[④]，泪血染成红杜鹃[⑤]。日落狐狸眠冢上，夜归儿女笑灯前。人生有酒须当醉，一滴何曾到九泉[⑥]。

【注释】①对酒：面对酒杯。就是"饮酒"之意。②高翥（zhù）：字九万，号菊硐（古同"涧"），南宋余姚（今属浙江）人。自称所居之处为"信天巢"，终生隐居不仕。是江南诗派中的重要人物，有"江湖游士"之称。著有《菊硐小集》《信天巢遗稿》等。③纷然：人多杂乱的样子。④纸灰：焚烧冥钱化成的灰。⑤泪血染成红杜鹃：哭泣之悲哀如同杜鹃泣血。古人传说，杜鹃胸前的红斑是它啼出的血染红的。⑥一滴：指一滴酒。九泉：黄泉，指地下。

【解析】这首诗写清明祭扫时的观感，表达了死后万事皆空、生前当及时行乐的思想。

首联描写清明时节扫墓的杂乱之状。颔颈两联分写祭扫时及祭扫后截然相反的景象，造成强烈而鲜明的对比：祭扫时坟冢上纸灰纷飞，热闹非凡，祭扫后狐狸出没，荒凉无比。死者家人白天哀哭，夜晚灯下欢笑。对照之下，人死之后，万事皆空，本为寄托哀思的祭扫活动变得可有可无，因为亲人的悲哀也是短暂的。末联再转一笔，紧扣诗题“对酒”，直接抒发人当及时行乐的感受，表露出一醉方消万古愁的悲叹。前三联环绕清明祭扫，景物描写有鸟瞰式的宏观泛写（首联），有特写式的细节刻画（颔联），实写之外复有想象的虚写（颈联）。尾联的议论在前三联的对比中水到渠成，紧扣诗题，表明主旨，结构上颇具匠心。或许是诗人有感于现实，然而所发的议论难免消极沉沦。

## 郊行即事

程　颢

芳原绿野恣行时[①]，春入遥山碧四围[②]。兴逐乱红穿柳巷[③]，困临流水坐苔矶[④]。莫辞盏酒十分醉，只恐风花一片飞[⑤]。况是清明好天气，不妨游衍莫忘归[⑥]。

【注释】①恣行：尽情游玩。②遥山：远山。碧四围：四面一片碧绿。③兴：乘兴，随兴。乱红：纷乱的落花。柳巷：成排的柳树。④苔矶：覆盖着青苔的水边岩石。⑤风花：风中的花瓣。⑥游衍：游玩溢出范围。

【解析】这首诗描写清明节郊游踏青的欢乐。首联就题起笔，以“芳原绿野”写“郊”，以“恣行”写“行”；下句则点明季节，略写远景作为背景。颔联承前联具体描写郊游之乐，上句写游玩，下句写休息，同时也写出了花红柳绿、水绕苔矶的春郊景象。颈联转写饮酒赏花，对春天美景充满陶醉和留恋。尾联照应首联，上句应首联之下句，下句应首联之上句，更以“莫忘归”作结，诗人几乎乐而忘返的心情跃然而出。此诗景中有情，情中有景，轻快喜悦，形式自然流畅，尤其是颈尾两联以“莫”“只”“况”“不”四个虚字置于句首，层层转折、推进，节奏轻快，颇有特色。

## 秋　千

僧惠洪[①]

画架双裁翠络偏[②]，佳人春戏小楼前。飘扬血色裙拖地[③]，断送玉容人上天[④]。花板润沾红杏雨[⑤]，彩绳斜挂绿杨烟[⑥]。下来闲处从容立[⑦]，疑是蟾宫谪降仙[⑧]。

【注释】①僧惠洪：宋代高僧。俗姓彭，名德洪，字觉范，筠州（今江西省高安市）人。出家后居江宁府清凉寺。卒于宋高宗建炎二年（1128年），赐号宝觉圆明。著有《林间录》等。②画架：绘有花纹的秋千架。裁：截断。翠络：绿色绳索。③血色：鲜红色。④断送：打发。玉容：美丽的容貌。⑤花板：秋千上雕花的踏脚板。红杏雨：喻指纷纷飘坠的红杏花瓣。⑥绿杨烟：烟雾般飘拂的杨柳枝叶。⑦闲处：清幽之处。⑧蟾宫：月宫。古代传说月中有蟾蜍。谪降仙：此处指嫦娥。

【解析】本诗为惠洪十四岁时所作，细致地刻画了一个美丽的少女在春天荡秋千为戏时的情景。首联上句描写秋千架精巧美观，下句说明是“佳人春戏”。领联描写佳人随秋千上下飞舞的情景。颈联转写杏雨洒红、柳烟飘绿的背景，与装有花板、彩绳的秋千融成一片，复以“沾”“挂”赋以动态，构成一幅完美的画面。尾联复将荡罢秋千后婷婷玉立的佳人比喻作月宫谪仙，进一步描写荡秋千时翩翩如仙的飘逸，言尽意在，余音袅袅。此诗对佳人荡秋千的情景写得生动逼真，不枝不蔓。秋千本是北方少数民族山戎的游戏，据说是春秋时代齐桓公北伐山戎时传入中原的。汉代秋千是宫中女子的游戏，唐宋时逐渐传播到民间，成为富家女子较为普遍的娱乐。当时的秋千架建造得非常高，游戏者荡入半空，飘飘如仙，故有“半仙之戏”之说。

## 曲　江①（其一）

杜　甫

一片花飞减却春，风飘万点正愁人②。且看欲尽花经眼③，莫厌伤多酒入唇④。江上小堂巢翡翠⑤，苑边高冢卧麒麟⑥。细推物理须行乐⑦，何用浮荣绊此身⑧。

【注释】①曲江：又名曲江池，原为汉武帝所造。故址在今西安城南五公里处。唐玄宗开元年间大加整修，成为当时著名的游览胜地。②万点：即万点花瓣，形容落花之多。③经眼：经过眼前。④伤：伤感，忧伤。⑤翡翠：翠鸟，在古代雄鸟称“翡”，雌鸟称“翠”。在溪边捕小鱼为食，俗称“鱼狗”。⑥麒麟：传说中的神兽。这里指作墓饰的石雕麒麟。⑦物理：事物变迁的道理。⑧浮荣：短暂而空虚的荣誉。一作“浮名”。

【解析】至德二年（757年），唐军收复了被安史叛军控制的长安，杜甫任左拾遗之职随肃宗重返京都。此时战祸尚未消弭，京都仍是一派凋敝景象，杜甫又被肃宗疏远。诗人忧国忧民，心情沉重，在暮春之时去曲江饮酒赏花作为消遣，作了《曲江二首》。这首诗是其中的第一首，写他在曲江看花吃酒，布局出神入化，抒情感慨淋漓。春天游园，花前饮酒，可谓赏心乐事，可是由于诗人心中别有怀抱，显露出无可奈何的惜春情绪，产生出惊心动魄的艺术效果。首联在对暮春景色的摄取中，只将焦点集中在落花上：“一片花飞”，已透露了春天消逝的消息。“风飘万点”已成现实，那尚未被风飘走的花儿就更值得爱惜。然而风儿还在吹。剩下的，又一片、一片地飘走，眼看即将飘尽了。颔联承上联之花而写看花饮酒。“经眼”之花“欲尽”，只能“且看”。当眼睁睁地看着枝头残花一片一片地被风飘走，加入那“万点”的行列时，只能以酒浇愁，且过量而愁犹未消。一片花飞已愁，风飘万点更愁；枝上残花继续飘落，即将告尽，愁上添愁；过量饮酒浇愁愁未消。可见诗人之愁到了何种程度！颈联明写远景而暗写人事，点明愁的根源是京城残破荒凉：以往游人如蚁的江边小堂，如今翡翠筑巢。芙蓉苑旁庄严华丽的贵人冢墓，只见石麒麟倒卧在地。面对这残败景象有什么办法呢？只能感慨物理盛衰、人事暂荣，发出及时“行乐”的叹息。联系全篇来看，所谓“行乐”，不过是他自己所说的“沉饮聊自遣”，此“乐”更比前三联的“愁”还要沉重。这里用“浮荣”来指短暂而空虚的荣华，一语双关（“荣”的本义是指木本植物的花），起到首尾相应的作用。此诗一气呵成，词意浑成，情在景中，景从情生，弦外有音，言外有意，不愧是七律中的上乘之作。

## 曲江（其二）

杜 甫

朝回日日典春衣①，每日江头尽醉归。酒债寻常行处有②，人生七十古来稀。穿花蛱蝶深深见③，点水蜻蜓款款飞④。传语风光共流转⑤，暂时相赏莫相违⑥。

【注释】①朝回：上朝后回家。典：典当，抵押。②酒债：赊酒欠下的债。行处：所到之处。③蛱蝶：旧时作为各种蝴蝶的总称。见：现。④点水：蜻蜓在产卵时不时用尾部点水排卵。款款：缓慢而不时停顿的样子。⑤传语：给……传话。共流转：在一起逗留盘桓。⑥违：违背，错过。

【解析】这首诗和上一首是“联章诗”，姊妹篇。上、下两首之间有内在的联系。这一首即紧承上一首“何用浮荣绊此身”而来。前两联紧承上一首尾联须及时行乐之意，全写诗人以酒浇愁，一气旋转，而又细针密线。只靠典春衣买酒，无异于杯水车薪，于是乎由买到赊，以至“寻常行处”都欠有“酒债”，所有这一切都是为了买醉，而买醉的根源在于“人生七十古来稀”。人生苦短，既然不得其志，就“莫思身外无穷事，且尽生前有限杯”吧！联系全诗和杜甫的为人，不难理解这是愤激之言，是有言外之意的。颈联突转而写曲江春景：人生短暂，大好春光，又即将消逝，怎能不生惜春之情？这一联诗将在花枝间曲折穿行的蝴蝶和在江面上频频点水的蜻蜓，刻画得呼之欲出而不见雕琢之迹，“缘情体物，自有天然工妙，虽巧而不见刻削之痕”。尾联承上联写春景之美而作惜春之言：寄语大好春光，且与那多情的蛱蝶、蜻蜓一起陪伴着我，供我欣赏消愁，哪怕是暂时的，可别连这点心愿也违背了啊！上下二首诗均“以仕不得志，有感于暮春而作”。因“有感于暮春而作”，故暮春之景与惜春、留春之情融合无间。因“仕不得志”而有感，故惜春、留春之情饱含深广的社会内容，耐人寻味。

## 黄鹤楼①

崔 颢②

昔人已乘黄鹤去③，此地空余黄鹤楼。黄鹤一去不复返，白云千载空悠悠。晴川历历汉阳树④，芳草萋萋鹦鹉洲⑤。日暮乡关何处是？烟波江上使人愁。

【注释】①黄鹤楼：在湖北武汉市武昌区黄鹄矶上，下临长江。②崔颢：盛唐诗人。汴州（今河南省开封市）人。开元年进士，天宝中为司勋员外郎。明人辑有《崔颢集》。③昔人：传说古代有一位名叫费祎的仙人，在此乘鹤登仙。④历历：清楚分明的样子。汉阳：地名。在黄鹤楼之西，汉水北岸。⑤鹦鹉洲：唐代在汉阳西南长江中的小洲。根据后汉书记载，汉黄祖担任江夏太守时，在此大宴宾客，有人献上鹦鹉，故名。

【解析】这首吊古怀乡佳作为历代诗家所称誉。宋代诗论家严羽说：“唐人七律，当以此为第一。”据说大诗人李白登黄鹤楼，目睹此诗，大为折服：“眼前有景道不得，崔颢题诗在上头。”此诗意境开阔，气魄宏大，风景如画，情真意切，且淳朴生动，一如口语，令人叹为观止。首颔联三处用“黄鹤”二字，不用对仗，平仄不符，但四句一气贯注，顺势而下，无半点滞碍，运用错互手法，以一三两句思古，二四两句抚今，盘旋回互，却不觉半点重复。颈联突兀一变，以工整的对仗描写黄鹤楼上所见的远景：天晴望远，汉水对岸的树木历历在目，长江中鹦鹉洲上的萋萋芳草也一览无余。这两句如波澜横生，在形式与内容上都与前四句形成鲜明的对比，不仅以寥廓空旷的空间，进一步烘托出前四句时间上悠悠千载的苍茫缥缈，也令全诗文势曲折起伏。《楚辞·招隐士》：“王孙游兮不归，春草生兮萋萋。”以眼前的萋萋春草来暗喻对远游不归的王孙的思念。此诗暗中反用这一典故，由“芳草萋萋”引出尾联游子远游不归的乡愁，并以“烟波江上”的意境回应前半首渺渺茫茫的境界。这首诗将诗人对世事茫茫的感慨，及其由此而生的孤独寂寞的情绪，与黄鹤楼的传说、景致融为一体，气概苍莽，感情真挚，具有极为强烈的艺术魅力。

## 旅　怀①

崔　涂②

水流花谢两无情，送尽东风过楚城③。蝴蝶梦中家万里④，杜鹃枝上月三更。故园书动经年绝⑤，华发春催两鬓生⑥。自是不归归便得⑦，五湖烟景有谁争？

【注释】①此题一作《春夕》。②崔涂：字礼山，江南桐庐富春人。唐僖宗光启四年（888年）进士。③楚城：指今湖南、湖北一带城市，战国时属于楚国。④蝴蝶梦：指像庄子那样在梦中化为蝴蝶。语出《庄子·齐物论》：“昔者庄周梦为蝴蝶，栩栩然蝴蝶也。”⑤书：书信。动：动辄，时常。经年：经过一年。⑥华发：花白的头发。⑦归便得：要回去便得回去。

【解析】崔涂家在江南，却久在巴蜀、湘鄂、秦陇为客，多羁愁别恨之作，情调抑郁低沉。这首诗便是他旅居湘鄂时所作的怀乡诗。首联点明暮春季节与旅途所经的地点，并以一个“送”字写出诗人依依惜春的情怀，反衬落花流水的“无情”。颔联进一步以暮春晚景写思乡之苦。上句用庄子梦化蝴蝶之典故来比喻梦游家园之虚幻，下句写梦醒后听到杜鹃的哀啼（杜鹃的啼声近似“子归”）。一虚一实，将思乡之苦写得淋漓尽致。颈联直接诉说思乡之苦恼：家信断绝，令诗人愁绝，以至于在百花欣欣向荣的春天，两鬓发白。尾联中的“五湖”是诗人家乡，又是历史上著名的范蠡归隐之地，诗人以此自责、自嘲：回家归隐并无人相争，是自己“不归”，自作自受而已。这深刻地反映出诗人在仕途上不得意而又不甘心的矛盾、彷徨的心理。前半首缘情写景，又因景抒情，后四句直抒心曲，环绕乡思层层写去，凄婉含蓄，语多双关，饶有情味。

## 答李儋元锡①

韦应物

去年花里逢君别②，今日花开又一年。世事茫茫难自料，春愁黯黯独成眠③。身多疾病思田里④，邑有流亡愧俸钱⑤。闻道欲来相问讯⑥，西楼望月几回圆。

【注释】①此题一作《寄李儋元锡》。李儋，字元锡，唐朝宗室，韦应物的诗友，时任殿中侍御史。②逢君别：相逢后又分别。③黯黯：心情暗淡。独成眠：唯独以睡觉解闷。④田里：故乡。⑤邑（yì）：县的别称，指作者担任刺史治滁州境内。流亡：指离乡逃亡的百姓。俸钱：俸禄，官员的薪水。⑥问讯：探望。

【解析】唐德宗建中四年（783 年），韦应物调任滁州（今安徽滁州市）刺史，次年春作此诗寄赠诗友李儋。诗中表达了对李儋的思念，同时抒发了内心的苦闷。当时，长安发生叛乱，德宗仓皇出逃。韦应物曾派人探听消息，而到作此诗时还没有得到返报，内心极度焦虑消沉。首联叙述同在花开时，去岁长安相逢复离别，今年却只能在滁州寄诗，对比鲜明，自然引出颔联“世事茫茫”的感慨，加上国事难测，春愁难消，内心黯淡。颈联进而写自己面对此情境，却身心俱困，无力作为。自己身体多病，治下贫穷百姓又四处逃亡，心中既惭且愧，产生了弃官回家的想法。尾联以久久等待李儋来访作结，表明在这样苦闷的精神状态中，诗人十分渴望获得友人的慰勉和疏导。这首诗将诗人个人的思想感情、生活经历与国运民生紧密结合在一起，表现了诗人忧国忧民的情怀，具有较高的思想境界。

## 江　村[1]

杜　甫

清江一曲抱村流[2]，长夏江村事事幽[3]。自去自来堂上燕，相亲相近水中鸥。老妻画纸为棋局[4]，稚子敲针作钓钩[5]。多病所需惟药物，微躯此外更何求[6]？

【注释】①江村：江边村落。在成都郊外浣花溪畔，当时是受安史之乱影响较小的西南富庶之乡。②曲：弯。③幽：清幽恬静。④棋局：棋盘。⑤稚子：年幼的孩子。⑥微躯：微贱之身，谦指自己。

【解析】肃宗上元元年（760 年），经过长达四年颠沛流离的流亡生活之后，诗人携家小来到受安史之乱影响较小的成都，并在景色美好的浣花溪畔建起几间简朴的草堂，获得了一个可暂时安居的地方。在诗人的眼中，一切都是那么优雅、恬静，但由于生活没有保障，同时“致君尧舜上”的理想抱负也没有了施展的机会，不免在欣慰之余感到忧虑与悲苦。首联拈出一个“幽”字，作为全诗纲领。中间四句环绕“事事幽”展开，通过堂上飞燕，水中白鸥，画棋局的老妻，敲钓钩的稚子四幅乡村画面，组合出一派清幽恬静的景象。其中有物色（燕、鸥）、有人事（妻、子），有村居景象，有江边风光，刻画周密，照应紧凑。尾联表面上是表示满足，但以“多病”暗示少药，宛转地表露了安乐背景下的悲苦。杜甫的咏怀诗常以乐景写哀，反衬出悲哀之深切。此诗在前三联描写悠闲之后，结尾忽转为凄婉之声，以容易满足而不可得，体现了杜诗“沉郁顿挫”的风格。

## 夏　日①

张　耒②

长夏江村风日清，檐牙燕雀已生成③。蝶衣晒粉花枝舞④，蛛网添丝屋角晴。落落疏帘邀月影⑤，嘈嘈虚枕纳溪声⑥。久斑两鬓如霜雪，直欲樵渔过此生。

【注释】①此诗为作者《夏日三首》中的第一首。②张耒（lěi）：北宋诗人。字文潜，号柯山，淮阴（今江苏省淮安市）人。神宗熙宁年进士。曾任太常少卿等职。与黄庭坚、秦观、晁补之同为“苏门四学士”。著有《张右史文集》。③檐牙：指屋檐间伸出的互相勾连的部分，形状像牙齿，故称檐牙。这里指屋檐下。已生成：指燕雀栖息于此，孵化出了幼雏。④蝶衣：形容美如彩衣的蝴蝶翅膀。⑤落落：稀疏的样子。⑥嘈嘈：声音嘈杂的样子，这里形容流水声。虚枕：中间空心的枕头，夏天用。

【解析】这首诗是诗人罢官闲居乡里之作。通过夏日燕雀、蝴蝶、蜘蛛等意象的描写表现了诗人对清静、安宁的生活的喜爱，抒发了诗人淡泊名利，厌倦世俗，不愿与世相争的高洁情怀和对村野田园生活的向往。首联就题起句，拈出一个“清”字作为全篇的纲领。颔颈两联分写白天与夜晚的景象，构成一派清幽静谧的气氛。诗人炼字老到，用一个拟人的“邀”字将“疏帘”和“月影”写得情意绵绵，用一个通感的“纳”字将“溪声”写成可以收纳起来的实体，使形象更加生动，并写出了诗人清闲欣赏的心态。尾联水到渠成地直抒胸臆，直言自己久在仕途中奔忙老去，真想就此在这清静的环境中以打柴捕鱼来度过余生。全诗思与境谐，蕴藉闲远，别有韵味。

## 辋川积雨①

王　维

积雨空林烟火迟，蒸藜炊黍饷东菑②。漠漠水田飞白鹭，阴阴夏木啭黄鹂③。山中习静观朝槿④，松下清斋折露葵⑤。野老与人争席罢⑥，海鸥何事更相疑⑦？

【注释】①题在《王右丞集》中作《积雨辋川庄作》。辋川：陕西省蓝田县终南山下的一条河流。王维在辋川旁有一庄院，是他晚年隐居之处。②藜：一种草本植物，新叶可食用，茎可作手杖。黍（shǔ）：俗称黍子，古代主要的粮食作物之一。饷（xiǎng）：送饭。菑（zī）：已经开垦了一年的土地。这里泛指农田。③阴阴：茂密幽深的样子。④习静：指坐禅之类以澄心息虑的方法来养生修性。朝槿（jǐn）：木槿，落叶灌木，夏季开花，朝开暮落，故又称朝槿。⑤清斋（zhāi）：清淡的素食。露葵：莼葵，多年生草本植物，属毛茛科，其茎紫黑色，可食，煮熟后极滑，故又称滑菜。⑥野老：山野老人，作者自称。争席：争抢座位。表示和人相处很随便，无隔阂。《庄子·杂篇·寓言》载：阳子居（杨朱）初到旅舍，面露骄矜之色，旅舍主人对他很恭敬，其他客人也纷纷为他让座。后来老子教他去掉矜持，他再到旅舍，就显得很随和，人们也就不再给他让座，而和他争席而坐，相处就很随便了。⑦海鸥：《列子·黄帝篇》载：海上有人好鸥，每日与鸥鸟游玩，数以百计的鸥鸟聚集在他身边。有一天，他的父亲叫他捉鸥鸟。第二天他来到海边，鸥鸟就盘旋不下了，因为他有了机心。此处以海鸥比喻淳朴而无机心的农民。

【解析】此诗写田园生活情趣，将辋川庄恬静优美的田园风光，与自己恬淡幽雅的禅寂生活结合起来描写，创造了一种淡泊自然、物我相惬的意境。首联写雨中午间的田家生活，颔联写自然景象。因积雨日久，无风而且湿润，故炊烟上升迟缓。水田广漠而白鹭翩翩，夏木成阴而黄鹂宛转。有声有色，有动有静，有视象，有听觉，有面有点，相映成趣，互相映衬，将辋川的自然景色写得极富诗情画意。后四句写居于此环境中的禅寂生活情趣。诗人独处空山，幽栖松下。见朝槿夕落而参禅养生，折露葵为羹以清斋素食。尾联引用一正一反两个典故，直抒心曲，表明自己在这样的环境中生活，于人于物都无机心，已进入融浑自然的境界。此诗形象生动，兴味深远，无论写景，还是用典，都洗净刻削痕迹，所以前人认为是“淡雅幽寂”一类诗歌中的压轴之作。

## 新竹①

陆　游②

插棘编篱谨护持，养成寒碧映涟漪③。清风掠地秋先到，赤日行天午不知。解箨时闻声簌簌④，放梢初见叶离离⑤。归闲我欲频来此，枕簟仍教到处随⑥。

【注释】①此题一作《东湖新竹》。东湖：在今浙江省绍兴市东南。②陆游：南宋诗人。字务观，号放翁，越州山阴（今浙江省绍兴市）人。绍兴中应礼部试，为秦桧所排黜，孝宗即位，赐进士出身，擢镇江、隆兴通判。乾道六年（1170年）入蜀，任夔州通判。乾道八年（1172年）入四川宣抚使王炎幕府。诗歌近一万首，内容丰富，著有《剑南诗稿》《渭南文集》等。③寒碧：指清凉翠绿的新竹。涟漪：水的波纹。这里指微波荡漾的水面。④解箨（tuò）：竹笋生长时脱落笋壳。⑤放梢：竹梢展开。离离：枝叶茂密的样子。此指枝繁叶茂。⑥簟（diàn）：一种轻便细巧的竹席。

【解析】修竹挺拔、高洁，向来是坚贞正直的象征。这首咏竹诗通过对新竹的描写，表达了诗人清隽的志趣。首联提出“寒碧”二字总括新竹的特征。颔颈两联分写新竹林的“寒”与“碧”。颔联写“寒”，以竹林中清风送爽、竹叶遮阳来传达清凉之意。颈联写“碧”，以竹笋生长时剥落笋壳和竹梢展开的声音描述新竹旺盛的生命力。听觉、视觉不断转换，“掠”“行”“解”“放”动态跳跃，使形象格外生动。以前三联对新竹的描述为铺垫，尾联水到渠成地直接抒发诗人的志趣：退休之后，将归隐竹林。这首诗在形象性方面着意求工，诗意清新传神。

## 夏夜宿表兄话旧

窦叔向①

夜合花开香满庭②，夜深微雨醉初醒。远书珍重何由答③？旧事凄凉不可听④。去日儿童皆长大⑤，昔年亲友半凋零⑥。明朝又是孤舟别，愁见河桥酒幔青⑦。

【注释】①窦叔向：字遗直，唐代扶风（今陕西省宝鸡市凤翔区）人。代宗时官左拾遗、内供奉，后出为溧水令，复迁工部尚书。著有《联珠集》行于时。有集七卷，今存诗九首。②夜合花：即夜来香。多年生缠绕藤本植物。花冠黄绿色，香气浓郁，入夜尤盛。③远书：寄往远方的书信。何由答：怎样回答。一作“何曾达”。④不可：不堪。⑤去日：过去离别时。⑥凋零：凋丧零落。指人去世。⑦酒幔：酒店作为标志的旗帜。

【解析】这首诗描述诗人住宿在表兄家中与表兄夏夜话旧的情景。首联上句从夏夜的夜合花起笔起兴，衬托出诗人与表兄久别重逢时的温馨甜美，下句复以微雨霏霏的景象、沉醉初醒的情境，抹上一层凄迷黯淡的色调。颔颈联写“话旧”的情景：离乱之世，书信难回，牵肠挂肚；好不容易聚首了，凄凉的往事却又令人难以卒听。聚首的欢乐很快被人生的痛苦替代：昔日离别时的儿童都已长大成人，儿童的欢乐只能回味而不可再得了；更可悲的是，年长的亲友则已大半去世。短短四句，写尽人生遭际的甘苦，亲故重逢的欣喜辛酸。聚首之后又将是离别，诗人对此十分伤感：明日就要在河桥畔酒家中饯别，而后分袂登舟，这种离别之愁苦简直难以承受。诗人对表兄依依惜别，只能深宵长谈、聊慰此心。此诗风格平易自然，语言亲切有味，将亲人在战乱中小聚话旧时甜美而又辛酸的复杂心情，写得缠绵悱恻，技巧十分浑熟，艺术感染力很强。

## 偶 成

程 颢[①]

闲来无事不从容，睡觉东窗日已红[②]。万物静观皆自得，四时佳兴与人同[③]。道通天地有形外[④]，思入风云变态中。富贵不淫贫贱乐[⑤]，男儿到此是豪雄。

【注释】①程颢（hào）：北宋人（1032～1085年），字伯淳，人称明道先生，原籍河南府（今河南洛阳），生于湖北黄陂县（今武汉市黄陂区）。宋代大儒，理学家、教育家，封“先贤”，奉祀孔庙东庑第38位。与程颐为同胞兄弟，世称“二程”。②睡觉：睡醒。③佳兴：好兴致。指四季美好的风光景致。④有形外：形体之上。指形而上的道理。⑤富贵不淫贫贱乐：化用《孟子·滕文公下》：“富贵不能淫，贫贱不能移，威武不能屈，此之谓大丈夫。”

【解析】程颢是北宋著名的理学大师，主张天人合一，人应顺适天理。这首诗写他在早晨醒来时的遐想。首联叙事，说明时间、情境，生动呈现出诗人从容不迫、任其自然的形象。颔联起开始议论：空间万物、时序变化，与人一样，都有其存生、兴衰、变化的规律，亦即诗人所谓的“理”。颈联承上联进一步说明“理”（“道”“思”），既贯彻于天地有形万物与形而上的事理之中，也囊括一切人事变迁、风云变幻。据此，尾联归结出真正的英雄豪杰理想的处世原则：“道”就是顺循天命，适应自然，人应具有“富贵不能淫，贫贱不能移”的恬淡超然的胸襟。其中的哲理，主要是心物论方面的，阐明了程颢所提倡的“万物皆备于我”的道理。这是一首典型的“以议论入诗”的宋人诗作，虽缺乏诗情画意，但说理深入浅出、简洁扼要。

## 游月陂[1]

程　颢

月陂堤上四徘徊[2]，北有中天百尺台。万物已随秋气改，一樽聊为晚凉开[3]。水心云影闲相照，林下泉声静自来[4]。世事无端何足计[5]，但逢佳节约重陪[6]。

【注释】①月陂：月形的堤岸。②四徘徊：四处随意漫步。③开：斟酒。④静自来：指从静谧中传来。⑤无端：周旋循环，没有尽头。⑥陪：陪伴。这里指游玩。

【解析】这是一首纪游诗，也是一首理趣诗，体现了程颢以“定”来观照事物的循环运动而达到“虚静”境界的主张。首联就题起句，写月陂之游：百尺楼台既是堤上所见景象，也是诗人在四处漫步时岿然而“定”的心灵的象征。颔联描述初秋节令，傍晚时分，漫步后继以举杯饮酒，补足首联未及之意。颈联描写月陂下池塘及林泉的景象，以云影在水波上悠然浮动写出一个“闲”字，以林间的潺潺溪流反衬出一个“静”字。“闲”“静”二字，既写物象，亦写心声。尾联直抒心曲：世事循环变迁，不值得计较，要保持内心的闲静，每逢佳节都到此一游，就是很大的快乐了。此诗寓哲理于情景之中，既有诗情画意也富于理趣，从艺术的角度而言，较前一首诗具有更多的欣赏价值。

## 秋　兴（其一）[1]

杜　甫

玉露凋伤枫树林[2]，巫山巫峡气萧森[3]。江间波浪兼天涌[4]，塞上风云接地阴[5]。丛菊两开他日泪[6]，孤舟一系故园心[7]。寒衣处处催刀尺[8]，白帝城高急暮砧[9]。

【注释】①组诗《秋兴八首》中的第一首。秋兴：秋天的感兴。②玉露：玉一般晶莹的露珠。③巫山：山名。在今重庆市巫山县东长江沿岸。巫峡：长江三峡之一，在巫山边。萧森：萧瑟阴森。④兼：连。⑤塞上：北方边塞。⑥两开：两度开放。他日泪：因回忆往日而流下的眼泪。⑦一系：一心长系。⑧刀尺：指制作寒衣所用的剪刀、尺子等工具。⑨白帝城：在今重庆市奉节县东的白帝山上。砧（zhēn）：古代捣衣所用的石砧。这里指捣衣发出的声音。

【解析】这是杜甫晚年旅居夔州（治今重庆奉节）时所作的七律组诗《秋兴八首》中的第一首。杜甫在代宗永泰元年夏天离开成都，准备返回他的第二故乡长安。当年秋天留滞云安，次年秋天又因兵乱羁留于夔州。诗人以夔州萧条的秋色着手，作了《秋兴八首》来抒写留滞异乡的客中秋感。这第一首诗是整个组诗的序曲，通过对巫山、巫峡秋天景象的描绘，渲染出一派阴沉萧森，动荡峭急的气氛，以此作为铺垫，引起组诗中以下诗篇对国家盛衰及个人身世的感叹。首联开门见山，直写巫山、巫峡萧条阴森的秋景，点明秋兴之依托，因秋景而起兴、感怀。颔联进一步扩展视野，以连天的波浪，接地的阴云，刻画出一幅波谲云诡，触目惊心的画面。点明作者身在巫峡，心想京城，由近及远排比类推，气势十分雄壮。“波浪”在下而说“兼天”“风云”在天而说“接地”，用相反相成的语句，极力描绘了秋季阴暗萧森之景，衬托出作者低沉的心境。颈联即景抒情，点出滞留夔州已有两年，眼看菊花两度开放，幽思不已，泪如泉涌。说明作者漂泊在外，有家难归，寄身孤舟，故园之思，一心长系。“开”“系”双关：“开”既指花朵开放，也指泪珠溅开，“系”既指船被系住，也指心被牵系。诗人在《登岳阳楼》中有诗句“老病有孤舟”，可见“孤舟”已成为漂泊流浪的意象物，有家难归，魂系孤舟，惨苦无人知（大历五年（770年），作者卒于湘江孤舟中）。尾联紧承上联，用“催刀尺”“急暮砧”这两个声动相连的词组作铺张，把渴望回家的焦急心情进一步烘托出来。诗中用字处处对仗而双关，对仗工整又极具情势。有情有景，有声有色，忽近忽远，忽高忽低，犹如巫峡治水，时而盘旋回落，时而奔腾向前，与诗人澎湃思潮汇合在一起，诗意浓重萧瑟，缠绵感人。

## 秋　兴（其三）

杜　甫

千家山郭静朝晖①，日日江楼坐翠微②。信宿渔人还泛泛③，清秋燕子故飞飞④。匡衡抗疏功名薄⑤，刘向传经心事违⑥。同学少年多不贱，五陵裘马自轻肥⑦。

**【注释】**①山郭：山城。指建在山上的夔州府城。②翠微：青翠的山色。③信宿：一连两夜。泛泛：渔舟在江波中漂浮的样子。④故：依然。⑤匡衡：西汉经学家。汉元帝时任博士给事中，曾因上疏论政获得升迁。抗疏：上书给皇帝论事。⑥刘向：西汉经学家。汉宣帝时曾在宫中石渠阁讲授五经。后屡次上书劾奏外戚专权而未被重用。⑦五陵：指在长安西北的汉代高祖等五个皇帝的陵墓。在汉代是豪侠少年的聚集之地，后来被用作豪放风流的象征。轻肥：衣裘轻软，马匹肥壮。

**【解析】**这首诗写晨曦中的夔府，与第一首阴森动荡的气象大异其趣。前两联写晨曦中的城市秋气清明，江色宁静。而这种宁静给作者带来的却是烦扰不安。诗人心系故园却滞留夔州，每天只能闷坐江边小楼，以山光水色来排遣愁思。孤悬大江的渔舟，久飞不息的燕子，映射了诗人长期漂泊无依的处境。后两联，诗人援引两个典故，古今对照：汉代的匡衡因上疏而获升迁，自己却因上疏而触犯朝廷遭贬；刘向上疏言事未受重视，但至少还曾在石渠阁讲论五经，自己却连这样的心愿也难以实现。现实更是人我相殊：那些年轻的同学多很得意，在长安过着豪华富贵的生活，自己却只能羁留夔州，望都兴愁。这首诗前两联与后两联以景象的宁静与内心的躁动形成对比，后两联中又以古今诸人与诗人自己形成对比，在这重重对比中烘托出诗人满腔的抑郁苦闷和慷慨悲愤，含蓄蕴藉，构思新颖。

## 秋　兴（其五）

杜　甫

蓬莱宫阙对南山①，承露金茎霄汉间②。西望瑶池降王母③，东来紫气满函关④。云移雉尾开宫扇⑤，日绕龙鳞识圣颜⑥。一卧沧江惊岁晚，几回青琐点朝班⑦。

【注释】①蓬莱宫阙：指大明宫。蓬莱，汉宫名。唐高宗龙朔二年（662年），重修大明宫，改名为蓬莱宫。南山：即终南山。②承露金茎：指仙人承露盘下的铜柱。汉武帝在建章宫之西神明台上建仙人承露盘。唐代无承露盘，此处以汉喻唐。霄汉间：高入云霄，形容承露金茎极高。③瑶池：神话传说中女神西王母的住地，在昆仑山。降王母：《穆天子传》等书记载有周穆王登昆仑山会西王母的传说。古代神话传说中，西王母曾在瑶池与驾八骏西游的周穆王相会。"西望"句以此影射玄宗纳杨贵妃之事。④东来紫气：用老子自洛阳入函谷关事。《列仙传》记载，老子西游至函谷关，关尹喜登楼而望，见东极有紫气西迈，知有圣人过函谷关，后来果然见老子乘青牛车经过。函关：即函谷关。此二句借用典故极写都城长安城宫殿的宏伟气象。玄宗时曾有人自称见老子降临长安永昌街。⑤云移：指宫扇云彩般地分开。雉尾：雉鸡的尾羽。唐代宫中的羽扇用雉尾制成，称雉尾障扇。开宫扇：玄宗时，皇帝朝见群臣，上座前用羽扇遮挡，坐定后才撤扇露面。后来定为朝仪。⑥龙鳞：皇帝衮衣上绣龙的鳞纹。圣颜：天子的容貌。⑦青琐：汉未央宫门名，门饰以青色，镂以连环花纹。后亦借指宫门。点朝班：指上朝时，殿上依班次点名传呼百官朝见天子。

【解析】此诗写长安宫阙之盛，回忆帝居的巍峨壮丽，早朝的肃穆庄严，回忆自己曾在中央政权中任右拾遗职"识圣颜"的辉煌经历。本诗极写玄宗在位的太平景象，气象万千，豪情万丈，以衬托现在的国危民困、穷途落拓、暮年漂泊的忧伤和抑郁。前四句写殿前景物。首联以大开大阖的笔墨写出长安宫殿之华美壮观：在气势上，宫殿之壮观可与终南山相比，在高度上，承露盘下的铜柱耸入云霄。颔联以神话传说来影射曾发生在长安的参与早朝时庄严华美的景象：雉尾障扇像五色缤纷的彩云般缓缓移动，有如云开日现，露出了身穿绣龙衮衣的皇帝。尾联陡然跌落，截住对开天盛事回忆，回到在"岁晚"季节远离长安的"沧江"，紧扣《秋兴》之题。以一"惊"字点出前后对比之强烈，末句复以"几回"在梦中入宫早朝来进一步渲染对长安的眷恋之深，并与前三联呼应。此诗前三联气象宏壮，势如千里，不可阻挡，尾联直转急下，顿生波澜。全诗用过去的辉煌与欢乐来衬托现时的惨淡和凄凉，言有尽而意无穷。

## 秋兴（其七）

杜　甫

昆明池水汉时功①，武帝旌旗在眼中②。织女机丝虚夜月③，石鲸鳞甲动秋风④。波漂菰米沉云黑⑤，露冷莲房坠粉红⑥。关塞极天唯鸟道⑦，江湖满地一渔翁⑧。

【注释】①昆明池：遗址在今西安市西南斗门镇一带，汉武帝所建。《汉书·武帝纪》载元狩三年（公元前120年）在长安仿昆明滇池而凿昆明池，以习水战。②武帝：汉武帝，此处亦代指唐玄宗。唐玄宗为攻打南诏，曾在昆明池演习水兵。旌旗：指楼船上的军旗。③织女：指汉代昆明池西岸的织女石像，俗称石婆。《三辅黄图》卷四引《关辅古语》曰："昆明池中有二石人，立牵牛、织女于池之东西，以象天河。"机丝：织机及机上之丝。虚夜月：空对着一天明月。④石鲸：指昆明池中的石刻鲸鱼，据传说在雷雨天常吼叫动弹。《三辅黄图》卷四引《三辅故事》曰："池中有豫章台及石鲸，刻石为鲸鱼，长三丈，每至雷雨，常鸣吼，鬣尾皆动。"⑤菰（gū）：茭白，一种草本植物，生浅水中，叶似芦苇，根茎可食。秋天结实，皮黑褐色，状如米，故称菰米，又名雕胡米。⑥莲房：即莲蓬。粉红：指粉红色的荷花花瓣。⑦关塞：此指夔州山川。极天：指极高。鸟道：险峰之间只有飞鸟才能越过的通道。⑧江湖满地：指漂泊江湖，苦无归宿。渔翁：杜甫自比。

【解析】这首诗写长安城昆明池盛衰变化，自伤漂泊江湖。昆明池是在汉代鼎盛时期开凿的，诗人在首联中把它作为国势的象征，把古代引到当朝。中间两联分别刻画此时想象中的昆明池景象。颔联写昆明池内牵牛、织女两个石人空对月夜，辜负清秋月色；石鲸也似在掀动鳞甲，在萧瑟的秋风中瑟缩颤抖，可惜无人理会。颈联写昆明池中本有丰饶物产，至今菰米漂在水上，菰影沉入水中，远望若云，莲蓬也在寒露中坠落着红粉。既是对昔日昆明池绚丽秋景的回顾，也是作者对今日昆明池风光的想象，有着无限怀念眷顾之深情。尾联笔端一折，转写目前：诗人与昆明池相隔重重关塞，既远且险，归期无限，就像是一个风雨飘摇、无所皈依的老“渔翁”。这首诗将昆明池中的物事象征为国家的盛衰，熔昔盛今衰的感慨与有家难归的苦闷于一炉。结构变化无穷，又工整严谨。中间两联每句自成对比，首联尾联对比照应，使诗始终回旋缠绕于身在夔州、遥忆京华这一凝聚点上。

## 月夜舟中

戴复古

满船明月浸虚空①，绿水无痕夜气冲②。诗思浮沉樯影里③，梦魂摇曳橹声中。星辰冷落碧潭水④，鸿雁悲鸣红蓼风⑤。数点渔灯依古岸，断桥垂露滴梧桐⑥。

【注释】①浸虚空：沉浸在浩瀚虚渺的天空中。②夜气冲：夜寒逼人。③樯（qiáng）：船上的桅杆。④冷落：指冷清地映照在上面。⑤红蓼（liǎo）：草本植物。常生水边潮湿处。秋天开穗状小花，多为浅红色。⑥“断桥”句：倒装句，意为：梧桐叶上坠落的露水滴在倒坍的桥上。

【解析】这首诗描写了诗人身遭乱世的苦闷心情。首联、颔联以梦幻般的笔触渲染一种静谧的境界。颈联、尾联进而写夜航中所见景象：星星映在碧波里，显得非常冷清，鸿雁栖息在红蓼中，不时传来阵阵悲鸣声。以雁写思，表达游子思乡怀亲之情和羁旅伤感。远处几点渔火，在岸边闪烁，梧桐叶上的露珠一滴一滴落到断桥上。四句分写上下左右，并交错采用视觉形象与听觉形象，描绘出一幅凄清悲凉的唯美画面。全诗不施藻饰，在直叙白描的景物刻画中，情景交融，寓情于景，很好地将诗人身遭乱世的苦闷情怀与凄清悲凉的江船秋夜融合在一起。

## 长安秋望①

赵　嘏

云物凄凉拂曙流②，汉家宫阙动高秋③。残星几点雁横塞④，长笛一声人倚楼。紫艳半开篱菊静⑤，红衣落尽渚莲愁⑥。鲈鱼正美不归去⑦，空戴南冠学楚囚⑧。

【注释】①诗题一作《长安晚秋》。②凄凉：一作“凄清”。③汉家：汉代。唐人用汉代指当代。动：浮动。④雁横塞：大雁越过北方边塞飞来。⑤紫艳：鲜艳的紫色。形容菊花的色彩。⑥红衣：指莲花红色的衣瓣。⑦鲈鱼正美：用晋人张翰典故。张翰本是吴人，在京为官。一天秋风初起，张翰思念家乡鲈鱼莼羹之美而弃官返乡。⑧“空戴”句：用《左传》中钟仪典故。钟仪是春秋楚人，被俘囚于晋国，晋侯看到后问：“这头戴南方式样发冠的人是谁？”看守答道：“是郑国献来的楚国囚犯。”后常以“南冠”“楚囚”作为囚徒的代称。

【解析】这首诗通过诗人在秋天清晨的眺览，写深秋拂晓的长安景色和羁旅思归的心情。首联总揽长安全景：凄清的晓雾在曙光下飘拂升腾，城里的宫殿楼观似乎在上下浮动。“凄清”二字，既属客观，亦属主观，秋意的清冷，衬托心境的凄凉，为全诗定下基调。中间两联环绕首句“凄凉”二字作具体的铺陈描绘。颔联写仰观：“残星几点”是目见，“长笛一声”是耳闻；“雁横塞”取动势，“人倚楼”取静态。景物描写见闻动静的安排，颇具匠心。寥落的残星，南归的雁阵，这是秋夜将晓时天空中最具特征的景象，高楼笛声又为之作了饶有情韵的烘托。颈联写俯察：紫菊半开，红莲凋谢，正是深秋时令的花事。以“静”赋菊，以“愁”状莲，都是移情于物，拟物作人，不仅形象传神，而且含有浓厚的主观色彩。目睹眼前这憔悴含愁的枯荷，追思往日那红艳满塘的莲花，使人不禁会生出红颜易老、好景无常的伤感。而篱畔静穆闲雅的紫菊，俨然一派君子之风，更令人忆起“采菊东篱下”的陶渊明，油然而起归隐之心——写菊而冠以“篱”字，取意就在于此。前三联写尽长安城中远近上下的秋色，处处触发出怅惘的愁思，尾联抒写胸怀，表示诗人毅然归去的决心：上句“鲈鱼正美”，用西晋张翰事，表示故园之情和退隐之思；下句用钟仪的典故，是说在长安局促失意犹如囚徒之无谓与归隐之不宜迟。诗中的景物不仅有广狭、远近、高低之分，而且体现了天色随时间推移由暗而明的变化。特别是颔颈两联的写景，将典型景物与特定的心情结合起来，景语即情语。雁阵和菊花，本是深秋季节的寻常景物，南归之雁、东篱之菊又和思乡归隐的情绪，形影相随。诗人将这些形象入诗，意在给人以丰富的暗示，加之以拂晓凄清气氛的渲染，高楼笛韵的烘托，思归典故的运用，使得全诗意境深远而和谐，风格峻峭而清新。

## 新　秋

**杜　甫**

火云犹未敛奇峰①，欹枕初惊一叶风②。几处园林萧瑟里，谁家砧杵寂寥中③。蝉声断续悲残月，萤焰高低照暮空④。赋就金门期再献⑤，夜深搔首叹飞蓬⑥。

【注释】①火云：俗称火烧云，在特别炎热的傍晚出现的火红色的云朵。奇峰：形状奇特的山峰。形容火云的形态。②欹：倾斜。一叶风：吹下第一张落叶的初秋之风。③砧杵：唐宋人制作冬衣要先用木杵、石砧捣练。这里指木杵在石砧中捣练时发出的声音。④萤焰：萤火虫发出的光亮。⑤金门：即金马门。汉代宫门，因门旁有铜马而得名。汉代各地所征召来的才能卓异的人，在金马门等候皇帝召见，选用。这里借指唐代的宫门。⑥飞蓬：亦称蓬。多年生菊科植物。高尺余，叶似柳叶而边缘有齿。花如柳絮，成熟后随风而飞，故名飞蓬。

【解析】这首诗描写初秋的物候特征以及诗人时光易逝的感叹和功名难就的苦闷心情。前面三联按顺序写新秋黄昏到夜晚的景色：黄昏时分天上火云峥嵘，尚未散尽，而凉风却卷着落叶来了。一片树叶带来了秋的信息，于是在远处，无数园林处于萧瑟的气氛中，捣衣声在寂寥中传来；在近处，蝉在残月下悲鸣，萤火虫在夜空中闪烁。所有这些，构成了一幅生动的新秋图。使得诗歌独具韵味的是，诗人把自己的感受也融进了秋色中。“欹枕初惊一叶风”和“夜深搔首叹飞蓬”，一个“惊”字写出了气候变化之急剧，也象征着人生易逝的意味；一个“叹”字意味着象征生命鼎盛时期的夏季已成过去、代表肃杀衰微的秋季已经到来，也表达了诗人老之将至而功业未就的时不我待之感。所以，诗人在尾联深夜搔首，深深感叹虽有功名之心，无奈发如飞蓬、年岁将老，已经无能为力了。全诗描写景物自傍晚而入深夜，有远有近，有高有低，层次分明，结构严谨。诗人形象和诗中秋景物我一体，情景交融，将初秋的物候特征与诗人的身世之感融合无间，表现出极高的艺术技巧。

## 中　秋

李　朴①

皓魄当空宝镜开②，云间仙籁寂无声③。平分秋色一轮满④，长伴云衢千里明⑤。狡兔空从弦外落⑥，妖蟆休向眼前生⑦。灵槎拟约同携手⑧，更待银河彻底清。

**【注释】**①李朴：字先之，宋虔州兴国（今属江西）人。哲宗绍圣元年（1094年）进士，历官虔州教授、四会令。著有《章贡集》二十卷。②皓魄：月亮皎洁的光华。宝镜：指月圆如镜。③仙籁（lài）：天上的声响。指风声。④平分秋色：将秋季平分为两半。古代以农历七八九三月为秋季，中秋节在八月十五，处于秋季的正当中。⑤云衢（qú）：由云彩构成的道路。⑥狡兔：传说中居住在月亮中的玉兔。弦：月有上弦月、下弦月之称，这里指月亮的边缘。⑦妖蟆：传说中引起月亮亏损的蟾蜍。⑧灵槎（chá）：传说中可通往天河的仙筏。

**【解析】**此诗题作《中秋》，实是歌吟中秋月夜，着重描写的又是那一轮秋月。首句直接描写明月形如宝镜、光华皎洁，下句以天空万籁无声来烘托皓月升空的庄严静谧。第三句以“平分秋色”来点题，第四句写月亮普照千里，照亮云路的光明。前两联为具体描写，颈联用关于月亮的传说故事作为素材，极写秋月明净圆满的形象。尾联承上，诗人进一步驰骋想象，打算约伴同游银河，更使诗中清辉漫空的月色显现出新的境界。全诗想象丰富、瑰丽，更借用了神话传说，表达了对象征光明和美好的明月的赞美、向往和追求。

## 九日蓝田崔氏庄①

杜　甫

老去悲秋强自宽②，兴来今日尽君欢③。羞将短发还吹帽④，笑倩旁人为正冠⑤。蓝水远从千涧落⑥，玉山高并两峰寒⑦。明年此会知谁健？醉把茱萸仔细看⑧。

**【注释】**①九日：指农历九月九日重阳节。蓝田：县名，在今陕西西安市东南。崔氏庄：崔氏的庄园。②老去：犹言老来。强自宽：勉强自我宽解。③尽君欢：与君尽情欢乐。君：指主人崔氏。④吹帽：吹落帽子。用晋代孟嘉落帽的典故。孟嘉是东晋名士，任桓温的参军。在一个重阳节，他随从桓温登上龙山游宴时被一阵风吹落帽子，他在酒酣之中竟没有发觉。⑤倩（qiàn）：请求，央求。正冠：戴正帽子。⑥蓝水：河名，在蓝田县东。⑦玉山：山名，又名蓝田山，在蓝田县境内，因产玉而得名。两峰：指玉山附近云台山上的两座高峰。⑧茱萸（zhū yú）：植物名，亦名越椒，味辛，可入药。古代风俗，在重阳节，人们都插茱萸于头，或用丝囊盛茱萸佩带在身上，据说可以去邪辟恶，益寿延年。

【解析】这首诗作于乾元元年（758年）。当时杜甫因上疏为房琯开脱而由左拾遗被贬出为华州司功参军，受邀请在蓝田县的崔氏庄上小住。首联即用对仗，层层变化，转折翻腾："老去"一层，"悲秋"一层，"强自宽"又一层；"兴来"一层，"今日"一层，"尽君欢"又一层。由"悲"入"欢"，而又暗藏许多曲折，将复杂的情绪写得纤毫毕露。颔联承上联而写宴会上的情景。孟嘉落帽显出名士风流蕴藉之态，而杜甫怕落帽反倩人正冠，显出别是一番滋味。说是"笑"倩，实是强颜欢笑，骨子里透出一缕伤感、悲凉的意绪。这一联用典入化，传神地写出杜甫那几分醉态。宋代杨万里说："孟嘉以落帽为风流，此以不落帽为风流，翻尽古人公案，最为妙法。"颈联按照一般写法，多半是顺承前二联而下写叹老悲秋。诗人却不同凡响，猛然推开一层，笔势陡起，以壮语唤起一篇精神。这两句描山绘水，气象峥嵘。蓝水远来，千涧奔泻，玉山高耸，两峰并峙。山高水险，令人只能仰视，不由人不振奋。用"蓝水""玉山"相对，色泽淡雅。用"远""高"拉出开阔的空间，用"落""寒"稍事点染，既标出深秋的时令，又令人有高危萧瑟之感。诗句豪壮中带几分悲凉，雄杰挺峻，笔力拔山。尾联上句一个问句，表现出诗人沉重的心情和深广的忧伤，含有无限悲天悯人之意。下句用一"醉"字，妙绝，将全篇精神收拢，鲜明地刻画出诗人此时的情态：虽已醉眼蒙眬，却仍盯住手中茱萸细看，不置一言，却胜过万语千言。这首诗跌宕腾挪，酣畅淋漓，前人评谓："字字亮，笔笔高。"诗人满腹忧情，却以壮语写出，读之更觉慷慨旷放，凄楚悲凉。

## 秋　思

陆　游

利欲驱人万火牛①，江湖浪迹一沙鸥②。日长似岁闲方觉，事大如天醉亦休。砧杵敲残深巷月，井梧摇落故园秋③。欲舒老眼无高处，安得元龙百尺楼④。

【注释】①万火牛：指火牛阵，战国时齐国将领田单击败燕国军队的战术。公元前279年，燕惠王即位，他听信谗言，撤掉了燕国名将乐毅的职务，改派骑劫代替，去攻即墨。齐将田单借机派人向燕军诈降，同时用千余头牛，角上缚着兵刃，尾巴上用浸过油的芦苇系上，夜间用火点燃，使牛猛冲燕军，并以五千勇士随后掩杀，结果大败燕军，击杀骑劫。②沙鸥：栖息于沙滩、沙洲上的鸥鸟。③井梧：院中种植在井边遮阳的梧桐树。④元龙：指三国时魏国的名士陈登，字元龙。当时名士许汜去见陈登时，陈登毫无客主之礼，自顾自地上大床高卧，而让客人们坐在下床。他去对刘备发泄不满，刘备答道："您素有国士之风。现在天下大乱，帝王流离失所。元龙希望您忧国忘家，有匡扶汉室之志。您却向元龙提出田宅屋舍的要求，言谈也没有什么新意，这当然是元龙所讨厌的，又有什么理由要求元龙和您说话？假如当时是我，我肯定会上百尺高楼高卧，而让你们睡在地下，哪里只有区区上下床的区别呢？"

【解析】这首诗是诗人的秋日所感，表现了作者向往闲适而又不能闲居的纠结心情。

首联大处落笔，一反一正，对比鲜明：世人多为利欲所驱，争先恐后。自己则浪迹江湖，自由闲逸。颔联承续首联，写诗人虽赞美沙鸥闲逸，闲时却又度日如年。虽说事大如天，付之一醉，也就不了了之。由此可见诗人的矛盾心情。颈联转而照应题目，写秋天景象。诗人闻砧杵声而生感，见梧桐叶落而念故园之秋。尾联用典，表露心志：要放眼远望，而又无楼可登。陈登的百尺高楼本是刘备对他崇高品格的比喻，诗人用此典故，实际上说的是自己不被君主重视援用。综观全诗，诗人的清闲超脱，始终蕴含着英雄不为世用的苦闷和忧愁，诗人之心何曾清闲得了？倒是种种矛盾想法在心中纠缠，使得他更加郁闷，在清闲中更觉得度日如年了。此诗含蓄曲折，深沉委婉，耐人寻味。

## 与朱山人①

杜　甫

锦里先生乌角巾②，园收芋栗未全贫③。惯看宾客儿童喜，得食阶除鸟雀驯④。秋水才深四五尺，野航恰受两三人⑤。白沙翠竹江村暮，相送柴门月色新。

**【注释】**①此诗一作《南邻》。朱山人：杜甫居住成都浣花草堂时的邻居。②锦里先生：指朱山人。锦里即锦官城，是上古蜀国主锦官府之所在，在今成都市南部一带。后世以此作为成都的别称。乌角巾：隐士所戴的黑色有棱角的头巾。③芋栗：芋头、栗子。④阶除：屋前的台阶。驯：指见人不惊。⑤野航：乡村的渡船。受：容纳。

**【解析】**这首诗描写了一位隐士朱山人的形象。前半篇展现出来的是一幅山庄访隐图。首句用"锦里先生"的称呼既表明其隐士身份，又写出他令人尊敬的高尚品格。第二句继而写其依靠在园中种植芋艿、栗树度日，家境并不富裕，可是从山人和全家的愉快表情中，可以知道他是个安贫乐道之士，很满足于这种朴素的田园生活。颔联写朱山人一家的善良、和蔼和好客，气氛和谐、宁静。颔联两句可谓一幅形神兼备的绝妙的写意画，连主人耿介而不孤僻、诚恳而又热情的性格都给画出来了。随着时间的推进，后半篇又换了另一幅江村送别图。颈联一转而写朱山人与诗人乘着小船外出游玩的情景，笔墨疏落而境界尽出。杜甫在主人的"相送"下登上了这"野航"，来时他也是从这儿摆渡的。尾联接着写主客二人依依惜别。"白沙""翠竹"，明净无尘，在新月掩映下，意境清幽，尽显主人与客人情谊之真挚美好。从"惯看宾客儿童喜"到"相送柴门月色新"，不难想象，主人是殷勤接待，客人是竟日淹留。中间"具鸡黍""话桑麻"这类事情，都略而不写。这是诗人的剪裁，也是画家的选景。

## 闻　笛

赵　嘏

谁家吹笛画楼中①，断续声随断续风②。响遏行云横碧落③，清和冷月到帘栊④。兴来三弄有桓子⑤，赋就一篇怀马融⑥。曲罢不知人在否，余音嘹亮尚飘空。

【注释】①画楼：饰有彩画的楼阁。②断续：断断续续的；一阵一阵的。③响遏（è）行云：指笛声嘹亮得直入云中，连正在飘行的云朵也停止不前。横：指掠过。碧落：天空。④帘栊（lóng）：帘子，窗户。⑤三弄：这里指三支笛曲。桓子：晋人桓伊，字叔夏，小字野王。历任淮南太守、豫州刺史。有将才，淝水之战中与谢玄等共破苻坚。善于吹笛，王徽之闻其名而素不相识。一日于途中遇之，派人请他奏笛。当时桓伊已经显贵，却不以为忤，下车踞胡床吹了三支笛曲，奏毕而去，主客间不交一语。⑥马融：东汉经学家。字秀长，右扶风（今陕西省兴平市东北）人。曾官校书郎、南郡太守等。治经之外亦善作赋，所作《长笛赋》十分著名。

【解析】这首诗写诗人听到笛声的感受及其引起的联想。首联就题起句，语简意赅，蕴藉有致，点明笛声来自远处的“画楼”，并以想象的楼阁之精美来间接写笛声美妙，笛声与楼色相得益彰。颔联描写笛声之精妙绝伦：上句写笛声之嘹亮，下句写笛声之低咽。颈联由实写转为虚写。诗人听闻此优美的笛声，自然而然地想象到古代的桓伊三弄，自己也不禁要像马融一样作赋赞颂。尾联写笛声已尽而韵味悠长，不绝如缕，更进一步突出笛声的动人，同时令人更加向往神秘的吹笛人。此诗由笛声起而始，以笛声尽而终，写法有虚有实，虚实相间，韵味浓厚，境界高雅，余韵袅袅，如有笛音一样意味悠长，绵绵不绝。

## 冬　景

刘克庄

晴窗早觉爱朝曦[①]，竹外秋声渐作威。命仆安排新暖阁[②]，呼童熨贴旧寒衣。叶浮嫩绿酒初熟[③]，橙切香黄蟹正肥。蓉菊满园皆可羡[④]，赏心从此莫相违。

【注释】①朝曦：晨曦，早晨的阳光。②暖阁：与大屋子隔开而又相通连的小房间，可设炉取暖。③叶：这里指茶叶。④蓉：指木芙蓉。多年生木本植物，秋天开花，花大略似荷花，故有此称。亦名木莲。可羡：可爱。

【解析】这首诗写秋末入冬的情景，透露了诗人珍惜美好时光的心情。首联写景物，以晨曦可爱、竹林中风声渐盛这两个细微的变化，描写秋末入冬时的气候逐渐寒冷。颔联承上联写人事，描写了诗人为御寒过冬所作的种种准备。下半首则转而描写这一时节的赏心乐事。颈联调动视觉、味觉感官，以“嫩”与“绿”“香”与“黄”四字，将新酒与新茶、蟹膏与橙子的色泽与滋味，通过感官的互通，写出了品尝时的身心欢乐。尾联写园中菊花、木芙蓉争妍斗艳，十分可爱，劝谕自己从此以后珍惜美好时光。这首诗将寒意渐盛的初冬情景写得明丽欢快，旷达乐观，超出平常诗人悲秋、怨冬的窠臼，十分难得。

## 小　至[①]

杜　甫

天时人事日相催，冬至阳生春又来[②]。刺绣五纹添弱线[③]，吹葭六管动飞灰[④]。岸容待腊将舒柳[⑤]，山意冲寒欲放梅[⑥]。云物不殊乡国异[⑦]，教儿且覆掌中杯[⑧]。

【注释】①小至：即小冬至，冬至前一日。②阳生：谓阳气初生。古人认为冬至日阴气极盛而新的一线阳气刚刚产生。③五纹：五色线。《唐杂录》载，冬至后日渐长，宫中女工比常日增一线之功。弱线：极少的一段线。④吹葭（jiā）：古代将苇膜烧灰放在律管内测示气候，冬至前灰飞向下，冬至后则灰飞向上，因冬至一阳生，阳气舒展故。六管：管亦作璃，指用玉制成的确定音律的律管。律管共十二支，分六律、六吕，故称六管。飞灰：一作“浮灰”。⑤岸容：水边景象。腊：腊月，农历十二月。舒：舒放，萌发。⑥山意：山的意态，景。⑦云物：景物。不殊：没有两样。⑧覆：倾，倒。

【解析】这首诗是诗人大历元年（766年）在夔州写的。那时杜甫生活比较安定，心情也比较舒畅。诗写冬至前后时令变化，不仅用刺绣添线写出了白昼增长，还用河边柳树即将泛绿，山上梅花冲寒欲放，生动地写出了冬天里孕育着春天的景象。诗的末二句写他由眼前景物唤起了对故乡的回忆。虽然身处异乡，但云物不殊，所以诗人教儿斟酒，举杯痛饮。这举动和诗中写冬天里孕育着春天气氛的基调是一致的，都反映出诗人难得的舒适心情。

## 梅　花①

林　逋②

众芳摇落独暄妍③，占尽风情向小园。疏影横斜水清浅，暗香浮动月黄昏④。霜禽欲下先偷眼⑤，粉蝶如知合断魂⑥。幸有微吟可相狎⑦，不须檀板共金樽⑧。

【注释】①此题在《林和靖诗集》中作《山园小梅》。②林逋（bū），北宋诗人。字君复，钱塘（今浙江省杭州市）人。早年浪游江淮之间，后归故乡，在杭州西湖畔的孤山隐居二十年，种梅养鹤，终身不仕不娶，世称“梅妻鹤子”。卒谥“和靖先生”。著有《林和靖诗集》。③众芳：百花。摇落：被风吹落。暄妍：明媚美丽。④暗香：幽香。黄昏：一般指太阳西沉之时，这里指月亮西下、即将天亮的时候。⑤霜禽：白色的禽鸟。这里指林逋饲养的寒雀。偷眼：偷看。⑥合：应当，应该。⑦微吟：低声吟唱。狎（xiá）：亲近。⑧檀板：演唱时用的檀木拍板，这里代指奏音乐。金樽：金酒杯。这里指饮酒。

【解析】古典诗歌中描写梅花的篇章极多，而以这首诗最为著名，被誉为咏梅的绝唱。首联以梅不畏严寒、笑立风中起句，“众”与“独”字对出，言天地间只有此花，这是何等的峻洁清高。然而梅品虽高，却不骄傲，只在一方小园而且是山间小园实际是空中楼阁中孤芳自赏，这又是一种何等“丰富的宁静”与充实的美丽。颔联最为世人称道，为人们送上了一幅优美的山园小梅图。上句轻笔勾勒出梅之骨，“疏影”状其轻盈，“翩若惊鸿”；“横斜”传其妩媚，迎风而歌；“水清浅”显其澄澈，灵动温润。下句浓墨描摹出梅之韵，“暗香”写其无形而香，随风而至，如同捉迷藏一样富有情趣；“浮动”言其款款而来，飘然而逝，颇有仙风道骨；“月黄昏”采其美妙背景。宋人王十朋有“暗香和月入佳句，压尽千古无诗才”之说，宋词的词牌中有《疏影》《暗香》二调名，也是由此两句而来。上二联皆实写，下二联虚写。颈联“以物观物”“霜禽”指白鹤，“偷眼”写其迫不及待之情，因为梅之色、梅之香这种充满了诱惑的美；“粉蝶”与“霜禽”构成对比，虽都是会飞的生物，但一大一小，一禽一虫，一合时宜一不合时，画面富于变化，“断魂”略显夸张，用语极重，渲染出梅花摄人心魄的“极致的美”。尾联表达出诗人愿与梅化而为一的生活旨趣和精神追求。苏轼曾在《书林逋诗后》说：“先生可是绝伦人，神清骨冷无尘俗。”该诗之神韵正是诗人幽独清高、自甘淡泊的人格写照。诗人具体写梅画梅时，虚实结合，对比呈现，使得全诗节奏起伏跌宕，色彩时浓时淡，环境动静相宜，观景如梦如幻，充分体现了“山园”的绝妙之处，也淋漓尽致地表达出诗人“弗趋荣利”“趣向博远”的精神品格。

## 左迁至蓝关示侄孙湘①

韩 愈

一封朝奏九重天②，夕贬潮州路八千③。欲为圣明除弊事④，敢将衰朽惜残年⑤！云横秦岭家何在⑥？雪拥蓝关马不前。知汝远来应有意，好收吾骨瘴江边⑦。

【注释】①此题本由编者改拟作《自咏》，现据《韩昌黎集》更正。据日本藏《又玄集》，此诗题作《贬官潮州出关作》。左迁：古代以右为尊以左为卑，所以称降职为左迁。蓝关：蓝田关，在今陕西省蓝田县南。侄孙湘：侄孙韩湘，字北渚，穆宗长庆三年（823年）登进士第，官大理丞，是韩愈之侄韩老成的儿子。②一封：一封谏书。指作者的《谏迎佛骨表》。朝（zhāo）奏：早朝时进奏皇帝。九重（chóng）天：指皇帝。③潮州：又称潮阳郡，州治在今广东省汕头市潮阳县。路八千：言长安和潮州间相距遥远。④圣明：对唐宪宗李纯的颂词。弊事：政治上的弊端，指唐宪宗派人迎接佛骨入宫供奉一事。⑤敢：岂敢。一作“肯”。衰朽：衰弱多病。惜残年：顾惜晚年的生命。时韩愈已五十二岁。⑥秦岭：即终南山，又名南山、太乙山。横亘在陕西省南部，为我国地理上的南北分界线。⑦瘴（zhàng）：瘴气，旧指南方山林间湿热蒸郁致人疾病的气。“好收”句意思说，自己必死于潮州，向韩湘交代后事。《左传·僖公三十二年》蹇叔哭师时有：“必死是间，余收尔骨焉。”韩愈用其意。

【解析】韩愈一生，以辟佛为己任，晚年（元和十四年）上《谏迎佛骨表》，力谏宪宗“迎佛骨入大内”，触犯“人主之怒”，差点被定为死罪，经裴度等人说情，才由刑部侍郎贬为潮州刺史。当韩愈到达离京师不远的蓝田县时，他的侄孙韩湘，赶来同行。韩愈此时，悲歌当哭，挥笔写下了这首名篇。这首诗和《谏佛骨表》珠联璧合，相得益彰，具有深刻的社会意义。韩愈大半生仕宦蹉跎，五十岁才因参与平淮而擢升刑部侍郎。两年后又遭此难，情绪十分低落，满心委曲、愤慨、悲伤。前四句写祸事缘起，满含冤屈之意。首联直抒自己获罪被贬的原因：主动招罪，“朝奏”而“夕贬”。但本着“佛如有灵，能作祸祟，凡有殃咎，宜加臣身”的精神，则虽遭获严惩亦无怨悔，老而弥坚，刚直不阿。颈联就景抒情，前句回头反顾，以“云横”影射浮云蔽日，皇帝不纳忠直之言，后句抬眼前瞻，以“雪拥”暗示路途维艰，前景黯淡。韩愈为上表付出了惨痛的代价，“家何在”三字充满血泪和愤怒，情悲且壮。这一联，景阔情悲，蕴含深广，遂成千古名句。尾联沉痛而稳重，写对韩湘交待后事。《左传·僖公三十二年》记老臣蹇叔哭师时有“必死是间，余收尔骨焉”之语，韩愈用其意，向侄孙从容交代后事，语意紧承第四句，进一步吐露了难以言喻的沉痛与悲愤。这首诗是韩诗七律中佳作，“沉郁顿挫”，风格近似杜甫。风格沉雄，感情深厚抑郁。手法的高妙，笔势纵横，开合动荡。“朝奏”“夕贬”“九重天”“路八千”等，对比鲜明，高度概括。一上来就有高屋建瓴之势。三四句用“流水对”，十四字形成一整体，紧紧承接上文，浑然天成。五六句跳开一笔，写景抒情，“云横”“雪拥”，境界雄阔。全诗大气磅礴，卷洪波巨澜于方寸。全诗叙事、写景、抒情熔为一炉，诗味浓郁，诗意醇厚。

## 干戈[1]

王　中[2]

干戈未定欲何之[3]？一事无成两鬓丝[4]。踪迹大纲王粲传[5]，情怀小样杜陵诗[6]。鹡鸰音断人千里[7]，乌鹊巢寒月一枝[8]。安得中山千日酒[9]，酩然直到太平时[10]。

【注释】①干戈：干，盾，防御武器。戈，平头戟，进攻武器。干戈常用以代指战争。②王中：宋末诗人。字积翁，生平不详。③之：至，去。④丝：蚕丝。这里形容发白如丝。⑤踪迹：行踪，这里指生平履历。大纲：总纲，这里指大体相同。王粲：字仲宣，东汉末年人。有才略，善诗文。在刘表处不得重用，后归附曹操，深得信任。“建安七子”之一。他生逢乱世，多抒写其身逢乱世，漂泊异乡的痛苦心情。⑥小样：小小相似。杜陵：指杜甫。杜甫号少陵。⑦鹡鸰（jí líng）：小鸟名，亦作脊令。这里比喻兄弟。《诗经·小雅·常棣》：“脊令在原，兄弟急难”。⑧乌鹊巢寒：曹操《短歌行》中有“月明星稀，乌鹊南飞。绕树三匝，何枝可依？”此处喻指自己在外流离失所，也像月夜里的乌鹊一样找不到栖息的树枝。⑨中山千日酒：干宝《搜神记》中有一则传说：“狄希，中山人也。能造千日酒，饮之亦千日醉。”⑩酩（mǐng）然：形容酩酊大醉的样子。

【解析】在这首诗中，诗人抒发了生逢宋末乱世，战争不断，兵连祸结，亲人离散，兄弟飘零，漂泊无依的悲痛心情。首联开门见山，直言自己生逢战乱，无处可避，一事无成却已两鬓斑白，奠定了全诗的基调。颔联引用汉末王粲和唐代杜甫的事迹，来比拟自己的漂泊生涯和悲怆情怀。用典恰切，语简意赅，意蕴丰富。颈联用两个隐喻来描写自己的家人离散、无家可归的悲凉处境。尾联用中山人造酒的传说，以但愿千日不醒来直抒心怀，悲痛之情入木三分。此诗句写内心的悲痛，却通篇不见半个“悲”“哀”之类的字眼，而是通过叙事、用典、比喻或议论，等不同方式，层层深入，揭示深沉的痛苦，意味深长。

## 归隐

陈　抟[1]

十年踪迹走红尘，回首青山入梦频。紫绶纵荣争及睡[2]，朱门虽富不如贫[3]。愁闻剑戟扶危主[4]，闷听笙歌聒醉人[5]。携取琴书归旧隐[6]，野花啼鸟一般春。

【注释】①陈抟（tuán）：五代宋初的著名隐士。字图南，自号扶摇子。亳州真源（今河南省鹿邑县）人。五代时曾应进士举，后悔悟归隐，居华山云台观修道。常长睡百余日不起身。宋太宗时，赐号希夷先生。著有《指元篇》等。②紫绶：系在高级官员印章上的紫色丝带。这里代指高级的官职。争：怎。③朱门：漆成朱红色的大门。这里代指富贵的官宦之家。④危主：政权摇摇欲坠的君主。⑤笙：一种管乐器。聒（guō）：喧扰。⑥旧隐：过去隐居的地方。

**【解析】**作者生活于五代战乱频仍的时代，一度不甘埋没而出山应举。在经过多年奔走后，他终于豁然醒悟，放弃出仕之念而归隐华山，因此作此诗自明其志。首联写经过多年的宦海浮沉，尔虞我诈的斗争，怀念曾经青山绿水、闲云野鹤的隐居生活。颔颈联承首联，写归隐的起因："红尘"中的贵富，本来就不如"青山"中的安睡清闲；何况当此乱世，"剑戟"丛生，一边是出生入死以扶助危主，一边却是笙歌聒耳，醉生梦死，如此情境，怎不令人"愁""闷"？尾联归结到"归隐"的题旨，表明了自己退隐山林的心愿。此诗以"红尘""青山"对比起题，层层深入，揭示"归隐"题旨，章法平实而条理清晰，已体现宋诗说理一派的风格特色。

## 时世行赠田妇①

杜荀鹤②

夫因兵死守蓬茅③，麻苎衣衫鬓发焦④。桑柘废来犹纳税，田园荒尽尚征苗⑤。时挑野菜和根煮，旋斫生柴带叶烧⑥。任是深山更深处，也应无计避征徭⑦。

**【注释】**①此题一作《山中寡妇》。②杜荀鹤：晚唐诗人。字彦之，号九华山人，池州石埭（今属安徽）人。四十六岁时进士及第。卒前五日方为梁太祖朱温授以翰林学士。著有《唐风集》。③蓬茅：用茅草做成的屋子。④麻苎（zhù）：大麻和苎麻。这里指用麻、苎茎皮中的纤维织成的麻布。焦：这里指焦黄枯槁。⑤征苗：征收青苗税，唐德宗时实施的田亩附加税。这里借指田赋。⑥旋斫：现砍。⑦征徭：赋税和劳役。

**【解析】**这首诗通过对山中寡妇的悲惨命运，反映了当时处于战乱及统治者横征暴敛双重迫害之下的人民的苦难生活。唐朝末年，朝廷上下，军阀之间，连年征战，造成"四海十年人杀尽"（《哭贝韬》），"山中鸟雀共民愁"（《山中对雪》）的悲惨局面，给人民带来极大的灾难。首联从这兵荒马乱的时代着笔，抓住细节特征，简洁而生动地刻画出这位农家妇女的不幸遭遇和贫困痛苦的形象。颔联写造成寡妇悲惨生活的荒谬而真实的现实根源：国家以农桑为本，由于战争的破坏，桑林伐尽了，田园荒芜了，而官府却不顾人民的死活，照旧逼税和"征苗"。颈联承上描写"田妇"贫困的生活状况。本联采用一种加倍强调的写法，通过这种艺术强调，渲染了山中寡妇那难以想象的困苦状况。在尾联，诗人面对民不聊生的黑暗现实，发出深沉的感慨：剥削的魔爪是无孔不入的，即使逃到"深山更深处"，也难以逃脱赋税和徭役的罗网。诗人将视线由山中寡妇的形象引向更广阔的境界，揭示了普遍存在的社会问题。"任是""也应"两个关联词用得极好，象匕首一样揭露了封建统治者的罪恶本质。这首诗缘情而发，富有浓厚的感情色彩，以情动人，但诗人并不直接抒情，而是把感情诉诸对人物命运的刻画描写之中。诗人把以寡妇为代表的老百姓的苦难写到了极致，从更大的范围、更深的程度上揭露了残酷的剥削，造成一种浓厚的悲剧氛围，从而使人民的苦痛，诗人的情感，都通过生活场景的描写自然地流露出来，产生了感人的艺术力量。

## 送天师①

朱　权②

霜落芝城柳影疏③，殷勤送客出鄱湖④。黄金甲锁雷霆印⑤，红锦韬缠日月符⑥。天上晓行骑只鹤，人间夜宿解双凫⑦。匆匆归到神仙府，为问蟠桃熟也无⑧。

**【注释】**①天师：指张天师。西晋时，天师道（即五斗米道）的开创者张道陵之第四代孙移居江西省贵溪市龙虎山，尊张道陵为"正一天师"，后世因而称他及他的子孙为张天师。②朱权：明初戏曲家。明太祖朱元璋第十七子，封宁王。建文帝时为燕王所执，随军为草檄。燕王即位，封为南昌王。卒谥"献"。生前日与文学之士往还，尤好戏曲，著有传奇《荆钗记》、杂剧十二种及《太和正音谱》《采芝吟》等。③芝城：指江西波阳县城。波阳县北有芝山，因而得名。④鄱湖：鄱阳湖。⑤黄金甲：指收藏印章的金匣。雷霆印：能召来雷霆的印章。⑥红锦韬（tāo）：用红绸制成的套袋。日月符：能驱遣日月的符篆。⑦双凫（fú）：凫是野鸭。这里指能变化为野鸭的鞋子。相传仙人王乔曾变两舄（xì）为凫，登而飞往京城。⑧蟠（pán）桃：传说中西王母赠给汉武帝的仙桃。此桃三千年才成熟一次。

**【解析】**朱权在戏曲之外笃好神仙之说，所作杂剧中有《白日飞升》《独步大罗天》等神仙道化剧多种，还曾撰写过《寿域神方》等道家养生方面的著作，与龙虎山道士过从甚密。这首诗就是他在波阳送龙虎山张天师时所作。诗的一二句叙述霜落芝城，表达作者殷勤送别之意；次二句言天师印若雷霆、符比日月，称其道术之高；五六句说他跨鹤而来，乘凫而去，赞其仙踪迅速；末二句写他匆匆回府，问讯仙桃，极言洞府之奇。全诗尽以仙家生活形容天师，对仗工稳，不乏想象。

## 送毛伯温①

朱厚熜②

大将南征胆气豪，腰横秋水雁翎刀③。风吹鼍鼓山河动④，电闪旌旗日月高⑤。天上麒麟原有种⑥，穴中蝼蚁岂能逃⑦。太平待诏归来日，朕与先生解战袍⑧。

**【注释】**①毛伯温：明代大臣。字汝厉，吉水（今属江西）人。武宗正德年进士。世宗嘉靖时，累官至兵部尚书兼右都御史。受命征讨安南叛乱，不发一矢而平定叛乱，因功加太子太保。②朱厚熜（cōng）：明代皇帝。年号嘉靖，在位三十余年。后期任严嵩当国，政治腐败，使社会危机日益加深。卒后庙号世宗。③雁翎刀：宋代乾道元年军器所铸造的一种状如雁羽的刀。④鼍（tuó）鼓：用鼍皮蒙的鼓。鼍，即鳄鱼，其皮坚韧，古代用以蒙鼓。⑤日月：这里指旌旗上所绣的日月图案。⑥麒麟：传说中的神兽，体形似鹿，顶生独角，身披鳞甲。是吉祥的征兆。这里喻指才能优异的毛伯温。⑦蝼蚁：蝼蛄、蚂蚁。都是藏身于土中的昆虫。这里喻指安南的叛军。⑧朕（zhèn）：皇帝自称。

【解析】这首诗是明世宗在毛伯温远征安南时所作的送行诗，表现了作者对南征必胜的信心和对主将的殷切期望。首联就题起句，写主将气概和出师时的装束，烘托出毛伯温“大将南征”的英武状貌，充满豪壮之气。颔联以鼓鸣旗展渲染出军容的威武雄壮。颈联言麒麟有种，蝼蚁难逃，以形象的比喻写出作者的必胜信念。尾联呼应首联之“南征”，写等待将军班师凯旋，到时将亲自为主将解下战袍，勉励中含有期望。这首诗不同于一般的御制诗，它笔墨凝练简洁，洗练流畅，声势雄壮，意气高扬，送臣子而有真实感情，亲切生动。

## 春　晓

孟浩然①

春眠不觉晓②，处处闻啼鸟。
夜来风雨声，花落知多少？

【注释】①孟浩然：盛唐诗人。襄州襄阳（今属湖北）人。早年隐居襄阳鹿门山。四十岁游长安，应进士试下第。后入张九龄幕府任从事，患疽而卒。诗与王维齐名，并称“王孟”。著有《孟浩然集》。②不觉：不知不觉，没有察觉到。晓：指天刚亮的时候。

【解析】这首诗是诗人隐居在鹿门山时所作，意境十分优美。诗人抓住春天的早晨刚刚醒来时的一瞬间展开描写和联想，生动地表达了诗人对春天的热爱和怜惜之情。诗的前两句写诗人因春宵梦酣，天已大亮了还不知道，一觉醒来，听到的是屋外处处鸟儿的欢鸣。诗人惜墨如金，仅以一句“处处闻啼鸟”来表现充满活力的春晓景象。正是这可爱的春晓景象，使诗人很自然地转入后两句的联想：夜里这一阵风雨当是轻风细雨，它把诗人送入香甜的梦乡，把清晨清洗得更加明丽，但是它毕竟要摇落春花，带走春光，又隐含着诗人对春光流逝的淡淡哀怨和惜春之情。全诗语言明白晓畅、平易浅近，音调朗朗上口，却充满时间的跳跃、阴晴的转换与感情的微妙变化，读来起伏跌宕、兴味无穷。同时，它又十分贴近生活，情景交融，意味隽永。

## 访袁拾遗不遇①

孟浩然

洛阳访才子，江岭作流人②。
闻说梅花早③，何如此地春。

【注释】①诗题一作《洛中访袁拾遗不遇》。拾遗：唐代的官职，有左拾遗、右拾遗之分。②江岭：江西南端的大庾岭。因广种梅花，又称梅岭。流人：被贬官流放的人，这里指袁拾遗。③梅花早：大庾岭气候比中原暖和，因而梅花开得早。

【解析】诗人去洛阳访问友人袁拾遗，却因他已被远贬岭南而不遇，所以作了这首诗抒发遗憾的心情。前两句对偶，点出题目，首句写“访袁拾遗”，次句写“不遇”。孟浩然是襄阳人，如今到了洛阳，特意来拜访袁拾遗，足见二人感情之厚。称之为“才子”，暗用潘岳《西征赋》“贾谊洛阳之才子”的典故，以袁拾遗与贾谊相比，足以说明自己对袁拾遗景仰之深。“江岭”指大庾岭，过此即是岭南地区，流放之地。用“江岭”与“洛阳”相对，用“才子”与“流人”相对，揭露了当时政治的黑暗、君主的昏庸，突现出诗人心中的不平。三四两句写得洒脱飘逸，联想自然。从上句大庾岭梅花“早”开，见出下句“此地春”中藏一“迟”字。早开的梅花，虽特别引人喜爱，可是流放岭外，怎及得留居北地故乡呢？此诗由“江岭”而想到早梅，借用岭外早开的梅花娓娓道出对友人的深沉怀念。诗人极言岭上早梅之好，而仍不如北地花开之迟，便有波澜转折，更见感情的深挚。全诗四句，贯穿着两个对比。用人对比，从而显示不平；用地对比，从而显示伤感。这首小诗里包含了相当复杂的情绪，既有不平，也有伤感；感情深沉，却含而不露，精练而含蓄。

## 送郭司仓①

王昌龄②

映门淮水绿③，留骑主人心④。
明月随良掾⑤，春潮夜夜深。

**【注释】**①郭司仓：一位管理粮仓的官吏，姓郭。诗人的朋友。②王昌龄：盛唐诗人。字少伯，京兆（今陕西省西安市）人。开元年进士及第，授汜水尉，因事贬岭南。后又被贬为江宁丞、龙标尉。安史之乱时返乡，途经亳州，为刺史闾丘晓所杀。原集散佚，明人辑有《王昌龄集》。③淮水：即淮河。由河南经安徽、江苏注入长江。④留骑：挽留客人的车骑。指作者暂留司仓饮饯。⑤良掾（yuàn）：对郭司仓的美称。掾：古代府、州、县属官的通称。

**【解析】**这是一首表达友谊的小诗。前两句写惜别之意。首句以淮水起笔，用对春景的画意般的描绘，点明了送别的时间和地点，同时又以淮河中旺盛的春水烘托下句主人殷勤留客之意。后两句设想郭司仓别去后的情景，上句写朋友旅途寂寞，唯有明月相随，也用渐渐高升的明月来比喻朋友将要得到的发展，表明诗人希望他能成为清正廉明的好官；下句写诗人对朋友的思念之心如淮河春潮，夜夜越涨越深，虽夸张却也生动形象。前两句实写，后两句虚写。通篇用对仗，承转严密，末句复以“春潮”遥应首句之“淮水”，回旋流荡，将对朋友的心意写得真实、具体而又深厚。

## 洛阳道①

储光羲②

大道直如发，春日佳气多。
五陵贵公子③，双双鸣玉珂④。

**【注释】**①此题为编者所拟，本是作者《洛阳道五首献吕四郎中》中的第三首。②储光羲：唐代诗人。兖州（今属山东）人。开元进士。天宝中官至监察御史。安禄山攻陷长安后，曾接受伪职。乱平后被贬，死于岭南。③五陵：五陵原，是以西汉王朝在这里设立的五个陵邑而得名的。汉高祖九年（公元前198年），刘邦接受了郎中刘敬的建议，将关东地区的二千石大官、高訾富人及豪杰并兼之家大量迁徙关中，伺奉长陵，并在陵园附近修建长陵县邑，供迁徙者居住。以后，汉惠帝刘盈修建安陵、汉景帝修建阳陵、汉武帝修建茂陵、汉昭帝修建平陵之时，也都竞相效尤，相继在陵园附近修造安陵邑、阳陵邑、茂陵邑和平陵邑。④玉珂：马勒上的玉石装饰，随马之行走会互相叩击作声。

【解析】这首诗描写唐代东都洛阳贵族春游的盛况。诗人善于捕捉某一典型特征，对事物作画龙点睛式的描绘。诗一开始就用一个新颖的比喻，形容洛阳四郊大道像头发一样平直，十分形象。接着极为概括地写出东都洛阳春光明丽的景象，为后两句写贵族公子游春作了铺垫。诗的最后一句，形象地勾画出贵公子双双骑着装饰华丽的骏马，相继出城春游的图景。从马行时玉器发出的撞击声，令人联想到骑在马上的贵公子意气风发的神态，十分巧妙传神。诗人不仅绘声绘色地写出了大道上热闹的情景，也给读者留下了想象的空间。

## 独坐敬亭山①

李　白

众鸟高飞尽，孤云独去闲②。
相看两不厌③，只有敬亭山。

【注释】①敬亭山：在今安徽宣城城北，又名昭亭山。山上原有敬亭，是南齐诗人谢朓曾经吟咏之处。②闲：形容云彩飘来飘去悠闲自在的样子。③厌：满足。

【解析】天宝十二载（753 年）秋天，诗人游宣城时作此诗。作者以奇特的想象力和巧妙的构思，赋予山水景物以生命，将敬亭山拟人化，写得十分生动。前两句看似写眼前之景，其实写尽伤心之感。首句以一“众”字发端，与诗题的“独”字形成对照。众鸟飞尽，孤云独去。“尽”“闲”二字，把读者引入一个“静”的境界：仿佛是在一群山鸟的喧闹声消除之后，在翻滚的厚云消失之后，感到特别清幽平静。因此，这两句是以“动”衬“静”。这种“静”，正烘托出诗人心灵的孤独和寂寞，并且暗示了诗人在敬亭山游览观望之久，勾画出他“独坐”出神的形象，为下联“相看两不厌”作了铺垫。后两句用浪漫主义手法，将敬亭山人格化、个性化。“相”“两”二字同义重复，把诗人与敬亭山紧紧地连在一起，表现出强烈的山与人的相依之情。结句中“只有”两字也是经过锤炼的，更突出诗人对敬亭山的喜爱。这两句诗所创造的意境仍然是“静”的。表面看来，是写了诗人与敬亭山相对而视，脉脉含情。实际上，诗人越是写山的“有情”，越是表现出人的“无情”，越是透露出自己寂寞凄凉的处境。全诗似乎全是景语，无一情语。然而，由于景是情所造的，所以虽句句写景，却句句是情，诚如王夫之所说的“情中景，景中情”。

## 登鹳鹊楼①

王之涣②

白日依山尽③，黄河入海流。
欲穷千里目④，更上一层楼。

【注释】①鹳鹊楼：又名鹳雀楼，在今山西省永济市西南。楼高三层，前瞻中条山，下临黄河。②王之涣：盛唐诗人。字季陵，原籍晋阳（今山西省太原市），后迁居绛县（今山西省新绛县）。开元初任冀州衡水县主簿，被诬去职。居家十五年，晚年出任文安县尉。③白日：太阳。依：依傍。尽：消失。④穷：尽，使达到极点。

**【解析】**唐人题鹳鹊楼的诗很多，但王之涣这一首诗最为著名。这首诗写诗人在登高望远中表现出来的不凡的胸襟抱负，反映了盛唐时期人们积极向上的进取精神。前两句描写诗人登楼所见的景象。"白日依山尽"写远景、写山，"黄河入海流"写近景、写水。寥寥十字，将上下、远近、东西的景物，全都容纳进诗笔之下。语言极其朴素、极其浅显，却形象又概括地将景象写得气势磅礴，宽广辽远，令人的胸襟为之一阔。三四两句即景生意，字面上看来只是平铺直叙地写出了登楼的过程，却含意深远，耐人寻味。寄托了诗人向上进取的精神、高瞻远瞩的胸襟，也道出了站得高才看得远的哲理。后两句是千古传诵的名句，既别翻新意，出人意表，又与前两句诗承接得十分自然、十分紧密。此诗全篇用对仗，气势充沛，一意贯连，"四语皆对，读来不嫌其排，骨高故也"。这首诗把道理与景物、情事配合得天衣无缝，使读者并不觉得它在说理，而理自在其中。

## 观永乐公主入蕃①

孙　逖②

边地莺花少③，年来未觉新。
美人天上落④，龙塞始应春⑤。

**【注释】**①此题一作《同洛阳李少府观永乐公主入蕃》。永乐公主：唐玄宗时东平王的外孙女杨氏。唐玄宗开元二十五年（737年）十一月三日，封永乐公主，下嫁契丹松漠郡王李失活。蕃（fān）：通"番"。指西域等外族所居之处。这里指契丹。②孙逖（tì）：武水（今山东省临清市附近）人。玄宗开元时历任左拾遗、考功员外郎、中书舍人等职。孙逖居职8年，还曾任刑部侍郎、太子左庶子、少詹事等职。上元年间病逝。赠尚书右仆射。③莺花：莺鸟、鲜花。④美人：指永乐公主。天上：喻指唐代京城长安。⑤龙塞：龙城，匈奴等西北民族的都城，此指契丹王居住之地。

**【解析】**唐代常将宗室及其他贵族女子封为公主，出嫁外族首领，以和亲作为睦邻的政治手段。这首诗咏永乐公主出嫁契丹王事。前两句写边塞之地虽入新年，却没有莺歌燕舞、春花绚烂的新春景象，有的只是一片荒芜凄凉之景。后两句笔锋一转，写永乐公主入蕃为边地带来了明媚的春光。契丹人迎娶永乐公主时欢乐、祥和、热闹、喜庆的盛况虽略而不写，却令人自然而然地联想到了是怎样的场景。不过，细细玩味之下，读者似乎也能体味到公主隐隐约约的感伤和孤独。

## 伊州歌①

盖嘉运②

打起黄莺儿，莫教枝上啼。
啼时惊妾梦③，不得到辽西④。

**【注释】**①伊州歌：曲调名叫"伊州"的歌曲。此诗在《全唐诗》中题作《春怨》。②盖嘉运：生平不详。《全唐诗》题作者为金昌绪。③妾：古代女子的谦称。④辽西：辽河以西的地区，在今辽宁省西部，在唐代是驻扎重兵防御高丽的边防要地。

【解析】这是首春闺望夫诗，以一个闺中少妇的口吻，描写了她思念远在辽西的丈夫，希望在梦中与之相会的情景。首句写“打起黄莺”，宛似平地奇峰，突兀而起，形成悬念。次句写“打起”的原因是“莫教啼”。三句写“莫教啼”的目的是不使其“惊妾梦”。四句又写希望在“妾梦”中远赴辽西去与征人神会。诗到末句才最终解开了所有的谜团，淋漓尽致地刻画了女主角对远在辽西的丈夫的思念、痴情和独处闺中的寂寞。诗意连绵反复，句句相承，层层递进，环环相扣，一气呵成，读来余音袅袅，韵味无穷。

## 左掖梨花①

丘　为②

冷艳全欺雪③，余香乍入衣④。
春风且莫定⑤，吹向玉阶飞⑥。

【注释】①左掖（yè）：指门下省。唐代的门下省和中书省，分别设在宫禁（帝后所居之处）左右两侧。②丘为：唐代诗人。生卒不详。苏州嘉兴（今属浙江）人。累举不第，归里苦读。至天宝初始登进士，与王维、刘长卿友善，尝相唱和。官至太子右庶子，致仕归，时年八十余，继母健在，给俸禄之半，以孝称。年九十六，以寿终。诗擅五言，善摹湖山景色。③冷艳：形容梨花洁白如雪，冰冷艳丽。欺：压倒；胜过。④乍：突然。入衣：指香气浸透衣服。⑤莫定：不要静止。⑥玉阶：宫殿前光洁似玉的石阶。

【解析】诗人以梨花自拟，托物言志。前两句描写梨花不畏严寒，熬过寒冬，光艳照人，犹胜冰雪，比喻诗人自己刻苦修己，品格清高，才华出众。后两句写希望春风将梨花吹上玉阶，让梨花的芳香飞入皇宫，隐喻希冀获得皇帝赏识，为国效力。

## 思君恩

令狐楚①

小苑莺歌歇，长门蝶舞多②。
眼看春又去，翠辇不曾过③。

【注释】①令狐楚：唐代文学家。汉族，字壳士。宜州华原（今陕西耀县）人。贞元七年（791年）登进士第。宪宗时，擢职方员外郎，知制诰。出为华州刺史，拜河阳怀节度使。入为中书侍郎，同平章事。宪宗去世，为山陵使，因亲吏赃污事贬衡州刺史。逝世于山南西道节度使任上。谥曰“文”。②长门：汉代宫名。汉武帝刘彻娶表妹陈阿娇为皇后，后宠衰被弃，置长门宫中。这里借指唐代宫苑。③翠辇（niǎn）：皇帝乘坐的饰有翠鸟羽毛的人力车。

【解析】这是一首宫怨诗，描写宫女孤独幽怨的心情。在封建社会中，帝王为了荒淫享乐的需要，从民间挑选大批女子入宫。她们入宫后，终身幽居深宫，不准和家人团聚，也不准和外人结婚，只能寄希望于皇帝的宠幸。本诗前两句以小苑里黄莺不再歌唱和长门里蝴蝶成双成对形成强烈的对比，极写宫女寂寞凄凉、孤独无聊的情景。后两句进一步直接描写宫女的心情，说春天又将过去，皇帝没有来临。“春”字语义双关，既指春天，更指宫女的青春韶华；“又”字表明多少个这样徒观蝶舞的春季已经永不复返地逝去了，道出了宫女无比的感伤与无奈。这首诗抒发了宫女长年未能得到皇帝恩宠而产生的惆怅、怨恨的感情。古代诗人喜欢以“曲笔”来抒情言志，这首诗也可以理解为抒发失意的臣子盼望重获皇帝重用的愿望。

## 题袁氏别业①

贺知章②

主人不相识，偶坐为林泉。
莫谩愁沽酒③，囊中自有钱。

【注释】①别业：别墅。②贺知章：字季真，号四明狂客，唐越州会稽永兴（今浙江杭州市萧山区）人。诗文以绝句见长，除祭神乐章、应制诗外，其写景、抒怀之作风格独特，清新潇洒。今尚存录入《全唐诗》共19首。③谩：通“漫”。这里有“胡乱”的意思。沽：买。

【解析】这首诗写诗人与不相识的主人共赏林泉美景的经历，充分体现出诗人豪迈放浪的性格。诗人与别业的主人并不相识，只因春游到此，见林泉之美，于是入园坐而观赏。前两句既写出了别业的林泉胜景吸引人，也写出了诗人的不拘小节。后两句诗人坦率地向主人袁氏表白，不必愁无钱买酒，自己袋中有钱，可供沽酒共饮。进一步表现出诗人的豪放不羁，也暗示自己准备在此与主人一起，慢慢饮酒欣赏美景。诗中没有正面描绘袁氏林园的幽美，只选取与主人偶遇的一个片断来写，率意而发，不加雕饰，朴素自然，情趣盎然，鲜明地表现了诗人坦荡豪放的性格。

## 夜送赵纵①

杨　炯②

赵氏连城璧③，由来天下传。
送君还旧府④，明月满前川。

【注释】①赵纵：作者的朋友，赵州（今河北省赵县）人。②杨炯：华阴（今属陕西）人。十岁举神童，唐高宗上元三年应制举及第，授校书郎。后官婺州盈川令，后人因此称为“杨盈川”。诗与王勃、卢照邻、骆宾王齐名，并称“初唐四杰”。明人辑有《盈川集》。③连城璧：价值几座城邑的玉璧，指战国时代的和氏璧。秦昭王听说赵惠文王获得了和氏璧，曾表示愿意用十五城来交换。和氏璧是中国历史上著名的美玉，在它流传的数百年间，被奉为“天下所共传之宝”。④旧府：故乡的旧居。

【解析】这是一首别致新颖的送别诗。首句以比起兴，诗人以国之瑰宝和氏璧比喻赵纵的品貌。次句借美玉的名传天下，进一步比喻赵纵的名气。诗人在此借助他人之口表达自己的心意，委婉地称赞朋友。第三句本来是平铺直叙，但这个点睛之句力托全诗，可举千斤，使前面的喻句有落脚点，后面的景句有依托，照应首句，寓意深邃。从诗意推测，赵纵是一位德高望重的名士，大概因仕途失意，辞归故里。在诗人眼中，他是远离尘嚣，冰清玉洁的。最后一句纯粹地描写景物，“以景结情最好”“含有余不尽之意”，深得寓情于景之妙。全诗深入浅出，譬喻通俗易懂，写景自然贴切，“猝然相遇，借以成章，不假绳削”，借情写景，情景交融，蕴藉而不乏深致。诗的情意真挚，神韵绰约，极臻妙境。

## 竹里馆①

王 维

独坐幽篁里②，弹琴复长啸③。
深林人不知，明月来相照。

【注释】①竹里馆：作者辋川别业中的一处胜景。②幽篁（huáng）：幽深的竹林。③长啸：撮唇发出的吹气声。

【解析】这首五绝是诗人王维晚年隐居蓝田辋川时创作的一首名作。此诗属闲情偶寄，遣词造句简朴清丽，表现了一种清幽绝俗的境界，是诗人生活态度、心性以及作品特点的绝佳表现。诗的用字造语、写景（幽篁、深林、明月）、写人（独坐、弹琴、长啸）都极平淡无奇。然而它的妙处就在于以自然平淡的笔调，描绘出月夜幽林清新诱人的意境，夜静人寂，融情景为一体，蕴含着一种特殊的美的艺术魅力，使其成为千古佳品。诗中以弹琴长啸，反衬月夜竹林的幽静，以明月的光影，反衬深林的昏暗。表面看来平平淡淡，似乎信手拈来，随意写去，其实有景有情（幽静之景、幽独之情）、有声有色（琴啸之声、林月之色）、有静有动（独坐弹啸）、有实有虚（前两句实写其景，后两句虚写其情），对立统一，相映成趣。全诗的格调幽静闲远，仿佛诗人的心境与自然的景致全部融为一体了。诗至此境界，不能不令人喟叹。这首诗实在是匠心独运、妙手回天的大手笔。

## 送朱大入秦①

孟浩然

游人五陵去，宝剑值千金。
分手脱相赠②，平生一片心。

【注释】①朱大：作者友人，生平不详。大：指排行老大。作者另有《送朱去非游巴东》，朱去非可能就是朱大。秦：指长安。②脱：解下（宝剑）。

【解析】这是一首送别小诗，风格慷慨激昂。首句就题起笔。“游人”强调朱大浪游者的身份，“五陵”代指长安京华之地，乃游侠云集之所，暗示了朱大豪爽的性情。次句本为曹植《名都篇》诗句，这里信手拈来，不仅强调宝剑本身的价值，更强调赠剑这一行为的意义。诗人并不挑明宝剑系谁赠谁受，反而耐人寻味。三句写分手脱赠，千金之剑，痛快淋漓，慷慨激昂。最后一句语浅情深，似是赠剑时的赠言，又似赠剑本身的含义，表现了双方平素的仗义，意味深长。只说“一片心”，而不说一片什么心，妙在含蓄，更能激发联想。孟浩然性格豪放，《新唐书·文艺传》谓其“少好节义，喜振人患难”。由此可见，这首小诗所表现的慷慨激昂，其实是诗人心性的自然表现。

## 长干曲①

崔　颢

君家何处住？妾住在横塘②。
停船暂借问，或恐是同乡。

【注释】①一作《长干行》，又名《江南曲》。这里所选的是作者《长干曲四首》中的第一首。长干曲：乐府中“杂曲歌辞”的旧题。长干：古代里巷名，在今南京市近长江一带。②横塘：地名。在今南京市西南一带，与长干相近。

【解析】这首诗以白描的手法，描写了舟行途中一个船家女子与一男子对话结识的情景。全诗通过女子问话的方式，形象地将女子既想结识对方，又含羞露怯的心态描绘了出来。全诗寥寥数语，巧妙地传达人的神态，展露出女子自报家门的急切，传达了这个女子大胆、聪慧、天真无邪的音容笑貌，纯朴率真，饶有情趣。

## 咏　史

高　适①

尚有绨袍赠②，应怜范叔寒③。
不知天下士④，犹作布衣看。

【注释】①高适：盛唐诗人。字达夫，又字仲武，沧州渤海蓨（修）（今河北省沧县）人。天宝年因人举荐，充任封丘县尉。后入河西节度使哥舒翰幕掌书记。安史之乱后，累官至散骑常侍。诗与岑参齐名，并称“高岑”。②绨袍：用粗丝棉织成的较厚的衣服。③范叔：范雎。早年家境贫寒，后出使齐国为魏中大夫须贾所诬，历经磨难后辗转入秦。公元前266年出任秦相，辅佐秦昭王。他上承孝公、商鞅变法图强之志，下开秦皇、李斯统一帝业，是秦国历史上继往开来的一代名相，也是我国古代在政治、外交等方面极有建树的谋略家。④天下士：指能治理天下的奇士。

【解析】这首诗咏战国时范雎与须贾故事：范雎与须贾本来都是魏国的大夫，他们一起受命出使齐国。齐王重范雎之才，赐给他银子，而没有给须贾。返国后，须贾出于妒忌而在魏相面前诬范雎暗通齐国。范雎备受毒打，被迫逃往秦国，改名张禄，受到秦王重用，拜为丞相，力辅秦国称霸天下。后来，须贾出使秦国进贡，范雎故意穿着破衣拜见须贾。须贾看他可怜，脱下身上的绨袍给他穿。当须贾知范雎是秦国丞相时，惶恐失色，肉袒伏地请罪。范雎念他赠绨袍的情谊，饶恕了他，免其一死。诗的前两句，肯定了须贾的怜寒念旧之情，后两句借题发挥，讽刺须贾仅有怜寒之意而无识才之眼，也讽刺劝谕了人们不能仅以外表、衣帽取人。

## 罢相作①

李适之②

避贤初罢相③，乐圣且衔杯④。
为问门前客，今朝几个来？

【注释】①罢相：被免去丞相职务。②李适之：唐代宗室。玄宗天宝年间曾任左丞相，因受到李林甫排挤而罢相。不久，被迫自杀。喜爱饮酒，与李白、贺知章等并称“饮中八仙”。③避贤：避位让贤。④乐圣：以圣人为乐。在这里“圣人”是古代对清酒的戏谑的说法。衔杯：置酒杯于唇间。指饮酒。

【解析】诗人遭权奸排挤诬陷，罢相闲居，诗即咏其事。前两句以工整的对仗自述罢相之因和罢相之后的状况。起句中，起因是主动“避贤”，结果却是被动“罢相”，次句接着写自己为此十分高兴，大设酒宴庆祝，实际上形成了自我解嘲和反讽的双重效果。后两句根据这一逻辑，询问亲朋故旧来赴宴的情况。李适之平素“夜则宴赏”，天天请宾客喝酒，但“今朝几个来”，确乎是个问题。宴请的是亲故宾客，大多是知情者，懂得这次赴宴可能得罪李林甫，惹来祸害。敢来赴宴，便见出胆识，不怕风险。这对亲故是考验，于作者为慰勉，向权奸则为示威，甚至还意味着嘲弄至尊。这一问便突兀，显出异常，从而暗示了宴庆罢相的真实原因和性质，使上两句闪烁不定的遁词反语变得倾向明显，令有心人一读便知。作者以俚语直白写这一问，不止故作滑稽，更有加强讥刺的用意。诗语曲折，使用反语、双关语和俚语，但诗旨，含讥刺，有机趣，实为佳作。杜甫《饮中八仙歌》写到李适之时特地称引此诗，有“衔杯乐圣称避贤”句，是为知音。这首诗得后世传诵，还有一个重要的原因：由于这首诗，李适之在罢相后被认为与韦坚等相善，遂遭诬陷株连，被贬后自杀。

## 逢侠者

钱　起

燕赵悲歌士①，相逢剧孟家②。
寸心言不尽，前路日将斜。

【注释】①燕赵：指战国时燕国、赵国所在的地区。相当现在河北省、山西省一带。古时燕、赵两国出了许多勇士，因此后人就用燕赵人士指代侠士。悲歌士：慷慨悲歌的豪侠之士。②剧孟：汉代著名的游侠。洛阳人。杜甫有诗句：“剧孟七国畏，马卿四赋良。”说的就是剧孟武艺的高强。诗人在这里以“剧孟家”借指洛阳。

【解析】这是一首因路遇侠者而写的赠别诗。前两句用“燕赵悲歌士”，借以比拟所遇见的侠者；而“相逢剧孟家”，则是说他们两人相逢于洛阳道中。剧孟不仅是侠者，而且是洛阳人。如此写来，极为切合侠者身份。后两句写诗人与侠士两心相倾，纵谈心中的悲壮不平之事，不知不觉红日西斜，只好恋恋不舍地分手而别了。既抒发了作者心中的不平，也表露了对侠士的倾慕之情。这首诗一是赞扬侠士精神，二是表达自己的愤懑和愿望，但二者都没有具体所指。此诗开门见山而又一气呵成，明快奔放，造句别致，而又寓意隐蔽。

## 江行无题①

钱　珝②

咫尺愁风雨③，匡庐不可登④。
只疑云雾窟⑤，犹有六朝僧⑥。

**【注释】**①这首诗是作者《江行无题一百首》中的第六十九首。②钱珝（xǔ）：晚唐诗人，字瑞文，吴兴（今属浙江）人，诗人钱起的曾孙。昭宗乾宁五年（898年）进士，官中书舍人。后贬为抚州司马。著有《舟中录》。此诗旧题作者为钱起，据《唐音统签》改正。③咫尺：形容很近的距离。一咫为八寸。④匡庐：即江西的庐山，又名匡山。⑤云雾窟：云遮雾障的洞窟。⑥六朝：指建都于建康（今江苏省南京市）的东吴、东晋、宋、齐、梁、陈六个朝代。

**【解析】**开头两句将题目中“江行”的意思镶嵌在内，但没有明说，只是从另一角度隐隐化出，用的是“暗起”的写作手法。诗人乘船在长江中航行，途中经过九江，与庐山相距不远，如在咫尺。可是由于正值风雨，难以攀登。“不可登”三字写出了使人发愁的“风雨”之势，表示了地势的由下而上，而且也描摹了江舟与山崖之间隔水仰望的空间关系。“愁”字则透出了诗人不能领略名山风光的懊恼之情。诗人仅仅用了十个字，即道出当时当地的特定场景，下笔极其简巧。庐山为南朝佛教胜地，当时山中多名僧大师寄迹其间。这些往事陈迹，成了诗人联想的纽带。仰望高峰峻岭，云雾缭绕，这一副奇幻莫测的景象，不能不使诗人浮想联翩：那匡庐深处，烟霞洞窟，也许仍有六朝高僧在隐身栖息吧。此种几近幻化、亦真亦妄的浪漫情趣，更增添了匡庐的神奇色彩。庐山令人神往的美景很多，诗人却“只疑”佛窟高僧，可见情致的高远和诗思的缥缈了。“只疑”和“犹有”之间，一开一阖，在虚幻的想象中渗入似乎真实的判断，更显得情趣盎然。本诗以疑似的想象，再现了诗人内心的高远情致。写法上虚虚实实，将庐山写得扑朔迷离，确为山水诗中别具神情的一首佳作。

## 答李浣①

韦应物

林中观易罢②，溪上对鸥闲。
楚俗饶词客③，何人最往还？

**【注释】**①李浣：作者的朋友。李浣“仕楚而归，以诗赠韦”，作者答之以诗曰：“子问吾近状乎？惟林中读周易，池上对白鸥而已。子自楚来，楚中多才。如屈原、宋玉者今亦不乏，子与何人往来酬唱最为得意者乎？”②易：即《易经》，又称《周易》。③饶：多。词客：诗人。

**【解析】**这是首赠答诗。前两句回答李浣赠诗的询问，向他说明了自己的生活近况：诗人截取在林中览读《周易》、溪上闲观鸥鸟的情景，写出了内心的悠闲自适。后两句反过来询问李浣在楚地作官时的情形：诗人集中关注他与楚地诗人交往的情况。全诗一答一问，从容下笔，将诗人高雅闲淡的胸襟写得淋漓尽致，也蕴含了希望朋友多向楚地文士学习的殷切关怀。

## 秋风引[1]

刘禹锡

何处秋风至，萧萧送雁群[2]。
朝来入庭树，孤客最先闻[3]。

【注释】①引：犹言歌、曲。②萧萧：形容秋风的声音。③孤客：孤身一人的旅客。

【解析】这是一首描写秋风的诗歌。首句就题发问，下笔飘忽，以一个起势突兀的问句表现出秋风那种忽然而来、不知从何而至的特征。次句宕开一笔，写耳所闻的风来萧萧之声和目所见的随风而来的雁群，化无形之风为可闻可见的景象，从而把不知何处至的秋风写得绘声绘影。后两句把笔触移向地面上的“庭树”，再集中到独在异乡、“归思方悠哉”的“楚客”，由上而下，由远而近，步步换景，渐次揭示诗篇的题旨。“最先”两字暗示了诗人的旅情归思，“为孤客传神”，使“无限情怀，溢于言表”。这首诗主要表达的是作者的羁旅之情和思归之心，但妙在不从正面着笔，始终只就秋风做文章，在篇末虽然推出了“孤客”，也只写到他“闻”秋风而止。

## 秋夜寄丘二十二员外[1]

韦应物

怀君属秋夜[2]，散步咏凉天。
空山松子落，幽人应未眠[3]。

【注释】①丘二十二：即丘丹，诗人丘为的兄弟。苏州嘉兴（今属浙江）人。曾任仓部员外郎。他在兄弟中排行第二十二。②属（zhǔ）：适逢，正值。③幽人：深山隐居的人。指丘丹。当时丘丹正隐居在临平山中修道。

【解析】这是一首怀人诗。诗人与丘丹在苏州时过往甚密，丘丹临平山学道时，诗人写此诗以寄怀。诗的首两句，写自己因秋夜怀人而徘徊沉吟的情景，是实写；后两句想象所怀的人这时也在怀念自己而难以成眠，是虚写。隐士常以松子为食，因而想到松子脱落季节即想起对方，彼此心意交融，感情默契。一样秋色，异地相思。着墨虽淡，韵味无穷，语浅情深，言简意长。全诗境界清幽空灵，古雅闲淡，韵味隽永。

## 秋　日

耿　沣[1]

返照入闾巷[2]，忧来谁共语？
古道无人行，秋风动禾黍[3]。

【注释】①耿沣：中唐诗人。字洪源，河东（今山西省永济市）人。代宗宝应二年（763年）进士。历官大理司法，左拾遗。是“大历十才子”之一。明人辑有《耿沣集》2卷。②返照：夕阳的余辉。闾巷：里巷，街巷。③禾黍：泛指庄稼。

【解析】这首诗截取秋天傍晚在里巷门口的见闻，写出了诗人寂寞萧条的心情。首句点明场景的时间与地点，“闾巷”二字暗示了诗人隐居不仕的身份。次句以问句写诗人触景生情、忧愁寂寞，却无人可以倾诉。后两句承上写诗人抬眼顺着古道远望，不仅没有人“谁共语”，而且一个行人都没有，有的只是吹动庄稼的瑟瑟秋风。“秋风”二字起点题作用。这首诗通过“返照”“闾巷”“古道”“秋风”“禾黍”等秋天的意象，渲染了诗人无法排除的忧愁。

## 秋日湖上

薛　莹[①]

落日五湖游[②]，烟波处处愁。
浮沉千古事[③]，谁与问东流[④]！

【注释】①薛莹：晚唐文宗时人，原有诗集《洞庭诗集》，今存十首。②五湖：太湖的别称。③浮沉：形容国家兴衰存亡的变迁。④谁与：向谁。东流：这里指向东流逝的江水。

【解析】这首诗写诗人秋日泛舟太湖的见闻和感悟。开头一句写出了诗人秋日泛舟闲游的时间、地点，言简意赅；紧接着一句道出了太湖上的景致，同时也烘托出诗人的心境。这两句既写景，又抒情，情由景生，景带情思，情景交融。“愁”字直抒胸臆，点出了诗人抑郁的情怀。后两句点出题旨，意为千百年不断发生的事都随着太湖上的水面浮浮沉沉，俱随着湖水向东流去而消逝。太湖历来是兵家必争之地，往日的是是非非、恩恩怨怨都已灰飞烟灭，然而今日湖波依旧。诗人委婉地道出名利的虚无，有道家的出世思想，也表达了诗人清风明月般的胸怀。这首诗妙处在于浅易近人，要言不烦，寥寥数语就将今与古、虚与实、景与情融合起来，古今一概，寓虚于实。

## 宫中题

李　昂[①]

辇路生秋草[②]，上林花满枝[③]。
凭高何限意[④]，无复侍臣知。

【注释】①李昂：即唐文宗。827年至840年在位。在位期间力图彻底扭转宦官专权的局面，起用李训、郑注等人，计划尽诛宦官。事败，李、郑等与谋的大臣全家被害，李昂也被宦官软禁，史称“甘露之变”。②辇路：宫中供皇帝车辇通行的道路。③上林：上林苑。秦、汉时著名的宫苑。这里借指当时的皇家园林。④凭高：登高。何限：犹言“无限”。

【解析】这首诗是身为天子的李昂因受制于权宦时有感而作。“甘露之变”后，李昂遭软禁，沦为家奴宦官的囚徒，内心愤懑苦恼，彷徨孤独。首句写诗人无心游赏，以致辇路上遍生秋草，荒凉不堪。次句写上林宫苑中春花满枝，一派繁荣景象，诗人却好久不曾驾临游宴了。后两句写自己登高而望，心中充满对“辇路”“上林”的无限关心，但是，即便是近侍之臣竟也无法理解自己此刻的心情，实在是苦闷之极。全诗虽无一字直诉苦闷忧愁，但诗人用草、花来托意言愁，反而更加委婉动人。

## 寻隐者不遇①

贾　岛

松下问童子，言师采药去②。
只在此山中，云深不知处③。

【注释】①此诗在《全唐诗》中凡两见，又题作《访羊尊师》，题作者为孙革。孙革，宪宗朝为监察御史。隐者：古代指不肯做官而隐居在山野之间的人。不遇：没有见到。②言：回答说。药：这里指方术之士所服用的茯苓、柏实之类养生药物。③云深：指山上云雾缭绕。处：指所在之处。

【解析】这是一首问答诗，但诗人采用了寓问于答的手法，把寻访不遇的焦急心情，描摹得淋漓尽致。其言繁，其笔简，情深意切，白描无华。以白云比隐者的高洁，以苍松喻隐者的风骨。写寻访不遇，愈衬出作者的钦慕高仰之情。这首诗的成功，不仅在于简练，还贵善于抒情。这首诗的抒情特色是在平淡中见深沉：一问之后并不罢休，又继之以二问三问，其言甚繁，而其笔则简，以简笔写繁情，益见其情深与情切。而且这三番答问，逐层深入，表达感情有起有伏。“松下问童子”时，心情轻快，满怀希望；“言师采药去”，答非所想，一坠而为失望；“只在此山中”，在失望中又萌生了一线希望；及至最后一答“云深不知处”，就让诗人惘然若失，无可奈何。此外，从表面看，这首诗似乎不着一色，白描无华，是淡妆而非浓抹。其实它的造型自然，色彩鲜明，浓淡相宜。郁郁青松，悠悠白云；青与白，松与云，它们的形象与色调恰和云山深处的隐者身份相符。而且未见隐者先见其画，青翠挺立中隐含无限生机，而后却见茫茫白云，深邃杳霭，着摸无从，令人起秋水伊人无处可寻的浮想。从造型的递变、色调的先后中也映衬出作者感情与物的转移。

## 汾上惊秋①

苏　颋②

北风吹白云，万里渡河汾③。
心绪逢摇落④，秋声不可闻。

【注释】①汾上：汾水之上。汾水在今山西省。②苏颋（tǐng）：字廷硕，京兆武功（今属陕西）人。弱冠敏悟，举进士第，调乌程尉。武后朝，举贤良方正异等，除左司御率胄曹参军，迁监察御史，转给事中、修文馆学士，拜中书舍人。唐玄宗景云年间，袭封许国公，转中书侍郎。开元四年（716年），进同紫微黄门平章事，修国史。八年，拜为礼部尚书，俄检校益州大都督长史。按察节度剑南诸州。从封泰山，还卒，诏赠右丞相。文章与燕国公张说齐名，并称为“燕许大手笔”。后人辑有《苏廷硕集》。③河汾：黄河、汾水。即汾水流入黄河处。当时属河东郡汾阴县（今山西省万荣县南）。④摇落：草木凋落。

【解析】开元十一年（723年）二月，玄宗来到汾阴祭祀后土，苏颋其时正在礼部尚书任上，也从驾参加了这个祭祀盛典。苏颋长期充任中枢要职，甚受玄宗器重。大概就在从驾祭祀后土之后，忽然被调任益州大都督府长史，到开元十三年才又调回长安。外放的两年，是他一生仕途中最感失意的时期，这诗可能就是这一两年中的一个秋天所作的。诗题“汾上惊秋”，是在即景起兴中抒发着历史的联想和感慨，在关切国家的隐忧中交织着个人失意的哀愁。诗的前两句化用汉武帝《秋风辞》中的“秋风起兮白云飞”“泛楼船兮济河汾”诗句，概括地暗示着当年汉武帝到汾阴祭后土的历史往事，同时也令人联想到唐玄宗欲效汉武帝的作为。后两句进一步表露心绪：“摇落”用《秋风辞》中“草木黄落”句意，又同本于宋玉《九辩》语“悲哉秋之为气也，萧瑟兮草木摇落而变衰”。这里用以指萧瑟天气，也用以喻指自己暮年失意的境遇，所以说“逢”。“逢”者，愁绪又加上挫折之谓，暗示出“心绪”并非只是个人的失意。“秋声”即谓北风，其声肃杀，所以“不可闻”。听了这肃杀之声，只会使愁绪更纷乱，心情更悲伤。这就清楚地表明了前二句所蕴含的复杂心情的性质和倾向。这首诗的表现手法和抒情特点，都比较接近阮籍的《咏怀诗》。在它的抒情形象中有诗人的寄托、忧虑、感伤，但又含蓄蕴藉。

## 蜀道后期①

张　说②

客心争日月③，来往预期程④。
秋风不相待，先至洛阳城。

【注释】①蜀道后期：意为从蜀地回家的路上落后于预定的程期。②张说（yuè）：字道济，一字说之，洛阳人。武则天时应诏对策得乙等，授太子校书。睿宗时居相位。玄宗时任中书令，封燕国公。以文章著名，与苏颋并称为“燕许大手笔”。有《张燕公集》。③客心：旅客的心。日月：指时间。④预期程：预先定下到达的期限。

【解析】诗人从蜀地出发时，原定在秋风初起之际赶到洛阳，可是由于途中意外耽搁，没能如期赶回，作此诗。前两句写游子归思之切。两句中前一句是原因，引出次句，而在首句中“客心”又是“争日月”的原因。十字分三个层次，简练明白，紧密承接，加强了诗意中的紧迫感。这十个字又是下文的伏笔。后半首宕开一笔，不明写客子脱期的烦恼，却责怪秋风无情，不肯稍作等待而先自到达洛阳城，正切题中“后期”。诗人有意把人的感情隐去，绕开一笔，妙在避开了率直无味的毛病，而且把人格化了的秋风形容为“无情的秋风”，淡淡一笔，情致隽永深厚。在这里，诗人到底是埋怨秋风，还是抒发心中的烦恼，颇费人寻绎，正是所谓“含不尽之意见于言外”。

## 静夜思

李　白

床前明月光，疑是地上霜。
举头望明月，低头思故乡。

【解析】这首诗写的是在寂静的月夜思念家乡的感受。前两句，是写诗人在作客他乡的特定环境中一刹那所产生的错觉。一个独处他乡的人，白天奔波忙碌，倒还能冲淡离愁，然而一到夜深人静的时候，心头就难免泛起阵阵思念故乡的波澜。何况是在月明之夜，更何况是月色如霜的秋夜。“疑是地上霜”中的“疑”字，生动地表达了诗人睡梦初醒，迷离恍惚中将照射在床前的清冷月光误作铺在地面的浓霜。而“霜”字用得更妙，既形容了月光的皎洁，又表达了季节的寒冷，还烘托出诗人漂泊他乡的孤寂凄凉之情。后两句，则是通过动作神态的刻画，深化思乡之情。“望”字照应了前句的“疑”字，表明诗人已从迷蒙转为清醒，他翘首凝望着月亮，不禁想起，此刻他的故乡也正处在这轮明月的照耀下。于是自然引出了“低头思故乡”的结句：“低头”这一动作描画出诗人完全处于沉思之中；而“思”字又给读者留下丰富的想象。这首小诗，既没有奇特新颖的想象，更没有精工华美的辞藻。它只是用叙述的语气，写远客思乡之情，却意味深长，耐人寻绎，直达“自然”“无意于工而无不工”的妙境，后人评为“妙绝古今”。

## 秋浦歌①

李　白

白发三千丈，缘愁似个长②。
不知明镜里，何处得秋霜③！

【注释】①本诗是《秋浦歌十七首》的第十五首。作于天宝十三载（754年）作者漂泊宜州时。秋浦：唐代的县名，在今安徽省池州市贵池区西，因县西南有秋浦湖而得名。②缘：由于。个：这样。③秋霜：秋天的白霜，这里用来形容白头发。

【解析】这首诗采用浪漫夸张的手法，抒发了诗人内心深处的愁绪。前两句出语天真。首句横空而来，以极度的夸张造成惊心动魄的效果。次句将三千丈白发的产生归因于一个“愁”字，使“愁”字重如千钧。这三千丈的白发，是诗人内心愁绪的象征。后两句水到渠成，用“不知”两字写出一种惊奇和叹惜，年华逝去的感慨得到深刻的抒发。“秋霜”两字用语自然，但却发人深思。全诗采用倒装结构，将诗人刚从镜中看到自己白发满头的惊愕和疑问置于后半首诗中，而将白发源自内心的忧愁这一奇想提前到诗的前半首，造成一种疾雷破空、先声夺人的效果。全诗想象奇，结构也奇，令人匪夷所思，如果不是仙才，根本作不出这样的诗！

## 赠乔侍御①

陈子昂②

汉庭荣巧宦③，云阁薄边功④。
可怜骢马使⑤，白首为谁雄⑥？

【注释】①乔侍御：指诗人的密友乔知之。侍御：官名，即殿中侍御史。在唐代属殿院，执掌殿廷仪卫及京城的纠察。②陈子昂：初唐诗人。字伯玉，梓州射洪（今属四川）人。光宅年进士，因上书论政受到武则天赏识，拜麟台正字，转右拾遗。故后世称为陈拾遗。曾随武攸宜东征契丹，多次进谏，未被采纳，却被斥降职，为县令段简陷害，入狱而卒。针对初唐的浮艳诗风，陈子昂标举汉魏风骨，是唐代诗歌革新的先驱。著有《陈伯玉集》。③汉庭：汉朝廷，喻指唐朝。荣：

这里是推崇的意思。巧宦：机巧奸诈、投机钻营的官吏。④云阁：云台里和麒麟阁，这两个地方是汉朝表彰、奖励作战有功将领的地方。东汉永平年中，汉明帝刘庄追感前世功臣，曾画二十八位将军的画像在云台中，作为表彰。薄：不厚待。边功：指在边塞作战有功的将士。⑤可怜：可惜。骢（cōng）马使：即“骢马御史”的简称。东汉时，宦官掌权，侍御史桓典却执正不阿，令宦官们感到害怕，而桓典也因此七年未获升迁。因他常骑骢马（白毛与青毛相间的浅青色马），人们称他为骢马御史。这里是比喻乔侍御。⑥雄：逞雄。

【解析】这首诗通过讽咏汉代的“云阁”“骢马使”等典故，表达诗人对唐代现实社会中不合理现象的愤慨。因乔知之兼有“侍御史”的官衔，将他比作东汉时因得罪宦官而七年不调的侍御史桓典，感叹他生在以“巧宦”为荣而不重“边功”的朝廷，因此纵然英雄却沉沦下僚，徒然“白首”却得不到在位者的赏识。其中有对乔知之命运的惋惜，也包含着对自己遭遇的愤懑。作者与乔知之共事多年，命运相似，因此惺惺相惜，彼此在赠诗中抒发了怀才不遇的愤慨。诗人用这首作品赠给朋友，一方面是对朝政的议论，一方面也是对朋友倾诉自己的忧愁，可以看成是一种告诫，也可以看成是陈子昂在表露自己的骨气，体现他自己的政见观点。这首诗对涉及君王的事情进行了避讳，但是人们很容易看出诗人是将当时显赫一时的武氏家族比作东汉时把持朝政、最终倾覆汉室的宦官集团的。后来诗人与乔知之遭受迫害，也与此诗有关。

## 答武陵太守①

王昌龄

仗剑行千里，微躯敢一言②。
曾为大梁客③，不负信陵恩④。

【注释】①武陵：郡名，唐代的朗州。玄宗天宝年间一度改州为郡，至乾元初复称朗州。治所在今湖南省常德市。太守：官称。一郡的最高行政长官。②微躯：微贱的躯体。自谦之辞。一言：说一句话。这里指本诗。③大梁：地名。战国时魏国的国都，在今河南省开封市。④信陵：信陵君。魏国的信陵君魏无忌，是战国著名的“四公子”之一。他以礼贤下士著称，门下养有食客三千。

【解析】诗人曾寄居武陵，受到武陵田太守的知遇之恩。在他将返归金陵时，田太守设宴饯行，诗人作此诗回赠。在诗中，诗人将好客的田太守比作战国时著名的信陵君，将武陵比作大梁，将自己喻为信陵君门下的食客，表示在仗剑远去后，决不辜负太守礼贤的厚恩。诗的起句气势不凡，给全诗笼罩上一重豪放雄奇的色调。次句一抑，三四句复振起，使末句的誓言更加显得铿锵有力，掷地有声。全诗的措辞简洁有力，用典故表明诗人自己的心意，将忠心委婉妥当地表示了出来，不流于轻浮，也刻画了自己慷慨豪侠的形象。

## 行军九日思长安故园①

岑　参

强欲登高去②，无人送酒来③。
遥怜故园菊，应傍战场开。

【注释】①九日：指农历九月九日重阳节。②强：勉强。登高：重阳最重要的节日活动之一，即是登高。故重阳节又叫“登高节”。③送酒来：暗用王弘给陶潜送酒的典故。陶潜在重阳节无酒可饮，在宅边菊花丛中闷坐，恰值太守王弘派人送了酒来，才醉饮而归。

【解析】这首诗的原注说：“时未收长安。”岑参是南阳人，但久居长安，故称长安为“故园”。天宝十四载（755年）安禄山起兵叛乱，次年长安被攻陷。至德二载（757年）二月肃宗由彭原行军至凤翔，岑参随行。九月唐军收复长安，诗可能是该年重阳节在凤翔写的。这首五绝表现的不是一般的节日思乡，而是对国事的忧虑和对战乱中人民疾苦的关切。诗紧扣重阳节登高饮酒赏菊的风俗展开。起句即以“登高”扣住题目中的“九日”，而劈头一个“强”字，表现出诗人“行军”倥偬中的凄清情怀。次句写重阳无酒可饮，令原来就已勉强的想法也难以实行。这句化用陶渊明的典故，反用其意，说自己虽然也想勉强地按照习俗去登高饮酒，可是在战乱中，没有像王弘那样的人来送酒助兴。此句承前句而来，衔接自然，写得明白如话，使人不觉是用典，达到了前人提出的“用事”的最高要求：“用事不使人觉，若胸臆语也。”第三句写故园的菊花，一个“遥”字渲染与故园相隔之远，而更见思念之切。末句承接前句，是一种想象之辞，使我们仿佛看到了一幅鲜明的战乱图。这里已经突破了单纯的惜花和思乡，而寄托着诗人对饱经战争忧患的人民的同情，对早日平定安史之乱的渴望。这一结句用的是叙述语言，朴实无华，但是寓巧于朴，余意深长，耐人咀嚼，顿使全诗的思想和艺术境界出现了一个飞跃。此诗表面看来写得平直朴质，实际构思巧妙，情韵无限，是一首言简意深、耐人寻味的抒情佳作。

## 婕妤怨①

皇甫冉②

花枝出建章③，凤管发昭阳④。
借问承恩者⑤，双蛾几许长⑥？

【注释】①婕妤（jié yú）：汉武帝时设置的妃嫔称号。这里特指汉成帝时的班婕妤（班固的姑姑）。班婕妤贤而能诗，初有宠，后为赵飞燕所谮，退侍太后于长信宫。曾作赋自伤，辞极哀婉。其事成为后代诗歌的常见题材，多采用她本人的口吻。②皇甫冉：字茂政，唐代润州丹阳（今属江苏）人。天宝十五载（756年）进士。调无锡尉。大历初，王缙辟掌书记。后入为左金吾卫兵曹参军、左补阙。奉使江表，卒于家。著有诗集三卷。③花枝：喻美丽的嫔妃宫女。建章：汉代宫名。在长安城外未央宫西。④凤管：长短不齐、形似凤翼的排箫。昭阳：宫殿名。汉成帝筑。赵飞燕之妹昭仪赵合德所居之处。⑤承恩：受到皇帝宠爱。⑥双蛾：双眉。古代常以蛾的触须来形容美女弯弯的眉毛，称作“蛾眉”。借指美人。

【解析】班婕妤贤而失宠，成为后世诗人借来抒发自己怀才不遇的感慨的常用题材。这首诗模仿汉乐府的名称而题作《婕妤怨》（乐府旧题有《昭君怨》一名，属《琴曲》类），以一个失宠宫妃的眼光和口吻，描写她见到一个新得宠的宫妃的得意场面后，所产生的心理活动。开头两句描绘了得到皇帝宠爱的宫女的得意和欢乐情状。后两句是失宠宫女的质问，“双蛾几许长”意即打扮得如何美丽？这是对“承恩者”乔装巧扮的讽刺。诗人借抒发失宠宫女的怨愤来抒发怀才不遇、郁郁不得志的情怀。全诗格调宛转含蓄，意味深长，言近旨远。

## 题竹林寺①

朱　放②

岁月人间促③，烟霞此地多。
殷勤竹林寺④，更得几回过？

【注释】①竹林寺：寺庙名。在今河南省辉县市西南。晋代嵇康等“竹林七贤”常游宴之处。旧名七贤观，改为尚贤寺，后改称竹林寺。一说为庐山竹林寺。②朱放：字长通，唐代襄州南阳（今属湖北）人。初居汉水滨，后避饥荒迁居剡溪（今浙江省嵊州市境内）附近。大历年辟为江西节度参谋。贞元二年（786年）诏拜左拾遗，辞不就。《全唐诗》存其诗一卷。③促：短促。④殷勤：这里指深情留恋。

【解析】这首题壁诗是诗人游览竹林寺时所作，表达了他在仕途上对岁月易逝、人生苦短的感叹，流露出一种感伤情绪。诗的前两句以人间的短促岁月与竹林寺四周的云蒸霞蔚对举，既以人世的繁杂局促衬托出寺中的悠闲清静，又用过眼云烟的意象渲染出人生的虚幻缥缈。两者彼此烘托，相得益彰。三四句承前句而写诗人对竹林寺的眷念留恋。末句“更得几回过”形容眷恋之深切，同时遥应首句岁月短促之意。全诗感叹人生短促，有归山退隐的思想。

## 三闾庙①

戴叔伦②

沅湘流不尽③，屈子怨何深④！
日暮秋风起，萧萧枫树林。

【注释】①诗题一作《三闾大夫庙》。三闾大夫：战国大诗人屈原在楚国担任的官职，掌管楚王族昭、屈、景三姓。三闾庙：奉祀屈原的庙宇，据《清一统志》记载，庙在长沙府湘阴县北六十里（今湖南省汨罗市境）。②戴叔伦：字幼公，一字次公，唐代润州金坛（今属江苏）人。出生在一个隐士家庭。贞元年间进士，于湖南等地担任幕僚。后任抚州刺史、容管经略使。晚年出家为道士。原集已佚，明人辑有《戴叔伦集》。③沅湘：沅江和湘江。这里是偏义复词，指沅江。发源于贵州贵定附近，向东北流经黔阳，流入洞庭湖。④屈子：指屈原。

【解析】这是一首凭吊楚国大诗人屈原的诗篇。诗人围绕一个“怨”字，以明朗而又含蓄的诗句，抒发对屈原其人其事的感怀。诗以沅湘开篇，即景起兴，同时也是比喻：沅水湘江，有如屈子千年不尽的怨恨；骚人幽怨，好似沅湘深沉的流水。前一句之“不尽”，写怨之绵长，后一句之“何深”，表怨之深重。两句都从“怨”字落笔，形象明朗而包孕深广，错综成文而回环婉曲。这两句“悬空落笔，直将屈子一生忠愤写得至今犹在，发端之妙，已称绝调”。诗的后半首仍以写景见意。诗人化用屈子诗句“袅袅兮秋风，洞庭波兮木叶下”，抚今追昔。季节是“秋风起”的深秋，时间是“日暮”，景色是“枫树林”，再加上“萧萧”这一象声叠词的运用，更觉幽怨不尽，情伤无限。这种“以景结情”或“以景截情”的写法，画面明朗而引人思索，诗意隽永而不晦涩难解，“并不用意，而言外自有一种悲凉感慨之气”。这首诗兼得明朗和含蓄二者之长，明朗处情景接人，含蓄处神韵悠永。

## 易水送别①

骆宾王②

此地别燕丹③，壮士发冲冠④。
昔时人已没⑤，今日水犹寒⑥。

【注释】①此诗在《骆临海集》中题作《于易水送人一绝》。易水，即今河北省易县境内的易河，是战国时荆轲出发去刺秦王时燕国太子丹送别之处。②骆宾王：初唐诗人。婺州义乌（今属浙江）人。历官长安主簿、侍御史。因多次上疏谏诤，被贬临海县丞。徐敬业起兵讨伐武则天，由他起草《讨武曌檄》，兵败后不知下落。为“初唐四杰”之一，有《骆临海集》。③燕丹：即燕国太子丹。④发冲冠：头发竖起，将帽子都顶了起来。形容人心情极度激动、愤怒的样子。⑤没：通“殁”，死去。⑥水犹寒：易河的水仍然寒冷。荆轲在别燕丹时曾按剑而歌：“风萧萧兮易水寒，壮士一去兮不复还。”

【解析】此诗题目为送人，实际上是吊古。诗的前两句描写荆轲在易水边告别燕太子丹的悲壮场面，两人慷慨悲歌，以至于“士皆瞋目，发尽上指冠”。作者借古慨今，将历史上的易水壮别与当前的易水送行相融合，引起下文的抒情。“水犹寒”三字，紧贴前两句中所写历史，又道出了今日送别时的凄凉情境及诗人悲凉的心情，起到了画龙点睛的作用。全诗读起来荡气回肠，令人有无限的慷慨苍凉之感。

## 别卢秦卿①

司空曙②

知有前期在③，难分此夜中。
无将故人酒④，不及石尤风⑤。

【注释】①诗题一作《留卢秦卿》。作者一说为郎士元。卢秦卿，当是作者友人。生平不详。②司空曙：字文明，广平（今河北省邯郸市永年区东南）人。曾入剑南节度使韦皋幕府。后任洛阳主簿，未几迁长林县丞。累官至左拾遗，终水部郎中。“大历十才子”之一。有《司空文明诗集》。③前期：指卢秦卿在以前与他人所作的约定。④无将：无使，不要使。⑤石尤风：船只始发时所遇到的逆风。《江湖纪闻》记载：一石氏女子嫁尤姓男子为妻。丈夫远出经商不归，石氏思念成疾，临终前恨当初不能劝阻丈夫，表示要化为大风，为天下妇女阻扰商旅远行。故后世称阻止行旅的逆风为石尤风。

【解析】

诗人的故交卢秦卿要远行，诗人以此诗赠别。诗的前两句写到，虽然已约定了再聚会的日期，却依然难舍分离，那份浓情，可想而知。诗的后两句，写出殷勤挽留的场面，希望“石尤风”能阻止友人之行，足见诗人恋别之情深。

## 答　人

太上隐者[1]

偶来松树下，高枕石头眠。
山中无历日[2]，寒尽不知年。

【注释】①太上隐者：意为上古时代的隐士。此非作者真实姓名。此诗为《全唐诗》引自《古今诗话》，此称也据后者而来。②历日：即记载年月日的历书。

【解析】这是一首回答别人提问的诗。诗中作者隐居在终南山上，有人问他来历年岁，他写下此诗作为回答。首联两句，与其说是对来历的回答，不如说是传神的自题小相。“偶来”两字，写出其行迹的自由无羁，“高枕”一词，则可见其恬淡无为，悠然自得。自述向来的生活，犹如神龙偶然现爪于云中，既神秘莫测，又颇见神情。后两句是对年龄的回答：山中没有历书纪年，只知道寒尽暑来，不知道是哪年哪月。可见诗人不仅在空间上是无拘无束的，在时间上也是天马行空，无拘无碍，如行云流水。这首小诗高逸脱俗，用轻松活泼的话语勾勒出“太上隐者”神秘莫测的形象，栩栩如生，呼之欲出。

## 幸蜀回至剑门[1]

李隆基[2]

剑阁横云峻[3]，銮舆出狩回[4]。翠屏千仞合[5]，丹嶂五丁开[6]。灌木萦旗转[7]，仙云拂马来[8]。乘时方在德[9]，嗟尔勒铭才[10]。

【注释】①幸蜀：到达蜀中。指安史之乱时至四川成都避难。古代皇帝到某处称“幸”。剑门：县名。唐代武则天时设置，元代废除。在今四川省剑阁县东北，因剑门山得名。②李隆基：即唐玄宗。睿宗李旦之子。中宗时封临淄王。景龙四年（710年）韦后毒死中宗，他起兵杀韦后，拥李旦为帝。延和元年（712年）受禅即位。天宝十四载（755年）安史之乱爆发后逃往四川。其子李亨（肃宗）在灵武即位，他被尊为太上皇。返回长安后抑郁而死。③剑阁：栈道名。在四川省剑阁县北之大小剑山之间，亦称剑门关。三国时诸葛亮所筑，以通行道。④銮（luán）舆：皇帝的车驾，又称銮辂、銮驾。銮是一种饰于皇帝马车上的铃。狩：打猎。在这里用作帝王出奔的饰词。⑤翠屏：形容连绵的山峰像翠色的屏风。⑥丹嶂：岩石呈红色的高峰。五丁：五个大力士。相传蜀道是由战国时蜀王所派遣的五丁开凿而成。⑦萦（yíng）：环绕。⑧仙云：像仙人般变化莫测的云彩。⑨乘时：顺应时势。方在德：唯有以德治人。暗用《史记》中吴起谓魏国之宝“在德不在险”的典故。⑩嗟（jiē）：赞叹。尔：你们，指平定叛乱远来接驾的功臣们。勒铭：在金石上刻字记功。

【解析】公元757年，唐朝收复长安、洛阳后，唐玄宗由蜀返回京城，途经剑门时，有感于所见，写下这首诗。诗的前三联写景，并引用神话传说，突出了剑阁的雄奇险峻，境界阔大而雄奇。“剑阁横云峻”“翠屏千仞合，丹嶂五丁开”是说国家河山大好，地形险要。“灌木萦旗转，仙云拂马来”为转折句，是说尽管河山大好，地形险要，但保证国家安全、治理好国家的困难是很多的。尾联“乘时方在德，嗟尔勒铭才”笔锋一转，进入正题，道出玄宗的心思：要保证国家的安全，治理好国家，还得坚持仁德之政，依靠贤能人才。也寓意了他对自己以往过失的忏悔和自责之意。此诗语言浑厚，气势磅礴，情景交融，恰如其分地表达了玄宗当时百感交集的心理状态。

## 和晋陵陆丞早春游望①

杜审言②

独有宦游人③，偏惊物候新④。云霞出海曙⑤，梅柳渡江春⑥。淑气催黄鸟⑦，晴光转绿蘋⑧。忽闻歌古调⑨，归思欲沾巾⑩。

【注释】①晋陵：县名。唐代治所在今江苏省常州市。陆丞：姓陆的县丞，②杜审言：字必简，祖籍襄阳（今属湖北），迁居巩县（今属河南）。大诗人杜甫的祖父。唐高宗咸亨年间进士。武则天时迁膳部员外郎。中宗时，因与张易之兄弟交往而流放峰州。不久起复为国子监主簿、修文馆直学士。少与李峤、崔融、苏味道齐名，称“文章四友”。明人辑有《杜审言集》。③宦游人：因出仕做官而离开故乡的人。④物候：反映不同季节的景物。⑤出：呈现。曙：曙光。⑥渡：引渡，呈现。⑦淑气：和美的春气。黄鸟：即黄莺。⑧绿蘋：水中的浮萍。⑨古调：古人的韵调。这里用作美称陆丞所作的原唱。⑩沾巾：一作“沾襟”，均描写流泪。

【解析】这首诗的作者是唐代诗人杜甫的祖父，这是他的一首对晋陵陆丞《早春游望》诗的和作。诗人当时在江阴县任职，江南早春，与朋友游览吟咏，这本是一大乐事，但是联想到自己中进士已近二十年，依然仕途不顺，远离故都，新春景物虽美，却极易逝去，因此令他赏心而不乐，反而产生不如归去的念头。首联便标出“宦游人”身份，继而转入对早春景物的生动描绘和深刻感受。

诗的中间两联，淋漓尽致地写“物候”的“新”，辞藻清丽，具体铺陈描写江南的早春气象。在描写中，诗人处处以家乡中原的物候为参照，来渲染江南物候之新奇，惊新之下寓怀乡之情。

春景触发“归思”，尾联一个“忽”字，将上文的明媚与欢跃之景，突然打入伤感凄怆的气氛中，写出作者“归思”的本意。本诗用反衬的正面写法，写出异地风情的新鲜感和漂泊异乡的羁旅之愁，章法严密，意境深婉。

## 蓬莱三殿侍宴奉敕咏终南山①

杜审言

北斗挂城边②，南山倚殿前③。云标金阙迥④，树杪玉堂悬⑤。半岭通佳气⑥，中峰绕瑞烟⑦。小臣持献寿⑧，长此戴尧天⑨。

【注释】①蓬莱三殿：指建在大明宫内的蓬莱、紫宸、含元三殿。奉敕（chì）：应皇帝之命。②北斗：星名。天枢等七星，位于北方而聚成斗形，被称为北斗星。③南山：终南山在长安城南，亦名南山。④云标：以云作为标识，意谓高出云上。金阙：宫门。迥：远。⑤树杪（miǎo）：树的末梢。玉堂：西汉宫殿名。这里用作宫殿的美称。⑥佳气：吉祥的气。⑦瑞烟：五色祥云。⑧小臣：

臣下对君王的自称。献寿：称颂祝寿。⑨尧天：犹言盛世。语出《论语》“唯天为大，唯尧则之”。

【解析】这是一首应制诗，为庆贺唐中宗生日而作。诗中对李唐王朝极尽颂扬，用比喻、对偶及夸张等手法描写了终南山的秀丽峻拔。

首联以“北斗”“南山”映衬皇宫的宏伟高峻；颔联正面描写终南山的殿宇高耸入云的壮观；颈联以终南山云雾缭绕，和朝廷的兴旺之气相通，进一步来歌颂朝廷；尾联直接颂扬皇帝寿比南山，治国有方。全诗写得庄重典雅，结构平稳工整，是典型的歌功颂德的作品。

## 春夜别友人①

陈子昂

银烛吐清烟，金尊对绮筵②。离堂思琴瑟③，别路绕山川。明月隐高树，长河没晓天④。悠悠洛阳去，此会在何年？

【注释】①春夜别友人：此题原有诗二首，这里所选的是第一首。②绮筵：丰美的筵席。③离堂：饯别的处所。琴瑟：指朋友聚会和谐欢乐。语出《诗经·鹿鸣》“我有嘉宾，鼓瑟鼓琴”。④长河：指天上的银河。没：湮没，消失。

【解析】作者即将离开故乡去洛阳，临行前，朋友设宴为他饯别，于是作了这首诗向友人告别。

诗的开头，直接写别筵将尽，分手在即的心绪。一个“吐”字，暗示蜡烛将尽，一个“对”字，是说离别在即，再也没有什么可以相互慰勉的话了，此种境界，更见别意的深沉。颔联为虚写，抒发别后的跋涉、相思之苦。颈联承接上文，把景物从室内转向室外。一个“隐”字，一个“没”字，渲染天色已明、离别在即的凄清气氛。结尾两句是抒情，悠悠无尽的洛阳古道，不知何时才能再相会，抒发了离人之间的隐隐哀愁。作者运用虚实结合的写法，沉静之中蕴含着深挚的感情。

## 长宁公主东庄侍宴①

李　峤②

别业临青甸③，鸣銮降紫霄④。长筵鹓鹭集⑤，仙管凤凰调⑥。树接南山近，烟含北渚遥⑦。承恩咸已醉⑧，恋赏未还镳⑨。

【注释】①长宁公主：唐中宗与韦后的女儿。②李峤：字巨山，唐赵州赞皇（今属河北）人。进士及第后累迁至给事中。因事触犯武则天，出为润州司马。复召为凤阁舍人。神龙年，以特进同中书门下三品，封赵国公。玄宗时，累贬为庐州别驾。与杜审言等合称“文章四友”。明人辑有《李峤集》。③别业：别墅。即指东庄。青甸：近郊的原野。④鸣銮：不断敲击的銮铃。在这里代指中宗来到时的车驾。紫霄：云霄。引申为帝王所居的皇宫。⑤长筵：因参加的人众多而排成长长的筵席。鹓（yuān）鹭：鸳鸯和鹭鸶。这里比喻聚集在一起的群臣。⑥“仙管”句：调协箫管的音律，使其美妙动听。古代传说萧史善吹箫，引来凤凰，萧史和妻子弄玉乘之飞升而去。⑦“树接”二句：茂密的树林南接邻近的终南山，弥漫的云烟笼罩着北面远方渭水中的小洲。北渚：《九歌·湘夫人》：“帝子降兮北渚。”帝子指女英，尧的女儿，舜的妻子。这里有暗寓长宁公主为帝王之女的意思。⑧承恩：指赐宴。咸：全都。⑨镳（biāo）：马嚼子，这里代指马。

【解析】作者随驾至长宁公主在东庄别墅的宴会，受中宗皇帝之命作此诗。首联写皇帝驾临东庄并赐宴，颔联写宴会的规模排场，庄严而热闹。颈联写东庄整体景色壮观秀丽。尾联再写宴会美景和宴会的欢乐，醉了也不愿离去。整首诗结构严谨，井然有序。从大处着墨，又显宏大的气势。

## 恩赐丽正殿书院宴应制得林字①

张 说

东壁图书府②，西园翰墨林③。诵诗闻国政，讲易见天心④。位窃和羹重⑤，恩叨醉酒深⑥。载歌春兴曲⑦，情竭为知音⑧。

【注释】①丽正殿书院：亦称丽正书院，唐玄宗开元十三年建，院中聚四方学士修书、讲学，为皇帝研学之处。得“林”字：分到以“林”字作为韵脚。②东壁：星宿名。二十八宿之一。相传主管天下文章，后因而转指皇帝收藏图书的秘府。图书府：图书汇集之处。③西园：园名。在三国时魏都邺下。曹丕、曹植常在此与建安七子等文人作诗唱和，后世称之为“西园雅集”。翰墨林：笔墨成林。指文人荟萃。④天心：天意，天命。⑤位窃：窃位。表示身居不应得的高位。和羹（gēng）：调和鼎中的羹汤，比喻宰相辅佐君主调理政务。⑥叨（tāo）：谦词，忝。⑦载：乃。春兴曲：充满春意、生机勃勃的歌曲，指本诗。⑧知音：这里指君主的知遇。

【解析】这是一首应制诗。玄宗创建丽正殿书院，在院中设宴庆祝，宴会上命时任宰相的张说作诗。此诗的首联以工整的对仗，写书院的机构。颔联用“闻国政”“见天心”概括出书院帮助国君更好地治理国家的作用。颈联自述身居高位，得以辅佐君王的欢乐和感激之情。“醉酒深”借酒宴表述心情，含蓄隽永，紧贴题旨。尾联表达报答君主的心志。全诗流畅自然，笔墨洗练，在应制诗中属上乘之作。

## 送友人

李 白

青山横北郭①，白水绕东城。此地一为别，孤蓬万里征②。浮云游子意，落日故人情。挥手自兹去③，萧萧班马鸣④。

【注释】①郭：外城。②孤蓬：蓬草。亦名飞蓬。枯后易折，随风飘转。③自兹：从此。④萧萧：这里形容马的叫声。班马：离群的马。

【解析】这是一首充满诗情画意的送别佳作。首联以挥洒自如的笔墨描绘了一副辽阔秀丽的山水画卷，点出了送别的地点及周围的环境。“青山”对“白水”“北郭”对“东城”，色彩鲜明，对偶工整。“横”和“绕”一静一动相映成趣。颔联是流水对，又如行云流水般自然，道出诗人对朋友别后漂泊生活的牵挂。颈联抒写别后故人的相思之情，对仗十分工整，用“浮云”比喻“游子”，象征友人的行踪不定，飘荡无依，“落日”表达了诗人的依依惜别的心意。此句情景交融，渲染出浓郁的离别氛围。尾联无奈挥手的离人和萧萧长鸣的班马，组成了一幅动人的图画，又用马的长鸣进一步渲染出了离别悲哀，更显情深意切。整首诗感情深挚，语言清丽明快，虽是送别诗，却没有缠绵悱恻的哀伤情调，表明了诗人乐观豁达的人生心态。

## 送友人入蜀

李　白

见说蚕丛路[①]，崎岖不易行。山从人面起，云傍马头生。芳树笼秦栈[②]，春流绕蜀城[③]。升沉应已定[④]，不必问君平[⑤]。

【注释】①见说：听说。蚕丛：传说中古代蜀国的开国君主。这里代指蜀地。②秦栈：自秦（今陕西省）入蜀所必须通过的栈道。栈道是在山壁上用木柱架成的道路。③蜀城：指成都。④升沉：指官职的升降。⑤君平：汉代隐士严遵，字君平。隐居在成都，以卖卜为生。

【解析】这首诗是天宝二年（743年）李白送友人入蜀时所作。全诗从入蜀和送别两方面落笔描述。前两联着力描写蜀道的崎岖难行。颔联动词“起”字把静态的岩崖写成动态，形容栈道的陡峭，“生”字既写出了云雾飘动，又见栈道的高危，一高一陡，充分写出了蜀道之险。诗人写蜀道的险峻，体现了对友人的关切，娓娓道来，感情真挚而恳切。颈联转而写蜀道的美景，一个“笼”字形象地描绘了栈道上林荫覆盖的特色，“绕”字则写出了春江环绕成都的景色。写美景，是作者对友人的安慰。尾联又一转，写出题旨。李白婉转地告诉朋友：官爵地位早有定局，不要太过沉迷于功名利禄之中。语言循循善诱，凝聚着作者深挚的情谊。同时也是对自己在政治上遭人排挤发出的深深感慨。这首诗，首联平实，颔联奇险，颈联舒缓，尾联低沉，笔力开阖顿挫，风格清新俊逸，为五律正宗之作。

# 神童诗

[宋] 汪洙

作者汪洙，字德温，宁波人。是北宋年间著名学者。汪洙出身于县吏家庭，自幼聪明好学，九岁便能写诗，有神童之称。他编纂的《神童诗》，是一篇影响广泛的启蒙读物。

**【原文】**

天子重英豪，文章教尔曹①。万般皆下品，唯有读书高。少小须勤学，文章可立身②。满朝朱紫贵③，尽是读书人。学向勤中得，萤窗万卷书④。三冬今足用⑤，谁笑腹空虚？自小多才学，平生志气高。别人怀宝剑，我有笔如刀。朝为田舍郎⑥，暮登天子堂。将相本无种⑦，男儿当自强。

**【注释】**①尔曹：你们。在这儿指学童们。②立身：自立成人。③朱紫：这儿指达官显贵。唐代规定，官员五品以上穿红色的官服，三品以上穿紫色官服。故诗文中常以朱紫的服色来代指高官。④萤窗：晋人车胤，家贫无钱买灯油，就捕捉了许多萤火虫放在丝囊中，供夜读时照明。后世常以萤窗、萤案来比喻刻苦读书。⑤三冬：像三春、三秋一样，指三年。《汉书·东方朔传》："年十二学书，三冬，文史足用。"这句诗的意思是：苦读三年，所读文史就够用了。⑥田舍郎：农夫、村夫。⑦"将相"句：意谓将相之人并非生来就是。语本《史记·陈涉世家》："王侯将相宁有种乎！"

**【解析】**这一段的主题思想在于：读书高于一切。旨在勉励学童从小立志，发奋读书，自强不息。在封建社会，提倡"学而优则仕"，也就是说书读得好，通过科举考试获得一个好名次，便能拥有一官半职，它是当时年轻人施展抱负的唯一途径，因此"万般皆下品，唯有读书高"在那时是毋庸置疑的事实。而今，一个信息爆炸的时代，知识成为我们的力量。社会的进步与发展为人们提供了更为宽广的成才之路，读书只为作官的理念早已成为历史的遗迹。但读书对今天正处于学习阶段的少年儿童来说尤为重要，因为掌握前人积累下来的书本知识，可以增强我们生而为人的力量。

这一段的末两句提倡一种昂扬向上的精神，带有鼓舞士气的作用，非常具有教育意义。要知道那些独占鳌头的优秀人物绝非天生如此，后天的刻苦努力对于一个人来说尤为重要，所以奋斗拼搏要从小做起。

**【原文】**

学乃身之宝，儒为席上珍①。君看为宰相，必用读书人。莫道儒冠误②，诗书不负人。达而相天下③，穷亦善其身④。遗子满籯金，何如教一经[5]。姓名书锦轴[6]，朱紫佐朝廷。古有《千文》义[7]，须知后学通[8]。圣贤俱间出[9]，以此发蒙童[10]。

**【注释】**①席上珍：宴席上的珍品，比喻儒士具有美善的才德。语本《礼记・儒行》："儒有席上之珍以待聘。"②儒冠，古代读书人所戴的一种帽子。在此借指以读书为业。③相天下：当宰相治理天下。④穷：事业不发达。善其身：使本身具有良好的修养。《孟子・尽心上》："穷则独善其身，达则兼善天下。"⑤"遗子"二句，语出《汉书・韦贤传》："遗子黄金满籯，不如一经。"籯(yíng)：竹箱。一经：一部经书。⑥锦轴：用锦缎装饰的卷轴，指华丽的文书。古代书籍不分页，而用轴卷成一卷来展读。⑦千文：即南朝梁人周兴嗣所作的《千字文》，是现存的较早的启蒙读物。⑧后学通：即学后通。学后才能通晓。⑨间出：相间出现(在《千字文》中)。⑩发：启发。蒙童：智慧还没有得到开发的幼童。

**【解析】**此段接着前段进一步说明读书对少年儿童的重要性以及钻研学问的珍贵价值。重视读书，拥有学问，大可以建设国家，造福于民；小可以独善其身，提升自我。这也就是为什么像《千字文》那样的启蒙性经典读物，要援引圣人、贤人作为少年儿童学习的榜样。

**【原文】**

神童衫子短，袖大惹春风[1]。未去朝天子，先来谒相公[2]。年纪虽然小，文章日渐多。待看十五六，一举便登科[3]。大比因自举[4]，乡书以类升[5]。名题仙桂籍[6]，天府快先登[7]。喜中青钱选[8]，才高压俊英[9]。萤窗新脱迹[10]，雁塔淡书名[11]。年少初登第，皇都得意回。禹门三汲浪[12]，平地一声雷[13]。一举登科日，双亲未老时。锦衣归故里，端的是男儿[14]。玉殿传金榜[15]，君恩赐状头[16]。英雄三百辈[17]，随我步瀛洲[18]。

**【注释】**①惹春风：引来春风。②谒：谒见。指先投名刺(类似现在的名片)的正式会见。相公：宰相。③登科：也称登第，指在科举考试中考试及第。这儿指县试中考取秀才。④大比：明清两代，每隔三年，各县、州、府的生员集中在省会考试，称乡试，亦称大比。考取者称举人。⑤乡书：周代制度，乡大夫等地方官每隔三年献当地贤明者的书给周王，供周王挑选授职。因此后代称乡试中选为登乡书或登贤书。⑥仙桂籍：即桂籍的美称。明清两代，举人在京城会试中选的，称进士，考中进士犹如月中折桂，所以进士的名册被称为桂籍。⑦天府：天宫。这儿比喻皇宫。明清两代，进士最后还得在皇宫参加殿试，以定名次。快：喜悦。⑧青钱选：古时的铜钱以色青为贵，故人挑选铜钱都先选青钱。这里比喻科举考试时文章写得好，每次都被选中。⑨俊英：这儿指文才出众的人。⑩脱迹：超脱，摆脱。⑪雁塔：即大雁塔，在今陕西西安市东南四公里大慈恩寺内，唐代，每年新考中的进士都在大雁塔题上姓名，作为一种荣耀，故后世常称考中进士为雁塔题名。⑫禹门：即龙门。在今山西稷山县西北黄河流经处，相传是大禹在治水时开凿。此处水流湍急，相传鱼若逆水游上就能变成龙。唐代以后将科举考试中选比喻为登龙门。三汲浪：三次跃出波浪。比喻在乡试、会试、殿试中屡次中选。⑬"平地"句：比喻考取进士引起的震动。⑭端的：果然。⑮金榜：公布科举及第者姓名的布告。因例用黄纸，故有此称。⑯状头：即状元，进士中的第一名。⑰三百辈：三百人。明清科举制度，每次会试录取三百名进士。⑱瀛洲：传说中东海里神仙所栖之三座仙山之一。唐太宗设立文学馆，被延聘的人全国仰慕，称为登瀛洲。这儿将考中进士比喻为"步瀛洲"。

【解析】前两段是议论，第三段由发表议论转入讲述具体事例。有一个神童，幼年时就颇具文采，受到宰相召见。十五六岁时就在县试、乡试、会试中接连中选，殿试时又被皇帝点为第一名，也就是中了状元。于是，一举成名天下知，衣锦还乡众人晓。作者通过这一事例，引导少年儿童要努力读书。

【原文】

慷慨丈夫志，生当忠孝门。为官须作相，及第必争先。宫殿岧峣耸①，街衢竞物华②。风云今际会③，千古帝王家④。日月光天德，山河壮帝居⑤。太平无以报，愿上万年书⑥。久旱逢甘雨，他乡遇故知。洞房花烛夜，金榜挂名时。

【注释】①岧峣（tiáo yáo）：高大峻峭的样子。②衢（qú）：四通八达的街道。物华：万物之精华。这儿指各种各样精美的货物。③“风云”句：指明君贤臣会合的大好时机。语出王褒《圣主得贤臣颂》：“世必有圣知之君，而后有贤明之臣，故虎啸而风冽，龙兴而云致。”④帝王家，指皇帝所在的京都。⑤“日月”二句：这是陈后主《入隋侍宴应诏》中的诗句。⑥万年书：使国家能长治久安、永远兴盛的施政方案。

【解析】这一段从神童少年得志的具体事例转入议论，指出人应当胸怀大志，争取尽快在科举考试中中选。接着想要充分表现中了进士之后在京城做官的喜悦，便通过京城壮观的宫殿、丰富的货物以及壮丽的山河来衬托；最后为了渲染考中进士后的快乐心情，接连使用久旱逢雨、异乡遇友、新婚之夜这三件令人欢喜的事来对比和映衬。

【原文】

土脉阳和动①，韶华满眼新②。一枝梅破腊③，万象渐回春；柳色侵衣绿④，桃花映酒红。长安游冶子⑤，日日醉春风。数点雨余雨⑥，一番寒食寒⑦。杜鹃花发处，血泪染成丹⑧。春到清明好，晴天锦绣纹⑨。年年当此节，底事雨纷纷⑩？风阁黄昏后⑪，开轩纳晚凉，月华当户白，何处芰荷香？一雨初收霁⑫，金风特送凉⑬。书窗应自爽，灯火夜偏长。庭下陈瓜果⑭，云端望彩车⑮。争如郝隆子，只晒腹中书⑯。九日龙山饮，黄花笑逐臣。醉看风落帽，舞爱月留人⑰。昨日登高罢，今朝再举觞。菊花何太苦，遭此两重阳⑱。北帝方行令⑲，天晴爱日和。农工新筑土，共庆纳嘉禾⑳。帘外三竿日，新添一线长㉑。登台观气象，云物喜呈祥㉒。冬去更筹尽㉓，春随斗柄回㉔。寒暄一夜隔㉕，客鬓两年催㉖。

【注释】①土脉：土地的脉络。阳和，温暖和畅之气，即春气。全句意谓春天的气早使土地充满生机。②韶华：春光，春天的景象。③“一枝”句：梅花初放，冲破了寒冬腊月，迎来了新春正月。腊：本是古代岁末祭祀众神之名，汉代起于农历十二月腊祭众神，故称之为腊月。④侵：在这儿是染、映的意思。⑤长安：今陕西省西安市。西汉、唐代等朝，都建都于此。这儿被用作京都的代称。游冶，也作冶游，在春天外出游玩。⑥“数点”句：雨刚停不久，又飘洒下几点雨来。⑦寒食：古代的一种节日，在清明节前一天（又一说两天）。节日期间，家家熄灭火种，不得举火，故名寒食。⑧“杜鹃”二句：古代神话传说，蜀国国王杜宇，死后化为杜鹃，鸣声凄厉如泣，啼至血出乃止，故古人有“杜鹃泣血”的说法。杜鹃花在杜鹃鸣时开花，色红如血，相传是杜鹃的血泪染成的。⑨“晴天”句：此句形容薄有云彩的晴空像绣有花纹的锦缎一样美好。⑩底事：何事，为什么。⑪风阁：四面开窗，夏天用以纳凉的楼房。⑫霁（jì）：雨止放晴。⑬金风：秋风。⑭“庭下”句：农历七月初七是七夕节。相传每年的七夕夜晚，被隔离在银河两岸的牛郎和织女登上临时由喜鹊架成的桥在银河中相会。人们在庭院中陈列瓜果酒食祭祀牵牛、织女二星，谓之“乞巧”。⑮“云端”句：相传唐代的郭子仪初从军时，曾在七夕见仙女坐彩车从天而降，郭子仪知是织女，因向她祷求长寿富贵，后郭子仪果然寿至九十，官至太尉、尚书令。⑯“争如”二句：《世说新语·排调》载，七夕那天，人们都晒衣物，郝隆却仰卧庭中。人们问他为什么这样，他回答说：“我在晒肚子里的书。”郝隆子：郝隆是晋代名士，子在这里是尊称。⑰“九日”四句：这四句是唐诗人李白《九日龙山饮》诗。龙山在今湖北江陵西郊。农历九月九日是重阳节，古人习于那天登高饮酒。东晋时征西大将军桓温曾在重阳节携孟嘉等佐吏登龙山饮酒，孟嘉的帽子被风吹落而不觉，一时传为佳话。“舞爱”句：在月下舞蹈，月光皓洁可爱，如在挽留游人。⑱“昨日”四句，这四句是李白《九月十日即事》诗。觞（shāng）：盛着酒的酒杯。两重阳：唐代风俗，京城的人们常在重阳后的一天再次宴会赏菊，故九月初十有“小重阳”之称。⑲北帝：指主管冬季的天神。⑳纳嘉禾：庄稼丰收。㉑“新添”句：冬至节那天，太阳最为偏南，过后就一天比一天升高一些，所以诗中这样说。㉒云物：天上的云彩。古人以为云彩的颜色能预报天下的吉凶，在冬至那天有登上高台观察云色的礼仪。㉓更筹：古代在夜间用来计时的竹签，亦名更签。㉔斗柄：北斗七星状若斗杓，其第五至第七之三星似斗构之柄，被称为斗柄。北斗星随季节的推移在空中转动，周而复始，每年立春时，斗柄正指向东方；立秋时指西方。㉕暄：温暖。㉖“客鬓”句：除夕之夜隔开寒暖新旧两年，旅客离乡在外，过此一夜就经历了两个不同的年份，思乡之情更加急迫，催人老去。以上四句是宋人李福源《岭外守岁》诗。

**【解析】**《神童诗》在鼓励少年儿童努力读书之外，更主要的是教导他们掌握基本的作诗方法，因此从这一段开始进行作诗基本功的训练。诸如吟咏一些基本的自然现象和有关的历史典故。

从具体形式来看，这段是以四句为一小节。就具体内容而言，这段是依照春、夏、秋、冬四季的次序吟咏了春节、立春、寒食、清明、夏至、立秋、七夕、重阳、小重阳、立冬、冬至、除夕十二个主要节令的风俗及其典型景象。其间引用了李白等诗人的一些诗句。这些诗句富有代表性且通俗易懂。此外，由于按照季节次序排列，所以便于记忆，有利于少年儿童学习和掌握古诗。

**【原文】**

解落三秋叶①，能开二月花②。过江千尺浪，入竹万竿斜③。人在艳阳中，桃花映面红。年年二三月，底事笑春风④？院落沉沉晓，花开白雪香。一枝轻带雨，泪湿贵妃妆⑤。枝缀霜葩白⑥，无言笑晓风。清芳谁是侣？色间小桃红⑦。倾国姿容别⑧，多开富贵家。临轩一赏后，轻薄万千花⑨。墙角一枝梅，凌寒独自开。遥知不是雪，惟有暗香来⑩。柯干如金石，心坚耐岁寒。平生谁结友？宜共竹松看⑪。居可无君子？交情耐岁寒⑫。春风频动处，日日报平安⑬。

【注释】①解：懂得，会。②二月花：这儿指经北风吹拂后变得像二月份的鲜花一样红的枫叶。典出唐诗人杜牧《山行》诗中的诗句："停车坐爱枫林晚，霜叶红于二月花。"③以上四句描写风。④"人在"四句：出自唐诗人崔护《题都城南庄》诗："去年今日此门中，人面桃花相映红。人面不知何处去，桃花依旧笑春风。"以上四句咏桃花。⑤"一枝"二句：（带雨的梨花）像是正在哭泣的美人杨贵妃的脸。出自白居易《长恨歌》中诗句："玉容寂寞泪阑干，梨花一枝春带雨。"白居易诗以花比喻人，这里用人来形容花。以上四句诗写梨花。⑥霜葩：色白如霜的花。⑦色间：花色间杂在一起，即承上句说李花与桃花结为伴侣。以上四句诗形容李花。⑧"倾国"句：（牡丹花）像倾国倾城的美人，其姿态、容貌与众不同。⑨轻薄：看轻，瞧不起。以上四句描写牡丹花。⑩"惟有"句：化用宋诗人林逋《咏梅诗》中诗句"暗香浮动月黄昏"。以上四句引用王安石《梅花》诗。王诗"一"作"数""惟"作"为"。⑪"宜共"句：谓梅花适宜与竹、松等量齐观。我国古代称松、竹、梅三种耐寒的观赏植物为"岁寒三友"，故这里以此暗示所咏者为梅。以上八句都是形容梅花的。⑫"居可"二句：谓居住的地方不可没有君子，故应种植松、竹、梅等像君子那样耐得住风霜寒冷的有节操的植物来作为长久相交的朋友。语出金代元好问《丐论》："里无君子，则以松、竹为友。"⑬"日日"句：《酉阳杂俎》载李德裕言北都童子寺有竹一窠，每日报竹平安。诗本此典。

【解析】这一段是对常被诗人吟咏的风和各种花卉进行描绘，主要采用摘取诗歌中的名句或惯用词语的方式。

具体来说，这一段第一至第二十八句依次描写了风、桃花、梨花、李花、牡丹花及梅花，最后四句泛写了松、竹、梅。为了富有含蓄婉约的艺术气息，在描绘时使用了暗示和影射的方法。由于摘取的都是著名的诗句或习用词语，所以精练简洁，便于少年儿童对名句和习语的记忆。

【原文】

春水满泗泽①，夏云多奇峰②。秋月扬明辉，冬岭秀孤松③。诗酒琴棋客④，风花雪月天⑤。有名闲富贵，无事散神仙⑥。道院迎仙客⑦，书堂隐相儒。庭栽栖凤竹⑧，池养化龙鱼⑨。春游芳草地，夏赏绿荷池。秋饮黄花酒⑩，冬吟白雪诗。

【注释】①泗泽：河流和沼泽。泗即泗河，在今江苏省北部。这儿用来泛指河流。②"夏云"句：夏天的云朵大多状如奇形怪状的山峰。③秀孤松：孤立的苍松一株独秀。④"诗酒"句：古代的文人以弹琴、下棋、作诗、饮酒为风雅高尚的娱乐活动。⑤风花雪月：古人以夏季的风、春季的花、冬季的雪、秋季的月作为四季风光的典型事物，故常以"风花雪月"来概括四季的景象。⑥"有名"二句：悠闲富贵又高名远扬。这常是古代文人心目中的理想境界。散神仙：道教传说中不在神仙世界担任官职的神仙。这里比喻像散仙那样悠闲自在。⑦道院：有道之士所居住的院落。仙客：像仙人一样高雅脱俗的宾客。⑧栖凤竹：形容高洁美好的竹林。相传凤凰以竹实为食物。⑨化龙鱼：形容硕大的鲤鱼。相传鲤鱼跃过龙门就变化为龙。⑩黄花：菊花。秋天对着菊花边赏花边饮酒在古代被视为文人雅事。

【解析】这一段第一至四句分别举出四季中各一典型事物来概括春、夏、秋、冬的美景；第五至八句写文人理想中的高雅人士在一年四季中所过的悠闲舒适的生活；第九至十二句描述那位高雅人士的家庭生活及居住环境，用来烘托其心性的清雅脱俗；第十三至十六句则分述那位衣食无忧、功成名就的高雅人士在不同季节里的娱乐活动，以此凸显高雅人士日常生活之特征。

因为作者描写的是理想中功成名就的高雅人士，所以在对他各方面的描写中都极尽所能地突出了生活的安适悠闲及心性的雅洁超脱，而不涉其余。此外，对人物的描写也不够具体生动，显得十分抽象。不过对于少年儿童来说，这种较为偏颇的概念化的写法比较容易被接受，因此也就无可厚非。

# 续神童诗

[清]余治

余治，近代著名慈善家、戏曲作家。字翼廷，号莲村、晦斋、寄云山人，晚署木锋先生，江苏无锡人。早肄业于江阴县暨阳书院。撰《续神童诗》《续千家诗》。以“绝意进取，专以挽回风俗，救正人心为汲汲”。

【原文】

第一当知孝，原为百善先，谁人无父母，各自想当年。十月怀胎苦，三年乳哺勤。待儿身长大，费尽万般心。想到亲恩大，终身报不完。欲知生我德，试把养儿看。精血为儿尽，亲年不再还①。满头飘白发，红日已西山。乌有反哺义②，羊伸跪乳情③。人如忘父母，不及畜生身。奉养无多日，钱财勿较量。双亲同活佛，何必远烧香④？打骂低头顺，糟糠背自吞⑤。但求亲适意，吃苦也甘心。莫说万千差，爷娘总不差。你身谁养你？禽兽不如么？父母同天地，良心各自扪。倘将亲忤逆，头上听雷声⑥。兄弟休推托，专心服事勤。譬如单养我，推托又何人？随父皆为母，何分晚与亲⑦。皇天终有眼，不负孝心人。孝子人人敬，天心最喜欢。一生灾晦免，到处得平安。人子原当孝，还须新妇同⑧。一门都孝顺，家道自兴隆。媳妇孝公婆，神明保护多。丈夫宜教训，最好一家和。

【注释】①“亲年”句：双亲逝去的岁月不能再回返。②“乌有”句：乌鸦长大后会衔食哺喂母乌鸦，我国自古认为乌鸦是一种会反哺老鸟的孝鸟。③“羊伸”句：幼羊跪着吃奶，以此表达对母亲的感激之情。幼羊在吃奶时前足双膝着地，状如下跪，所以这么说。④“何必”句：何必远远地跑到庙里去烧香呢？意思是多供养双亲与烧香敬佛一样能修善积德，获得好报。⑤“糟糠”句：（在缺乏食物时，给双亲吃好的，）自己背着双亲吃酒糟、谷糠那样粗劣的食物。⑥“头上”句：以前迷信的说法，对双亲忤逆不孝的人会遭天雷击死。⑦晚：晚娘，继母。亲：生母。⑧新妇：新娘，媳妇。

【解析】《续神童诗》是对《神童诗》的补充，主要是向少年儿童讲解道德准则，对其行为方式进行教导，因此诗句浅显易懂，朴实无华。

因为伦常是封建社会道德结构的核心，所以诗的第一段就开宗明义，阐发一个“孝”字。

首先，作者说明人应该孝顺双亲的道理；其次，阐述孝顺的行为方式，用“头上听雷声”来警戒忤逆，再用“皇天终有眼”来勉励孝顺。

在说明人应该孝顺父母的道理时，作者将笔墨集中在父母养育儿女的辛劳上，这种循循善诱的方式，比较容易被少年儿童所接受。

诚然，由于社会的进步，科学的发展，道德观念也有所变化，但是一些与“孝”有关的基本道德准则仍然值得借鉴和提倡。

**【原文】**

兄弟最相亲，原来一本生。兄应爱其弟，弟必敬其兄。骨肉见天真①，钱财勿计论。同胞看亲面，切戒勿伤情。式好亲兄弟②，休将两耳偏③。至亲能有几，少听枕边言④。同气连枝重⑤，休将姊妹轻。倘令情意薄，何以对双亲？伯叔须尊敬，同堂谊最亲⑥。居家推长上，相待贵殷勤。宗祖虽然远，逢时祭必诚。求安须入土⑦，坟墓早留心。夫妇期偕老，平居贵在和。一家相忍耐，得福自然多。家有贤妻子，夫男少祸殃⑧。水真能克火⑨，自有好名扬。宗族宜和睦，乡邻要让推。丝毫存刻薄，怨气一齐来。

**【注释】**①天真：天然的真率性情。②式：语气助词。好：在这儿是彼此友爱的意思。③“休将”句：不要偏听偏信。④枕边言：（妻子）在枕头边所说（挑拨兄弟关系）的话。⑤同气连枝：同一气质，同一根本。形容兄弟姐妹间亲密的关系。⑥同堂：同一祖父的亲族。⑦入土：将棺木埋入土中。以前流行土葬时有“入土为安”的说法。⑧夫男：丈夫及儿子。⑨“水真”句：古代有金、木、水、火、土相克相生的五行说，认为水能克火。在这儿比喻妻子以柔和制服丈夫的刚烈。

**【解析】**上文写到“孝”是子女对父母应有的行为规范，这一段指出弟兄间应有的行为准则称作“悌”（tì）。

在封建社会的人伦关系中，孝为首，悌为次。因此这一段开头就以十二句的篇幅指出少年儿童对兄弟应有的行为和态度。其次，各以四句相继的形式讲述对姐妹、叔伯和祖宗应有的行为和态度。接下来的八句讲夫妻之间应有的行为和态度，最末四句讲与同一宗族的人以及邻里的关系。这个次序是以封建人伦关系所规定的亲疏程度来排列的。

在所有这些人伦关系中，作者强调以克制和忍耐的方式达到和睦。不过，在今看来，理解和宽容应该是通向和睦的更好途径。

**【原文】**

婚嫁宜从俭，虚花总不长①。明人暗中笑：何必大排场？娶妇求贤慧，何须论嫁妆。且留余地步，日后过时光。酒肉非朋友②，宜防入下流。时亲方正士③，好样自家求。若到为官日，须知报国恩。倘令贪与酷，枉读圣贤文。一入公门里④，当权正好修⑤。好开方便门，阴德子孙留。

**【注释】**①虚花：假花。这句意谓在始嫁时铺张浪费所装点出来的光彩是不会长久的。②“酒肉”句：在一起吃吃喝喝所结交的朋友不是真正的朋友。③“时亲”句：时常亲近品行端正的人士。④公门：公府衙门。相当于现在的政府机关。⑤修：修善积德。

【解析】这一段讲述的应该注意和遵守的行为准则涉及到婚姻、交友和做官几个方面。结婚要提倡节俭，娶妻要看对方人品而不论钱财；交友要以品行方正为准则，做官要廉洁宽容。今天看来，这一切依然具有很强的现实意义。

【原文】

男女阴阳判①，宜求廉耻全②。男须名是重③，女以节为先④。戒尔休贪色，贪来性命伤。自家有妻女，谁愿臭名扬。淫乱奸邪事，原非人所为。守身如白玉，一点勿轻亏。暗地勿亏心，须防鉴察神⑤。念头方动处，天已早知闻。积德终昌盛，欺心越困穷。还金兼却色⑥，第一大阴功⑦。戒尔勿贪财，贪财便有灾。此中原有数⑧，何必苦求来。财物眼前花⑨，来时且慢夸。细将天理想，勿使念头差。酒醉最伤人，胡涂误正经。况多成痼疾⑩，贻患到双亲。闲气莫相争⑪，徒然害自身。善人天保佑，何必闹纷纷。斗气真愚拙，甘将性命轻。忘身忘父母，不孝最无伦。口角细微事，何妨让几分？从来大灾难，多为小纷争。

【注释】①“男女”句：男女间有阳和阴的区别。古代的阴阳说将世界上所有的事物分为阴阳两类，在性别上将男子归入阳类，女子属于阴类。②“宜求”句：应当立身廉洁清白，不做羞耻的事情。耻：懂得羞耻。③名是重：重视名誉。④节：贞节。⑤鉴察神：以前迷信的说法，每人头上都有神明在察看他的善恶功过。⑥还金：归还自己不应得的钱财。却色：拒绝女色的诱惑。⑦阴功：阴德，暗中积下的善行。⑧数：命中定数。⑨眼前花：这里用它来比喻好看而不耐久的东西。⑩痼疾：难以医治的疾病。⑪闲气：无关紧要的小矛盾。

【解析】对于“酒、色、财、气”四字，前人这样界定：对人们普遍具有吸引力，常使人过度沉溺以至给自己带来危害的事物。具体而言，嗜酒贪杯、荒淫好色、贪求钱财、意气用事，是人们普遍易犯的四种过失。

这一段就是以色、财、酒、气为顺序，逐一说明这四种事物对人的危害，告诫少年儿童要洁身自好、清廉自控，避免“酒、色、财、气”的伤害。

【原文】

官法苦难熬①，相争手勿交②。倘然伤性命，谁肯代监牢？小怨狂争斗，旁人切勿帮。须知人命重，惹出大灾殃。莫说他人短，人人爱己名。枉将阴骘损③，况有是非生。田产休争夺，空将情义伤。区区身外物，谁保百年长。争讼宜和息④，官司切勿成。有钱行好事，乐得享安平。结讼最为愚，家财荡尽无。可怜忙碌碌，赢得也全输⑤。唆讼心肠坏⑥，明明不是人。暗中还取利，壁上看输赢⑦。

【注释】①官法：法律所规定的刑罚。②手勿交：不要动手打架，③阴骘（zhì）：即阴德。

④争讼：为争夺财物而进行诉讼。⑤“赢得”句：即使打赢了官司，（由于在诉讼中花费了大量钱财）也得不偿失，等于输了。⑥唆讼：唆使他人诉讼。⑦壁上看：意思是任凭他人相争而袖手旁观。

**【解析】**这一段告诫少年儿童不要打架，不要蜚短流长，不要同他人争夺财产，尤其不要为财产纠纷进行诉讼。

在封建社会，打官司的根本在于诉讼双方以金钱进行较量，有理没理无妨，有钱没钱才是关键。因此，排斥诉讼是当时社会现实的写照。不过，在今，社会不断发展，人类不停进步，诉讼已成为人民群众依法维护自己利益的有效手段之一，所以不能一概排斥，要具体问题具体分析。此外，这一段所宣扬的息事宁人，也未必是解决矛盾的最好方法。

**【原文】**

天道最公平，便宜勿占人。天宽并地阔，何弗让三分？谎话说连篇，难瞒头上天。倘令人看破，不值半文钱。度量须宽大，将心好比心。量宽终有福，何必学凶人。君子总虚心，轻狂是小人。回头不认错①，薄福少收成。财势难长靠，欺人勿太狂。请看为恶者，哪个好收场？一字千金值②，存心莫放刁。有才须善用，勿使笔如刀③。谁保常无事，平居勿笑人④。自家还照顾，看尔后来形⑤。

**【注释】**①回头：吴方言，拒绝的意思。②“一字”句：即“一诺千金”的意思，指说话算数。③笔如刀：指用文字去伤害他人（如诉讼等）。④平居：平时，日常生活中。⑤“看尔”句：谓看人要看最终的结局，不能只看眼前。

**【解析】**这一段讲在日常生活里作为一个人所应注意的地方：不要占小便宜，不要说谎骗人，要宽以待人，要虚心自省，不要仗势欺人，不要失信于人，要善用才学，要有忧患意识，不要幸灾乐祸，不要目光短浅。这些做人的修养在今也同样适用。

**【原文】**

花鼓滩簧戏①，人生切莫看。忘廉并伤耻，受害万千般。淫戏休宜点②，何人不动情？害人还自害，妻女败名声③。莫入赌钱场，如投陷马坑④。终身从此误，家业必消亡。火化烧棺事，儿孙太毒心。请君细心想，天理可该应。溺女最堪伤⑤，心肠似虎狼。结冤终有报⑥，灾难一身当。一样皆人命，何分女与男？母妻都是女，何以两般看⑦？善事诸般好，无如救命先。保婴能集会⑧，功德大无边。万物总贪生，须存恻隐心⑨。放生堪积德，禄寿好培根⑩。滋味勿多贪，生灵害百般。

乍过三寸舌⑪，谁更辨咸酸？禽鸟莫轻伤，轻伤痛断肠。杀生多减寿，利害细思量。牛犬与田蛙，功劳百倍加。一门能戒食，瘟疫免全家。

**【注释】**①花鼓：花鼓戏。流行在湖北、湖南、安徽等地的一种民间戏曲。滩簧：清代流行在江苏南部和浙江北部的一种曲艺。即现在沪剧、甬剧、苏剧等等剧种的前身。②点：挑选。旧时戏班演戏，由观看者根据戏班提供的剧目单子来决定演出什么，称为“点戏”。③“妻女”句：指妻子和女儿（受到淫戏的影响）干出败坏名誉的事来。④陷马坑：过去打仗时掘来使敌方马匹陷落的土坑。坑上用稻草等遮盖，使敌人难以察觉，坑底插竹签、长枪等尖锐的东西，使马陷落后被刺死。⑤溺女：把初生的女婴溺死。⑥结冤：与枉死女婴结下的怨仇。过去迷信的说法，被杀者的鬼魂会在冥中报复杀害者。⑦“何以”句：为什么要（将自己的母亲、妻子与生下的女婴）两样看待？⑧集会：指集合人们一起来保护婴儿。⑨恻隐：同情心。⑩培根：培育根本，比喻得到更牢靠的保障。⑪“乍过”句：刚经过舌头，指咽下食物。

**【解析】**这一段首先告诫少年儿童千万不能观看有不健康的内容的节目，以免自己和家人受到毒害。其次将赌博生动地喻为一旦陷下去就难以脱身的陷马坑，极言它的危害性。再次提倡生男生女没有分别，应该一视同仁，这一点直到今天依然具有现实价值。最后劝诫少杀生、多放生，虽然偏激一些，但其中提倡保护鸟类、保护青蛙等有益动物的观点与我们今天所提倡的环保理念不谋而合，所以十分必要。

**【原文】**

惜字一千千[①]，应增寿一年。功名终有分，更得子孙贤。俭朴最为良，奢华不久长。粗衣与淡饭，也好过时光。靡费真无益，十分体面装[②]。省来行善事，保尔子孙昌[③]。急难人人有，伤心可奈何[④]？此时为解救，阴德积多多。欲望后人贤，无如积善先。临终空手去，难带一文钱。生意经营客，钱财总在天。留心能积德，明去暗中添[⑤]。技艺随人学，营生到处寻[⑥]。一生勤与俭，免得去求人。

**【注释】**①惜字：爱惜印着或写着文字的纸张。旧时认为，有文字的纸张不能随便毁弃，应当爱惜。②“十分”句：（靡费）十足是装点面子的。③昌：昌盛，繁多。旧时以多子多孙为福气。④“伤心”句：除了伤心之外无可奈何。⑤“明去”句：表面上（钱财）少了，实际上在不知不觉中（因积德带来好运使所得）反而增加了。⑥营生：谋生的方法。

**【解析】**这一段主要是讲节俭勤劳、助人行善和善于学习对人生的意义。

具体来说，从爱惜有文字的纸张开始，生活要俭朴，切忌奢华靡费；从乐于助人做起，把节省下来的钱财用来做善事；要勤学技艺，有本事到哪里都可以谋生。

**【原文】**

步担肩挑子[①]，全家性命存。得钱能有几，何忍与他争。更劝上头人，休将婢仆轻。一般皮与肉，也是父娘生。强取人财物，良心坏十分。银钱虽到手，面目不留存[②]。何苦学凶人，谋财是黑心。青天来霹雳[③]，财去命难存。负义忘恩者，原来不是人。试从清夜里，细细想平生。搬是搬非者，冤家结最深。终须招恶报，拔去舌头根[④]。凡事随天断，何须太认真。不妨安我分，做个吃亏人。

**【注释】**①“步担”句：指挑着担子穿街走巷的小贩和小手艺匠。②“面目”句：把脸面丢尽了。③“青天”句：旧时迷信的说法，认为暗中做坏事的人会被天雷打死。④“拔去”句：死后会堕入拔舌地狱的意思。佛教宣称，人生前如果对他人诽谤谗毁，死后将堕入拔舌地狱，受到拔去舌头的苦刑。

【解析】这一段讲与他人相处时所应注意避免的恶劣行为。

第一至四句告诫不要欺负小本经营的小贩或工匠；第五至八句告诫不要欺凌婢女和仆人；第九至十六句告诫不要强夺巧取，谋人财物；第十七至二十句告诫不能忘恩负义；第二十一至二十四句告诫不要搬弄是非；第二十五至二十八句是对为人之道的总结，先否定上面几种恶劣行为，再正面提出为人应随和安分，宁可自己吃亏的观点。应当指出，这里所提倡的安分守己、宁可吃亏，对培养美德、陶冶性情、构建良性循环的人际关系、稳定社会秩序有一定积极意义；但如果将其绝对化，丧失了必要的竞争，便不利于社会的发展和人类的进步。

【原文】

少小须勤学，安心进学堂。书声宜响亮，字画必端方①。言语须和气，衣冠贵肃齐②。好将人品立，方可步云梯③。年少书生辈，淫书不可看。暗中多斫丧④，白璧恐难完⑤。过失须当改，人生几十秋。死生原大事，急速早回头。字纸弃灰堆，灾殃即刻来。好将勤拾取，危难更消灾。五谷休抛弃，须知活命根。时时能惜谷，得福更非轻。天地须知敬，清晨一炷香。亏心多少事，每日细思量。同享太平福，人须学善良。倘为邪教误⑥，何以对君王？王法宜知畏，奸刁勿逞凶。欺人心地坏，头上有天公。共把皇恩报，银漕须早完⑦。倘然久拖欠，四季不平安。作恶行凶者，便宜总占先。一朝灾难到，大错悔从前。第一伤人物，无如鸦片烟。此中关劫数⑧，明者避为先。

【注释】①字画：写字的笔划。②肃齐：端庄整洁。③步云梯：凭借云彩升天。比喻在仕途上步步高升。④斫（zhuó）丧：伤害，损伤。⑤璧：圆形有孔的玉器。这里比喻美好的品格。⑥邪教：指被政府禁止的各种民间宗教组织，如白莲教、弥勒教等。⑦银漕：作为税赋交给政府的银钱和粮食。古代税粮都经河道运往京城及其他指定地点，故称为漕粮。⑧劫数：普遍降临到世界上的厄运、灾祸。

【解析】这一段主要是总结归纳上述几段的内容，主要包括：读书要认真，仪态要重视，不看不健康的书，有错就改正，爱惜字纸，珍惜粮食，敬重天地，不入邪教，敬畏王法，不欠税赋，不吸鸦片等。取其精华、去其糟粕后可以发现，其所告诫的大部分内容至今仍有积极意义。

【原文】

诗句《神童》续①，良言值万金。善人终究好，天理弗亏人。畏寒时欲夏，苦热复思冬。妄想能消灭②，安身处处同。

【注释】①“诗句”句：谓这首诗是《神童诗》的续诗。②妄想：不切实际的想法。在这里指人的欲望。

【解析】这一段是总结全诗。

在最后四句，作者强调了为人处世应遵循的最根本点，就是抑制与客观不符的主观欲望，随遇而安。在严寒的冬天怀念夏天，在酷热的夏天期望冬天，本是非常正常的欲想，在这里却被称为“妄想”。这是对欲望的一概否定，是受了明清理学“存天理，灭人欲”的思想影响，是传统道德准则中最为陈腐落后的观念，因此不可取。不过作者在诗中所提倡的主观愿望与客观实际相符合的准则还是值得今人学习和借鉴的。

# 笠翁对韵

[清]李渔

作者李渔，字笠鸿，号笠翁。明末清初著名戏曲家。江苏如皋人，祖籍浙江兰溪。此书按韵分部，包罗天文地理、花木鸟兽、人物器物等，从单字对到双字对、三字对、五字对到十五字对，音韵铿锵，节奏明快，声调和谐，对仗工整，语感强烈，对少年儿童写诗、对句、作文都是大有帮助的。

## 上　卷

### 一　东①

**【原文】**

天对地，雨对风。大陆对长空。山花对海树②，赤日对苍穹③。

**【注释】**①一东：这里指“平水韵”上平声第一个韵部。②山花：生长在山上的花儿。海树：指大海里的珊瑚。③赤日：红太阳。赤，红色。苍穹：青天。苍，青色。

**【解析】**“天”和“地”都是大自然的一部分，正好相对。而“雨”和“风”都是自然气象，其实除了“风”，云、霜、雾、雪等表示气象的词都可以和“雨”相对，然而这里要押“一东”韵，因此选择了“风”字。

头两句都是一个字对一个字，称为“一字对”。后面三句都是两个字对两个字，称为“两字对”。“天对地”是由相反的事物所构成的对仗，叫“反对”；而“雨对风”是由同类事物所构成的对仗，叫“正对”。

**【原文】**

雷隐隐①，雾蒙蒙②。日下对天中。风高秋月白③，雨霁晚霞红④。

**【注释】**①隐隐：隐约，不分明。②蒙蒙：迷蒙，模糊。③这句的意思是：风在高空吹过，秋天的月亮十分明亮。④霁（jì）：雨停天晴。这句的意思是：雨过天晴，晚霞一片红。

**【解析】**上面说了“一字对”和“两字对”，以此类推，“雷隐隐，雾蒙蒙”，三个字对三个字，就是“三字对”。“雷隐隐”描述了打雷时的声音，“雾蒙蒙”则描述了起雾时的景象。

“日下”对“天中”是时间单位相对。“风高秋月白，雨霁晚霞红”，五个字对五个字，继续类推，就是“五字对”。《诗经中》四个字就可以组成一句诗，不过在格律诗中五个字是基本字数。这两句诗中，“风”和“雨”“高”和“霁”“秋月”和“晚霞”“白”和

"红"，实词一一对应，合起来构成了一幅鲜明生动的完整画面。

【原文】

牛女二星河左右①，参商两曜斗西东②。

【注释】①牛女：指牛郎星和织女星。河：指天河，就是银河。这句的意思是：牛郎星与织女星在银河的一左一右。传说织女本是天上仙女，她与人间的牛郎相爱，王母娘娘知道后把她捉回天宫。牛郎带着两个儿女追赶上天。王母娘娘拔出金簪划出一条天河，把牛郎和织女二人隔在河的两岸，只有每年的七月初七这一天才容许他们见上一面。②参（shēn）商：参星和商星，也是天上的两个星宿。两曜：两颗耀眼的星星。曜，日、月、星都叫曜。斗：北斗七星。这句的意思是：参星和商星在北斗七星的一西一东。传说远古时代的帝喾有两个儿子，整天争吵不休，最后竟动起武来。帝喾没有办法，只好把兄弟俩分别派到十万八千里之外。后来他们一个变成天上的参星，另一个变成商星。两颗星星一在天空西，一在天空东，每天你升我落，你落我升，永远都见不着面。

【解析】继续上面的类推，这个对子就是"七字对"，光看表面，它好像只是在陈述星辰的位置，实际上却有深刻的寓意：牛郎与织女相爱，却被银河分隔两岸，一年只在七夕才能见上一面；参商二星你升我落、你落我升，永远都无法相遇，兄弟俩就是想和好也没有机会了。"牛女"和"参商""二星"和"两曜""河"和"斗"都是讲星辰；"左右"和"西东"都是方位名词，互相对得很好。

【原文】

十月塞边①，飒飒寒霜惊戍旅②；三冬江上③，漫漫朔雪冷渔翁④。

【注释】①塞（sài）边：要塞周围。塞，边境险要的地方。边，四侧。②飒飒：形容风雨之声。戍旅：驻守边防的军队。戍，军队驻守；旅，军旅、军队。这句的意思是：十月的边塞周围，寒霜随风而降，惊扰了驻守的将士们。③三冬：冬天的第三个月，即十二月（腊月）。④朔雪：北方的雪。朔，北方。这句的意思是：十二月的江河上空，北方漫天飞舞的雪花让打鱼老人感到十分寒冷。

【解析】"十月"对"三冬"，都表示时间；"塞边"对"江上"，都表示地点；"飒飒"和"漫漫"，都是形容词，分别修饰"霜"和"雪"；"寒霜"和"朔雪"都是在极其寒冷的气候下才会出现的自然景象；"惊"和"冷"都表现了人物对眼前景观的感受和反应。"戍旅"和"渔翁"，则分别点明了人物身份。参见上文，这组对句是"十一字对"。

## 二 冬

【原文】

晨对午，夏对冬。下饷对高舂①。青春对白昼②，古柏对苍松。

【注释】①下饷（xiǎng）：午后的饮食。高舂（chōng）：傍晚时分。一般在傍晚时分，人们开始为第二天舂米，所以用"高舂"代替傍晚。②青春：既指春天，也指少年。

【解析】在前四句中，"晨""午""夏""冬""下饷""高舂""青春""白昼"都表示时间；而最后一句中"古柏"和"苍松"都是植物名称。纵观整组对句，不仅词组相对，就是拆开来看，构成词组的单个字也能对应："下饷"与"高舂"中的"下"和"高"都是方位名词，“饷”和“春”都表示准备食物，很对应；而“青春”与”白昼”中第一个字“青”和“白”在表示颜色上这一点是对应的；“苍”除了表示颜色外，还有“老”的意思，也可以和“古”相对，“柏”和“松”都是高大的树木。

【原文】

垂钓客①，荷锄翁②。仙鹤对神龙。早汤先宿酒③，晚食继朝饔④。

【注释】①垂钓客：钓鱼的人。②荷锄翁：肩膀扛着锄的老翁。荷，用肩膀扛东西。③早汤：早上的醒酒汤。宿：隔夜。这句的意思是：前一夜喝了酒，早上要先喝醒酒的汤。④朝饔（yōng）：早餐。饔，做熟的饭。这句的意思是：早餐之后还要吃晚饭。

【解析】“垂钓客”对“荷锄翁”，渔翁对农夫，首先字面上对得很贴切。传说在商朝末年，姜子牙整天举着一根钓竿在渭水边垂钓，周围的人都不能理解他的行为，其实他在耐心等待慧眼识珠的明君，结果，最后周文王寻访贤人到此，请他出山辅佐周王室，这就是俗语“姜子牙钓鱼——愿者上钩”的由来。无独有偶，《论语》中也记载了孔子曾经遇到一个扛着锄头的农夫，经过一番交谈之后，才得知他其实是一个深藏不露的隐士。可见“垂钓客”与“荷锄翁”都是用典，指深藏不露的隐士高人。无论是字面还是寓意都对得工稳。

“仙鹤”与“神龙”都是传说中的珍禽异兽，“神”对“仙”“鹤”对“龙”都是同类事物相对。“早”对“晚”“宿”对“朝”都是时间名词，“汤”对“食”“酒”对“饔”都是可以食用的东西，“先”和“继”则表示时间顺序，可谓一一对应。

【原文】

唐库金钱能化蝶①，延津宝剑会成龙②。

【注释】①唐库：唐朝的国库。这句的意思是：唐代国库里的金钱竟能变成蝴蝶。传说唐穆宗在宫殿前栽种了很多牡丹，每天晚上，就会有许多黄色和白色的蝴蝶在花丛中飞来飞去，天亮就飞走了。宫女们捕捉到一些，到天明时却全变成了黄的金子和白的银子，原来这些蝴蝶都是国库里的金银变成的。②延津：即延平津，在今福建省南平市东南。这句的意思是：在延平津，雷焕的宝剑竟然会变成龙。传说在晋代时，张华和雷焕在丰城地下挖出一对极为珍贵的宝剑，每人拿了一把。后来，雷焕的儿子佩着剑路过延平津的时候，宝剑忽然跳入水中，变作一条龙潜水而去。

【解析】作者对这副对子进行了精心设计：“唐库”和“延津”都表示地点；“金钱”和“宝剑”都是贵重物品；“蝶”和“龙”都是动物；除了前面所说的实词，虚词“能化”与“会成”用不同措辞表达相同意思。除了字面上相对，意义上也正好形成对仗：金钱化蝶和宝剑变龙都是用典，而且两个典故都来源于充满神异色彩的传说，富有趣味性。

【原文】

巫峡浪传①，云雨荒唐神女庙②；岱宗遥望③，儿孙罗列丈人峰④。

【注释】①巫峡：长江三峡之一，在湖北巴东县西，因巫山而得名，风光美丽。浪传：没有根据的传说。②神女庙：传说楚王在游览高唐时，梦见有一个神女，自称是巫山之女，来和他约会，分别时她告诉楚王，自己白天变为云彩，晚上变为小雨，早早晚晚，都在这里。后来，楚王在此地为她修建了一座庙，就是神女庙。这句的意思是：在巫峡地区，人们传说着楚王与神女幽会的荒唐故事。③岱宗：即泰山。“岱”是泰山的别名。古人认为泰山是万山之主，所以又称“宗”。④丈人峰：泰山上的一座山峰，形状像老人。这句的意思是：远远地望泰山，只见别的山峰都如儿孙围在老人跟前一样围在丈人峰的周围。

【解析】这里两个句子描写了两种截然不同的自然景观，但都极富诗意。“巫峡”与“岱宗”都是地名，而且，峡谷对高山，对得很自然。“浪传”对“遥望”中，“传”对“望”，动词对动词，“浪”对“遥”，副词对副词，而经过副词的修饰后，动词显得更加传神。“神女庙”对“丈人峰”，地点对地点，而且在音韵上，“神女庙”是平仄仄，“丈人峰”是仄平平，正好相对。

## 三　江

【原文】

奇对偶①，只对双。大海对长江。金盘对玉盏②，宝烛对银釭③。

【注释】①奇（jī）：单数。偶：双数。②盏：酒杯。③宝烛：非常好的蜡烛。银釭：用白银做台的灯。釭，指灯。

【解析】“奇”和“偶”“只”和“双”都是表示数量，两句话表达的实际上是同一个意思，只是措辞不同。在一首诗词或一副对联中，一般不允许出现重复的字词，如果需要表达同一种事物或同样的意思，就必须换一种说法，因此，这种用不同词汇表达相同事物的手法，在中国古代文学中非常重要，很能考验作者的文学功底和掌握的词汇量。

“大海”对“长江”，都是河流。“金盘”对“玉盏”“宝烛”对“银釭”，描述的是同一类事物，不仅词组间对仗工整，而且拆开后，组成词组的单个字相互间也都严格对应，这就是所谓的“工对”。

【原文】

朱漆槛①，碧纱窗。舞调对歌腔②。兴刘推马武③，谏夏著龙逄④。

【注释】①槛：门槛。②舞调：跳舞时伴奏的音乐。歌腔：唱歌的腔调。③马武：东汉光武帝刘秀的大将，是东汉的开国元勋之一。这句的意思是：复兴刘氏、重建汉朝，功劳最大的应首推马武。④龙逄（páng）：关龙逄，传说是夏朝最后一个皇帝桀的大臣，他见夏桀残暴无道，曾极力进谏，反而被夏桀处死。这句话的意思是：对夏桀进谏最著名的人是关龙逄。

【解析】“朱漆槛”对“碧纱窗”，都是房屋的组成部分，而且“朱”对“碧”，红色对绿色，正好在色彩上形成鲜明对比。“舞调”和“歌腔”不仅词组相对，拆开来看“歌”对“舞”“调”对“腔”，一一对应，极是工整。

对两位名臣，作者各选取了一件典型事迹：光武帝信任重用勇将马武，最后建立了东汉；夏桀处死了敢于进谏的忠臣关龙逄，最后当了亡国之君。看上去相似，实际上性质恰好相对。“马武”和“龙逄”都是人名，恰好第一个字都是动物，非常有趣。

【原文】

四收列国群王服①，三筑高城众敌降②。

【注释】①四收列国：北宋初年大将曹彬平定南唐、西蜀、南汉、北汉等割据势力，帮助宋太祖统一了天下。这句的意思是：北宋大将曹彬帮助宋太祖南征北讨，让割据的很多小国都向宋臣服。②三筑高城：唐中宗时，大将张仁愿曾统率军队与突厥进行战斗，建了三座受降城以威镇北敌，从此边境安宁。这句的意思是：张仁愿三次建起高高的受降城，让众多的敌人投降。

【解析】数字联是在对联中嵌入数字，使数量词在对联中具有特殊的意义，这是一种很常见的对仗形式，此对中的“三”和“四”就是一例。原本略显枯燥的数字嵌入对联后，往往能收到令人意外的效果。但是还必须了解一点，古代的数字在对仗中有两种不同用法：实指和虚指。第二句讲述的故事中，张仁愿确确实实修筑了三座受降城，因而“三筑高城”的“三”是实指。但是在第一句中，曹彬消灭的五代诸国，实际上总数远不止四个，但这里无法说出准确的数字，于是用一个“四”字虚指，代表许多，以达到与下句对应的目的。

【原文】

跨凤登台①，潇洒仙姬秦弄玉②；斩蛇当道③，英雄天子汉刘邦④。

【注释】①台：凤凰台。②姬：美女。秦弄玉：春秋时秦穆公的女儿名叫弄玉，非常喜欢求仙之术。当时有一个名叫萧史的人很会吹箫，能吹出凤凰的鸣叫声，弄玉爱上了他，秦穆公便把弄玉嫁给了他，还给他们建了一座凤凰台。后来，萧史教弄玉吹箫，有凤凰飞来，夫妻两人便乘凤凰升天而去。这句的意思是：在凤凰台上骑着凤凰飞走的，是那潇洒的仙女秦弄玉。③斩蛇当道：在路上就把蛇斩了。④英雄天子汉刘邦：据《史记》记载，汉高祖刘邦刚要起兵造反时，有天晚上喝醉了酒，看见一条白色的大蟒蛇拦住了道路，他拔剑上前就把蛇斩了。后来有一个老妇人在那里哭，说自己的儿子是白帝的孩子，变成蛇来到这里，却被赤帝的儿子杀了。这可能是刘邦的拥护者编造的故事，来暗示刘邦是赤帝的儿子，应该当皇帝。这句的意思是：在路上斩蛇起义的，是那汉朝的英雄皇帝刘邦。

【解析】上下两句各讲了一个故事，两个故事虽然都记录在典籍中，却颇富传奇意味和神话色彩，上句的故事中始终离不开百鸟之王——凤凰，下句讲述的故事则与蛇紧密相连，两个动物引发了两个故事，在这个意义层面上对得非常贴切。另外，作者在此有意只选取了弄玉的名字，而没有提到故事中和弄玉同时乘凤升仙的萧史。因为这样在风格上才显得搭配：上句用的是“潇洒仙姬”，轻灵飘逸；下句则是“英雄天子”，浑厚霸气，一柔美，一阳刚，不仅字面上对仗工整妥帖，而且意境相反相成、相映生辉。

## 四　支

【原文】

泉对石，干对枝①。吹竹对弹丝②。山亭对水榭③，鹦鹉对鸬鹚④。

【注释】①干：树的主干。②吹竹：用竹子制成的管乐器，用来吹奏。弹丝：琵琶、琴、瑟一类的弦乐器，用手来弹。③水榭：水面上建的房屋。④鸬鹚：一种善于捕鱼的水鸟，多生活在水边，可以驯养。通称鱼鹰。

【解析】“泉”和“石”“干”和“枝”是自然景物，“山亭”和“水榭”是人工景致，“鹦鹉”对“鸬鹚”是动物对动物，而“吹竹”和“弹丝”都是演奏乐器。其中“吹”

对“弹”，动作对动作，“竹”和“丝”都是一类乐器的总称，也可泛指音乐；“山”对“水”“亭”对“榭”，是同类事物相对，对得很自然。“鹦鹉”和“鸬鹚”都是连绵词。所谓连绵词，就是由两个音节联缀成义而不能分割的词，如果把词拆开，组成它的单个字本身是没有任何实际意义的。更有趣的是，这些词中的两个字偏旁相同，这叫“同旁”，是一种特殊的对仗手法。连字面构思都如此精巧，更充分体现了汉语言文字的独特魅力。

【原文】

五色笔①，十香词②。泼墨对传卮③。神奇韩幹画④，雄浑李陵诗⑤。

【注释】①五色笔：相传南朝梁代的江淹，小时候曾梦见晋代大诗人郭璞赠给他一支五种颜色的笔，此后便才思敏捷，写了许多著名的诗文作品。后来，他又一次做梦，梦见郭璞要回了那支五色笔，从此他再也写不出好文章了，人称“江郎才尽”。②十香词：辽国皇后萧观音才貌双全，很受宠爱，后来因为劝谏皇帝不要打猎而被冷落。此后，朝中有人作《十香词》来诬陷她与戏子私通，皇帝便叫她自杀。③泼墨：绘画术语，是一种专门的绘画技法。传卮：把酒杯依次传下去让人喝酒。卮，酒杯。④韩幹画：韩幹，唐代著名画家，最擅长画马。传说建中初年，有人牵了一匹脚有毛病的马去看病，这匹马非常像韩幹所画的马。牵马的人在街上遇见了韩幹，韩幹看见也很惊讶，回家去看自己画的那匹马，脚上竟也有毛病。这句的意思是：最神奇的是韩幹画的马。⑤李陵诗：李陵，西汉名将李广的孙子，他曾多次建立战功，但在一次出战时，因敌众我寡，主军又不营救，被迫投降匈奴。后来他遇到出使匈奴的苏武，送别时赠了几首诗，悲凉慷慨，十分感人。这句的意思是：最雄浑感人的是李陵送别苏武的诗。

【解析】“五色笔”对“十香词”，对得特别：“五”和“十”都是数字；“色”属于视觉范围，“香”则属于嗅觉范围；“笔”和“词”这里都是与文学作品相关的名词。“泼墨”与“传卮”都是动词加名词，组成结构相同，字面上严格对仗。而且，“泼墨”是一种绘画技法，“传卮”则是一种酒令，意义也非常相称。“神奇”和“雄浑”都是形容词，分别修饰“韩幹画”和“李陵诗”，其中“韩幹”和“李陵”都是历史人物的名字，“诗”和“画”则自然成对。

【原文】

几处花街新夺锦①，有人香径淡凝脂②。

【注释】①夺锦：唐代诗人宋之问的故事。据说有一次武则天到洛阳龙门赏花，命大臣们写诗，谁先写成赏赐锦袍一领。东方虬才思敏捷，先写了一首，武则天把锦袍赏给了他。可他刚拿到手，宋之问的诗也写成了，武则天认为比东方虬写得好，宋之问就从东方虬手里把锦袍夺了过去。这句的意思是：有多少条长满鲜花的街道还在上演着夺锦的故事。②香径：花丛间的小路。凝脂：凝固的油脂，比喻人的皮肤十分细嫩。这句的意思是：那飘散着花香的花间小路上走着一位淡妆美人，她的肌肤就像凝固的油脂一样细嫩。

【解析】这组对句中，最值得一提的是“花街”对“香径”。“香径”本应该是“花径”，但上下句用字重复，这是对仗的大忌。因此作者巧妙地用另一个字代替——“香径”使用了借代的手法，用鲜花芬芳的气息来代指花，不仅字面对得工整雅致，还显得含蓄蕴藉、余味无穷。

【原文】

万里烽烟[①]，战士边头争保塞[②]；一犁膏雨[③]，农夫村外尽乘时[④]。

【注释】①烽烟：指战争。古代在边塞建有烽火台，若有外敌入侵，就点燃烽火，烟气一起，便把消息传送出去了。②边头：边疆。这句的意思是：烽烟燃烧起来的时候，勇敢的战士们在边疆争先恐后地保卫要塞。③一犁：本来指犁地的印迹，但农夫多在春雨之后犁地，所以，这里用作雨的修饰语。膏雨：春雨。膏，本指肥沃的，此指春雨。俗话有“春雨贵如油”之说。④乘时：利用好的时机。这句的意思是：下了一场春雨，农民们都赶快乘着这大好时机到村外干活。

【解析】两句诗描述了两个反差极大的场景。全句对仗工整，尤其值得一提的是“万里烽烟”对“一犁膏雨”，以“万”对“一”，数量上的巨大差别直接导致了感情上强烈鲜明的反差：“万”字极言其大，场景雄浑壮阔，能迅速激起人的豪情壮志；“一”字则极言其小，画面清新秀逸，让人的心情瞬间变得平和恬淡。而以“一犁”来形容春雨，引发了人们对田园生活的无限向往，以此来对“万里”，越衬得前者轻巧明丽，后者波澜壮阔。

## 五　微

【原文】

贤对圣，是对非。觉奥对参微[①]。鱼书对雁字[②]，草舍对柴扉[③]。

【注释】①觉奥：察觉奥妙。参微：思考微妙的事情。参，思考。②鱼书：指书信。汉代的一首诗中说“客从远方来，遗我双鲤鱼。呼儿烹鲤鱼，中有尺素书”。就是说有人给她捎来两条鱼，她让人把鱼剖开一看，里面有一封信。此后，人们就把信叫作鱼书。雁字：也指书信。汉代苏武出使匈奴时被扣留，朝廷多次派人来要，匈奴人骗汉朝使臣说苏武已经死了，后来有人给汉朝使臣出了个主意，说汉昭帝在打猎时打到了一只大雁，雁脚上绑着苏武的信，说明苏武还没有死。匈奴人不敢再隐瞒，便把苏武放了回去。此后，人们也把书信叫做雁书、雁字。③草舍：茅草屋。柴扉：用树条编成的门。

【解析】“圣”和“贤”意思相同，措辞不同，这就是同义对。与此类似，下文中“觉奥”和“参微”，“鱼书”和“雁字”也是同义对。“草舍”对“柴扉”是同类事物相对，即“正对”。“是”和“非”是一组反义词，“是对非”就是反义对。“鱼书”与“雁字”对得妙绝：二者都化用了典故，而且都是通过借喻的方法，赋予这个词以“书信”的意思。而且，单就字面而言“鱼”对“雁”“书”对“字”，也很合适。

【原文】

鸡晓唱[①]，雉朝飞[②]。红瘦对绿肥[③]。举杯邀月饮[④]，骑马踏花归[⑤]。

【注释】①鸡晓唱：鸡在天一亮就打鸣。晓，天刚亮的样子。②雉朝飞：野鸡一到白天就飞起来了。雉，野鸡。③红瘦对绿肥：这句来自宋代女词人李清照的《如梦令》词，原意是说，下过一场雨之后，花被雨摧残，变得憔悴了；而叶子经雨的清洗，越发青翠起来。红，代指花。绿，代指叶子。瘦，指花被雨打后败落的样子。肥，指叶子被雨水清洗后光鲜的样子。④举杯邀月饮：这句来自李白的一句诗“举杯邀明月，对影成三人”，意思是：举起酒杯来，邀请月亮与我干杯。⑤这句的意思是：骑着马踏着落花回家。

【解析】第一组对得非常工整，“鸡”和“雉”都是飞禽，“晓”和“朝”都表示时间，“唱”和“飞”都是动词；如果再详细分析，“鸡”是家鸡，“雉”是野鸡，二者组对，别有趣味。“红瘦”和“绿肥”直接引用自李清照的《如梦令》：“知否，知否，应是绿肥红瘦。”“红瘦”是一平一仄，“绿肥”则是一仄一平，“红”对“绿”，色彩反差极大，“肥”和“瘦”是反义对，无论音韵还是词义，都对得天衣无缝，更因为来源于诗词，越显含蓄隽永、余味深长。末句中，“举杯”对“骑马”“邀”对“踏”“饮”对“归”，都是动作对动作，“月”对“花”是名词对名词，不仅对得工整，而且还各自刻画了一个非常类似的洒脱不羁的形象。

【原文】

黄盖能成赤壁捷①，陈平善解白登危②。

【注释】①黄盖：三国时期东吴的大将。在赤壁大战前，他根据曹操战船的特点，建议火攻，并与周瑜合演了苦肉计，取得曹操信任，然后大败曹兵。赤壁：山名。在今湖北省嘉鱼县东北，长江南岸。捷：胜利。全句的意思是：黄盖能够成全赤壁之战的胜利。②陈平：汉高祖刘邦的重要谋臣，足智多谋，屡出奇策。白登：即白登山。汉初，刘邦出兵攻打匈奴，反被匈奴困在白登山达七天七夜，形势十分危急，后来还是陈平出了妙计，贿赂了匈奴王的妻子，才解围逃回。这句的意思是：只有陈平这样足智多谋的人才善于化解刘邦的白登之围。

【解析】这是一个将历史人物、历史事件嵌入对联的例子。“黄盖”对“陈平”，都是历史人物，赤壁之战和白登之围都是著名的历史事件，这两个地名正好是都带有颜色，“赤壁”对“白登”，读起来饶有趣味。

【原文】

太白书堂①，瀑泉垂地三千丈②；孔明祠庙③，老柏参天四十围④。

【注释】①太白：指唐代大诗人李白。李白字太白。书堂：书屋。②瀑泉垂地三千丈：这句借用了李白《望庐山瀑布》中“飞流直下三千尺”一句，意思是：李白书房面对着的，是那飞流直下三千尺的庐山瀑布。③孔明：即三国时期西蜀诸葛亮。孔明是诸葛亮的字。祠庙：此指后人建立的祭祀诸葛亮的成都武侯祠。④老柏参天四十围：这句借用了杜甫《古柏行》中的“霜皮溜雨四十围，黛色参天二千尺”，意思是：后人为诸葛亮建立的祠庙里，有粗达四十围的参天古柏。

【解析】在这组对句中，用李白书房对面的景色与武侯祠中的景色对仗，十分生动，如在眼前。还需要指出它的一个隐藏的妙处：作者在描摹这两处景致时，分别化用了唐代两位伟大诗人李白与杜甫的名句，而且前者是“飞流直下三千尺”的瀑布，后者是“黛色参天二千尺”的古树，一“垂地”，一“参天”，对仗工稳而气象开阔，对照着读起来趣味盎然。

## 六 鱼

【原文】

羹对饭[①]，柳对榆。短袖对长裾[②]。鸡冠对凤尾，芍药对芙蕖[③]。

【注释】①羹：肉汤。②长裾：下摆比较长的衣服，像裙子之类。裾，衣服的后襟。③芍药：一种花，与牡丹相似，夏秋间开花。芙蕖（qú）：即荷花。

【解析】“羹对饭”，说白了就是“汤”对“饭”，对仗具体而工整。“柳”和“榆”是两种常见的树木相对。“短袖对长裾”用词比较古雅，可以看出古代的服饰之美。在中国传统文化中，“鸡”与“凤”常常是对比着提及的两种禽类，一个地位最低，一个地位最高，有句俗话叫“鸡窝里飞出个金凤凰”，从中就可以看出它们的差别。在人们所熟知的植物中，有一种花叫“鸡冠花”，还有一种草叫“凤尾草”，这是野草与鲜花相对。而下面一句则是著名的芍药与荷花相对。

【原文】

周有若[①]，汉相如[②]。王屋对匡庐[③]。月明山寺远[④]，风细水亭虚[⑤]。

【注释】①周有若：周朝的有若。有若，孔子的弟子。②汉相如：汉代的司马相如，当时著名的文学家。③王屋：王屋山，在山西省。匡庐：就是庐山，在江西九江，相传商周时期有姓匡的兄弟在这里隐居，所以叫匡庐。④这句的意思是：在明亮的月光下，可以隐约看到远处山上寺庙的轮廓。⑤这句的意思是：轻风拂来，水边的小亭一片空虚清凉。

【解析】“周”和“汉”都是朝代名，“有若”和“相如”都是人名，但这里并非随便选择了两个人名，因为“有若”和“相如”在古代汉语中都是“相似”的意思，是同义对。“王屋”和“匡庐”都是有名的高山。末两句对仗工整，合起来构成了一幅意境淡远的图画。

【原文】

壮士腰间三尺剑[①]，男儿腹内五车书[②]。

【注释】①三尺剑：指宝剑。古代的剑大多为三尺长。自从刘邦手提三尺剑斩蛇起义后，后人常用“三尺剑”作为有志男儿的象征。这句的意思是：壮士豪杰的腰间总要佩带着一把三尺宝剑。②五车书：战国时期有一个学者叫惠施，很有学问，庄子说他有五车书，后人便用“五车书”来称赞读书多、学问大的人。这句的意思是：有抱负的男儿肚子里都有很大的学问。

【解析】“壮士”对“男儿”就是同义对，只是根据对仗的要求，选取了不同词汇，兼顾了声韵相对：两个仄声对两个平声。“腰间”与“腹内”都是人体某一部位。“三”和“五”都是数词，“尺”与“车”都是量词，但“三尺”“五车”在这里并非是确数，而具有指代性；“三尺剑”和“五车书”并不仅仅指“剑”和“书”本身，而是代指抱负和学识。整副对子里最妙的当属这组三字对。

【原文】

疏影暗香[①]，和靖孤山梅蕊放[②]；轻阴清昼[③]，渊明旧宅柳条舒[④]。

【注释】①疏影暗香：均指梅花。因为林逋曾用“疏影横斜水清浅，暗香浮动月黄昏”的诗句来形容梅花，所以后人就用“疏影”和“暗香”两个词来代指梅花。疏影是说梅花树稀稀落落的枝丫的影子；暗香是说梅花散发出来的香气。②和靖：宋代大诗人林逋，字和靖。他一生非常喜欢梅花。孤山：山名，在杭州，是林逋隐居的地方。这句的意思是：那稀疏的树影和浮动的暗香，是林逋所隐居的孤山有梅花开放了。③清昼：清凉的白天。昼，白天。④渊明：指东晋大诗人陶渊明，他门前有五棵柳树，所以便给自己起了个名号，叫五柳先生。这句的意思是：天稍微有点阴，白天很凉爽，陶渊明老屋前的柳树枝条舒展。

【解析】此对分别写了两个著名的隐逸诗人：林逋和陶渊明，他们都个性淡泊，鄙弃荣华富贵。林逋一生都非常喜欢梅花与仙鹤，人们都说他是以梅花作为妻子，把仙鹤当成儿子，即“梅妻鹤子”的由来。陶渊明曾写过一篇名为《五柳先生传》的自传，并自称“五柳先生”。因此将“梅”和“柳”与林逋和陶渊明联系起来，联想自然，对得也自然。

## 七 虞

【原文】

红对白，有对无。布谷对提壶①。毛锥对羽扇②，天阙对皇都③。

【注释】①布谷：即布谷鸟，因叫声很像“布谷”而得名。提壶：一种鸟的名字。②毛锥：毛笔的别名。羽扇：用鹅毛做的扇子。③天阙（què）：天上的城池，也用来比喻人间的皇城。皇都：皇城。

【解析】“红”与“白”是对比鲜明的两种颜色，因此成为古诗中常见的对仗。虽然随着读音的变化，这两个字现在都读第二声，但在古汉语中，“白”字是入声，正好和念平声的“红”字相对。“有对无”是反义对。“布谷”和“提壶”都是鸟类。“毛锥”和“羽扇”透着文雅，正好又是文人的常用物品；再把两个词拆开来看，“毛”和“羽”也正好相对，妙手偶得，却浑然天成。“天阙”和“皇都”都指皇城，组对更让人觉得气魄宏大。

【原文】

谢蝴蝶①，郑鹧鸪②。蹈海对归湖③。花肥春雨润④，竹瘦晚风疏⑤。

【注释】①谢蝴蝶：宋代诗人谢逸爱写蝴蝶诗，人称“谢蝴蝶”。②郑鹧鸪（zhè gū）：唐代诗人郑谷有一首《鹧鸪》诗，写得非常好，人们叫他“郑鹧鸪”。③蹈海：跳海自杀。战国时期，秦国兵围赵国都城邯郸，魏王派将军辛垣衍领兵救援。但辛垣衍由于害怕秦国的势力，反而劝赵王承认秦王为帝。这时，同样被围困在城里的齐国义士鲁仲连知道了这个消息，便去见辛垣衍，批评了他的胆小，并说，如果秦王真的称了帝，自己就“蹈东海而死”。这里的“蹈海”就是用鲁仲连的事。归湖：春秋时，越国谋臣范蠡和美人西施帮助越王勾践打败吴国后，辞别了越王，一起隐居于五湖。④这句的意思是：花朵看上去那么新鲜漂亮，那都是因为春雨的滋润。⑤这句的意思是：夜晚的风把竹叶吹得卷了起来，显得竹子更为瘦削。

【解析】谢逸和郑谷都是诗人，都有一个跟诗有关的外号，恰好这两个外号入对还更妥帖：“蝴蝶”和“鹧鸪”都是会飞的动物，单从词形上看又都是连绵词，对得很工稳。

“蹈海”和“归湖”都用了典，而且严格对仗：“蹈”有离去之意，“归”有回来之意。“蹈海”讲的是鲁仲连不屈服于秦国的残暴，甚至不惜以死抗争；“归湖”讲的是范蠡与西施为了躲避政治上的杀身之祸，隐居湖海以求生。在这一去一回、一死一生之间，其对仗之工巧已经跃然纸上。

末句中“花”对“竹”“春雨”对“晚风”，都是名词对名词；“肥”和“瘦”是反义相对；“润”对“疏”，动词对动词，不仅对得漂亮，所描绘的画面也非常漂亮。

**【原文】**

麦饭豆糜终创汉[①]，莼羹鲈脍竟归吴[②]。

**【注释】**①麦饭豆糜：用麦子做的饭、用豆子做的粥，形容很粗糙的饭。这句用的是东汉开国皇帝刘秀的典故。刘秀刚刚起兵时，有一次打了败仗，被围在饶阳，没有东西吃，他的部下冯异给他做了麦饭和豆粥。这句的意思是：凭着麦饭和豆粥这样粗糙的饭，刘秀终于创立了东汉。②莼羹：莼菜汤。莼，一种水草，又叫水葵，可以吃。鲈脍：鲈鱼切成的肉丝。脍，肉丝。这里用的是东晋人张翰的典故。张翰本来在朝廷当官，但他厌倦了官场的生活，每次看到秋风起，便思念家乡吴地的美味莼羹和鲈脍，对自己远离家乡深为后悔，于是便辞官回家了。这句的意思是：因为思念家乡的莼羹和鲈脍，张翰竟然辞官回到家乡吴地去了。

**【解析】**“麦饭豆糜”对“莼羹鲈脍”，两者都指饭菜，不过前者是极为粗劣的饭菜，而后者是非常精致的饭菜，对比鲜明，还隐藏了两个典故：“麦饭豆糜”说的是刘秀，他在如此艰苦、危险的环境中仍坚持奋斗，最终建立了东汉；“莼羹鲈脍”说的是张翰，他虽然在朝为官，然而最终辞官归隐，但坚持了个人品行。刘秀和张翰的事迹可谓相映成趣。

**【原文】**

琴调轻弹[①]，杨柳月中潜去听[②]；酒旗斜挂[③]，杏花村里共来沽[④]。

**【注释】**①琴调：用琴所弹奏的曲调。②潜：悄悄地。这句的意思是：在杨柳下、月光中，悄悄地去听有人把琴曲轻弹。③酒旗：卖酒小店门前挂的布做的招牌。④杏花村：泛指卖酒的地方。沽：买酒。这句的意思是：杏花村头斜斜地挂着酒旗，大家都来这里买酒。

**【解析】**“轻”和“斜”，仅仅一个字便将清新淡雅的意境整个都烘托出来了。悠扬动听的琴声，要悄悄地“去”幽雅之处聆听，才能品出韵味；卖酒的小店，要客人络绎不绝一起“来”光顾，才能生意兴隆。上句颇有出尘脱俗的雅士风范，下句则满溢着生活气息，对来别有情味。

## 八 齐

**【原文】**

鸣对吠[①]，泛对栖[②]。燕语对莺啼。砗磲对玛瑙[③]，琥珀对玻璃[④]。

**【注释】**①吠：狗叫。②泛：鸟飞。③砗磲（chē qú）：一种软体动物的壳，古称七宝之一。《苏氏演义》中记载，曹操“以玛瑙石为马勒，砗磲为酒碗”。玛瑙：一种矿物，颜色美丽，坚硬耐磨，可以做装饰品。④琥珀：古代松柏的树脂落入地下形成的化石。

**【解析】**“鸣”和“吠”是同义对，都是叫的意思，不过一个是鸡叫，一个是狗叫。“泛”和“栖”都是描写鸟类的动作，飞翔对休息。“燕”对“莺”是对仗中的典型意象，“语”和“啼”这里都是啼叫的意思，“燕语对莺啼”对得具体而工整。

“砗磲”对“玛瑙”，平平对仄仄；“琥珀”对“玻璃”，仄仄对平平，声韵两两相对；

都是联绵词，拆开后单个字无实义，组合起来却变成了精美的饰品，又用了同旁法，称得上赏心悦目。

**【原文】**

绛县老①，伯州犁②。测蠡对燃犀③。榆槐堪作荫④，桃李自成蹊⑤。

**【注释】**①绛县老：春秋时期晋国绛县有一个老人，不知道自己有多少岁了，只知道是正月初一甲子生的，现在已经过了四百四十五个甲子。有一个叫师旷的人说他已经七十三岁了。②伯州犁：春秋时期晋国大夫伯宗的儿子，伯宗被杀，他跑到楚国去，当了大官。③测蠡：蠡是海里的一种蛤，测蠡就是用蠡来测量大海。表示见识狭小，不自量力。燃犀：犀指犀牛角。传说晋代有个人叫温峤，他路过牛渚矶时，听人说水下有怪物，便点燃了一只犀角往水下照，果然看见了很多奇怪的精灵。④堪：可以。荫：树阴。这句的意思是：榆树和槐树都能用树影给人带来阴凉。⑤蹊：小路。古代有句谚语叫“桃李不言，下自成蹊”，就是说因为桃李能给人带来好处，所以，即使它们不说什么，树下也会有人们常来而踩出的小路。比喻有才华和美德的人不用张扬，就会得到别人的尊敬。这句的意思是：桃树和李树下自然会有人们踩出的小路。

**【解析】**“绛县老”和“伯州犁”都是晋国人。“绛县”与“伯州”看上去都是地名，可以相对。实际上，“绛县”是地名，“伯州”却是人名，此人姓“伯”，这里就涉及到对仗的一种特殊形式：汉字中存在一词多义的现象，某个字在文章中是一个意义，在对仗中则用另一个意义，这就是“借对”。“伯州”的“州”和“县”意义不相关，此处却是借它们在“州县”中的意义来对仗，正是巧用了借对的原理。“榆槐”和“桃李”都是常见的植物，

**【原文】**

投巫救女西门豹①，赁浣逢妻百里奚②。

**【注释】**①巫：用巫术来骗人的人，也称巫人、巫师。西门豹：战国时期魏国人。他到邺地当官时，发现这里的人非常迷信，因为本地有条河经常发水，巫婆说只有每年为河伯娶一个媳妇才能不发大水。于是，众人每年都会把一个女孩推到河里去。西门豹决心治理这个事情，他把巫婆扔到了河里，让她去给河伯报信，当然，巫婆再也没返回来。这句的意思是：西门豹把巫婆扔到河里，救了很多少女。②赁浣：雇用洗衣服的人。赁，租赁，这里指雇用。浣，洗，这里指代洗衣服的人。百里奚：春秋时期虞国人，虞国灭亡时被晋国俘虏，后来秦穆公听说他很有才，使用五张黑羊皮把他赎回来并封为大夫。有一次，他雇了一个女子给他洗衣，在他听歌的时候，这个女子自称懂音乐，就唱了一首歌。这时，百里奚才认出，这个洗衣女子竟然是他失散多年的妻子。这句的意思是：百里奚雇人来洗衣服才遇到了他失散多年的妻子。

**【解析】**“西门豹”和“百里奚”，这两个历史人物都是复姓，“西门”对“百里”，虽然比不上“西门”对“东郭”，但还算工整。两个人一“救女”、一“逢妻”，一“投巫”、一“赁浣”，构词方式都很相似，其中“巫”与“浣”都是一种职业，从字面到事迹都对得妥帖。

**【原文】**

阙里门墙①，陋巷规模原不陋②；隋堤基址③，迷楼踪迹已全迷④。

【注释】①阙里：孔子居住的小巷的名字。门墙：指孔子门下的学生。②陋巷：孔子的弟子颜回居住的地方，据说很简陋。孔子曾称赞说，颜回只有一碗饭，一瓶水，还住在这么个陋巷，别人都觉得没法活，他却很快乐。这句的意思是：孔子的弟子颜回住在陋巷里，陋巷因此并不显得简陋寒碜。③隋堤：隋炀帝为了到江都游览，开凿了京杭大运河，全长一千三百多里，两岸栽种柳树，称为隋堤。④迷楼：也是隋炀帝所建，据说千门万户，非常复杂，进去的人都会迷失在里面，所以叫迷楼。这句的意思是：隋炀帝建造的庞大的隋堤与迷楼，现在的地址和踪迹已经迷失了。

【解析】在对仗中，常将同样一个或几个字、词、句子在对联中间隔地或重复地运用，使之既连接紧密，意义又有所不同，以达到增加联意的深度和广度、使所要叙述的事物更加形象生动的效果，这就是反复的手法，又称复辞法，可分为联意的反复和用字的反复。

本联的特色就在于运用了反复的手法。上句着重于“陋”字，颜回生前居住在“陋巷”，但他品行高洁，去世后声名不但不“陋”，还流芳百世；下句着重于“迷”字，隋炀帝生前虽然是帝王，但他奢侈荒淫，他本人以及那些富丽堂皇的宫殿，都早已湮灭在历史的长河中。

## 九 佳

【原文】

勤对俭①，巧对乖。水榭对山斋。冰桃对雪藕②，漏箭对更牌③。

【注释】①俭：节俭，节省。②冰桃、雪藕：传说西王母曾多次降临人间，给汉武帝带来了许多礼物，其中就有冰桃、雪藕，就是像冰一样的仙桃，像雪一样的莲藕。③漏箭：漏是古代的一种计时器，在一个容器中装上水，当水慢慢地往外流时，容器上的指针也随着水面的下降而变化，从而显示时间的变更，类似现在的钟表。漏箭即指针。更牌：夜间报更的竹签，也叫更筹、更签，是古代人晚上报时的一种工具。

【解析】“勤”和“俭”“巧”和“乖”都是同义对。“水榭”和“山斋”，一个有“水”，一个有“山”，又都是深受古代文人雅士喜爱的场所，是珠联璧合的好对。末两句中无论是神话传说里的稀世蔬果，还是日常生活中的报时工具，作者信手拈来，却宛如天造地设。

【原文】

寒翠袖①，贵荆钗②。慷慨对诙谐③。竹径风声籁④，花蹊月影筛⑤。

【注释】①寒翠袖：杜甫有一首诗叫《佳人》，写了一个被丈夫抛弃而隐居山谷的美女，其中有“天寒翠袖薄”的句子，这里就是用这个典故。②荆钗：指用荆木做的发钗，是很简陋的饰品。也代指与丈夫同甘共苦的贤惠的妻子。③诙谐：幽默。④这句的意思是：风吹入竹林的小路，竹林发出天籁之音。籁，声音。⑤这句的意思是：月光被花朵筛成了碎点，散落在小路之上。

【解析】第一对寥寥数字，却包含了令人慨叹的深沉意蕴。“翠袖”在这里代指美人，也特指贵族女性；“荆钗”则代指穷人家的女子。两种价值相差甚大的物品，代指了两类身份、地位差距极大的女性。然而当它们前面各增加了一个字，意义却发生了很大变化：“寒翠袖”，化用了杜甫的诗句，代指被遗弃的女人，美貌和财富对改变她不幸的遭遇没有丝毫作用；“贵荆钗”则说明，贤惠的女子或许不够美丽和富有，但她和丈夫美好的感情是多少财富也换不到的，正应了那句“易求无价宝，难得有情人”。

“慷慨”和“诙谐”是同旁对，都是人的一种典型情绪的表达。“竹”对“花”就是树对花，“径”和“蹊”都是小路，“风”和“月”也是常见的对仗，末句不仅对得工整，还有种宁谧幽静之美。

【原文】

携囊佳韵随时贮[①]，荷锸沉酣到处埋[②]。

【注释】①囊：口袋。佳韵：好的诗句，古代把一句诗也叫一韵。随时贮：这是用唐代诗人李贺的典故。李贺非常喜欢写诗，外出时总带着一个布口袋，灵感一来，就写下来放到口袋里，晚上回家再细细看，修改成诗。这句的意思是：李贺带着口袋，有了好诗便可以随时存放起来了。②荷锸（chā）：背着铁锹。荷，背着。锸，铁锹。沉酣：喝酒喝得大醉。这里用的是东晋刘伶的典故，刘伶非常爱喝酒，每次出去都带上酒，还叫人背着铁锹跟在他后面，说：“我要是喝酒醉死了，埋了我就完了。”这句的意思是：刘伶让人背着铁锹跟着，只要他在沉醉中死去，就随处埋葬。

【解析】李贺和刘伶都是文士中特立独行的典范。李贺把短暂的一生都放在了作诗上，可谓呕心沥血。他每次出门必定准备一个口袋，一有灵感就写成诗句放进口袋里。刘伶出门时也有一个怪癖——必定要带上酒，并让随从带上铁锹随时准备，一旦自己醉死了，便就地挖个坑埋了。两种不同凡俗的行为对得很妥当，字词选择也有可圈可点之处，如“携囊”对“荷锸”“携”与“荷”，动词对动词，工稳雅致；“囊”与“锸”正是李、刘二人出门时的独特标志。对照读来非常有意思。

【原文】

江海孤踪[①]，雪浪风涛惊旅梦[②]；乡关万里[③]，烟峦云树切归怀[④]。

【注释】①孤踪：孤单的行踪。②旅梦：旅客的梦。指宋代女词人李清照，她早年受丈夫赵明诚影响，热爱收集金石书画，金兵入侵后，她孤单一身漂泊南方，非常痛苦。这句的意思是：茫茫江海，只剩下李清照一个人，生活的风浪惊碎了她平静的生活。③乡关：家乡。④烟峦：烟雾缭绕的山峦。云树：云雾中的树林。这是指南北朝时期的大诗人庾信，他代表南朝出使西魏，却被扣留，虽然在北方做的官很高，但他一直思念着家乡。这句的意思是：庾信在北方，看到烟雾缭绕的山峦和云雾中的树林，便会怀念万里之外的家乡。

【解析】如果仅仅把这两句看成是对仗的抒情句子，抒发了客居他乡时的一种普遍愁绪，读起来也很通顺。但如果知道这两句没有点明的历史人物分别是李清照和庾信，就能品味出更深沉的内涵：李清照因为战乱被迫从北方迁到了南方，家破人亡，晚景凄凉；庾信恰好相反，从南方出使北方时被扣留不还，北朝为了笼络他赐以高官厚禄。虽然境遇有天壤之别，但两个人思念家乡、追怀故国的哀痛之情是同样真挚深沉的。不同的境遇，相同的感情，如此对比才更显得意味深长。

## 十　灰

【原文】

春对夏，喜对哀。大手对长才[①]。风清对月朗，地辟对天开。

【注释】①大手：即大手笔，指写文章很高明的人。长才：有很高才能的人。

【解析】严格的对仗非常讲求声韵，必须平仄相对。春、夏、秋、冬四个字中，只有"夏"字是仄声，其余三个都念平声，因此四季组对时，"夏"字是不可或缺的。前面"二冬"韵里就有"夏对冬"。不过若是作诗，在某些可平可仄的特定位置，可以不用"夏"字。"喜"对"哀"，反义相对，都表达了一种情绪。"大手"和"长才"都是指有才华的人。"月朗风清"（"朗月清风"）和"开天辟地"本身都是成语，对来自然贴切。

【原文】

游阆苑①，醉蓬莱②。七政对三台③。青龙壶老杖④，白燕玉人钗⑤。

【注释】①阆苑：神话传说中的仙境。②蓬莱：传说中海上的仙山。③七政：古代金、木、水、火、土合称五行，再加上日、月就是七政。三台：古有灵台、时台、囿台，合称三台。④壶老：传说东汉费长房曾跟随一位在壶中隐身的仙人壶公学仙术，一次他要回家，壶公送他一根竹杖，说骑上它一会儿就可以到家。费长房果然片刻就到家了，他一扔下竹杖，竹杖立刻变成一条青龙腾空而去。这句的意思是：那壶老的竹杖原来是条青龙啊。⑤白燕玉人钗：汉武帝曾建招灵台，想等神仙降临。后有神女飞来，赠给汉武帝一双玉钗，玉钗后来变成白燕飞走了。这句的意思是：那仙女的玉钗竟是一双白燕。

【解析】"阆苑"对"蓬莱"是同旁对，都是传说中的神仙洞府。"七政"与"三台"是数字对。在严格的数字对中，一般都有"三"字，因为从一到十的数字中，尽管"一、七、八、十"现在都念平声了，但在古汉语中，除了"三"，其他均为仄声字。"壶老"和"玉人"是传说中的神仙，一"青龙"一"白燕"、一"杖"一"钗"，对得雅致有趣。

【原文】

香风十里望仙阁①，明月一天思子台②。

【注释】①望仙阁：南朝后主陈叔宝曾经为他所宠爱的妃子张丽华建造了临春、结绮、望仙等楼阁，非常奢华。这句的意思是：那望仙阁里的阵阵香风可以飘出十里远。②思子台：汉武帝逼死了被诬陷的太子刘据，后来又大为后悔，便建了一座台来纪念太子，名叫思子台。这句的意思是：在思子台上，只有满天清冷而明亮的月光陪伴汉武帝。

【解析】"香风"对"明月"，结构相同，"香"对"明"，形容词对形容词，修饰相对的名词"风"和"月"。"十里"对"一天"，数词对数词、量词对量词。这里的"望"与"思"意思相近，但沾染的感情色彩却正好相反："望仙"时心情愉悦快乐，"思子"时却只有悔恨痛苦；"望仙阁"飘送着"十里香风""思子台"上只有满地清冷的月光，繁华对孤寂、热闹对冷清，反差极大。

【原文】

绿柳沿堤，皆因苏子来时种①；碧桃满观，尽是刘郎去后栽②。

【注释】①苏子：指宋代大诗人苏轼，他到杭州当太守时，曾让人沿着西湖的堤岸种了很多柳树，后人把这个堤叫苏公堤，简称苏堤。这句的意思是：那西湖岸边，绿柳成荫，都是苏轼来当太守时种的。②刘郎：指唐代大诗人刘禹锡，他因参加革新而被保守势力排挤，贬官到外地，十年后才被召回京师。他写了首诗："紫陌红尘拂面来，无人不道看花回。玄都观里桃千树，尽是刘郎去后栽。"意思是说，朝廷中很多得势的官员，不过是我走后爬上来的罢了。这句的意思是：玄都观里那么多桃树，可都是刘禹锡走后栽种的啊！

**【解析】**"绿柳"对"碧桃""绿"和"碧"都是绿色，属于同义对，"柳"对"桃"是两种常见的植物相对；"堤"和"观"都是处所；"苏子"和"刘郎"分别指著名大诗人苏轼和刘禹锡；"来"对"去"是反义相对；"种"对"栽"，动词对动词，对仗严密。不仅实词对得工稳，虚词同样对得恰到好处："皆"和"尽"，范围副词，全、都的意思；"时"和"后"都表示时间。字面和典故都对得天衣无缝。

## 十一 真

**【原文】**

莲对菊，凤对麟①。浊富对清贫②。渔庄对蟹舍③，松盖对花茵④。

**【注释】**①凤、麟：指凤凰和麒麟，都是传说中吉祥的动物。②浊富：指道德败坏的富人。浊，浑浊、不洁。③渔庄：打鱼人聚居的村庄。蟹舍：指渔村水乡。④松盖：指松树，因为松树形状像古时候马车的篷盖一样，所以叫松盖。花茵：形容花很繁盛，像地毯一样。茵，地毯。

**【解析】**"莲"对"菊"，植物对植物，"凤"对"麟"就是百鸟之王对百兽之王，都是传说中象征祥瑞的珍禽异兽。"浊富"对"清贫"严格相对，核心词"富"和"贫"反义相对，讲述了人的不同境遇，然而经过了另一对反义词"浊"和"清"的修饰之后，污浊而富贵对清白而贫困，把两种截然相反的品德进行了对比，褒贬分明。"渔庄"对"蟹舍"，地点对地点。"松盖"对"花茵"，景物对景物，"松"对"花"就是树对花，"茵"和"盖"都是日常用具，而且两个词都用了比喻的手法。

**【原文】**

萝月叟①，葛天民②。国宝对家珍。草迎金埒马③，花醉玉楼人④。

**【注释】**①萝月叟：藤萝月下的老人。②葛天民：葛天氏是传说中的上古帝王，他所治理的国家非常安宁。葛天民就是指葛天氏治理下的老百姓。③金埒（liè）马：晋朝的王济特别爱马，给马建了跑马场，并用绳穿钱，沿着跑马场的矮墙围了一圈。埒，矮墙。这句的意思是：用青草来迎接王济的宝马。④这句的意思是：美丽的鲜花让玉楼上的人沉醉。

**【解析】**"萝月叟"纯粹是为了与"葛天民"相对而生造的，实际上并没有这样的典故，不过造得很好，还运用了"借对"的手法："葛天民"的"葛"字本来只是一个姓，并无实际意义；"萝月叟"中的"萝"是藤萝，一种能爬蔓的草本植物，于是，姓葛的"葛"字被借用为另一种草本植物葛藤的"葛"，这样，上下句就对得非常工整了。"国家"和"珍宝"本来就是经常提及的两个词语，"国宝对家珍"自然贴切。

**【原文】**

巢燕三春尝唤友①，塞鸿八月始来宾②。

**【注释】**①巢燕：巢里的燕子。三春：阳春三月。这句的意思是：鸟巢里的燕子每到阳春三月就不停地鸣叫来召唤朋友。②塞鸿：鸿，指大雁，古人认为大雁的家乡是塞北，故称“塞鸿”。宾：宾客。因为每到八月大雁就会往南飞，就好像要到南方去做客一样，所以叫“八月始来宾”。这句的意思是：塞北的鸿雁直到八月才会飞到南方去做客。

**【解析】**如前所述，根据声律平仄相对的要求，“夏”在四季组对中是不可或缺的，但春与秋其实才是自然本身所提供的最佳配对：春季温暖，秋季凉爽；春季播种，秋季收获；春季绿叶生发，秋季黄叶飘零……这副对子就是这个“最佳配对”的写照。这里用“三春”与“八月”代指春、秋，主要是为了对仗工整。在“三春”众多景致中，单单选择了巢里的“乳燕”来对“八月”的大雁，一个稚嫩，一个成熟；一个嗷嗷待哺，一个展翅高飞。上句幼嫩轻盈的燕子让人联想到春天的生机勃勃，而下句展翅南飞的大雁让人联想到秋天的硕果累累，既有诗意，又有生气。

**【原文】**

古往今来，谁见泰山曾作砺[①]；天长地久，人传沧海几扬尘[②]。

**【注释】**①砺：磨刀石。汉代建国后，分封功臣，皇帝在给大臣的分爵誓辞中说“使河如带，泰山若砺，国以永宁，爰及苗裔”，意思是即便黄河变得只有一条带子那么宽，泰山变得像磨刀石那么平，我们的国家和后代也永远安宁。这句的意思是：古往今来，谁曾看见过泰山变得像磨刀石那么平了。②沧海几扬尘：传说神仙麻姑曾对王远说，自己已经三次看见东海变成陆地了，而现在东海的水太浅，恐怕又要变了。王远也叹气说，圣人也都说东海要扬起尘土了。这句的意思是：天长地久，人们都传说连大海也已经好几次变成陆地了。

**【解析】**起首四字便气势不凡，“古往今来”和“天长地久”，结构相近，都是常用的成语，都形容时间的漫长，堪称天造地设的绝妙好对。两句的句型结构也非常相似：“古”“今”对“天”“地”“往”“来”对“长”“久”；“谁见”与“人传”都指“没人看见”，属于流水对。同一联中的两个对句，虽然从形式上看是两句话，但意思并不对立，实际上是一整句话分成两句来说，这两句话在理解时应该如同流水般一口气贯穿下来，所以叫作流水对。不过，“谁见”和“人传”还有细微的区别，前者是从来就没有人见过，后者则表示原本也许是有的，只不过没有亲眼见到。这副对子既气魄宏大，又充满了世事变幻的沧桑感。

## 十二　文

**【原文】**

言对笑，绩对勋[①]。鹿豕对羊羵[②]。星冠对月扇[③]，把袂对书裙[④]。

**【注释】**①绩、勋：都指成就、功劳。绩，成绩；勋，功勋。②豕：猪。羊羵（fén）：春秋时，季康子挖井，挖到一个瓦缸，发现里面竟然有一只羊，去问孔子。孔子说这是土里面的怪物，叫羵羊。③星冠：古人所戴的帽子，上面有些珠宝的装饰，像星星一样，所以叫星冠。月扇：像月亮一样的扇子。④把袂：就是拉住袖子，引申为握手。袂，衣服袖子。书裙：晋朝时有一个人叫羊欣，他幼时就很有才华，大书法家王羲之很欣赏他。有一次，王羲之趁羊欣白天睡觉时在他的前襟上写了很多字，羊欣醒来后很高兴，仔细揣摩，书法有了很大长进。书，写；裙，衣服的前襟。

**【解析】**“言”对“笑”就是说对笑，一个是动作，一个是表情，单看字面对得并不工整。但是在古代，“言”与“笑”经常放在一起连用，如“不苟言笑”“言笑自若（如）”“言笑晏晏”等，两个字的意思于是就有了联系，用作对仗也说得过去。

“绩对勋”，二者都指功劳、成就，是同义对。“鹿豕对羊豶”，动物对动物。“星冠”和“月扇”对得非常工整，“星”对“月”也是常用对仗。“冠”和“扇”都是服饰器物，而且用了比喻的手法。

“书裙”用了典故，“把袂”却没有用典，但它与“书裙”在字面上对仗非常严整，作者才选用了它。

**【原文】**

汤事葛[①]，说兴殷[②]。萝月对松云[③]。西池青鸟使[④]，北塞黑鸦军[⑤]。

**【注释】**①汤事葛：汤，商朝的开国君主成汤；葛，夏朝末年的一个小国。葛国的君主不祭祀，成汤想帮他祭祀，他反而抢掠了成汤，后来，成汤就把葛给灭了。②说（yuè）兴殷：说指傅说。商王武丁曾梦见一个圣人，名字叫“说”，醒来后四处寻觅，后来终于在傅地找到了傅说，就是梦里的人，于是便请傅说来做他的相。在傅说的治理下，商朝（也就是殷）兴盛起来。③萝月：穿过藤萝的月光。松云：飘过青松的白云。④西池青鸟使：传说神仙西王母在降临人间前，总是先派一只青鸟来通报。西池，传说西方昆仑山上西王母所住的瑶池。这句的意思是，西方的瑶池有青鸟来当使者。⑤北塞黑鸦军：唐末沙陀国国王李克用的军队全穿黑衣黑甲，人称黑鸦军。这句的意思是，北部关塞李克用的军队叫黑鸦军。

**【解析】**首句采用历史人物和历史事件入对，“汤”和“说”都是人名；“事”和“兴”都是动词；“殷”虽然是朝代名，但它开始和“葛”都是夏朝的属国。“萝月对松云”对得工稳，“萝”和“松”都是常见的植物，“月”和“云”都是空中的景观。

末句在结构设计上有意采用了极为鲜明的对比手法。“青鸟”与“黑鸦”，首先看字面就能产生强烈的反差：“青鸟”活泼可爱，让人的心情瞬间愉悦；“黑鸦”则让人觉得厌恶，伴随着不祥之感。其次，两个词都用了典，两个典故也是在同样的意义层面上进行对比的：“西池”是传说中令人向往的神仙洞府，“北塞”则是人迹罕至的蛮荒之地；“青鸟”传信预示着幸福欢乐，因而后世推举它担任传递爱情信息的使者，而“黑鸦军”的出现往往宣告残酷血腥的战争和杀戮即将到来。

**【原文】**

文武成康为一代[①]，魏吴蜀汉定三分[②]。

**【注释】**①文武成康：指西周初年的周文王、周武王、周成王、周康王。西周在他们的统治下极为安定。这句的意思是：周文王、周武王、周成王、周康王统治下的西周是一代太平盛世。②魏吴蜀汉：即三国时期曹丕建立的魏国、孙权建立的吴国和刘备建立的蜀国，因为刘备自称是继承了汉朝的正统，所以，蜀国也被称为蜀汉。定三分：确定了天下三分的格局。这句的意思是：魏国、东吴和西蜀确定了天下三分的格局。

**【解析】**这也算是一副巧对了，用历史上的几个朝代入对。上句的“文武成康”是安定幸福的盛世，下句的“魏吴蜀汉”则是群雄割据的乱世。不过，这里要了个小小的花招：上句的“文武成康”，一一列举了四个君王，在他们统治期间，确实政治清明、天下太平；按照对仗的要求，下句本来应该也列举四个，“三国”本来就只有三个国家，为了弥补空缺，于是在“魏吴蜀”后加了一个字“汉”，从而保持了对仗的工整，这其实是对仗中经常使用的一种技巧。

**【原文】**

桂苑秋宵①，明月三杯邀曲客②；松亭夏日，薰风一曲奏桐君③。

**【注释】**①苑：园林。②曲客：酒。曲是造酒的东西。这句的意思是：秋天的夜晚，漫步在长满桂树的园林，邀请明月喝三杯酒。后半句来自李白诗句“举杯邀明月，对影成三人”。③薰风：暖风。桐君：指琴，因为古代好的琴都是用桐木做的，故称“桐君”。舜曾弹琴而歌“南风之薰兮，可以解吾民之愠兮”，意思是说南风多么温暖啊，可以开解我的老百姓的烦恼。这句的意思是：夏天，在四周长满了松树的亭子里，用上等的琴演奏一曲薰风歌。

**【解析】**先看字面，对仗工稳：“桂”和“松”都是人们常见的植物；“苑”和“亭”都是人工建筑；“秋宵”和“夏日”都是时间；“明月”和“薰风”都是自然气象；“三”和“一”都是数词；“曲客”对“桐君”实际上就是“酒”对“琴”，用词比较雅致，带着几分文人的气息，与整副对子的风格非常一致。

此对的正常顺序应该是“桂苑秋宵，三杯曲客邀明月；松亭夏日，一曲桐君奏薰风”，但因为在“十二文”里，要押“君”的韵，因此末句必须调整顺序，改为“薰风一曲奏桐君”，于是上句也要做出相应地改动。下句的语序变化不影响意思表达，但是上句改动后，整体意思却显得不太清晰了。这是对仗中经常遇到的问题，一般只能靠阅读者自己努力恢复原来的语序来理解。

## 十三　元

**【原文】**

卑对长①，季对昆②。永巷对长门③。山亭对水阁，旅舍对军屯④。

**【注释】**①卑、长：卑，低微；长，长辈，地位高的。②季、昆：季，弟弟；昆，哥哥。③永巷：汉代拘禁宫女的地方。长门：汉代宫殿的名字，汉武帝的皇后陈阿娇失宠后便居住于这里。④军屯：驻扎军队的地方。

**【解析】**“卑对长”就是低对高；“季对昆”即弟对兄，就是弟弟和哥哥，都是反义对。“永巷”和“长门”都是汉代特有的宫殿名，都与后宫有关，再看字面，“永”对“长”“巷”对“门”，对仗自然稳妥。

**【原文】**

扬子渡①，谢公墩②。德重对年尊。承乾对出震，叠坎对重坤③。

**【注释】**①扬子渡：扬子江的渡口，在江苏省扬州市江都区南。②谢公墩：山名，在江苏省南京市江宁区北。东晋时谢安曾登临此山，后人称为谢公墩。③承乾、出震、叠坎、重坤：乾、震、坎、坤都是《易经》中八卦的名称。而承乾、出震、叠坎、重坤则指这四卦符号的形象特点。

**【解析】**“扬子渡”对“谢公墩”，地名对地名。“谢公墩”这个名字来源于谢安，因此“谢”在这里是一个姓氏；而“扬子渡”的“扬”却是地名，但这里借来和“谢”一样表示姓氏，互为对应。“乾”“震”“坎”“坤”都是用《周易》中八卦的名称入对，“重”和

“叠”对得巧妙，字面对仗非常工整。

【原文】

相府珠帘垂白昼①，边城画角动黄昏②。

【注释】①相府：宰相的府第、住宅。珠帘：珍珠做的帘子。这句的意思是：在宰相的府第，那珍珠做的帘子终日静静地垂挂着。②边城：边塞的城池。画角：古代军中的乐器，相当于今军号。这句的意思是：在边塞，那吹响的画角打碎了黄昏的宁静。

【解析】“珠帘”二字便点出了“相府”富贵万千的气象；“画角”之声慷慨悲凉，和烽烟四起的“边城”紧密相连。一个“垂”字就勾勒出了相府宁静悠闲的氛围；“动”字则让人联想到动乱和战争，是和前者完全相反的氛围。事实上，“相府”的“珠帘”白天晚上都低垂着，这里却只选择了“白昼”；同样，“边城”的“画角”未必只有黄昏才吹响，却独独选中了“黄昏”，一来使字面对仗工整；二来，不同的环境再配上不同的时间段，就沾染了不同的感情色彩。一内景、一外景，一“白昼”、一“黄昏”，一安逸闲适、一落寞萧索，对比极为鲜明。

【原文】

远水平沙，有客放舟桃叶渡①；斜风细雨，何人携榼杏花村②。

【注释】①桃叶渡：渡口名。相传因东晋王献之在此送其爱妾桃叶而得名。这句的意思是：远处河流有平坦沙滩的地方，那就是桃叶渡啊，有人正在划船而过。②榼（kē）：古代盛酒的器皿。这句的意思是：在这斜风细雨之中，是谁带着空酒壶来到了杏花村呢？

【解析】“远水平沙”和“斜风细雨”结构相似，“远”“平”“斜”“细”都是形容词，修饰后面的名词，“水”和“沙”是地上的景物，“风”和“雨”则是空中的景象。“有客”是肯定的语气；“何人”虽然表示疑问，但这里事实上也是表示肯定的语气，二者表示的意义相同，又在相同中体现了变化，很有意思。“杏花村”在“七虞”中也提到过，这里“渡”对“村”，地点对地点；“桃叶”对“杏花”“桃”和“杏”“叶”和“花”都是常用对句，声韵上一平一仄对一仄一平，堪称绝佳。

## 十四　寒

【原文】

家对国，治对安。地主对天官①。坎男对离女②，周诰对殷盘③。

【注释】①地主、天官：地主，即东道主，主人；天官，百官之长。②坎男、离女：坎与离都是《易经》卦名，因乾坤代指父母，而坎卦与离卦又是乾、坤二卦派生出来的，故通常说坎是男，离是女。③周诰：中国最古老的历史文献《尚书》中，关于周朝文献资料的名字多有“诰”字，所以称周诰。殷盘：《尚书》中有关殷商的文献资料有《盘庚》三篇，所以叫殷盘。

【解析】“国家”虽然是一个词，但“家”和“国”是经常并举的两个字，本来就暗含对比之意，“忠孝两难全”正体现了“国”和“家”之间的矛盾。这里的“治”不是“治理”的意思，而是形容词，有安定、太平的意思，与“安”是同义对。末句源自唐代著名文学家韩愈的《进学解》中的“周诰殷盘，佶屈聱牙”一句，信手拈来，自然贴切。

【原文】

三三暖①，九九寒②。杜撰对包弹③。古壁蛩声匝④，闲亭鹤影单⑤。

【注释】①三三暖：三三指农历三月三日上巳节，从这天开始，天气逐渐变暖。②九九寒：九九指农历九月九日重阳节，从这天开始，天逐渐变冷。③杜撰：指没有根据地编造、虚构。据说宋代杜默写诗常常不合格律，后来便称不合事理的为杜撰。包弹：宋代清官包拯铁面无私，多次上书弹劾达官贵人，人称“包弹”。④蛩（qióng）：蟋蟀。匝：环绕，围绕。这句的意思是：破败的墙边，到处都是蟋蟀的叫声。⑤这句的意思是：没有人的亭台上，只有一只鹤的影子孤孤单单。

【解析】“暖”和“寒”是反义成对，修饰它们的数字又采用了叠字法，即把两个相同的字或词重叠使用。叠字可以使韵律协调、节奏明朗，读起来和谐悦耳。对仗之别致新奇由此可见。“杜撰对包弹”字面对得很工整，“杜”和“包”都是姓，“撰”和“弹”都是动词，但“杜撰”已经是一个固定的词语了，“包弹”却不是。“匝”的本意是环绕，想象一下：到处都环绕着蟋蟀的叫声，可见蟋蟀之“多”；“单”就只有一个。仅仅两个字就描绘了两幅截然不同的景象：“匝”对“单”，蟋蟀的喧闹对鹤的孤傲。不仅对得妥帖，而且画面对比鲜明传神。

【原文】

燕出帘边春寂寂①，莺闻枕上漏珊珊②。

【注释】①寂寂：形容冷冷清清的样子。这句的意思是：燕子从帘边飞出飞进，春天就这样冷冷清清。漏：古代计时用的漏壶。②珊珊：形容慢的样子。这句的意思是：靠在枕头上听到外边黄莺的叫声，感觉那漏真是太慢了。

【解析】下句的“莺闻枕上”本来应该是“枕上闻莺”，然而为了对应上句“燕出帘边”，于是把语序颠倒了一下。“八齐”中已经说过，“燕”对“莺”在对仗中经常使用。“春寂寂”对“漏珊珊”用了叠字法，既对得巧妙，又起到了使意思表达更加完整，舒缓节奏的作用，细致生动地描绘了春日里佳人百无聊赖之态，从而点出了她孤独无依的心情，弥漫着诗的气息。

【原文】

池柳烟飘，日夕郎归青琐闼①；阶花雨过，月明人倚玉栏干②。

【注释】①日夕：太阳落下。青琐：指翰林院晚上值宿的地方，因门上刻有青色的花纹，故名。闼：门。这句的意思是：池塘边的柳树上，柳絮飘飞如烟，太阳落山了，丈夫前往有青琐门的翰林院值宿。②这句的意思是：阵雨洒过台阶下的花，在月明的时候，寂寞的人独自靠在白玉栏杆上。

【解析】纵观整副对子，实词多、虚词少，因此它最大的特点就是“密”，不仅意象密集，而且传递的信息量大，语言跳跃性也大。先看“池柳烟飘”，四个字里面就有三个是实词，三个实词就是三种意象，意象间的转换很快。再看它的对句“阶花雨过”，呼应上面，也是三种意象，跳跃性同样很大。接下来，“日夕”与“月明”，字面和意境都很般配；“青琐闼”与“玉栏干”均为实词，对得也很好。

## 十五 删

**【原文】**

林对坞①，岭对湾。昼永对春闲②。谋深对望重③，任大对投艰④。

**【注释】**①坞：山中四面高、中间低的地方。②昼永：白天长。夏天白天长黑夜短，冬天则相反。春闲：春天人们一般比较有空闲，叫春闲。③谋深：深谋远虑，比较长远的考虑。望重：有很高的威望。④任大：责任重大。投艰：赋予重任。

**【解析】**“林对坞”“岭对湾”都是地点，不过“林”和“岭”都是凸出来的，而“坞”和“湾”则是凹进去，恰好相对。“昼永”与“春闲”只看字面对仗还算工整。但古人说“昼永”，指的是夏季既闷热又漫长难熬的白天，与“春闲”相对其实是不通的，如果写入诗中就会闹笑话了。“谋深”对“望重”对得很工：“谋”是计划、策划；“望”是声望、威望。“深”与“重”都表示程度深。

**【原文】**

裙袅袅①，佩珊珊②。守塞对当关③。密云千里合④，新月一钩弯⑤。

**【注释】**①袅袅：衣裙随风摆动的样子。②珊珊：人身上所佩带的玉器碰击发出的声响。③当关：把守关卡。④这句的意思是：千里浓密的乌云渐渐聚合在一起。⑤这句的意思是：月初的月亮像个钩子，弯弯的。

**【解析】**“裙”和“佩”都是服饰，“袅袅”和“珊珊”都是叠词，一个刻画了女子的姿态，一个再现了饰物的声音。不但对仗贴切，合起来还形成了一幅完整生动的图景：读者仿佛看见一个袅袅娜娜的佳人伴随着环佩叮当声迎面而来。叠字增强了整体修饰效果，使描摹的场景更加形象鲜明。“守塞对当关”有种豪情和气势在内。末两句不仅对得工，而且只用寥寥十字，便描绘了两幅截然不同的图景：在广阔的天空中，浓密的乌云正从四面八方翻涌而来；一钩新月斜斜垂挂在天边，把清辉洒向人间。一暗沉、一明净，一压抑、一清朗。最后一句简直就是一幅淡雅宜人的水墨画，明净优美的意境呼之欲出。

**【原文】**

陇树飞来鹦鹉绿①，湘筠啼处鹧鸪斑②。

**【注释】**①陇：通“垅”，即田埂。这句的意思是：田埂的树上，飞来了一只绿鹦鹉。②湘筠：即湘妃竹，也叫斑竹、湘竹。相传帝舜南巡苍梧而死，他的两个妃子在江湘之间哭泣，眼泪洒在竹子上，从此竹竿上都有了斑点。筠，竹子。这句的意思是：竹林里，密密的叶子中藏着一只斑鹧鸪。

**【解析】**“陇树”对“湘筠”，都是高高的树木。“鹧鸪”和“鹦鹉”都是鸟类，而且都是同旁的连绵词。这组对句又颠倒了语序，“陇树飞来绿鹦鹉，湘筠啼处斑鹧鸪”才是正常语序，但要押“十五删”的韵，必须把“斑”字挪到末尾，下句语序的调整势必会影响对句中的“绿鹦鹉”，只有跟着变化，这样对仗才工稳。

【原文】

秋露横江，苏子月明游赤壁①；冻云迷岭，韩公雪拥过蓝关②。

【注释】①苏子：指苏轼。苏轼贬官到黄州时，曾在一个月夜划船去游览赤壁，并写了名垂千古的《赤壁赋》，其中有“白露横江，水光接天”一句。这句的意思是：秋天的露水落在长江上，苏轼在明亮的月光下游览了赤壁。②韩公：指韩愈。韩愈曾因上表劝谏唐宪宗而被贬官为潮州刺史，在赴任途中，路过大雪纷飞的蓝关，侄孙韩湘来相送，他写了首诗给韩湘，其中有“云横秦岭家何在，雪拥蓝关马不前”之句。这句的意思是：冬天的阴云遮住了秦岭，韩愈在大雪纷飞中路过蓝关。

【解析】“苏子”和“韩公”就是著名的文人苏轼和韩愈，这又是一个以历史人物、历史事件入对的例子。“秋露横江”和“冻云迷岭”，分别摘引自苏轼和韩愈的诗文片段，再稍加改编，最妙的在于，虽然引自两篇风格不同的作品，放在一起却对得如此工稳，毫不突兀。前者直接点出了“秋”字，有露水落在江上；后者则用“冻”字暗示冬天，天空中的云朵仿佛都要被冻结了。后面的七字句点明了四字句所引诗文的作者与出处，“游赤壁”与“过蓝关”本是苏轼、韩愈二人作品中所写的话，但对得浑然天成。而且“赤壁”和“蓝关”第一个字都是颜色，读来饶有趣兴味。

# 下　卷

## 一　先

【原文】

寒对暑，日对年。蹴踘对秋千①。丹山对碧水②，淡雨对轻烟③。

【注释】①蹴踘（cù jū）：中国古代一种类似足球的运动。②丹山：秋后山上的树叶变红，所以称秋天的山为丹山。③轻烟：指袅袅升起或飘浮于空中的淡淡烟雾。

【解析】“寒对暑”“日对年”都是表时间的词相对，而且“寒”和“暑”还可以表示两种相对的气候。“蹴踘对秋千”在整组对句中最有特色，“秋千”本来写作“鞦韆”，这样一来，不仅都是同旁的连绵词，还是双声叠韵，其中“秋千”是双声，而“蹴踘”是叠韵，读起来清朗婉转。“丹山对碧水”“淡雨对轻烟”都是写景色的词相对，尤其是“丹山”对“碧水”“丹”对“碧”就是红对绿，不仅字面对得工，而且与“淡雨轻烟”的清新淡雅正好相反，色彩鲜亮，画面感极强。

【原文】

歌宛转①，貌婵娟②。雪赋对云笺③。荒芦栖宿雁④，疏柳噪秋蝉⑤。

【注释】①宛转：委婉曲折的样子。②婵娟：姿态美好的样子。③雪赋：南朝诗人谢惠连写过一篇名为《雪赋》的文章。云笺（jiān）：唐代韦陟爱用五彩的纸来写信，签名时写的“陟”字像五朵云彩，后来人们便把书信叫做五云笺或云笺。笺，信。④荒芦：荒凉的芦苇地。这句的意思是：过夜的大雁栖息在荒凉的芦苇地。⑤这句的意思是：秋天的蝉在枝叶稀疏的柳树中鸣叫。

【解析】“宛转”和“婵娟”都是叠韵词，而且叠的是同一个韵。“雪赋”“云笺”很有美感。最后两句本来应该是“宿雁栖荒芦，秋蝉噪疏柳”，但这里要押“一先”的韵，于是把“蝉”放在了最末尾，上句为了对仗也必须改动。上句改动后对意思影响不大，下句则要靠读者自己将顺序还原来理解了。

【原文】

彩剪芰荷开冻沼①，锦妆凫雁泛温泉②。

【注释】①彩剪芰（jì）荷开冻沼：传说隋炀帝曾筑西苑，到了冬天，宫里的树木都凋残了，便命人用彩绸剪成荷花的样子，插到池沼之中。芰荷，即荷花。这句的意思是：用彩绸剪成荷花的样子来装饰被冻住了的池沼。②锦妆凫雁泛温泉：传说唐明皇在骊山温泉建华清宫，规模宏大，用锦缎缝成凫雁的样子放在水中。凫，野鸭。雁，大雁。这句的意思是：把锦缎制成的野鸭和大雁放在温泉中嬉戏。

【解析】这里是以隋炀帝与唐明皇的事迹入对，首先胜在立意的新奇别致，至于字面上的工整反在其次。这两个皇帝都继承了先辈开创的盛世基业，却因奢侈荒淫，给国家和人民招致了不幸——隋炀帝直接亡了国，唐明皇虽没亡国，可他在位期间爆发了“安史之乱”，曾经强盛的唐朝从此一蹶不振。这副对子通过两个具有异曲同工之妙的典型事例：都是用人工制作的花卉动物来充当自然的花卉动物，以小见大，有力地揭露了两人的纵情享乐。

【原文】

帝女衔石①，海中遗魄为精卫②；蜀王叫月③，枝上游魂化杜鹃④。

【注释】①帝女：指精卫，传说她是炎帝的女儿。②精卫：据上古神话传说，炎帝有个女儿叫女娃，在东海游玩时不小心淹死了，她的魂魄变成了一只鸟，名字叫精卫，常常用嘴衔了西山的石头来填东海，要把东海填平来报仇。这句的意思是：炎帝的女儿被海水淹死后，魂魄变成精卫来衔石填海。③蜀王：指古蜀国的君王杜宇。④杜鹃：这里用了杜宇的典故。传说周代末年，杜宇在蜀地称王，后来让位给开明帝，自己隐居山林，死后灵魂变成了杜鹃鸟，常在晚上鸣叫。这句的意思是：那树枝上对着月亮鸣叫的杜鹃鸟是蜀王杜宇死后的灵魂啊。

【解析】这副对子从字面到感情色彩都对得很和谐：两句讲述的故事都源自神话传说，极富想象力，故事本身又带有浓郁的悲剧色彩。“杜鹃”对“精卫”，都是鸟类，又传说都是主角死后魂魄所化。“海中”与“枝上”“遗魄”与“游魂”也对得很工稳。不过需要指出的是，传说中女娃确实是在海里淹死的，因此“海中”讲的是实情；而“枝上”是生造的词汇，故事中并没有提及杜宇化为杜鹃后的行为和“枝上”有什么关系，不过杜鹃总是要落在树枝上的，所以用它来与“海中”相对。

## 二　萧

【原文】

琴对管①，釜对瓢②。水怪对花妖③。秋声对春色④，白缣对红绡⑤。

【注释】①琴、管：琴是指琴、瑟一类的弦乐器，管是指笛子一类的管乐器。②釜：古代的炊事用具，相当于现在的锅。③水怪：水中的怪物。花妖：百花的精怪。④秋声：秋天的风声。⑤缣（jiān）：细致的丝绢。绡（xiāo）：用生丝织成的丝织品。

**【解析】**“琴”和“管”是音色不同的乐器。“釜”和“瓢”都是容器。“秋声”对“春色”很工整，“秋”和“春”虽然平仄不对，但在律诗中也是允许的，因为律诗第一个字在声律上一般可平可仄，没有严格要求。“声”诉诸于听觉；“色”则诉诸于视觉。从感情色彩上看，“秋声”给人一种萧瑟寥落的凄凉之感，“春色”却给人一种生机勃勃的明艳之感。“白缣对红绡”“缣”和“绡”都是丝织品，但经过“白”和“红”这两种反差极大的色彩修饰之后，对比立刻强烈起来。

**【原文】**

臣五代①，事三朝②。斗柄对弓腰③。醉客歌金缕④，佳人品玉箫⑤。

**【注释】**①臣五代：这里指的是五代时的冯道，他先后在后唐、后晋、辽、后汉、后周五朝任职，自号为“长乐老”，一直被当作没有气节的典型。臣，臣服。②事三朝：指南北朝时期的大诗人沈约，他曾先后在南朝的宋、齐、梁三朝中当官，所以说“事三朝”。③斗柄：北斗七星中排成直线的三颗星。弓腰：跳舞的时候把腰向后弯成弓的形状。④金缕（lǚ）：指《金缕曲》，这是一个词牌的名字，也叫《贺新郎》。这里代指所唱的歌，这句的意思是：喝醉的人高唱着《金缕曲》。⑤这句的意思是：美人吹奏着玉箫。品，吹奏。

**【解析】**“臣”和“事”都是动词，“五”和“三”都是数词，“朝”和“代”是同义对。上句讲的是冯道：唐朝灭亡后朝代更迭频繁，他却在五个朝代中都能担任高官，一直被人当作毫无气节的典型。下句写的是沈约，他也连续在三个朝廷中做官。从字面到寓意都对得很贴切。

“斗柄”对“弓腰”用了借对的手法：“弓腰”的“弓”这里借为弓箭的“弓”，来对“斗柄”的“斗”。“金缕”对“玉箫”“金”并没有金子的意思，这里借用与“玉”来对。

**【原文】**

风定落花闲不扫①，霜余残叶湿难烧②。

**【注释】**①风定：风停下来了。这句的意思是：当风停下来的时候，有人闲着却故意不扫满地的落花。②霜余：被霜打了之后。这句的意思是：霜打过的树叶很潮湿，所以很难烧着。

**【解析】**“风”对“霜”，都是自然气象；“花”对“叶”，都是植物的一部分；“扫”对“烧”，都是动作，整体上很切合。上句说有人闲着却故意不打扫落花，有种落红满地的狼藉之感，颇具雅致情怀；下句说被霜打过的树叶潮湿难烧，有种秋冬之际特有的寥落之感，生活气息浓郁，画面也很相称。

**【原文】**

千载兴周，尚父一竿投渭水①；百年霸越②，钱王万弩射江潮③。

**【注释】**①尚父：指姜子牙。在商朝末年，姜子牙隐居在渭水钓鱼，周文王来请他出山辅佐周朝。这样，姜子牙就为周文王出谋划策，终于奠定了周朝八百年的基业。后来周武王尊封他为尚父，所以后世也把他叫姜尚。这句的意思是：那让周朝兴旺了近千年的姜子牙啊，他曾在渭水边上拿一支钓鱼竿钓鱼。②霸越：在越地称霸。越，今天浙江一带。③钱王：五代时期，天下大乱，钱镠于896年占据了江浙一带，后称王，建立了吴越国。曾经在钱塘江放御潮铁柱，可柱子还没放好，潮水就来了，他命令军士用弓箭射潮水，潮水果然退了。到了978年，他的孙子钱俶归顺宋朝，所以，称其为“百年霸越”。弩：一种用机械方法射击的弓箭。这句的意思是：那在越地割据了一百年的钱王，曾命人用万支弓箭射退了潮水。

**【解析】**这副对子的成功固然在于所选的历史人物及事迹有很大的可比性，但最妙的还是运用数字成功展现出厚重的历史感：“千载兴周”与“百年霸越”中，周朝有八百多年的历史，约为千载；越国持续了将近百年，“千”和“百”都是约数，言其多。后七字中，一个“一”字，充分展现了姜太公悠然从容的心态，对以一个“万”字，则完全凸显出钱王超卓不凡的霸气，对比悬殊，反差强烈。整个对子珠联璧合，气魄宏大。

## 三 肴

**【原文】**

诗对礼①，卦对爻②。燕引对莺捎③。晨钟对暮鼓④，野蔌对山肴⑤。

**【注释】**①诗：指儒家的经典《诗经》，是我国古代第一部诗歌总集。礼：指儒家的经典《礼记》。②卦、爻：卦是算卦的卦，在《周易》中，共有六十四卦，用来占卜吉凶；爻则是卦的基本符号，每个卦由六个爻组成。③引：引路。莺捎：杜甫《重过何氏》诗中有“花妥莺捎蝶”之句。捎，捎带。④晨钟、暮鼓：古代都城用早上敲钟、晚上击鼓来表示时间。⑤野蔌、山肴（yáo）：都指粗糙的饭菜。蔌和肴都是饭菜的统称。

**【解析】**“诗”和“礼”都是儒家经典的名称；“卦”和“爻”则都是儒家的又一经典——《周易》中最基础的的占卜符号。“燕引”对“莺捎”对得很工整。“晨钟暮鼓”本来就是一个成语，对仗很自然。“野蔌”和“山肴”都是粗糙的饭菜。

**【原文】**

雉方乳①，鹊始巢。猛虎对神獒②。疏星浮荇叶③，皓月上松梢④。

**【注释】**①雉（zhì）方乳：东汉鲁恭当中牟县令的时候，把当地治理得非常好，据说连蝗虫都不进县里。他的上司听说后，就派人去看看是不是真的。使者刚到中牟县，就看到有野鸡安静地伏在桑树下，旁边的儿童却不去捉它。他很惊异，问为什么。儿童说：“野鸡正在喂小野鸡，不要伤害。”于是人们都相信鲁恭治理有方了。雉，通称野鸡或山鸡。乳，喂哺幼仔。②神獒（áo）：有灵气、善解人意的狗。獒，一种很凶猛的狗。③荇（xìng）：一种浮在水面上的水生植物。这句的意思是：荇叶上的水映出了稀疏的星星。④这句的意思是：明亮的月亮爬上了松树的枝头。

**【解析】**“雉方乳”是有典故的，“鹊始巢”则纯粹是搭配出来的，仅仅与前句在字面上形成对仗，没有更深层的含义。“猛虎”对“神獒”存在一个很大的问题：出韵。“出韵”，也叫落韵、窜韵、走韵，指在律诗偶句韵脚上不用本韵之字，而用邻韵或它韵中的字。“獒”字属于“四豪”的韵，作者却误用到了这里。古人作诗，最基本最重要的两点就是押韵和对仗，这里竟然出了韵，犯了诗家之大忌。末两句不但字面对得工整，而且前后贯通，极富画面感。

【原文】

为邦自古推瑚琏①，从政于今愧斗筲②。

【注释】①为邦：治理国家。邦，国家。瑚琏（hú liǎn）：古代宗庙祭祀时用来装祭品的容器，是用玉做成的。这则典故来自于孔子与他的徒弟子贡：子贡曾经问孔子他今后能不能成才，孔子说可以。子贡又问能成什么样的才，孔子说瑚琏。意思是说能成为国家的栋梁之材。这句的意思是：自古以来，治理国家就要子贡那样能被称为“瑚琏”的人才。②斗筲（shāo）：是两种容器，斗能装一斗，而筲装一斗二升，都非常小。这则典故同样来自孔子与子贡：子贡问孔子现在这些做官的人怎么样，孔子说，都不过是些斗筲之人罢了。意思是说都成不了大器。这句的意思是：如今从政当官的人都应当为自己被称为“斗筲小才”而惭愧。

【解析】这副对子上下句所引用的典故，均出自孔子及其弟子子贡的故事，显得气象开阔。首先，上下一致，两句都在陈述与治国安邦有关的事情；其次，二者在相同中又有不同：上句主要说能治理国家的栋梁之才，而下句主要说无所作为的平庸官吏，这样同而不同，既工整，又灵活，不流于死板。

【原文】

管鲍相知①，能交忘形胶漆友②；蔺廉有隙③，终为刎颈死生交④。

【注释】①管鲍：指春秋时期齐国的管仲与鲍叔牙。两人年轻的时候就是朋友，曾经一起做生意，管仲偷偷多分了些钱，鲍叔牙知道他不是贪，而是穷，所以就不说什么。后来管仲辅佐公子纠，而鲍叔牙辅佐公子小白。公子小白立为齐桓公后，杀了公子纠，并把管仲逮了起来。鲍叔牙又对齐桓公说，如果仅仅想治理好齐国，我就够了，但如果要称霸天下，那非管仲不行。所以，齐桓公让管仲做齐相，齐国便大为强盛起来。管仲很感激鲍叔牙，说，生我的人是父母，但是最了解我的人是鲍叔牙啊！此后，人们便把朋友关系非常好的称为管鲍之交。②胶漆：形容感情好，像胶和漆一样不能分开。这句的意思是：管仲与鲍叔牙互相理解，所以能成为如胶似漆的好朋友。③蔺廉：指战国时期赵国的蔺相如与廉颇。蔺相如曾立下大功，赵王封他为相。廉颇是赵国的大将，很不服气，多次想找碴儿，但蔺相如都以国家为重而忍让了。后来廉颇才知道了其中道理，亲自登门负荆请罪。两人从此成为生死之交，共同为国效力。隙：两人有矛盾，有磨擦。④刎颈：自杀的意思。刎，是用利器割。颈，是脖子。这里的刎颈代指朋友关系非常好，可以为对方付出生命，就是人们经常说的“刎颈之交”。这句的意思是：蔺相如与廉颇虽然在开始时有磨擦，但最终还是成了生死之交。

【解析】“管鲍”就是管仲和鲍叔牙，“蔺廉”就是蔺相如和廉颇，都是人的姓氏。“管鲍之交”和“将相和”两个故事作为友情的典范已经广为人知。这里把两个典故放在一起对比，却是别开生面，又很恰当。管、鲍二人是从小相知，经过众多事件友情逐步升华，最后成为“知已”的代名词；后一个故事中则先是廉颇单方面容不下蔺相如，而蔺相如的宽广胸襟最后感动了廉颇，于是他负荆请罪，二人终成“刎颈之交”。两种不同类型的友谊却能对得工稳妥帖，读来新鲜有趣。

## 四 豪

【原文】

梅对杏①，李对桃。山麓对江皋②。莺簧对蝶板③，麦浪对松涛④。

【注释】①梅：杨梅。②山麓：山脚下。江皋：江边的高地。③莺簧：指黄莺的鸣叫声美妙得像笙簧演奏出来的声音一样。簧，笙管中的发声器。蝶板：蝴蝶的双翅一会儿张开，一会儿合上，就像乐器中的板。板，一种乐器，用以控制节拍。④麦浪：麦子被风一吹，上下起伏如同波浪一样。松涛：松林被风一吹，发出阵阵响声，如同涛声阵阵。

【解析】“梅对杏”“李对桃”都是水果对水果，当然还可以理解为树对树，很工整，也很简单。“山”对“江”就是山对水，“麓”对“皋”也很相称。“莺簧对蝶板”是一副绝妙好对，其中倾注了极大的气力，“莺”和“蝶”都是会飞的动物，“簧”对“板”是乐器对乐器，这种组合别具匠心，关键得益于比喻的精妙贴切，发人所未发。“麦浪”和“松涛”都是描摹植物被风吹动时呈现的状态，而且这种状态都与海里的事物有关，只不过“浪”主要诉诸于视觉，而“涛”主要诉诸于听觉，对得非常精细。

【原文】

骐骥足①，凤凰毛②。美誉对嘉褒③。文人窥蠹简④，学士书龙韬⑤。

【注释】①骐骥（qí jì）足：比喻很有才华的人。骐骥，非常好的马。②凤凰毛：比喻很有文才的人。据说，南朝宋时，谢凤与他的儿子谢超宗都很有文才，梁武帝后来称赞谢超宗“有凤毛”，意思是说有他父亲的才能。③嘉褒：褒奖。④蠹（dù）：一种蛀虫。这句的意思是：文人要去看被蛀虫蚀了的书简。⑤龙韬（tāo）：姜太公兵法《六韬》之一，泛指兵法战略。这句的意思是：文官也要熟悉兵法战略。

【解析】“骐骥足”和“凤凰毛”都是赞美之词，表达方式也很类似，即用骏马和凤凰这样珍贵的动物来比拟才华出众的人，入对自然工整贴切、新颖别致。“骐骥”对“凤凰”，二者都是价值珍贵，象征着吉祥的动物；又都是同旁词；“骐骥”是叠韵词，音韵上是一平一仄，恰恰与“凤凰”的一仄一平相对。前两句外在形式赏心悦目，又包含着美好的寓意。本来称赞人很有才华，用“骐骥”一词已经足够，在这里加个“足”，既与“毛”相对，又不影响整体意思的表达。“嘉”就是“美”“褒”和“誉”都是赞美、赞扬的意思，同义相对，文雅工整。

【原文】

马援南征装薏苡①，张骞西使进葡萄②。

【注释】①马援：东汉人，光武帝刘秀的得力大将，拜伏波将军，曾南征交趾。薏苡（yì yǐ）：植物名，就是薏米，可以吃，也可当药用。马援南征交趾，听说薏苡能治瘴病，回来的时候，拉了一车，当时的朝臣们还以为他拉的是珠宝呢。这句的意思是：马援南征交趾的时候拉回来的是薏苡。②张骞：西汉初人，曾两次出使西域，沟通了中西交流，著名的丝绸之路就是他开创的。据说，葡萄也是他从西域引进来的。西使：出使西域。这句的意思是：张骞出使西域就引进了葡萄。

【解析】马援和张骞的生平事迹很具有可比性：两个都是汉朝人，一个曾经南征交趾，一个曾经出使西域。二人分别从南方和西方引入中原的作物居然也能入对："薏苡"和"葡萄"原本都产于边塞，又都是草字头的同旁词，字面上对得很工整。这副对子构思巧妙，别具匠心。

【原文】

辩口悬河①，万语千言常亹亹②；词源倒峡③，连篇累牍自滔滔④。

【注释】①辩口悬河：形容说话像河水奔流，滔滔不绝。②亹（wěi）亹：本指勤奋，这里形容说个不停。这句的意思是：口才很好，一张嘴就千言万语，口若悬河。③倒峡：水势凶猛能冲毁峡谷。④连篇累牍（dú）：形容篇幅长、文辞多。这句的意思是：文笔很好，一下笔便长篇大论。

【解析】这组对句主要运用了夸张的修辞手法：上句的"辩口悬河"，也就是"口若悬河"，模拟口才好，尚属常见词汇；倒是下句的"词源倒峡"，先把词汇比喻为滔滔不绝的河水，然后说这河水的水势猛烈得好像要把峡谷都给冲毁了，描写文笔好，想象超拔，尤为奇特。"悬"对"倒""河"对"峡"，都对得很工；"亹亹"和"滔滔"都是叠字，韵律铿锵、节奏鲜明、气势不凡。

## 五　歌

【原文】

松对竹，荇对荷①。薜荔对藤萝②。梯云对步月③，樵唱对渔歌④。

【注释】①荇：一种水生植物。②薜荔：南方一种蔓生植物，也叫木莲。③梯云：拿云当梯子，形容青云直上的样子。步月：在月光下散步。④樵唱：砍柴的樵夫在干活时唱的歌。

【解析】因为"松"与"竹"都是常绿植物，所以用来象征坚定不移的品格；而且它们的枝干都非常挺拔，也用来象征正直不屈的节操，可见二者组对非常合适。"荇"和"荷"都是长在水里的植物。"薜荔"和"藤萝"都是蔓生植物，又都用了同旁法——都是草字头。"梯云对步月""樵唱对渔歌"，不但对得精细妥帖，还有种淡然悠远的诗意弥漫在字面之外。

【原文】

升鼎雉①，听经鹅②。北海对东坡③。吴郎哀废宅④，邵子乐行窝⑤。

【注释】①升鼎雉：据说，商朝天子武丁在祭祀开国之君成汤的时候，有一只野鸡飞来，在祭祀用的大鼎上鸣叫，把武丁吓坏了，认为这是一种不祥的兆头。②听经鹅：传说有个和尚叫志伟，他所养的鹅都能听懂佛经。③北海：指孔融，他在汉末时曾做过北海太守，是当时的名士。东坡：北宋大文豪苏轼曾住在黄州东坡，自己号为"东坡居士"，人称苏东坡。④吴郎哀废宅：唐代的吴融写过一首《废宅》诗。这句的意思是：吴融曾经哀叹废宅。⑤邵子乐行窝：宋代道学家邵雍在洛阳隐居了三十年，建座房子起名为"安乐窝"，自己取号叫安乐先生。这句的意思是：邵雍曾经在他的安乐窝中过快乐的日子。

【解析】"升鼎雉"对"听经鹅"，配上其中的典故，读起来新奇有趣。"北海"对"东坡"，用孔融和苏轼的号能对得如此天衣无缝，让人不由叹服作者眼光犀利独到。末两句一“哀”一“乐”，情感对比鲜明，就连原本不怎么出彩的典故都跟着变得有趣味了。整组对句个个蕴藏典故，不仅用得贴切，而且对得工整。

【原文】

丽水良金皆入冶①，昆山美玉总须磨②。

【注释】①丽水：即金沙江，传说盛产黄金。良金：含金量高的金矿石。这句的意思是：金沙江那含金量很高的矿石都需要冶炼。②昆山：即昆仑山，传说盛产美玉。这句的意思是：昆仑山上的美玉总需要琢磨。

【解析】“丽水”产“良金”“昆山”产“美玉”，地点“山”对“水”，产物“金”对“玉”，堪称门当户对。“皆入冶”与“总须磨”阐述了同一个道理：要提炼出纯度很高、很贵重的金子必须经过精心冶炼锻造；而要得到晶莹剔透的美玉也必须经过认真的打磨雕琢，从字面和寓意两方面看，都堪称珠联璧合。

【原文】

雨过皇州①，琉璃色灿华清瓦②；风来帝苑③，荷芰香飘太液波④。

【注释】①皇州：皇城，指长安。②华清：指华清宫，是唐玄宗在长安骊山脚下所建的著名宫殿，起初叫温泉宫，后改名为华清宫。这句的意思是：长安城一阵雨过，华清宫上的琉璃瓦显得更加灿烂。③帝苑：皇帝的园林。④太液：汉武帝在皇宫中挖了个人工湖，叫太液池，以后每个朝代都有。这句的意思是：一阵微风吹过皇家园林，那太液池上便飘出了荷花的香味。

【解析】“雨过皇州”对“风来帝苑”，一一对应，工整妥帖。“琉璃”对“荷芰”，都运用了同旁法，因而显得赏心悦目。“色灿”点明了上句主要是相对于视觉而言，摹画了琉璃瓦经过雨水洗刷后的灿烂颜色；“香飘”则点明了下句主要是相对于嗅觉而言，描绘了荷花被微风吹送时的淡雅清香，对得贴切雅致，明媚精致的画面如在眼前。“华清”宫和“太液”池都是唐代非常重要的皇家建筑，而整组对子也颇具大唐盛世雍容华贵的气息。

## 六　麻

【原文】

清对浊，美对嘉。鄙吝对矜夸①。花须对柳眼②，屋角对檐牙③。

【注释】①鄙吝（bǐ lìn）：吝啬，不大方。矜（jīn）夸：夸耀。②花须：花蕊。因为又长又细，就像胡须一样，所以叫花须。柳眼：刚长出的柳树叶芽，细长像人的眼睛，所以叫柳眼。③檐（yán）牙：屋檐边的椽子排列得像牙齿一样，叫檐牙。

【解析】“清对浊”是很传统的对子，因为天地万物，甚至小到一个字的读音，都有清浊之分。前面已经提到过“美对嘉”同义对。“花须对柳眼”和“屋角对檐牙”都用了比喻的手法，“须”和“眼”本来是人体的一部分，这里意思有所变化，成了修饰“花”和“柳”的词汇；“角”和“牙”本来都是动物身体的一部分，用在“屋”和“檐”后，意思同样发生变化，成了建筑的一部分。对仗自然贴切、别致新奇。

【原文】

志和宅[①]，博望槎[②]。秋实对春华。班姬辞帝辇[③]，蔡琰泣胡笳[④]。

【注释】①志和宅：唐代文人张志和曾在肃宗朝里当过官，后来便隐居起来了，自称为“烟波钓叟”。“志和宅”就是张志和隐居的地方。②博望槎（chá）：汉代的张骞通西域时，曾乘船去探求黄河水的源头。后来张骞被封为博望侯，所以有博望槎的说法。博望，地名。槎，木筏。③班姬辞帝辇（niǎn）：班姬指班婕妤，是汉成帝的妃子。汉成帝有一次想游皇宫的园林，叫班婕妤同去，她推辞并劝谏说，古代圣贤的皇帝都是有名臣在旁边，只有荒淫无道的皇帝才亲近女色。汉成帝很是佩服。辇：多指皇帝、皇后坐的车。这句的意思是：班婕妤推辞了汉成帝同车游玩的要求。④蔡琰（yǎn）泣胡笳：蔡琰即三国时的蔡文姬，是著名学者蔡邕的女儿，博学多才。她曾被匈奴人抢去，嫁给了匈奴的左贤王，生了两个儿子，后来曹操派人把她赎回。相传她曾写过一首《胡笳十八拍》来诉说自己不幸的命运。胡笳，一种乐器。这句的意思是：蔡琰用胡笳来倾诉她的不幸。

【解析】“志和”是人名，“博望”则是爵位名；“宅”对“槎”，房子对木筏，这都是名词对名词，虽然不是同一类事物，但这样对仗有写意的味道，也是很好的。“秋实”和“春华”是以秋天的果实和春天的花朵相对，很巧妙，而且“春华秋实”又是成语，讲人的文采和德行要兼具。班婕妤与蔡文姬都是历史上著名的才女，这里用她们各自典型的故事作为对仗。

【原文】

深宵望冷沙场月[①]，绝塞听残野戍笳[②]。

【注释】①沙场：战场。这句的意思是：深夜里，在战场上望着那清冷的明月。②绝塞：边塞。野戍：塞外驻兵的地方。笳：即胡笳，一种乐器，这句的意思是：在边塞听着那胡笳声断断续续。

【解析】这副对子的正常语序应该是“深宵望沙场冷月，绝塞听野戍残笳”，前三字为一拍、后四字为一拍，而七言古诗必须是前四字为一拍、后三字为一拍，因为不符合诗的要求，所以，只能把形容词往前挪。出乎意料的是，语序调整后却有一种新奇感：“望冷沙场月”，好像说主人公一直站在月下仰望，因为时间太久，连月亮都被望冷了；“绝塞听残野戍笳”亦然，胡笳声仿佛都被听得断断续续了。这种修辞效果可算是意外收获吧。

【原文】

珊枕半床[①]，月明时梦飞塞外[②]；银筝一曲[③]，花落处人在天涯[④]。

【注释】①珊枕：珊瑚做的枕头。②这句的意思是：枕着珊瑚枕躺在床上，看着明朗的月光渐渐入睡，竟梦到了塞外。③银筝：一种弦乐器，也叫秦筝。④这句的意思是：听着那弹奏的银筝，想念在花落时节漂泊在天涯的人。

【解析】这一组对句中，后七字明显是前三字为一拍、后四字为一拍，否则无法理解。这好像不符合上节说的诗句应该上四下三的规则，但词中却有上三下四的句法，这就是词区别于诗的特别句法。

此对意境优美，清雅悠远，遣字用词上也很讲究：“珊枕”和“银筝”给人一种雍容华贵之感；“月明时”与“花落处”又极富诗意，余韵悠长；结尾“梦飞塞外”与“人在天涯”，不仅字面对得工整漂亮，而且含蓄蕴藉，含不尽之意于言外。

## 七 阳

【原文】

红对白，绿对黄。昼永对更长①。龙飞对鲤跃，锦缆对牙樯②。

【注释】①昼永：白天很长。更长：夜晚长。②锦缆：用锦缎做的船缆绳。牙樯（qiáng）：用象牙做的船桅杆。

【解析】前两句不仅可以拆成两个一字对："红"与"白"相对，"绿"与"黄"相对，而且又可以合起来看成一组三字对中的上下两句，即上句的"红"与下句的"绿"相对，上句的"白"与下句的"黄"相对。对得非常巧妙。"龙飞"对"鲤跃"，平平对仄仄，又有"鲤鱼跃龙门"这个广为流传的俗语，是顺理成章的好对。"锦缆对牙樯"则是摘自杜甫《秋兴八首》中"锦缆牙樯起白鸥"一句。

【原文】

云弁使①，雪衣娘②。故国对他乡。雄文能徙鳄③，艳曲为求凰④。

【注释】①云弁使：指蜻蜓，因为蜻蜓头上好像戴了顶帽子似的。弁，帽子。②雪衣娘：指白鹦鹉。据说唐玄宗时，岭南献上白色的鹦鹉，非常聪明，会说话，养在宫中，人们叫它雪衣娘。③雄文：非常好的文章。徙（xǐ）鳄：让鳄鱼迁走。据说韩愈当年被贬到潮州，得知此地有鳄鱼伤人，便写了一篇《祭鳄鱼文》，告诫鳄鱼要迁徙到别的地方去，别再伤人，后来鳄鱼果然都迁走了。这句的意思是：韩愈的好文章能让鳄鱼迁徙而去。④求凰：这里用的是司马相如的典故。西汉文学家司马相如到富商卓王孙家做客，爱上了卓王孙的女儿卓文君，便弹了一曲《凤求凰》来表达爱意，卓文君听后就与他私奔了。这句的意思是：司马相如弹奏深情的曲子，就是为了追求美人啊。

【解析】"云"对"雪""弁"对"衣"，有种洁净文雅之感。其次，"云弁使"和"雪衣娘"都暗指会飞的动物，意义般配。其暗指的"鹦鹉"和"蜻蜓"又都是同旁联绵词，这一点也能相对。整副对子堪称精妙。末两句选取了韩愈和司马相如的典型事迹，正好两个典故中各带有一个动物的名称，精致巧妙。

【原文】

九日高峰惊落帽①，暮春曲水喜流觞②。

【注释】①九日：指阴历九月九日重阳节。落帽：这里用了孟嘉的典故。东晋人孟嘉是大将军桓温的参军，在一次重阳节登高时，风把孟嘉的帽子吹掉了孟嘉却不知道，桓温等人都嘲笑他。这句的意思是：在九月九日重阳节登上高峰时，孟嘉的帽子被风吹落了还不知道。②暮春：本指晚春，这是特指农历三月三日上巳节。曲水：弯曲的流水。流觞：这是上巳节的习俗，即人们围着曲水坐下，把酒杯放在水上漂流，流到谁前边谁就喝酒。觞，古时的酒杯。这句的意思是：上巳节找一处弯曲的流水来喝酒是多么快乐啊。

【解析】"九日"代指九月九日重阳节，"暮春"则代指三月三日上巳节，于是"九日"对"暮春"中，其实隐含了"九月九日"对"三月三日"这个更精巧的对仗。"惊"对"喜"，都准确地概括了上下两句典故各自所传达的情绪。"落帽"对"流觞"则是用典故对习俗，很有趣味。

【原文】

僧占名山①，云绕双林藏古殿②；客栖胜地，风飘万叶响空廊③。

【注释】①僧占名山：佛教认为人的修行应该远离繁华之地，所以，寺庙一般都建立在深山老林之中，俗话说“天下名山僧占多”就是这个意思。②这句的意思是：天下的名山都被和尚所占据，在云雾缭绕的深林之中，隐藏着古老的寺庙。③这句的意思是：游客来到旅游胜地，空空的走廊中传来风吹叶落的声音。

【解析】“僧占名山”对“客栖胜地”，对得工整；“云绕”对“风飘”，非常自然；“藏”对“响”，富有韵味。“云绕双林藏古殿”画面感极强，尤其是“藏”字，形象生动，读者完全可以想象出这样一幅图景：空中白云缭绕，地上树木葱郁，其间露出寺庙的一角，隐隐约约间多了几分神秘肃穆。而“风飘万叶响空廊”给原本静谧的画面增添了几许声响，既多了几分鲜活轻快的气息，又越加反衬出此地的寂静空旷，和“蝉噪林逾静，鸟鸣山更幽”有异曲同工之效。此对空灵悠远，颇富诗情画意。

## 八　庚

【原文】

形对貌，色对声。夏邑对周京①。江云对渭树②，玉磬对银筝③。

【注释】①夏邑（yì）、周京：指夏朝与周朝的京城。②江云、渭树：杜甫《春日忆李白》诗中有“渭北春天树，江东日暮云”一句。③玉磬（qìng）：玉做的磬。磬，一种打击乐器。

【解析】“形”和“貌”就是外形、外貌；“色”对“声”就是脸色对声音，对得具体而工整。“夏”和“周”都是朝代，“邑”和“京”都是都城，有种古朴厚重的味道。

“江云”与“渭树”截选自杜甫《春日忆李白》中“渭北春天树，江东日暮云”一句，诗句本身清新流畅，入对自然带着诗的气息。“磬”与“筝”都是乐器，然而经过“玉”和“银”的修饰，立刻多了华贵的气息。

【原文】

人老老①，我卿卿②。晓燕对春莺。玄霜舂玉杵③，白露贮金茎④。

【注释】①人老老：《孟子》中说：“老吾老，以及人之老。”意思是说尊敬自己的老人，进而要推广到尊敬别人的老人。人老老，意思是人人都尊敬老人。第一个“老”字是尊敬老人的意思。②我卿卿：西晋大臣王衍的妻子叫王衍时就用“卿”来称呼，王衍说：“为什么用这个字来称呼我？”妻子说：“我不卿卿，谁复卿卿？”意思是说：“我不用‘卿’字来称呼你，谁用‘卿’字来称呼你呀？”后人就用“卿卿我我”作为夫妻恩爱的典故。③玄霜舂玉杵：唐代裴铏写过一篇小说叫《裴航》，说裴航回家时在船上遇到仙人云翘夫人，赠他一首诗，有一句是“一饮琼浆百感生，玄霜捣尽见云英”。后来裴航走到蓝桥，口渴了去一家要水喝，那家的少女就叫云英。裴航向那家的老太婆求亲，老太婆让他找一副玉做的杵臼来为自己捣仙药。裴航千方百计找到了玉杵臼，便娶了云英为妻，后来三人都成了神仙。玄霜，黑色的霜，形容要捣的药。这句的意思是：裴航要用玉做成的杵臼来为人捣药。④白露贮金茎：这是汉武帝的故事。汉武帝以为饮了仙露就可以长生不老，便在长安的建章宫中建造了一尊非常高大的铜仙人，这个铜仙人捧着一个大盘子，为的是接所谓的仙露。金茎，指铜仙人，古代常用“金”字来代指所有的金属。这句的意思是：汉武帝用铜仙人捧着的盘子来收集天上降下的白露。

【解析】“人”是别人，“我”是自己，人称上正好相对。“老老”是尊敬老人，“卿卿”是夫妻恩爱，叠词对叠词，读起来朗朗上口，饶有韵味。“老老”和“卿卿”分别摘自两部文学作品《孟子》和《世说新语》，却成就了一副绝妙好对。

“玄霜”对“白露”，是不同颜色的霜和露相对；“玉杵”对“金茎”，将“杵”和“茎”美化为“玉”“金”相对，两对又都是典故，还能如此工稳相称，实属不易。

【原文】

三箭三人唐将勇①，一琴一鹤赵公清②。

【注释】①唐将：唐朝的将军，指薛仁贵。他英勇无敌，率军征辽东时三箭射死了对方三个大将。敌人闻风丧胆，唐军大胜。这句的意思是：唐朝大将薛仁贵多么勇猛，三支箭就射死了三个敌人。②赵公：指宋代的赵汴。他为官十分清正，去成都上任时只骑了一匹马，平常也只有一张琴、一只鹤相随。这句的意思是：赵汴多么清正廉明啊，只有一张琴、一只鹤相随。

【解析】“唐将”指薛仁贵，“赵公”指赵汴，一文官、一武将，一英勇无敌、一清正廉洁。这个对子用了反复的手法，“三”和“一”恰好是典故中本来就有的，又各出现了两次，增强了表达效果。薛仁贵三箭射杀三人，可见箭术高妙；赵汴只有一琴一鹤，可见为官清廉。因此最后一个字“勇”对“清”，准确概括了两人的特点。全对可谓珠联璧合。

【原文】

帝业独兴①，尽道汉高能用将②；父书空读，谁言赵括善知兵③。

【注释】①帝业：帝王的基业。②汉高：指汉高祖刘邦。刘邦善于用人，他曾说过，论出谋划策，他不如张良；论治理国家，他不如萧何；论带兵打仗，他不如韩信。但他能识才善用，所以会称霸天下。这句的意思是：汉高祖刘邦得到天下，人人都说他善于用人。③赵括：战国时期赵国人，他的父亲赵奢是赵国的名将。赵奢死后，赵王想让赵括取代廉颇为将，蔺相如进谏说，赵括只会读他父亲的兵书，但不知道变化，所以不能做将领。赵王不听，结果在与秦国作战时大败，赵括也死在这一战中。这就是“纸上谈兵”的故事。这句的意思是：赵括白白地熟读了他父亲的兵书，谁说他会用兵呢。

【解析】“汉高”指汉高祖刘邦，他的事迹恰好和“赵括”形成了鲜明对比，耐人寻味。刘邦开始只是个没什么本事的无赖，但他善于用人，身边英才荟萃，最终打败了实力更强大的项羽，建立了汉朝；而赵括熟读兵书，谈论兵法头头是道，上了战场却只懂理论，不懂变通，导致全军覆没。全句对仗很工整，“尽道”，表示肯定语气，都说；“谁言”是反问语气，却是表肯定，没有人说，对得非常贴切。

## 九 青

【原文】

庚对甲，已对丁①。魏阙对彤廷②。梅妻对鹤子③，珠箔对银屏④。

【注释】①庚、甲、已、丁：均为天干中的字。中国古代用天干地支法纪年，天干十个，包括甲、乙、丙、丁等；地支十二个，包括子、丑、寅、卯等。②魏阙：古代皇宫大门两边高大的楼，用来代指朝廷。彤廷：古代朝堂上的地面被染成红色，故称彤廷，代指朝廷。③梅妻、鹤子：北宋诗人林逋隐居在杭州西湖的孤山，非常喜爱梅花和鹤，终身未娶，人们说他以梅为妻，以鹤为子。

④珠箔：珠帘。

【解析】“庚对甲，己对丁”就是用天干中的字相对。“梅妻鹤子”是成语，来自林逋的隐逸事迹，上卷“六鱼”一节已经提到过；“珠箔银屏”则来自白居易《长恨歌》的“珠箔银屏迤逦开”一句，这里就是把两个现成的典故拆开组对。

【原文】

鸳浴沼①，鹭飞汀②。鸿雁对鹡鸰③。人间寿者相④，天上老人星⑤。

【注释】①鸳浴沼：鸳鸯在池塘里戏水。沼，小池塘。②鹭飞汀：白鹭飞上水岸。汀，水边的岸。③鹡鸰（jí líng）：一种鸟的名字，古人常用来比喻兄弟。④这句的意思是：人间长寿的人在相貌上就看得出来。⑤这句的意思是：天上有个南极老人星，掌管人间的寿命。

【解析】“鸳”对“鹭”就是鸳鸯对白鹭，都是人们喜爱的水鸟。“浴沼”，在池塘里戏水，“飞汀”，在岸边飞翔；“浴”在下，“飞”在上；“沼”是水中，“汀”是岸边，不仅对仗工整，还符合它们的生活习性。此对还运用了同旁法中的“竖同旁”：“鸳”和“鹭”都为鸟字底，“沼”和“汀”同是三点水，光看字面就很有趣味。“人间寿者相，天上老人星”都是讲述与长寿有关的事情，对得整齐。

【原文】

八月好修攀桂斧①，三春须系护花铃②。

【注释】①八月好修攀桂斧：桂斧来自道教传说，据说汉代的吴刚学仙时犯了过失，被罚在月亮里砍桂树，那棵桂树边被砍，边复合。这里是借用传说来写考进士的事，古代科举考试一般在八月，人们把考中叫作“攀桂”或“折桂”，所以这里用“好修攀桂斧”比喻好好学习，准备去考试。这句的意思是：到了八月科考的日子，每个人都应该把自己的“斧子”磨一磨。②三春须系护花铃：唐玄宗的哥哥宁王很爱花，所以，在春天的时候，他在花梢上系上金铃，有蜜蜂或鸟雀来了就叫人摇动金铃来吓唬它们。三春，指春天。这句的意思是：春天的时候，要是爱惜花的话，就给花系上护花铃。

【解析】“八月”和“三春”都指时间，“八月”代指秋天，“秋”恰与“春”相对。“好修”和“须系”既是肯定语气，又带有委婉劝告的味道。不过最独具匠心的还数“攀桂斧”对“护花铃”，蕴含的典故非常有意思。

【原文】

江阁秋登，一水净连天际碧①。石栏晓倚，群山秀向雨余青②。

【注释】①这句的意思是：秋日登上江边的阁楼，远远望去，只见一条澄净的水流远远地接着天边，使天边也变得一片碧绿。②这句的意思是：早晨，倚靠着石栏杆，看雨后的青山更加秀丽青翠。

【解析】“江阁秋登”对“石栏晓倚”隐约透露出萧然自得、悠闲旷达的雅士情怀。“一水”对“群山”中“一”对“群”，对比强烈：一江碧水，群山环抱；而且画面清新鲜亮：上句写一条澄澈的江水远接天际，连天边都映得一片碧绿；下句写群山被大雨洗刷之后，越发显得青翠欲滴。“碧”和“青”虽然都是绿色，但同中有异：“青”是深绿色，山上的树木远远看上去偏于深色，故称为“青山”；“碧”是青绿色，偏于透明，江水清澈，宛如一块“碧”玉。整副对子充满了诗情画意，有种秀逸淡雅、洁净剔透之美。

## 十 蒸

【原文】

谈对吐①，谓对称②。冉闵对颜曾③。侯嬴对伯嚭④，祖逖对孙登⑤。

【注释】①谈、吐：就是说话。②谓、称：都指称呼。冉闵：孔子有四大弟子，即冉有、闵子骞、颜回、曾参。这里说的是冉有与闵子骞。冉有性情谦和，擅长政事；闵子骞待人真诚，有德行。③颜曾：孔子四大弟子的另两位。颜是指颜回，睿智好学，是弟子中最贤的一个；曾指曾参，非常孝顺，曾写过《孝经》。④侯嬴：战国时期魏国都城大梁的守门人，魏国公子信陵君对他非常好，认为他是个杰出的人，后来在窃符救赵一事中，他以生命报答了信陵君的知遇之恩。伯嚭（pǐ）：春秋时期的楚国人，伯州犁的孙子，他跑到吴国，吴王夫差让他做太宰，所以也叫太宰嚭。他是个贪财误国的奸臣，吴国打败越国时俘虏了越王勾践，但勾践贿赂了伯嚭，伯嚭就劝吴王放了勾践。后来，勾践卧薪尝胆，终于灭了吴国。⑤祖逖：东晋时期人，小时候就为了收复中原而刻苦努力，有闻鸡起舞的故事。孙登：晋初的隐士。

【解析】“谈”“吐”都是说话，“谓”“称”都指称呼，同义对，后来就合并为一个词了。“冉闵颜曾”是孔子四大弟子的姓氏。

“侯嬴对伯嚭”“祖逖对孙登”，先看字面，都是历史人物相对；不过他们的姓氏里还另有玄机，是借对法的典型例子：“侯嬴”姓“侯”“伯嚭”姓“伯”，在这里又借为侯爵的“侯”和伯爵的“伯”来对仗。“祖逖”和“孙登”也是这样，这里把姓氏中的“祖”和“孙”借为辈分中的“祖”和“孙”来相对。读起来趣味性很强。

【原文】

抛白纻①，宴红绫②。胜友对良朋③。争名如逐鹿④，谋利似趋蝇⑤。

【注释】①抛白纻（zhù）：唐代裴思谦考中进士后，用红笺纸写名字到处散播。有人写诗说他“利市稠衫抛白纻，风流名字写红笺”，意思是说他中了进士便把自己的粗布衣服扔了，把名字写在红笺上以示风流。白纻是白麻布制成的衣服，是普通人穿的衣服。②宴红绫：唐代御膳中以红绫饼最为贵重，有一次进士考试后，皇帝命御膳房给新中的进士一人做一枚红绫饼。③胜友：很有地位的朋友。④逐鹿：《史记》中有“秦失其鹿，天下共逐之”的句子，指在战场上争夺厮杀。比喻争夺天下。这句的意思是：争夺名利就好像在战场上拼杀一样。⑤趋蝇：苍蝇很喜欢往想吃的东西上附，所以把追名逐利的人比喻为苍蝇。这句的意思是：谋算利益就好像苍蝇。

【解析】“白纻”和“红绫”都是一种丝织品，色彩又对比鲜明；“白纻”是白麻布，代指贫困的生活，“红绫”是红丝绢，是富贵荣华的象征；两则典故还都与科举考试有关，不过前者在中了进士后立刻被抛弃，而后者是中了进士后赏赐的奖励。“胜友”和“良朋”是同义对。末两句对得很工，说的都是追名逐利的事情。

【原文】

仁杰姨惭周不仕①，王陵母识汉方兴②。

【注释】①仁杰姨：唐代大清官狄仁杰是武则天的宰相，他的姨母卢氏有个儿子，从未到过京城。狄仁杰在假日探望姨母时，曾问表弟有什么要求，他可以帮助，谁知姨母说：“我就这一个儿子，并不想让他去侍奉女皇帝。”狄仁杰大为惭愧。周：武则天当了皇帝后，把唐朝国号改为周，她死后，又改回为唐。仕：当官。这句的意思是：狄仁杰的姨母认为武则天的周不好而不让儿子出来当官。②王陵母：在秦末楚汉相争的时候，王陵是刘邦的将军，项羽抓住了王陵的母亲，想让她招降王陵。正好有刘邦的使者来，王陵的母亲就对使者说，回去告诉王陵要好好辅佐刘邦，然后就自杀了。这句的意思是：王陵的母亲在汉刚刚兴起来的时候，就知道汉终会得到天下。

**【解析】**这里是用两个贤惠、有气节的母亲来对照。武则天废了儿子，自己当皇帝，建立了周朝，许多人都采取了不合作的态度，狄仁杰的姨母就是其中之一。而王陵的母亲在汉弱楚强的时候，就坚定地让儿子辅佐汉王，甚至不惜以死来激励儿子，更加难得。这里用了上三下四的句法，上三讲的是主人公的身份，下四则叙述主人公的事迹，从字面到事迹都构思巧妙。

**【原文】**

句写穷愁，浣花寄迹传工部①；诗吟变乱，凝碧伤心叹右丞②。

**【注释】**①浣花：成都西郊的浣花溪。杜甫晚年流浪到四川，曾居住在这里。寄迹：暂寄踪迹。工部：指杜甫，他曾做官为检校工部员外郎，后人称他为杜工部。这句的意思是：杜甫曾在浣花溪居住，他的每句诗都是忧国忧民的穷愁之词。②凝碧：这是说唐代诗人王维，“安史之乱”中，王维被乱军抓住，关在洛阳。后来唐朝平定了“安史之乱”，凡是被叛军捉去的官员都给定罪，而王维在狱中曾写《凝碧池诗》来思念皇帝，皇帝看到这首诗，就免了他的罪。右丞：指王维，他曾当过尚书右丞的官，所以后世叫他王右丞。这句的意思是：王维那首伤心的《凝碧池诗》是在哀叹战乱啊。

**【解析】**“工部”对“右丞”都是官职名，前者指杜甫，后者指王维，二人都是唐代非常著名的大诗人，都亲身经历了“安史之乱”的全部过程，并亲眼见证了唐王朝的由盛转衰，内心深处的哀痛也是一样的。“句写穷愁”和“诗吟变乱”，既对得很工，也是对这种哀痛之情的极好概括。“浣花”溪对“凝碧”池，极有美感。

## 十一　尤

**【原文】**

鱼对鸟，鸽对鸠。翠馆对红楼。七贤对三友①，爱日对悲秋②。

**【注释】**①七贤：指魏晋时期的七位名士嵇康、阮籍、山涛、向秀、刘伶、阮咸、王戎。他们常常聚集在竹林中，所以也叫竹林七贤。三友：孔子说：“益者三友，友直、友谅、友多闻。”就是说，好的朋友有三种，正直的朋友、宽容的朋友和见多识广的朋友。也有“岁寒三友”的说法，指松、竹、梅。②爱日：指爱惜时光。悲秋：秋天景色荒凉，容易引起人的悲愁，所以叫悲秋。

**【解析】**“鱼对鸟”，一个水中游，一个天上飞，自然成对。“鸽”和“鸠”是同旁词。“翠”对“红”就是绿对红，“翠馆”与“红楼”都是贵族女子居住的地方。“七贤”和“三友”都是固定名称了，还用了数字相对。“爱日”对“悲秋”，喜爱对悲伤，感情色彩反差强烈。

**【原文】**

虎类狗①，蚁如牛②。列辟对诸侯③。陈唱临春乐④，隋歌清夜游⑤。

【注释】①虎类狗：东汉时期的马援曾告诫自己的侄子，要学习龙伯高的行为，不要学习杜季良，学习龙伯高如果学得不好，起码还是个谨慎小心的人，就像学着画天鹅不成还能像个鸭子；而学杜季良不成的话，就可能堕落为流里流气的人，就好比学着画老虎不成，却像狗了。类，就是像的意思。②蚁如牛：晋朝时人殷浩耳朵有病，听床下有蚂蚁的声音，还以为是牛在争斗。③列辟：许多王侯。辟，指国王。④陈唱临春乐：南朝时期陈国的最后一个皇帝陈叔宝，曾经为他所宠爱的妃子张丽华建造了临春、结绮、望仙等楼阁，并日夜在里边嬉戏，唱《玉树后庭花》。这里的“临春乐”就是指临春阁里的乐事。这句的意思是：陈后主在临春阁里唱着《玉树后庭花》。⑤隋歌清夜游：隋炀帝非常喜欢在有月亮的晚上骑马游西苑，冬天就剪彩纸为花，夏天就放萤火，唱清夜曲。这句的意思是：隋炀帝在西苑游玩时爱唱清夜曲。

【解析】“虎类狗，蚁如牛”都是用了两个动物相对，字面上与“七阳”一节中的“红对白，绿对黄”有异曲同工之妙：不但单句本身是对仗的，上下两句也能成对。但这个对子又不能仅限于字面形式，还都用了典，这才是绝妙之处。最后两句则选取了两个亡国的皇帝来对，也很有可比性。末两句风格工稳流丽，不过典故的含义并不像字面那样美好：“陈”和“隋”都是短命的朝代，陈后主和隋炀帝就是那亡国之君，前者的《玉树后庭花》已经成为亡国之音的代表，后者的清夜曲就正好与它配对。

【原文】

空中事业麒麟阁①，地下文章鹦鹉洲②。

【注释】①空中事业麒麟阁：汉宣帝为了表彰有功的大臣，便把以前的功臣霍光、苏武等十一个人的图像画在了麒麟阁上。说“空中事业”，是因为麒麟阁很高，好像在空中。这句的意思是：那高高立在空中的麒麟阁上，画上了功臣的图像。②地下文章鹦鹉洲：这说的是汉末的祢衡。祢衡很有才，性格也很刚毅。曹操要召见他，他不去。曹操恨得想杀他，但因为他是个才子，怕杀了会有人反对，便在大宴宾客时让他敲鼓。他当众裸身击鼓。曹操更生气，把他送给刘表。刘表知道曹操想让自己杀了祢衡，便又把祢衡送给了黄祖。黄祖果然杀了祢衡。祢衡曾写过《鹦鹉赋》，所以，江洲也叫鹦鹉洲，祢衡死后被埋在这里。这句的意思是：那写了《鹦鹉赋》的著名才子祢衡啊，就被埋在鹦鹉洲下。

【解析】“空中”与“地下”，都表示方位，字面很工整。“文章”与“事业”都是古人取得成就的方式。两件事的选择其实就是为了对仗。“麒麟”对“鹦鹉”，都是同旁的连绵词，再配上典故，对得极其巧妙。这副对句经过精心构思，显得工稳别致。

【原文】

旷野平原，猎士马蹄轻似箭①；斜风细雨，牧童牛背稳如舟②。

【注释】①猎士：打猎的人。这句的意思是：在那广袤的平原野地上，猎人的马蹄轻快得像箭一样。②这句的意思是：在斜风细雨之中，放牛孩子骑在牛背上，稳当得像船一样。

【解析】“斜风细雨”是一个固定词组，“旷野”和“平原”本来是两个词语，这里为了与前者相对而合在一起，对得不错。“猎士”和“牧童”都是人物；“马蹄”对“牛背”，对得很工；“轻似箭”对“稳如舟”，都比喻精准。给读者展示出一幅悠闲自得的乡村生活图景，这副对子不仅属对工切，更胜在意境，为读者描绘了轻快悠闲的生活场景。

## 十二 侵

**【原文】**

登对眺①，涉对临②。瑞雪对甘霖③。主欢对民乐，交浅对言深④。

**【注释】**①眺：从高处往远处看。②涉：徒步地走过，一般指从水上经过。临：接近，来到。③瑞雪：应时的好雪。甘霖：指久旱以后所下的雨。④交浅：交情一般。言深：推心置腹地说话。

**【解析】**“登”高才能“眺”望，对得顺理成章。“瑞”对“甘”，吉祥对美好，“瑞雪”和“甘霖”都指非常及时的降雪和降雨，既属对自然，又都是好兆头。“主欢”对“民乐”与前一句类似，“主”对“民”就是皇帝对百姓，“欢”就是“乐”，字面与意义都对得很好。“交浅言深”是成语，跟交情浅的人说心里话，此对就是来源于这个对子，就是交情浅与深的对比。

**【原文】**

耻三战①，乐七擒②。顾曲对知音③。大车行槛槛④，驷马骤骎骎⑤。

**【注释】**①耻三战：春秋时期鲁国有一个很勇敢的人叫曹沫，鲁庄公让他当大将与霸主齐国作战，打了三仗都败了。鲁庄公害怕了，便割地求和。在齐桓公与鲁庄公会盟的时候，曹沫突然抓住了齐桓公，并掏出了匕首，威胁他把鲁国的土地还给鲁国，齐桓公只好答应。②乐七擒：三国时，诸葛亮到南方去征伐，七次生擒酋长孟获，七次释放，使他心悦诚服，不再背叛。③顾曲：三国时的吴国大将周瑜精通音律，弹曲的人稍有疏误，他一定会知道，就会回头来看，所以当时有俗话说：“曲有误，周郎顾。”知音：懂得音乐内涵的人，引申为知心朋友。④大车行槛槛：大车，指古代用于载重的牛车。槛槛，形容车走的时候发出的声音。这句的意思是：大车在前进的时候因为装载沉重而发出咯吱咯吱的声音。⑤驷马骤骎骎：驷，指由四匹马来拉的车。骎骎，形容马跑得很快的样子。这句的意思是：四匹马拉一辆车跑得很快。

**【解析】**《三国演义》里诸葛亮“七擒”孟获的故事已经家喻户晓，这里用《春秋》中曹沫“三战”的典故和它组对，对得工稳。“耻”对“乐”，羞耻对喜悦，恰当地传达了故事里的情感。“顾曲”对“知音”，不同典故表达的是同样的意思。末两句都是说车行进的状态，“槛槛”和“骎骎”都是叠词，前者模拟声音，后者描述状态。“驷马骤骎骎”五个字都是“马”字旁，是同旁对的绝佳典型。

**【原文】**

紫电青虹腾剑气①，高山流水识琴心②。

**【注释】**①紫电青虹腾剑气：唐初著名诗人王勃在《滕王阁序》中说：“紫电青霜，王将军之武库。”是夸王将军的兵器库里都是宝剑，闪烁着像紫电青霜一样的光芒。这句的意思是：宝剑的光芒就像紫色的闪电或青色的彩虹一样。②高山流水识琴心：战国时俞伯牙会弹琴，而钟子期很会听琴。伯牙心里想着高山，刚一弹琴，子期就听出来了，说：“好美妙的琴声啊，像那巍峨的高山！”伯牙心中想着流水，子期又说：“好美妙的琴声啊，像那连绵不绝的流水！”后来钟子期死了，伯牙便把琴摔坏，从此再也不弹琴了。这句的意思是：听弹琴的声音就知道他心中高山流水的志向。

**【解析】**全句属对工切，气脉贯通。“紫电青虹”对“高山流水”都用了典，以修饰核心词“剑”与“琴”，前者指宝剑发出的耀眼光芒，后者指琴声悠扬动听，形容贴切，对仗工整。“剑”与“琴”是古人中标榜品位者常用的两件装饰品，前者显豪情侠义，后者显温文儒雅，正是文武双全。末尾“气”和“心”加得很妙：具有传奇色彩的宝剑能发出所谓的“剑气”，而高明的弹琴者能通过琴声传递内心的感情，这就是“琴心”。

**【原文】**

屈子怀君①，极浦吟风悲泽畔②；王郎忆友③，扁舟卧雪访山阴④。

**【注释】**①屈子：指屈原。他是战国时期楚国人，也是中国历史上最早的伟大诗人。曾因奸臣陷害而被楚王流放外地，但他一直怀念着楚王，关心着自己的国家，最后，在楚国被秦国打败时，他跳汨罗江自杀。②极浦：遥远的水边。浦，水边。这句的意思是：屈原思念楚王，就在那遥远的水边吟诵悲哀的诗句。③王郎忆友：王郎指的是东晋名士王徽之，他是大书法家王羲之的第五个儿子，很有才名。他辞官后居住在山阴，有一天晚上下了大雪，他半夜起来喝酒赏雪，兴致很高，忽然想起了住在郯（tán）县的朋友戴逵，便连夜乘小船去拜访。走了一夜才到戴逵家门前，他却没进去就返身回家了。人家问他为什么不进去与主人见面，他说：“我有兴致了就来，尽兴了就回去，为什么一定要见戴逵呢？”④扁舟：小船。山阴：县名，今浙江省绍兴市柯桥区。这句的意思是：王徽之看着大雪，忽然想念朋友，便乘了小船离开山阴去拜访他。

**【解析】**“屈子”是屈原，“王郎”是王徽之。“屈子怀君”对“王郎忆友”，顺畅稳妥。屈原是忠君爱国的典型，就算被贬官了，他依然不停地写诗怀念自己的祖国和君王；王徽之则是魏晋风度的代表，基本上说到魏晋名士风流放诞都要举这个故事作为典型事例。这样两个事例对比，别有韵味。

## 十三 覃

**【原文】**

宫对阙，座对龛①。水北对天南。蜃楼对蚁郡②，伟论对高谈③。

**【注释】**①龛（kān）：供奉神佛的小阁子。②蜃楼：在海洋或沙漠上空，由于水气折射而形成的楼观街市等幻景，叫做海市蜃楼。古人不知道其中的科学道理，以为是一种叫做蜃的巨大动物吐气所化。蚁郡：出自唐代李公佐的传奇小说《南柯太守传》。故事讲的是淳于棼的家南边有一棵大槐树，他常常与朋友在树下喝酒，一天喝得大醉，睡了过去。忽然有两个使者来，说是奉槐安国王之命来邀请他。他跟着去了，被国王招为驸马，又封为南柯郡的太守。他当了二十年太守，后来回到都城，权力越来越大，国王不满意了，便叫使者把他送回去。他忽然醒来，发现原来是一场梦，太阳还没有落下呢。于是来看那棵大树，下边果然有洞穴，里面有众多的蚂蚁，而所谓的南柯郡，就是槐树向南的一个树枝。③伟论、高谈：都是高谈阔论的意思。

**【解析】**“阙”就是“宫”，后来“宫阙”就合成了一个词。“水”对“天”“北”对“南”很自然。“蜃”和“蚁”都是动物名称，“楼”对“郡”都是建筑物，而且“蜃楼”和“蚁郡”都用了典，都指虚幻的景象。从字面到内涵都对得很贴切。

**【原文】**

遴杞梓①，树楩楠②。得一对函三③。八宝珊瑚枕④，双珠玳瑁簪⑤。

**【注释】**①遴（lín）杞梓：选拔人才的意思。遴，选拔。杞、梓，两种质地优良的木材，古人用来比喻优秀的人才。②树楩（pián）楠：比喻培养人才。树，种植，培养。楩、楠，两种优良的木材，生于南方。③得一："一"是道家的概念，指代一种道。《老子》说"天得一以清，地得一以宁，神得一以灵"，就是说道这个东西，天得到一个就变清了，地得到一个就安宁了，神得到一个就有灵了。函三：《易》是儒家经典之一，东汉著名经学家郑玄曾说《易》这个名字有三个意思，所以这里说"函三"。④这句的意思是：用珊瑚做的八宝枕头。⑤玳瑁：一种海龟，甲壳可以做工艺品。簪：古代妇女用来绾头发的一种饰品。这句的意思是：用玳瑁做的有两个珠子的簪子。

**【解析】**"遴杞梓，树楩楠""遴"对"树"就是选拔对培育，"杞梓"和"楩楠"都是同旁词，都是质地优良的木材，都比喻人才。"八宝珊瑚枕"和"双珠玳瑁簪"都是精美贵重的装饰品；"八宝"对"双珠"是数字对，"宝"对"珠"很合适；"珊瑚"和"玳瑁"是同旁词；"枕"与"簪"本来是日常生活用品，但这里经过修饰之后立刻带上了华贵的气息。

**【原文】**

仪封疆吏知尼父①，函谷关人识老聃②。

**【注释】**①仪：春秋时卫国的一个地名。封疆吏：守卫边疆的官员，知尼父：理解孔子。尼父，就是孔子，孔子字仲尼，所以称尼父。他率领弟子到卫国去，卫国守仪地的官员来求见，见过后便对孔子的弟子说：你们不要因为跟随着老师四处奔波而苦恼，上天将让孔子制礼作乐的。这句的意思是：在卫国的仪地当官的人能够理解孔子。②函谷关人：指春秋时期把守函谷关的关令尹喜。老聃：就是老子。老子名叫李耳，字聃。据说老子在周朝居住了很久，认为周朝不行了，便要走。函谷关的关令尹喜看见有紫气从东边而来，知道要有圣人从这儿经过了，不久，果然看见老子骑着青牛来过关。尹喜便要老子给他写本书。于是老子写了上下两篇，共五千个字，就是现在的《道德经》（又称《老子》）。这句的意思是：守函谷关的尹喜能认出圣人老子。

**【解析】**"尼父"就是孔子，"老聃"就是老子，两大圣人，分别是儒家和道家的创始人。儒家和道家是对古代社会和传统文化影响最大的两个学派，这里用他们生前被人所赏识的事迹入对，自然工整。

**【原文】**

贾岛诗狂①，手拟敲门行处想②；张颠草圣③，头能濡墨写时酣④。

**【注释】**①贾岛诗狂：晚唐诗人贾岛作诗非常用功，所以称为诗狂。②手拟敲门行处想：这是贾岛作诗用心的最为著名的典故，他有一次骑着驴外出，忽然想到了一句诗"鸟宿池边树，僧敲月下门"，刚开始想用"僧推月下门"，后又想用"敲"，于是便在驴背上用手一会儿推，一会儿敲，反复比较，不小心冲撞了韩愈。他告知缘由，韩愈说还是用"敲"字好。"推敲"这个词就是从这儿来的。这句的意思是：作诗入迷的贾岛，骑着驴边走边用手模拟"推"和"敲"的姿势，考虑用哪个字更好。③张颠草圣：指唐代著名书法家张旭。他的草书写得很好，被称为草圣；又因为他往往在大醉后写字，故又叫张颠。颠，同"癫"。④头能濡墨：传说张旭经常用头发蘸墨来写字。濡，蘸。这句的意思是：草圣张旭能用头发蘸墨写字，还写得酣畅淋漓。

**【解析】**诗歌和书法是古代文人最基本的功课，也是最重要的活动，于是两个领域中往往会产生很多特立独行之士，对联中的苦吟诗人贾岛和看似疯癫的草圣张旭正是其中的典型。作诗对写字，"狂"对"颠"。作者又精心从典故中各选择了一个身体部位"手"和"头"相对，来展现"狂"和"颠"，意趣十足。

# 十四　盐

【原文】

人对己，爱对嫌。举止对观瞻①。四知对三语②，义正对辞严③。

【注释】①观瞻：指站在高处四下眺望，也指显露于外的形象。②四知：这是汉朝清官杨震的故事，也是古代官吏廉洁的著名典故。据说杨震当青州刺史时，举荐了一个秀才。这位秀才晚上带了金子来酬谢，并说夜间无人知晓，请他收下。杨震说："天知，地知，你知，我知，怎么能说无人知晓呢！"三语：晋朝太尉王戎问阮瞻儒家与道家的异同，阮瞻回答说："将无同。"意思是说，或许没有什么不同吧。王戎很满意，聘他做了掾，就是幕僚。后人因为他只说了三个字而做了掾，所以叫他"三语掾"。③义正：道理很正确。辞严：语言很严厉。

【解析】"人对己"就是别人对自己。"举止"对"观瞻"都是人的风姿、外貌。"四知"对"三语"用两个带数字的典故相对，别具匠心。"义正对辞严"就是套用了成语"义正辞严"，对来顺理成章。

【原文】

勤雪案①，课风檐②。漏箭对书笺。文繁归獭祭③，体艳别香奁④。

【注释】①勤雪案：在落了雪的书桌上也要勤奋学习。案，书桌。②课风檐：在刮风的屋檐下也要好好做功课。③獭祭：獭是指水獭，喜欢吃鱼，常把自己逮到的鱼井然有序地摆在岸边，如同陈列祭祀的供品，人们称之为獭祭鱼。后人把写文章喜欢罗列典故的做法叫做"獭祭"。这句的意思是：写文章，用的典故太繁多便叫作"獭祭"。④体艳：文章写得艳丽。香奁（lián）：本指妇女的梳妆盒，唐代诗人韩偓喜欢写艳丽的诗，他的诗集名叫《香奁集》，后来人们便把这种诗称为"香奁体"。这句的意思是：文章写得艳丽那就是"香奁体"了。

【解析】"雪"和"风"都是自然气象，而这里主要是突出条件的艰苦，"勤雪案"和"课风檐"都是说无论在什么样的环境里，都要勤奋努力地学习。最后两句都是在说文章的风格。

【原文】

昨夜题梅更一字①，早春来燕卷重帘②。

【注释】①昨夜题梅更一字：唐代诗人齐己写了一首《早梅》诗，其中说"前村深雪里，昨夜数枝开"。另一位唐代诗人郑谷把"数枝开"改为"一枝开"，更为绝妙，齐己也大为叹服，当时人称郑谷为"一字师"。这句的意思是：齐己写诗咏昨夜的梅花，经郑谷改动一个字后大为增色。②这句的意思是：春天刚刚开始，就卷起了那重重的门帘，等燕子回来。

【解析】"昨夜"和"早春"都表时间。而"一"对"重"是全联的点睛之笔。"一"是所引典故的核心，因此对句的同样位置也必须用数字，但是下句此处如果用了数字，无论是"卷一帘""卷十帘""卷多帘"还是"卷数帘"，都很生硬。而"重"字虽然不是数字，这里却和数字的用法相同；"重"又有多的意思，与"一"相对正合适，选词之巧令人拍案叫绝。

【原文】

诗以史名①，愁里悲歌怀杜甫②；笔经人索③，梦中显晦老江淹④。

【注释】①诗以史名：杜甫是唐代最伟大的诗人之一，由于他的诗作深刻地反映了当时的社会现实，可以当作历史来看，因此被后人称为“诗史”。②这句的意思是：被称为“诗史”的杜甫是用悲愁的歌声来反映生活的。③笔经人索：这里用的是江淹的典故，即“江郎才尽”。见前“四支”注。④显晦：显是显达、顺利，指江淹得到五色笔后的文才。晦是阴暗、不顺利，指江淹失去五色笔后也失去了文才。这句的意思是：江淹梦中得到五色笔，从而文才出众，被人从梦中要去五色笔后，他似乎变老了，失去了文才。

【解析】“诗以史名”和“笔经人索”都是用典。“愁里”对“梦中”，工整妥帖。“杜甫”和“江淹”都是人的名字，一个叠韵，一个同旁；而且两个都是文人，一个以诗歌闻名，一个以辞赋著称。

## 十五 咸

【原文】

栽对植，薙对芟①。二伯对三监②。朝臣对国老③，职事对官衔④。

【注释】①薙、芟：都是拔除、铲除野草的意思。②二伯：指西周初年，代替年幼的周成王掌管国政的周公与召公。伯，诸侯之长。三监：周武王灭了商朝后，把商纣王的儿子武庚封在商都，并派自己的三个弟弟管叔、蔡叔和霍叔来监督他，称为三监。③朝臣：在朝的大臣。国老：退休的大臣。④职事：一个官员所应该管理的事务，这个事务与官衔不一定有直接关系。官衔：一个官员的官位品级。

【解析】头两句在前文有两个类似的例子：看单句，各自都是一字对；合起来就构成了一组三字对；一字对中“栽”和“植”都是栽种、种植的意思，“薙”和“芟”都是铲除、拔除的意思，都属于正对；而三字对则是种植对铲除，属于反对。

“朝臣”对“国老”，一个还在职，一个已退休。“职事”和“官衔”，二者既有联系，又有区别，一个官员所应该管理的事务与官衔不一定有直接的关系，可能很低的职位管理很多事务，也可能很高的官职管理的事务很少，甚至可能有的官员只有官衔而不管理任何事务，就是“闲职”。

【原文】

鹿麌麌①，兔毚毚②。启牍对开缄③。绿杨莺睍睆④，红杏燕呢喃⑤。

【注释】①麌麌：兽群聚集的样子。②兔毚毚：狡猾的兔子。③启牍、开缄：都是开启信件的意思。牍，本指上面写字的木简，后指公文与信件。缄，封上信封。④睍睆：明亮美好的样子。这句的意思是：在绿色的杨树下藏身的黄莺是那么美丽。⑤呢喃：形容燕子的叫声。这句的意思是：在结了红杏的杏树旁，有双双燕子在呢喃。

【解析】整组对句都非常工整别致。“鹿”和“兔”都是四只脚的哺乳动物；“麌麌”对“毚毚”，都是叠词；“鹿麌麌”和“兔毚毚”都用了同旁法，前三个都是“鹿”字旁，后三个都是“兔”字旁，而且都描述了它们的某种情态。“启”就是“开”“启牍”和“开缄”都是开启信件。“莺”和“燕”都是受人喜爱的飞鸟；“睍睆”和“呢喃”都是同旁词，一个描述外观，一个形容声音。

**【原文】**

半篱白酒娱陶令①，一枕黄粱度吕岩②。

**【注释】**①陶令：指的是东晋诗人陶渊明。陶渊明曾做过彭泽令，所以称为陶令。他很喜欢喝酒，写过一组著名的诗叫《饮酒》，其中一句说“采菊东篱下，悠然见南山”，最为有名。这句的意思是：有酒有菊，就能让陶渊明感觉到快乐了。②一枕黄粱：唐代有一篇传奇小说叫《枕中记》，讲了卢生被吕翁度化的故事：热衷功名的卢生在邯郸道上遇到了吕翁，并在吕翁给的青瓷枕上入梦，梦中娶了有权有势的妻子，又中了进士，出将入相，享尽了人间富贵，醒来方知是大梦一场，而店主人蒸的黄粱饭还没有熟。吕岩：指的是传说中八仙里的吕洞宾，也即“一枕黄粱”中的吕翁。这句的意思是：仙人吕岩只用了一枕黄粱梦就把卢生点化了。

**【解析】**两句分别说的是陶渊明和吕岩的典故。“半篱”对“一枕”，数字对。“白酒”对“黄粱”可谓珠联璧合：“白”对“黄”都是颜色，“酒”和“粱”，一个是喝的，一个是吃的，两个词从构词方式和意义上都堪称绝配。

**【原文】**

九夏炎飙①，长日风亭留客骑②；三冬寒冽③，漫天雪浪驻征帆④。

**【注释】**①九夏：指夏天最为炎热的九十天。炎飙（biāo）：非常热的风。②这句的意思是：炎热的夏天，那整天吹着的热风使得旅客都躲在亭子里不出来。③三冬：冬天最为寒冷的日子。寒冽：寒冷。④这句的意思是：冬天最冷的日子，漫天的大雪和水上的大浪让帆船都不敢出行。

**【解析】**“九夏”对“三冬”“夏”对“冬”，一个“炎”热，一个“寒”冷，和春对秋一样，都是自然本身提供的最佳配对。夏天最热的是三伏，冬天最冷的是三九，三伏共有九十天，所以说“九夏”，用来和“三冬”组对，既贴切自然，又不会在数字上重复。“留”和“驻”都有停下的意思。其中“长日”和“漫天”最显功力，都偏口语化，看似不经意间信口说出，实际上是精心打造而不露痕迹。

# 弟子规

[清]李毓秀

《弟子规》原名《训蒙文》，原作者李毓秀（1647~1729）是清朝康熙年间的秀才。以《论语·学而》中的“弟子入则孝，出则弟，谨而信，泛爱众，而亲仁，余力学文”为中心。分为五个部分，具体列述弟子在家、出外、待人、接物与学习上应该恪守的守则规范。后来清朝贾存仁修订改编《训蒙文》，并改名《弟子规》，是启蒙养正，教育儿童养成良好的道德和日常行为规范的最佳读物。

## 总叙

弟子规①，圣人训②：首孝悌③，次谨信④。

泛爱众，而亲仁。有余力，则学文。

【注释】①弟子：这里指年纪幼小的人。规，规矩，规范。②圣人训：此指孔子的一段话：“弟子入则孝，出则弟，谨而信，泛爱众而亲仁，行有余力，则以学文。”见《论语·学而》。③孝悌：即孝悌，敬爱父母为孝，敬爱哥哥为悌。④谨信：谨慎而守信用。

## 入则孝出则悌

父母呼，应勿缓。父母命，行勿懒。父母教，须敬听。父母责，须顺承。冬则温，夏则凊，晨则省，昏则定①。出必告，反必面②，居有常，业无变③。事虽小，勿擅为，苟擅为，子道亏。物虽小，勿私藏，苟私藏，亲心伤。亲所好，力为具④；亲所恶，谨为去。身有伤，贻亲忧；德有伤，贻亲羞。亲爱我，孝何难；亲恶我，孝方贤。亲有过，谏使更，怡吾色，柔吾声⑤。谏不入，悦复谏，号泣随，挞无怨。亲有疾，药先尝⑥，昼夜侍，不离床。丧三年⑦，常悲咽，居处变，酒肉绝。丧尽礼，祭尽诚，事死者，如事生。兄道友，弟道恭⑧，兄弟睦，孝在中。财物轻，怨何生？言语忍，忿自泯。或饮食，或坐走，长者先，幼者后。长呼人，即代叫，人不在，己即到。称尊长，勿呼名；对尊长，勿见能⑨。路遇长，疾趋揖⑩。长无言，退恭立。骑下马，乘下车，过犹待，百步余⑪。长者立，幼勿坐，长者坐，命乃坐。尊长前，声要低，低不闻，却非宜⑫。进必趋，退必迟，问起对，视勿移⑬。事诸父⑭，如事父；事诸兄⑮，如事兄。

【注释】①晨则省，昏则定：清晨问候起居，入夜安顿睡具。②反必面：指回家后要面告父母。反，即返。③居有常，业无变：居住的地方要固定，从事的职业不能随意改变。④力为具：尽力为父母办到最好。⑤怡吾色，柔吾声：劝谏父母，必须和颜悦色，柔声细语。语本《礼记·内则》："父母有过，下气怡声，柔色以谏。"⑥"亲有疾"二句：语本《礼记·曲礼》："亲有疾，饮药，子先尝之。"⑦丧三年：旧时父母亲死后，子女要守丧三年。⑧兄道友，弟道恭：友爱弟妹是为兄之道，恭敬兄长是为弟之道。⑨见（xiàn）：表现、炫耀。⑩疾趋揖：快步上前，拱手作揖。⑪过犹待，百步余：长辈走了以后仍要肃立等待，等长辈走了百余步后自己才能移步。⑫低不闻，却非宜：声音太低，长辈听不到，也不妥当。⑬问起对，视勿移：听到长辈问话要站起来回答，目光要专注，不要东张西望。⑭诸父：叔父、伯父等。⑮诸兄：堂兄等。

## 谨而信

朝起早，夜眠迟，老易至，惜此时。晨必盥，兼漱口，便溺回，辄净手。冠必正，纽必结，袜与履，俱紧切。置冠服，有定位，勿乱顿①，致污秽。衣贵洁，不贵华，上循分，下称家②。对饮食，勿拣择，食适可，勿过则③。年方少，勿饮酒，饮酒醉，最为丑。步从容，立端正，揖深圆④，拜恭敬。勿践阈⑤，勿跛倚⑥，勿箕踞⑦，勿摇髀⑧。缓揭帘，勿有声；宽转弯，勿触棱⑨。执虚器，如执盈；入虚室，如有人⑩。事勿忙，忙多错；勿畏难，勿轻略。斗闹场，绝勿近；邪僻事，绝勿问。将入门，问孰存；将上堂，声必扬。人问谁，对以名，吾与我，不分明。用人物，须明求，倘不问，即为偷。借人物，及时还；人借物，有勿悭。凡出言，信为先，诈与妄，奚可焉？话说多，不如少，惟其是⑪，勿佞巧。刻薄语，秽污词，市井气，切戒之。见未真，勿轻言；知未的⑫，勿轻传。事非宜，勿轻诺⑬，苟轻诺，进退错。凡道字⑭，重且舒⑮，勿急疾，勿模糊。彼说长，此说短，不关己，莫闲管。见人善，即思齐⑯，纵去远，以渐跻⑰。见人恶，即内省，有则改，无加警。惟德学，惟才艺，不如人，当自励。若衣服，若饮食，不如人，勿生戚⑱。闻过怒，闻誉乐，损友来，益友却⑲。闻誉恐，闻过欣，直谅士⑳，渐相亲。无心非㉑，名为错；有心非，名为恶。过能改，归于无；倘掩饰，增一辜㉒。

【注释】①顿：安放。②上循分，下称家：上要遵守等级名分，下要符合家庭的条件和自家的身份。③勿过则：不要超过标准。④揖深圆：作揖到位，姿势完满。古时作揖有严格规定，要求曲身、低头，眼睛注视自己的鞋尖，两手圆拱。⑤勿践阈（yù）：出入不能踩踏门坎。阈，门坎。⑥跛倚：站立不正，东歪西斜。⑦箕踞：坐时将两腿伸开像簸箕一样，古人认为这是一种不礼貌、不庄重的行为。⑧摇髀（bì）：抖动大腿。髀，大腿。⑨宽转弯，勿触棱：行步转弯时要离家具、墙壁远一点，不要东碰西碰。棱，器物的棱角。⑩"执虚"四句，语本《礼记·少仪》："执虚如执盈，入虚如有人。"⑪惟其是：实事求是。⑫的：确实。⑬勿轻诺：不要轻易承诺、允诺。⑭道字：说话、念书。⑮重且舒：声音响亮而舒缓。⑯思齐：想着向他看齐。⑰纵去远，以渐跻（jī）：

尽管相差很远，也可以逐步达到，跻，升高。⑱戚：忧愁，悲哀。⑲损友来，益友却：对自己有害的朋友就会前来，对自己有好处的朋友就会避开。⑳直谅士：诚实正直的人。㉑无心非：不是故意造成的过失。㉒辜：罪过。

## 泛爱众而亲仁

凡是人，皆须爱，天同覆，地同载。行高者，名自高，人所重，非貌高。才大者，望自大，人所服，非言大。己有能，勿自私；人有能，勿轻訾①。勿谄富，勿骄贫，勿厌故，勿喜新。人不闲，勿事搅；人不安，勿话扰。人有短，切莫揭；人有私，切莫说。道人善，即是善，人知之，愈思勉。扬人恶，即是恶，疾之甚，祸且作②。善相劝③，德皆建；过不规，道两亏④。凡取与，贵分晓，与宜多，取宜少。将加人，先问己，己不欲，即速已⑤。恩欲报，怨欲忘，报怨短，报恩长。待婢仆，身贵端⑥，虽贵端，慈而宽。势服人，心不然；理服人，方无言。同是人，类不齐，流俗众，仁者稀。果仁者，人多畏，言不讳，色不媚。能亲仁，无限好，德日进，过日少。不亲仁，无限害，小人进，百事坏。

**【注释】**①訾（zǐ）：诽谤，诋毁。②疾之甚，祸且作：意谓对于不仁的人，痛恨太甚，也会引起祸害。③善相劝：互相勉励做好事。④道两亏：双方的道德都会受到损害。⑤速已：赶快停止。⑥身贵端：自身要品行端正。

## 行有余力则以学文

不力行①，但学文，长浮华，成何人。但力行，不学文，任己见，昧理真。读书法，有三到，心眼口，信皆要。方读此，勿慕彼，此未终，彼勿起。宽为限②，紧用功，工夫到，滞塞通。心有疑，随札记，就人问，求确义。房室清，墙壁净，几案洁，笔砚正。墨磨偏，心不端；字不敬，心先病。列典籍，有定处，读看毕，还原处。虽有急，卷束齐，有缺损，就补之。非圣书，屏勿视，蔽聪明，坏心志。勿自暴，勿自弃，圣与贤，可驯致。

**【注释】**①力行：实践，亲身尽力去做。②宽为限：意谓制订读书计划时要宽裕些，从长远打算。

# 小儿语

[明]吕得胜

吕得胜，字近溪，宁陵（今河南省宁陵县）人。主要活动于明嘉靖年间。其编撰《小儿语》《女小儿语》，欲“以立身要务，谐之音声”“使童子乐闻而易晓焉”。这篇小儿语其实就是教给孩子们的行为规范，直到今天仍然是有用的。

## 四　言

一切言动，都要安详。十差九错，只为慌张。沉静立身，从容说话。不要轻薄，惹人笑骂。先学耐烦，快休使气。性躁心粗，一生不济。能有几句，见人胡讲。洪钟无声，满瓶不响。自家过失，不消遮掩。遮掩不得，又添一短。无心之失，说开罢手。一差半错，那个没有。宁好认错，休要说谎。教人识破，不当人养。要成好人，须寻好友。引酵若酸，那得甜酒。与人讲话，看人面色。意不相投，不须强说。当面证人，惹祸最大。是与不是，尽他说罢。造言起事，谁不怕你。也要提防，王法天理。我打人还，自打几下。我骂人还，换口自骂。既做生人，便有生理①。个个安闲，谁养活你。世间生艺②，要会一件。有时贫穷，救你患难。饱食足衣，乱说闲耍。终日昏昏，不如牛马。担头车尾③，穷汉营生。日求升合，休与相争。兄弟分家，含糊相让。子孙争家，厮打告状。强取巧图，只嫌不够。横来之物，要你承受。

【注释】①生理：谋生之道。②生艺：谋生的技艺、手艺。③担头车尾：指肩挑车推的小商小贩。

## 六　言

儿小任情骄惯，大来负了亲心。费尽千辛万苦，分明养个仇人。世间第一好事，莫如救难怜贫。人若不遭天祸，舍施能费几文？乞儿口干力尽，终日不得一钱；败子羹肉满桌，吃着只恨不甜。蜂蛾也害饥寒，蝼蚁都知疼痛。谁不怕死求活，休要杀人害命。自家认了不是，人可不好说你；自家倒在地下，人再不好跌你。气恼他家富贵，畅快人有灾殃，一些不由自己，可惜坏了心肠。

## 杂 言

老子终日浮水，儿子做了溺鬼；老子偷瓜盗果，儿子杀人放火。休着君子下看，休教妇人鄙贱。人生丧家亡身，言语占了八分。任你心术奸险，哄瞒不过天眼。使他不辩不难，要他心上无言。人言未必皆真，听言只听三分。休与小人为仇，小人自有对头。干事休伤天理，防备儿孙辱你。你看人家妇女，眼里偏好；人家看你妇女，你心偏恼。恶名儿难揭，好字儿难得。大嚼多噎，大走多蹶。为人若肯学好，羞甚担柴卖草；为人若不学好，夸甚尚书阁老[①]。慌忙到不得济，安详走在头地。话多不如话少，语少不如语好。小辱不肯放下，惹起大辱倒罢。天来大功，禁不得一句自称；海那深罪，禁不得双膝下跪。一争两丑，一让两有。

【注释】①尚书阁老：这里泛指高官大官。

# 续小儿语

[明]吕坤

吕坤（1536~1618年），字叔简，号心吾（一作新吾）。吕得胜之子，明代著名思想家。万历二年进士，官至刑部侍郎。承其父命，作《续小儿语》。吕坤一生有好几部流传于世的贤文著作，这部《续小儿语》要与其父的《小儿语》合看。

## 四言

心要慈悲，事要方便。残忍刻薄，惹人恨怨。手下无能，从容调理。他若有才，不服事你。遇事逢人，豁绰舒展[①]。要看男儿，须先看胆。休将实用，费在无功。蝙蝠翅儿[②]，一般有风。一不积财，二不结怨，睡也安然，走也方便。要知亲恩，看你儿郎；要求子顺，先孝爷娘。别人情性，与我一般，时时体悉，件件从宽。都见面前，谁知脑后，笑着不觉，说着不受。人夸偏喜，人劝偏恼，你短你长，你心自晓。卑幼不才，瞒避尊长，外人笑骂，父母夸奖。仆隶纵横[③]，谁向你说，恶名你受，暗利他得。从小做人，休坏一点。覆水难收，悔恨已晚。贪财之人，至死不止，不义得来，付与败子。都要便宜，我得人不，亏人是祸，亏己是福。怪人休深，望人休过[④]，省你闲烦，免你暗祸。正人君子，邪人不喜，你又恶他，他肯饶你？好衣肥马，喜气扬扬；醉生梦死，谁家儿郎？今日用度，前日积下；今日用尽，来日乞化。无可奈何，须得安命；怨叹躁急，又增一病。仇无大小，只恐伤心；恩若救急，一芥千金[⑤]。自家有过，人说要听；当局者迷，旁观者醒。丈夫一生，廉耻为重，切莫求人，死生有命。要甜先苦，要逸先劳，须屈得下，才跳得高。白日所为，夜来省己，是恶当惊，是善当喜。人誉我谦，又增一美；自夸自败，还增一毁。害与利随，祸与福倚，只个平常，安稳到底。怒多横语，喜多狂言，一时褊急，过后羞惭。人生在世，守身实难，一味小心，方得百年。慕贵耻贫，志趣落群[⑥]；惊奇骇异，见识不济。心不顾身[⑦]，口不顾腹[⑧]。人生实难，何苦纵欲。才说聪明，便有障蔽，不著学识，到底不济。威震四海，勇冠三军，只没本事，降伏自心。矮人场笑[⑨]，下士涂说[⑩]，学者识见，要从心得。读圣贤书，字字体验；口耳之学，梦中吃饭。男儿事业，经纶天下，识见要高，规模要大。待人要丰，自奉要约；责己要厚，责人要薄。一饭为恩，千金为仇。薄积成喜，爱重成愁。鼷鼠杀象⑪，蜈蚣杀龙，蚁穴破堤，蝼孔崩城。意念深沉，言辞安定，艰大独当，声色不动。相彼儿曹，乍悲乍喜，小事张皇，惊动邻里。分卑气高⑫，能薄欲大，中浅外浮，十人九败。坐井观天，面墙定路⑬，远大事业，休与共做。冷眼观人，冷耳听话，冷情当感，冷心思理。理可理度，事有事体，只要留心，切莫任己。

【注释】①豁绰：豁达，宽容。②蝙蝠翅儿：一种折扇。③纵横：强横。④望人：指望别人。⑤一芥千金：意谓恩虽小而价无比。芥，一种小草。⑥落群：意谓不高尚、低下，与“超群”相对。⑦心不顾身：指多欲损身。⑧口不顾腹：指多食伤腹。⑨矮人场笑：朱熹《朱子语类》：“如矮子看戏相似，见人道好，他也道好。”这里比喻己无主见，随声附和。⑩下士涂说：下愚之人只会道听途说。涂，通“途”。⑪鼷（xī）鼠：一种最小的老鼠。⑫分卑：指人的天分低下。⑬面墙：面对着墙，一无所见，比喻不学无术。

## 六 言

修寺将佛打点①，烧钱买免神明②，灾来鬼也难躲，行恶天自不容。贫时怅望糟糠，富日骄嫌甘旨，天心难可人心③，那个知足饿死。苦甜下咽不觉，是非出口难收，可怜八尺身命，死生一任舌头。因循惰慢之人，偏会引说天命，一年不务农桑，一年忍饥受冻。天公不要房住，神道不少衣穿，强似将佛塑画，不如救些贫难。世人三不过意④，王法天理人情，这个全然不顾，此身到处难容。责人丝发皆非，辨已分毫都是，盗跖千古元凶⑤，盗跖何曾觉自？柳巷风流地狱⑥，花奴胭粉刀山⑦，丧了身家行止⑧，落人眼下相看。只管你家门户，休说别个女妻，第一伤天害理，好讲闺门是非。人悔不要埋怨，人羞不要数说，人极不要跟寻⑨，人愁不要喜悦。大凡做一件事，就要当一件事，若是苟且粗疏，定不成一件事。少年志肆心狂，长者言必偏恼；你到长者之时，一生悔恨不了。改节莫云旧善，自新休问昔狂，贞妇白头失守，不如老妓从良。自家痛痒偏知，别个辛酸那觉，体人须要体悉，责人慎勿责苛。快意从来没好，拂心不是命穷，安乐人人破败，忧勤个个亨通。儿好何须父业，儿若不肖空积，不知教子一经⑩，只要黄金满室。君子名利两得，小人名利两失，试看往古来今，惟有好人便益。厚时说尽知心，提防薄后发泄；恼时说尽伤心⑪，再好有甚颜色。事到延挨怕动，临时却恁慌忙⑫，除却差错后悔，还落前件牵肠。往日真知可惜，来日依旧因循，若肯当年一苦，无边受用从今。东家不信阴阳，西家专敬风水，祸福彼此一般，费了钱财不悔。德行立身之本，才识处世所先；孟浪痴呆自是，空生人代百年⑬。谦卑何曾致祸，忍默没个招灾；厚积深藏远器⑭，轻发小逞凡才⑮。俭用亦能够用，要足何时是足？可怜惹祸伤身，都是经营长物⑯。未来难以预定，算够到头不够，每事常余二分，那有悔的时候？火正灼时都来，火一灭时都去，炎凉自是通情，我不关心去住。何用终年讲学，善恶个个分明，稳坐高谈万里，不如踸踔一程⑰。万古此身难再，百年转眼光阴，纵不同流天地，也休涴了乾坤⑱。世上第一伶俐，莫如忍让为高，进履结袜胯下⑲，古今真正人豪。学者三般要紧，一要降伏私欲，二要调驯气质，三要跳脱习俗。百尺竿头进步，钻天巧智多才，饶你站得脚稳，终然也要下来。莫防外面刀枪，只怕随身兵刃，七尺盖世男儿，自杀只消三寸。

**【注释】**①打点：这里是装点佛像，表示修德礼敬之意。②买免神明：意谓烧化纸钱，乞求神明宽免罪过恶根。③难可：难以使人满足，满意。④三不过意：三个方面不恣意行事，指王法、天理、人情。⑤盗跖：相传为春秋时大盗。⑥柳巷：指妓院。⑦花奴：这里指娼妓。⑧行止：品行。⑨人极不要跟寻：人到急处不要穷逼不舍。极，急。⑩教子一经：教育后代学成儒业。《汉书·韦贤传》："遗子黄金满籝，不如一经。"⑪恼时说尽伤心：恼怒时说尽了伤人的话。⑫恁（nèn）：如此、这样。⑬人代：人世。⑭厚积深藏：指学识渊博富厚而又深藏不露。远器：具有远大抱负和才能的人。⑮轻发小逞：学识浅薄而轻露，喜欢在人前炫耀。凡才：凡庸之才。⑯长物：多余之物。⑰踸踔（chěn chuō）：跛者行路貌。⑱涴（wò）：沾污。⑲进履（jù）：西汉张良在下邳桥上遇一老翁，老翁有意把鞋踢落桥下，令张良拾起来为他穿上。张良忍怒从命。后老翁授以《太公兵法》，张良借以辅佐刘邦平定天下。屦，麻鞋、草鞋。结袜：西汉张释之为朝廷重臣，一次隐士王生当庭要释之为他结好袜带。释之不以为辱，跪而结之。因而名望益重。胯下：西汉韩信未成名时，在淮阴市上为人所辱，要他从一恶少胯下爬过。韩信忍辱，匍伏从其胯下穿过。后投刘邦，拜为大元帅，立功封王。

## 杂　言

创业就创干净，休替子孙留病。童生进学喜不了，尚书不升终日恼。若要德业成，先学受穷困；若要无烦恼，惟有知足好；若要度量长，先学受冤枉；若要度量宽，先学受懊烦。十日无菽粟身亡，十年无金珠何伤？事只五分无悔，味只五分偏美。老来疾痛，都是壮时落的；衰后冤孽，都是盛时作的。见人忍默偏欺，忍默不是痴的。鸟兽无杂病，穷汉没奇症。闻恶不可就恶，恐替别人泄怒。休说前人长短，自家背后有眼。湿时捆就，断了约儿不散①；小时教成，殁了父兄不变。说好话，存好心，行好事，近好人。算计二著现在，才得头著不败②。君子口里没乱道，不是人伦是世教。君子脚跟没乱行，不是规矩是准绳。君子胸中所常体，不是人情是天理。好面上灸个疤儿，一生带破；白衣上点些墨儿，一生带涴。恩怕先益后损，威怕先松后紧。饥勿使耐，饱勿使再。热勿使汗，冷勿使颤。未饥先饭，未迫先便。久立先养足，久夜先养目。清心寡欲，不服四物③；省事休嗔，不服四君④。酒少饭淡，二陈没干⑤；慎寒谨风，续命无功⑥。线流冲倒泰山，休为恶事开端。才多累了己身，地多好了别人。白首贪得不了，一身能用多少？趁心要休欢喜，灾殃就在这里。未须立法，先看结煞⑦。休与众人结仇，休作公论对头。做第一等人，干第一等事，说第一等话，抱第一等识。欺世瞒人都易，惟有此心难昧。暗室虽是无人，自身怎见自身？兰芳不厌谷幽，君子不为名修。触龙耽怕，骑虎难下。焚结碎环，这个不难；解环破结，毕竟有说⑧。无忽久安，无惮初难。处世怕有进气，为人怕有退气。乘时如矢，待时如死。毋贱贱，毋老老，毋贫贫，毋小小⑨。欲心要淡，道心要艳。上看千仞，不如下看一寸；前看百里，不如后看一�⑩。将溢未溢，莫添一滴；将折未折，莫添一搦⑪。无束燥薪，无激愤人。辩者不停，讷者若聋；辩者面赤，讷者屏息；辩者才住，讷者一句；辩者自惭，讷者自谦。积威不论从违，积爱不论是非⑫。一子之母余衣，三子之母忍饥。世情休说透了，世事休说够了。盼望也不来，空劳盼望怀。愁惧也须去，多了一愁惧。贪吃那一杯，把百杯都呕了；舍不得一金，把千金都丢了。怪人休怪老了⑬，爱人休爱恼了。侵晨好饭⑭，算不得午后饱；平日恩多，抵不得临时少。祸到休愁，也要会救；福来休喜，也要会受。不怕骤，只怕辏⑮；不怕一，只怕积。声休要太高，只是人听的便了；事休要做尽，只是人当的便好。要吃亏的是乖，占便宜的是呆。雨后伞，不须支；怨后恩，不须施。人欺不是辱，人怕不是福。刚欲杀身不顾，柔欲杀身不悟。当迟就要宁耐⑯，当速就要慷慨。回顾莫辞频，前人怕后人。歇事难奋，玩民难振。穷易过，富难享，宁受疼，莫受痒。一向单衫耐得冻，乍脱绵袄冻成病。无医枯骨，无浇朽木。

【注释】①约儿：绳束。②著（zhāo）：围棋下子谓著。此二句意谓事先想好下一著，才能立于不败之地。③四物：即四物汤，中药方剂名，功能补血，滋养脏腑。④四君：即四君子汤，中药方剂名，功能益气健脾。⑤二陈：即二陈汤，中药方剂名，功能燥湿化痰，理气和胃。⑥续命：即续命汤，中药方剂名。治中风不省人事，神气溃乱。⑦结煞：结束，结果。此二句意谓立法（规矩、约法）之前先要看能否做到。⑧有说：有讲究。⑨“毋贱贱”四句：意谓不要鄙视下贱之人，不要侮视年老之人，不要漠视贫苦之人，不要轻视年幼之人。⑩�（xǐ）：鞋子。一�，犹言一步。⑪搦（nuò）：捏、按、抑。⑫“积威”二句：谓要树立威信，对服从者和违抗者就不能在态度上有所分别；要施行仁爱，对拥护者和反对者也就需一视同仁。⑬怪人休怪老了：此句意谓埋怨、责备别人要适可而止，不要没完没了。老，指时间长久。⑭侵晨：清晨、清早。⑮辏（còu）：聚集、集中。⑯宁耐：忍耐。

# 女儿经

[清]贺瑞麟订正

贺瑞麟，号清麓，陕西咸阳人，清代中叶教育家。著有《清麓文集》，编有《西京清麓丛书》。这篇《女儿经》流传很广，是一篇很好的女子行为规范集大成，对于培养女子良好的言行和成为淑女有很好的参考价值。其中难免有封建意识，现代人自会根据时代需要去取舍。

## 大纲

女儿经，女儿经，女儿经要女儿听。第一件，习女德①；第二件，修女容②；第三件，谨女言③；第四件，勤女工④。我今仔细说与你，你要用心仔细听。

**【注释】**①女德：指妇女应具备的德行。②女容：指妇女的服饰打扮。③女言：指妇女的言语。④女工：指妇女所作的纺织、缝纫、烹饪等事。

## 细目

习女德，要和平①，女人第一是安贞②。父母跟前要孝顺，姐妹伙里莫相争。父母教训切休强③，姐妹吃穿心要公。东邻西舍休轻去，早晚行时须点灯。油盐柴米当爱惜，针线棉花莫看轻。莫与男人同席坐，莫与外来女人行。兄弟叔伯皆避忌，惟有亲娘步步从。若有丫头听使唤，使唤亦须谅人情。外奶舅妗或看望④，看望亦须不久停。坐立行走须庄重，时时常在家门中。但有错处即认错，总有能时莫夸能。出嫁倘若遭不幸，不配二夫烈女名。此是女儿第一件，听了才是大聪明。我今仔细说与你，你要用心仔细听。

修女容，要正经，一身打扮甚非轻。搽胭抹粉犹小事，持体端庄有重情。莫要轻薄闲嘲笑，莫要恼怒好相争。身歪脚斜伤体面，抛头露面坏声名。光梳头发净洗脸，整洁自是好仪容。衣服不必绫罗缎，梭棉衣服要干净⑤。油水柴面容易染⑥，做时须要小心行。箱柜桌炕勤打扫，自无半点尘土生。有时出外看亲戚，先须腹内要安宁。吃喝宁著不尽量，莫贪饭碗与酒钟。衣枷衣服须搭整⑦，衣箱叠板莫乱拥。此是女儿第二件，听了才是理性通。我今仔细说与你，你要用心仔细听。

谨女言，要从容，时常说话莫高声。磨牙斗嘴非为好，口快舌尖不算能。莫要半晌说闲话，莫要无故冒搔风[8]。父母使唤休强嘴，姐妹言语要和平。但遇面生莫开口，休要轻易冒答应。家中总有不平话，低声莫教外人听。好翻舌头多惹事，好说谎的落骂名。有该说处休多说，不该说处且消停。姑姨妗婶当问候，也要沈重莫发轻。闲言破语休细整，七嘴八舌莫乱争。正正经经说几句，止须说个理儿明。此是女儿第三件，听了不是木蛊虫[9]。我今仔细说与你，你须用心仔细听。

勤女工，要紧情，早起莫到大天明，扫地梳头忙洗脸，便拈针线快用功。织纺裁剪皆须会，馍面席桌都要经。件件用心牢牢记，会做还须做得精。不要闲立又闲坐，不要西来又往东。临明莫要贪睡觉，到晚莫要空点灯。殷勤女儿终须好，懒惰女儿总无成。百拙一件不会做，临了落个败家名。何不上紧细用心[10]，要在女中做英雄。虽好不快跟不上，虽快不好不为赢。描花绣彩皆女事，不可一件有不通。此是女儿第四件，听了便是大才能。我今仔细说与你，你须用心仔细听。

**【注释】**①和平：和顺。②安贞：安顺和贞洁。③强（jiàng）：固执、不顺从。④外奶：外祖母。舅妗：舅母。⑤梭棉：即土布。⑥染：沾染、污染。⑦衣枷：即衣架。⑧搔风：犹风流。⑨木蛊虫：一种毒虫。⑩上紧：加紧、抓紧。

## 合　总

信手编成《女儿经》，女德、女容、女言、工。当做曲儿要记熟，句句还要懂得清。后来若到公婆家，仍是这般一样行。自然到处都夸好，万古千秋有令名。君子莫嫌多俗语，文话女儿不会听。且再从头仔细看，那件不在经史中。《小学》《内则》并《左传》[1]，君子再去看分明。只为女儿容易晓，且把俗言当正经。

**【注释】**①《小学》：宋代朱熹所编的一部儿童教育课本。《内则》：《礼记》篇名，记载妇女应尊敬丈夫，侍奉父母公婆的规矩。《左传》：即《春秋左氏传》，为春秋时期的编年史。

## 广　义

更有古今贤德女，我再说来你再听。举案齐眉是孟光[1]，上书救父有缇萦[2]。令女断鼻不忘夫[3]，少君汲水乡邦称[4]。养舅卫姑娘子军[5]，画荻和胆夫人城[6]。子贵纺麻文伯母[7]，十岁织机吾母行。奉姑存殁皆尽孝，难处更在姑失明。善行一一数不清，助夫成家子孙荣。此是古今名节事，也要用心仔细听。更有古今不贤女，我再说来你再听。打公骂婆人人恨，搅家不良有丑名。偷吃怕做常受气，抛撒柴面太无情。收拾脚首不谨慎，串门搭户任意行。多说丑话太村粗，好讦人短少涵容⑧。闲耍不管正经事，翻梁绞舍懂不清。黑了熬油明不起，一日活做七八更。猪狗鸡鸭不照管，三家厮靠坏门风。盆罐碟碗多毁坏，男儿骂是破败星。偏他还有多心病，不是嗔西就恼东。但动跳崖又落井⑨，时常拿刀又弄绳。究竟死了竟白了，枉把公婆男儿坑。何如夫妻同年老，子女儿孙闹轰轰。热热闹闹过光景，一生受用尽无穷。手搭心前自己想，那个糊涂那个明。此是古今笑骂事，也要用心仔细听。听了学好莫学瞎，不枉听了《女儿经》。

**【注释】**①举案齐眉：后汉梁鸿的妻子孟光给丈夫送饭时，总是把端饭的盘子举到和眉毛一样齐。后人用以形容夫妻相互敬爱。②上书救父：西汉缇萦（tí yíng）为救父淳于意，上书汉文帝，愿卖身为官婢以赎父罪。汉文帝为她的孝心所感，废除肉刑，父得免罪。③令女断鼻：三国时魏国女子夏侯令女丈夫早死，她把头发剪掉，把两耳和鼻子也割掉，以示决不改嫁。④少君汲水：西汉女子桓少君嫁给穷书生鲍宣为妻，与宣共挽鹿车归乡里，拜见婆婆毕就提瓮出门汲水。她不以鲍宣贫穷而有怨言，受到乡人的称赞。⑤养舅卫姑：舅指公公，姑指婆婆。养舅卫姑谓供养公婆。娘子军：唐高祖第三女平阳公主，嫁柴绍。高祖举事起义，公主起兵响应，号称娘子军。⑥画荻：宋朝欧阳修的母亲郑氏亲自教子读书，家贫无钱买笔墨，便用芦苇画地教欧阳修识字。荻，芦苇。和胆，唐朝柳公绰妻韩氏善教孩子，她用熊胆和成苦味的药丸让孩子夜读时咀嚼，以此激励他们勤奋学习。夫人城：东晋时，前秦将领苻丕攻襄阳城，守将朱序母韩氏率城中妇女加固城墙，保全城池。人们称之为夫人城。⑦子贵纺麻：春秋时公父歜（chù）的母亲敬姜早寡。公父歜做了鲁国大夫，她仍旧操劳纺织，以示富贵而不忘艰苦。文伯，公父歜的字。⑧讦（jié）：揭发别人的隐私。涵容：宽容、包涵。⑨但动：即“动不动”之意。

# 女小儿语

[明]吕得胜

《女小儿语》是明代学者吕得胜所编撰。为了使儿童乐闻易读，作者刻意去文就俗，用方言白话、鄙俚的俗语编出了整齐押韵、朗朗上口的读物。这篇《女小儿语》其实就是教给女孩子们的行为规范，对于女子的德、容、言、行等方方面面都提出了具体的要求，直到今天都是有益于女子教育的。

## 女德

少年妇女，最要勤谨，比人先起，比人后寝。剩饭残茶，都要爱惜，看那穷汉，糠土也吃。安分知足，休生抱怨，天不周全，地有缺欠。古分内外，礼别男女，不避嫌疑，招人言语。孝顺公婆，比如爷娘，随他宽窄，不要怨伤。事无大小，休自主张，公婆禀问，夫主商量。夫是你主，不可欺心，天若塌了，那里安身。相敬如宾，相成如友①。媟狎儿戏②，夫妇之丑。长者当让，尊者当敬，任他难为，只休使性。大伯小叔，小姑妯娌，你不让他，那个让你。看养婴儿，切戒饱暖，些须过失，就要束管。水火剪刀，高下跌磕，生冷果肉，小儿毒药。邻里亲戚，都要和气，性情温热，财物周济。手下之人，劳苦饥寒，知他念他，凡事从宽。门户常关，箱柜常锁，日日紧要，防盗防火。也要仔细，也要宽大，作事刻薄，坏心惹害。三婆二妇③，休教入门，倡扬是非，惑乱人心。不积钱财，只积善行，儿孙若好，无钱何病。

**【注释】**①相成如友：像朋友一样相互依赖，相互帮助。②媟狎（xiè xiá）儿戏：谓夫妇相处过于亲昵而近于放荡。③三婆二妇：三婆指师婆（女巫）、媒婆、卖婆（即牙婆，贩卖货物的妇女）。二妇指娼妇和卖唱妇。

## 女言

笑休高声，说要低语，下气小心，才是妇女。房中说话，常要小心，傍人听去，惹笑生嗔。母家夫前，休学语言，讲不明白，落个不贤。休要搬舌，休要翻嘴，招对出来，又羞又悔。只夸人长，休说人短，人向你说，只听休管。

## 女 容

口要常漱，手要常洗，避人之物，藏在背里。脚手头脸，女人四强[①]，身子不顾，人笑爹娘。妇女妆束，清修雅淡，只在贤德，不在打扮。不良之妇，穿金戴银，不如贤女，荆钗布裙。偷眼瞧人，偷声低唱，又惹是非，又不贵相。衣服整齐，茶饭洁净，污浊邋遢，猪狗之性。

【注释】①女人四强：四强即指脚、手、头，脸。意谓女人要注意保持自己脚手头脸的干净。

## 女 工

一斗珍珠，不如升米，织金妆花，再难拆洗。刺凤描鸾，要他何用，使的眼花，坐成劳病。争着做活，让着吃饭，身懒口馋，惹人下贱。米面油盐，碗碟匙箸，一切家伙，放在是处。也休心粗，也怕手慢，不痒不疼，忙时莫干。

## 通 论

三从四德[①]，妇人常守，犯了五出[②]，不出也丑。妇人好处，温柔方正，勤俭孝慈，老成庄重。妇人歪处，轻浅风流，性凶心狠，又懒又丢[③]。贤妻孝妇，万古传名；村婆俗女，枉活一生。

【注释】①三从四德：封建时代妇女必须遵守的三种道德规范与应有的四种德行。三从指未嫁从父，既嫁从夫，夫死从子。四德指妇德、妇言、妇容、妇工。②五出：古代男子休弃妻子有七种情况：无子、淫佚、不事舅姑、口舌、盗窃、妒忌、恶疾，称为七出。此言五出，因无子与恶疾非人为之过，故排除在外。③丢：丢脸。

## 杂 言

买马不为鞍镫，取妻却争赔送[①]。新来媳妇难得好，耐心调教休烦恼。家教宽中有严，家人一世安然。人有廉耻好化[②]，面色甚似打骂。打骂休得烦恼，受些气儿灾少。谁好与我斗气，是我不可人意[③]。只怨自家有不是，休怨公婆难服事。公婆夫婿掌生死，心高气傲那里使。妇人声满四邻，不恶也是凶神。妇人口大舌长，男儿家败人亡。絮聒老婆琐性子[④]，一件事儿重个死[⑤]。美女出头，丈夫该愁。妇人好吃好坐，男子忍寒受饿。孤儿寡妇，只要劲做。大妇爱小妻，贤名天下知；继母爱前男[⑥]，贤名天下传。

【注释】①赔送：即陪嫁物品。②化：教化，改变。③可人意：使人满意。④絮聒：唠叨不止。琐性子：性格琐碎。⑤重：重复。⑥前男：前妻的孩子。

## 补 遗

休要张皇[①]，休使腔调，鬼气妖风，真见世报。安详沈重，休要轻狂，风魔滥相[②]，娼妓婆娘。尊长叫人，接声就叫，若叫不应，自家先到。也休要强，也休撒暴，惧内凌夫，世人两笑。夫不成人，劝救须早，万语千言，要他学好。久不生长[③]，劝夫取妾，妾若生子，你也不绝。家中有妾，快休嚷闹，邻里听得，只把你笑。好听偷瞧，自家寻气，装哑推聋，倒得便益。件件要能，事事要会，人巧我拙，见他也愧。妇人不明，鬼狐魇道[④]；簇箸下神[⑤]，送祟祷告[⑥]。拨灶相面，回避安胎[⑦]，哄将钱去，惹出祸来。邪书休看，邪话休听，邪人休处，邪地休行。男子积攒，妇人偷转[⑧]；男子没吃，妇人忍饥。妇人败说夫婿[⑨]，开口没你是处。

一言半语偏生恼，朝打暮骂也罢了，妇人动了邪情，横死还留骂名。

【注释】①张皇：夸张炫耀。②风魔：疯癫。滥相：虚浮的品相。③生长：指生育。④魇（yǎn）道：旧时迷信，用祈祷鬼神、暗中诅咒等方法害人的巫术。⑤簇箸下神：一种祈求神灵下界现灵的巫术。下神，降神。⑥送祟：即送鬼。⑦拨灶相面，回避安胎：都是古代的迷信活动。拨灶，一作拨龟，一种占卜术。⑧偷转：指偷偷转移钱财。⑨败说：说坏话。夫婿：丈夫。

# 治家格言

[清]朱柏庐

朱柏庐(1627~1698),名用纯,字致一,自号柏庐。江苏昆山人。明生员。由明入清,康熙时坚辞不应博学鸿词科。其《治家格言》,世称《朱子家训》,流传很广。

【原文】

黎明即起,洒扫庭除[①],要内外整洁;既昏便息,关锁门户,必亲自检点。一粥一饭,当思来处不易;半丝半缕,恒念物力维艰[②]。宜未雨而绸缪[③],勿临渴而掘井。自奉必须俭约,宴客切勿流连。器具质而洁[④],瓦缶胜金玉;饮食约而精,园蔬愈珍馐[⑤]。勿营华屋,勿谋良田。三姑六婆[⑥],实淫盗之媒;婢美妾娇,非闺房之福。童仆勿用俊美,妻妾切忌艳装。祖宗虽远,祭祀不可不诚;子孙虽愚,经书不可不读。居身务期俭朴,教子要有义方[⑦]。勿贪意外之财,勿饮过量之酒。与肩挑贸易[⑧],毋占便宜;见贫苦亲邻,须加温恤[⑨]。刻薄成家,理无久享;伦常乖舛[⑩],立见消亡。兄弟叔侄,需分多润寡[⑪];长幼内外,宜法肃辞严。听妇言,乖骨肉[⑫],岂是丈夫?重赀财,薄父母,不成人子。嫁女择佳婿,毋索重聘;娶媳求淑女,勿计厚奁[⑬]。见富贵而生谄容者最可耻[⑭],遇贫穷而作骄态者贱莫甚。居家戒争讼,讼则终凶;处世戒多言,言多必失。勿恃势力而凌逼孤寡,毋贪口腹而恣杀生禽。乖僻自是,悔误必多;颓惰自甘[⑮],家道难成。狎昵恶少,久必受其累;屈志老成[⑯],急则可相依。轻听发言,安知非人之谮诉[⑰],当忍耐三思;因事相争,焉知非我之不是,需平心暗想。施惠无念,受恩莫忘。凡事当留余地,得意不宜再往。人有喜庆,不可生妒忌心;人有祸患,不可生欣幸心。善欲人见,不是真善;恶恐人知,便是大恶。见色而起淫心,报在妻女;匿怨而用暗箭[⑱],祸延子孙。家门和顺,虽饔飧不继[⑲],亦有余欢;国课早完[⑳],即囊橐无余[㉑],自得至乐。读书志在圣贤,为官心存君国。安分守命,顺时听天。为人若此,庶乎近焉。

【注释】①庭除:庭院。②物力维艰:物产资财来之不易。维,助词。③宜未雨而绸缪

（móu）：天还未下雨，应先修补好屋舍门窗，喻凡事要预先做好准备。绸缪，修补之意。④质而洁：谓器具质朴实用而又洁净。⑤愈：胜过。珍馐，珍奇精美的食品。⑥三姑六婆：三姑，指尼姑、道姑、卦姑；六婆，指牙婆、媒婆、师婆、虔婆、药婆、稳婆。这里泛指社会上不正派的女人。⑦义方：指做人的正道。⑧肩挑：指串街走巷的小商贩。贸易：做买卖。⑨温恤：关心体恤。⑩乖舛（chuǎn）：违背、错乱。⑪分多润寡：财物多的要分匀出来，资助财物少的。⑫乖骨肉：使亲人不和。⑬厚奁（lián）：丰厚的嫁妆。⑭谄（chǎn）容：巴结奉承的神态。⑮颓惰自甘：颓废懒惰，沉溺不悟。⑯屈志老成：恭敬自谦。⑰谮（zèn）诉：诬蔑人的坏话。⑱匿怨：对人怀恨在心，而面上不表现出来。⑲饔飧（yōng sūn）：饔，早饭；飧，晚饭。⑳国课：国家的赋税。㉑囊橐（tuó）：口袋、袋子。

# 家诫要言

[明]吴麟徵

吴麟徵，字圣生。浙江海盐人。明天启二年（1622年）进士。官至太常少卿。李自成农民起义军攻打北京，吴麟徵值守西直门，城破自杀而死。其所著《家诫要言》对于修身、齐家等都有很有益的建议，很多可以作为格言来看，直到今天仍有很现实的意义。

**【原文】**

进学莫如谦，立事莫如豫[1]，持己莫若恒，大用莫若畜。

毋为财货迷，毋为妻子蛊，毋令长者疑，毋使父母怒。

争目前之事，则忘远大之图；深儿女之怀，便短英雄之气。

多读书则气清，气清则神正，神正则吉祥出焉，自天佑之；读书少则身暇，身暇则邪间[2]，邪间则过恶作焉，忧患及之。

通三才之谓儒[3]，常愧顶天立地；备百行而为士[4]，何容恕己责人。

知有己不知有人，闻人过不闻己过，此祸本也。故自私之念萌则铲之，谗谀之徒至则却之。

邓禹十三杖策干光武[5]，孙策十四为英雄[6]，所忌行步殆不能前。汝辈碌碌事章句，尚不及乡里小儿。人之度量相越[7]，岂止什伯而已乎[8]！

师友当以老成庄重、实心用功为良，若浮薄好动之徒，无益有损，断断不宜交也。

方今多事，举业之外，更当进所学。碌碌度日，少年易过，岂不可惜。

秀才本等，只宜暗修积学[9]，学业成后，四海比肩[10]。如驰逐名场，延揽声气[11]，爱憎不同，必生异议。

秀才不入社[12]，作官不入党[13]，便有一半身分。

熟读经书，明晰义理，兼通世务。世乱方殷，八股生活，全然冷淡。农桑根本之计，安稳著数，无如此者。诗酒声游，非今日事。

才能知耻，即是上进。

鸟必择木而栖，附托非人者[14]，必有危身之祸。

见其远者大者，不食邪人之饵，方是二十分识力。

男儿七尺，自有用处，生死寿夭，亦自为之。

语云：身贵于物。汲汲为利，汲汲为名，俱非尊生之术[15]。

人心止此方寸地，要当光明洞达，直走向上一路。若有齷齪卑鄙襟怀，则一生德器坏矣。

立身无愧，何愁鼠辈。

打扫光明一片地，囊贮古今，研究经史，岂可使动我一念。此七字真经也。

功名之上，更有地步，义利关头，出奴入主[16]，间不容发。

少年作迟暮经营，异日决无成就。

少年人只宜修身笃行，信命读书，勿深以得失为念，所谓得固欣然，败亦可喜。

对尊长全无敬信，处朋侪一味虚憍[17]，习惯既久，更一二十年，当是何物？

交游鲜有诚实可托者，一读书则此辈远矣，省事省罪，其益无穷。

人品须从小作起，权宜苟且诡随之意多[18]，则一生人品坏矣。

制义一节[19]，逞浮藻而背理害道者比比，大抵皆是年少，姑深抑之。吾所取者，历练艰苦之士。

多读书达观今古，可以免忧。

立身作家读书，俱要有绳墨规矩，循之则终身可无悔尤。我以善病，少壮懒惰，一旦当事寄[20]，虽方寸湛如[21]，而展拓无具，只坐空疏卤莽，秀才时不得力耳。

迩来圣明向学，日夜不辍，讲官蒙问，虽多不能支。东宫亦然。一日宫中有庆暂假，皇上语阁臣曰："东宫又荒疏四五日矣。"汝辈一月潜心攻苦，能有几日？欲望学问之成，难矣！

士人贵经世，经史最宜熟，工夫逐段作去，庶几有成。

器量须大，心境须宽。

切须鼓舞作第一等人勾当[22]。

真心实作，无不可图之功。

竹帛青史，岂可让人！

不合时宜，遇事触忿，此亦一病。多读书则能消之。

忠信之礼无繁，文惟辅质[23]；仁义之资不匮，俭以成廉[24]。

海内鼎族[25]，子姓繁多，为之督者[26]，其气象宽衍疏达，有礼法而无形畛[27]，有化导而无猜刻，故一人笃生[28]，百世茀郁[29]，以酝酿深而承藉厚也。水清无鱼[30]，墙薄亟裂[31]。车鉴不远[32]，尚其慎旃[33]！

莫道作事公，莫道开口是，恨不割君双耳朵，插在人家听非议；莫恃筑基牢，莫恃打算备，恨不凿君双眼睛，留在家堂看兴废。

家之本在身，佚荡者往往取轻奴隶[34]。

家用不给，只是从俭，不可搅乱心绪。

四方兵戈云扰，乱离正甚，修身节用，无得罪乡人。

疾病只是用心于外，碌碌太过。

家门履运，正当蹇剥[35]，跬步须当十思。

处乱世与太平时异，只一味节俭收敛，谦以下人，和以处众。

生死路甚仄，只在寡欲与否耳。

水到渠成，穷通自有定数。

治家，舍节俭别无可经营。

待人要宽和，世事要练习。

四方衣冠之祸，惨不可言，虽是一时气数，亦是世家习于奢淫不道，有以召之。若积善之家，亦自有获全者。不可不早夜思其故也。

忧贫言贫，便是不安分，为习俗所移处。

孤寡极可念者，须勉力周恤。

近来运当百六[36]，到处多事，行过东齐，往往数百里绝人烟，缙绅衣冠之第，仅存空舍。河南尤惨，一省十亡八九。江南号为乐土，近亦稍稍见端，后忧患更不可测。凡事循省，收敛节俭，惜福惜财，多行善事，勿苟图利益，勿出入县门，勿为门客家奴所使，勿饱食安居晏寝，自鸣得意。

厚朋友而薄骨肉，所谓务华绝根，非乎？戒之，戒之！

世变日多，只宜杜门读书，学作好人，勤俭作家，保身为上。

早完钱粮，谨持门户。

儿曹不敢望其进步，若得养祖宗元气，于乡党中立一人品，即终身学究，我亦无憾。浮华鲜实，不特伤风败俗，亦杀身亡家之本。文字其第二义也。

人情物态，日趋变怪，非礼义法纪所能格化，宜早自为计。

若身在事内，利害不容预计，尽我职分，余委之天而已。

陈白沙先生云：吾侪生分薄于福，敢求全？三复斯言，自可不肉而肥。

家业事小，门户事大。

人心日薄，习俗日非，身入其中，未易醒寤。但前人所行，要事事以为殷鉴。

恶不在大，心术一坏，即入祸门。

姻事只择古旧门坊、守礼敦实之家，可无后患。

本根厚而后枝叶茂，每事宽一分即积一分之福。揆之天道，证之人事，往往而合。

遇事多算计，较利悉锱铢，其过甚小，而积之甚大，慎之，慎之。

茹荼历辛，自是儒生本色，须打清心地以图大业，万勿为琐琐萦怀。

一念不慎，败坏身家有余。

世变弥殷，止有读书明理，耕织治家，修身独善之策。即仕进二字，不敢为汝曹愿之，况好名结交、嗜利召祸乎！

游谈损德，多言伤神，如其不悛，误己误人。

官长之前，止可将敬，不可逐膻。

居今之世，为今之人，自己珍重，自己打算，千百之中，无一益友。

俗客往来，劝人居积，谀人老成，一字入耳，亏损道心，增益障蔽，无复向上事矣。

**【注释】**①豫：通"预"，事先有所准备。②邪间：邪念乘隙而入。③通三才之谓儒：语本扬雄《法言》："通天地人者儒。"三才，指天、地、人。④备百行（xìng）而为士：语本《世说新语》："士有百行，君有几许？曰：皆备。"百行，指各种善行。⑤邓禹：字仲华，东汉人。年十三能诵诗。汉光武帝刘秀起兵，邓驱马往见，为之出谋划策。杖策：执鞭，指驱马而行。策，马鞭。干：求见。⑥孙策，字伯符。三国时吴主孙权之兄。十余岁时就英名远扬。⑦相越：相距、相远。⑧什伯：十倍百倍。⑨暗修积学：默默地修养德行，不懈地研求学问。⑩四海比肩：意谓可以和天下著名学者齐名。比肩，并肩。⑪延揽声气：交接和招揽同党。⑫社：指明末的文社，常有政治色彩或党同伐异的宗派性。⑬党：指朋党，派别。⑭非人：行为不正的人，此指不适当的人。⑮尊生：保重生命。⑯出奴入主：原指信仰一种学说，排斥另一种学说。此谓在义、利之间的取舍。⑰朋侪（chái）：朋友和同辈。虚憍（jiāo）：虚浮而骄矜。⑱权宜：原指随事势而灵活变通，此指见风使舵。诡随：诡诈多变。⑲制义：即八股文。⑳事寄：担当事任，此指承继了家业。㉑方寸湛如：心地淳厚清醒。㉒勾当：事情。㉓"忠信"二句：意谓忠诚信实的制度、礼节，不需要烦琐、藻饰，文采是次要的，它仅仅是礼节内容的一种补充。㉔"仁义"二句：意谓一个人只要不缺乏仁爱和正义的资质，俭约便可成就他的廉洁。㉕鼎族：显赫的家族。㉖督者：督导者。这里指一家之长。㉗形畛（zhěn）：刑罚的约束。形，通刑；畛，界限。㉘笃生：得天独厚地降生。㉙茀郁：茂盛，此指兴旺。㉚水清无鱼：语本《大戴礼》："水至清则无鱼，人至察则无徒。"喻人不能过于苛细。㉛墙薄亟裂：贾谊《新书》："墙薄则亟坏。"亟，急速。㉜车鉴不远：古语云："前车覆，后车鉴。"见刘向《说苑》。比喻以往的失败、挫折当作为今后的借鉴、教训。㉝尚其慎旃（zhān）：应该要谨慎啊！旃，语助词。㉞佚荡：放荡。取轻奴隶：为奴隶所轻视。㉟蹇（jiǎn）剥：不顺利。蹇，难；剥，不利。蹇、剥均为《易经》卦名。㊱百六：又称百六阳九。古人讲灾变运数，阳为旱灾，阴为水灾。四千六百一十七年为一元，初入元一百零六年，内有旱灾九年。因以指厄运、灾变。

# 幼学琼林

[明]程登吉

《幼学琼林》最初叫《幼学须知》，又称《成语考》《故事寻源》。一般认为，最初的编著者是明末的西昌人程登吉（字允升），也有的认为是明景泰年间的进士邱睿。在清朝的嘉靖年间由邹圣脉作了一些补充，并且更名为《幼学故事琼林》。《幼学琼林》是骈体文写成的，全书全部用对偶句写成，容易诵读，便于记忆。全书内容广博、包罗万象，被称为中国古代的百科全书。

## 天文

**【原文】**

混沌初开①，乾坤始奠②。气之轻清上浮者为天，气之重浊下凝者为地。日月五星③，谓之“七政”；天地与人，谓之“三才”④。

**【注释】**①混沌：古人想象中天地形成之前天地不分、模糊不清的状态。②乾坤：乾坤就是天地。乾，指的是天；坤，指的是地。奠：定。③五星：指的是金星、木星、水星、火星、土星。④三才：指三种有能力的事物。古人认为，天能覆盖万物，地能承载万物，而人是万物之灵。

**【译文】**混混沌沌的宇宙最初打开的那一时刻，天与地开始成形。轻盈、清爽的阳气向上浮升形成了天，厚重、混浊的阴气向下凝结，便形成了地。太阳、月亮及金、木、水、火、土五星加在一起，被称为七政。天、地和人合在一起，被称为三才。

**【原文】**

日为众阳之宗①，月乃太阴之象②。虹名螮蝀③，乃天地之淫气④；月里蟾蜍⑤，是月魄之精光⑥。风欲起而石燕飞⑦，天将雨而商羊舞⑧。旋风名为“羊角”，闪电号曰“雷鞭”。“青女”乃霜之神⑨，“素娥”即月之号⑩。

**【注释】**①宗：某一类事物中的主宰。②象：仪象。③螮蝀：古时对彩虹的称呼。④淫气：指的是淫邪之气。⑤蟾蜍：传说月亮里有三条腿的蟾蜍。现在指的是一种两栖动物，俗称癞蛤蟆。⑥月魄：月亮。⑦石燕：传说在零陵山有一种石头，它的形状像燕子，要刮风它们就飞起来，风一停它们就落下来。⑧商羊：传说中的一种鸟名，长着一只脚，它一跳舞，天空就要下雨。⑨青女：神话传说中专门掌管霜雪的天神，常用来代指霜雪。⑩素娥：也就是嫦娥，作为月亮里的仙女，常用来代指月亮。

【译文】太阳是一切阳性事物的宗主，月亮代表阴性最重的事物。彩虹称为蝃蝀，是天地之气交汇浸淫形成的；月宫里的蟾蜍，是月亮的精华凝聚而成。风将要刮起的时候，石燕会飞起来；天将要下雨的时候，商羊（一足鸟）就会出来翩翩起舞。盘旋的狂风叫"羊角"，闪电的称号是雷鞭；青女本来是主管降霜的神灵，素娥是对月亮的称呼。

【原文】

雷部至捷之鬼曰"律令"①，雷部推车之女曰"阿香"。云师系是丰隆，雪神乃是滕六。欻火、谢仙②，俱掌雷火；飞廉、箕伯③，悉是风神。列缺乃电之神④，望舒是月之御⑤。"甘霖""甘澍"⑥，仅指时雨；"玄穹""彼苍"⑦，悉称上天。

【注释】①雷部：传说中上天主管打雷的部门。至捷：最快，非常迅速。律令：据《搜神记》记载："律令，周穆王时人，善走，死为雷部之鬼"，律令是周穆王时期的人，善于行走，死后成为雷部鬼神。②欻火：欻火指的是掌管雷火的鬼神之一。欻：急速而起。③飞廉、箕伯：都是中国古代神话中的风神。④列缺：传说中的闪电之神。⑤御：驾驶马车的人。⑥甘霖、甘澍：都指时雨。霖，干旱时急需的大雨；澍，应时而下的雨水。⑦玄穹、彼苍：都是指上天。玄是黑色；苍是青色。

【译文】上天主管打雷的部门里，快走如飞的鬼叫作律令，专管推雷车的女神叫作阿香。云神为"丰隆"，雪神为"滕六"。欻火和谢仙，都掌管雷火；飞廉和箕伯，都是风神。列缺是主管闪电的神灵，望舒是为月亮驾驶马车的神仙；甘霖和甘澍都是指及时雨；玄穹和彼苍，都可以称呼上天。

【原文】

雪花飞六出①，先兆丰年；日上已三竿，乃云"时晏"②。"蜀犬吠日"③，比人所见甚稀④；"吴牛喘月"⑤，笑人畏惧过甚。望切者⑥，若"云霓之望"⑦；恩深者，如"雨露之恩"⑧。参商二星⑨，其出没不相见；牛女两宿⑩，惟七夕一相逢。后羿妻，奔月宫而为嫦娥⑪；傅说死⑫，其精神托于箕、尾⑬。

【注释】①六出：指雪花的形状。花分瓣叫"出"，雪花有六个角，因此称为"六出"。②时晏：时候不早了。晏指的是晚了。③蜀犬吠日：因为四川山高雾大，不常见到太阳，所以狗一见到太阳就狂叫不止。④稀：稀少。⑤吴牛喘月：江浙一带的水牛都很怕热，看见月亮升起，它们以为是太阳，就"热"得喘气。⑥切：急切，迫切。⑦云霓之望：孟子曾经对齐宣王说，因为夏桀残暴无行，当商汤率领大军讨伐夏桀时，人民盼望他，就像"大旱之望云霓"。云霓指的是雨后出现的彩虹，大旱时出现彩虹就表示下了雨，缓解了旱情。后来"云霓之望"就被用来比喻十分迫切的期待。⑧雨露之恩：上天降下的雨露给了万物广博无私的滋养与恩泽。⑨参商二星：指的是二十八宿中的参宿和商宿，一个黄昏时出现在天空的西边，一个黎明时出现在天空的东边，从来没有见面的可能。传说他们是古代高辛氏的两个儿子，因争斗不已，所以才被安排在两个不能相见的位置上。⑩牛女两宿：指银河两边的牛郎星和织女星。传说织女本是天上的仙女，因为她与人间牛郎相爱，结为夫妻并生儿育女，被盛怒的王母娘娘捉回天廷。牛郎带着两个儿女追赶上天，王母娘娘拔出金簪划出一条天河，把二人隔在河的两岸，成了两颗星星。⑪嫦娥：传说中射日英雄后羿的妻子，她偷偷吞下不死仙药之后，独自飞上天空，成了月宫里的仙子。⑫傅说：商王朝的相国，曾经辅佐商王武丁。

他大力改革政治，使商朝出现了国泰民安的兴盛局面。⑬箕、尾：两个星宿，都属于二十八宿。传说傅说死后灵魂飞升上天，化为箕星和尾星之间的一颗普通星星，人们叫它“傅说星”。

【译文】六角形的雪花纷纷飘落，预示着来年的大丰收；当太阳升到三竿高，就可以说“时晏”了。“蜀犬吠日”，比喻人们见识太少。“吴牛喘月”，嘲笑世人恐惧过头。“云霓之望”，比喻迫切万分的期盼；“雨露之恩”，形容非常深厚的恩德。

参、商两颗星星，它们此出彼没从不见面；牛郎星和织女星，只有在每年七月初七的夜晚才能相会。后羿的妻子嫦娥，（偷吃长生不老药）飞奔到月宫里成了仙女；傅说死后，他的灵魂化为星辰依托在箕、尾二星之间。

【原文】

“披星戴月”①，谓早夜之奔驰；“沐雨栉风”②，谓风尘之劳苦。事非有意，譬如“云出无心”③；恩可遍施，乃曰“阳春有脚”④。馈物致敬⑤，曰“敢效献曝之忱”⑥；托人转移⑦，曰“全赖回天之力”⑧。感救死之恩，曰“再造”⑨；诵再生之德⑩，曰“二天”⑪。

【注释】①披星戴月：身上披着星星，头上顶着月亮。用来形容人早出晚归、辛苦劳累的情景。②沐雨栉风：用雨水洗头，用风梳头发。形容人奔波劳碌，不避风雨。栉，梳头发。③云出无心：白云在山间飘来飘去，完全无心无意。④阳春有脚：唐代宰相宋璟，一生人品高洁，清廉爱民，人们称他为“有脚阳春”。意思是说，他像长了脚的春天，走到哪里，就把光明和温暖带到哪里。⑤馈：赠送。⑥敢效：冒昧地效法。献曝（pù）：据说，古代有个农民觉得晒太阳十分舒服，就把晒太阳的方法献给国君。后来人们就用“献曝”表达“礼物普通但态度诚恳”的意思。曝，晒太阳。忱：真诚。⑦转移：这里是周旋、斡旋的意思。⑧全赖回天之力：赖，依靠，凭借。回天之力，指劝阻皇帝某种行为的能力。古代认为至高无上的皇帝是“天”。⑨再造：再生，获得第二次生命。⑩诵：称颂，赞美。⑪二天：第二个上天。

【译文】“披星戴月”，是说不分早晚，日夜赶路；“沐雨栉风”是说在外奔波，非常辛苦。做事不是有意的，比喻成“云出无心”；恩泽广泛施行，可以说“阳春有脚”。送礼表达敬意，要说“敢效献曝之忱”；请人出面调解，要说“全赖回天之力”。感谢救了自己性命的大恩情，要用“再造”；称颂使自己获得新生的大恩德，要用“二天”。

【原文】

势易尽者若“冰山”，事相悬者如“天壤”①。“晨星”谓贤人寥落②，“雷同”谓言语相符③。心多过虑，何异“杞人忧天”④；事不量力，不殊“夸父追日”⑤。“如夏日之可畏”，是谓赵盾⑥；“如冬日之可爱”，是谓赵衰⑦。齐妇含冤⑧，三年不雨；邹衍下狱⑨，六月飞霜⑩。父仇“不共戴天”⑪，子道须当“爱日”⑫。

【注释】①天壤：天上和地下。②寥落：很稀疏，比较稀少。③雷同：指的是雷一发声，万物同时响应。④杞人忧天：古时候，杞国有个人害怕天会塌下来，愁得天天吃不下饭，睡不着觉。后用来比喻不必要的担忧和烦恼。⑤夸父：古代神话中的人物，相传他不停地追逐太阳，最后渴死在路上。⑥赵盾：春秋时期的晋国人，性格急躁威严。⑦赵衰：赵盾的父亲。赵盾和赵衰都是晋国的执政大臣，可父子俩的性格很不一样。赵盾对人威猛急躁，被比喻为“夏日之日”，意思是刚酷严厉，使人畏惧。赵衰和蔼可亲，被比喻为“冬日之日”，意思是温暖舒适，让人喜欢。⑧齐：指的是汉代的齐地，也就是今山东一带。⑨邹衍：战国时期的哲学家。⑩六月飞霜：相传邹衍遭诬陷被关进监狱，心里非常痛苦，他仰面向天发出叹息的声音，结果暑热难当的六月突然下起了霜。⑪不共戴天：不可在同一个天底下生活。戴，顶着。⑫子道：为人子女所遵循的道德规范。须当：应当。爱日：指儿子供养父母的时日，可理解为儿女侍奉父母的时光有限，应该珍惜父母健在的日子。

**【译文】**容易消亡的权势，就像“冰山”；彼此差别很大的事物，就如同“天壤”。“晨星”，是形容有才德的人很少；“雷同”，是指大家说话都一样。心里过多忧虑，就是“杞人忧天”；做事不自量力，如同“夸父追日”。“如夏日之可畏”，说的是赵盾；“如冬日之可爱”，说的是赵衰。汉朝齐地的孝妇窦氏含冤而死，当地三年不下雨；战国的邹衍被诬人狱，就发生了“六月飞霜”的怪事。杀父的仇人“不共戴天”，为人子女应该懂得“爱日”（对父母多尽孝心）。

**【原文】**

盛世黎民①，嬉游于光天化日之下②；太平天子③，上召夫景星庆云之祥④。夏时大禹在位，上天雨金⑤；《春秋》《孝经》既成⑥，赤虹化玉⑦。箕好风，毕好雨⑧，比庶人愿欲不同；风从虎，云从龙，比君臣会合不偶⑨。雨旸时若⑩，系是休徵⑪；天地交泰⑫，斯称盛世⑬。

**【注释】**①黎民：普通百姓。②嬉游：轻松快乐地游玩。光天化日：指在大庭广众之下或在光明敞亮的地方。③太平天子：指能治理国家平定天下的皇帝。天子，就是皇帝。④景星：大星，德星，瑞星。古人认为它出现在君王实行德政的国家。庆云：五色云。古人认为它是喜庆、吉祥之气。⑤雨金：天上像下雨一样落下大量金子。⑥《春秋》:《春秋》是儒家五经之一。⑦赤虹化玉：红色的彩虹变成了美玉。赤，红色。⑧箕好风，毕好雨：古人认为，月亮经过箕星时风多，经过毕星时雨多。箕、毕，都是二十八宿之一。⑨庶人：指没有官爵的平民百姓。偶：偶然，偶尔。⑩雨旸（yáng）时若：指下雨和出太阳都符合时节，气候调和。旸，日出；若，顺从。⑪休徵（zhēng）：吉祥美好的征兆。⑫交泰：指天地之气融合交汇，万物通泰舒畅。⑬斯：这。

**【译文】**太平盛世的老百姓，能在光天化日之下快乐地游玩；能让天下太平的皇帝可以感召上天，从而出现景星、庆云等祥瑞景象。夏朝的大禹在位治平水患，上天接连下了三天黄金雨；《春秋》和《孝经》编成以后，赤虹从天而降变成了美玉。箕星喜爱风，毕星喜爱雨，比喻百姓们的心愿和欲望并不相同；山风随着虎啸而生，青云随着龙腾而出，比喻君臣会合在一起并不是偶然。下雨、出太阳都顺应时节，这是吉祥的好兆头。天地之气祥和，世间万物通畅安泰，这可称为盛世。

## 地　舆①

**【原文】**

黄帝画野②，始分都邑③；夏禹治水，初奠山川。宇宙之江山不改④，古今之称谓各殊。北京原属幽燕⑤，“金台”是其异号⑥；南京原为建业[7]，“金陵”又是别名[8]。浙江是武林之区[9]，原为越国；江西是豫章之郡[10]，又曰“吴皋”[11]。福建省属闽中[12]，湖广地名“三楚”[13]。东鲁、西鲁[14]，即山东、山西之分；东粤、西粤[15]，乃广东、广西之域。河南在华夏之中[16]，故曰“中州”；陕西即长安之地[17]，原为秦境[18]。四川为西蜀[19]，云南为古滇[20]。贵州省近蛮方[21]，自古名为“黔”地[22]。

【注释】①地舆（yú）：就是大地。土地承载着世间万物，就像车子装载货物一样。舆，车。②野：边界，范围。③都邑（yì）：城镇。④宇宙：天地。宇：上下四方。宙：古往今来。⑤幽燕：今河北、北京及辽宁一带。唐代以前属于幽州，战国时属于燕国。⑥金台：据说战国时的燕昭王曾在北京筑有“黄金台”。⑦建业：今南京一带。三国时的东吴曾经把都城迁到南京，当时称南京为“建业”。⑧金陵：南京东边有钟山，古代叫“金陵山”；战国时的楚威王曾经在南京设“金陵邑”，所以后来用金陵代指南京。⑨武林：杭州的别称。杭州西边有武林山（又名灵隐山），因此得名。⑩豫章：楚汉之际曾经设置豫章郡，首府在今南昌。郡：古代的行政区域，秦朝以前比县小，从秦朝开始比县大。⑪吴皋（gāo）：春秋战国时江西是吴国与越国的边界。皋，指水边的高地。⑫闽中：战国时秦王嬴政设闽中郡，首府在现在的福州。湖广：元朝曾设置湖广行省，管辖范围大约为今湖南、湖北两省。⑬三楚：秦汉时把战国时期的楚国分为西楚、东楚和南楚，总称“三楚”。⑭鲁：现在山东泰山以南的汶、泗、沂、沭水流域，春秋时为鲁国所有，秦汉以后仍称这一地区为“鲁”。⑮粤（yuè）：古代西南地区的少数民族泛称“百越”，越、粤通用。⑯华夏之中：河南正好在古代九州的中心地带。华夏，中国的古称。⑰长安：今西安一带。汉高祖曾在西安设长安县，汉、唐两代都曾经在这个地方定都，称“长安”。⑱秦：曾经是周代的诸侯国，后来秦始皇统一中国，建立秦朝。⑲西蜀：秦朝的时候设立蜀郡；三国的时候刘备建立蜀汉政权，因地处中原以西，所以称为“西蜀”。⑳滇：即滇国，战国到汉武帝时位于云南东北部的一个国家。㉑蛮：也称“南蛮”，中国古代对长江中游及其以南地区少数民族的泛称。㉒黔：贵州东北部在秦代属于“黔中郡”，另外它的境内有黔灵山、黔灵河。

【译文】黄帝划分中国的疆域，才开始有都、邑等行政区域的界限；夏禹治服了洪水，江河水流的走向和群山的位置才被定下来。天地间的江河山岳不会改变，它们的古今称呼却有很大不同。北京所在的地区原本叫“幽燕”“金台”是它的另一称呼；南京原是建业城，“金陵”是它的别名。浙江作为武林所在地，原本属于古代的越国；江西古代属于豫章郡，名字又叫“吴皋”。福建古代属于闽中郡，湖广地区古代叫“三楚”。东鲁和西鲁，分别指山东和山西；东粤和西粤，就是广东、广西。河南处在华夏大地的中心，所以又叫“中州”；陕西是长安所在地，古代归秦国管辖。四川是西蜀，云南是古代的滇国。贵州省接近南方少数民族，自古就称为“黔”地。

【原文】

东岳泰山[1]，西岳华山，南岳衡山，北岳恒山，中岳嵩山，此为天下之五岳；饶州之鄱阳[2]，岳州之青草[3]，润州之丹阳[4]，鄂州之洞庭[5]，苏州之太湖[6]，此为天下之五湖[7]。“金城汤池”[8]，谓城池之巩固[9]；“砺山带河”[10]，乃封建之誓盟[11]。帝都曰“京师”，故乡曰“梓里”[12]。

【注释】①岳：高大巍峨的山。②饶州：隋朝时设立饶州，首府在今江西省鄱阳县。③岳州：隋朝时改巴州为岳州，首府在今湖南岳阳市。青草：洞庭湖与青草湖相通相连，自古一直并称。另说南边叫青草湖，北边叫洞庭湖，实际上是对同一个湖两个不同的称呼。④润州：隋朝时设立润州，首府在今江苏省镇江市。丹阳：今安徽省当涂县东南部，古代曾经是水天相连的大湖，现在已经名存实亡了。⑤鄂州：隋朝时改郑州为鄂州，首府在今湖北省武汉市。⑥苏州：隋朝时改吴州为苏州，因为姑苏山得名，首府在今江苏省苏州市。⑦五湖：其中的鄱阳湖、洞庭湖、太湖现仍在。青草湖已与洞庭湖连在一起，丹阳湖逐渐淤塞。⑧金城汤池：城墙像金属铸造的一样坚固，护城河像热开水一样无法接近。城，城墙。汤，热水，开水。池，护城河。⑨城池：古代都邑四周有城墙及护城河，用来防守，所以用城池代指城市。⑩砺山带河：泰山像磨刀石一样小，黄河像衣带一样细。砺，磨刀石；山，泰山；河，黄河。⑪封建之誓盟：是（帝王）分封建国时的誓言盟约。封建：封邦建国。誓盟：誓言，盟词。⑫梓里：故乡，即“桑梓”。古代家宅旁边经常种植桑树和梓树，后用桑梓来代称故乡。

**【译文】**东岳泰山、西岳华山、南岳衡山、北岳恒山、中岳嵩山，这是天下著名的五岳；饶州的鄱阳湖，岳州的青草湖，润州的丹阳湖，鄂州的洞庭湖，苏州的太湖，这就是天下的五湖。“金城汤池”，说的是城市的防守牢固；“砺山带河”，指的是帝王分封建国时的誓言盟约。皇帝居住的地方称为“京师”，故乡叫“梓里”。

**【原文】**

蓬莱弱水①，惟飞仙可渡；方壶员峤②，乃仙子所居。“沧海桑田”③，谓世事之多变；“河清海晏”④，兆天下之升平⑤。水神曰冯夷⑥，又曰阳侯⑦；火神曰祝融⑧，又曰回禄。海神曰海若，海眼曰尾闾⑨。望人包容，曰“海涵”⑩；谢人恩泽，曰“河润”⑪。无系累者⑫，曰“江湖散人”⑬；负豪气者⑭，曰“湖海之士”⑮。“问舍求田”⑯，原无大志；“掀天揭地”⑰，方是奇才。

**【注释】**①蓬莱：又称“蓬壶”。神话中仙人居住的三座神山之一（另两座为“方丈”“瀛洲”）。弱水：古水名。②方壶：神话传说中的三座神山之一，又名“方丈”。员峤（qiáo）：神话传说中的仙山名。③沧海桑田：大海变成桑田，桑田又变成大海，形容变化非常大。④河清海晏：黄河的水变清了，大海也平静了。河，指黄河；晏，平静。⑤兆：预兆，预示。升平：太平无事。⑥冯（píng）夷：传说中的黄河之神，就是河伯。⑦阳侯：传说中的波涛神，生前曾被封为陵阳侯。⑧祝融：传说是帝喾的掌火官，被后人敬为火神。后世也称火灾为“祝融之灾”。⑨海眼：泉眼，古人认为井泉的水，在地下流动，通江海，随潮涨落，所以称为海眼。尾闾（lǘ）：古代传说中泄海水的地方。尾，指百川之下；闾，指水聚集的地方。⑩海涵：指气量大，能包容，就像大海能容纳百川一样。涵，包含、包容。⑪河润：像河水浸润土地一样对别人施恩泽。⑫系累：牵累，连累。⑬江湖散人：闲散不拘、无牵无挂的人。唐朝陆龟蒙，经常乘小舟，载一捆书及茶灶、笔床和钓具，往来于烟波之上，号称“江湖散人”。⑭负：具有，享有。⑮湖海：指的是水面广阔、气势雄浑，形容性格开朗豪放。⑯问舍求田：谋求买田置屋。舍，就是房屋。⑰掀天揭地：可以撼动天地。掀，掀开。揭，揭翻。

**【译文】**蓬莱和弱水，只有会飞的仙人才能够渡得过去；方壶和员峤，是神仙们的住所。“沧海桑田”，指世间万物有很大变化；“河清海晏”，预兆了天下太平的景象。水神的名字叫冯夷，又叫阳侯；火神的名字叫祝融，又叫回禄。海神的名字叫海若，海眼称为尾闾。希望别人包容自己，要说“海涵”；感谢别人的恩惠，要说“河润”。闲适自在、无牵无挂的人，叫“江湖散人”；性格豪放爽朗的人，称“湖海之士”。只知道“问舍求田”的人，原本就没有大志向；能够“掀天揭地”的人，才是杰出的人才。

【原文】

凭空起事，谓之“平地风波”①；独立不移，谓之“中流砥柱”②。“黑子弹丸”③，极言至小之邑；“咽喉右臂”④，皆言要害之区。独立难持，曰“一木焉能支大厦”；英雄自恃⑤，曰“丸泥亦可封函关”⑥。事先败而后成，曰“失之东隅，收之桑榆”⑦；事将成而终止，曰“为山九仞，功亏一篑”⑧。“以蠡测海”⑨，喻人之见小；“精卫衔石”⑩，比人之徒劳。“跋涉”谓行路艰难，“康庄”谓道路平坦。“硗地”曰不毛之地⑪，“美田”曰膏腴之田⑫。得物无所用，曰“如获石田”⑬；为学已大成，曰“诞登道岸”⑭。

【注释】①平地风波：平地上起风浪，后常比喻突然发生意料不到的纠纷或事故。②中流砥柱：就像屹立在黄河急流中的砥柱山一样。中流：河流中央。砥柱，原为河南省三门峡市东的一个石岛，屹立于黄河急流之中。③黑子弹丸：黑子，就是黑痣；弹丸，弹弓所用的泥丸、石丸或铁丸。④右臂：一般人习惯于用右手做事，所以就用右臂比喻事物的重要部分。⑤自恃（shì）：自以为有所依靠、倚仗。⑥丸泥亦可封函关：只要用一丸泥封住函谷关，就可以阻挡来犯的敌人。丸泥，揉成圆球形的泥团。函关，就是函谷关，战国时秦国设置，因为在山谷中，深险如函（盛物的匣子）而得名。⑦失之东隅，收之桑榆：在早晨失败了，还可以在日落时取胜，比喻开始在这一方面失败了，后在另一方面取得胜利。东隅，东方日出处，指早晨。桑榆，夕阳的余晖照在桑榆树梢上，借指落日余光处，也指日暮。⑧为山九仞，功亏一篑（kuì）：堆九仞高的土山，由于只差一筐土而不能完成。比喻做事情只差最后一点没能完成。仞，长度单位，古代八尺或七尺为一仞。亏，欠，差。篑，盛土的筐，这里代指用筐装的土。⑨以蠡（lǐ）测海：用瓢来测量海水。比喻观察和了解很狭窄很片面。蠡，用葫芦做的瓢。⑩精卫：传说中的小鸟名。传说中炎帝小女儿女娃去东海游泳，被溺死了，再也没有回来，后来化为精卫鸟，经常口衔西山上的树枝和石块，用来填塞东海。⑪硗（qiāo）：指的是土地坚硬而贫瘠。不毛之地：不生长草木庄稼的荒地。形容荒凉、贫瘠。毛：地面上生长的谷物、草木。⑫膏腴（yú）：形容土地十分肥沃。膏，肥肉，油脂；腴，肥沃。⑬石田：田里有很多石头，不能耕种庄稼。⑭诞登道岸：大到登上彻悟的最高境界。诞，大；道岸，佛教语，彻悟的境界。

【译文】凭空挑起事端，称为“平地风波”；独自担当重任，意志坚定，可称为“中流砥柱”。“黑子弹丸”，用来比喻城邑特别小；“咽喉右臂”，都是称呼险要的地方。单凭一个人的力量无法完成事业，就说“一木焉能支大厦”；英雄自夸自己的胆识本领，就说“丸泥亦可封函关”。事情开始做失败了而后来取得了成功，就说“失之东隅，收之桑榆”；事情马上要成功了却突然停止下来，叫作“为山九仞，功亏一篑”。“以蠡测海”，比喻人的见识粗浅；“精卫衔石”，比喻做事徒劳无功。“跋涉”形容走路艰难，“康庄”指道路平坦。“硗地”是指长不出庄稼的土地；“美田”是指肥沃丰饶的良田。得到了某物却没有用处，就说“如获石田”；做学问有了大成就，就说“诞登道岸”。

**【原文】**

淄渑之滋味可辨①，泾渭之清浊当分②。泌水乐饥③，隐居不仕④；东山高卧⑤，谢职求安⑥。圣人出则黄河清⑦，太守廉则越石见⑧。美俗曰“仁里”⑨，恶俗曰“互乡”⑩。里名“胜母”，曾子不入⑪；邑号“朝歌”⑫，墨翟回车⑬。

**【注释】**①淄渑（zī miǎn）：指的是淄水和渑水，它们都在山东省境内。传说淄水味道十分甘甜，而渑水味道却很苦涩，如果将二种水掺和，那么很难分辨是甜还是苦。②泾渭：泾水和渭水，甘肃、陕西境内的两条河。泾水清澈，渭水浑浊，两水在陕西境内合流时，清浊仍然分得很清楚。后来比喻优劣、是非等非常分明。③泌（bì）水乐饥：泉水能够使人快乐而忘掉饥饿。泌，泉水涌出的样子。④仕：做官。⑤东山：山名，在浙江省绍兴市上虞区西南。⑥谢：谢绝。⑦黄河清：黄河变清。黄河水色浑黄，古人认为，黄河一旦变清，就会有圣人出现。⑧越石见：越石显现。传说福州南海边有块越王石，常常隐在云雾中，只有清廉的太守来了，它才会显现出来。见，通“现”。⑨仁里：原指仁者居住的场所，后来指风俗淳朴的地方。里，古代居民聚居的地方。⑩互乡：互相为恶的乡名。⑪曾子：（公元前505年～公元前436年），名参，字子舆，春秋末年鲁国人，孔子的学生，以孝著称。后世儒家尊他为“宗圣”。⑫朝歌：古代都邑名，在今河南省淇县，商代曾经做过别都。⑬墨翟：（约公元前468年～公元前376年），即墨子，今山东省滕州市人，是我国战国时期著名的思想家、教育家、军事家，墨家学派的创始人。他曾提出“兼爱”“非攻”等观点，创立墨家学说，并有《墨子》一书传世。墨学在当时影响很大，与儒学并称“显学”。他认为早晨唱歌不是时候，都邑用此命名十分不妥，因此当车驾临近朝歌时，便掉转车头走了。

**【译文】**淄水和渑水滋味不同，可以辨别出来；泾水和渭水合流以后，清浊依旧分明。山间流出的泉水使人快乐而忘掉饥饿，所以隐居的士人不愿出来做官；在东山过着高枕无忧的日子，所以（谢安）辞去官职以求轻松闲适。圣人出来了，黄河水就变得清澈；太守清廉爱民，越王石就从云雾中显现。民风淳朴的地方称为“仁里”，风俗恶劣的地方叫作“互乡”。曾子来到一个叫“胜母里”的地方，（孝顺的）他说什么也不肯进去；走近名叫“朝歌”的都邑，（认为凡事都该节制的）墨翟掉转车头回去了。

**【原文】**

“击壤而歌”①，尧帝黎民之自得；“让畔而耕”②，文王百姓之相推③。费长房有缩地之方④，秦始皇有鞭石之法⑤。尧有九年之水患，汤有七年之旱灾⑥。商鞅不仁而阡陌开⑦，夏桀无道而伊洛竭⑧。“道不拾遗”⑨，由在上有善政⑩；“海不扬波”⑪，知中国有圣人⑫。

**【注释】**①击壤而歌：敲击泥块唱歌。击，敲击，打节拍。相传尧时有位老人敲着泥块唱道：“吾日出而作，日入而息。凿井而饮，耕田而食。帝何力于我哉？”②让畔而耕：耕田的人互相推让田界，让对方多占有土地。传说文王治理的地区，风俗淳朴，因此种田百姓互相推让田界。畔，田地的界限。③文王：（约公元前1152年～约公元前1056年）。姬姓，名昌。商纣时为西伯，即西部诸侯（方国）之长。亦称西伯昌。相传西伯在位五十年，已经为讨伐商做好充分准备，但没等到出师先行死去了。后来周人谥西伯为文王。相推：相互推让。④费长房：东汉方士，汝南（郡治今河南上蔡西南）人。传说他学得一种仙术，想到什么地方，一下子就到了，一天之内，人们在千里之外的好几个地方都看到他。⑤鞭石之法：鞭打石头的方法。传说秦始皇造石桥，想渡海去看日出的地方。当时有个神人，驱赶着石头下海，石头走得慢，神人就用鞭子抽打，石头都流了血。⑥汤：商朝的开国君主，又称武汤、武王、天乙、成汤、成唐，甲骨文作唐、太乙，一称高祖乙。⑦商鞅：(约公元前390年～公元前338年)，战国时卫国人，政治家，思想家，著名法家代表人物。卫国国君的后裔，公孙氏，故称为卫鞅，又称公孙鞅，后封于商，后人称之商鞅。最初应秦孝公求贤令进入秦国，他说服秦孝公变法图强，最终使秦国富强起来，史称商鞅变法。孝公死后，被贵族诬害，车裂而死。不仁：不讲仁德。阡陌开：商鞅变法的重要内容，就是把原来土地划分的标志去掉，实行土地私有制。阡陌，田间纵横交错的小路，这里指原划分土地用的灌溉水渠和与之相应的纵横道路。⑧夏桀：又名癸、履癸，商汤给他的谥号为桀（凶猛的意思）。生卒年不详。履癸是夏朝第16代君主发之子。履癸文武双全，赤手可以把铁钩拉直，但荒淫无耻，暴虐无道。发病死后继位，为历史上著名的暴君。国家灭亡后，因被放逐而饿死。无道：不行正道，做坏事。多指暴君或权贵者的恶行。伊洛竭：伊河和洛河枯竭。伊河是洛河的支流，都在河南省西部。⑨道不拾遗：东西掉在地上，没有人捡走据为己有。后来比喻人民生活富裕，社会风气淳朴。遗：失物。⑩在上：在上位，对长辈或上司的敬语。⑪海不扬波：大海平静不起波澜，比喻太平无事。⑫中国：上古时代，华夏民族建国于黄河流域一带，以为居天下之中，故称“中国”，而把周围其他地区称为四方。后泛指中原地区。

**【译文】**“击壤而歌”，这是尧帝时黎民百姓自得其乐的盛世景象；“让畔而耕”，这是周文王时百姓相互礼让的君子之风。东汉人费长房有缩短两地距离的方术，秦始皇时的神人有鞭打石头造桥的法力。尧帝时发生了连续九年的洪水灾害，商汤时有七年的干旱灾难。商鞅不讲仁德，废井田开阡陌；夏桀残暴无道，伊水和洛水都枯竭了。“道不拾遗”，是因为居上掌权的人治理有方；“海不扬波”，可以知道中国境内有了圣明之人。

## 岁　时

**【原文】**

爆竹一声除旧①，桃符万户更新②。“履端”③，是初一元旦④；“人日”⑤，是初七灵辰⑥。元日献君以《椒花颂》⑦，为祝遐龄⑧；元日饮人以屠苏酒⑨，可除疠疫。新岁曰王春⑩，去年曰客岁。“火树银花合”⑪，谓元宵灯火之辉煌⑫；“星桥铁锁开”⑬，谓元夕金吾之不禁⑭。

**【注释】**①爆竹：也叫“爆仗”“炮仗”。在节日或喜庆日，用火烧竹，发出啪啪响声，称为“爆竹”，以驱魔避邪。火药发明后，以多层纸密卷火药，接以引线，点燃后爆炸发声。在现代，华人在传统节日、婚礼喜庆、各类庆典、庙会活动等场合几乎都会燃放鞭炮。除：去，指光阴过去。②桃符：相传东海度朔山有大桃树，其下有神荼、郁垒二神，能食百鬼。于是，人们用桃木板画二神或写二神名，挂在门旁，以为能驱鬼压邪，祈求福运。③履端：一年的开始。④元旦：也叫元日，指的是农历的正月初一。元是“初”“始”的意思。旦指“日子”，元旦合称即是“初始的日子”，也就是一年的第一天。⑤人日：汉族传统节日，农历正月初七。古人相信天人感应，以岁后第七日为人日。古人俗称农历正月初一为鸡日，初二为狗日，初三为猪日，初四为羊日，初五为牛日，初六为马日，初七为人日。⑥灵辰：吉祥的时刻。⑦君：既指君主，也是对人的敬称。椒花颂：晋朝刘臻的妻子陈氏曾在正月初一献给君王一篇《椒花颂》，后人以此代称新年祝词。⑧遐龄：高龄，长寿。⑨屠苏酒：据说屠苏酒是汉末名医华佗创制而成的，其配方为大黄、白术、桂枝、防风、花椒等中药。这种药具有益气温阳、祛风散寒、避除疫疬之邪的功效。后由唐代名医孙思邈流传开来。按照古代习俗，农历正月初一,一家人按照先幼后长的顺序，饮屠苏酒，以此来辟除瘟疫。⑩王春:《春秋》里用“春，王正月”表示新的一年的第一个月份。“王”指周文王，也就是周文王制定的周历，后来人们就用“王春”指新的一年。⑪火树银花合：火树和银花聚集在一起，形容灯光烟火绚丽灿烂，特指元宵节的灯景。火树，唐睿宗时元宵节时制作一种灯树，高二十丈，燃灯五万，号为“火树”。银花，燃灯时就像开出的银白色的花朵，指灯光雪亮。⑫元宵：农历正月十五日叫上元节，这天晚上叫“元宵”，唐代以来有观灯习俗。⑬星桥：指灯影照耀下护城河上的桥。⑭金吾：汉代官名，掌管京城安全，平时禁人夜行，只有正月十五及其前后各一日才特许游人随意往来观赏灯火。

【译文】爆竹一响起来，旧的一年就过去了；门口贴上新桃符，家家户户喜迎新年。“履端”是大年初一，又叫“元旦”；“人日”是正月初七，也叫“灵辰”。元旦这天，献上一篇《椒花颂》，祝福别人长寿；请人喝一杯屠苏酒，当能免除瘟疫。新的一年叫“王春”，过去的一年称“客岁”。“火树银花合”，是形容元宵节晚上灯火辉煌；“星桥铁锁开”，是说元宵节晚上京城可以彻夜游玩。

【原文】

二月朔为中和节①，三月三为上巳辰②；冬至百六是清明③，立春五戊为春社④。寒食节是清明前一日，初伏日是夏至第三庚⑤。四月乃是麦秋⑥，端午却为蒲节⑦。六月六日，节名天贶⑧；五月五日，序号天中⑨。

【注释】①朔：指农历的每月初一。中和节：唐代以二月初一为中和节，取春天中气候和暖的意思。这一天，老百姓用青囊装着百谷瓜果互相慰问，酿春酒祭神以祈求丰年。②上巳：古代以农历三月第一个干支带“巳”的那一天为“上巳”。这一天官员和平民都到水边嬉游洗涤，以驱邪避怪。魏晋以后固定在三月初三日。③百六：一百零六天。④五戊：指立春后第五个干支带“戊”的日子。春社：古代祭祀土地神，祈求丰年的活动。古无定日，先秦、汉、魏、晋各代择日不同。自宋代起，以立春后第五个戊日为社日。社，土地神。⑤初伏日：第一个伏日。伏日也称“伏天”，是初伏（头伏）、中伏（二伏）、末伏（三伏）的总称。从入伏至出伏，正是夏季最热的阶段，民间有“热在三伏”的说法。伏，指阴气藏伏，不能升起。三庚：农历夏至后第三个庚日起为初伏，第四个庚日起为中伏，立秋后第一个庚日起为末伏。⑥麦秋：收割小麦的季节。⑦端午：农历五月初五日，民间节日。本名“端五”，也名“端阳”。端是“开端”“初”的意思，初五可以称为端五。农历以地支纪月，正月建寅，二月为卯，顺次至五月为午，因此称五月为午月。蒲节：民间在端午节常将菖蒲叶与艾叶结扎成束，挂在门上，以避邪驱鬼，或者用菖蒲泡酒来避毒。蒲，菖蒲，一种水生草本植物，有香气，可入药。⑧天贶（kuàng）：上天的恩赐。贶，赐。宋真宗赵恒是一个非常迷信的皇帝，有一年六月六，他声称上天赐给他一部天书，于是定这天为天贶节。⑨序：按照次序排列。天中：天的中间，端午节的别称。

【译文】二月初一是中和节，三月初三是上巳节。冬至过后第一百零六天是清明节，立春后第五个戊日是春社。寒食节是清明前一天，初伏日是夏至后第三个庚日。四月麦子成熟要收割叫“麦秋”，端午节又称为“蒲节”。六月初六日是“天贶节”，五月初五叫“天中节”。

【原文】

端阳竞渡①，吊屈原之溺水②；重九登高③，效桓景之避灾④。五戊鸡豚宴社⑤，处处饮治聋之酒⑥；七夕牛女渡河⑦，家家穿乞巧之针⑧。中秋月朗，明皇亲游于月殿⑨；九日风高，孟嘉帽落于龙山⑩。秦人岁终祭神曰“腊”⑪，故至今以十二月为腊；始皇当年御讳曰“政”⑫，故至今读正月为征⑬。

【注释】①竞渡：划船比赛。②吊：祭奠死者。屈原：（约公元前340年～约公元前278年），战国时期楚国人，姓屈，名平，字原；又名正则，字灵均。屈原是中国最伟大的浪漫主义诗人之一，也是我国已知最早的著名诗人和伟大的政治家。他创立了“楚辞”这种文体（也就是创立了“词赋”这一文体），还开创了“香草美人”的传统。《离骚》《九章》《九歌》《天问》是屈原最主要的代表作。因谗言被楚怀王流放，后秦国军队攻陷楚国都城，屈原忧愤交加，于当年农历五月初五投汨罗江而死。③重九：农历九月初九，是传统的重阳节。因为古老的《易经》中把“六”定为阴数，把“九”定为阳数，九月九日，日月并阳，两九相重，故而叫重阳，也叫重九。重阳节早在战国时期就已经形成，到了唐代，重阳被正式定为民间的节日。在这一天，人们进行登高、赏菊花等各种活动。④桓景：东汉时人，传说他曾经跟着仙人费长房学仙。一天师父告诉他，九月九日瘟魔又要来，让他回家乡除害，并且给了他一包茱萸叶子，一瓶菊花酒，到时候身上佩戴茱萸叶，登上高山，每人喝一口菊花酒，瘟魔就不敢近身了。⑤鸡豚（tún）宴社：杀鸡宰猪宴请土地神。豚，猪。宴，宴请。社，土地神。⑥治聋之酒：传说社日饮酒可以治耳聋。⑦七夕：农历七月初七，又称“乞巧节”“少女节”“情人节”。相传为牛郎、织女双星相会之日，因此又称双星节、情人节。⑧乞巧：民间风俗，妇女于“七夕”向织女星乞求智巧。⑨明皇：唐玄宗李隆基。月殿：月宫。⑩孟嘉：东晋江夏人，陶渊明的外祖父，少年即有才名。后来担任桓温的参军，颇受桓温的器重。有一年重阳，桓温在龙山大宴幕僚，饮酒作诗。正当大家酒酣耳热，诗兴勃发之际，忽然起了一阵大风，把孟嘉的帽子吹落于地。孟嘉本人却毫无察觉。桓温看到这个情形，便秘令孙盛作文加以嘲笑，孟嘉回来一看，当即提起笔来，从从容容地作了一篇文章来回答。由于他的才思敏捷，文词华美，文章写成之后，四座莫不叹服，当天的宴会也极欢而散。⑪腊：古时在农历十二月举行的祭祀名，开始于周代。⑫始皇：秦始皇，他姓嬴名政。御讳：帝王名字的忌讳。御，与帝王有关的事物。⑬正（zhēng）月：阳历一月份。

【译文】端午节赛龙舟，是祭奠投水而死的楚国大夫屈原；重阳节登高，是效仿汉朝桓景躲避灾难。春社日杀鸡宰猪祭祀土地神，到处都喝治聋酒；七月初七夜牛郎织女渡过银河相会，家家妇女穿针引线乞求得到智巧。中秋之夜月光明朗，传说唐明皇曾亲自到月宫里游玩；重阳节登龙山，风太大把孟嘉的帽子吹落在地上。秦人年终的祭神仪式叫“腊祭”，因此直到现在都把十二月称为腊月。当年必须避讳秦始皇名字中的“政”字，所以直到今天都将“正月”读成“征月”。

【原文】

东方之神曰太皞①，乘震而司春②，甲乙属木，木则旺于春③，其色青，故春帝曰青帝。南方之神曰祝融，居离而司夏，丙丁属火，火则旺于夏，其色赤，故夏帝曰赤帝。西方之神曰蓐收，当兑而司秋，庚辛属金，金则旺于秋，其色白，故秋帝曰白帝。北方之神曰玄冥，乘坎而司冬，壬癸属水，水则旺于冬，其色黑，故冬帝曰黑帝。中央戊己属土，其色黄，故中央帝曰黄帝。

【注释】①太皞（hào）：一作太皓，又作太昊，风姓，即伏羲氏。传说为古代东夷族的首领，是炎帝神农氏和黄帝轩辕氏的共同祖先，继燧人氏为帝。②乘震：居于震位。震，八卦之一。后面的“离、兑、坎”也是八卦中的卦象。司春：主管春天之事。司，主管，操作。③旺：兴旺，兴盛。

【译文】掌管东方的神称作太皞，居住在震卦的方位，主管春天，天干为甲乙，五行属木，树木在春天就茂盛，它的颜色为青色，所以春帝又称为青帝。掌管南方的神叫做祝融，居住在离卦的方位，主管夏天，天干为丙丁，五行属火，火在夏天就旺盛，因为它的颜色为红色，所以夏帝又称为赤帝。掌管西方的神称作蓐收，居住在兑卦的方位，主管秋天，天干为庚辛，五行属金，金在秋天就兴盛，它的颜色为白色，所以秋帝又称为白帝。掌管北方的神称作玄冥，居住在坎卦的方位，主管冬天，天干为壬癸，五行属水，水在冬天就丰沛，它的颜色为黑色，所以冬帝又称为黑帝。中央的天干为戊己，五行属土，它的颜色为黄色，所以掌管中央的神称作黄帝。

【原文】

夏至一阴生，是以天时渐短；冬至一阳生，是以日晷初长①。冬至到而葭灰飞②，立秋至而梧叶落。“上弦”谓月圆其半，系初八、九；“下弦”谓月缺其半，系廿二、三③。月光都尽谓之“晦”④，三十日之名；月光复苏谓之“朔”⑤，初一日之号；月与日对谓之“望”，十五日之称。初一是死魄⑥，初二旁死魄⑦，初三哉生明⑧，十六始生魄。

【注释】①日晷（guǐ）：太阳的影子。这里指白天。晷，日影，比喻时光。②葭（jiā）灰：芦苇中薄膜的灰。古人为了预测天气，将芦苇中的薄膜烧成灰，放在不同的律管内，到某一节气，相应律管内的灰就会自行飞出。③廿（niàn）：二十的合写。④晦：农历每月的最后一天。⑤朔：初，始。⑥死魄：指月亮无光。古人称月亮有光的部分为“明”，无光的部分为“魄”。⑦旁死魄：指月亮大部分无光。旁，近，接近。⑧哉生明：指月亮开始有光。哉，开始。

【译文】从夏至起阴气就开始生长，所以白天的时间逐渐缩短；从冬至起阳气便开始生长，所以白天慢慢加长。一到冬至，相应律管里的葭灰就会飞出；一到立秋，梧桐树的叶子就开始落下。“上弦”是说月亮圆了一半，是每月的初八、初九；“下弦”是说月亮缺了一半，为每月的二十二、二十三日。月光都完全消失了称作“晦”，是每月三十日的别名；月光开始恢复称作“朔”，是每月初一日的别名。月亮圆圆的与太阳遥遥相对称作“望”，是每月十五日的别称。每月初一称为“死魄”，初二称为“旁死魄”，初三是“哉生明”，十六日是“始生魄”。

【原文】

“翌日”“诘朝”①，皆言明日；“穀旦”“吉旦”②，悉是良辰。“片晌”即谓片时，“日曛”乃云日暮。“畴昔”“曩者”③，俱前日之谓；“黎明”“昧爽”④，皆将曙之时⑤。月有三浣⑥：初旬十日为上浣，中旬十日为中浣，下旬十日为下浣；学足三余：夜者日之余，冬者岁之余，雨者晴之余。

【注释】①诘朝（jié zhāo）：明天早晨。②穀（gǔ）旦：晴朗美好的日子。③曩（nǎng）者：以往，过去的日子。④昧爽：天色由暗到明的时候。昧，暗，不明。爽，明亮。⑤曙：破晓，天刚亮的时候。⑥浣（huàn）：洗衣服。唐代规定，官吏十天休息、沐浴一次，每月分为上浣、中浣、下浣。

【译文】"翌日"和"诘朝"，都指的是明天；"穀旦"和"吉旦"，都指的是吉祥的日子。"片晌"是说片刻，"日曛"是说天色已晚。"畴昔"和"曩者"，都是对过去的称谓；"黎明"和"昧爽"，都是指天要亮的时候。一个月有三浣：上旬十天称为上浣，中旬十天称为中浣，下旬十天称为下浣；做好学问要充分利用三余时间：夜里是白天的空闲时间，冬天是一年的空闲时间，雨天是晴天的空闲时间。

【原文】

以术愚人，曰"朝三暮四"；为学求益，曰"日就月将"。"焚膏继晷"①，日夜辛勤；"俾昼作夜"②，晨昏颠倒。自愧无成，曰"虚延岁月"③；与人共语，曰"少叙寒暄"。可憎者，人情冷暖；可厌者，世态炎凉。周末无寒年，因东周之懦弱④；秦亡无燠岁⑤，由嬴氏之凶残⑥。

【注释】①焚膏继晷：点上油灯，接续日光。膏，油脂，也就是灯烛。晷，日光。②俾昼作夜：把白天当作黑夜。俾，使。③虚延岁月：白白地拖延时间。虚：空，白白地。延，拖延。④懦弱：软弱无能，柔弱。⑤燠（yù）岁：炎热的季节。⑥嬴氏：指秦朝皇室。

【译文】当人用诈术骗人，可说他"朝三暮四"；有人求学力求长进，可说他"日就月将"。"焚膏继晷"，是说一个人日夜辛苦；"俾昼作夜"，是形容人颠倒白天与黑夜。一个人自愧一事无成，可以说"虚延岁月"；想要与对方交谈，可以说"少叙寒暄"。让人憎恨的是人情冷暖，使人厌恶的是世态炎凉。东周末年没有寒冷的年份，是因为东周政权十分软弱；秦朝灭亡时没有炎热的季节，是由于嬴氏政权过分残暴。

【原文】

泰阶星平曰"泰平"①，时序调和曰"玉烛"②。岁歉曰"饥馑之岁"，年丰曰"大有之年"。唐德宗之饥年，醉人为瑞③；梁惠王之凶岁④，野莩堪怜⑤。"丰年玉，荒年谷"⑥，言人品之可珍；"薪如桂，食如玉"⑦，言薪米之腾贵⑧。"春祈秋报"⑨，农夫之常规；"夜寐夙兴"⑩，吾人之勤事。韶华不再⑪，吾辈须当惜阴；日月其除⑫，志士正宜待旦⑬。

【注释】①泰阶：星座名，即三台星。上台、中台、下台共六星，两两并排而斜上，形如阶梯。泰平：即太平，时世安宁和平。②玉烛：指四时之气和畅，如美玉温润明照。烛：照亮。③醉人为瑞：喝醉酒的人被认为是一种祥瑞。唐德宗时，因连年战乱和灾荒，民不聊生，没有米酿酒。有一次市井上偶然出现一位醉汉，大家都围拢来观看，认为这是一种吉祥的兆头。④凶岁：凶年，荒年。⑤野莩（piǎo）堪怜：野外被饿死的人非常可怜。莩，通"殍"，饿死的人。堪，能够，可以。怜，哀怜。⑥丰年玉，荒年谷：晋代的庾亮、庾翼都很有才能，人们称赞庾亮是“丰年玉”，庾翼是“荒年谷”，因为太平年的玉很珍贵，饥荒时的谷是宝物。⑦薪如桂，食如玉：柴草的价格跟桂树一样，米价和玉价相同。薪，柴草。桂，桂树。⑧腾贵：物价上涨。腾，上升。贵，价格高。⑨春祈秋报：春耕时祭神，以祈求农作物能丰收；秋收后祭神，以报答神明的庇佑。⑩夜寐夙兴：夜深了才去睡觉，一大早就爬起来。寐，睡。夙，早。兴，起来。⑪韶华：美好的时光，这里指美好的青春年华。⑫日月其除：日月流逝，光阴不等人。⑬待旦：等待天明。

【译文】泰阶星平平正正，象征国泰民安，称为“泰平”；四季平和风调雨顺，称作“玉烛”。粮食歉收，可以说“饥馑之岁”；粮食丰收，就称“大有之年”。丰年时的玉、荒年时的谷，是说人品珍贵。“薪如桂，食如玉”，是说柴米价格之贵。春耕祭神祈求作物丰收，秋收后祭神报答神明的庇佑，这是农民常年要做的事；夜深了才睡觉，一大早就起床，是说我们做事要勤勉。美好的时光去了就不再回来，读书人应当珍惜光阴；日月容易流逝，有志之士更要随时准备抓住时机。

## 朝　廷①

【原文】

三皇为“皇”②，五帝为“帝”③。以德行仁者王，以力假仁者霸④。天子⑤，天下之主；诸侯⑥，一国之君。官天下⑦，乃以位让贤；家天下⑧，是以位传子。“陛下”，尊称天子；“殿下”，尊重宗藩⑨。

【注释】①朝廷：本指帝王接受朝见和处理政事的地方，后来成为封建时代中央政府的代称。②三皇：传说中的远古帝王。一般认为燧人氏、伏羲氏、神农氏为三皇。③五帝：传说中的上古帝王。一般认为黄帝、颛顼、帝喾、唐尧、虞舜为五帝。④以力假仁：用武力称雄代替仁义。力，威力，权势。假，借用，代替。霸：霸道，凭借威势压服别人。⑤天子：古代认为君主代表上天治理人民，是上天的儿子，故称天子。⑥诸侯：古代对中央政权所分封各国国君的统称。⑦官天下：以天下为公有。⑧家天下：以天下为一家所私有。⑨宗藩：受分封的皇族，如太子、亲王等。藩，屏卫。

【译文】天皇、地皇、人皇合称为三皇；伏羲、神农、黄帝、尧、舜通称为五帝。用仁义道德来治理天下，称为王道，借助武力征服天下，称为霸道。天子是天下的主宰，诸侯是一国的君主。官天下，是指五帝将王位让给贤德有才能的人。家天下，则是将王位传给自己的子孙。“陛下”是对天子的尊称，“殿下”是对诸侯的敬重。

【原文】

皇帝即位曰“龙飞”，大臣觐君曰“虎拜”①。皇帝之言，谓之“纶音”②；皇后之命，乃称“懿旨”③。“椒房”是皇后所居④，“枫宸”乃人君所莅⑤。天子尊崇⑥，故称“元首”；臣邻辅翼⑦，故曰“股肱”⑧。“龙之种”“麟之角”，俱誉宗藩⑨；“君之储”⑩，“国之贰”⑪，皆称太子⑫。

【注释】①觐（jìn）：古代指诸侯在秋天朝见帝王，后来泛指臣下朝见君主。②纶：指帝王的诏书旨意。③懿（yì）：美好，美德。④椒房：汉代有椒房殿，为皇后所居。⑤枫宸（chén）：汉代宫殿中多种枫树，宸是北极星所处的方位。莅（lì）：到，来。⑥崇：高。⑦臣邻：指臣与君像邻居那样亲近。辅翼：辅佐，辅助。⑧股肱（gōng）：大腿和胳膊，均为身体的重要部分。⑨誉：称扬，赞美。⑩君之储：即储君，已确定为继承皇位的人。⑪国之贰：即国贰，国之副君。⑫太子：封建时代君主的儿子中被预定继承君位的人。

【译文】皇帝登基称作“龙飞”，臣子拜见君主叫作“虎拜”。皇帝说的话，称为“纶音”，皇后的命令，叫作“懿旨”。“椒房”是指皇后居住的地方，“枫宸”指皇帝所在的宫殿。天子的地位崇高而尊贵，所以把天子叫作“元首”，臣子左辅右弼如皇帝的手足，所以被称为“股肱”。麟的角、龙的后代都是赞誉宗藩的话，储君、储贰都是对太子的别称。

【原文】

帝子爰立“青宫”①，帝印乃是“玉玺”②。宗室之派③，演于“天潢”④；帝胄之谱⑤，名为“玉牒”⑥。前星耀彩⑦，共祝太子以“千秋”⑧；嵩岳效灵⑨，三呼天子以“万岁”。“神器”“大宝”，皆言帝位；妃、嫔、媵、嫱，总是宫娥。姜后脱簪而待罪⑩，世称哲后；马后练服以鸣俭⑪，共仰贤妃。唐放勋德配昊天⑫，遂动华封之三祝⑬；汉太子恩覃少海⑭，乃兴乐府之四歌⑮。

【注释】①爰（yuán）：助词。青宫：太子所居之宫。又称东宫，也代称太子。②玺：印章。③宗室：君王或皇帝的宗族。派：分支。④演：通“衍”，推演。天潢（huáng）：皇族，帝王后裔。⑤帝胄：皇帝的后代。谱：依照事物的类别、系统所制的表册。⑥玉牒：记载帝王谱系、历数及政令因革之书。牒，古代的文书、证件。⑦前星：即太子星。古人以北极五星的第一星为太子，第二星为帝王，第三星为庶子。太子星在前，故称“前星”。⑧千秋：千年。⑨嵩岳：嵩山，五岳之中岳。效灵：显灵。公元前110年春季正月，汉武帝登上嵩山，据说身边的官员和卫兵，都曾听到三次高呼万岁的声音。⑩姜后：周宣王的王后。簪：一种首饰。⑪马后：东汉明帝的皇后。练：白绢。鸣：呼吁。⑫唐放勋：即尧，传说中的圣王，号放勋，因封于唐，也称“唐尧”。昊天：苍天。昊，元气博大的样子。⑬华封之三祝：相传尧游于华地，华地守封疆的人祝他寿、富、多儿子。⑭汉太子：指汉明帝做太子的时候。覃：深广。少海：渤海，这里泛指大海。⑮乐府：原是汉武帝时开始设立的音乐机关，职责是搜集、整理民间诗歌，后来就称这一类诗歌为“乐府”或“乐府诗”。四歌：即《日重光》《月重轮》《星重辉》和《海重润》四首乐府诗。

【译文】皇帝的儿子被立为太子后，居住在“青宫”；皇帝所用的玉刻印章，称为“玉玺”。王孙公子为宗室的分支流派，都是从皇帝推演而来；皇族的家谱称为“玉牒”。太子星发出耀眼的光彩，预示着太子即将登基，祝愿太子能够长久地治理江山；嵩山山神能够显灵，高呼天子为“万岁”。“神器”“大宝”代指皇帝的帝位和政权，都是帝位的代称；妃嫔媵嫱指的是后宫的宫女。姜皇后以拿下发簪等待接受处罚来劝谏周宣王，世人都赞美她贤惠有德；马皇后衣着朴素，生活节俭，全国都敬重她的贤德。尧帝的功德能与苍天匹配，得到华山封人多福多寿多男子的祝愿；汉明帝为太子时，恩德普及到全国各地，于是乐人做歌曲来歌颂他。

## 文 臣

**【原文】**

帝王有“出震向离”之象①，大臣有“补天浴日”之功②。三公上应三台③，郎官上应列宿④。宰相位居“台铉”⑤，吏部职掌铨衡⑥。吏部天官大冢宰⑦，户部地官大司徒⑧，礼部春官大宗伯⑨，兵部夏官大司马⑩，刑部秋官大司寇⑪，工部冬官大司空⑫。

**【注释】**①出震向离之象：太阳由东方升起，向南直到中天，光照万物。震、离，都是八卦卦名，震象征东方，离象征太阳和南方。②补天浴日：神话中女娲炼五色石补天，羲和给太阳洗澡。后用来比喻力挽世运功勋卓著。③三公：古代官职系统。各代具体设置不同，明清以太师、太傅、太保为三公。三台：星座名。④郎官：帝王侍从官的通称。列宿（xiù）：指二十八宿。⑤宰相：中国封建时代对君主负责、总揽政务的人，但历代所用官名和职权大小不同。台铉（xuàn）：即台鼎。台，朝廷。铉，鼎的两耳，代称鼎。鼎有三足，象征三公，所以用来比喻宰辅重臣。⑥吏部：官署名，主管全国官吏任免、考核、升降、调动等事务。职掌：职务上掌管。铨（quán）衡：本指衡量轻重的器具，引申为评量、选拔人才的职位。铨，衡量轻重。⑦天官：礼部总理百官，有如苍天笼罩世间万物。⑧地官：户部掌管土地和人口，有如大地滋养万物。⑨春官：礼部主管国家的典章制度、祭祀、学校、科举和接待四方宾客等，像春天生长万物。⑩夏官：兵部主管全国武官选用和兵籍、军械、军令等，兵威震慑，像炎热的夏天般刚烈。⑪秋官：刑部掌管刑法、监狱诉讼，像肃杀的秋天一样。⑫冬官：工部掌管各项工程、屯田、水利、交通等，像冬天一样为以后打基础。

**【译文】**帝王就像太阳一样从东方升起，在南方照耀天下。大臣能建立“补天和给太阳洗澡”那样伟大的功业。太师、太傅、太保为三公，与天上的三台星相对应，帝王的侍从官也属于天上的星宿。宰相的位置很高也很重要，吏部掌管着干部的选拔和任命。吏部、户部、礼部、兵部、刑部、工部为六部，六部尚书分别称为大冢宰、大司徒、大宗伯、大司马、大司寇、大司空，或称为天官、地官、春官、夏官、秋官、冬官。

**【原文】**

“都宪”“中丞”，都御史之号①；“内翰”“学士”，翰林院之称②。“天使”誉称行人③；“司成”尊称祭酒④。称都堂曰“大抚台”⑤，称巡按曰“大柱史”⑥。“方伯”“藩侯”⑦，左右布政之号⑧；“宪台”“廉宪”，提刑按察之称⑨。宗师称为“大文衡”⑩，副使称为“大宪副”⑪。

**【注释】**①都御史：明代都察院的长官为左右都御史，下设副都御史、佥都御史。②翰林院：中国古代以文学供奉宫廷的官署。③天使：天子的使者。行人：官名，在周代负责朝廷的觐见聘问。明代设行人司，掌管传旨、册封等事。④司成：原为古代掌管贵族子弟教育的官职。祭酒：隋唐以后设国子监祭酒，主管国子监。⑤都堂：明代都察院的长官和带有都察院御史衔的官员。⑥巡按：巡行按察。明代有巡按御史赴各地巡视，考核吏治，审理大案，简称“巡按”。柱史：原为周、秦时期的官名，柱下史的简称。⑦方伯：原为古代诸侯中的领袖称号。藩侯：原指古代诸侯。⑧布政：布政使的简称。明代左、右布政使为一省最高行政长官。⑨提刑按察：主管一省司法的官员。⑩宗师：官名，掌管宗室子弟的训导。大文衡：宗师是师道的宗主，而评论文章就像用秤称物，所以被称为大文衡。⑪副使：重要使节、官员的副手。宪：对上司的尊称。

【译文】监察机构为巡抚都御史，长官称为“都宪”“中丞”，或“大中丞”。“内翰”“学士”是对负责为皇帝起草文书的翰林院官员的称呼。传达皇帝诏令的官员是天子的使者，称“天使”；司成，尊称为祭酒，代为管理国子监学府。都堂一般为抚台兼任，巡按称为“大柱史”。“方伯”“藩侯”是掌管一省户政赋役的左右布政；“宪台”和“廉宪”，都是对掌管一省刑法事务的提刑案察的称呼。被众人尊为师表，掌管一省教育的人被称为“大文衡”；监察史的副手称“大宪副”。

【原文】

“郡侯”“邦伯”①，知府名尊②；“郡丞”“贰侯”③，同知誉美④。“郡宰”“别驾”⑤，乃称通判⑥；“司理”“廌史”⑦，赞美推官⑧。“刺史”“州牧”⑨，乃知州之两号⑩；“廌史”“台谏”⑪，即知县之尊称⑫。乡宦曰“乡绅”⑬，农官曰“田畯”⑭。

【注释】①郡侯：原为古代爵位名。邦伯：原为古代对一方诸侯首领的称呼。②知府：府一级的行政长官。知，主持。③郡丞：郡守的辅佐。丞，副职官员。贰侯：郡侯的副职。④同知：知府的佐官，分别掌管督粮、缉捕、水利等。⑤郡宰：一郡的主宰。别驾：原指汉代州刺史的佐吏，其随刺史出巡时另乘一车。⑥通判：知府之下掌管粮运、家田、水利和诉讼的官员。⑦廌（zhì）：即獬豸，传说中的异兽名，能辨曲直。⑧推官：主管司法事务的官员。⑨刺史、州牧：汉代至唐代对州一级最高长官的称呼。⑩知州：掌管一州的军政事务的官员。⑪台谏：唐宋时对御史等言官的合称。⑫知县：县一级最高行政长官。⑬乡宦：有过官职又回乡的人。宦，官，官职。乡绅：乡间有权有势的人。绅，古代士大夫束腰的大带子，引申为束绅的人。⑭田畯（jùn）：古代原指农神，后指掌管田地的官员。

【译文】郡侯和邦伯都是对知府的尊称；郡丞和贰侯，是对同知的美称。郡宰、别驾为督粮长官，称通判；司理、廌史是对理刑办案的推官的赞美之称。刺史和州牧是对知州的两个称呼；廌史和台谏是当时对知县的另外的称呼。退休以后回到老家的官员称为乡绅；负责管理农事、田法的官员叫田畯。

【原文】

“钧座”“台座”①，皆称仕宦②；“帐下”“麾下”③，并美武官。秩官既分九品④，命妇亦有七阶⑤。一品曰“夫人”，二品亦“夫人”，三品曰“淑人”，四品曰“恭人”，五品曰“宜人”，六品曰“安人”，七品曰“孺人”。妇人受封曰“金花诰”⑥，状元报捷曰“紫泥封”⑦。唐玄宗以金瓯覆宰相之名⑧，宋真宗以美珠箝谏臣之口⑨。“金马”“玉堂”⑩，羡翰林之声价⑪；“朱幡”“皂盖”⑫，仰郡守之威仪⑬。

【注释】①钧座、台座：对尊者的敬词。②仕宦：做官，这里指做官的人。③帐下、麾下：泛指军事指挥官。帐，指军帐。麾，古代用来指挥军队的旗帜，即帅旗。④秩官：常设之官。秩，常。九品：中国古代官吏的等级。始于魏晋，从上上到下下，共分九等。品，等级。⑤命妇：古代赐予诰命封号的妇女。一般是官员的母亲或妻子。七阶：元明以来，命妇的封号从夫爵的高低分为七个等级。封官员的母亲时，要在“夫人”等前面冠以“太”字。⑥金花诰：命妇接受册封时，诰命写在绘有金花罗纹的纸上。诰，诰命，皇帝赐爵或授官的诏令。⑦状元：科举考试中，殿试考取一甲（第一等）第一名的人。紫泥封：古代皇帝的诏书用锦囊装着，用紫泥封口，在泥上加盖印章。⑧金瓯：金碗。瓯，盆、盂之类器皿。覆宰相之名：扣住宰相的名字。⑨美珠箝谏臣之口：用珍贵的珠玉封住直言的臣子的嘴。宋真宗迷信道教，决心封禅，但又怕宰相王旦反对，便召王旦饮酒，并赐一樽酒给王旦说：“这酒味道很好，带回家和妻儿老小一起尝尝吧！”王旦回家打开一看，里面都是珠玉，从此就不提异议了。箝，钳制。谏臣，直言规劝的臣子。⑩金马：汉代的金马门，是学士待诏的地方。玉堂：汉代的玉堂殿，待诏学士议事的地方。⑪声价：名声和社会地位。⑫朱幡、皂盖：汉代郡守春天出行时车骑的颜色。朱幡，红色的旗帜。皂盖，黑色的车盖。⑬威仪：帝王或大臣的仪仗、扈从。

**【译文】**钧座和台座都可以称呼官员；帐下和麾下则是对武官的美称。古代的官员分为九品，官员的母亲和妻子都可以接受诰命，称命妇，也有七个阶层之分。一品诰命叫夫人，二品也叫夫人，三品叫淑人，四品称为恭人，五品称为宜人，六品叫安人，七品叫孺人。妇人受到皇帝的册封叫做金花诰，报告考上状元的好消息叫紫泥封。唐玄宗任人唯贤，用金盆盖住所选宰相的名字，宋真宗要封禅，先用珍珠封住劝谏大夫的嘴。金马、玉堂是说翰林院的声价高，红色的旗幡和黑色的伞盖，显示了郡守出行时的威仪。

**【原文】**

台辅曰“紫阁名公”①，知府曰“黄堂太守”②。府尹之禄二千石③，太守之马五花骢④。“代天巡狩”⑤，赞称巡按；“指日高升”⑥，预贺官僚。初到任曰“下车”，告致仕曰“解组”⑦。藩垣、屏翰⑧，方伯犹古诸侯之国；墨绶、铜章⑨，令尹即古子男之邦⑩。

**【注释】**①台辅：指宰相。紫阁：唐代曾改中书省为紫微省，中书令为紫微令，因称宰相府第为紫阁。②黄堂：古代太守办公的厅堂。明清时的知府类似汉代太守，所以也称知府为黄堂。③府尹：官名，一般为京畿地区的行政长官。禄：俸禄。石（dàn）：容量单位，十斗为一石。秦汉官品的高低，常以俸禄的多少计算，从二千石递减至百石止。④五花骢（cōng）：五花马。汉代太守外出时，一车五马，故以“五马”称太守。骢，青白杂色的马。⑤代天巡狩：代替天子出巡。古代皇帝五年一出巡，视察各地方。⑥指日高升：很快就可升官。指日，为期不远。⑦告：表示，请求。致仕：辞去官职。解组：解下印绶。组，古人佩玉或佩印的丝带子，这里指印绶。⑧藩垣：藩篱和垣墙。屏翰：屏障辅翼。⑨墨绶、铜章：代指县令。绶，古代系帷幕或印纽的丝带。铜章，铜铸的官印。⑩令尹：秦汉以来，一县之长叫县令，元代叫县尹，因而也合称令尹。子男：即子爵、男爵，古代比较小的爵位。

**【译文】**台辅指太师、太傅、太保三公，又叫紫阁名公，知府也称黄堂太守。府尹的工资达到了每年两千石粮食，太守出行要乘坐五匹青白色的马拉的车子。赞美巡按，说他代天子出巡；不久就会高升，前途很广阔，是对那些仕途官员的祝贺之词。官吏赶到任命的地方叫下车，官员辞去职务，要解下印绶称为解组。藩垣、屏翰称邦伯，他们的职守犹如古时的诸侯之国；墨绶、铜章是指令尹，他们的爵位如同古时的子男之国。

**【原文】**

太监掌阉门之禁令①，故曰“阉宦”；朝臣皆搢笏于绅间②，故曰

“搢绅”。萧曹相汉高③，曾为“刀笔吏”④；汲黯相汉武⑤，真是“社稷臣”⑥。召伯布文王之政⑦，尝舍甘棠之下⑧，后人思其遗爱⑨，不忍伐其材⑩；孔明有王佐之才⑪，尝隐草庐之中⑫，先主慕其令名⑬，乃三顾其庐。

【注释】①太监：宦官。阉门：即宫门。②搢笏（jìn hù）：插笏。古代大臣朝见时，手里多拿一块狭长的板子，用玉、象牙或竹片制成，在上面记事备忘，不用时可插在衣带上。搢，插。③萧曹：萧何和曹参。萧何，曾为沛县主吏掾，后随刘邦起义，西汉建立后任丞相。曹参，曾为沛县狱吏，后继萧何为丞相。汉高：汉高祖刘邦。④刀笔吏：文书小吏。古代人在竹简、木板上书写，写错了就用小刀刮去重写。⑤汲黯：汉武帝时大臣，治民有方，而且经常直言进谏。汉武：汉武帝刘彻。⑥社稷臣：能捍卫国家的重臣。社稷，国家的代称。⑦召伯：周文王的庶子，又称为“召公”，曾辅佐周武王灭商。⑧甘棠：即棠梨树。⑨遗爱：留下的恩惠恩泽。⑩材：可做木材的树。⑪孔明：诸葛亮的字。三国蜀汉政治家、军事家。东汉末，隐居隆中。⑫草庐：简陋的草屋。⑬先主：古称开国君主，这里指刘备，三国时期蜀汉的建立者。令名：美好的名声。

【译文】太监负责掌管各座宫门的出入，所以称为阉宦；大臣朝拜皇帝把笏板别在腰间，因此叫做搢绅。汉高祖的丞相萧何和曹参，先前只是一个很普通的小吏；汉武帝的丞相汲黯，敢于当面指责别人的过失，被誉为社稷之臣。召伯实施文王的政令，曾经住在甘棠树下办理公事，去世后人们思念他，遵从他的爱好，把这棵甘棠树保留了下来；孔明有辅佐帝王成就大业的才干，曾经隐居在草庐之中，刘备思慕他的才能，知道他美好的名声，多次到他居住的茅庐里请教治理天下的事情。

【原文】

“鱼头参政”①，鲁宗道秉性骨鲠；“伴食宰相”，卢怀慎居位无能。王德用，人称“黑王相公”；赵清献，世号“铁面御史”。汉刘宽责民，蒲鞭示辱②；项仲山洁己，饮马投钱③。李善感直言不讳④，竞称“鸣凤朝阳”⑤；汉张纲弹劾无私，直斥“豺狼当道”。民爱邓侯之政⑥，挽之不留⑦；人言谢令之贪，推之不去⑧。廉范守蜀郡⑨，民歌五袴⑩；张堪守渔阳⑪，麦穗两歧⑫。

【注释】①参政：官名，参知政事的省称，在宋代为副相。②蒲鞭示辱：东汉人刘宽性情温和宽厚，对有过错的人只用蒲草做的鞭子抽打，只是为了使他感到羞耻，并不使他皮肉受苦。③饮马投钱：汉代人项仲山，每次在渭河饮马，必投三文钱在河里，表示不占便宜。④李善感：唐高宗时任监察御史，以直言进谏著称。⑤鸣凤朝阳：凤凰在太阳初升时鸣叫。唐高宗想要封禅五岳，李善感上书直谏。当时已有二十年无人敢直言进谏了，因此人们认为这是天下少有的吉祥之兆，竞相用“鸣凤朝阳”来夸赞。⑥邓侯：即邓攸，字伯道，东晋时任吴郡太守。⑦挽之不留：邓攸为官清廉，百姓都很爱戴他。后来邓攸因病辞官，数千百姓牵住他的船不让走。⑧推之不去：邓攸之前的吴郡太守姓谢，是个贪官，吴人因此作歌四句：“紞如打五鼓，鸡鸣天欲曙。邓侯挽不留，谢令推不去。”“紞如”是击鼓的声音。⑨蜀郡：秦朝灭蜀国，设置蜀郡，辖境包有今四川省中部大部分，首府在成都。⑩民歌五袴（kù）：东汉人廉范，字叔度，曾任蜀郡太守。当地以前的制度是禁止百姓晚上劳动和工作，以防火灾，民众于是偷偷干，结果火灾更多。廉范废除前任的法令，只严格要求家家储水。百姓觉得很方便，于是歌唱道：“廉叔度，来何暮，不禁火，民安作。平生无襦今五袴。”

襦，短衣。袴，通“裤”。⑪渔阳：地名。唐玄宗天宝元年改蓟州为渔阳郡，首府在今津市蓟州区。⑫麦穗两歧：即一麦两穗，是丰收吉祥的兆头。歧，叉开。东汉人张堪，字君游，任渔阳太守时，开稻田八千余顷，劝民耕作。百姓富足，于是作歌：“桑无附枝，麦穗两歧，张君为政，乐不可支。”

**【译文】**鲁宗道性格刚烈敢于直谏，权贵对他又恨又怕，私下为他起名“鱼头参政”；卢怀慎懦弱无能，没有主见，居高位不能出谋划策，被人笑称为“伴食宰相”。王德用治军有方，被称作“黑脸相公”；赵清献铁面无私，世人叫他“铁面御史”。汉朝刘宽责罚犯错误的民众，不是实行毒刑拷打，而是用蒲草责罚他们，让他们认识到自己的错误就可以了；项仲山洁身自好，对自己要求非常严厉，所骑的马去喝水也要投钱在那里，从不贪占便宜。李善感直言不讳，他的劝谏像凤凰正对着朝阳鸣叫那么好听；汉朝的张纲上朝弹劾，直接怒斥当权的奸臣。百姓喜爱邓攸，离任时挽留不让他离去。谢太守非常贪财，人们恨他送都送不走！廉范在蜀郡当太守，带领百姓勤劳致富，人们歌唱道：过去没有衣穿，现在有五条裤子。张堪镇守渔阳，清正廉洁，人民生活幸福，一棵麦子竟然结出两个麦穗。

**【原文】**

鲁恭为中牟令，桑下有驯雉之异；郭伋为并州守，儿童有竹马之迎。鲜于子骏[①]，宁非“一路福星”[②]；司马温公[③]，真是“万家生佛”[④]。鸾凤不栖枳棘，羡仇香之为主簿[⑤]；河阳遍种桃花[⑥]，乃潘岳之为县官[⑦]。刘昆宰江陵[⑧]，昔日反风灭火[⑨]；龚遂守渤海[⑩]，令民卖刀买牛[⑪]。此皆德政可歌，是以令名攸著。

**【注释】**①鲜于子骏：宋代鲜于侁，字子骏。鲜于，复姓。②一路福星：宋哲宗时鲜于侁任京东路转运使，临行前，司马光对人说：“鲜于侁贤能，不可能一直在地方任职，但是齐鲁之地的民众，需要他前去救援。他是一路的福星。”路，宋代行政大区名称。福星，岁星，旧时术士说岁星照临能降福于民。③司马温公：即司马光，字君实，北宋名臣，死后追封温国公。④万家生佛：司马光以清廉正直著称，被人称为“万家生佛”，即搭救民众的活佛。⑤仇香：即仇览，字季智，东汉人。他在当蒲亭长的时候，以德感化别人，百姓称颂。县令王涣仰慕他的贤名，召为主簿，又不忍心让他一直当个小官，说：“枳棘非鸾凤所栖。”于是拿出自己一个月的俸禄资助仇香入太学深造。主簿：官名，主管文书，办理事务。⑥河阳：古地名，在今河南省孟州市西。⑦潘岳：字安仁，西晋文学家。他任河阳县令时，百姓有拖欠税赋的，便令植桃树一株，其赋税由官府交纳。离任时，河阳遍地皆桃花，因此人称“花县”。⑧江陵：今荆州城，秦朝设江陵县，隶属南郡。⑨反风灭火：东汉人刘昆任江陵县令时，县内经常发生火灾。每有火灾，刘昆便向火叩头，求助神灵，多能降雨或反风灭火。“反风”，风向倒转。⑩渤海：郡名。汉代设置，因为濒临渤海而得名。⑪卖刀买牛：汉宣帝时，渤海和附近各郡闹饥荒，饥民纷起造反。龚遂任太守时，开仓借粮，奖励农桑，叫民众卖去刀剑，买进耕牛，农民又都开始耕种。

**【译文】**汉代鲁恭任中牟令时，实施仁政，连桑树下的雉鸡都很驯服；汉郭伋做并州太守时，广布恩德，他出行时，数百儿童骑竹马在道旁迎接他。宋朝的鲜于子骏，为民谋福，他到哪里去当官都被称为是福星到了；司马光恩德遍布，被誉为“万家生佛”。鸾凤是不栖息在带刺的矮树上的，羡慕仇香才能被提拔为主薄；河阳种满桃树，是因为潘岳在这里当了县令的缘故。江陵常常发生火灾，刘昆总是跪在地上虔诚地求助，风反过来把火扑灭了；龚遂镇守渤海，劝百姓卖掉屠刀，全力耕作。以上这些官员的德政都是值得歌颂的，他们美好的名声也因此世代传扬。

## 武　职

【原文】

韩、柳、欧、苏，固文人之最著；起、翦、颇、牧，乃武将之多奇。范仲淹“胸中具数万甲兵”①，楚项羽“江东有八千子弟”②。孙膑吴起③，将略堪夸；穰苴尉缭④，兵机莫测。姜太公有《六韬》，黄石公有《三略》⑤。韩信将兵⑥，多多益善⑦；毛遂讥众⑧，碌碌无奇。

【注释】①范仲淹：字希文，北宋中期杰出的政治家和文学家。甲兵：全副武装的兵士。甲，古代士兵穿的护身衣。宋仁宗时，西夏进犯北宋边境，范仲淹和韩琦同任陕西经略副使，改革军制，巩固边防，令西夏人忌惮万分，纷纷说他“胸中自有数万甲兵”，不敢贸然来犯。②项羽：名籍，字羽，原为楚国人，秦末农民起义军领袖。江东有八千子弟：秦二世元年，项羽跟着叔父起义，招收了八千家乡士兵，率领他们在巨鹿之战中摧毁秦军主力。江东，古时指长江下游芜湖、南京以下的南岸地区。③孙膑：战国时期著名军事家，孙武的后代，被庞涓骗到魏国，处以膑刑（去掉膝盖骨），故称孙膑。后任齐威王军师，大败魏军于桂陵和马陵道。吴起：战国时军事家。④穰苴：即田穰苴，春秋齐景公时任大司马，著有《司马穰苴兵法》。尉缭：战国著名军事理论家，现存他所著兵法二十四篇。⑤黄石公：传说中的仙人，曾传授给张良《太公兵法》。⑥韩信：汉初军事家。楚汉之战中，帮助刘邦消灭项羽，战功显赫，被封为楚王。⑦多多益善：越多越好。益，越，更加。⑧毛遂：战国时赵国人，平原君门下食客。

【译文】韩愈、柳宗元、欧阳修、苏轼，是文人中最著名的；白起、王翦、廉颇、李牧，是战国建立奇功的名将。范仲淹熟读兵书是一位能指挥数万甲兵的军事统帅，楚国项羽率江东八千弟子渡江作战。孙膑吴起都具有将才，用兵的策略值得夸耀；穰苴尉缭，用兵的计谋深不可测。姜太公著有兵书《六韬》；黄石公著有兵书《三略》流传于世。韩信说自己带兵“多多益善”，毛遂讽刺他人是“碌碌无奇”。

【原文】

大将曰“干城”①，武士曰“武弁”②。都督称为“大镇国”③，总兵称为“大总戎”④。“都阃”即是都司⑤，“参戎”即是参将⑥。千户有“户侯”之仰⑦，百户有“百宰”之称⑧。以车为户曰“辕门”⑨，显揭战功曰“露布”⑩。下杀上谓之“弑”⑪，上伐下谓之“征”⑫。

【注释】①干城：盾牌和城墙。②武弁（biàn）：古代武士所戴的帽子。弁，皮弁，用来制作帽子。③都督：古代的军事长官。④总兵：总兵官的简称，负责管理一镇的军务。总戎：统帅。戎，军队，士兵。⑤阃（kǔn）：古时地方将帅的官衙。都司：都指挥使司的简称，明代掌握地方军事机构，掌握一省兵权。⑥参将：明代镇守边区的统兵官，职位次于总兵、副总兵，分守各路，掌理本营军务。⑦千户：宋、元、明时千名士兵编为千户所，千户是千户所的长官。户侯：享有食邑一千户的侯爵。仰：泛指对上，这里指上者之威。⑧百户：元、明百名士兵编为百户所，百户是百户所的长官。百宰：主持管理一百户人家。⑨以车为户：以战车为门。车，兵车，战车。户，指门。辕门：古代帝王巡狩、田猎在野外住宿时，用兵车围成屏障；入口处仰起两车，车辕相向，称“辕门”。辕，车前驾牲畜的两根直木。⑩显揭：公开发布。露布：不封口的文书，后多指捷报、檄文等。⑪弑（shì）：封建时代称臣杀君、子杀父母。⑫征：指君上对臣下的讨伐。

**【译文】**大将要保卫国家，叫干城，武士是士兵头目，叫武弁。都督叫作大镇国；总兵叫作大总戎。都阃称都司，参戎称参将。掌管千户称为千户侯，掌管百户叫做百夫宰。用两车车辕相对做门，叫辕门，作战胜利，公开宣布战功，叫露布。下杀上叫弑，上伐下叫征。

**【原文】**

交锋为“对垒”，求和曰“求成”。战胜而回，谓之“凯旋”；战败而走，谓之“奔北”。为君泄恨，曰“敌忾”；为国救难，曰“勤王”①。“胆破心寒”，比敌人慑服之状②；“风声鹤唳”③，惊士卒败北之魂。汉冯异当论功④，独立大树下，不夸己绩；汉文帝尝劳军⑤，亲幸细柳营⑥，按辔徐行。苻坚自夸将广，投鞭可以断流⑦；毛遂自荐才奇，处囊便当脱颖。

**【注释】**①勤王：原指尽力于王事，后多指君主的统治受到威胁而动摇时，臣子起兵救援王朝。②慑服：因恐惧而屈服。③风声鹤唳（lì）：风声和鹤叫。东晋时，前秦皇帝苻坚率兵百万，攻打东晋，却在淝水大败。在溃逃时，秦兵听到风声鹤叫，都以为是东晋的军队追过来了。④冯异：字公孙，东汉初人。光武帝时为偏将军，为人谦逊，从不夸耀自己的功劳。军中诸将并坐论功，他常退避树下，军中誉为“大树将军”。⑤劳军：慰劳部队官兵。⑥细柳营：汉文帝任命河内郡守周亚夫为将军，军队驻扎在细柳（今陕西省咸阳市西南），纪律严明。⑦苻（fú）坚：南北朝时期前秦皇帝。他征调近百万大军攻打东晋，经过长江时狂妄地说：“以我这样多的人马，假如把马鞭都丢进长江里，足可以截断长江水流。”

**【译文】**两军作战叫对垒，失败的一方求和叫求成。打了胜仗回来称凯旋；吃了败仗逃走为奔北。替君主泄恨叫敌忾；为国家救难称勤王。胆破心寒，比喻敌人恐惧的样子；风声鹤唳，形容败兵胆颤心惊。汉代冯异独自站在大树下，不去夸奖自己的功劳；汉文帝亲自到细柳营慰劳将士，遵守军约按着辔慢走。苻坚吹嘘自己兵多将广，说投鞭可以断长江之流，结果为晋所败；毛遂自荐有才，比喻自己是锥子，放入口袋中就会脱颖而出。

**【原文】**

“羞与哙等伍”，韩信降作淮阴；“无面见江东”，项羽羞归故里。韩信受胯下之辱，张良有进履之谦。卫青为牧猪之奴，樊哙为屠狗之辈。求士莫求全，毋以二卵弃干城之将①；用人如用木，毋以寸朽弃连抱之材②。总之君子之身，可大可小；丈夫之志，能屈能伸。自古英雄，难以枚举；欲详将略，须读《武经》。

**【注释】**①二卵弃干城之将：因两颗鸡蛋而放弃捍卫国家的大将。卵，鸡蛋。②连抱：两人合抱。

【译文】韩信降为淮阴侯，说羞与樊哙做同辈；项羽兵败，拔剑自刎，说没脸面见江东父老。韩信能忍受从屠人胯下钻过的侮辱，张良有为圯上老人三次穿鞋的谦虚。大将卫青年少时，做过牧猪的奴隶，樊哙少年，曾是杀狗之辈。求才不必求全责备，切勿因为两个鸡蛋，失去干城的将领。用人好比用木，不能因为一寸朽木就放弃几人合抱的木材。自古以来，英雄不可胜数；想要明白用兵打仗之道，就必须熟读《武经》。

## 祖孙父子

【原文】

何谓“五伦”①：君臣、父子、兄弟、朋友、夫妇。何谓“九族”②：高、曾、祖、考、己身、子、孙、曾、玄③。始祖曰“鼻祖”④，远孙曰“耳孙”⑤。父子创造⑥，曰“肯构肯堂”⑦；父子俱贤，曰“是父是子”⑧。祖称“王父”，父曰“严君”。

【注释】①伦：人伦，人与人之间的关系和应该遵守的行为准则。②族：有血缘关系的亲属。③考：对已故父亲的尊称。④鼻：创始，开端。⑤耳孙：古人称八世孙。也作“仍孙”，后用来泛指远代孙。⑥创：发明，开创。造：制作，建立。⑦肯构肯堂：也作“肯堂肯构”，意思是父亲制订了盖房子的计划，儿子乐于按照计划打地基、造房子。比喻父亲创业，儿辈能够继承。肯：肯于，乐意。构，造房屋。堂，立堂基。⑧是父是子：有什么样的父亲就有什么样的儿子。

【译文】什么是五伦？君臣、父子、兄弟、夫妇、朋友；什么是九族？高祖、曾祖、祖父、父亲、自己、儿子、孙子、曾孙、玄孙。家族的始祖叫鼻祖，远代的孙子叫耳孙。父亲创业，儿子继承，叫肯构肯堂；父子都有贤能，叫是父是子。祖父叫王父，父亲称严君。

【原文】

父母俱存，谓之“椿萱并茂”①；子孙发达，谓之“兰桂腾芳”②。乔木高而仰，似父之道；梓木低而俯，如子之卑。不痴不聋，不作阿家阿翁；得亲顺亲，方可为人为子。盖父愆③，名为“干蛊”④；育义子，乃曰“螟蛉”。

【注释】①椿萱：代称父母。古代人称父亲为“椿庭”，称母亲为“萱堂”。②兰桂腾芳：兰花和桂花都发出芳香。兰花和桂花都有异香，常用来比喻君子贤人。③盖父愆（qiān）：弥补父亲的过错。愆，过失。④干蛊（gǔ）：《易经》“蛊”卦爻辞“干父之蛊”的省略，意思是救治父亲留下的积弊。

【译文】父母都健在，称为“椿萱并茂”；子孙都兴盛发达，称为“兰桂腾芳”。乔木高大挺拔，好像父亲的道理；梓木枝叶低俯，如同儿子的谦卑。不能装聋作哑，就不能当公公婆婆；顺从父母心意，得到父母赞许，才算尽了人子的本分。掩饰父亲的过失，叫干蛊；收养的干儿子，叫作螟蛉。

【原文】

“生子当如孙仲谋”①，曹操羡孙权之语②；“生子须如李亚子”③，朱温叹存勖之词。“菽水承欢”，贫士养亲之乐；“义方是训”，父亲教子之严。“绍箕裘”④，子承父业；“忾先绪”⑤，子振家声。“具庆下”⑥，父母俱存；“重庆下”⑦，祖父俱在。“燕翼贻谋”⑧，乃称裕后之祖⑨；“克绳祖武”⑩，是称象贤之孙⑪。

**【注释】**①孙仲谋：即孙权，字仲谋，三国时吴国的建立者。②曹操：汉末丞相，封魏王。后来他的儿子曹丕称帝建立魏国，追尊他为武帝。③李亚子：即李存勖，李克用之子，五代后唐的建立者。④绍箕裘：继承祖业。绍，继承。箕，原指簸箕。裘，原指用皮毛制成的御寒衣服。古人常用“箕裘”来比喻先人的事业。⑤忾先绪：发扬祖先的功业。忾，发扬，扩大。绪，前人未竟的事业。⑥具庆下：父母都健在。古代人填履历，如果父母都健在，就填写“具庆下”。⑦重庆下：祖父母、父母都健在。⑧燕翼贻谋：像燕子用双翅覆盖乳燕那样，给后人留下好的谋划。翼，遮护。贻，遗留。⑨裕后：使后代富裕。⑩克绳祖武：能够继承祖先的事业。克，能。绳，继承。武，足迹。⑪象贤：效法先人的贤德。象，摹拟，效法。

**【译文】**生子当如孙仲谋，是曹操称赞孙权的话；生子须如李亚子，这是朱温感叹自己的儿子不如李存勖。用菽水来博取双亲的欢喜，是贫士奉养父母的快乐；用义方来教导儿子，是说父亲的严格。续作箕裘，是说儿子继承父业；扩大先业，是说儿子振扬家声。具庆下，是说父母都在；重庆下，是指祖父母也都在。善为子孙计谋，是给后人带来幸福的先辈；能够像先人一样贤德的子孙叫作象贤。

**【原文】**

称人有令子①，曰“麟趾呈祥”②；称宦有贤郎③，曰“凤毛济美”④。弑父自立，隋杨广之天性何存⑤？杀子媚君⑥，齐易牙之人心何在⑦？分甘以娱目⑧，王羲之弄孙自乐⑨；问安惟点颔⑩，郭子仪厥孙最多⑪。和丸教子⑫，仲郢母之贤；戏彩娱亲⑬，老莱子之孝⑭。毛义捧檄⑮，为亲之存；伯俞泣杖⑯，因母之老。

**【注释】**①令子：佳儿。多用于赞美别人的儿子。②麟趾呈祥：《诗经》有《麟之趾》一诗，颂美贵族多子兴旺。③宦：官吏。④凤毛济美：凤凰的羽毛，可以美上加美。比喻在以前的基础上使美好的东西发扬光大。济，增加。⑤杨广：即隋炀帝。杨广趁隋文帝患病，用毒药把他毒死，自己登上帝位。⑥媚君：逢迎取悦君主。⑦易牙：春秋时齐桓公的宠臣，擅长烹饪。传说齐桓公曾感叹：“天下异味我都尝过了，但还从来没有吃过人肉。”易牙就煮了自己的儿子给桓公吃，从此得到桓公宠爱。⑧分甘：分食甜品。娱目：眼前愉悦好看。⑨弄孙自乐：东晋书法家王羲之带着儿孙出去游玩，一有甜的东西，就分给孩子们，小孩子高兴的样子让他感到快乐。⑩问安：向长辈问好。点颔（hé）：点头。颔，下巴。⑪厥孙最多：唐朝大将郭子仪有七个儿子八个女婿，孙子有好几十个，他不能每个都认识，只好在孙子请安时点点头。厥，其。⑫和丸教子：唐朝柳仲郢的母亲教导儿子非常严厉，常常将熊胆和成丸子，让仲郢夜晚读书时咀嚼，用来提神。⑬戏彩娱亲：穿着彩色衣服演戏，让父母感到快乐。⑭老莱子：春秋末年楚国隐士，相传他非常孝敬父母。⑮毛义捧檄：东汉人毛义，家里很穷，以孝著称。一天官府送来公文，任命他为安阳县令。毛义捧着公文，高高兴兴地前去上任。友人张奉因此很看不起他。毛义的母亲死后，他立即辞去官职，再来征召一概不接。张奉这才明白，毛义是为了让母亲高兴才去做官的。⑯伯俞泣杖：汉朝人韩伯俞很有孝心。一次母亲用手杖打他，他痛哭起来。母亲问：“以前打你，你从来不哭，现在哭是为什么呀？”伯俞说："以前我犯了错您打我都很痛，今天不痛，才知道母亲老了，力气也衰弱了，所以才哭泣。"

【译文】夸奖别人养了好儿子，称麟趾呈祥；称赞当官的有好儿子，叫做凤毛济美。隋杨广杀害他的父亲，还存有什么天理？齐易牙杀死自己的儿子来讨好齐桓公，哪里还有人心？王羲之牵子抱孙，每有美味，都分给儿孙们吃，常享天伦之乐。郭子仪孙子众多不能尽识，每次问安，只能点头示意。和熊胆做丸，让儿子夜嚼助学，柳仲郢有这样的贤母；常穿五彩衣，使双亲高兴，老莱子真算是孝顺。毛义接受檄书做官，是为了养活母亲；韩伯俞受了杖责忽然哭泣，是因感到母亲衰老。

【原文】

慈母望子，"倚门倚闾"①；游子思亲②，"陟岵陟屺"③。爱无差等，曰"兄子如邻子"④；分有相同，曰"吾翁即若翁"⑤。长男为主器⑥，令子可克家⑦。子光前曰"充闾"⑧，子过父曰"跨灶"⑨。"宁馨""英畏"⑩，皆是羡人之儿；"国器""掌珠"⑪，悉是称人之子。可爱者，子孙之多若"螽斯之蛰蛰"⑫；堪羡者，后人之盛如"瓜瓞之绵绵"⑬。

【注释】①倚门倚闾：靠在大门旁或巷子口等待。闾，古代里巷的门。②游子：离家远游的人。③陟（zhì）岵（hù）陟屺（qǐ）：登山。陟，登、升。岵，有草木的山。屺，无草木的山。《诗经·陟岵》中有"陟彼岵兮，瞻望父兮"和"陟彼屺兮，瞻望母兮"的句子，都是表达对父母的思念。④兄子如邻子：兄长的儿子和邻居的儿子是一样的。孟子曾说：如果有个小孩爬到井旁，即将发生危险，不论是侄子还是邻人的小孩，都应去救助。⑤吾翁即若翁：我的父亲就是你的父亲。若，你。楚汉战争中，项羽威胁刘邦说：如果不投降，我就把你父亲煮来吃。刘邦说："我与你结为兄弟，'吾翁即若翁'，如果你一定要煮你父亲，希望分给我一杯肉汤。"⑥主器：古代国君的长子主管宗庙的祭器。⑦克家：能继承家业。克，能。⑧光前：光耀前人。充闾：喜气充满门庭。⑨跨灶：良马奔跑时，后蹄印跃过前蹄印。"灶"即灶门，指马前蹄的空处。⑩宁馨：即宁馨儿，晋宋时俗语，原意为"这样的孩子"，后来多用于褒义，意为美好的孩子、子弟。英畏：英俊可畏，即杰出的人物。⑪国器：国家所需要的器材用具，即可以治国的人才。掌珠：掌上明珠，比喻极受疼爱的人。⑫螽（zhōng）斯之蛰蛰：像螽斯一样众多。螽斯，一种小虫子。蛰蛰，众多的样子。⑬瓜瓞（dié）之绵绵：如同一根藤上结了许多大大小小的瓜一样。瓞，小瓜。绵绵，延续不断的样子。

【译文】慈母盼儿归来，或是站在门口或是站在巷口张望等候；游子思念亲人，登山眺望故乡父母。爱没有分别，对人家的儿子如同自己的儿子；名分没有两样，说我的父亲就是你的父亲。长男才能主管祭祀的礼器，佳儿才能承担起祖先的事业。儿子能光大门庭叫充闾，儿子的才能超过父亲称为跨灶。宁馨、英物，是羡慕人家的儿子超凡脱俗；国器、掌珠，是称赞别人的儿子才能卓著。值得喜爱的，是子孙众多，如同螽斯，团团集聚在一起；值得羡慕的，是子孙繁盛，好像瓜瓞绵绵滋生。

# 兄 弟

**【原文】**

天下无不是底父母①，世间最难得者兄弟。须贻同气之光②，无伤手足之雅③。“玉昆金友”④，羡兄弟之俱贤；“伯埙仲篪”⑤，谓声气之相应⑥。兄弟既翕⑦，谓之“花萼相辉”⑧；兄弟联芳⑨，谓之“棠棣竞秀”⑩。患难相顾，似鹡鸰之在原⑪；手足分离，如雁行之折翼⑫。

**【注释】**①天下无不是底父母：不管父母做了什么不对的事情，儿女都应该尽孝道。底，的。②同气之光：同胞的荣耀。同气，受同样的血气所生，即有血缘关系的亲属，多指同胞兄弟。光，荣耀。③手足之雅：兄弟的交情。手足，比喻兄弟。雅，平素的交情。④玉昆金友：一门兄弟才德并美。昆，兄。⑤伯埙（xūn）仲篪（chí）：哥哥吹埙，弟弟吹篪，乐音和谐。埙，一种陶制乐器。篪，一种竹制乐器。⑥声气之相应：像相同的声音互相共鸣、相同的气味互相融合。应，应和，共鸣。⑦翕：聚，合，和睦融洽。⑧花萼相辉：花和萼相互照耀。萼和花同生一枝，且都有保护花瓣的作用。⑨联芳：接连的芬芳，比喻兄弟二人俱获功名。⑩棠棣竞秀：棠棣之花竞相开放。棠棣，一种木本植物，即郁李。⑪鹡鸰（jí líng）之在原：鹡鸰鸟在原野上相互救援。《诗经·棠棣》有“脊令在原，兄弟急难”的诗句，意思是鹡鸰鸟遇到危难，鸣叫同类前来救援。鹡鸰，也作“脊令”。⑫雁行之折翼：飞行的大雁失去翅膀。

**【译文】**天下没有不是的父母，世间最难得的是兄弟。必须保持同胞同气连根的荣光，切莫损伤手足交往与情分。玉昆金友，是羡慕兄弟都有孝行；伯埙仲篪，比喻兄弟和睦融洽。兄弟和睦友爱，称作花萼相辉；兄弟都才华横溢，称作棣华竞秀。兄弟间患难与共，彼此照顾，就像鹡鸰在原；手足分离，则如同飞雁被折断了翅膀。

**【原文】**

元方季方俱盛德①，祖太丘称为“难弟难兄”②；宋郊宋祁俱中元③，当时人号为“大宋小宋”④。荀氏兄弟，得“八龙”之佳誉⑤；河东伯仲⑥，有“三凤”之美名⑦。“东征破斧”⑧，周公大义灭亲⑨；“遇贼争死”⑩，赵孝以身代弟⑪。

**【注释】**①元方、季方：东汉人陈纪和陈谌。陈纪字元方；陈谌字季方，陈纪之弟。盛德：品德高尚。②太丘：陈纪和陈谌的父亲陈寔，曾经在河南太丘做过官，后人称他为“陈太丘”。难兄难弟：元方之子长文和季方之子孝先争论各自父亲的功德，比了很久而不能得出结论，就去问祖父陈寔。陈寔想了一下说：“元方难为兄，季方难为弟。”意思是两个人的见识才德难分高下。③宋郊、宋祁：北宋人宋郊，字公序，后来改名庠。宋祁字子京，是宋郊的弟弟。中元：考试时高中。④大宋小宋：宋仁宗时，宋郊、宋祁在科举考试中同时中了进士，一时传为佳话，时人称为“二宋”，或者称“大宋小宋”。⑤八龙：东汉荀淑有八个儿子，都很有才华，当时人称为“八龙”。⑥河东：战国、秦、汉时称今山西西南部为河东，唐以后泛指今山西全境。⑦三凤：唐朝薛收是唐太宗的重要谋士，他和族兄薛德音、堂弟薛元敬都有文名，当时人称为“河东三凤”。⑧东征破斧：《诗经》中有一篇《破斧》，是赞美周公东征平定反叛的业绩的。周公摄政时，他的弟弟管叔、蔡叔联合纣王之子武庚和东方夷族反叛。周公率兵东征，平定了叛乱，杀了武庚和管叔，把蔡叔流放到偏远地方去。⑨大义灭亲：为维护君臣大义而不惜牺牲亲属间的私情。⑩遇贼争死：遇到盗贼争着去死。⑪赵孝：字长平，东汉人。

**【译文】**汉代陈元方、季方皆有美盛之德，他们的父亲难于分出谁上谁下；宋郊、宋祁都中状元，当时人叫他们大宋小宋。荀氏兄弟八人有才名，人称荀氏八龙；薛氏兄弟三人有名声，人称为河东三凤。周公东征三年，杀死叛乱的弟弟，是大义灭亲；汉代赵礼遇贼，赵孝自己缚去见贼，欲代弟而死。

**【原文】**

"煮豆燃萁"①，谓其相害；"斗粟尺布"②，讥其不容。"兄弟阋墙"③，谓兄弟之斗狠；"天生羽翼"④，谓兄弟之相亲。姜家大被以同眠⑤，宋君灼艾而分痛⑥。田氏分财，忽瘁庭前之荆树⑦；夷齐让国⑧，共采首阳之蕨薇⑨。虽曰安宁之日，不如友生⑩；其实凡今之人，莫如兄弟。

**【注释】**①煮豆燃萁：烧豆秸秆煮豆子。魏文帝曹丕曾经让同母弟曹植七步作诗，写不出来就要杀了他。曹植在七步内成一首诗："煮豆持作羹，漉豉以为汁。萁在釜下燃，豆在釜中泣。本是同根生，相煎何太急！"②斗粟尺布：汉文帝的弟弟淮南王刘长谋反失败，被押解去蜀郡，在路上不吃不喝而死。民间作歌说："一尺布，尚可缝；一斗粟，尚可舂；兄弟二人不相容。"③兄弟阋（xì）墙：兄弟在家里相争。阋，争吵。④天生羽翼：天生的辅佐力量。唐玄宗写信对他的兄弟们说，服用仙药而生出羽翼，哪里比得上我们兄弟是天生的羽翼呢！⑤姜家大被：东汉人姜肱，与弟弟仲海、季江都以孝顺闻名，兄弟三人非常友爱，常常盖着一床大被子一起睡觉。⑥宋君：指宋太祖赵匡胤，宋朝的建立者。灼艾而分痛：有一次，赵匡义病得很厉害，哥哥赵匡胤亲自给他烧艾火治疗。匡义觉得很疼，赵匡胤便用艾火灼烧自己，以表示替他分担痛苦。⑦瘁：劳累，这里指枯萎。荆树：隋朝田真、田庆、田广三兄弟决定分家，连屋前的一棵紫荆树都要分成三片。第二天紫荆树就枯死了。兄弟们大吃一惊，醒悟到树宁愿枯死都不愿分开，因此决定不再分家了，结果紫荆树重又长得枝繁叶茂。⑧夷齐让国：伯夷、叔齐都推让国君之位。⑨首阳：山名，在今山西省永济市南。蕨薇：两种草本植物，嫩芽可以食用，这里泛指野菜。⑩友生：朋友。

**【译文】**煮豆燃箕，比喻兄弟自相残害；斗粟尺布，讥讽兄弟互不相容。兄弟阋墙，是说兄弟在墙内争斗；天生羽翼，则是比喻兄弟亲爱互助。姜肱用大被和兄弟同眠，宋太祖用艾叶灼烧自己，来分担兄弟的痛苦。田氏兄弟分家产，院子里的紫荆树突然枯死了；伯夷、叔齐互相推让国君的位置，最后一起躲到首阳山采野菜充饥。虽说安宁的日子，兄弟不如朋友关系亲密，实际上今人，还是兄弟之间情意深重。

## 夫　妇

**【原文】**

孤阴则不生，独阳则不长，故天地配以阴阳①；男以女为室②，女以男为家③，故人生偶以夫妇④。阴阳和而后雨泽降⑤，夫妇和而后家道成⑥。夫谓妻曰"拙荆"⑦，又曰"内子"；妻称夫曰"藁砧"⑧，又曰

"良人"。贺人娶妻，曰"荣偕伉俪"⑨；留物与妻，曰"归遗细君"⑩。"受室"即是娶妻，"纳宠"谓人娶妾⑪。

**【注释】**①阴阳：本来指物体对于阳光的向背，向日为阳，背日为阴。中国古代哲学把一切现象的正反两面称为阴阳。对于人来说，男为阳，女为阴。②室：古代指妻子。③家：共同生活的眷属。④偶：配偶。⑤雨泽：雨水。⑥家道：成家之道。指家庭赖以成立与维持的规则和道理。⑦拙荆：有贫寒无能的意思。拙，笨拙。荆，以荆当钗。⑧藁（gǎo）砧：古代处死刑，罪人席藁伏于砧上，用铁斩之。藁，秸秆。砧，砧板。铁，铡刀。"铁"与"夫"谐音。⑨荣偕伉俪：夫妻和谐美好。伉俪，夫妻，配偶。⑩归遗（wèi）细君：回家送给妻子。遗，交送。细君，指妻子。⑪纳宠：迎娶被宠爱的人。纳，娶。妾：即小老婆。

**【译文】**孤立的阴气不能创造生命，独立的阳气也不能养育万物，所以天地以阴阳配合；男子娶女子才能成为室，女子嫁男子才算有了家，所以人才会配成夫妇。阴阳二气结合，才能风调雨顺；夫妇和睦，才会使家业兴旺。丈夫对外称妻子为拙荆，又叫内子；妻子对外称丈夫为藁砧，又叫良人。受室是说自己娶妻，纳宠是说别人娶妾。

**【原文】**

正妻谓之"嫡"，众妾谓之"庶"①。称人妻曰"尊夫人"，称人妾曰"如夫人"②。"结发"系是初婚③，"续弦"乃是再娶④。妇人重婚曰"再醮"⑤，男子无偶曰"鳏居"⑥。"如鼓瑟琴"⑦，夫妻好合之谓；"琴瑟不调"，夫妇反目之词⑧。"牝鸡司晨"⑨，比妇人之主事；"河东狮吼"⑩，讥男子之畏妻。杀妻求将⑪，吴起何其忍心；蒸梨出妻⑫，曾子善全孝道⑬。张敞为妻画眉⑭，媚态可哂⑮；董氏为夫封发⑯，贞节堪夸⑰。

**【注释】**①庶：宗法制度下家庭的旁支，与"嫡"相对。②如夫人：同夫人一样。如，如同。③结发：古代结婚时要举行男女坐在一起束发的礼仪。④古代常以琴瑟比喻夫妇，称丧妻为"断弦"。⑤醮：古代婚礼中的一种仪节。⑥鳏（guān）：原指一种鱼，据说喜欢独行。⑦如鼓瑟琴：就像演奏瑟和琴。瑟琴，两种乐器，一起演奏时声音和谐悦耳。鼓，演奏。⑧反目：翻脸，泛指关系破裂。⑨牝（pìn）鸡司晨：母鸡报晓。牝，鸟兽中的雌性。司，掌管。⑩河东狮吼：妻子妒悍。河东，古代郡名。狮子吼，佛家比喻威严。⑪杀妻求将：春秋时，齐国攻打鲁国，鲁君想要任用吴起为将军。但吴起的妻子是齐国人，鲁君有些怀疑吴起的忠诚。吴起杀死了妻子，以表示自己和齐国没有关系。⑫出妻：休妻。相传曾参对后母十分孝敬，有一次妻子把没有蒸熟的梨给后母吃，曾参认为妻子不孝，便将她休了。⑬曾子：曾参，字子舆，孔子的学生，以孝著名。⑭为妻画眉：西汉张敞担任京兆尹时，曾替妻子画眉，长安城里纷纷传说张敞画的眉毛样式很好看。⑮媚态：谄媚、讨好的态度。哂（shěn）：讥笑。⑯封发：用绳布封住头发。唐朝贾直言被贬岭南，临行前劝妻子董氏改嫁。董氏没有答应，用绳子系住头发，并用帛封好，叫丈夫在帛上盖印，说："不是您的手就不会解开它。"贾直言被贬二十年后回来，董氏的封发依然没有半点改变。⑰贞节：忠贞的节操，指女子不失身、不改嫁的道德行为。

**【译文】**正妻称为嫡，众妾称为庶。称呼别人的妻子叫尊夫人，称呼人家的妾叫如夫人。结发指初次结婚，续弦是说妻死再娶。妇人再嫁称作再醮；男子无偶称为鳏居。如鼓瑟琴，比喻夫妇感情和谐；琴瑟不调，是说夫妇反目不和。牝鸡司晨，比喻妇人掌家政；河东狮吼，是讥讽丈夫怕妻子。为求将位，杀死妻子，吴起心肠何等残忍；蒸梨不熟就遗弃妻子，曾子很难成全孝道。张敞为妻子画眉，儿女情态真是可笑；董氏当着丈夫的面，把头发封住，其贞节实在值得夸耀。

**【原文】**

冀郤缺夫妻①，相敬如宾；陈仲子夫妇②，灌园食力。“不弃糟糠”③，宋弘回光武之语④；“举案齐眉”，梁鸿配孟光之贤。苏蕙织回文⑤，乐昌分破镜⑥，是夫妇之生离；张瞻炊臼梦⑦，庄子鼓盆歌⑧，是夫妇之死别。鲍宣之妻，提瓮出汲⑨，雅得顺从之道⑩；齐御之妻，窥御激夫⑪，可称内助之贤。可怪者，买臣之妻，因贫求去，不思覆水难收；可丑者，相如之妻，夤夜私奔⑫，但识丝桐有意。要知身修而后家齐，夫义自然妇顺。

**【注释】**①冀郤（xì）缺：即郤成子，春秋时晋国上卿，因为食邑在冀，又称冀缺。②陈仲子：战国时齐人。他认为哥哥食禄万钟是不义的事情，便与妻子离开齐国住到楚国的於陵，自号於陵仲子。③不弃糟糠：不抛弃共患难的妻子。糟糠，本指酒渣、糠皮等粗劣食物，代指曾经与自己共患难的妻子。④宋弘：东汉光武帝刘秀的大臣。刘秀想将新寡的姐姐湖阳公主嫁给宋弘，先问宋弘：“显贵了换朋友，富裕了换妻子，这是不是人之常情啊？”宋弘回答说：“臣听说贫贱时的朋友不能忘记，患难时的妻子不能抛弃。”很委婉地拒绝了光武帝。⑤织回文：前秦时，秦川刺史窦滔被放逐到流沙。妻子苏蕙思念他，便用五色彩丝织成回文旋图诗寄去。回文诗图，又名璇玑图，长宽各八寸，共八百四十字，纵横反复都能诵读，文词凄婉。⑥乐昌分破镜：指南朝陈国的乐昌公主与丈夫破镜重圆的故事。⑦炊臼梦：唐代有一位王生，说自己会解梦。商人张瞻快要回家的时候，梦见在石臼中做饭，就去问王生，王生说：“您回家见不到妻子了。石臼中做饭，喻示无釜（妇）也。”张瞻回家，妻子果然已死几个月了。⑧鼓盆歌：庄子的妻子死了，惠子去吊唁，看到庄子蹲在地上，正敲着盆子唱歌。⑨提瓮出汲：东汉鲍宣求学时，老师见他很有才华，就把女儿桓少君嫁给他，而且陪嫁丰厚。少君虽然出身富贵人家却穿着粗布短衣，与丈夫一起推车回家，拜见婆婆后，就提着瓦瓮出门打水。瓮，瓦罐，一种装水的器具。⑩雅：很，甚。⑪窥御激夫：春秋时，晏子担任齐国的相国。有一天晏子坐车外出，车夫的妻子在门缝里看见丈夫赶马时得意扬扬。车夫回家后，妻子请求离去，说：晏子身高不满六尺却身为齐相，名闻诸侯而表情谦逊。你身高八尺，只是个车夫，却自以为了不起，有什么出息！从此以后，车夫变得谦逊起来。晏子知道了事情的经过，便推荐他做了大夫。⑫夤（yín）夜：深夜。私奔：西汉辞赋家司马相如到临邛富户卓王孙家赴宴。宴席上，县令王吉请司马相如弹琴。当时卓王孙的女儿卓文君新寡，她既喜欢相如的才华，又爱他弹得一手好琴，于是深夜出逃私奔相如。

**【译文】**冀郤缺夫妇，互相尊敬如待宾客；陈仲子夫妻，灌园种地，自食其力。糟糠之妻不可抛弃，是宋弘回答汉光武帝的话；每次送食举起的案总和眉齐高，这是梁鸿娶到孟光这样的贤妻。苏蕙织回文，乐昌公主分破镜，这些都是说夫妇生离的悲怅；张瞻梦见在臼中做饭，庄子鼓盆而歌，说的都是夫妇的死别。鲍宣的妻子出身富家，仍提瓦罐汲水，很懂得顺从的道理；齐御夫的妻子，用话激励丈夫，可称为贤内助。当受责备的是朱买臣之妻，贫困时求去，富贵后又要回来，却不知泼出去的水收不回来；可耻的是司马相如的妻子，听见琴声挑逗，竟在半夜私奔而去。要知道，提高自身品德的修养，而后才能治理好家庭；丈夫对待妻子有礼仪情谊，妻子自然会顺从谦恭。

## 叔 侄

**【原文】**

曰“诸父”、曰“亚父”，皆叔父之辈；曰“犹子”、曰“比儿”，俱侄儿之称。“阿大中郎”，道韫雅称叔父；“吾家龙文”①，杨素比美侄儿②。“乌衣诸郎君”③，江东称王谢之子弟；“吾家千里驹”，苻坚羡苻朗为侄儿。“竹林”叔侄之称④，“兰玉”子侄之誉⑤。存侄弃儿，悲伯道之无后⑥；视叔犹父，羡公绰之居官⑦。卢迈无儿，以侄而主身之后⑧；张范遇贼⑨，以子而代侄之生。

**【注释】**①龙文：骏马名。杨昱对别人提到自己的侄儿杨愔时说：“此儿驹齿未落，已是我家龙文；更十岁之后，当求之千里外。”②杨素：隋朝权臣。说“吾家龙文”的应该是杨昱。③乌衣诸郎君：乌衣巷的子弟。东晋王导、谢安两大家族都在京城的乌衣巷。④竹林叔侄：魏晋时，嵇康、阮籍、山涛、向秀、阮咸、王戎、刘伶七人常在竹林中一起游乐，人称“竹林七贤”。其中阮籍、阮咸为叔侄，所以“竹林”也用来比喻叔侄关系。⑤兰玉：“芝兰玉树”的省写。晋朝谢安问各位子侄：“为什么我总想培养你们成为优秀子弟？”谢玄回答：“这就好比芝兰玉树，总想使它们生长在自家的庭院中啊！”⑥伯道：西晋人邓攸，伯道是他的字。⑦公绰：唐朝人柳公绰，曾任河东节度使，后官至兵部尚书。他对叔父像对父亲一样恭敬，做官时出门遇到叔父也必定下马端立。⑧主身之后：唐朝人卢迈再娶而没有生子，别人劝他纳妾，他说：“兄弟之子就像儿子一样，也可以主后。”主后，指父母死后儿子主持祭礼。⑨张范遇贼：北朝魏人张范之子张陵和侄儿张戬都被山东贼人抓去，张范亲自前去说情，贼人交还了张陵。张范说：“虽然说喜爱自己的儿子是人之常情，但是我更可怜侄儿年幼，请用张陵替换张戬。”贼人为他的义气所感动，就把张陵、张戬都放了。

**【译文】**诸父、亚父是称叔伯辈的；犹子、比儿，是称呼侄儿的。阿大中郎，是谢道韫对叔父的称呼；我家龙文，是杨昱称赞侄儿。乌衣诸郎君，是江东人称王谢子弟；我家的千里驹，是苻坚赞美侄儿苻朗。竹林是叔侄的别称，兰玉是对子侄的赞誉之词。在战乱中丢下儿子救侄儿，人们悲叹邓伯道无后；对待叔叔如自己的父亲，大家称赞柳公绰的为人。卢迈没有儿子，以侄儿主身后事；张范遇贼，请求用自己的儿子代替侄儿死。

## 师 生

**【原文】**

马融设绛帐①，前授生徒②，后列女乐③；孔子居杏坛④，贤人七十，弟子三千。称教馆曰“设帐”⑤，又曰“振铎”⑥；谦教馆曰“糊口”⑦，又曰“舌耕”⑧。师曰“西宾”⑨，师席曰“函丈”⑩。学曰“家塾”⑪，学俸曰“束脩”⑫。“桃李在公门”⑬，称人弟子之多；“苜蓿长阑干”⑭，奉师饮食之薄⑮。

**【注释】**①马融：字季长，东汉经学家、有名的大儒。绛帐：红色的帷帐。②生徒：学生，门徒。③女乐：歌舞伎。④杏坛：孔子讲学的地方。⑤教馆：执教的馆舍，这里指教师执教。⑥振铎（duó）：摇铃。古代宣布政教法令时，鸣铎以警示众人。铎，大铃。⑦糊口：本来是吃粥的意思，后来形容生活艰难，勉强度日。⑧舌耕：授徒讲学的人以口舌谋生，正像农民靠耕种得粮食一样。⑨西宾：坐西面东的宾客。后来成为对家塾教师或幕僚的敬称。⑩师席：教师的坐席。函丈：指讲学者与听讲者坐席之间相距一丈。⑪家塾：相传周代以二十五家为一闾，闾有巷，巷前门边设家塾，用来教授居民子弟。塾，指民间教读的地方。⑫学俸：教师的薪水。束脩（xiū）：原指古代诸侯大夫相馈赠的礼物。脩，干肉。十条干肉为束脩。⑬桃李：本指桃树、李树，因为其果实多，所以常用来比喻培养的学生众多。⑭苜蓿长阑干：唐朝的薛令之曾任太子侍读，他写诗形容生活清苦，里面有“盘中何所有？苜蓿长阑干”的句子，意思是经常拿苜蓿当菜吃。苜蓿，一种草本植物。阑干，纵横散乱的样子。⑮薄：稀薄，淡薄。

**【译文】**马融讲学设绛帐，前面教学生，后面有歌舞伎奏乐。孔子在杏坛讲学，贤人有七十，弟子有三千。称人设馆教学叫设帐，又叫振铎；自谦设馆教书，说糊口，又说舌耕。称聘请的老师，叫西宾，老师的坐席叫函丈；在家设馆教书，叫家塾，给老师的学费，叫束脩。桃李在公门，是称赞别人学生很多。苜蓿长阑干，形容给老师的薪俸微薄。

**【原文】**

“冰生于水而寒于水”，比学生过于先生；“青出于蓝而胜于蓝”①，谓弟子优于师傅。未得及门，曰“宫墙外望”②；称得秘授，曰“衣钵真传”③。人称杨震为“关西夫子”④，世称贺循为“当世儒宗”⑤。“负笈千里”⑥，苏章从师之殷⑦；“立雪程门”，游、杨敬师之至⑧。弟子称师之善教，曰“如坐春风之中”；学业感师之造成⑨，曰“仰沾时雨之化”⑩。

**【注释】**①青出于蓝而胜于蓝：靛青从蓝草中提炼出来，但是比蓝草颜色更深。青，靛青，一种染料。蓝，即蓼蓝，一种草名。②宫墙外望：在师门外向里张望。宫墙，住宅的围墙，后世称师门为“宫墙”“门墙”。③衣钵真传：中国禅宗师徒间道法的授受，常用衣钵作为信物，称为“衣钵相传”或“衣钵真传”。衣钵，佛教僧尼的袈裟和食器。④关西夫子：东汉人杨震，字伯起，从小好学，博览群书，在当时名气很大，再加上华阴在函谷关以西，被称为关西，所以人们都称他为“关西夫子杨伯起”。⑤当世儒宗：晋代人贺循博学多才，尤其精通礼传。当时朝廷有什么难事都去询问他，他都能引经据典给予答复，所以人们尊称他为“当世儒宗”。⑥负笈（jí）千里：《文苑英华》上说，西汉的苏章曾“负笈求师，不远千里”。笈，书箱。⑦殷：深厚，恳切。⑧游、杨：游酢和杨时，都是宋朝人。至：极致，顶点。⑨造成：造就。⑩仰沾时雨之化：抬头沾到了及时雨露的滋润感化。沾，沾染，分得。

**【译文】**学生超过老师，好比冰生于水，比水还要冷；徒弟胜过师傅，就像青出于蓝，比蓝还要深。还未受到老师教诲，叫宫墙外望；得到先生真谛秘诀，称衣钵真传。杨震博学，世人称为关西夫子；贺循精通礼仪，被尊为当世儒宗。背着书箱，到千里之外寻找老师，可见苏章从师的诚恳；杨游侍立程门，门外已雪深一尺，足见他对老师的尊重。弟子称赞老师的教导，说如坐春风之中；弟子感谢老师栽培成就学业，说仰沾时雨之化。

## 朋友宾主①

**【原文】**

取善辅仁②，皆资朋友③；往来交际，迭为主宾④。尔我同心，曰“金兰”⑤；朋友相资，曰“丽泽”⑥。东家曰“东主”⑦，师傅曰“西宾”。父所交游⑧，尊为“父执”；己所共事，谓之“同袍”⑨。心志相孚为“莫逆”⑩，老幼相交曰“忘年”⑪。“刎颈交”⑫，相如与廉颇；“总角好”⑬，孙策与周瑜。

**【注释】**①宾主：宾客和主人。②取善辅仁：吸取朋友的长处，来培养自己的仁德。辅仁，培养仁德。③资：凭借，依靠。④迭为主宾：轮流做主人请客。迭，更迭，轮流。⑤金兰：原指朋友间感情投合，后来指结拜为兄弟或姐妹。⑥丽泽：原指两个沼泽相连，滋润万物，后来比喻朋友互相切磋。这里指互相资助。⑦东家：按照古礼，主人坐东面西，所以塾师、幕友或雇工等称主人为“东家”。⑧交游：往来的朋友。⑨同袍：原是在同一个军队服役的人互称。袍，戎衣，袍甲。⑩心志相孚：心意相通，以诚相待。孚，信用。莫逆：没有抵触。形容思想感情一致，意气相投。⑪忘年：忘记年岁。⑫刎颈交：指可以共生死的朋友。⑬总角好：指童年时代就是很要好的朋友。东汉末年，吴郡人孙策与周瑜从小就是好朋友，后来周瑜辅助孙策在江东创立孙氏政权。总角，古代儿童将头发梳成两个小髻，形状如角，因此以“总角”来指童年时代。

**【译文】**吸取长处辅助仁义，都依靠朋友；往来交际，轮流做主人和宾客。知心朋友，叫金兰；朋友相互切磋，叫丽泽。主人坐东面，称东主；老师坐西面，叫西宾。父亲的朋友，称为父执；跟自己共事的人，叫同袍。心意相通，称莫逆；老幼成为朋友，叫忘年。蔺相如和廉颇，有生死与共的交情，叫刎颈交；孙伯符和周瑜，小时候就很亲密，叫总角交。

**【原文】**

“胶漆相投”①，陈重之与雷义；“鸡黍之约”②，元伯之与巨卿。与善人交，如入芝兰之室③，久而不闻其香；与恶人交，如入鲍鱼之肆④，久而不闻其臭。“肝胆相照”⑤，斯为腹心之友⑥；“意气不孚”⑦，谓之口头之交⑧。彼此不合，谓之“参商”；尔我相仇，如同“冰炭”⑨。民之失德，干糇以愆⑩；他山之石，可以攻玉⑪。

**【注释】**①胶漆相投：比喻情意相投，有如胶漆黏合在一起，亲密无间。东汉人雷义与陈重是同乡，年轻时就是好朋友。先是陈重举孝廉，要让给雷义，太守不同意。后来是雷义举茂才，要让与陈重，刺史不同意。最后二人同举茂才，同拜尚书郎。乡里人说：“胶漆自谓坚，不如雷与陈。”②鸡黍：杀鸡具黍为食，指招待客人情真意率。③芝兰之室：比喻良好的环境。芝兰，一种香草名。④鲍鱼之肆：卖咸鱼的店铺，比喻恶人或小人聚集之地。鲍鱼，盐渍的鱼，其气腥臭。肆，店铺。⑤肝胆相照：肝与胆关系密切，互相照应。肝胆，比喻真诚的心意。⑥腹心：比喻要害或中心部分，引申为诚心真意。⑦意气不孚：志趣不同。孚，相应，符合。⑧口头之交：表面亲密，其实并没有深厚情谊的朋友。⑨冰炭：冰块与炭火。比喻二者不能相容。⑩民之失德，干糇（hóu）以愆：这是《诗经·小雅·伐木》中的句子，意思是人们如果失去了情义，连干粮这点小事都可能酿成过失。德，情义。干糇，干粮。愆，过失。⑪他山之石，可以攻玉：这是《诗经·小雅·鹤鸣》中的句子，意思是可用别的山上的石头来琢磨玉器。攻，琢磨。

【译文】陈重和雷义的友情，就像胶和漆那样投合难分；元伯与巨卿相约，虽隔两年，仍备好鸡黍等待。和好人交朋友，如同进入有芝兰的屋子，时间久了就闻不到它的香；与坏人交朋友，如同进入鲍鱼市场，久了便闻不到臭味。真诚相待，才算是心腹朋友；意气不合，可说是口头之交。彼此不合，如同参商二星不能同时出现；彼此结仇，如同冰和炭不能相容。人失情义，一块干粮也能引起纠纷；他山的石头，可以用来琢玉。

【原文】

"落月屋梁"①，相思颜色；"暮云春树"②，想望丰仪③。王阳在位④，贡禹弹冠以待荐⑤；杜伯非罪，左儒宁死不徇君⑥。"分首""判袂"⑦，叙别之辞；"拥彗""扫门"⑧，迎迓之敬⑨。陆凯折梅逢驿使⑩，聊寄江南一枝春；王维折柳赠行人⑪，遂唱阳关三叠曲⑫。频来无忌，乃云"入幕之宾"⑬；不请自来，谓之"不速之客"⑭。

【注释】①落月屋梁：杜甫诗《梦李白二首》，其中有"落月满屋梁，犹疑照颜色"两句。意思是说大梦初醒，眼前明月照屋梁，梦中李白的音容犹在。表现了杜甫对李白深沉的思念。②暮云春树：李白和杜甫分别之后，杜甫住在渭水北边的长安，李白在浙江会稽一带漫游，所以杜甫的《春日忆李白》诗中有"渭北春天树，江东日暮云"的句子。③丰仪：丰采仪表。④王阳在位：王阳在做官。王吉，字子阳，故称王阳。⑤贡禹弹冠：贡禹用手弹去帽上的灰尘，表示将要出仕。贡禹字少翁，王吉的好朋友。贡禹知道，王吉做了官，必然会引荐自己。⑥左儒宁死不徇君：周宣王的大夫杜伯无罪被杀，他的好朋友左儒在周宣王面前为他力争而死。徇，曲从。⑦分首：分开两人的头。判袂（mèi）：分开衣袖。判，剖开。袂，衣袖。⑧拥彗（huì）：拿着扫帚。彗，扫帚。古人迎候贵客或长者，常拿着扫帚以表示敬意。扫门：清扫门庭。⑨迎迓（yà）：迎接。⑩陆凯折梅逢驿使：晋代陆凯与范晔相善。当时陆凯在江南，范晔在长安。刚好有人乘驿车去长安送公文，陆凯便折梅一枝，托使者带给范晔，并写诗一首《赠范晔》，其中有"聊赠一枝春"的句子。驿使，古代驿站传送朝廷文书者。⑪王维：字摩诘，盛唐时期著名诗人，山水诗成就最高，人称"诗佛"。折柳：由于"柳"与"留"谐音，所以古人在送别之时，往往折柳相送，以表达依依惜别的深情。⑫阳关三叠：古代乐曲名。王维的《送元二使安西》："渭城朝雨浥轻尘，客舍青青柳色新。劝君更饮一杯酒，西出阳关无故人。"这首诗被谱入乐府，称《渭城曲》，又名《阳关曲》，因全曲分三段，原诗反复三次，故又称《阳关三叠》。⑬入幕之宾：关系亲近的人或参与机密的人。⑭不速之客：不请自来的客人。速，邀请。

【译文】落月照在屋梁，就思念朋友的面容；看到暮云、春树，就想起朋友的仪表。王阳当了官，贡禹就拿出帽子吹掉上面的灰尘，等待他推荐自己；杜伯无罪被杀，左儒宁为友死，不依从君王。分首判袂，是离别的说法；拿着扫帚打扫门前，是为迎接朋友。陆凯折梅花送给驿使，作诗说"聊寄一枝春"；王维折柳条送别友人，后人据此谱出《阳关三叠》的曲子。经常来并且无所顾忌，叫做入幕之宾；主人没请，自己来的，叫不速之客。

【原文】

"醴酒不设"①，楚王戊待士之意怠②；"投辖于井"③，汉陈遵留客之心诚。蔡邕倒屣以迎宾[④]，周公握发而待士[⑤]。陈蕃器重徐稺[⑥]，下榻相延[⑦]；孔子道遇程生，倾盖而语[⑧]。伯牙绝弦失子期[⑨]，更无知音之辈；管宁割席拒华歆[⑩]，谓非同志之人[⑪]。"分金多与"[⑫]，鲍叔独知管仲之贫；"绨袍垂爱"[⑬]，须贾深怜范叔之窘[⑭]。要知主宾联以情，须尽东南之美[⑮]；朋友合以义[⑯]，当展切偲之诚[⑰]。

【注释】①醴（lǐ）酒不设：比喻对人的礼敬渐渐减弱。西汉楚元王刘交非常尊敬礼中大夫穆生等人，穆生不喜欢喝酒，元王每次都特意为穆生设置甜酒。等到元王之子刘戊即位，开始也照样设置，后来就渐渐淡忘了。穆生说："可以走啦！不再设置甜酒，说明大王对我的敬意渐渐懈怠了，如果不走的话，楚人将对我不利。"醴酒，甜酒。②怠：懒惰，松懈。③投辖于井：把车辖投入井中，比喻主人留客的殷勤。汉代陈遵喜爱喝酒，每次喝酒，宾客满堂，于是关门，把客人的车辖扔入井中，虽然有急事，客人也走不了。辖，为了固定车轮与车轴的位置而插入轴端孔穴的销钉。取掉车辖，车子便不能行走。④蔡邕：字伯喈，东汉文学家、书法家。倒屣以迎宾：匆忙中倒穿鞋子迎接宾客。屣，鞋子。⑤握发而待士：握着头发出来迎接贤士。⑥陈蕃器重徐稺（zhì）：陈蕃做豫章太守时，不接待来访宾客，却只为郡中名士徐稺特意准备一张榻，徐稺离去后便把榻挂起来不用。后来接待宾客称为"下榻"。器重，看重，重视。徐稺，字孺子，东汉时期著名的高士贤人，经学家。⑦相延：隆重接待。延，接待。⑧倾盖而语：两个人在路上相遇，车盖稍稍倾斜，便于交谈。常用来形容朋友相遇、亲切交谈的情景。盖，车盖，形状如伞。⑨伯牙绝弦：春秋时，俞伯牙善弹琴，钟子期善听琴。钟子期死后，伯牙认为世无知音，便弄断琴弦，终身不再弹琴。⑩管宁割席：管宁和华歆少年时曾同坐在一张席子上读书，看见有人乘着漂亮的车子从门前经过，管宁照旧读书，华歆却搁下书本出去观看。于是，管宁将座席割断，分开来坐，说："你不是我的朋友。"后来称朋友断交为"割席"。⑪同志：志趣相同的人。⑫分金多与：春秋时，齐国管仲与鲍叔交情深厚。他们曾一同经商，到了分盈利时，管仲给自己多分，鲍叔知道他家里穷还有母亲，不认为他是贪财。后来齐桓公想任用鲍叔为相，他却推荐了管仲，将自己置于管仲之下。管仲辅助桓公成为春秋五霸之首。⑬绨（tí）袍垂爱：战国时，魏国中大夫须贾出使到秦国，秦相范雎扮成穷人去拜见故人，须贾看他穷困，便送给他一件绨袍。绨袍，粗绨做的袍。垂爱，垂怜。⑭范叔之窘：范雎的穷困。范雎字叔，故称范叔。窘：穷困。⑮尽东南之美：出自王勃的《滕王阁序》，原意是在座的全为东南一方的精英。⑯合以义：因为道义聚到一起。⑰切偲：切切偲偲的省略语，即相互敬重切磋勉励的样子。

【译文】不再准备甜酒，是楚王戊对穆生的态度已经冷淡了；把客人的车辖投入井中，说明了陈遵留客的诚心。听说王粲来了，蔡邕等不及穿好鞋子就去迎接；知道贤士来访，正在洗头的周公握着头发去接待。陈蕃敬重徐稺，专门准备一个坐榻来接待他；孔子路上遇见程子，他们的车盖连在一起交谈。伯牙失去子期，就不再弹琴，因为没有了知音；管宁看清华歆，割开席坐，因为志向不同。多分钱给管仲，是鲍叔牙知道管仲家里贫穷；把绨袍送给范雎，是须贾可怜他生活窘迫。要知道宾主是用情来联系的，应集合东南的名士；朋友是用义来结交的，应当有切磋的诚意。

## 婚　姻

【原文】

良缘由夙缔[①]，佳偶自天成[②]。"蹇修"与"柯人"[③]，皆是媒妁之号[④]；“冰人”与“掌判”[⑤]，悉是传言之人[⑥]。礼须六礼之周[⑦]，好合二姓之好[⑧]。女嫁曰“于归”[⑨]，男婚曰“完娶”。婚姻论财，夷虏之道[⑩]；同姓不婚[⑪]，周礼则然。女家受聘礼[⑫]，谓之“许缨”[⑬]；新娘谒祖先[⑭]，谓之“庙见”[⑮]。“文定”“纳采”[⑯]，皆为行聘之名；女嫁男婚，谓了“子平之愿”[⑰]。

**【注释】**①夙缔：早就注定好了的。夙，同“宿”，旧，平素。缔，结合，订立。②偶：配偶，夫妻。③蹇（jiǎn）修：传说是伏羲的臣子，制定了媒礼。柯人：拿斧头的人。《诗经·豳风·伐柯》有“伐柯如何？匪斧不克。娶妻如何？匪媒不得。”柯，斧头柄。④媒妁（shuò）：说合婚姻的人。⑤掌判：《周礼》中说，“媒氏，掌万民之判。”“判”在这里同“半”，意思是男女有了配偶结合成夫妇，才有了另一半。⑥传言：传话。这里指传达男女两家的话，也是指媒人。⑦六礼：旧时婚嫁的六道礼仪程序，即纳采（男家送礼求婚）、问名（询问女方姓名及生辰年月）、纳吉（向祖宗神灵占卜吉凶）、纳征（占卜得到吉兆便下聘礼）、请期（商定婚礼日期）、亲迎（新郎到女方家迎娶新娘）。⑧二姓：男女两家。⑨于归：出嫁。于，往。归，女子出嫁。⑩夷虏之道：落后民族野蛮、愚昧的做法。夷虏，春秋以后对中原以外各族的蔑称。⑪同姓不婚：同姓的人不能结婚。⑫聘礼：男方派人送礼品到女方家，表示愿意和女方家结亲。女方如果收下礼品，便表示同意。⑬许缨：许婚。缨，彩带，古代女子许嫁时须佩上彩带。⑭谒：进见，拜见。⑮庙见：一种仪式。新婚第二天天亮，新娘就要拜见公公婆婆。如果公公婆婆已死，就在三个月后到家庙中参拜公公婆婆的神位。⑯文定：指定婚。男方确定婚期后，把日期写在帖子上，准备好礼物通知女方家里。⑰子平之愿：东汉人向长，字子平，隐居不去做官，等到儿女嫁娶的事情都完成之后，他就与好朋友一起游览名山大川去了。

**【译文】**美满姻缘，是前世的缘分所缔结的；佳妙的配偶，是上天撮合成的。蹇修、执柯，都是媒人的别称；冰人、掌判，是指传话人的称呼。六礼齐备完婚，才能使两姓的结合美满。女子嫁人，叫于归；男子娶妻叫完娶。婚姻讲财礼，这是夷虏的陋习；同姓不结婚，这是周礼的法则。女方收聘礼，叫作许缨；新娘拜见祖先，称为庙见。文定、纳采，都是指男方下聘；女儿出嫁、儿子娶妻，可说是了却了子平的心愿。

**【原文】**

聘仪曰“雁币”[①]，卜妻曰“凤占”[②]。成婚之日曰“星期”[③]，传命之人曰“月老”。“下采”即是纳币[④]，“合卺”系是交杯[⑤]。“执巾栉”“奉箕帚”[⑥]，皆女家自谦之词；“娴姆训”“习内则”[⑦]，皆男家称女之说。“绿窗”是贫女之室，“红楼”是富女之居。“桃夭”谓婚姻之及时[⑧]，“摽梅”谓婚期之已过。

**【注释】**①聘仪：下聘的礼物。雁币：大雁与币帛是古人用来下聘或婚嫁时的礼物。②凤占：卦辞上有：“凤凰于飞，和鸣锵锵”（凤和凰相偕而飞，互相应和而鸣）之句，意思是夫妇和睦。③星期：民间传说农历七月七日是牛郎、织女两星会合之期，后来就称男女结婚之日为“星期”。④下采：男方向女方家送聘礼。采，采纳，挑选。⑤合卺（jǐn）：古代婚礼中的一种仪式。卺是古代婚礼中所用的一种酒器，剖开一瓠分成两瓢，以线连接柄，新婚夫妇各执一瓢，斟酒喝下，称为“合卺”。这个仪式象征夫妇合二为一，且有同甘共苦之意。交杯：宋代在合卺时用酒杯代替瓢，用红线连接，新人一同饮酒，称为“饮交杯酒”。⑥执巾栉：侍奉丈夫沐浴梳头。巾，手帕。栉，梳子。奉箕帚：拿着撮箕扫帚打扫门庭。⑦娴姆训：熟悉女教师的训诫。姆，古代专门教导未出嫁女子妇道的女教师。娴，熟悉。习内则：熟悉《内则》。《内则》是《礼记》中的一篇，里面记载着古代贵族妇女侍奉父母、公婆的各种礼节。⑧桃夭：桃花盛开。《诗经・周南・桃夭》篇用艳丽的桃花赞美出嫁的女子。

**【译文】**下聘的礼物，叫雁币；占卜求妻，叫凤占。结婚的日子，叫作星期；传宿命的人，称为月老。给女方送彩礼，称为纳币；合瓢饮酒，叫作交杯。执巾栉，奉箕帚，是女方自己谦逊的说法；娴姆训，习内则，是男方称赞女方的说法。绿窗是贫穷人家的女子居住的房子，红楼是富贵之家小姐的居所。桃夭，是说女子嫁人及时；摽梅，是说女子婚姻已晚。

**【原文】**

御沟题叶①，于祐始得宫娥；绣幕牵丝②，元振幸获美女。汉武与景帝论妇，欲将金屋贮娇；韦固与月老论婚，始知赤绳系足。朱陈一村而结好③，秦晋两国以联姻④。蓝田种玉⑤，雍伯之缘；宝窗选婿⑥，林甫之女。架鹊桥以渡河⑦，牛女相会；射雀屏而中目⑧，唐高得妻⑨。至若礼重亲迎，所以正人伦之始；诗首好逑，所以崇王化之原。

**【注释】**①御沟题叶：在红叶上写诗，通过御沟漂过来。御沟，流入皇宫里的河道。②绣幕牵丝：相传唐朝宰相张嘉贞有五个女儿，他想招郭元振为女婿，于是叫五个女儿各牵一根红线站在绣幕后面，让郭元振站在绣幕前任牵一根。结果郭元振牵到最漂亮的三女儿为妻。后来称促成缔结婚姻为“牵丝”或“牵线”。③朱陈：村名，在今江苏省丰县东南。白居易有一首诗中说：“徐州古丰县，有村曰朱陈……一村唯两姓，世世为婚姻。”后来就用“朱陈”作为结亲的代称。④秦晋：春秋时，秦、晋两国好几代国君都互相通婚。后来称两姓结亲为“秦晋之好”。⑤蓝田种玉：传说杨伯雍居住在终南山，有人给他一颗石子，说种得好可以得到美玉和佳妻。他在山上种下石子，果然得到美玉。听说右北平徐公的女儿很贤惠，他便前去求婚。徐公说如果你能拿出一双玉璧，就把女儿许配给你。杨伯雍取出五双玉璧，终于娶得了徐公的女儿。蓝田，山名，在陕西省蓝田县东南。⑥宝窗选婿：传说唐玄宗时的宰相李林甫有六个女儿，为了选到中意的女婿，他在堂壁上开了一扇窗户，蒙上红纱，让女儿站在窗后观察来访者，自己挑选中意的男子。⑦鹊桥：神话传说，牛郎、织女每年七月初七晚上相会一次，到时候喜鹊就衔接起来搭成桥，使他们渡过银河相会。⑧射雀屏：隋朝定州总管窦毅，认为自己的女儿相貌奇特，见识不凡，便在屏风上画了两只孔雀，谁能射中孔雀眼睛就将女儿许配给谁。李渊两箭连中两眼，娶了窦毅的女儿。⑨唐高：唐高祖李渊，唐朝的建立者。

**【译文】**在皇宫的水沟里留下题诗的红叶，于祐因此得到宫女；在堂上绣罗外牵红丝，郭元振幸运得到了美女。汉武与长公主谈论娶妻，承诺为阿娇筑金屋；韦固与月老讨论婚姻，才知红绳系着夫妻的脚。朱、陈两姓，世代通婚；秦晋两国，多次联姻。在蓝田种玉，杨伯雍有缘得到佳妇；设红窗选婿，李林甫的女儿自己选丈夫。乌鹊在天河上架桥，让牛郎织女渡河相会；射孔雀屏中两雀目，唐高祖得到了贤妻。《礼记》重视迎亲礼节，因为夫妇是人伦的开始；《诗经》首先歌唱好逑，因为婚姻是王化的根本。

## 妇女

男子禀乾之刚[①]，女子配坤之顺[②]。贤后称“女中尧舜”，烈女称“女中丈夫”[③]。曰“闺秀”、曰“淑媛”[④]，皆称贤女；曰“阃范”、曰“懿德”[⑤]，并美佳人。妇主“中馈”[⑥]，烹治饮食之名；女子“归宁”[⑦]，回家省亲之谓[⑧]。何谓“三从”[⑨]，从父、从夫、从子；何谓“四德”[⑩]，妇德、妇言、妇工、妇容。

**【注释】**①禀乾之刚：承受上天阳刚之气。禀，承受。乾，八卦之一，代表天，象征阳性或刚健。②配坤之顺：得到大地柔顺气质。配，分给，配给。坤：八卦之一，代表地，象征着阴性或柔顺。③烈女：指重义轻生的女子，也指以死保全贞节的女子。④淑媛：贤良美貌的女子。淑，善良，人品好。媛，美女。⑤阃范：品德是妇女的典范。阃，妇女居住的内室。懿德：美好的品德。懿，美好。⑥中馈：妇女在家里主持饮食等家务事。馈，吃饭，这里指饮食。⑦归宁：已嫁的女子回娘家看望父母。⑧省（xǐng）亲：探望父母或其他尊亲。⑨三从：封建社会妇女须遵守的三种规范，即“未嫁从父，既嫁从夫，夫死从子”。⑩四德：封建社会要求妇女必须具备的四种德行，即谨守品德、辞令、手艺与仪态方面的规范。

**【译文】**男子应秉承天的刚健；女子该配合坤的柔顺。贤明的皇后辅佐治国，称为女中尧舜；刚烈的女子重义轻生，称为女中丈夫。闺秀、淑媛，都是对贤女的称呼；阃范、懿德，都是对佳人的称赞。妇女主持家中烹饪饮食，叫妇主中馈；出嫁的女子回到娘家看望父母，称女子归宁。什么叫三从？就是在自己家时听从父亲，出嫁后听从丈夫，丈夫死后听从儿子；什么叫四德？是指女子德行要温柔，说话要慎重，女红要勤习，穿着要整洁。

**【原文】**

周家母仪[①]，太王有周姜[②]，王季有太妊[③]，文王有太姒[④]；三代亡国[⑤]，夏桀以妹喜[⑥]，商纣以妲己[⑦]，周幽以褒姒[⑧]。“兰蕙质”[⑨]，“柳絮才”[⑩]，皆女人之美誉；“冰雪心”[⑪]，“柏舟操”[⑫]，悉孀妇之清声[⑬]。女貌娇娆[⑭]，谓之“尤物”[⑮]；妇容妖媚，实可“倾城”[⑯]。

**【注释】**①周家母仪：周朝几个可以成为天下妇人典范的后妃。母仪，为母者的典范，多用于皇后。②太王有周姜：周人本居豳（bīn），自古公亶父开始迁居岐山之下，定国号为周，自此兴盛。武王灭商之后追尊古公为太王。周姜，即太姜，太王的夫人，周文王的祖母，有才德有见识。③王季有太妊：王季，周文王的父亲季历，他遵循太王传下来的德治传统，诚实地实行仁义，很多诸侯都来归顺。太妊，周文王的母亲，忠诚专一，端庄严肃，在怀孕期间，眼睛不看不好的颜色，耳朵不听庸俗的音乐，口中不说傲慢的话，于是生下周文王这样的圣人。④太姒：文王之妃，武王之母，非常勤劳，恪守妇道。⑤三代：指夏、商、周三个朝代。⑥夏桀以妹喜：夏桀因为妹喜而亡国。桀，夏朝的亡国之君。妹喜，桀的宠妃。⑦商纣以妲己：商纣王因为妲己而亡国。纣，商朝的亡国之君。妲己，纣王的宠妃。⑧周幽以褒姒：周幽王因为褒姒而亡国。幽王，西周的最后一任君主。⑨兰蕙质：兰蕙一样的品质。比喻妇女幽静高雅的品格。兰、蕙，都是香草，香气清淡。⑩柳絮才：一个下雪天，东晋谢安与子侄辈讨论文义，忽然问：“白雪纷纷何所似？”其侄谢朗说：“撒盐空中差可拟。”意思是，勉强可以比作空中撒下的盐。侄女谢道韫说：“未若柳絮因风起。”意思是，不如说柳絮被东风吹得漫天飞舞。后用“柳絮才”指女子文才。⑪冰雪心：心地像冰雪一样纯洁。⑫柏舟操：古代指丈夫死了不改嫁的节操。操，操守，节操。⑬孀（shuāng）妇：寡妇。孀，死了丈夫的女人。清声：清白美好的名声。⑭娇娆：柔美妩媚。⑮尤物：特别漂亮的女子。尤，特异的，突出的。⑯倾城：本指倾覆国家。传说汉武帝宠爱的李夫人非常美丽，有歌谣形容她：“北方有佳人，绝世而独立，一顾倾人城，再顾倾人国。”

**【译文】**周朝太王的妻子周姜，王季的妻子太妊，文王的妻子太姒，有国母的榜样；令三代亡国的女人，是夏桀宠妃妺喜，商纣宠妃妲己，周幽王宠妃褒姒。兰蕙质、柳絮才，是赞美有才情的女子；冰雪心、柏舟操，是颂扬守贞节的寡妇。女子姿态妖娆，叫做尤物；妇人容貌妖媚，可说倾城。

**【原文】**

潘妃步朵朵莲花①，小蛮腰纤纤杨柳②。张丽华发光可鉴③，吴绛仙秀色可餐④。丽娟气馥如兰⑤，呵气结成香雾；太真泪红于血⑥，滴时更结红冰⑦。孟光力大⑧，石臼可擎⑨；飞燕身轻⑩，掌上可舞⑪。

**【注释】**①潘妃：南齐东昏侯萧宝卷的妃子，小字玉儿。朵朵莲花：东昏侯登帝位，在宫中凿金为莲花贴在地上，让潘妃在上面行走，说：“此步步生莲花也。”后来称女子缠过的小脚为“金莲”。②小蛮：唐代诗人白居易的侍女。纤纤杨柳：相传白居易家的侍女樊素善于唱歌，小蛮擅长舞蹈，他曾写诗称赞她们“樱桃樊素口，杨柳小蛮腰”。后来用纤纤杨柳形容女人的腰肢细长。③张丽华：南朝陈后主的宠妃，相传她的头发长七尺，又黑又亮，光泽照人。⑥鉴：本意是镜子，这里是照的意思。④吴绛仙：隋炀帝的宠妃。隋炀帝夸奖说：“古人言秀色可餐，如绛仙者真可疗饥矣。”秀色可餐：美色可以让人忘记饥饿，极度赞扬妇女的美貌。⑤丽娟：东汉光武帝的宫女，年十四，气味胜过芳香的兰花。馥：香气。⑦太真：即杨贵妃，小名玉环。初为寿王妃，后为女道士，号太真。入宫后，得唐玄宗宠爱，封为贵妃。红冰：传说杨玉环被召入宫中与父母离别时，哭着登车，她的泪水结成了红冰。⑧孟光：东汉梁鸿的妻子。传说她长得又黑又丑，力气大得可以举起石臼。⑨石臼：古代舂米的器具，用石头凿成。擎：举起。⑩飞燕：即赵飞燕，汉成帝皇后，善歌舞，因为身体轻盈，所以得名“飞燕”。⑪掌上可舞：相传汉成帝为赵飞燕造了一个水晶盘，让宫人用手托着盘子，赵飞燕可以在水晶盘上潇洒自如地舞蹈。

**【译文】**潘妃行走，步步生莲花；小蛮腰细，纤纤像杨柳。张丽华的头发光润，可以当镜子照；吴绛仙的美色，可以充饥。丽娟呵出的气，芬芳如兰花，能凝成香雾；太真流出的泪，像血一样红，滴下立刻结成红色的冰。孟光力气大，可以举起石臼；飞燕身体轻，能在掌上跳舞。

**【原文】**

至若缇萦上书而救父①，卢氏冒刃而卫姑②，此女之孝者。侃母截发以延宾③，村媪杀鸡而谢客④，此女之贤者。韩玖英恐贼秽而自投于秽⑤，陈仲妻恐陨德而宁陨于崖⑥，此女之烈者。王凝妻被牵，断臂投地⑦，曹令女誓志，引刀割鼻⑧，此女之节者。曹大家续完汉帙⑨，徐惠妃援笔成文⑩，此女之才者。戴女之练裳竹笥⑪，孟光之荆钗布裙⑫，此女之贫者。柳氏秃妃之发⑬，郭氏绝夫之嗣⑭，此女之妒者。贾女偷韩寿之香[15]，齐女致祆庙之毁，此女之淫者。东施效颦而可厌[16]，无盐刻画以难堪[17]，此女之丑者。

【注释】①缇萦：汉文帝时齐国太仓令淳于意的小女儿。②卢氏冒刃而卫姑：唐代郑义宗的妻子卢氏，面对深夜来抢劫的盗贼，临危不惧，护卫着年老体弱的婆婆。冒刃，迎着刀锋。姑，婆婆。③侃母截发以延宾：晋代陶侃少年时家里非常贫穷。有一天郡里的孝廉范逵带了一批人到陶家来投宿，陶侃的母亲便剪下头发到市场上卖了换来酒食。延宾，迎接客人。④村媪杀鸡而谢客：有一次，光武帝微服出行，来到柏谷村，亭长不接纳，旅店主人又怀疑他是盗贼，要把他抓起来。这时一位老妇人说："我观此丈夫，乃非常人也。"于是杀鸡做饭招待光武帝等人。媪，老妇人。谢客，酬答客人。⑤韩玖英恐贼秽而自投于秽：唐朝韩仲成的女儿韩玖英，有一次遇见盗贼，担心遭到侮辱，便自己跳入粪坑中，才得免于难。秽，弄脏，玷污。⑥陈仲妻恐陨（yǔn）德而宁陨于崖：唐朝人陈仲的妻子在路上遇到盗贼，担心被盗贼玷污，毁坏德行于是便跳崖自尽。陨，坠落。⑦王凝妻被牵，断臂投地：五代王凝在虢州做官死了，妻子李氏带着灵柩回原籍安葬。半路上投宿，店主不肯接纳，并拖着她的手臂赶她离开。李氏便用斧头砍断自己被拉过的手臂，丢在地上。⑧曹令女誓志，引刀割鼻：三国时曹文叔的妻子，名令女，因为丈夫去世，又没有儿子，父亲夏侯宁接她回家，并劝她改嫁。她便用刀割去鼻子，立誓不嫁。誓志，发誓立志。引，抽取。⑨曹大家（gū）：即班昭，东汉史学家，史学家班彪之女，班固之妹。她曾奉皇帝之命与马续共同续撰《汉书》。和帝时，常出入宫廷，担任皇后和妃嫔们的教师。因为她的丈夫是曹世叔，所以被称为曹大家。大家，古代对女子的尊称。汉帙（zhì）：即《汉书》。帙，书、画的封套，用帛制成，因称书一套为一帙。⑩徐惠妃援笔成文：唐朝徐孝德的女儿，名惠。天资聪慧，八岁能写文章。唐太宗听到她的名声后，将她召入宫中封为才人。死后赠贤妃。援笔，执笔，持笔。⑪练裳竹笥：东汉人戴良有五个女儿，个个都很贤惠。有人来戴家求婚，戴良给一些粗布衣裳、竹箱木屐做嫁妆就把女儿嫁出去了。练裳，素色衣裳。竹笥，竹制箱子。⑫荆钗布裙：用荆条作钗，穿粗布衣服。钗，妇女的首饰。⑬柳氏秃妃之发：唐朝任瑰随李渊起兵，屡建战功，太宗赐给他美女两名。任瑰的妻子柳氏，生性悍妒，想要揪光两名美女的头发，使她们变成秃头。⑭郭氏绝夫之嗣：晋代贾充的妻子郭氏，先后生有两个儿子，均交给乳母抚养。郭氏见丈夫经常去看望儿子，便怀疑丈夫与乳母私通，先后将两个乳母杀死。儿子因思念乳母而相继病死，贾充因此断绝后嗣。⑮偷韩寿之香：贾充的女儿看中了父亲的幕僚韩寿，便偷取皇帝赐给父亲的西域贡香送给他，贾充闻见韩寿身上的异香，知道女儿与韩寿私通，只好把女儿嫁给韩寿为妻。⑯东施效颦（pín）：东施仿效西施皱眉头。颦，皱眉。⑰无盐刻画：战国时齐国女子钟离春，家住无盐邑，容貌极丑，四十岁了还没有嫁出去。她拜见齐宣王，直斥其奢侈腐败，宣王大受感动，立为王后。"无盐"后来成为丑女的通称。刻画，指精心打扮。难堪：难以忍受，受不了。

【译文】至于缇萦给皇帝上书，愿为官婢以救父亲；卢氏甘冒刀刃保护婆婆，这些是女子孝顺的。陶侃的母亲剪发换酒款待宾客；村中妇女杀鸡来酬谢宾客，这些是女子中贤德的。韩玖英怕受贼污辱，自己跳进粪坑；陈仲的妻子怕损害妇的德行，宁可跳崖自杀，这些是女子中贞烈的。王凝的妻子，被人拉了胳膊，便自己用斧砍断；文叔的妻子立志不嫁，自己用刀割掉鼻子，这些是女子中贞节的。曹大家继续写完《汉书》，徐惠妃下笔就能成文，这些是女子中有文才的。戴良女儿的嫁妆，是布衣竹箱；孟光的打扮穿着，是荆钗布裙，这些是女子中贫穷的。柳氏弄秃了丈夫侍妾的头发，郭氏使丈夫没有后代，这是女子中嫉妒的。贾充的女儿，偷异香赠给韩寿；齐国公主私会乳母的儿子，使祆庙被烧毁，这是女子中淫荡的。东施效颦，看了令人厌恶；无盐相貌，一经描绘更让人觉得丑陋，这是女子中丑陋的。

【原文】

自古贞淫各异①，人生妍丑不齐②。是故“生菩萨”“九子母”“鸠盘荼”③，谓妇态之更变可畏④；“钱树子”“一点红”“无廉耻”⑤，谓青楼之妓女殊名⑥。此固不列于人群，亦可附之以博笑⑦。

【注释】①贞淫：贞洁和淫荡。②妍：美丽。③生菩萨：即活菩萨。九子母：即佛经中的“九子魔母”，传说生有五百个孩子，每天还吞食城中的儿童，后来被点化，成为保佑别人生子的女神。鸠盘荼：也作“鸠槃荼”，佛教所说的吸人精气的鬼，常译为瓮形鬼、冬瓜鬼等。比喻丑妇或妇人丑陋的样子。④妇态之更变：妇女样子的变化。⑤钱树子：即摇钱树，这里指妓女。⑥青楼：指妓院。⑦博笑：换取别人一笑，是一种谦词。

【译文】自古以来女子的贞淫不同，美丑各异，所以生菩萨，九子母，鸠盘荼，是说女人一生模样变化的可怕；钱树子，一点红，无廉耻，是青楼中妓女不同的名称。这些本来不配列入人群，但也可以博得大家一笑。

## 外 戚①

【原文】

帝女乃公侯主婚②，故有“公主”之称；帝婿非正驾之车，乃是“驸马”之职③。“郡主”“县君”④，皆宗女之谓⑤；“仪宾”“国宾”⑥，皆宗婿之称。旧好曰“通家”⑦，好亲曰“懿戚”⑧。“冰清玉润”⑨，丈人女婿同荣；“泰水泰山”⑩，岳母岳父两号。新婿曰“娇客”，贵婿曰“乘龙”⑪。赘婿曰“馆甥”⑫，贤婿曰“快婿”。凡属东床⑬，俱称“半子”⑭。

【注释】①外戚：指帝王的母族、妻族。②公侯：公爵与侯爵。③驸马：原指副车之马。汉武帝时设置驸马都尉一职，掌管副车之马。三国魏国公主的丈夫何晏担任驸马都尉一职，从此后，皇帝的女婿照例加此称号，简称驸马。④郡主：唐代太子的女儿封为郡主，亲王的女儿封为县主。明、清时亲王的女儿封为郡主，郡王的女儿为县主。县君：明、清宗室女儿的封号，比郡主、县主低一级。⑤宗女：君主同宗的女儿，即宗室之女。⑥仪宾：明代称亲王、郡王的女婿。国宾：国君家的宾客，代称宗室女婿。⑦旧好：旧交，老相好。通家：指彼此世代交谊深厚，如同一家。⑧懿：美。⑨冰清玉润：像冰一样晶莹，如玉一般润泽。润，滋润。本来指人的品格行为很高洁，晋代乐广和女婿卫玠操行都很高洁，人们评论为“妇公冰清，女婿玉润”，所以后来又成为翁婿的代称。⑩泰水泰山：据说泰山上有丈人峰，而泰水又依山而流，所以过去称岳父为“泰山”，岳母为“泰水”。⑪乘龙：相传春秋时期，秦穆公的小女儿弄玉与华山隐士萧史相爱成婚。后来二人想隐居华山，于是弄玉带着玉笙乘上彩凤，萧史带上玉箫跨上金龙，双双升空而去。当时的人们便把萧史称为乘龙快婿。⑫赘婿：俗称“招女婿”，指结婚后住到女方家里的男子。馆甥：女婿住在岳父家。馆，留宿。甥，女婿。⑬东床：指女婿。晋朝太尉郗鉴派人到丞相王导家挑女婿，使者回复说：“王家的少年都很不错。但是听到我去挑女婿的消息，个个都很矜持，只有一个人躺在东床上，露着肚子吃饭，好像没这回事似的。”郗鉴说：“这个袒腹东床的，一定是个好女婿。”派人一查，正是王羲之，于是把女儿嫁给了她。⑭半子：半个儿子，指女婿。

【译文】皇帝的女儿，由公侯主婚，所以称公主；皇帝的女婿，掌驸车之马，所以称驸马。皇帝宗室的女儿，称为郡主、县主；皇帝宗室的女婿，称为仪宾、国宾。几世交好，叫通家；亲戚情意深重，叫懿戚。冰清玉润，是说岳父女婿人品都高洁；泰山、泰水，分别是岳父、岳母的称号。新婚的女婿，叫娇客；尊贵的女婿，称乘龙。入赘的女婿，称馆甥；满意的女婿，称快婿。东床是女婿的另一称呼，凡是东床，都可称为半子。

【原文】

女子号“门楣”①，唐贵妃有光于父母②；外甥称“宅相”③，晋魏舒期报于母家④。共叙旧姻，曰“原有瓜葛之亲”⑤；自谦劣戚⑥，曰“忝在葭莩之末”。“大乔小乔”⑦，皆姨夫之号；“连襟连袂”⑧，亦姨夫之称。“蒹葭依玉树”⑨，自谦借戚属之光；“茑萝施乔松”⑩，自幸得依附之所。

【注释】①门楣：门框上的横木，借指门第。②唐贵妃：即杨贵妃。杨贵妃受到唐玄宗的宠爱，姊妹都跟着显贵。③宅相：住宅风水之相。④母家：外祖父家。⑤瓜葛之亲：像瓜葛一样的亲戚。瓜和葛都是蔓生植物，比喻辗转相连的亲戚关系或社会关系。⑥劣戚：无所作为的亲戚。⑦大乔小乔：三国时乔公的两个女儿，合称“二乔”。大乔嫁给孙策，小乔嫁给周瑜。⑧连襟连袂：姊妹丈夫的互称或合称。襟，衣襟。袂，衣袖。⑨蒹葭依玉树：芦苇依靠着槐树。蒹葭，芦苇。玉树，槐树的别名。魏明帝让皇后的弟弟毛曾与夏侯玄坐在一起，当时人称为“蒹葭依玉树”，比喻两个人的才貌极不相称。⑩茑萝施乔松：茑和女萝靠着高大的松树生长。茑萝，茑和女萝两种蔓生植物的合称，比喻关系亲密，寓含着依附攀缘之意。施，散布，铺陈。乔松，高大的松树。

【译文】女子称为门楣，是因为杨贵妃使她的父母光荣；外甥又称宅相，是魏舒想报答母亲娘家人的养育之恩。共叙旧亲，就说原有瓜葛之亲；自谦说是远亲，就说仅在葭莩之末。大乔、小乔，连襟、联袂，都是姐妹丈夫的互称。蒹葭依附在玉树上，是自谦借助亲戚的光；茑萝缠绕乔松，是自幸得到依靠的说法。

## 老幼寿诞

【原文】

不凡之子，必异其生；大德之人①，必得其寿。称人生日，曰“初度之辰”②；贺人逢旬③，曰“生申令旦”④。三朝“洗儿”，曰“汤饼之会”⑤；周岁“试周”⑥，曰“晬盘之期”⑦。男生辰曰“悬弧令旦”⑧，女生辰曰“设帨佳辰”⑨。贺人生子，曰“嵩岳降神”⑩；自谦生女，曰“缓急非益”⑪。生子曰“弄璋”⑫，生女曰“弄瓦”⑬。

【注释】①大德之人：具有高尚品德的人。②初度：出生的年时。③逢旬：逢十。旬，十日或十年，这里指十年。④生申令旦：像周代贤臣申伯降生那样的好日子。申，指申伯。令，善，好。⑤汤饼之会：请亲友聚到一起，吃汤煮的面食。⑥试周：也称“试儿”“抓周”，孩子满一周岁时举行的一种预测其性情和志趣的旧习俗。⑦晬（zuì）盘之期：婴儿满周岁的那一天，用盘子装纸、笔、刀、箭等物品，让孩子抓取，用来占卜他将来的志向兴趣。装东西的盘子称为“晬盘”。⑧悬弧：古代风俗，如果生了男孩，就要在门的左边挂一张弓。弧，木弓。⑨设帨佳辰：挂佩巾的好日子。古代风俗，如果生了女孩，就要在门的右边挂一条佩巾。帨，佩巾。⑩嵩岳降神：天神降临嵩山。嵩岳，嵩山。⑪缓急非益：危急的时候一点儿用也没有。东汉人淳于意没有儿子，只有五个女儿，他曾生气地骂道：“生子不生男，缓急非有益！”⑫弄璋：古人给儿子玩璋玉，希望他将来有玉一样的品德。璋，一种玉器。⑬弄瓦：古人给小女孩玩瓦，是希望她将来能够心灵手巧，纺衣织布。瓦，纺锤。

【译文】不平凡的人，出生时就有不同之处；有大德的圣人，必然能享高寿。称人出生之日，叫初度良辰。祝贺别人逢十的生日，叫生申令旦。婴儿出生三天为他沐浴，称为汤饼会；满一周岁的孩子，举行抓周仪式，称晬盘期。男子生日，叫悬弧令旦；女子生日，称设帨佳辰。祝贺别人生儿子，就说嵩岳降神；自谦说生了女儿，叫做缓急非益。生了男孩儿，叫弄璋；生了女孩儿叫弄瓦。

【原文】

“梦熊”“梦罴”，男子之兆；“梦虺”“梦蛇”[①]，女子之祥。梦兰叶吉，郑文公妾生穆公之奇；英物称奇[②]，温峤闻声知桓温之异。姜嫄生稷，履大人之迹而有娠[③]；简狄生契[④]，吞玄鸟之卵而叶孕[⑤]。麟吐玉书[⑥]，天生孔子之瑞[⑦]；玉燕投怀[⑧]，梦孕张说之奇。弗陵太子[⑨]，怀胎十四月而始生；老子道君[⑩]，在孕八十一年而始诞。晚年得子，谓之“老蚌生珠”[⑪]；暮岁登科[⑫]，正是“龙头属老”[⑬]。

【注释】①梦虺、梦蛇：梦见蛇。虺，毒蛇。古人认为虺蛇属阴性，梦见虺或蛇都是生女孩的预兆。②英物称奇：相传晋代桓温还没满一岁的时候，温峤见到他说：“这个孩子骨骼很奇特，可以让他哭几声吗？”听到桓温的哭声，温峤感叹道：“真英物也。”后来桓温果然当上了东晋大司马。③履大人之迹：踩了一个巨人的脚印。履，践踏。迹，脚印。④简狄生契：传说简狄等三人在外面洗澡，看见一只燕子掉下一颗蛋，简狄拾起来吞下，因而怀孕生了契。简狄，是有娀氏之女，帝喾的次妃。契，商人的始祖。⑤玄鸟：燕子。叶孕：怀孕。⑥麟吐玉书：相传孔子还没出生时，有一只麒麟在孔子住的地方吐出一本玉书。玉书，传说是天降之书。⑦瑞：吉祥，好预兆。⑧玉燕投怀：相传唐玄宗时，宰相张说的母亲梦见一只玉燕从东南飞来，投入她的怀中，后来她就怀上了张说。后来就用“玉燕”作为诞生贵子的祝颂语。⑨弗陵太子：即刘弗陵，汉武帝幼子，后继位为昭帝。他的母亲是汉武帝的婕妤钩弋夫人，传说怀孕十四个月才生下刘弗陵。⑩老子：即老聃，姓李名耳。春秋时期思想家，道家的创始人。传说他在母亲的肚子里待了八十一年，剖开左边的腋窝生下来，一出生头发就白了。⑪蚌：一种生在海里的软体动物，壳内有珍珠层，可以产珠。⑫登科：科举时代称考中进士为“登科”，也称为“登第”。⑬龙头属老：晚年考中状元。龙头，状元的别称，也称“龙首”。古代科举考场的正门俗称“龙门”，考中进士称为“登龙门”，所以状元称为“龙头”。

【译文】梦见熊和罴，是生男孩儿的吉兆；梦见虺和蛇，是生女孩儿的祥征。梦见兰花预示吉祥，郑燕姞因此生下穆公；英杰人物都奇特，听见幼年桓温的哭声，温峤便知他必定异于常人。姜嫄踩着巨人的足迹而受孕，生下周族始祖后稷；简狄吞食玄鸟蛋而怀孕，生下殷之始祖契。孔子诞生前，有麒麟吐出玉书的祥瑞之兆；梦玉燕飞入怀中，是张说母亲怀孕时的奇迹。赵婕妤怀胎十四个月，生下汉昭帝弗陵；李耳母亲怀孕八十一年，才生下道君老子。晚年得子，称为老蚌生珠；晚年才考中进士，称作龙头属老。

**【原文】**

贺男寿曰“南极星辉”①，贺女寿曰“中天婺焕”。“松柏节操”②，美其寿元之耐久③；“桑榆晚景”④，自谦老景之无多。“矍铄”称人康健，“聩眊”自谦衰颓⑤。“黄发”“儿齿”⑥，有寿之征；“龙钟”“潦倒”⑦，年高之状。“日月逾迈”⑧，徒自伤悲；“春秋几何”⑨，问人寿算。称少年，曰“春秋鼎盛”⑩，羡高年，曰“齿德俱尊”⑪。

**【注释】**①南极星辉：古人认为南极星是掌管长寿的神，所以又叫老人星、寿星。②松柏节操：松树与柏树那样的节操。松树与柏树枝繁叶茂，冬天叶子也不凋谢，常被人看作是节操坚贞的象征，也用来比喻人的长寿。③寿元：寿命。④桑榆：桑树和榆树的顶端，指日落时余光照到的地方。⑤衰颓：衰弱，衰败。⑥黄发、儿齿：黄发指老人头发白久了发黄，儿齿指老人牙齿掉落后再生小牙齿。⑦龙钟、潦倒：龙钟是年老体衰、行动不便的样子；潦倒，衰老。⑧日月逾迈：日月前行，指时光流逝。逾迈，过去，消逝。⑨春秋几何：年纪多少。春秋，一春一秋为一年，因此用来指年龄。⑩春秋鼎盛：比喻人正值一生最旺盛的时期。鼎盛，昌盛。⑪齿德俱尊：年龄和道德都值得尊敬。齿，因幼马每年长一颗牙齿，所以用齿数来计算牛马的岁数，也泛指人的年龄。

**【译文】**祝贺老年男子过寿，说南极星辉；祝贺老年女子过寿，说中天婺彩。松柏节操，是赞颂别人长寿健康；暮年景色好像日落桑榆，是自谦晚年来日无多。称赞老者健康，叫矍铄；自叹精力衰颓，称老朽。头发由白变黄，牙齿掉而复长是长寿的象征；行动不灵活，是年高体弱的表征。时光流逝，令人感叹伤悲；春秋几何，这是询问别人年龄的说法。称赞别人年少，叫春秋鼎盛；羡慕别人年高，称齿德俱增。

**【原文】**

行年五十，当知四十九年之非①；在世百年，哪有三万六千日之乐②。百岁曰“上寿”，八十曰“中寿”，六十曰“下寿”；八十曰“耋”，九十曰“耄”，百岁曰“期颐”③。童子十岁就外傅④，十三舞勺⑤，成童舞象⑥；老者六十杖于乡⑦，七十杖于国，八十杖于朝。后生固为可畏⑧，而高年尤是当尊⑨。

**【注释】**①《淮南子·原道训》中说：“故蘧伯玉年五十而知四十九年非。”蘧伯玉是春秋时卫国贤大夫，孔子到卫国时就常住在他家里。②李白的《襄阳歌》中有这样的诗句：“鸬鹚杓，鹦鹉杯。百年三万六千日，一日须倾三百杯。”它表现了李白对浪漫生活的欣赏和陶醉。③期颐：《礼记·曲礼》中说：“百年曰期，颐”。意思是说，人生以百年为期，到了百岁应由后代赡养。因此称百岁为“期颐”。④外傅：古代贵族子弟到了一定年龄，就要到外面去学习，他们的老师称为“外傅”。⑤舞勺：古代儿童所学的一种文舞。后来用作童年的代称。⑥成童：十五岁以上。舞象：古代少年所学的一种武舞。⑦杖：拐杖，这里作动词，指拄拐杖。⑧后生：少年至壮年期之间任何年龄的男子。⑨高年：上了年纪的人。

**【译文】**活到了五十岁，应当知道前四十九年的过失；人活百年，哪有三万六千个日子，天天都是快乐如意的。人活百岁称上寿，八十岁为中寿，六十岁是下寿；八十岁叫做耆，九十岁叫做耄，一百岁称为期颐。儿童年满十岁，就须外出拜师求学，到十三岁，学习文舞，十五岁习武舞象。老人六十岁在乡里就会受敬重，七十岁在城邑里会受到敬重。八十岁时在朝廷里可受敬重。后来的年轻人值得敬畏，老年人更应该受到尊敬。

## 身 体

**【原文】**

百体皆血肉之躯①，五官有贵贱之别②。尧眉分八彩③，舜目有重瞳④。耳有三漏⑤，大禹之奇形；臂有四肘⑥，成汤之异体⑦。文王龙颜而虎眉⑧，汉高斗胸而隆准⑨。孔圣之顶若圩，文王之胸四乳。周公反握⑩，作兴周之相；重耳骈胁⑪，为霸晋之君。此皆古圣之英姿，不凡之贵品⑫。

**【注释】**①百体：指人身体的各个部分。②五官：人身体上的五种器官。现在一般指眼、耳、鼻、喉、口。③八彩：八种彩色。相传尧的眉毛有八彩。④重瞳：眼中有两个瞳仁。瞳，瞳孔。⑤三漏：两个耳朵各有三个孔，相传这是圣人的异相。⑥肘：上臂和前臂相接处向外面突起的部分，这里指关节。⑦成汤：商王朝的建立者。传说成汤一个手臂上有四个关节。⑧龙颜：眉骨突起像龙额。后来常用来指帝王的相貌。⑨斗胸：指胸部隆起像一个斗的形状。隆准：高鼻子。准，鼻梁。⑩周公反握：传说周公的手能够回掌握住自己的手腕。⑪重耳：即晋文公。在位时，改革内政，整军经武，使晋国成为春秋五霸之一。骈胁：肋骨紧密相接。⑫贵品：高贵的种类。品，等级，种类。

**【译文】**人的身体是由骨骼、血肉组成，五官各有美丑的区别。尧的眉毛有八种颜色；舜的眼睛里有两个瞳仁。大禹的耳朵有三个耳孔，形状很奇特；成汤的胳膊与别人不同，有平常人四肘的长度。周文王有龙一样高耸的额头，虎一般威势的眉毛；汉高祖有斗一样的胸，龙一般的鼻子。孔子的额头凹陷，好像土圩；文王胸前生有四乳。周公的手能够反转拿东西，他是使周朝兴盛的宰相；晋文公的肋骨连在一起，他治理晋国雄霸诸侯。这些是古代圣贤非凡的相貌，不平凡之人的贵品。

**【原文】**

至若发肤不可毁伤①，曾子常以守身为大②；待人须当量大，师德贵于唾面自干③。谗口中伤④，金可铄而骨可销⑤；虐政诛求⑥，敲其肤而吸其髓⑦。受人牵制曰“掣肘”，不知羞愧曰“厚颜”。好生议论⑧，曰“摇唇鼓舌”⑨；共话衷肠⑩，曰“促膝谈心”⑪。“怒发冲冠”⑫，蔺相如之英气勃勃；“炙手可热”⑬，唐崔铉之贵势炎炎⑭。“貌虽瘦而天下肥”⑮，唐玄宗之自谓；“口有蜜而腹有剑”⑯，李林甫之为人。赵子龙一身都是胆⑰，周灵王初生便有须⑱。

**【注释】**①发肤不可毁伤：孔子曾对曾子讲过什么是孝道：“身体发肤，受之父母，不敢毁伤，孝之始也。”意思是说，爱护自己的身体是尽孝的起始。②守身为大：以爱护自己的身体为大事。③贵：重视，以……为贵。唾面自干：别人往自己脸上吐唾沫，不擦掉而让它自干。唾面，将唾沫吐到别人脸上，表示鄙弃。据说唐朝人娄师德的弟弟将要到外地上任，辞别时，娄师德告诉他遇到事情要忍耐，他弟弟说：“我明白了，就算别人把唾沫吐到我脸上，我也只是擦干净罢了。”娄师德说：“不是的，你擦干净，是违背对方的怒气，正确的做法是让它自己干。”④谗口：专门说别人坏话的嘴巴。⑤金可铄而骨可销：金属能够熔化，肌骨可以销蚀。形容舆论的力量极其大。⑥虐政诛求：暴政强敛。虐政，暴虐的政事。诛求，强制征收。⑦敲其肤而吸其髓：即敲骨吸髓，敲碎骨头来吸骨髓。形容对人民的剥削、压迫残酷到了极点。髓，骨髓。⑧好生议论：喜欢发表议论。⑨摇唇鼓舌：形容利用口才进行煽动或游说。这是盗跖骂孔子的话。⑩共话衷肠：一起倾诉内心的感情。衷肠，内心的感情。⑪促膝谈心：膝盖碰着膝盖谈心里话。促，挨近。⑫怒发冲冠：战国时的赵国大臣蔺相如出使秦国，他向秦王索回玉璧时，秦王蛮不讲理，蔺相如气愤得连头发都竖了起来，向上冲着帽子。⑬炙（zhì）手可热：手一挨近就感到热，比喻气焰盛，权势大。炙，烤，烧。唐代杜甫《丽人行》中有这样的诗句：“炙手可热势绝伦，慎莫近前丞相嗔。”“丞相”是指杨国忠，而不是崔铉。⑭贵势炎炎：尊贵者的威势非常煊赫。炎炎，权势煊赫的样子。⑮貌虽瘦而天下肥：唐玄宗时，宰相韩休性格耿直，唐玄宗每有小差错，他都上书劝谏。唐玄宗经常闷闷不乐，有人劝说道：“自从韩休当了宰相，您可比以前瘦多了。与其这样，为什么不将他撤换呢？”唐玄宗感叹道：“我虽然瘦了，但是天下肥了呀。我任用韩休是为了国家社稷呀！”⑯口有蜜而腹有剑：唐朝宰相李林甫为人阴险，妒贤忌能，与人相处，表面上装作十分亲密，暗里却在阴谋陷害，当时人说他“口有蜜，腹有剑”。⑰一身都是胆：曹操攻取荆州，刘备大败而逃。赵云负责救护甘夫人和幼主刘禅。他带领十几人冲破曹操大军，被刘备称为“子龙一身都是胆也”。子龙，赵云的字。⑱初生便有须：相传东周天子周灵王一生下来就长有胡须，周人都把他看作是神。

**【译文】**至于身体发肤不可任意破坏毁伤，所以曾子常以爱惜自己的身体为大事；待人接物应该谦和，有气度，师德提倡忍辱，别人吐口水在脸上，应该让唾沫自干。谗言中伤别人，如同铄金销骨，足以致人于死地；苛政残害百姓，就像敲骨吸髓一样。做事被人牵制，叫掣肘。不知羞耻的人，脸皮很厚，称为厚颜。搬弄是非，到处议论，称为鼓舌；把各人的心事毫无掩饰地说出来，叫作促膝谈心。秦王不还璧，蔺相如怒发冲冠，显得英气勃勃；崔铉的权势盛极一时，与同僚谈论国事，显得炙手可热。我形貌虽瘦，而天下百姓肥，这是唐玄宗励精图治时所说的话；口里说的如同蜜一样的甜，而心里所想的却像刀剑一样的凶恶，这是形容李林甫奸诈的为人。蜀国赵子龙，一身都是胆。周灵王出生时，嘴边便长有胡须。

**【原文】**

来俊臣注醋于囚鼻①，法外行凶②；严子陵加足于帝腹③，忘其尊贵。“久不屈兹膝”④，郭子仪尊居宰相；“不为米折腰”⑤，陶渊明不拜吏胥。“断送老头皮”⑥，杨璞得妻送之诗⑦；“新剥鸡头肉”⑧，明皇爱贵妃之乳。纤指如春笋⑨，媚眼若秋波⑩。肩曰“玉楼”，眼名“银海”；泪曰“玉箸”⑪，顶曰“珠庭”⑫。歇担曰“息肩”⑬，不服曰“强项”⑭。

**【注释】**①来俊臣：唐朝有名的酷吏。他大兴刑狱，用各种酷刑逼供，被冤杀的人有一千多家。②法外：超出法律的规定，即违法。③严子陵：东汉严光，字子陵。加足于帝腹：把脚放在皇帝的肚子上。④久不屈兹膝：很长时间没有弯下膝盖跪拜过别人了。兹，这个。唐朝“安史之乱”后，田承嗣割据魏州，他为人狠毒，目中无人，不听朝廷号令。郭子仪派遣一位使者到达魏州，田承嗣竟向着京都方向跪拜，并指着膝盖对使者说：“这膝盖好久没有下跪了，今日却为郭令公屈膝。”⑤不为米折腰：不因为五斗米弯腰。东晋陶渊明在担任彭泽县令时，郡里派遣督邮来视察，陶渊明叹息道：“我不能因为五斗米而折腰讨好这种小人。”于是辞去官职，归隐田园。五斗米，晋代县令的俸禄。折腰，弯腰行礼。⑥断送老头皮：断送老命。⑦妻送之诗：宋真宗召见隐士杨璞，问道：“你这次来，有没有人作诗送你？”杨璞回答说：“只有我的妻子送我一首诗：更休落魄贪杯酒，亦莫猖狂爱吟诗。今日捉将官里去，这回断送老头皮。”宋真宗听完哈哈大笑，便让杨璞回家去了。⑧新剥鸡头肉：刚刚剥开的芡实，这里比喻美人的乳房。鸡头，即芡，一种水生草本植物，种子名芡实，俗称鸡头。⑨春笋：春笋形状纤细。⑩秋波：秋天清亮的水波，比喻美女的眼睛清澈明亮。⑪玉箸（zhù）：玉做的筷子。箸，筷子。⑫顶：本指头顶，这里指“天庭”，即两眉之间前额的隆起部分。⑬息肩：肩膀得到休息。⑭强项：强硬的脖子，比喻性格刚强而不肯向别人低头。项，颈后部。

【译文】来俊臣把醋灌入罪犯的鼻孔里，这是违法行凶；严光曾把脚放在光武帝的肚子上，是忘记了皇帝的尊贵。田承嗣十年不屈膝，因为尊重郭子仪能使强藩折服而下拜；陶渊明不愿为五斗米折腰，辞去官职归隐乡野。不要丢掉老命，是杨璞的妻子送别的话；好像新剥的鸡头肉，是明皇赞美贵妃之乳。手指纤细就像春笋，目光流盼如同秋波。肩膀高耸好似玉楼，眼光清澈好比银海。双泪垂下，仿佛玉箸的白润；头角高大，仿佛珠庭的耸峙。放下担子让肩膀休息，叫做息肩；倔强不肯低头，名为强项。

【原文】

丁谓与人拂须①，何其谄也②；彭乐截肠决战③，不亦勇乎。剜肉医疮④，权济目前之急⑤；伤胸扪足⑥，计安众士之心。汉张良蹑足附耳⑦，东方朔洗髓伐毛⑧。尹继伦⑨，契丹称为“黑面大王”⑩；傅尧俞，宋后称为“金玉君子”⑪。“土木形骸”⑫，不自妆饰；“铁石心肠”⑬，秉性坚刚。叙会晤曰“得挹芝眉”⑭，叙契阔曰“久违颜范”⑮。请女客曰“奉迓金莲”⑯，邀亲友曰“敢攀玉趾”⑰。

【注释】①丁谓：宋太宗时进士，以善于逢迎拍马屁著称。他开始是由宰相寇准提拔起来的，因此格外巴结寇准。有一次，朝廷大臣在一起聚餐，寇准的长胡须上沾了些菜汁，丁谓立刻走过去替寇准擦拭。寇准笑着奚落他：“您是国家大臣，怎么能为长官拂须呢？”②谄：谄媚，巴结奉承。③截肠决战：北齐将军彭乐非常骁勇善战，有一次和宇文泰交战，被刺穿肚子，肠子都露出来了，他便割断露在外面的肠子，继续同敌人战斗。④剜肉医疮：剜出肉来疗补疮疡。也作“剜肉补疮”。⑤权：姑且。济：救济。⑥扪足：摸脚。在楚汉战争中，刘邦和项羽相持了很久，还没有分出胜负来。有一天，两人对阵，刘邦被项羽射伤了胸口，他却摸了摸脚说：“敌人射中了我的脚趾头啦！”⑦张良：字子房，韩国贵族的后裔，刘邦的重要谋士，汉朝建立后，被封为留侯。蹑足附耳：踩脚暗中示意，贴近耳朵说悄悄话。蹑，踩，踏。附，贴近。⑧洗髓伐毛：洗清骨髓，刮去毛发。传说西汉东方朔遇到一位叫黄眉翁的仙人，说自己三千年洗一次骨髓，两千年剥一次皮肤刮一次毛。⑨尹继伦：北宋大臣，曾打败契丹军，让契丹从此不敢侵犯边境。因为尹继伦脸长得黑，所以契丹人相互告诫“当避黑面大王”。⑩契丹：古民族名。源于东胡，居今辽河上游一带，以游牧为生。北魏时，自号契丹。唐末建立辽国。宋宣和七年（1125年）为金所灭。⑪金玉君子：黄金和美玉一样的高尚之人。北宋大臣傅尧俞性格正直，说话毫不隐讳，去世后，宋神宗和太皇太后亲自去吊唁，太皇太后对大臣们说："傅侍郎清直一节，始终不变，金玉君子也。"⑫土木形骸：形体像土木一样。形骸，人的形体，躯壳。⑬铁石心肠：心肠硬得像铁和石头一样。⑭得挹芝眉：能够见到对方的容颜。挹，引，牵引。芝眉，眉宇的美称，旧时书信中多用以指对方的容颜和神采，表示敬爱。唐朝隐士元德秀，字紫芝，宰相房琯每次见到他都叹息道："见到紫芝眉宇，使人名利之心都没有了。"⑮契阔：久别的情怀。久违颜范：好久没有见到您的容颜了。久违，好久没见。颜范，容颜和风范。⑯奉迓金莲：迎接女客人。奉，敬词。金莲，指女子的纤足。⑰敢攀玉趾：勇敢地拉对方的脚。玉趾，即玉步，对别人行走的敬词。

【译文】丁谓替人拂须，这是何等的谄媚啊！彭乐割去流出的肠子继续作战，多么英勇啊！剜肉医疮，权且救济眼前的急；胸口受伤却抚摸脚趾，是为安定军士的心。汉代张良曾踩着刘邦的脚，附耳低语出谋划策；黄眉翁说他年岁大，三千年洗一次髓，二千年剥皮去一次毛。契丹军惧怕尹继伦，称他为黑面大王；宋后悼念傅尧俞，称他为金玉君子。土木形骸，比喻自然，不刻意去装饰；铁石心肠，则形容人刚直，不随意动感情。与人会面，叫做得挹芝眉；很久不见，曰久违颜范。邀请女客的敬词，叫奉迓金莲；邀请亲友，叫敢攀玉趾。

【原文】

"侏儒"谓人身矮，"魁梧"称人貌奇。"龙章凤姿"①，廊庙之彦②；"獐头鼠目"③，草野之夫④。恐惧过甚，曰"畏首畏尾"⑤；感佩不忘，曰"刻骨铭心"⑥。貌丑曰"不扬"⑦，貌美曰"冠玉"⑧。足跛曰"蹒跚"⑨，耳聋曰"重听"⑩。"期期""艾艾"⑪，口讷之称⑫；"喋喋""便便"⑬，言多之状。可嘉者，小心翼翼⑭，可鄙者⑮，大言不惭⑯。

【注释】①龙章凤姿：如龙的神采，像凤一样的风姿。章，花纹。②廊庙之彦：朝廷中的杰出人物。廊庙，宫殿和太庙，古代君主与大臣议政的地方，后指朝廷。彦，古代指有才学、德行的人。③獐头鼠目：脑袋像獐子又小又尖，眼睛像老鼠又小又圆。形容人贫贱寒酸的样子。④草野：野草丛生的荒凉原野。这里指乡野、民间。⑤畏首畏尾：前也怕，后也怕。畏，害怕。⑥刻骨铭心：铭刻在心灵深处。刻骨，感受深切入骨。铭心，铭记在心，念念不忘。⑦不扬：容貌不英俊。扬，指容貌美丽。⑧冠玉：装饰在帽子上的美玉。东汉陈平是美男子，司马迁指他"如冠玉耳"。后来多用来形容男子的美貌。⑨蹒跚（pán shān）：腿脚不灵便，走起路来一瘸一拐的样子。⑩重听：听觉不灵敏，一次听不清楚，必须请人再说一次。⑪期期、艾艾：都是口吃结巴的样子。⑫口讷（nè）：说话迟钝。⑬喋喋、便便：形容话多的样子。喋喋，不停地说话。便便，言语流畅明白。⑭小心翼翼：小心恭敬的样子。翼翼，严肃恭敬。⑮鄙：轻蔑，看不起。⑯大言不惭：说大话而不感到难为情。惭，羞愧。

【译文】侏儒指人的身材矮小；魁梧是说人的身材高大。龙章凤姿，形容国家的栋梁之才；獐头鼠目，是说平凡无用之人。恐惧过分，就叫畏首畏尾；感念恩德，永世不忘，称作刻骨铭心。相貌丑陋，称为不扬；面貌姣美，称作冠玉。跛足行动迟缓，叫蹒跚；耳朵聋了，叫作重听。期期艾艾是对口吃者的称呼；喋喋便便形容话多。谨慎、谦逊的人，值得钦佩；大言自夸的人，令人鄙视。

【原文】

腰细曰“柳腰”①，身小曰“鸡肋”②。笑人齿缺，曰“狗窦大开”③；讥人不决④，曰“鼠首偾事”⑤。“口中雌黄”⑥，言事而多改移；“皮里春秋”⑦，胸中自有褒贬。“唇亡齿寒”⑧，谓彼此之失依；“足上首下”⑨，谓尊卑之颠倒。所为得意，曰“吐气扬眉”⑩；待人诚心，曰“推心置腹”⑪。心慌曰“灵台乱”⑫，醉倒曰“玉山颓”⑬。睡曰“黑甜”⑭，卧曰“息偃”⑮。

【注释】①柳腰：柳树柔软的枝条。②鸡肋：鸡的肋骨。③狗窦大开：供狗出入的墙洞大开着。窦，洞。④不决：拿不定主意。⑤鼠首偾事：就像胆小的老鼠在出洞时头在洞口伸伸缩缩一样，最后坏了事情。偾，败坏，破坏。⑥口中雌黄：随口更改自己说的话，就像用雌黄涂改错字一样。雌黄，即鸡冠石，赤色，可作颜料，古代写字用黄纸，写错了就用雌黄涂抹再写。⑦皮里春秋：藏在心里不说出来的评论。春秋，编年体史书，相传是孔子依据史料整理修订而成的，文字简短，但对人和事都加以褒贬。⑧唇亡齿寒：嘴唇没有了，牙齿就会感到寒冷。⑨足上首下：脚在上面头在下面。⑩吐气扬眉：吐出了胸中的闷气，扬起了眉头。也作“扬眉吐气”。⑪推心置腹：把自己的心放到别人的肚子里。⑫灵台：指心。⑬玉山颓：玉山倒下，形容人醉酒将要倒下的样子。玉山，比喻俊美的仪容。颓，倒塌，倒下。⑭黑甜：酣睡。⑮偃：仰面倒下，放倒。

【译文】腰细，称为柳腰；身材瘦小，叫作鸡肋。嘲笑他人牙落齿缺，就说狗窦大开；讥讽他人犹豫不决，说鼠首偾事。口中雌黄，是说话出口后随意更改；皮里春秋，是指嘴里不说，心中却有主见。唇亡齿寒，形容彼此利害相关；足上首下，形容尊卑位置颠倒。做事顺畅而得意，是指吐气扬眉；待人真诚，就叫推心置腹。心叫灵台，所以心慌叫灵台乱；容如玉山，所以醉倒叫玉山颓。睡得很香甜叫作黑甜，睡卧在床叫做息偃。

【原文】

“口尚乳臭”①，谓世人年少无知；“三折其肱”②，谓医士老成谙练③。西子捧心④，愈见增妍；丑妇效颦⑤，弄巧反拙⑥。慧眼始知道骨⑦，肉眼不识贤人⑧。婢膝奴颜⑨，谄容可厌；胁肩谄笑⑩，媚态难堪。忠臣披肝⑪，为君之药⑫；妇人长舌⑬，为厉之阶⑭。事遂心曰“如愿”⑮，事可愧曰“汗颜”⑯。人多言曰“饶舌”⑰，物堪食曰“可口”⑱。

【注释】①口尚乳臭：嘴里还有奶的气味。乳臭，奶腥味。楚汉战争中，刘邦任命韩信为左丞相，领兵击魏。听说魏国任命柏直为大将，刘邦说：“是口尚乳臭，安能当（挡）吾韩信。”②三折其肱：多次折断手臂后，自己也能懂得医治折臂的方法。比喻对某事阅历多，富有经验，自然就造诣精深。肱，胳膊从肩到肘的部分，泛指手臂。③老成谙练：老练成熟，阅历多而练达世事。谙，熟。④西子捧心：西施心痛而用手按着心脏的部位。西子，即西施，春秋末期越国人。⑤效颦：仿效西施的模样，捧心皱眉。颦，皱着眉头。⑥弄巧反拙：本来想要弄聪明，结果反而使事情更坏。拙，笨。⑦慧眼：佛教用语，指上乘的智慧之眼，能够看到过去和未来。道骨：修道者的气质。⑧肉眼：肉身之眼。佛教认为肉眼见近不见远，见前不见后，见明不见暗。⑨婢膝奴颜：侍女的膝盖奴才的脸。形容卑躬屈膝、谄媚奉承的样子。婢膝，侍女的膝，常常下跪。奴颜，奴才的脸，满是谄媚相。也作“奴颜婢膝”。⑩胁肩谄笑：缩起肩膀，装出笑脸，奉承别人的样子。胁肩，耸起双肩做出恭谨的样子。谄笑，装出奉承的笑容。⑪披肝：披露肝脏。这里指表露真心。⑫为君之药：是君王的良药。臣子的真心话，听起来不顺耳，却对国家有利。⑬长舌：长长的舌头。比喻好说闲话、搬弄是非。⑭为厉之阶：是祸患的开始。厉，祸患，危险。阶，阶梯。⑮遂心：称心；合自己的心意。遂，顺。⑯汗颜：因羞愧而脸上出汗。⑰饶舌：唠叨，多嘴。⑱可口：食物的味道很合口味。

**【译文】**口中还留着乳臭之味，是说人年幼无知；三折其肱，是说医生老成练达。西施捧着心口，更加好看；丑妇效仿西施皱眉，更加丑陋。慧眼才能识得道骨，肉眼不能识别贤德之人。奴颜婢膝，谄媚的面容令人厌恶；耸起肩膀，假装笑容奉承他人，令人难堪。忠直言，是君王的良药；如妇人一样搬弄口舌是非，是招致祸患的缘由。做事称心如意，称为如愿；做了羞愧的事，叫作汗颜。喜爱多嘴唠叨，叫作饶舌；食物合乎口味，称为可口。

**【原文】**

泽及枯骨①，西伯之深仁②；灼艾分痛，宋祖之友爱。唐太宗为臣疗病，亲剪其须③；颜杲卿骂贼不辍④，贼断其舌。不较横逆⑤，曰“置之度外”⑥；洞悉虏情⑦，曰“已入掌中”。马良有白眉⑧，独出乎众；阮籍作青眼⑨，厚待乎人。咬牙封雍齿⑩，计安众将之心；含泪斩丁公⑪，法正叛臣之罪。掷果盈车⑫，潘安仁美姿可爱⑬；投石满载⑭，张孟阳丑态堪憎⑮。

**【注释】**①泽及枯骨：传说周文王有一次开凿池塘，发现一具枯骨，马上命人厚葬。泽，恩泽。②西伯：名姬昌，商纣王时封为西伯，其子灭商建立周朝，追封为文王。以仁德著称。③亲剪其须：据说唐朝大臣李勣得了暴病，医生的药方中指明需要龙须做药引子。唐太宗便剪下自己的胡须给他治病。④颜杲（gǎo）卿骂贼不辍：唐朝名臣颜杲卿是著名书法家颜真卿的堂兄，唐玄宗时为常山太守，“安史之乱”中被安禄山抓住，他大骂叛乱的安禄山，被割下舌头后处死。辍，停止。⑤横逆：蛮横无理。⑥置之度外：不放在考虑之中，即不放在心上。度，考虑，计算。⑦洞悉虏情：很清楚地知道敌人的情况。洞，透彻。悉，了解；虏，敌人。⑧马良有白眉：马良字季常，是三国时襄阳人。兄弟五人，都很有名气，马良的眉毛中有几根白色的，当时人说：“马氏五常，白眉最良。”⑨青眼：黑色的眼珠。青眼看人表示对人的喜爱或重视、尊重，跟“白眼”相对。据说三国时魏国人阮籍常以青眼对所器重的人，对看不起或憎恨的人则翻白眼。⑩雍齿：汉朝刘邦手下将领，被封为什方侯。⑪丁公：西汉名将季布的弟弟丁固。他本来是项羽手下的将领，有一次追杀刘邦，危急时刻，刘邦对他说：“我们俩都是贤人，何苦要这样自相残杀呀。”丁公于是放了刘邦一条生路。后来刘邦建立汉朝，丁公前来求见，想凭着当年的恩情得个封赏。刘邦却命人把丁公绑在军营中示众，说：“丁公当年是项羽的臣子却不忠心，让项羽失去天下的，正是丁公。”于是处斩了丁公。⑫掷果盈车：投掷水果装满车。据说晋代潘岳每次出门，老太太们都向他的车上扔水果，能装满一车。⑬潘安仁：即潘岳，晋代有名的美男子，当时人称他“潘安”。⑭投石满载：扔石头装满一车。据说相貌极其丑陋的张孟阳每次出门，路上的小孩子都拿瓦片石头扔他，回来后满车都是石头。⑮憎：讨厌。

**【译文】**周文王仁慈爱民，连枯骨也沾上他的恩泽；宋太祖爱兄弟，用艾烧皮肤分担兄弟的痛苦。唐太宗为臣子治病，剪下自己的胡须；颜杲卿大骂安禄山，被贼子割去了舌头。横逆无理的事，不去计较他，称为置之度外；洞察敌情，胸有成竹，叫作已入掌中。马良长有白眉，在弟兄中才能出众；阮籍会作青白眼，厚待他喜欢的客人。刘邦咬牙册封与自己有积怨的雍齿，以此来安抚众将不安之心。却含泪杀害对他有恩的丁公，以惩叛臣。潘岳长得很美，妇女投给他的果子满车；张孟阳面貌丑陋，小孩子见了他就扔石头。

【原文】

事之可怪，妇人生须；事所骇闻①，男人诞子②。求物济用③，谓"燃眉之急"④；悔事无成，曰"噬脐何及"⑤。情不相关，如秦越人之视肥瘠⑥；事当探本⑦，如善医者只论精神⑧。无功食禄⑨，谓之"尸位素餐"⑩；谫劣无能⑪，谓之"行尸走肉"⑫。老当益壮，宁知白首之心；穷且益坚，不坠青云之志⑬。一息尚存⑭，此志不容少懈⑮；十手所指⑯，此心安可自欺。

【注释】①骇闻：听到后感到非常震惊。②男人诞子：相传在北宋徽宗时，京城开封有一卖水果的男子怀了孕。③济用：助用或使用。④燃眉之急：火烧眉毛那样紧急。⑤噬脐何及：当后悔时，像用嘴咬不着自己的肚脐那样来不及了。噬，咬。及，到。⑥秦越人之视肥瘠：像秦人和越人看待对方的肥瘦一样，漠不关心。春秋时秦国和越国，一个在西北，一个在东南，相隔极远，因此称疏远隔膜、互不相关为"秦越"。⑦探本：探求它的本源。⑧精神：指人的精气、元神。⑨无功食禄：没有出力而享受俸禄。禄，古代官吏的薪水。⑩尸位素餐：空占着职位而不做事，白吃饭。尸位，像尸一样，只享受祭祀而不做任何事。素餐，吃闲饭。⑪谫（jiǎn）劣：浅薄低劣。谫，浅薄。⑫行尸走肉：像会走动的尸体和没有灵魂的躯壳一样。比喻没有用处。⑬青云之志：直上青云的志气。⑭一息尚存：只要还有一口气。息，气息，呼吸。尚，还。⑮懈：放松，懈怠。⑯十手所指：被很多人指指点点。

【译文】世上的事千奇百怪，妇女也会生出胡须；最骇人听闻的，男人竟然生出了孩子。求物以应急用，就说燃眉之急；懊悔做事错过了时机，称噬脐何及。彼此不相关，好比相隔很远的秦人看越人的肥瘠；遇事要追求根本，就像良医看病那种精神。没有功劳只拿俸禄，叫作尸位素餐；没有学问、没有能力的人，叫做行尸走肉。年纪虽老志气却更壮盛，立下的志愿白了头也不改变；贫穷却更加坚定，决不丧失直上青云的志气。只要还有一口气，志向不能有丝毫懈怠；十个指头在指着，心里怎么能够自欺欺人呢？

## 衣　服

【原文】

冠称"元服"①，衣曰"身章"②。曰"弁"曰"冔"曰"冕"③，皆冠之号；曰"履"曰"舄"曰"屣"④，悉鞋之名。上公命服有"九锡"⑤，士人初冠有"三加"⑥。"簪缨""缙绅"⑦，仕宦之称⑧；"章甫""缝掖"⑨，儒者之服。"布衣"即白丁之谓⑩，"青衿"乃生员之称⑪。"葛屦履霜"⑫，诮俭啬之过甚⑬；"绿衣黄里"⑭，讥贵贱之失伦⑮。

【注释】①元：首，头。②章：文饰，标志。③弁（biàn）：古代一种官帽。赤黑色布做的叫爵弁，是文冠；白鹿皮做的叫皮弁，是武冠。冔，商代对帽子的称呼。冕（miǎn），古代帝王及地位在大夫以上的官员们戴的礼帽，后专指帝王的皇冠。④履、舄、屣：都指鞋子。⑤上公：周代官员的品秩按一命至九命来划分，其中三公（太师、太傅、太保）为八命，出封在外则加一命，称为上公。命服：周代一至九命官员等级不同，衣服也各不相同，所以称为“命服”。九锡：古代天子赐给诸侯、大臣的九种器物，是最高礼遇。锡，赏赐。⑥士人：古代指达到结婚年龄的男子。初冠：古代男子二十岁行冠礼，称初冠。三加：古代行冠礼的时候，开始戴缁布冠，然后戴皮弁，最后戴爵弁，称为“三加”。⑦簪缨：簪，用来固定发髻或把冠固定在头上的一种长针。缨，系在下巴处的冠带。⑧仕宦：本指做官，这里指做官的人。⑨章甫：商代的一种礼帽，即缁布冠。缝掖：宽袖单衣，是古代儒生的穿着。⑩布衣：布制的衣服。古代平民不能穿锦绣。⑪青衿：青色交领的长衫，古代学子的服装。生员：科举制时代在太学学习的人统称生员。⑫葛屦履霜：用夏天穿的葛布鞋在秋冬踏霜雪。⑬俭啬：节俭，吝啬。⑭绿衣黄里：以绿色为衣面，用黄色为衣里。古时以黄色为正色，绿为闲色。⑮失伦：失去应有的条理次序。伦，条理，次序。

**【译文】**帽子戴在头上，所以称为元服；衣服穿在身上，所以叫身章。弁、冔、冕，都是帽子的别称；履、舄、屣，都是鞋子的别名。皇帝赐予大臣的器物有九种，所以称为九锡；士人成年行冠礼，要换三次帽子，所以叫三加。簪缨、缙绅，都是对仕宦的别称；章甫、缝掖，是称读书人所穿的衣服。布衣说的是白丁、平民；青衿是称生员。冬天穿着夏天的单鞋，是笑人太过吝啬；用绿色衣料作面，黄色衣料做里，是笑人贵贱的颠倒。

**【原文】**

上服曰“衣”，下服曰“裳”①；衣前曰“襟”，衣后曰“裾”。敝衣曰“褴褛”②，美服曰“华裾”③。“襁褓”乃小儿之衣④，“弁髦”亦小儿之饰⑤。“左衽”是夷狄之服⑥，“短后”是武夫之衣⑦。尊卑失序，如冠履倒置；富贵不归，如锦衣夜行⑧。狐裘三十年⑨，俭称晏子⑩；锦幛四十里⑪，富羡石崇。

**【注释】**①裳：古人穿的遮蔽下体的衣裙，男女都穿，是裙的一种，不是裤子。②敝衣：破旧的衣服。敝，破旧，坏。褴褛（lán lǚ）：衣服破烂。③华：华丽。④襁褓：背负婴儿用的宽带布兜和包裹婴儿的被子。⑤弁髦：弁，指缁布冠；髦，幼童垂在眉毛上方的头发，类似现在的刘海。古代贵族子弟行加冠之礼，先用缁布冠把刘海束好，三次加冠之后，就不再用缁布冠，并剃去刘海，理发为髻。因此，弁髦对成年男子来说是废弃无用的东西，对小孩来说是一种装饰。⑥左衽：衣襟向左边开。是某些少数民族的服装式样，与中原汉族的前襟向右相反。衽，衣襟。夷狄：汉族以外的少数民族。夷，古代称东方各个民族。狄，古代称北方各个民族。⑦短后：衣的后幅较短，便于动作。⑧锦衣夜行：穿了锦绣衣裳在夜间行走。比喻别人不能看到自己的荣耀发达。⑨狐裘三十年：一件狐皮大衣穿了三十年。狐裘，用狐皮做的衣服。⑩晏子：即晏婴，字平仲，春秋时期齐国大夫，以节俭和机智闻名。⑪锦幛四十里：锦绣的帷幕有四十里长。

**【译文】**上身的衣服叫衣，下身的服装叫裳；衣的前幅称作襟，后幅称作裾。衣服破旧，唤作褴褛；衣服华丽，称为华裾。襁褓是婴儿的布兜，弁髦是小孩儿的帽子。衣襟在左，是夷狄的衣服，后面较短，是武夫的衣服。尊卑失去次序，好比帽子和鞋倒过来放；富贵了不回家乡，好比穿上锦衣在夜里行走。一件狐袍穿了三十年，节俭还是晏子；用锦幛围了四十里，奢华要算石崇。

【原文】

孟尝君珠履三千客①，牛僧孺金钗十二行②。千金之裘，非一狐之腋③；绮罗之辈④，非养蚕之人。贵者重裀叠褥⑤，贫者裋褐不完⑥。卜子夏甚贫⑦，鹑衣百结⑧；公孙弘甚俭，布被十年⑨。“南州冠冕”⑩，德操称庞统之迈众⑪；“三河领袖”⑫，崔浩羡裴骏之超群⑬。虞舜制衣裳，所以命有德⑭；昭侯藏敝袴⑮，所以待有功。

【注释】①孟尝君：名田文，战国时齐国公子。珠履三千客：《史记》记载战国时楚国公子春申君的门客有三千多人，其中上等的门客都穿着缀有珍珠的鞋子。这里误为孟尝君。②牛僧孺：字思黯，唐朝大臣，是唐代后期“牛李党争”中牛党首领。金钗十二行：头戴金钗的女子十几排。③腋：腋下。④绮罗之辈：泛指穿各种丝织品的富贵之人。⑤重裀叠褥：垫子好几层，褥子叠着褥子。裀，床垫。褥，坐卧时垫在身下的软枕。⑥裋褐：贫苦人穿的粗布衣服。⑦卜子夏：名商，字子夏，孔子的学生，曾在魏国讲学，李克、吴起都是他的学生。⑧鹑衣：补缀的破旧衣衫。鹑，一种鸟，尾巴秃，像破旧衣服上打的短结。⑨布被十年：一床布被盖了十年。汉武帝时的丞相公孙弘说，做君主怕的是不广阔博大，当臣子怕的是不自制节俭，因此他一条麻布被盖了十多年。⑩南州冠冕：南方人才中杰出的人。东汉末年，司马徽称赞庞统是“南州士之冠冕”。⑪德操：司马徽字德操，东汉末人，善于知人，人称水镜先生。刘备曾向他探询人才，他推荐了诸葛亮和庞统。庞统：字士元，三国时刘备的谋士。与诸葛亮齐名，号称“凤雏”。迈众：众人中最突出的。迈，超过。⑫三河领袖：黄河南北一带读书人的领军人物。三河，汉代以河内、河南、河东郡为三河，即今河南洛阳市黄河南北一带。⑬崔浩：北魏大臣，官至司徒，参与军国大计。裴骏：北魏中书博士，精通经史，亲属称他为“神驹”。⑭命有德：任命有德的人。舜的大臣皋陶对大禹说：“上天任命有德的人管理民众，要用天子、诸侯、卿、大夫、士五种等级的礼服来显示有德者的区别。”⑮昭侯：韩昭侯，战国时代韩国的国君。袴（kù）：裤子。

【译文】孟尝君穿珠履的门客有三千，牛僧孺戴金钗的姬妾列了十二行。价值千金的皮袍，不是只用一只狐狸的腋下之毛做成；身穿罗绮的女子，不是养蚕的人。富贵的人，衣服铺盖重重叠叠；贫穷的人，粗布衣服破烂不堪。子夏很穷，衣服上打满了补丁；公孙弘非常节俭，一床布被盖了十年。庞统才智出众，司马德操称他为南州冠冕；裴骏才干超群，崔浩羡慕说他是三河领袖。虞舜做衣裳，是为奖赏有德之人；昭侯保藏破裤子，是用来等待有功之臣。

【原文】

唐文宗袖经三浣①，晋文公衣不重裘②。衣履不敝，不肯更为③，世称尧帝；衣不经新，何由得故，妇劝桓冲④。王氏之眉贴花钿⑤，被韦固之剑所刺；贵妃之乳服诃子⑥，为禄山之爪所伤⑦。姜氏翕和⑧，兄弟每宵同大被；王章未遇⑨，夫妻寒夜卧牛衣⑩。缓带轻裘⑪，羊叔子乃“斯文主将”⑫；葛巾野服⑬，陶渊明真“陆地神仙”。服之不衷⑭，身之灾也；缊袍不耻⑮，志独超欤。

【注释】①袖经三浣：唐文宗李昂经常与六位学士在便殿议事，为了表明自己的节俭，举起衣袖夸耀说：“这件衣服已经洗过三次了。”几位学士都应声祝贺，只有柳公权一句话也不说。皇帝追问他，柳公权回答说："身为皇帝应该选任贤能，远离小人，采纳谏诤，赏罚分明，而穿一件洗过的衣服，这都是细枝末节，对治国之道没有什么好处。"浣，洗涤。②重裘：厚毛皮衣。③更为：更换再做。④妇劝桓冲：东晋桓冲不喜欢穿新衣服，有一次洗完澡，妻子故意送了一套新衣服给他。桓冲大发脾气，催促服侍的人拿回去。妻子却让人再次拿来，并传话说："衣服不经过新的，怎么变成旧的呢？"桓冲这才大笑着穿上。⑤花钿：古代妇女首饰，用金片镶嵌成花形。⑥诃子：即抹胸，古代的一种内衣。据说杨贵妃与安禄山有私情，有一次被安禄山抓伤胸乳间，为了不让玄宗发现，杨贵妃便用诃子将胸乳遮掩起来。⑦禄山：安禄山，唐朝少数民族大将，骁勇善战，得到唐玄宗和杨贵妃的宠信，天宝年间，起兵叛乱。⑧翕和：友爱和睦，协调一致。翕，聚。⑨未遇：没有得志的时候。⑩牛衣：古代用乱麻编成，搭在牛身上御寒避雨的物品。⑪缓带轻裘：宽松的衣带，轻暖的皮裘。形容闲适从容的风度。⑫羊叔子：即羊祜，字叔子，西晋开国元勋，博学能文，清廉正直。斯文：文雅。⑬葛巾野服：葛巾，葛布制成的头巾；野服，村野平民的服装。⑭不衷：不恰当，不合适。⑮缊袍：古代人用乱麻、旧棉做絮的袍子，一般是贫穷人穿的。

**【译文】**唐文宗的衣服洗了多次仍在穿，晋文公不穿同样的裘袍。衣服鞋子不破就不换新的，世人称颂尧帝俭朴；衣服不经过新哪里会旧，妇人劝说桓冲。王氏女的眉间贴着花钿，是被韦固的剑刺伤的；杨贵妃戴着胸衣，是被安禄山抓伤了乳房。姜家兄弟和睦，每晚同盖一条大被；王章未得到君王的赏识前，夫妇冬天只盖一件牛衣。羊祐缓带轻裘，真是儒将风度；陶渊明葛巾野服，真是陆地上的神仙。衣服穿得不合自己的身份，会招来灾祸；穿着破袍不觉耻，是志向超越别人！

## 人　事

**【原文】**

《大学》首重夫明新①，小子莫先于应对②。其容固宜有度③，出言尤贵有章④。智欲圆而行欲方⑤，胆欲大而心欲小。"阁下""足下"⑥，并称人之辞；"不佞""鲰生"⑦，皆自谦之语。恕罪曰"原宥"⑧，惶恐曰"主臣"⑨。"大春元""大殿选""大会状"⑩，举人之称不一；"大秋元""大经元""大三元"⑪，士人之誉多殊。"大掾史"⑫，推美吏员；"大柱石"⑬，尊称乡宦⑭。

**【注释】**①《大学》：原为《小戴礼记》书中的一章，从南宋时期起，和《中庸》《论语》《孟子》合在一起，称为"四书"，作为儒家的"经书"在社会上广泛流传。明新：即明德新民。《大学》开篇说："大学之道，在明明德，在新民，在止于至善。"意思是，获得广博而高深学问的根本途径，是在发扬自己与生俱来的光明德行，在革除旧有的坏习惯而自新，在达到最美善的圆满境界。②小子：小学弟子，是古代老师对学生的称呼。③度：法度，规定。古代对人的举止容貌都有明确而严格的要求。④章：章法，条理。⑤智欲圆：知识要广博周备。圆，圆满，周全。方：端正，不苟且。⑥阁下、足下：阁下，具有显赫的地位、尊严或价值的人。足下，下称上或同辈相称。⑦不佞（nìng）：不才，没有才能。佞，有才智。鲰（zōu）生：小生。鲰，浅陋，愚昧。⑧原宥（yòu）：原谅饶恕。⑨主臣：本谓君臣，后用来表示恭敬惶恐。⑩大春元：古代春季会试，第一名称"大春元"。元，科举考试中，凡取得第一名的都称"元"。科举考试分为"乡试""会试""殿试"三个级别，每一个都有特定的称呼。大殿选：殿试考中，称"大殿选"。大会状：会试考中第一名和殿试第一名，都称"大会状"。⑪大秋元：秋季乡试，第一名称"大秋元"。大经元：五经贡生第一名称"大经元"。大三元：连续考中乡试第一名、会试第一名、殿试一甲第一名的人，称“大三元”。⑫掾（yuàn）史：汉代以后，职权较重的长官有下属官员，分担各种事务，通称掾史。⑬柱石：支梁的柱子和承受柱子的基石，比喻担负重任的人。⑭乡宦：住在乡下的官宦，指原来担任过国家重任的人。

**【译文】**《大学》一开始就强调“明德”和“新民”的重要性，弄清楚这一点，刚开始学习的学生就不要先急于学习怎样处世应答。一个人的仪容行为，本身就应该有一定的标准规矩，说话做事尤其要注意有章程理法。一个人的知识应该要广博周备，而行为却要方正端庄；办事胆识要大，而心思却要谨慎细腻。“阁下”“足下”，都是尊称人的言辞；“不佞”“鲰生”，均为谦虚称呼自己的言语。原谅饶恕罪责过失称为“原宥”，表示恭敬畏惧就用“主臣”。“大春元”“大殿选”“大会元”，是对中举的人不同的称呼；“大秋元”“大经元”“大三元”，是给予考试中优胜者不同的荣誉。“大掾史”，是对下层官员的美称；“大柱石”，是对从朝廷中退休回到家乡的官员的尊敬称呼。

**【原文】**

贺入学曰“云程发轫”①，贺新冠曰“元服加荣”②。贺人荣归，谓之“锦旋”③；作商得财，谓之“稛载”④。谦送礼曰“献芹”⑤，不受馈曰“反璧”⑥。谢人厚礼曰“厚贶”⑦，自谦礼薄曰“菲仪”⑧。送行之礼，谓之“赆仪”⑨；拜见之赀⑩，名曰“贽敬”⑪。寿仪曰“祝敬”⑫，吊死礼曰“奠仪”⑬。请人远归曰“洗尘”⑭，携酒送行曰“祖饯”⑮。犒仆夫，谓之“旌使”⑯；演戏文，谓之“俳优”⑰。

**【注释】**①入学：明、清童生经考试后进入府、州、县学里读书，称为“入学”，也称“进学”。云程发轫（rèn）：比喻前程远大。云程，青云万里的路程，比喻仕途。发轫，启程前进。轫是止住车轮转动的木头，车启行前必须先去掉轫，比喻事业的开端。②荣：荣誉，良好的名声或社会名望。③锦旋：即衣锦还乡。旋，归，还。④稛（kǔn）载：用绳子捆束财物装在车上。稛，用绳捆扎。⑤献芹：谦言自己赠送的礼品菲薄或建议浅陋。⑥馈（kuì）：赠送。这里指赠送的礼物。反璧：退还璧玉。⑦厚贶（kuàng）：丰厚的赠礼。贶，赐予。⑧菲仪：微薄的礼物。仪，礼物。⑨赆（jìn）仪：赠送给出门远行的人路费或礼物。⑩赀（zī）：通“资”，财货。⑪贽敬：为表示敬意所送的礼品。⑫祝敬：即“华封三祝”，原是祝颂之词，后来专门指祝贺生辰的礼物。⑬奠仪：送给办丧事人家的礼品。也指死者灵前的供品。⑭洗尘：洗涤风尘。⑮祖饯：即饯行，设宴送行。古人外出时常要祭祀路神，以保平安，称为“祖”。⑯旌使：奖励使者。旌，表彰，奖励。使，这里指派遣的人。⑰俳（pái）优：古代从事乐舞谐戏的艺人。

**【译文】**祝贺别人考试后进入学府，就说“云程发轫”；祝贺男子成年礼仪中穿戴上冠服，就说“元服加荣”。祝贺别人带着荣光回到家乡，就说“锦旋”；祝贺商人做生意获得财富，就说“稛载”。谦虚地称自己给别人赠送礼物，就说“献芹”；不接受别人的礼物，就说“反璧”。感谢别人赠送价值大的礼物，就说“厚贶”；谦虚说自己赠送价值小的礼物，就说“菲仪”。赠送给别人出门的费用，称为“赆仪”；拜见别人时赠送的礼物，叫作“贽敬”。在别人寿礼上赠送的礼品，称“祝敬”；吊唁死者时赠送的礼品，称为“奠仪”。宴请出远门归来的人，叫“洗尘”；端着酒杯为出门的人送行，称“祖饯”。犒赏仆人下人，叫作“旌使”；表演戏曲歌舞的人，称为“俳优”。

【原文】

谢人寄书，曰“辱承华翰”①；谢人致问，曰“多蒙寄声”②。望人寄信，曰“早赐玉音”③；谢人许物，曰“已获金诺”④。具名帖，曰“投刺”⑤；发书函，曰“开缄”⑥。思慕久曰“极切瞻韩”⑦，想望殷曰“久怀慕蔺”⑧。相识未真，曰“半面之识”⑨；不期而会，曰“邂逅之缘”⑩。“登龙门”，得参名士；“瞻山斗”⑪，仰望高贤。“一日三秋”⑫，言思慕之甚切；“渴尘万斛”⑬，言想望之久殷。

【注释】①辱承华翰：承蒙寄来书信。辱，谦辞。承，捧着，接受。华翰，美好的文辞。②寄声：口头传达问候。③玉音：佳音，对别人言辞的敬称。④金诺：守信不渝的诺言。⑤投刺：投递名帖求见。刺，古代在竹简上刺名字，所以称名片为“刺”。⑥缄（jiān）：书信。⑦思慕：怀念，追慕。极切瞻韩：唐代韩朝宗，任荆州大都督府长史兼襄州刺史，人称“韩荆州”，他乐于识拔后进，受到当时人的推重。当时有“生不用封万户侯，但愿一识韩荆州”的说法。极切，急切，迫切。瞻，敬视。⑧慕蔺：钦慕贤者的意思。西汉辞赋家司马相如，仰慕战国时赵国大臣蔺相如的为人，把自己的名字也改为相如。蔺，指蔺相如。⑨半面之识：形容初相识或相识不深。东汉应奉记忆力非常强，有一个车匠曾经从门中露出半边脸看他，十几年后，应奉在路上见到车匠，一下子就认了出来。⑩邂逅（xiè hòu）：没有约定而相遇。⑪瞻山斗：仰望泰斗。瞻，仰慕。山斗，泰山和北斗的合称。⑫一日三秋：一天没有见面，就像隔了三年一样。秋，指一季或一年。⑬渴尘万斛（hú）：唐代卢仝拜访含曦上人没有见到，做了一首诗，诗中有“辘轳无人井百尺，渴心归去生尘埃”两句。意思是说，极想见您却没能如愿，这焦渴之心空对深井里的清水，回去后已干裂得满是尘埃了。古代以十斗为一斛，“万斛”是极言尘埃之多。

【译文】感谢别人寄来书信，就说“辱承华翰”；感谢别人的问候，就说“多蒙寄声”。盼望别人来信，就说“早赐玉音”；致谢别人答应帮助自己，就说“已获金诺”。准备好名片去拜访人，叫“投刺”；启开一封信，称“开缄”。思念仰慕很长时间了，叫作“极切瞻韩”；想念盼望非常迫切，称为“久怀慕蔺”。认识了，但并不很熟悉，叫“半面之识”；没有约定，却意外碰面，称“邂逅之缘”。“登龙门”，这是指能够有机会去参拜有名望的人；“瞻山斗”，这是说景仰钦慕德高望重的贤达。“一日三秋”，是形容思念渴慕非常迫切；“渴尘万斛”，是比喻想念盼望时间长而深切。

【原文】

睽违教命①，乃云“鄙吝复萌”②；来往无凭，则曰“萍踪靡定”③。虞舜慕唐尧④，见尧于羹⑤，见尧于墙。门人学孔圣⑥，孔步亦步⑦，孔趋亦趋⑧。曾经会晤，曰“向获承颜接辞”⑨；谢人指教，曰“深蒙耳提面命”⑩。求人涵容，曰“望包荒”⑪；求人吹嘘，曰“望汲引”⑫。求人荐引，曰“幸为先容”⑬；求人改文，曰“望赐郢斫”⑭。“借重鼎言”⑮，是托人言事；“望移玉趾”，是浼人亲行⑯。“多蒙推毂”⑰，谢人引荐之辞；“望作领袖”⑱，托人倡首之说。言辞不爽⑲，谓之“金石语”⑳；乡党公论㉑，谓之“月旦评”㉒。“逢人说项斯”㉓，表扬善行;“名下无虚士”[24]，果是贤人。

【注释】①睽（kuí）违：分隔，离别。②鄙吝复萌：庸俗的念头又滋生了。东汉黄宪，为人宽宏大度，当时人都认为他是颜回复生。同郡的陈蕃、周举经常互相说：“时月之间不见黄生，则鄙吝之萌复存乎心。”鄙吝，这里指庸俗。萌，萌发。③萍踪靡定：行踪不定，像浮萍般四处漂浮。靡，无。④慕：思慕，追念。⑤羹：汤。⑥门人：指孔子的弟子颜回。⑦步：缓行，慢走。⑧趋：快走。⑨向获承颜接辞：从前获得机会有幸见面和交谈。向，从前。承颜，顺承尊长的脸色。⑩耳提面命：不仅当面指教，而且提着耳朵叮嘱，希望永不忘记。⑪荒：污秽、废弃之物。⑫汲引：引荐，提拔。⑬先容：本指先加修饰，引申为事先为人介绍、推荐。⑭郢（yǐng）斫（zhuó）：据说楚国郢都有一个巧匠，能够挥动斧头砍掉别人鼻子上的白粉而不伤到鼻子。斫，斧刃。⑮鼎言：像鼎那样有分量的言语。⑯浼（měi）：请求，央求。⑰推毂（gǔ）：推车前进。毂，车轮中心的圆木，即车轴。⑱望作领袖：希望出来做表率。领袖，指衣服的领口和袖口，借指为人表率的人。⑲言辞不爽：说过的话绝不违背。爽，差失，违背。⑳金石语：说话像金石一样坚固可靠。㉑乡党公论：乡里的公正评价。乡党，周代规定，五百家为党，一万二千五百家为乡。㉒月旦评：东汉许劭和许靖喜欢评价乡里的人物，每月初一都发表对人物的品评。㉓逢人说项斯：唐朝项斯在出名前，以自己的诗稿拜见杨敬之，希望提携。杨敬之送给他一首诗，最后两句是“平生不解藏人善，到处逢人说项斯”。诗传到长安，第二年项斯就中了进士。㉔名下无虚士：虚士，徒有虚名的人。南北朝时刘臻想当面验证一下姚察的才学，便从《汉书》中找出十几条疑难问题让他解答，姚察引经据典，一一解答剖析。刘臻后来对亲近的人说：“名下定无虚士。”

【译文】不能时常听到贤者的教诲，就可说“鄙吝复萌”；在外漂泊动荡，则可称“萍踪靡定”。舜帝思慕去世的尧帝，吃饭时看见他在汤里，走路时看见他在墙上；颜回向孔子学习的时候，孔子慢走他也慢走，孔子快走他也快走。曾经与人见过面，就说“向获承颜接辞”；感谢别人指导教诲，就说“深蒙耳提面命”。恳请别人包涵宽容自己，就说“望包荒”；希望别人说自己好话，就说“望汲引”。请求别人推荐介绍自己，就说“幸为先容”；请求别人修改润色自己的文章，就说“望赐郢斫”。“借重鼎言”，是拜托有身份的人替自己说几句重量级美言时说的话；“望移玉趾”，是请求别人亲自前往、亲身而为的一种敬语。“多蒙推毂”，是感谢别人推荐的言辞；“望作领袖”，是鼓励别人出来做表率、当首领的一种说法。说过的话绝不违背，这样的话叫作“金石语”；乡里的公道评价，称作“月旦评”。“逢人说项斯”，指的是到处表扬别人的优点；“名下无虚士”，指的是并不徒有虚名而确实有真才实学的高人。

【原文】

党恶为非，曰“朋奸”[1]；尽财赌博，曰“孤注”[2]。徒了事，曰“但求塞责”[3]；戒明察[4]，曰“不可苛求”[5]。“方命”是逆人之言[6]，“执拗”是执己之性。曰“觊觎”、曰“睥睨”[7]，总是私心之窥望；曰“倥偬”、曰“旁午”[8]，皆言人事之纷纭[9]。小过必察，谓之“吹毛求疵”[10]；乘患相攻[11]，谓之“落井下石”[12]。欲心难厌如溪壑[13]，财物易尽若漏卮[14]。“望开茅塞”[15]，是求人之教导；“多蒙药石”[16]，是谢人之箴规[17]。“芳规”“芳躅”[18]，皆善行之可慕；“格言”“至言”[19]，悉嘉言之可听。

【注释】①朋奸：朋比为奸。朋，结党。②孤注：把所有的钱投进去作一次赌注。③塞责：对自己应尽的责任敷衍了事。④戒：戒除。⑤苛：过于严厉。⑥方命：违命，抗命。方，违背。⑦觊（jì）觎（yú）：非分的希望或企图。睥（pì）睨（nì）：斜着眼看，有厌恶或高傲之意。⑧倥（kǒng）偬（zǒng）：事情纷繁急迫。旁午：交错，纷繁。⑨纷纭：众多而杂乱。⑩吹毛求疵（cī）：吹开皮上的毛，寻找里面的毛病。求，找寻。疵，小毛病。⑪患：灾祸。⑫落井下石：看见人要掉进陷阱，不伸手救他，反而推他下去，又扔下石头。⑬溪壑（hè）：溪谷与沟壑。⑭漏卮（zhī）：有漏洞的盛酒器。⑮望开茅塞：希望能够打开思路。茅塞，被茅草堵住，后用来比喻人的思路闭塞或愚昧不懂事。⑯药石：古时指治病的药物和砭石，后比喻规劝别人改过向善的话语。⑰箴（zhēn）规：劝诫规谏。⑱芳躅（zhú）：前贤遗下来的行为准则。芳，敬辞。躅，足迹。⑲至言：深切中肯或极其高明的言论。

【译文】结成团伙为非作歹，称作“朋奸”；把最后一笔钱做赌资，叫作“孤注”。只想尽快结束事情，就说“但求塞责”；无意深层次搞清楚事情的原因，就说“不可苛求”。“方命”是指背逆了别人的要求；“执拗”是指偏执了自己的性情。“觊觎”“睥睨”，一般是指不怀好意、另有目的的窥探和观望；“倥偬”“旁午”，都是形容人情世故的纷繁复杂。对别人的小过失也要调查追究，叫作“吹毛求疵”；趁着别人有危难加以打击坑害，称为“落井下石”。人的嗜欲难以获得满足，就如同“溪壑”一样难以填满；资财容易花销光，就好像把酒装在“漏卮”里一般。“望开茅塞”，是恳求别人指教开导时说的话；“多蒙药石”，是感谢别人好言劝告时说的话。“芳规”“芳躅”，都是说前辈贤达的美好品行值得钦慕；“格言”“至言”，都是说有道理的言论值得听取。

【原文】

无言曰“缄默”①，息怒曰“霁威”②。包拯寡色笑③，人比其笑为黄河清；商鞅最凶残，尝见论囚而渭水赤④。仇深曰“切齿”⑤。人笑曰“解颐”⑥。人微笑曰“莞尔”⑦，掩口笑曰“胡卢”⑧。大笑曰“绝倒”⑨，众笑曰“哄堂”⑩。留位待贤，谓之“虚左”⑪；官僚共署，谓之“同寅”⑫。人失信曰“变幻”，又曰“食言”；人忘誓曰“寒盟”⑬，又曰“反汗”⑭。

【注释】①缄默：闭口不言。②霁（jì）威：收敛威严。霁，本意是雨雪后天放晴，比喻怒气消释，脸色转和。③包拯寡色笑：包拯为北宋名臣，为官刚正，执法严峻，但为人不苟言笑。寡，少。④论囚：定罪并处决囚犯。⑤切齿：上下牙齿紧紧地咬住，表示极端仇恨。⑥解颐：开颜欢笑。解，开。颐，面颊。⑦莞（wǎn）尔：微笑的样子。⑧胡卢：喉咙间发出的笑声。⑨绝倒：前仰后合地大笑。⑩哄堂：唐代御史有台院、殿院、察院，其中一位年资高的御史负责杂事，称为“杂端”。公堂上会餐的时候，不许说话和笑闹，唯有杂端笑的时候三院才能跟他一起笑，称作“哄堂”。后来形容满屋子的人同时发笑。⑪虚左：空着左边的位置。古代以左为尊，虚左表示对宾客的尊重。⑫同寅：同僚。⑬寒盟：背弃或忘却盟约。寒，特指中止盟约。⑭反汗：反悔。

【译文】一句话不说叫“缄默”；平息愤怒称“霁威”。宋朝的包拯很少谈笑，人们把他露出笑容比喻成像黄河水变清那样难以遇到；秦国的商鞅生性最为严酷残暴，有一次他在渭水边处决囚犯，鲜血把渭河都染红了。仇恨非常深，形容为“切齿”。绽开笑容称为“解颐”。微微露出一点笑容，称作“莞尔”；用手掩着嘴笑，叫作“胡卢”。开怀大声笑，身体前后晃动，称作“绝倒”；在场的人一起笑出声来，称为“哄堂”。保留尊贵的位置等待贤才的到来，叫作“虚左”；官员们共同在一个衙署里做事，叫作“同寅”。人说话不算数失信称作“变幻”，又称作“食言”；忘记誓言盟约称为“寒盟”，又称为“反汗”。

**【原文】**

“铭心镂骨”①，感德难忘；“结草衔环”②，知恩必报。自惹其灾，谓之“解衣抱火”③；幸离其害，真如“脱网就渊”④。两不相入⑤，谓之“枘凿”⑥；两不相投，谓之“冰炭”。彼此不合曰“龃龉”⑦，欲进不前曰“趑趄”⑧。“落落”⑨，不合之词，“区区”⑩，自谦之语。“竣”者作事已毕之谓，“醵”者敛财饮食之名⑪。赞襄其事⑫，谓之“玉成”⑬；分裂难完，谓之“瓦解”⑭。

**【注释】**①镂：雕刻。②结草衔环：“结草”和“衔环”都是古代报恩的传说。其中衔环讲的是有个儿童救了一只黄雀，黄雀衔来四枚白环相报。③解衣抱火：脱下衣服将火抱在怀中。④脱网就渊：鱼儿逃脱网具进入水深的地方。渊，深水。⑤相入：互相为用，彼此投合。⑥枘（ruì）凿：榫头和卯眼。如果枘方凿圆或枘圆凿方，那就难以插入结合。⑦龃龉（jǔ yǔ）：上下牙齿对不齐。⑧趑趄（zī jū）：想前进又不敢前进。形容疑惧不决、犹豫观望的样子。⑨落落：形容孤高，与人不合。⑩区区：细小的样子。形容微不足道。⑪醵（jù）：凑钱喝酒。⑫赞襄：辅助，协助。⑬玉成：本来指爱之如玉，而使其有成就，后来指成全。⑭瓦解：瓦片碎裂。比喻崩溃或分裂、分离。

**【译文】**“铭心镂骨”，形容感激德行，难以忘怀；“结草衔环”，形容牢记恩惠，一定会报答。自己招惹灾祸，称作“解衣抱火”；幸好避免了祸患，的确就像是鱼儿“脱网就渊”。两者不能够协调起来，称为“枘凿”；双方不能够良好相处，称为“冰炭”。彼此合不来称作“龃龉”；想要前进又不敢向前称作“趑趄”。“落落”是形容孤单不合群的词语，“区区”是用来表示自己卑微的谦辞。“竣”，是所做的事情已经结束的说法；“醵”，是凑起钱来一起去吃喝的名称。帮助完成某件事，称作“玉成”；分开崩裂再难完整，称作“瓦解”。

**【原文】**

事有低昂曰“轩轾”①，力相上下曰“颉颃”②。凭空起事曰“作俑”③，仍前踵弊曰“效尤”④。手口共作曰“拮据”⑤，不暇修容曰“鞅掌”⑥。手足并行曰“匍匐”，俯首而思曰“低徊”。“明珠投暗”⑦，大屈才能；“入室操戈”⑧，自相鱼肉⑨。求教于愚人，是“问道于盲”⑩；枉道以干主⑪，是“炫玉求售”⑫。智谋之士，所见略同；仁人之言，其利甚溥⑬。

**【注释】**①低昂：起伏，时高时低。轩轾（xuān zhì）：车子前高后低为“轩”，车前低后高为“轾”。②颉颃（xié háng）：原指小鸟上下飞翔的样子。③作俑：古代制造陪葬用的木偶或陶人。后来比喻首开恶例。④仍前踵弊：沿袭从前的错误。仍，因袭。踵弊：跟着犯错。踵，脚后跟。效尤：仿效不好的行为。尤，错误。⑤拮据：本来指鸟儿筑巢，劳苦操作。⑥鞅掌：事务繁忙的样子。⑦明珠投暗：将夜明珠在暗地里向人投去，让人很惊疑。⑧入室操戈：到屋子里拿起他的武器攻击他。操，拿。戈，古代像矛的武器。⑨自相鱼肉：内部人互相把对方当鱼肉宰割。鱼肉，指当作鱼肉宰割。⑩问道于盲：向瞎子问路。盲，瞎子。⑪枉道以干主：违背正道而求得君主重用。枉道，歪道。干，求。⑫炫玉求售：炫耀自己的才能希求被录用。炫，沿街叫卖。⑬其利甚溥：它的利益很广大。溥，广大。

【译文】事情有高有低，称为"轩轾"；力量对比不相上下，称为"颉颃"。凭空弄出事端，称为"作俑"；沿袭前面、前人犯过的错误，称为"效尤"。手和口一起做劳苦的事，称作"拮据"；没有闲工夫修饰仪容，称作"鞅掌"。手和脚一起用往前行进，叫作"匍匐"；低着头思考叫作"低徊"。"明珠暗投"，是指一个人大大辱没、浪费了他的才华；"入室操戈"，是指自己人和自己人相互攻击残害。向愚蠢的人请教，即是"问道于盲"；不走正道以求得君主的重用，即是"炫玉求售"。聪明有谋略的人，见解大多差不多；善良有德的人说的话，可以起到很大的好作用。

【原文】

"班门弄斧"①，不知分量；"岑楼齐末"②，不识高卑。势延莫遏，谓之"滋蔓难图"③；包藏祸心④，谓之"人心叵测"⑤。"作舍道旁"⑥，议论多而难成；"一国三公"⑦，权柄分而不一⑧。事有奇缘，曰"三生有幸"⑨；事皆拂意⑩，曰"一事无成"。酒色是酖⑪，如以双斧伐孤树；力量不胜，如以寸胶澄黄河⑫。"兼听则明，偏听则暗"⑬，此魏徵之对太宗；"众怒难犯，专欲难成"⑭，此子产之讽子孔⑮。欲逞所长⑯，谓之"心烦技痒"⑰；绝无情欲，谓之"槁木死灰"⑱。"座上有江南"⑲，语言须谨；"往来无白丁"⑳，交接皆贤。

【注释】①班门弄斧：在鲁班门前挥舞斧头。班，鲁班，我国古代的巧匠，木匠的祖师爷。②岑（cén）楼齐末：不看根本，只比较末端，高楼与方寸之木也可一样高。岑楼，尖顶高楼。③滋蔓难图：野草滋生，难以消除。滋蔓，滋生蔓延。④包藏祸心：心里藏着害人的坏心眼。祸心，害人的心。⑤人心叵（pǒ）测：人的心思难以推测。⑥作舍道旁：在路旁边修筑房屋，过路的人都会来出主意。⑦一国三公：一个国家有三个主持政事的人。公，古代诸侯国君的通称。⑧权柄：权势地位。⑨三生有幸：三世都很幸运。三生，指前生、今生、来生。幸，幸运。⑩拂意：违背心愿；不如意。⑪酒色是酖（dān）：沉溺于美酒和女色。酖，嗜酒，沉溺。⑫寸胶澄黄河：极少的胶无法使黄河澄清。⑬兼听则明，偏听则暗：要同时听取各方面的意见，才能正确认识事物；只相信单方面的话，必然会犯片面性错误。兼听，广泛听取意见。明，看事清楚。偏听，听信一面之词。暗，昏暗，糊涂。⑭众怒难犯，专欲难成：众人的愤怒难以触犯，专权的欲望难以成功。犯，触犯，冒犯。专欲，个人的欲望。⑮子产：名侨，字子严，春秋时郑国穆公之孙，长期执掌国政。子孔：郑国公子，曾代任国相。⑯逞：显示，炫耀，卖弄。⑰心烦技痒：形容擅长及爱好某种技艺，一遇机会就急于表现的情态。烦，烦躁。技痒，指某人想表现其技艺以显示于人。⑱槁木死灰：枯干的树木和火灭后的冷灰。⑲座上有江南：江南，指江南人。鹧鸪鸟的叫声很像"行不得也哥哥"，古乐府有一首《鹧鸪曲》，江南游子听了就容易引起思乡的情绪，因此郑谷在《座上赠歌者》诗里提醒说："座上亦有江南客，莫向春风唱鹧鸪。"强调说话要小心，以免触动别人的心事。⑳白丁：没有功名的平民；缺乏知识的人。

【译文】"班门弄斧"，是指人没搞清自己的分量；"岑楼齐末"，是指人不知道高低贵贱。形势蔓延不能够得到控制，称作"滋蔓难图"；心里藏着干坏事的心思，称作"人心叵测”。“作舍道旁”，是指人的议论太多，事情很难成功；“一国三公”，是指权力过于分散，让人无从听命。做事情时碰上了奇妙的机缘，就说“三生有幸”；事情都不遂自己的心愿，就说“一事无成”。沉溺于酒和美色，就好像是用两把斧子同时去砍伐一棵树一样；力量过小，就如同用一点点胶去澄清黄河的水。“兼听则明，偏信则暗”，这是名臣魏徵对答唐太宗的话；“众怒难犯，专欲难成”，这是郑国的子产讽劝国相子孔的话。想要显示自己擅长的技艺，叫作“心烦技痒”；没有什么嗜好欲望，形容为“槁木死灰”。“座上有江南”，是指说话必须谨慎；“往来无白丁”，是指交往的都是一些贤达人士。

**【原文】**

将近好处，曰“渐入佳境”①；无端倨傲②，曰“旁若无人”③。借事宽投曰“告假”④，将钱嘱托曰“夤缘”⑤。事有大利，曰“奇货可居”⑥；事宜鉴前⑦，曰“覆车当戒”⑧。外彼为此⑨，曰“左袒”⑩；处事两可⑪，曰“模棱”⑫。敌甚易摧，曰“发蒙振落”⑬；志在必胜，曰“破釜沉舟”⑭。曲突徙薪无恩泽⑮，不念豫防之力大⑯；焦头烂额为上客，徒知救急之功宏。贼人曰“梁上君子”⑰，强梗曰“化外顽民”⑱。

**【注释】**①渐入佳境：慢慢进入美好的境界。晋代的顾恺之每次吃甘蔗，都要从上端吃到下端，有人追问原因，他说：“渐入佳境。”意思是甘蔗下端比上端甜，从上到下，越吃越甜。②无端：没道理，无缘无故。倨傲：高傲自大，傲慢不恭。③旁若无人：虽然有人在旁边，但好像没看见。④宽投：放松投入，这里指减少工作。⑤夤（yín）缘：本指攀附上升，后来比喻攀附权贵，以求仕进。⑥奇货可居：将珍奇的东西囤积起来，等待高价出售。奇货，珍奇的东西。居，囤积。⑦鉴前：吸取前人或前面的教训。鉴，儆戒或教训。⑧覆车当戒：前人的失败，后人应当引为教训。覆车，翻车，比喻失败的教训。⑨外彼为此：排斥那一方而维护这一方。外，疏远，排斥。为，帮助，维护。⑩左袒：脱左袖，露出左臂。比喻偏袒某一方。西汉大将周勃清除吕后的势力，对士兵们说，拥护吕氏的右袒，拥护刘氏的左袒。军中都左袒。⑪两可：可以这样，也可以那样。⑫模棱：遇事不置可否，态度含糊。⑬发蒙振落：把蒙在物体上的东西揭掉，把将要落的树叶摇下来。蒙，遮盖，指物品上的罩物。振，摇动。⑭破釜沉舟：将饭锅打破，将渡船凿沉。釜，锅。项羽跟秦兵打仗，过河后把锅都打破，船都弄沉，只带着三天的口粮，表示抱着必死之心，决不后退。⑮曲突徙薪：把烟囱改建成弯的，把灶旁的柴草搬走。突，烟囱。薪，柴草。东汉霍光讲了一个故事：有人看见这家的厨房里烟囱很直，旁边堆着许多柴火，就劝主人改建成弯曲的烟囱，把柴火搬开，不然有着火的危险。主人不听，不久果然发生了火灾。邻居们都跑来救火，把火扑灭了。于是主人杀牛买酒，答谢帮助救火的邻居。被烧伤的人坐在上座，而没有邀请那个建议改烟囱的人。⑯豫防：即“预防”，事先防备。⑰梁上君子：躲在屋梁上的人，代称窃贼。东汉陈寔家有天晚上来了一个小偷，躲在屋梁上，被陈寔发现了。他于是起床，把儿孙们都叫来，一脸正色地教训他们说：“人不能不自勉。那些坏人，本性不一定就恶，只是性格不好，养成了坏习惯，梁上君子就是这样的人。”小偷大吃一惊，立即跳下房梁磕头服罪。⑱强梗：骄横跋扈。也指蛮横无理、胡作非为的人。化外顽民：没有受过教化的愚顽百姓。

**【译文】**将要趋近到好的地方，称作“渐入佳境”；没什么道理地高傲自大，称作“旁若无人”。因为有事减少工作投入，称为“告假”；用钱攀附权贵，求其办事，称为“夤缘”。事情能够获得巨大的利益，叫作“奇货可居”；办事应该借鉴前人的教训，叫作“覆车当戒”。排斥那一方而帮助这一方，叫作“左袒”；做事情这样也可以，那样也可以，叫作“模棱”。敌人十分容易击垮，称作“发蒙振落”；下定决心一定要获得胜利，称作“破釜沉舟”。建议改弯烟囱、移开柴木的人没有获得酬报，因为主人没有意识到预防火灾的巨大功效；在救火中被烧得焦头烂额的人成为了座上客，因为主人只看到救火的功劳很大。偷窃为生的贼人称作“梁上君子”；蛮不讲理的人叫作“化外顽民”。

【原文】

木屑、竹头①，皆为有用之物；牛溲、马渤②，可备药石之资。五经扫地③，祝钦明自亵斯文④；一木撑天⑤，晋王敦未可擅动⑥。“题凤”“题午”⑦，讥友讥亲之隐词；“破麦”“剖梨”⑧，见夫见子之奇梦。毛遂片言九鼎⑨，人重其言；季布一诺千金⑩，人服其信。岳飞背涅尽忠报国⑪，杨震惟以清白传家⑫。下强上弱，曰“尾大不掉”⑬；上权下夺，曰“太阿倒持”⑭。当今之世，不但君择臣，臣亦择君；受命之主，不独创业难，守成亦不易。生平所为，皆可对人言，司马光之自信⑮；运用之妙，惟存乎一心，岳武穆之论兵⑯。

【注释】①木屑、竹头：东晋陶侃当荆州刺史时，叫人把造船人丢弃的木屑和竹头都收集起来。后来下了一场大雪，房子前面非常湿滑，陶侃就命人将木屑铺在地上防滑。那些竹头也在战争中被用作钉子，发挥了大作用。②牛溲、马渤：两种贱而容易得到的药材。比喻一般人认为无用的东西，在懂得其性能的人手里可成为有用的物品。牛溲，牛尿，也说是车前草的别名。马渤，菌类的一种。③五经：指儒家的五部经典，即《诗经》《尚书》《礼记》《易经》和《春秋》，这里指代文人或儒生。④自亵（xiè）斯文：唐中宗与大臣们一起宴饮，国子监祭酒祝钦明自己说能表演“八风舞”，身体肥胖、容貌丑陋的他趴在地上摇头瞪眼，左顾右盼。吏部侍郎卢藏用叹息道：“这实在是‘五经扫地’呀！”亵，轻慢，辱没。斯文，指文化或文人。⑤一木撑天：晋代吴猛游历江左，正赶上晋武帝的女婿王敦准备叛乱。王敦说：“我梦见一根木头捅破了天空，这是我要登上皇位的好兆头吧？”吴猛说：“木头捅破天空，这是个‘未’字呀，表明您不要轻举妄动。”⑥擅动：随意行动。擅，自作主张，随意。⑦题凤：晋朝嵇康和吕安是好朋友，只要想念对方，远隔千里也要驾车前去拜访。有一次吕安去拜访嵇康，嵇康不在，嵇康的哥哥嵇喜出门迎接，吕安却只在门上写了一个“鳳”字就走了。嵇喜还以为吕安很欣赏自己，把自己比做凤凰。其实“鳳”字拆开了就是“凡鸟”两个字，这是吕安在讽刺嵇喜很平庸。题午：古代有个人去拜访朋友，朋友不在家，便在朋友家的门上写了个“午”字就走了。这是在取笑朋友像没有出头的“牛”。⑧破麦：传说宁波有个妇人，兵荒马乱中与丈夫和儿子失散，只好寄居在尼姑庵中。有一天她梦见叫人磨麦子，又梦见莲花的花瓣都掉光了。尼姑帮她解梦说，麦子磨了就看见了麸（夫），莲花瓣掉光了就看见莲子，你马上能见到丈夫和儿子了。不久果然应验。剖梨：传说杨进贤担任南阳刺史时，一天坐船遇见了大风，混乱中儿子走失了。夫妇俩非常思念儿子，有一天他们梦见与儿子剖梨。第二天有个朋友帮他们解梦，说剖开梨就能见到子（梨核）。果然不出十天就找到了儿子。⑨片言九鼎：战国时，秦国包围了赵国的都城邯郸，平原君带着门客毛遂等人前往楚国求救。毛遂出面说服了楚王出兵救赵。事后平原君钦佩地说：“毛先生一到楚国，就让赵国比九鼎大吕还重。”片言，一句话。九鼎，传说夏禹铸造了九个青铜鼎，以象征九州，后来成为国家政权的象征。⑩一诺千金：项羽的部将季布非常守信用，当时楚人有谚语说：“得黄金百斤，不如得季布一诺。”诺，许诺，诺言。⑪背涅尽忠报国：南宋名将岳飞背上，文有“尽忠报国”四个大字。涅，染黑，文身。⑫清白传家：东汉杨震非常公正廉洁，子孙经常吃蔬菜，出门靠步行。有朋友想帮他置产业，杨震说：“把‘清白吏子孙’这个称号传给后代，不也是很丰厚的遗产吗？”清白，品行纯洁，没有污点。⑬尾大不掉：兽类尾巴过长，摇摆起来困难。掉，摇动。⑭太阿（ē）倒持：倒拿着太阿宝剑，把剑柄递给别人。太阿，宝剑名。⑮司马光：字君实，北宋大臣、史学家，《资治通鉴》的主编。⑯岳武穆：岳飞死后谥“武穆”。

**【译文】**木屑、竹头，都是有用处的东西；牛溲、马渤，可以用来准备为制药的材料。“五经扫地”，说得是唐朝的祝钦明自己出洋相，辱没了文人的名声；“一木撑天”，说得是晋代吴猛劝谏准备造反篡权的王敦不要轻举妄动。“题凤”“题午”，都是讥讽亲友的隐讳言词；“破麦”“剖梨”，均为要见到丈夫和儿子的奇妙梦兆。战国时赵国毛遂一句话就相当于九个鼎重，这是人们非常看重他的话；秦末的季布一句诺言就价值千金，这是人们十分信服他讲信用。南宋名将岳飞脊背上文身着“尽忠报国”四个大字；东汉的杨震廉洁一生最后把“清白”这个好名声传给了子孙后代。下面强势而上面弱势，称为“尾大不掉”；上面的权力被下级夺取，称为“太阿倒持”。在当今这个时代，不但君主选择臣子，臣子也选择君主；接受使命的人，不但开创基业艰难，守住已经开创的基业也不容易。人生中做过的事，都可以对别人说，这是北宋大臣司马光所表现的自信；运用兵法的奥妙秘诀，全在于自己心里的谋划，这是南宋岳飞用兵的见解。

**【原文】**

“不修边幅”①，谓人不饰仪容；“不立崖岸”②，谓人天性和乐。“蕞尔”“幺么”③，言其甚小；“卤莽”“灭裂”④，言其不精。误处皆缘不学⑤，强作乃成自然⑥。求事速成曰“躐等”⑦，过于礼貌曰“足恭”⑧。假忠厚者谓之“乡愿”⑨，出人群者谓之“巨擘”⑩。“孟浪”由于轻浮⑪，“精详”出于暇豫⑫。为善则“流芳百世”，为恶则“遗臭万年”。过多曰“稔恶”⑬，罪满曰“贯盈”⑭。尝见冶容诲淫⑮，须知慢藏诲盗⑯。

**【注释】**①不修边幅：不注意修饰自己的衣着。边幅，布帛的边缘，比喻人的衣着、仪表。②不立崖岸：不站立在山崖上和堤岸边。崖岸，高峻的山崖和堤岸，比喻性情孤傲，不合群。③蕞（zuì）尔：很小的样子。幺么：小的，微不足道的。④卤莽：粗率冒失，不郑重。卤，通“鲁”。灭裂：说话做事粗疏草率。⑤误处皆缘不学：汉高祖刘邦平生犯错误的地方很多，后来有个叫唐仲友的评价说：“误处皆缘不学，改处皆由敏悟。”缘，因为。不学，没有学问。⑥强作：勉强去做。⑦躐（liè）等：不按次序，逾越等级。躐，逾越。⑧足恭：过度谦恭。足，过分。⑨乡愿：指乡中貌似谨慎忠厚，而实际上与流俗合污的伪善者。孔子在《论语·阳货》中说：“乡原，德之贼也。”“原”同“愿”。⑩巨擘（bò）：大拇指。⑪孟浪：指言语鲁莽，轻率不当。⑫精详：精细周详。暇豫：悠闲安逸。⑬稔（rěn）恶：丑恶，罪恶深重。稔，事物酝酿成熟。⑭贯盈：即恶贯满盈。罪恶之多，就像铜钱穿满一根绳子。贯，穿钱的绳子。盈，满。⑮冶容：打扮得很妖艳。诲淫：招致淫乱之事。诲，引诱，招致。淫，淫乱。⑯慢藏：疏于保管。

**【译文】**“不修边幅”，是说人不注意修饰仪表容颜；“不立崖岸”，是说人天性随和乐观。“蕞尔”“幺么”，形容一件东西或事情非常微小；“卤莽”“灭裂”，形容做事不精细。人做事犯错误的地方都是因为没有学问；一件事情努力去做，时间长了也便成了自然习惯。做事情追求快速做成，称为“躐等”；对待别人过分谦恭礼貌，称为“足恭”。假装忠诚厚道的人称为“乡愿”；才华高出一般人的杰出人物称为“巨擘”。“孟浪”是由于言行举止轻率浮躁；“精详”来自于悠闲安逸、处世淡定。经常做善事就会“流芳百世”；干坏事就会“遗臭万年”。过错太多称作“稔恶”；罪恶太多称作“贯盈”。曾经见到女子打扮花枝招展引来别人的调戏；必须要明白财物疏于保管就会引来盗贼。

【原文】

“管中窥豹”①，所见不多；“坐井观天”②，知识不广。无势可乘③，“英雄无用武之地”；有道则见④，“君子有展采之思”⑤。求名利达，曰“捷足先得”⑥；慰士迟滞⑦，曰“大器晚成”⑧。不知通变⑨，曰“徒读父书”⑩；自作聪明，曰“徒执己见”⑪。浅见曰“肤见”⑫，俗言曰“俚言”⑬。识时务者为俊杰⑭，昧先几者非明哲⑮。村夫不识一丁⑯，愚者岂无一得⑰。“拔去一丁”⑱，谓除一害；“又生一秦”⑲，是增一仇。

【注释】①管中窥豹：从竹管子里看豹，只能看到豹身上的一块斑纹。②坐井观天：坐在井底看天，只能看到井口那么大一块。③无势可乘：没有可把握的机会。④见：通“现”。⑤展采：意思是供职。展，施展。采，古代卿大夫受封的土地，后来引申为官职。⑥捷足先得：行动快的人先达到目的或得到所求的东西。捷，快。足，脚步。⑦迟滞：延缓滞留。⑧大器晚成：能担当重任的人物要经过长期的锻炼，所以成就较晚。大器，比喻大才。⑨通变：即变通，为应付当前形势，不按常规办事，而采取适合需要的灵活办法。⑩徒读父书：白读了父亲的兵书。指战国时名将赵奢的儿子赵括。⑪徒执己见：只坚持自己的意见，不肯改变。徒，只，仅。⑫肤：浅薄。⑬俚言：通俗的口头词语。俚，民间的，通俗的。⑭时务：当前的客观形势。⑮昧先几者：看不出事物变化征兆的人。昧，昏暗；先几，预先洞察细微。明哲：指明智睿哲的人。⑯不识一丁：不识一个字。形容人文化水平低。⑰一得：一点收获。⑱拔去一丁：北宋谏议大夫丁谓擅长阿谀奉承，排挤寇准，升为宰相。当时人编了一句谚语：“欲得天下宁，拔去眼中丁。”⑲又生一秦：秦末农民起义时，陈涉自立为陈王，派武臣去攻打以前赵国的地方，武臣得手后却自立为赵王。陈涉大怒，准备杀掉武臣全家。手下谋士进谏说：“秦朝还没有灭亡而诛杀武臣全家，这不又出来一个秦朝吗？不如祝贺他，让他赶快领兵去进攻秦军。”

【译文】“管中窥豹”，是说所了解掌握的并不是全部；“坐井观天”，是说眼界见识很有限。没有机会施展才干，就说“英雄无用武之地”；世道太平就出来展现才干，就说“君子有展采之思”。追求功名利禄得到了，就说“捷足先得”；安慰宽心迟迟没有成功的人，就说“大器晚成”。做事情不知道通达变化，叫作“徒读父书”；认为自己聪明而擅作主张，叫作“徒执己见”。浅薄的认知称作“肤见”；通俗的口头语称作“俚言”。能够认识到形势发展变化，采取相应对策，才是聪明杰出的人物；看不出事情变化征兆的人，不能说是明智睿哲的人。乡村的劳动者，大字不识一个；愚笨的人千百次思考，哪能没有一点收获？“拔去一丁”，意思是说铲除了一个祸害；“又生一秦”，是说又增加了一个仇人。

【原文】

戒轻言①，曰“恐属垣有耳”②；戒轻敌，曰“无谓秦无人”③。同恶相帮，谓之“助桀为虐”[④]；贪心无厌，谓之“得陇望蜀”[⑤]。当知器满则倾[⑥]，须知物极必反[⑦]。喜嬉戏名为“好弄”[⑧]，好笑谑谓之“诙谐”[⑨]。谗口交加[⑩]，市中可信有虎[⑪]；众奸鼓衅[⑫]，聚蚊可以成雷[⑬]。“萋斐成锦”[⑭]，谓谮人之酿祸[⑮]；“含沙射影”[⑯]，言鬼蜮之害人[⑰]。针砭所以治病[⑱]，鸩毒必至杀人[⑲]。

**【注释】**①轻言：轻易谈论。②恐属垣有耳：恐怕有人耳朵贴着墙在偷听。属，接触。垣，墙壁。③无谓秦无人：春秋时期，晋国上卿士会自秦国回国前，秦大夫绕朝对他说：“你不要说秦国没有人才，我的计策没有办法实现呀。”④助桀为虐：帮夏桀做残暴的事情。桀，夏朝最后一个君主，典型的暴君。虐，残暴。⑤得陇望蜀：已经取得陇右，还想攻取西蜀。陇，指甘肃一带。蜀，指四川一带。⑥倾：倾覆。⑦极：顶点。⑧好弄：爱好游戏。弄，玩耍、游戏。⑨笑谑（xuè）：开玩笑，嬉笑戏谑。诙谐：谈吐幽默风趣。⑩交加：相加，同时出现。⑪市中可信有虎：即“三人成虎”，三个人谎报城市里有老虎，听的人就信以为真。比喻谣言一再重复，就能使人们当成事实。⑫鼓衅：挑起事端。⑬聚蚊可以成雷：许多蚊子聚到一起，声音会像雷声那样大。比喻说坏话的人多了，会使人受到很大的损害。⑭萋斐（fěi）成锦：《诗经·小雅·巷伯》中有“萋兮斐兮，成是贝锦。彼谮人者，亦已太甚”的句子。意思是，花纹交错，织成五彩贝纹锦；那个造谣者，真是欺人太甚！萋斐，花纹错杂的样子。锦，有彩色花纹的丝织品。⑮谮（zèn）人：说别人的坏话，诬陷，中伤。⑯含沙射影：传说有一种叫蜮的动物，在水中含沙喷射人的影子，使人生病甚至死亡。⑰鬼蜮：害人的鬼和怪物，比喻用心险恶、暗中害人的小人。⑱针砭（biān）：古代的一种针刺疗法。比喻规劝过失。砭，古代治病的石头针。⑲鸩毒：毒药，毒酒。鸩，一种毒鸟，喜食蛇，羽毛紫绿色，放在酒中能毒杀人。

**【译文】**劝诫人们不要轻易发言论，就说“恐属垣有耳”；劝诫人们不要自大轻敌，就说“无谓秦无人”。串通恶人，帮助其做坏事，叫作“助桀为虐”；贪得无厌、不知满足，叫作“得陇望蜀”。应当知道器具盛得太满就会倾倒；必须明白事物发展到极限就会走向反面。喜欢戏耍游乐称作“好弄”；爱好开玩笑称作“诙谐”。谣言不断传进耳朵里，就会让人相信闹市里真的会有老虎；很多的奸邪小人挑起事端，就像一大群蚊子聚集起来，声音可以大得像雷声。“萋斐成锦”，这是说造谣中伤别人可以酿成大祸；“含沙射影”，是说鬼怪一样的小人用阴险的办法坑害他人。针砭是用来替人治病的，鸩毒一定是用来致死人的。

**【原文】**

李义府阴柔害物[①]，人谓之“笑里藏刀”；李林甫奸诡谄人[②]，世谓之“口蜜腹剑”[③]。代人作事，曰“代庖”[④]；与人设谋[⑤]，曰“借箸”[⑥]。见事极真，曰“明若观火”[⑦]；对敌易胜，曰“势若摧枯”[⑧]。汉武内多欲而外施仁义[⑨]，廉颇先国难而后私仇[⑩]。“卧榻之侧，岂容他人鼾睡”[⑪]，宋太祖之语；“一统之世，真是胡越一家”[⑫]，唐太宗之时。

**【注释】**①李义府：唐朝大臣，为人奸险，外表和气，内心却阴险毒辣。当时的人说他笑中有刀，称他为“李猫”。阴柔害物：表面看性格内向温和，其实暗中害人。②奸诡：奸诈虚伪。③口蜜腹剑：嘴甜心毒。④代庖（páo）：代厨师下厨。庖，厨师。⑤设谋：出谋划策；用计。⑥借箸：

借筷子，形容帮人出谋划策。⑦明若观火：明晰得如同观察火焰那样。⑧势若摧枯：形势就像摧毁枯草那样轻而易举。枯，枯草。⑨内多欲而外施仁义：汉武帝有一次召见文学儒者在一起议论，大臣汲黯说："陛下内多欲而外施仁义，怎么能效仿尧舜治理国家呢！"⑩先国难而后私仇：廉颇和蔺相如都是战国时期赵国的大臣。廉颇因为蔺相如位置在自己之上有些不服气，总想羞辱他。蔺相如却处处忍让，他说："我之所以这样做，先国家之急而后私仇也。"⑪卧榻之侧，岂容他人鼾睡：自己的床铺边，怎么能让别人呼呼睡大觉？比喻自己的势力范围或利益不容许别人侵占。宋太祖赵匡胤攻打金陵，南唐后主李煜派徐铉入朝，请求宋太祖缓兵。宋太祖说："天下一家，卧榻之侧，岂可许他人鼾睡？"⑫一统之世，真是胡越一家：天下统一的时候，胡人和越人就是一家人。胡在北边，越在南边，相隔非常遥远。唐太宗时，太上皇唐高祖曾经命突厥颉利可汗起舞，又命南蛮酋长冯智戴咏诗，然后笑着说："胡、越一家，自古未有也！"

**【译文】**唐朝的李义府阴险毒辣，他害人的时候人感觉不到，人们称他"笑里藏刀"；唐朝的李林甫奸邪诡诈，非常善于屈颜逢迎，人们称他"口蜜腹剑"。代替别人做事称作"代庖"，给人设计计谋称作"借箸"。洞察事理极其真切，就叫"洞若观火"；对付敌人很容易获得胜利，就叫"势若摧枯"。汉朝大臣汲黯批评汉武帝内心欲望强烈，表面上还要实行仁义；战国时赵国大臣廉颇先考虑国家的危难利益，然后才是个人的仇怨。"卧榻之侧，岂容他人鼾睡"，这是宋太祖赵匡胤说的话；"一统之世，真是胡越一家"，这是唐太宗李世民时的盛世景象。

**【原文】**

至若暴秦以吕易嬴[①]，是嬴亡于庄襄之乎[②]；弱晋以牛易马[③]，是马灭于怀、愍之时[④]。中宗亲为点筹于韦后[⑤]，秽播千秋[⑥]；明皇赐洗儿钱于贵妃，臭遗万代。非类相从[⑦]，不如鹑鹊[⑧]；父子同牝[⑨]，谓之"聚麀"[⑩]。以下淫上谓之"烝"[⑪]，野合奸伦谓之"乱"[⑫]。从来淑慝殊途[⑬]，惟在后人法戒[⑭]；斯世清浊异品[⑮]，全赖吾辈激扬[⑯]。

**【注释】**①以吕易嬴：战国末年，商人吕不韦帮助秦国公子异人登上王位，还把一名美丽又能歌善舞的歌伎送给了异人，传说这女子当时已经怀上吕不韦的孩子，生下来起名嬴政，就是后来的秦始皇。②庄襄：指秦国庄襄王，异人回秦国后即位，称庄襄王。③以牛易马：传说东晋琅琊王司马觐的妃子与王府小吏牛金私通，生下司马睿，后来登基当上了皇帝即晋元帝。马，指司马氏。④怀、愍：西晋末期的两位皇帝，即晋怀帝司马炽和晋愍帝司马邺。⑤中宗亲为点筹：唐中宗让韦皇后和武三思玩一种叫双陆的游戏，自己在旁边为他们清点筹码。武三思因此与韦皇后私通，使得武氏的势力重新壮大起来。⑥秽播千秋：丑闻传播到千年以后。⑦非类：不是同一类。⑧鹑（chún）鹊：鹌（ān）鹑和喜鹊。⑨牝：雌性的鸟或兽，与"牡"相对。⑩聚麀（yōu）：共一个雌性。指两代男性与同一个女性发生关系。⑪烝（zhēng）：古代指与母辈淫乱。⑫野合：不合礼仪的婚配，也指男女私通苟合。乱：淫乱，不正当的男女关系。⑬淑慝（tè）：善良和邪恶。淑，善，美。慝，奸邪，邪恶。⑭法戒：效法与警戒。⑮清浊：指人品的优劣、善恶、高下。⑯激扬：即"激浊扬清"，冲去污水，让清水上来。比喻清除坏的，发扬好的。

**【译文】**至于说残暴的秦国实际是吕姓取代了嬴姓，嬴姓的秦国早在庄襄王手里就已经灭亡了；衰弱的东晋王朝实际是牛姓取代了司马氏，司马氏的东晋在怀帝、愍帝时就已经灭亡了。当韦皇后与情夫玩双陆游戏时，唐中宗竟还亲自为他们点算筹码，这污秽昏聩的名声流传了上千年；杨贵妃与安禄山关系不正常，唐明皇还赏赐“洗儿钱”给杨贵妃，这丑事遗臭万年。不是同一类人却从属在一起，这样就连鹌鹑与喜鹊都不如；父亲和儿子与同一个女人发生关系，这叫作“聚麀”。晚辈与母辈淫乱，称作“烝”；男女私通苟合与乱伦成奸，称作“乱”。从古以来善良与邪恶就分明不同，只在后人效法善事，戒除恶事；这世上人品的清白与浊劣差异很大，全靠我辈发扬好的，清除恶的。

## 饮 食

【原文】

甘脆肥脓[①]，命曰“腐肠之药”[②]；羹藜含糗[③]，难语太牢之滋[④]。御食曰“珍馐”[⑤]，白米曰“玉粒”。好酒曰“青州从事”[⑥]，次酒曰“平原督邮”[⑦]。“鲁酒”“茅柴”[⑧]，皆为薄酒；“龙团”“雀舌”[⑨]，尽是香茗。待人礼衰，曰“醴酒不设”；款客甚薄，曰“脱粟相留”[⑩]。“竹叶青”“状元红”[⑪]，俱为美酒；“葡萄绿”“珍珠红”[⑫]，悉是香醪[⑬]。

【注释】①脓：通“酞”，浓厚，特指浓烈的酒。②命：取名，命名。腐肠之药：腐蚀肠胃的毒药。③羹藜（lí）含糗（qiǔ）：用野菜做汤，吃干粮。藜，一种野菜。糗，炒熟的米或面等，可以做干粮。④太牢：古代帝王、诸侯祭祀社稷的时候，牛、羊、豕三种牲畜都齐备称作“太牢”。这里比喻珍贵的食物。⑤御食：指御膳，古代供皇帝食用的食品。御，对帝王所作所为及所用物品的敬称。珍馐（xiū）：珍奇名贵的食品。⑥青州从事：青州，古代州名，在今山东省东部；从事，古代官名。⑦平原督邮：平原，古代地名；督邮，古代官名。晋朝桓温有一名主簿，善于品酒，尝到好酒称为“青州从事”，劣酒称为“平原督邮”。因为青州有齐郡，平原有鬲县，“齐”与“脐”谐音，“鬲”与“膈”谐音；人体肚脐在腹部，膈在胸部，而好酒的酒力可以到达腹部，劣酒的酒力则只能到胸部。⑧鲁酒：鲁国出产的酒，味淡薄。后作为薄酒、淡酒的代称。茅柴：农村自酿的酒。⑨龙团：宋代贡茶名，产量极少，非常珍稀。雀舌：茶名。以嫩芽焙制的上等茶。⑩脱粟相留：用粗米挽留客人。脱粟，粗粮，只脱去谷皮的粗米。⑪竹叶青：亦称“竹叶清”。古代苍梧地方酿酒，加入青翠的竹叶。今指由汾酒加多种名贵药品配制而成的酒，含酒精少，酒味醇美。状元红：取一甲第一的称呼，以表示名贵。⑫葡萄绿、珍珠红：都是美酒的名称，类似现在的葡萄酒。⑬醪（láo）：本指酒酿，这里指醇香的美酒。

【译文】甘甜酥肥的食物和烈酒，都算是腐烂肠胃的毒药；那些整天吃野菜粗粮的人，很难讲清楚牛、羊、猪肉等美味的滋味。皇帝吃的食物叫“珍馐”，精制的大白米叫“玉粒”。好酒称作“青州从事”，差酒称作“平原督邮”。“鲁酒”“茅柴”，都是质量一般不上档次的酒；“龙团”“雀舌”，都是质量上乘芳香四溢的好茶。招待客人礼节微弱，叫作“醴酒不设”；接待客人十分淡薄，叫作“脱粟相留”。“竹叶青”“状元红”，都是清冽的美酒；“葡萄绿”“珍珠红”，都是醇香的好酒。

【原文】

五斗解酲[①]，刘伶独溺于酒；两腋生风[②]，卢仝偏嗜乎茶[③]。茶曰“酪奴”[④]，又曰“瑞草”；米曰“白粲”[⑤]，又曰“长腰”[⑥]。“太羹”“玄酒”[⑦]，亦可荐馨[⑧]；“尘饭”“涂羹”[⑨]，焉能充饿。酒系杜康所造[⑩]，腐乃淮南所为⑪。僧谓鱼曰“水梭花”⑫，僧谓鸡曰“穿篱菜”⑬。临渊羡鱼⑭，不如退而结网；扬汤止沸⑮，不如去火抽薪。羔酒自劳⑯，田家之乐；含哺鼓腹⑰，盛世之风。

【注释】①酲（chéng）：酒醒后神志不清。②两腋生风：形容喝过好茶后轻逸欲飞的感觉。腋，腋下。③卢仝：唐代诗人，非常爱喝茶。他在《走笔谢孟谏议寄新茶》中说：“一碗喉吻润；两碗破孤闷；三碗搜枯肠，唯有文字五千卷；四碗发轻汗，平生不平事，尽向毛孔散；五碗肌骨清；六碗通仙灵；七碗吃不得也，唯觉两腋习习生清风。”④酪奴：北魏孝文帝问从齐国来的王肃：“羊肉和鱼羹比怎么样？茶和酒相比怎么样？”王肃谄媚地答道：“羊肉好比是齐鲁大邦，鱼好比是邾莒小国，茶不中用，只能给酪酒做奴隶。”酪，一种酒。⑤粲：精米。⑥长腰：稻米的一个品种，形状狭长，也称箭子。⑦太羹：不和五味的肉汁。玄酒：古代祭礼中当酒用的清水。⑧荐馨：用芳香的气味祭祖敬神。荐，祭祀时进奉供品。馨，散播很远的香气。⑨尘饭、涂羹：用尘土做的饭，用泥巴熬的汤。是儿童游戏时物品。涂，泥土。⑩杜康：传说中酿酒的发明者。⑪腐：指豆腐。淮南：指西汉淮南王刘安，著名文学家，汉高祖之孙，编写有《淮南子》。李时珍《本草纲目》记载：“豆腐之法，始于前汉淮南王刘安。”⑫水梭花：僧人吃素食，忌讳说荤腥的名称，鱼在水中游来游去，好像是在穿梭，故称“水梭花”。⑬穿篱菜：鸡常在篱笆中钻来钻去，所以和尚称之为“穿篱菜”。⑭临渊羡鱼：站在水边想得到鱼。渊，深潭。羡，希望得到。⑮汤：开水。⑯自劳：自己犒劳自己。⑰哺：口中所含的食物。

【译文】酒要喝五斗才能解除神志不清，晋朝的刘伶真是沉溺在酒里了；喝七碗茶就可以在两腋下生出一股清风，唐朝诗人卢仝非常嗜好饮茶。茶叫“酪奴”，又叫“瑞草”；米叫“白粲”，又叫“长腰”。“太羹”和“玄酒”，也可以用来祭祖敬神；“尘饭”和“涂羹”，哪能用来填饱肚子？酒是杜康发明酿造的，豆腐是西汉淮南王刘安发明的。和尚忌讳说荤腥名称，所以叫鱼为“水梭花”，叫鸡为“穿篱菜”。站在水潭边想得到鱼，不如回去编织一张渔网；把开水不断舀起来以使锅里的水不再翻滚沸腾，不如从锅底抽掉柴草来灭掉火源。宰杀羊端上酒自己慰劳自己，这是耕田人家的乐趣；嘴里嚼着食物，用肚子作鼓而歌，这是繁荣盛世的时代景象。

【原文】

人贪食曰“徒铺啜”①，食不敬曰“嗟来食”②。多食不厌，谓之“饕餮之徒”③；见食垂涎④，谓有“欲炙之色”⑤。未获同食，曰“向隅”⑥；谢人赐食，曰“饱德”。安步可以当车⑦，晚食可以当肉⑧。饮食贫难，曰“半菽不饱”⑨；厚恩图报，曰“每饭不忘”⑩。谢扰人曰“兵厨之扰”⑪，谦待薄曰“草具之陈”⑫。“白饭青刍”⑬，待仆马之厚；“炊金馔玉”⑭，谢款客之隆⑮。

【注释】①徒铺啜（bū chuò）：只知道吃喝。铺啜，吃喝。②不敬：怠慢，无礼。嗟（jiē）来食：喂，来吃吧！春秋时齐国发生饥荒，有人在路上施舍饮食，对一个饥饿的人说：“嗟，来食。”饥饿的人说：“我就是不吃‘嗟来之食’。”最后竟饿死了。③饕餮（tāo tiè）：传说中的一种贪食的怪物。④垂涎：口水下流。⑤欲炙之色：晋代顾荣与同事们一起吃饭喝酒，看见旁边端烤肉的人容貌不像普通人，看着烤肉露出很想吃的样子，就割下一块烤肉给他吃。后来顾荣的上司谋反失败，顾荣也被抓起来准备杀头，当年那位端烤肉的人已经当上了督率，他使顾荣幸免于难。欲，想要。

炙，烤肉。⑥向隅：面对着角落。隅，角落。⑦安：安详，不慌不忙。⑧晚食可以当肉：肚子饿了再吃，吃什么都像吃肉一样香。⑨半菽（shū）不饱：半菜半粮的食物吃不饱。半菽，半菜半粮，指粗劣的饭食。⑩每饭不忘：即时刻不忘。⑪兵厨：晋代阮籍纵情诗酒，听说步兵校尉衙门厨房中藏有好几百斛酒，就向朝廷请求担任步兵校尉一职。后来称储存美酒的地方为“兵厨”。⑫草具之陈：摆出来的粗劣的饭食。草具，粗劣的饭食。陈：陈列。⑬白饭青刍（chú）：白饭供客，青草喂马。青刍，新鲜的草料。⑭炊金馔玉：用金烧火，用玉做饭，炊，烧火做饭。馔，饮食。⑮隆：盛大，隆重。

**【译文】**人贪吃叫“徒铺啜”，给人食物吃但态度不礼貌叫“嗟来食”。吃了很多但还不满足，叫作“饕餮之徒”；看见食物就流下口水，叫作“欲炙之色”。没有获得共同吃饭的机会，称作“向隅”；感谢别人请客吃饭，就说“饱德”。安详稳健地走路，就当作是坐车；等肚子饿了再吃，吃什么东西都相当于吃肉。日子贫困吃饭困难，可以形容为“半菽不饱”；深厚的恩德很想报答，可以形容为“每饭不忘”。感谢别人款待，打扰别人，就说“兵厨之扰”；谦虚说自己招呼不周，就说“草具之陈”。“白饭青刍”，形容主人对待客人的奴仆和马匹都很是优厚；“炊金馔玉”，是感谢主人款待隆重。

**【原文】**

家贫待客，但知“抹月批风”[①]；冬月邀宾，乃曰“敲冰煮茗”[②]。君侧元臣[③]，若作酒醴之曲糵[④]；朝中冢宰[⑤]，若作和羹之盐梅[⑥]。宰肉甚均[⑦]，陈平见重于父老；戛羹示尽[⑧]，邱嫂心厌乎汉高[⑨]。毕卓为吏部而盗酒[⑩]，逸兴太豪[⑪]；越王爱士卒而投醪[⑫]，战气百倍。“惩羹吹齑”[⑬]，谓人惩前警后；“酒囊饭袋”[⑭]，谓人少学多餐。隐逸之士，“漱石枕流”[⑮]；沉湎之夫[⑯]，“藉糟枕曲”[⑰]。昏庸桀纣，胡为“酒池肉林”[⑱]；苦学仲淹，惟有“断齑画粥”[⑲]。

**【注释】**①抹月批风：以风月待客。是文人表示家贫无可待客的戏言。抹，细切。批，薄切。②敲冰煮茗：敲下冰块煮茶。六朝时的王休，住在太白山下，经常与僧人道士来往。每到冬天结冰时，便敲取溪里的冰块，烧水冲茶，款待客人。③元臣：重臣，老臣。④酒醴之曲糵：酿酒用的发酵剂，今称酒药子。醴，甜酒。曲糵，发酵剂。⑤冢宰：周朝官名，为六卿之首，后来也称宰相。⑥和羹之盐梅：调和羹汤的盐和梅子。和羹，五味调和的羹汤。盐味咸、梅味酸，都是调味的必需品。⑦宰肉甚均：西汉人陈平年轻时怀有大志，有一年社祭，人们推举陈平主持祭社神并为大家分肉。陈平把肉分得十分均匀，父老乡亲们纷纷赞扬说：“陈平这孩子分祭肉，分得真好，太称职了！”陈平感慨地说：“假使我有机会治理天下，也能像分肉一样恰当、称职。”⑧戛（jiá）羹示尽：刘邦没有发达时，经常带着客人到嫂子家吃饭，锅里虽然还有饭，但是嫂子故意用勺子刮锅底，发出很大的响声，表示饭已经吃完了。戛，刮。⑨邱嫂：长嫂，大嫂。⑩毕卓：字茂世，晋元帝时曾任吏部郎，常常因为喝酒而不办理公事。有一次，他晚上到邻居家放酒的地方偷酒喝，被人发现绑了起来，等天亮一看，竟然是毕吏部。主人赶紧解开绳子，请毕卓喝酒，直到大醉才离开。⑪逸兴：超逸豪放的意兴。⑫爱士卒而投醪：越王勾践卧薪尝胆，奋发图强后兴兵伐吴时，派人把醇酒倒入江水上游，让士兵们在下游一起喝，士兵们深受感动，士气高涨。⑬惩羹吹齑（jī）：被热汤烫过嘴，吃冷食时也要吹一吹。惩，警戒，鉴戒。齑，细切的冷食肉菜。⑭酒囊饭袋：只会吃喝，不会做事。囊，口袋。⑮漱石枕流：用石头漱口，用流水做枕头。孙子荆年轻的时候，想要隐居山林，本想说“当枕石漱流”，一时口误，说成“漱石枕流”。王武子笑着问：“流水可以做枕头，石头可以漱口吗？”孙子荆说：“所以枕流，想要洗耳朵；所以漱石，想要磨砺牙齿。”⑯沉湎：沉溺，沉迷于。⑰藉糟枕曲：用酒糟做垫被，用酒曲做枕头。比喻嗜酒、贪杯。⑱酒池肉林：传说殷纣王在水池里放满了酒，把一片片肉悬挂起来当作树林，日夜作乐。⑲断齑画粥：切断腌菜，把粥划成几块。形容食物简单微薄。断，切断。齑，酱菜或腌菜之类。画，划分。

**【译文】**家里贫困但要招待客人，就只有“抹月批风”；冬天邀请宾客，就说“敲冰煮茗”。君主旁边的重臣，就像是酿酒时必要用到的酒曲一般；朝廷中的宰相，就如同调味羹汤时必要用到的盐和梅子一样。分配社祭之肉分得十分均衡，西汉陈平受到父老乡亲们的看重；故意刮锅底发出声响以表示饭已经吃完了，这是大嫂心里厌烦汉高祖刘邦。晋朝的毕卓身为吏部郎还晚上到邻居家里偷酒喝，他的兴致也未免太豪放了；越王勾践关爱士兵，把礼酒倒进上游河里，在下游与士兵同饮，军队士气立刻增长百倍。“惩羹吹齑”，是说人把前面的错误当作教训，后面办事更加谨慎小心；“酒囊饭袋”，是说人不学无术、只知吃喝。隐居飘逸于自然中的人常常“漱石枕流”；嗜酒成性、浑浑噩噩的人往往“藉糟枕曲”。昏庸无道的夏桀王和殷纣王，何苦要“酒池肉林”？家贫苦学的范仲淹，每天只能“断齑画粥”。

## 宫　室

**【原文】**

洪荒之世①，野处穴居；有巢以后②，上栋下宇③。“竹苞松茂”④，谓制度之得宜⑤；“鸟革翚飞”⑥，谓创造之尽善⑦。朝廷曰“紫宸”⑧，禁门曰“青琐”⑨。宰相职掌丝纶⑩，内居“黄阁”⑪；百官具陈章疏⑫，敷奏“丹墀”⑬。木天署学士所居⑭，紫微省中书所莅⑮。“金马玉堂”，翰林院宇；“柏台乌府”⑯，御史衙门。布政司称为“藩府”⑰，按察司系是“臬司”⑱。潘岳种桃于满县，人称“花县”；子贱鸣琴以治邑⑲，故曰“琴堂”。“潭府”是仕宦之家⑳，“衡门”乃隐逸之宅㉑。

**【注释】**①洪荒：混沌、蒙昧的状态，这里指远古时代。②有巢：即有巢氏，传说中构木为巢而居的创始者。③上栋下宇：上面是屋梁，下面是屋檐。栋，房屋的正梁。宇，屋檐。④竹苞松茂：《诗经·小雅·斯干》表达了庆祝王宫落成的喜悦心情，其中有“如竹苞矣，如松茂矣”的诗句，以“竹苞松茂”比喻宫室根基稳固，家族枝叶繁荣。苞，丛生，茂密。⑤制度：制作；规模。⑥鸟革翚（huī）飞：如同鸟儿张开双翼，野鸡展翅飞翔。革，鸟张翅。翚，羽毛五彩的野鸡。⑦创造：建造。⑧朝廷：君王接受朝见和处理政务的地方。紫宸（chén）：宫殿名，唐、宋皇帝接见群臣及外国使者的内朝正殿。⑨禁门：秦、汉时皇宫称禁中，宫门称为禁门。青琐：原指装饰皇宫门窗的青色连环花纹。⑩丝纶：帝王的诏书。⑪黄阁：汉代丞相、太尉和汉以后的三公官署厅门涂黄色。⑫具陈章疏：陈，上言、呈送；章疏，给皇帝的奏章、奏疏。⑬敷奏丹墀（chí）：敷奏，即陈奏，向君王报告；丹墀，宫殿前的红色台阶及台阶上的空地。⑭木天署：指翰林院。⑮紫微省：唐玄宗开元元年改中书省为紫微省，中书令为紫微令。⑯柏台乌府：汉代御史府中种植很多柏树，招来大批乌鸦栖息。⑰布政司：官署名。明朝有十三布政使司，每司设左、右布政使各一人，为一省最高行政长官。清代布政使为总督、巡抚属官，专门管理一省的财赋和人事。⑱按察司：官署名。其长官称按察使，主管一省司法。清末改称提法使，简称“臬司”。⑲子贱鸣琴：春秋末鲁国人宓子贱治理单父时，整天只在大堂上弹琴，单父却被治理得井井有条。⑳潭府：深宅大院。潭，深邃。㉑衡门：横木为门，指简陋的房屋。

**【译文】**混沌蒙昧的远古年代，人们活动在荒野之地，晚上居住在山洞里；自从有巢氏发明了建屋子以后，人们才建起了有柱梁、屋檐的房子。“竹苞松茂”，是说房子规模、工料等非常合适；“鸟革翚飞”，是说房子造得十分完善美观。皇上处理公务的大殿称作“紫宸”，皇宫的宫门称作“青琐”。宰相的职权是掌管皇帝的诏书，办公的地方叫“黄阁”；文武百官都向皇帝上呈奏折，亲身陈奏则在“丹墀”前。“木天署”是翰林学士们活动的地方，“紫徽省”是内阁中书办公的场所。“金马”“玉堂”，指得是翰林院；“柏台”“乌府”，指得是御史衙门。布政司也称作“藩府”，按察司长官就叫“臬司”。潘岳当满县县令时，全县种满桃树，开满桃花，人们将满县称为“花县”；宓子贱在堂上弹琴就能治理好管辖的地方，因此衙门被称为“琴堂”。“潭府”指的是当官人家，“衡门”指的是隐居人士的院宅。

**【原文】**

贺人有喜，曰“门阑蔼瑞”①；谢人过访②，曰“蓬荜生辉”③。“美奂美轮”④，礼称屋宇之高华⑤；“肯构肯堂”，书言父子之同志⑥。土木方兴，曰“经始”⑦；创造已毕，曰“落成”⑧。楼高可以摘星⑨，屋小仅堪容膝。寇莱公庭除之外⑩，只可栽花；李文靖厅事之前⑪，仅容旋马。恭贺屋成，曰“燕贺”⑫；自谦屋小，曰“蜗庐”⑬。民家名曰“闾阎”⑭，贵族称为“阀阅”⑮。“朱门”乃富豪之第⑯，“白屋”是布衣之家⑰。

**【注释】**①门阑蔼瑞：门前笼罩着祥云。门阑，门框或门栅栏。蔼瑞，吉祥的云气。②过访：登门探视访问。③蓬荜（bì）生辉：使寒舍增添光彩。蓬荜，蓬门荜户的略语，指用蓬草、荆条等做的门，喻指陋室。④美奂美轮：盛大，鲜明，亮堂。奂，繁富的样子；轮，高大的样子。⑤礼：指《礼记》。⑥书：指《尚书》。同志：志向相同。⑦经始：开始营建。⑧落成：建筑工程竣工。⑨摘星：采摘星辰。说商纣王建有摘星楼，极其高峻。⑩寇莱公庭除：寇准晚年被封莱国公，据说他家院子很小，只能栽花。庭，庭院。除，台阶。⑪李文靖厅事：北宋宰相李沆家的大厅。厅事，大厅，客厅。⑫燕贺：大厦落成而燕雀相贺。⑬蜗庐：三国时焦先和杨渍建了一种圆形屋子，形状像蜗牛壳，称为“蜗牛庐”。后来把简陋的居处称为“蜗庐”。⑭闾阎：原指平民居住的里巷内外的门。⑮阀阅：指古代仕宦人家大门外的左右柱。⑯朱门：古代王公贵族的住宅大门漆成红色，表示尊贵。⑰白屋：指不刷色彩、露出木材本色的房屋。也有人说是用白茅覆盖的房屋。

**【译文】**当别人家有喜事要祝贺时，就说“门阑蔼瑞”；感谢别人来访时，就说“蓬荜生辉”。“美奂美轮”，是《礼记》中称赞房屋高大华美的；“肯构肯堂”，是《尚书》里表述父子兴趣爱好相同、父慈子孝的说法。刚开始动工建房，称作“经始”；建筑完工，称作“落成”。楼阁非常高耸，站上去仿佛可以摘到天上的星星；屋子非常狭小，进去后人仅可以屈膝而蹲。寇准家的庭院非常狭小，只能种些花；北宋宰相李沆家的厅堂前只能容下一匹马掉个头。恭祝别人房子建成，就说“燕贺”；自己谦虚说自家屋子小，就说“蜗庐”。普通百姓家的房子，称作“闾阎”；达官贵人们的府邸，称作“阀阅”。“朱门”是富豪的门第，“白屋”是平民的院落。

【原文】

客舍曰“逆旅”，馆驿曰“邮亭”①。书室曰“芸窗”②，朝廷曰“魏阙”③。“成均”“辟雍”④，皆国学之号⑤；“黉宫”“胶序”⑥，乃乡学之称⑦。笑人善忘，曰“徙宅忘妻”⑧；讥人不谨，曰“开门揖盗”⑨。“何楼”所市⑩，皆滥恶之物；“垄断独登”⑪，讥专利之人。“荜门圭窦”⑫，系贫士之居；“瓮牖绳枢”⑬，皆窭人之室⑭。宋寇准真是“北门锁钥”⑮，檀道济不愧“万里长城”⑯。

【注释】①馆驿：古代驿站上设的旅舍。②芸窗：古人常在书房用芸香驱蠹虫，所以书斋称“芸窗”。③魏阙：古代宫门两边巍然的高台，下面是悬布法令的地方，因此可以代称朝廷。④成均：古代的大学。辟雍：西周天子为贵族子弟所开设的大学。⑤国学：西周设于王城及诸侯国都的学校，后世为京师官学的通称。⑥黉（hóng）宫：古代的学校。胶序：学校的通称。商朝的学校叫序，周朝叫庠，周人养国老于东胶，因此以“胶序”通称学校。⑦乡学：古代的地方学校，与“国学”相对。⑧徙宅忘妻：搬家忘记携带妻子。徙，迁移。⑨开门揖盗：打开门请强盗进来。揖，拱手礼，表示欢迎。⑩何楼：相传宋代都城开封有个何家楼，楼下设立市场，所出售的东西，都是以次品充好货。⑪垄断独登：独自攀登高地。垄断，本来指高而不相连的土墩子，后引申为把持和独占。⑫荜（bì）门圭窦：用荆条竹木做门，在墙上打洞做窗户。形容穷苦人家的住处。圭窦，古代穷人在墙上打个洞做窗户，上面尖下面方，形状像玉圭。⑬瓮牖（yǒu）绳枢：用破瓮口做窗户，用绳子系着门枢。牖，窗户。绳枢，用绳子系门，来代替转轴。⑭窭（jù）人：穷苦人。窭，贫寒。⑮北门锁钥：北城门上的锁和钥匙，借指北方军事要地。北宋年间寇准镇守大名府，北方来的使者问道：“您德高望重，为何不在中书省任职？”寇准说：“朝廷太平无事，但是北门锁钥，非得我来镇守不可。”⑯檀道济：南朝宋将，东晋末跟随宋武帝刘裕东征西讨，屡立战功。万里长城：比喻国家所依赖的大将。

【译文】旅客过夜的屋舍叫“逆旅”，驿道上供情报人员和旅客歇息、更换装备的站点叫“邮亭”。读书人的书房称作“芸窗”，皇帝所在的朝廷称作“魏阙”。“成均”“辟雍”，都是京城国办学府的称号；“黉宫”“胶序”，是对地方学堂的称谓。取笑人健忘，就说“徙宅忘妻”；讥讽人做事不谨慎小心，就说“开门揖盗”。“何楼”下所贸易的，都是粗制滥造、质量恶劣的物品；“垄断独登”，是讥讽那些欺行霸市而唯利是图的生意人。“荜门圭窦”，是指贫寒士人的居所；“瓮牖绳枢”，是指贫苦人家的住房。北宋大臣寇准，忠心耿耿，真称得上是“北门锁钥”；南朝宋代名将檀道济，功勋卓著，不愧是国家所依赖的“万里长城”。

## 器 用

【原文】

一人之所需，百工斯为备①。但用则各适其用，而名则每异其名。“管城子”“中书君”②，悉为笔号；“石虚中”“即墨侯”③，皆为砚称。墨为“松使者”④，纸号“楮先生”⑤。纸曰“剡藤”，又曰“玉版”⑥；墨曰“陈玄”，又曰“龙剂”⑦。“共笔砚”，同窗之谓；“付衣钵”，传道之称。笃志业儒⑧，曰“磨穿铁砚”⑨；弃文就武，曰“安用毛锥”[10]。剑有“干将”“镆铘”之名[11]，扇有“仁风”“便面”之号[12]。何谓“箑”[13]，亦扇之名；何谓“籁”[14]，有声之谓。

**【注释】**①百工：各种工匠。斯：乃，就。②管城子、中书君：在唐代韩愈撰写的《毛颖传》中，主人公毛颖就是毛笔的化身。秦始皇时，大将蒙恬征伐中山，俘虏了毛颖，把他献给了秦始皇。秦始皇封毛颖管理城市，封号为“管城子”。后来毛颖升为中书令，秦始皇称他为“中书君”。③石虚中、即墨侯：唐朝人文嵩，曾经写《即墨侯石虚中传》，把砚拟人化。文中主人公石虚中，字居默，隐居不仕，后来被封为即墨侯。④松使者：松烟用于制墨。传说唐玄宗有一天看见书桌上一块墨中有一个小道士，像苍蝇一般大小，便大声呵斥他。小道士说：“我是墨的精灵，墨松使者也。”⑤楮（chǔ）先生：在韩愈的《毛颖传》中，毛颖与一位朋友楮先生形影不离，“楮先生”即纸的化身。楮，一种落叶乔木，树皮是制造桑皮纸和宣纸的原料。⑥剡（shàn）藤、玉版：古代浙江剡溪出产一种古藤，是非常好的制纸原料，制成的纸称为“剡藤”或“剡纸”，负有盛名。又有一种宣纸，坚致精良，洁白如玉，叫作“玉版”。⑦陈玄、龙剂：在韩愈的《毛颖传》中，毛颖、陈玄、陶泓、楮先生四人是至交好友，分别代指“文房四宝”笔、墨、纸、砚。“龙剂”是唐玄宗所用的一种墨。北宋年间，用油烟加入脑麝金箔制作御墨，也称为“龙香剂”。⑧笃志业儒：下定决心以儒学为业。笃志，志向专一不变。笃，忠实，一心一意。⑨磨穿铁砚：把铁铸的砚台都磨穿了。比喻读书用功，有恒心。⑩安用毛锥：哪里用得上毛笔。毛锥，指毛笔，以束毛为笔，形状如锥。⑪干将、镆铘：相传春秋末年，干将、莫邪夫妇历时三年，铸成雌雄宝剑各一把，就用他们的名字来命名。镆铘，同莫邪。⑫仁风、便面：仁风，即仁德之风，古代美化帝王或地方长官的颂词，奉承其恩德像风一样；便面，古代用来遮脸的扇状物。⑬箑（shà）：扇子。⑭籁：从孔穴中发出的声音，后来泛指一切声响。

**【译文】**一个人平时所需要的各种东西，各行各业的工匠都能为他准备齐全。但这些东西各有各的用途，所以名字也不一样。“管城子”“中书君”，都是毛笔的称号；“石虚中”“即墨侯”，都是砚台的名称。纸张称作“剡藤”，又称作“玉版”；墨汁叫“陈玄”，又叫“龙剂”。“共笔砚”，是同处一室学习的同学的意思；“付衣钵”，是对师傅传授弟子门生的一种说法。下定决心在儒学上深入钻研，就说“磨穿铁砚”；放弃文理方面的事情，而改从体力、武术方面的职业，就说“安用毛锥”。宝剑有“干将”“镆铘”的名称；扇子有“仁风”“便面”的称号。什么是“箑”？也就是扇子的一种名称；什么是“籁”？就是对各种各样声音的称谓。

**【原文】**

小舟名“蚱蜢”[1]，巨舰曰“艨艟”[2]。“金根”是皇后之车[3]，“菱花”乃妇人之镜[4]。“银凿落”原是酒器[5]，“玉参差”乃是箫名[6]。“刻舟求剑”，固而不通；“胶柱鼓瑟”[7]，拘而不化。“斗筲”言其器小[8]，“梁栋”谓是大材。铅刀无一割之利[9]，强弓有六石之名[10]。

**【注释】**①蚱蜢（zhà měng）：一种体型小而轻的虫子。②艨艟（méng chōng）：古代的战舰名称。③金根：以黄金装饰的车，多为皇后、太后乘坐。④菱花：古代铜镜在阳光照射下发出的光影像菱花。⑤银凿落：以镂刻金银为装饰的酒盏。⑥玉参差：镶玉的无底排箫。一说即玉笙。⑦胶柱鼓瑟：用胶把柱粘住以后奏琴，柱不能移动，音调就无法调整。柱，瑟上转动琴弦以调节声音高低的短木。⑧斗筲（shāo）：两种很小的容器。斗，容十升。筲，容一斗二升。⑨铅刀：铅制的刀。铅质软，制作的刀不锐利，故比喻无用的人和物。⑩强弓：强硬有力的弓。石（dàn）：古代重量单位，一百二十斤为一石。古代测量弓的强度也用石作单位。

【译文】小船名为“蚱蜢”，巨大的战舰名为“艨艟”。“金根”是皇后乘坐的车辆，“菱花”是女子梳妆用的铜镜。“银凿落”，原本是一种喝酒器具，“玉参差”，是排箫的称谓。“刻舟求剑”，这是形容做事情顽固不化，不知变通；“胶柱鼓瑟”，这是形容做事情拘守死理，不懂得变化。“斗筲”是形容人的器量很小，“梁栋”是说突出、杰出的人才。铅制的刀连削割一次物体的锋利都不具备，强硬有力的弓有“六石”的名声。

【原文】

杖以鸠名①，因鸠喉之不噎；钥同鱼样②，取鱼目之常醒。“兜鍪”系是头盔③，“叵罗”乃为酒器④。短剑名“匕首”；毡毯曰“氍毹”⑤。琴名“绿绮”“焦桐”⑥；弓号“乌号”“繁弱”⑦。香炉曰“宝鸭”⑧，烛台曰“烛奴”⑨。“龙涎”“鸡舌”⑩，悉是香名；“鹢首”“鸭头”⑪，别为船号。“寿光客”是妆台无尘之镜⑫；“长明公”是梵堂不灭之灯⑬。

【注释】①杖以鸠名：古代杖头刻有鸠形，故称“鸠杖”。②钥同：钥匙。③兜鍪（móu）：头盔。④叵罗：一种敞口的浅杯。⑤毡毯：毛毡制成的毯子。氍毹（qú shū）：一种毛织或几种材料混织的毯子。⑥绿绮、焦桐：古琴名。⑦乌号：相传黄帝得道成仙的时候，乘坐一条龙，大臣举起弓射龙，想要让黄帝下来，但是没有成功。百姓望着黄帝升上天空，抱着那把弓放声大哭。那把弓被后世称为“乌号”。繁弱：古良弓名。⑧宝鸭：古人香炉常做成鸭形。⑨烛台：插蜡烛的器具。烛奴：唐朝申王李成义晚上宴请客人，用龙檀木雕成小孩形状，穿上绿衣袍，站在宴席旁持蜡烛，称为“烛奴”。⑩龙涎：原是抹香鲸病胃的分泌物，类似结石，从鲸体内排出，漂浮海面或冲上海岸，香气持久，非常名贵。鸡舌：即丁香，可治口气。古代官员上殿奏事，口含鸡舌香，说话时气味芬芳。⑪鹢（yì）首：古代船头画鹢鸟，故称“鹢首”。鹢，一种水鸟，能飞很高。鸭头：船头像鸭头的一种大船。⑫寿光客：唐朝司空图作《容城侯传》，把镜子拟人化，名为金炯，因为明察被封为容城侯，也称为“寿光先生”。⑬长明公：寺庙里点燃灯烛供奉在佛像前，昼夜不灭，称“长明灯”。梵堂：佛教寺庙。梵，用来称呼与佛教有关的事物。

【译文】老年人的手杖称为“鸠杖”，是因为鸠鸟吃食从不噎住喉咙，取其饮食不噎的意思；门锁的钥匙制造成鱼儿的形状，是因为鱼儿的眼睛彻夜都长醒着，取其能长醒守护的意思。“兜鍪”指的是士兵戴的头盔；“叵罗”是一种古代敞口的酒杯。短小的剑称为“匕首”；毡毯称为“氍毹”。古代的名琴称为“绿绮”“焦桐”；良弓称为“乌号”“繁弱”。香炉常铸成鸭形，所以叫作“宝鸭”；插放燃烛的台具雕刻成童子执烛形，所以叫作“烛奴”。“龙涎”“鸡舌”，都是香的名目；“鹢首”“鸭头”，都是船只的别称。“寿光客”，说的是女子梳妆台上纤尘不染的镜子；“长明公”，指的是佛堂里昼夜燃烧的长明灯。

【原文】

“桔槔”是田家之水车①，“袯襫”是农夫之雨具②。“乌金”，炭之荚誉；“忘归”，矢之别名③。夜可击，朝可炊，军中刁斗④；云汉热，北风寒，刘褒画图⑤。勉人发愤，曰“猛着祖鞭”⑥；求人宥罪，曰“幸开汤网”⑦。“拔帜立帜”⑧，韩信之计甚奇；“楚弓楚得”⑨，楚王所见未大。董安于性缓⑩，常佩弦以自急；西门豹性急⑪，常佩韦以自宽⑫。汉孟敏尝堕甑不顾⑬，知其无益；宋太祖谓犯法有剑⑭，正欲立威。

**【注释】**①桔槔（jié gāo）：井上汲水的工具。水车：旧式灌溉机械。②袯襫（bó shì）：古时农夫穿的蓑衣之类的防雨服。③矢：箭。④刁斗：古代行军用具，斗形有柄，铜质。⑤刘褒：东汉桓帝时画家。⑥猛着祖鞭：西晋刘琨与祖逖是朋友，听说祖逖受到重用，刘琨给亲戚朋友们写信说："我每天枕着武器睡觉等天亮，希望能杀敌报国，常常担心祖逖比我先着鞭。"着鞭，着手进行，开始做。⑦幸开汤网：商汤见到野外有人设网捕猎并祈祷说："天下四方的猎物都到我的网里来。"认为太过分了，于是张开网的三面，只留下一面。诸侯们都说："汤的恩德太高了，连禽兽都受到他的恩惠。"⑧拔帜立帜：指取而代之。汉将韩信进攻赵国，背水列阵以引诱赵兵，另派三千骑兵，各拿一面红色的旗帜，躲在山后等着。赵兵一出击，汉军就假装战败，扔下鼓和旗帜逃跑了。赵军追击，躲着的轻骑偷袭赵营，拔掉赵国的旗帜，换上汉军的旗帜。赵军只见到处是汉军旗帜，惊慌失措，被汉军打败。⑨楚弓楚得：形容虽然有损失但是利益没有外溢。春秋时楚共王出游，将宝弓丢失了，他手下的人要去寻找，楚王说："不用了，楚人失弓，楚人得之，又何必去找呢？"据说孔子听说了这件事情后讥笑说："楚共王的胸怀还不够开阔呀！为什么不说'人遗弓，人得之'呀，何必是楚呢？"⑩董安于：春秋时晋国赵简子的家臣。⑪西门豹：战国时魏国人。⑫韦：熟牛皮。⑬甑：古代一种瓦制炊器。⑭犯法有剑：宋太祖赵匡胤问臣子李蒙进："后周庄宗英明勇武，为什么他的国家却不长久？"李蒙进回答说："庄宗政令不能推行，赏赐毫无节制。"宋太祖叹息说："我现在对待士兵，固然不吝啬赏赐，但是假如触犯了法令，朕只有用剑对待了。"

**【译文】**"桔槔"是耕田人家用的水车，"袯襫"是农夫挡雨的器具。"乌金"是对煤炭的美称，"忘归"是箭的另外的名字。夜里可以用来敲击巡视，白天可以用来做饭的，这是军队中所用的刁斗；看《云汉图》的人都感到热，看《北风图》的人都感到寒冷，这是东汉刘褒所画的神图。勉励人发愤图强，就说"猛着祖鞭"；求人原谅饶恕罪过，就说"幸开汤网"。"拔帜立帜"，韩信用兵的计谋非常奇妙；"楚弓楚得"，是说楚共王的胸襟见识还是不够大。春秋时，晋国董安于是个慢性子，因此常常佩戴弓弦，用以自己让自己快速一些；战国时，魏国西门豹是个急性子，因此常常佩戴韦皮，用以让自己宽松舒缓下来。东汉的孟敏曾不小心将甑摔落在地，并不低头看就走了，因为他知道那起不了什么作用；宋太祖赵匡胤说，谁若触犯了律法，我就用手中的剑惩罚他，这是他想要树立自己的威严。

**【原文】**

王衍清谈①，常持麈尾②；横渠讲易③，每拥皋比④。尾生抱桥而死⑤，固执不通；楚妃守符而亡⑥，贞信可录。温峤昔燃犀⑦，照见水族之鬼怪；秦政有方镜⑧，照见世人之邪心。"车载斗量"之人⑨，不可胜数；"南金东箭"之品⑩，实是堪奇。"传檄可定"⑪，极言敌之易破；"迎刃而解"⑫，甚言事之易为。以铜为鉴⑬，可整衣冠；以古为鉴，可知兴替。

**【注释】**①王衍：西晋大臣，喜欢谈论老庄，言论随时更改，时人称为"口中雌黄"。清谈：清雅的谈论。魏晋时期一些士大夫崇尚虚无，喜欢空谈哲理，不务实际。②麈（zhǔ）尾：古人用来驱虫、掸尘的一种工具。后来成为名流雅器，人们清谈时必执麈尾，不谈时也常拿在手中。③横渠：指北宋哲学家张载，是凤翔郿县（今陕西眉县）横渠镇人，世称横渠先生。讲易：张载成为理学大师，常在关中讲《易经》，前来听讲的人非常多。④拥皋比：靠着虎皮座席。拥，环围。皋比，虎皮。⑤尾生：战国时鲁人。⑥楚妃守符：春秋时楚昭王出游，把夫人留在渐台之上，约定说："我召见你，必定会带信符来。"后来楚王听说江水上涨，派遣使者去迎接夫人。使者忘记带信符，夫人不肯跟随离开。使者回去取信符，结果江水上涨，夫人被淹死了。⑦燃犀：传说晋代大将军温峤有一次路过牛渚矶，听见水底下有音乐声，于是点燃犀牛角，看见水下的各种鬼怪。⑧方镜：传说秦始皇有一面方镜，可以照见人的肝胆，凡是有邪心的宫女，用镜子一照，无不胆悸心动。⑨车载斗量：用车载，用斗量。形容数量很多，不足为奇。载，装载。⑩南金东箭：古代认为南方的金石和东方的竹箭都是华美贵重的东西。金，黄金。箭，一种细小坚实可做箭杆的竹子。⑪传檄可定：不待出兵，只要用一纸文书，就可降服敌方，安定局势。檄，讨敌文书。⑫迎刃而解：劈竹子时，头上几节一破开，下面的顺着刀口就裂开了。⑬以铜为鉴：唐朝大臣魏徵去世后，唐太宗叹息道："用铜做镜子，可以端正衣服帽子；以历史为镜子，可以知道兴盛更替；以人为镜子，可以清楚自己的得失。朕曾经有这三种镜子，防止自己犯错误，现在魏徵去世了，我的一面镜子没有了。"

【译文】西晋大臣王衍清坐闲谈的时候，常常手里拿着一柄麈尾；北宋学者张载讲授《易经》，每每靠在虎皮座席上。战国时鲁国人尾生手抱桥柱被上涨的河水淹死，是固执不知变通；楚昭王的夫人因坚守"召必以符"的约定最后溺水而亡，贞操诚信可以被载入史册。晋代大将军温峤点燃犀牛角，照见了水下的各种妖魔鬼怪；秦始皇嬴政有一面方镜，可以照出世上人的邪心。"车载斗量"之人是平庸无奇的人，这样的人多得数不过来；"南金东箭"之品是华美贵重的物品，这样的物品的确是十分珍奇。"传檄可定"，是说敌人十分容易攻破；"迎刃而解"，是说事情很容易解决。用铜做成镜子，可以用来齐整衣帽穿戴；用历史做镜子，可以明白国运的兴衰交替。

## 珍　宝

【原文】

山川之精英①，每泄为至宝②；乾坤之瑞气，恒结为奇珍③。故玉足以庇嘉谷④，明珠可以御火灾⑤。鱼目岂可混珠，碔砆焉能乱玉⑥。黄金生于丽水⑦，白银出自朱提⑧。曰"孔方"、曰"家兄"⑨，仅为钱号；曰"青蚨"、曰"鹅眼"⑩，亦是钱名。

【注释】①精英：精华。②泄：排出。③恒：持久的，经常的。④嘉谷：古代以粟（小米）为嘉谷，后为五谷的总称。⑤明珠可以御火灾：春秋时楚国大夫王孙圉说："我听说国家的宝物只有六种：圣贤能够分析万事万物来辅佐国家的，就将他当作宝；宝玉能够庇护赐福使五谷丰登，使（国家）没有水旱的灾难，就将它当作宝；龟壳能够准确预告福祸，就将它当作宝；珍珠能够用来抵御火灾，就将它当作宝；兵器能够防御兵乱，就将它当作宝；山林湿地沼泽足以供给财政用度，就将它当作宝。"⑥碔砆（wǔ fū）：似玉的美石。⑦丽水：古代河流。⑧朱提：山名，在今云南省昭通市境，盛产白银。⑨孔方、家兄：古代铜钱均为圆形方孔。西晋人鲁褒曾写过一篇《钱神论》，对金钱与权力进行了揭露和嘲讽，文中说："亲爱如兄，字曰孔方。失之则贫穷，得之则富强。"⑩青蚨（fú）：古代传说中的虫子，也叫"鱼伯"。鹅眼：古代一种质量低劣的钱。南朝宋景和元年民间所铸，像鹅眼一样小。

【译文】山脉川泽的精华，每当泄流出来，就是最好的宝物；天地之间的祥瑞灵气，长久聚结起来，成为奇异的珍宝。所以玉石可以庇护五谷，使它们丰收，明珠可以防御火灾。鱼目虽然又圆又亮，但怎么能够混同于珍珠？珷玞虽然表面和玉很像，但怎么能够和真正的美玉乱同起来？黄金出自丽水，白银产在朱提。说“孔方”、说“家兄”，都是钱的别号；说“青蚨”、说“鹅眼”，也都是钱另外的名称。

【原文】

可贵者，明月夜光之珠①；可珍者，璠玙琬琰之玉②。宋人以燕石为玉③，什袭缇巾之中④；楚王以璞玉为石⑤，两刖卞和之足⑥。惠王之珠，光能照乘⑦；和氏之璧，价重连城⑧。鲛人泣泪成珠⑨，宋人削玉为楮⑩。贤乃国家之宝⑪，儒为席上之珍⑫。王者聘贤，束帛加璧⑬；真儒抱道，怀瑾握瑜⑭。雍伯多缘⑮，种玉于蓝田而得美妇；太公奇遇⑯，钓璜于渭水而遇文王⑰。

【注释】①明月夜光：明月珠和夜明珠。明月珠光晶莹似月光，夜明珠夜里能发光。②璠玙（fán yú）、琬琰（wǎn yǎn）：两种美玉。③以燕石为玉：有个宋国人拾到一块光洁如玉的石头，以为得到了无价之宝，拿回家藏了起来。有位客人听说了马上来请求参观。主人斋戒七天，郑重其事地打开一口大箱子，大箱子套着小箱子，一共套了十口，又用红绸包了十层。层层叠叠打开了，客人见了，捂嘴笑着说：“这是燕石呀，跟瓦砾没有什么区别。”主人大怒，觉得客人没安好心，更加牢固地收藏这颗燕石。④什袭缇巾：用十层橘红色绸巾包裹着。什，即十。袭，重叠。缇巾，橘红色丝织物。⑤璞玉：包在石中尚未雕琢的玉。⑥两刖卞和之足：春秋时，楚人卞和在山中得到一块璞玉，先后献给楚厉王和楚武王，玉匠都认为是石头。卞和因此以欺君罪被先后砍去了双脚。楚文王即位后，卞和抱玉在荆山下放声大哭，文王派人问他，他说：“我不是因为被砍去双脚悲伤，而是伤心宝玉被认为是石头，正直的人被认为是骗子。”文王派人剖开璞玉，果然得到美玉，称为“和氏璧”。刖，古代的一种酷刑，把脚砍掉。⑦照乘：战国时期，齐威王与魏惠王相会，魏惠王问：“您应该也有宝贝吧？”齐威王回答：“没有。”魏惠王不相信地说：“像我们这种小国家，还有直径一寸、能照亮十二辆车的明珠十枚，像您这样的万乘之国怎么会没有宝贝呢？”⑧价重连城：赵惠文王得到楚国的和氏璧，秦昭王派人给赵王送信，愿意用十五座城池来交换和氏璧。⑨鲛人泣泪成珠：传说住在海底的人鱼哭泣时的眼泪能变成珍珠。⑩削玉为楮：宋国有个人用玉雕成楮叶，三年才完成，形状和色泽都非常逼真，混杂在楮树叶中分辨不出真假。楮，一种落叶乔木。⑪贤乃国家之宝：秦国想要攻打楚国，派人去观察楚国有什么宝贝。楚国大将昭奚恤对使者说：“楚国最宝贵的，就是贤人，请您随便看吧。”⑫儒为席上之珍：鲁哀公命人替孔子铺上坐席，孔子说：“儒者有席中宝玉一样的美德，以等待召聘；早晚加强学习，以等待垂问；怀着忠实诚信，以等待推举；身体力行，以等待录用。”席，铺在地上的草垫。珍，宝玉。⑬束帛加璧：束帛再加玉璧，古代表示非常贵重的礼物。帛是丝织物，五匹为一束。⑭怀瑾握瑜：比喻人具有纯洁高尚的品德。怀，怀藏。瑾、瑜，美玉，比喻美德。⑮雍伯：应该是“伯雍”，即杨伯雍，传说中的晋代人。⑯太公：即姜子牙，姓吕名尚，后世称为“姜太公”。⑰璜（huáng）：古代玉器名，形状像璧的一半，是贵族朝聘、祭祀时所用的礼器，也作装饰用。传说姜太公在渭水边钓鱼，第一次得到一条鲋鱼，第二次得到一条鲤鱼，剖开鱼肚子得到一块璜玉，玉上写着：“周受命，吕佐之。”

【译文】足可贵重的，是“明月珠”和“夜光珠”那样的珍珠；足可珍奇的，是“璠玙”与“琬琰”那样的玉石。有个宋国人把燕石当成是美玉，用十层橘红色绸巾将它包裹的严严实实；楚王将珍贵的璞玉认为是石头，先后砍掉了献玉者卞和的双脚。魏惠王的宝珠，能照亮十二辆马车；和氏璧的价值可以抵得上十五座城池。传说中住在海底的鲛人哭泣时的眼泪能变成珍珠；宋人用玉雕刻成楮叶，真假难辨。贤能的人是国家的宝贝，有学识之士是席位上的珍宝。君王聘请贤才，用丝帛加上美玉这样的重礼；真正的有学识之人遵从自己的原则，就好像怀里抱着珍宝手里握着美玉那样认真谨慎。晋代人杨伯雍缘分丰富，在蓝田种石头而得白玉，后又娶得美丽的媳妇；周朝姜太公的遭遇很奇特，在渭水边钓鱼，从鲤鱼肚子里得到了一块璜玉，后来就遇到了贤明的周文王。

**【原文】**

剖腹藏珠，爱财而不爱命；缠头作锦①，助舞而更助娇。孟尝廉洁，克俾合浦还珠②；相如忠勇，能使秦廷归璧③。玉钗作燕飞④，汉宫之异事；金钱成蝶舞⑤，唐库之奇传。广钱固可以通神⑥，营利乃为鬼所笑⑦。以小致大，谓之“抛砖引玉”⑧；不知所贵，谓之“买椟还珠”⑨。贤否罹害⑩，如玉石俱焚⑪；贪婪无厌，虽锱铢必算⑫。

**【注释】**①缠头作锦：古代艺人表演时用罗锦缠头。②克俾合浦还珠：东汉人孟尝曾任合浦太守，合浦不产粮食，沿海出产珍珠。当地人于是用珍珠和邻近的交趾交换粮食。前面的几任太守都非常贪婪，采珠不知道节制，于是珠蚌都迁徙到交趾郡内。合浦很难采到珍珠，很多人都饿死了。孟尝到任后，找出人民贫困的根源，对珠蚌进行保护，不到一年，珠蚌又慢慢迁了回来。克，能够。俾，使。③秦廷归璧：战国时，秦国想用十五座城交换赵国的和氏璧。蔺相如带着和氏璧出使秦国，发现秦国言而无信，于是在秦国朝廷之上以毁坏玉璧相威胁，怒斥秦王。事后又派人带着和氏璧偷偷回到赵国。④玉钗作燕飞：传说汉武帝在甘泉宫西边修建了一座招仙阁，仙女赠送一支玉钗给汉武帝。后来玉钗变成一只白燕飞上天。⑤金钱成蝶舞：传说唐穆宗时，宫中千叶牡丹花开放，香气袭人，每天晚上就有数万只黄色或白色的蝴蝶飞来，在牡丹花丛中嬉戏。唐穆宗命人捕到数百只，后来仔细一看，原来是国库中的金钱变成了蝴蝶。⑥广：多。⑦营利乃为鬼所笑：传说南朝宋时有位刘伯龙，小时候家里就很穷，长大后做了官还是很贫困。有一次他跟身边的人讨论怎样赚钱赢利，看见一个鬼在旁边拍掌大笑。刘伯龙叹息说：“贫穷原本是注定的，想要苛求连鬼都笑话。”于是停止了计划。⑧抛砖引玉：传说唐人赵嘏诗写得非常好，常建想要得到他的诗，知道赵嘏一定会去灵岩寺游玩，于是先题写两句诗在墙壁上。赵嘏见到墙壁上的诗，补写成一首绝句，当时人称常建为“抛砖引玉”。⑨买椟还珠：楚国有个人到郑国卖珍珠，用木兰木做匣子，又用桂椒一类的香料把盒子熏得芳香扑鼻，还在盒子上面缀上许多珠玉，用宝石装饰起来。有个郑国人花钱把它买下来，但是只拿走盒子，而把珍珠还给了楚国人。椟，木匣子。⑩贤否（pǐ）罹（lí）害：贤者与不贤者一同遭受灾难。否，不好，恶。罹，遭受苦难或不幸。⑪玉石俱焚：美玉和石头一起烧毁。俱，全，都。焚，烧。⑫锱（zī）铢必算：很少的钱也一定要计算。锱、铢，都是古代很小的重量单位。

**【译文】**剖开肚子来藏宝珠，这是贪惜钱财而不爱惜生命的表现；歌舞艺人表演时，头上缠着丝锦，这是让歌舞更加好看，也让演艺人员更加娇媚。东汉的孟尝，廉洁奉公，在出任合浦太守后，很快就使迁徙走的珠蚌又回来了，从而造福人民；战国时赵国的蔺相如忠诚勇敢，在秦国的朝堂上机智无畏，最终使和氏璧回到了赵国，从而报效了国家。玉钗变成一只白燕飞上天，这是汉朝宫廷的怪异事情；金钱变成蝴蝶在牡丹花丛中飞舞，这是唐朝国库中的奇闻怪传。用很多钱固然可以买通神明，一心想盈利发财，连鬼都会笑话。用小的引来大的，叫作“抛砖引玉”；不知道东西的贵贱而取舍不当，叫作“买椟还珠”。贤明者与无能者一起遭受灾难，就像美玉和石头一起被烧毁一样；贪婪无厌的人不知满足，就算锱铢那样的小利益也要算计。

**【原文】**

崔烈以钱买官[①]，人皆恶其铜臭[②]；秦嫂不敢视叔[③]，自言畏其多金。熊衮父亡，天乃雨钱助葬[④]；仲儒家窘，天乃雨金济贫[⑤]。汉杨震畏四知而辞金[⑥]，唐太宗因惩贪而赐绢[⑦]。晋鲁褒作《钱神论》，尝以钱为“孔方兄”；王夷甫口不言钱[⑧]，乃谓钱为“阿堵物”。然而床头金尽[⑨]，壮士无颜；囊内钱空，阮郎羞涩[⑩]。但匹夫不可怀璧[⑪]，人生孰不爱财。

**【注释】**①崔烈以钱买官：汉灵帝时卖官鬻爵成风，冀州名士崔烈出钱五百万，买得司徒一官。有一次，他问儿子崔钧：“我现在位居三公，外面的人是怎么说的？”崔钧回答说：“谈论的人都嫌弃您一身铜臭味。”②铜臭：铜钱的臭气。原是讥讽用钱买官或豪富者，后常用来讥讽唯利是图的人。③秦嫂不敢视叔：苏秦游说秦王失败，落魄而归，妻子不搭理他，嫂子不给他做饭。后来苏秦游说赵王成功，被封为武安君，当上了宰相，再路过家乡时，妻子不敢抬头看他，嫂子像蛇一样趴在地上，四次跪拜谢罪。苏秦问：“嫂子，您为什么过去那么傲慢，而现在又如此谦卑呢？”嫂子回答说：“因为您现在地位高而且钱财多。”④雨钱助葬：相传唐昭宗时的兵部尚书熊衮非常孝顺，立功得到赏赐，都分给部下。后来遭遇兵乱，没有了官俸，父亲死了没有钱安葬，便日夜向天号啕大哭。忽然天像下雨一样降下铜钱，一连下了三天。熊衮除了安葬父亲的费用外，其余的都交给官府。而邻居们拾到的钱都化成了泥土。⑤雨金济贫：传说汉代翁仲儒的家里非常贫困。有一天天像下雨一样落金子，落了十斛在他家里，他一下变得像王侯一样富裕。⑥四知：天知、神知、你知、我知。后多用为廉洁自持、不受非义馈赠的典故。⑦惩贪而赐绢：唐太宗皇后的族叔长孙顺德，接受别人贿赂的绢，事情败露后，唐太宗怜惜他的功劳而不忍心治罪，于是在朝廷上赐给他十匹绢，以使他感到羞愧。⑧王夷甫：西晋大臣王衍，字夷甫，崇尚高雅，经常鄙夷妻子贪钱俗气，他自己从来不说“钱”字。妻子想要试探他，就让婢女用钱堆在他的床边。王衍早晨醒来，看见钱挡住了路，大声喊婢女说：“快拿走阿堵物。”阿堵，六朝口语，相当于现代汉语里的“这个”。⑨床头金尽：形容人陷入贫困的境地。⑩阮郎羞涩：晋代人阮孚拿着一个黑色皮口袋到会稽游玩，有人问他：“您的口袋里装着什么呀？”阮孚回答：“只有一文钱看守着口袋，我怕它空了感到羞涩。”⑪匹夫：古代指平民中的男子，泛指平民百姓。怀璧：怀中藏着美玉。比喻多财招祸或者有才能而遭到嫉害。

**【译文】**汉朝的崔烈用钱财买来官位，人们都讨厌他身上的铜臭味；战国时苏秦成功后回到家乡，他的嫂子不敢抬头看他，说是害怕他地位高而钱财多。唐朝的熊衮，父亲去世没钱安葬，上天像下雨一样降下钱来帮助他安葬父亲；汉朝的仲儒，家里贫困，上天像下雨一样降下十斛金子来周济他的贫穷。汉朝宰相杨震害怕“天知、神知、你知、我知”，而拒绝了别人贿赂的黄金；唐太宗李世民为了惩治亲戚长孙顺德贪污，在朝堂上赐给他十匹卷，以让他感到羞愧。晋朝的鲁褒写了《钱神论》，曾把钱称为“孔方兄”；西晋大臣王衍口中从不肯说一个“钱”子，于是把钱称为“阿堵物”。然而床头如果没有钱了，就算是壮士也会感到没有颜面；口袋里没有一个钱的话，阮孚也会感到羞涩。但是虽说平头百姓不可以怀藏璧玉，世上又有谁不喜爱钱财。

## 贫 富

【原文】

命之修短有数①，人之富贵在天②。惟君子安贫，达人知命。“贯朽粟陈”③，称羡财多之谓；“紫标”“黄榜”④，封记钱库之名。贪爱钱物，谓之“钱愚”；好置田宅，谓之“地癖”。“守钱虏”⑤，讥蓄财而不散；“落魄夫”⑥，谓失业之无依。贫者地无立锥⑦，富者田连阡陌⑧。“室如悬磬”⑨，言其甚窘；“家无儋石”⑩，谓其极贫。

【注释】①修：长。②富贵在天：《论语》中有“死生有命，富贵在天”的说法。这是一种宿命论。③贯朽粟陈：穿钱的绳索已经腐朽，囤积的粮食都陈旧了。④紫标、黄榜：都是财库封条的标志。⑤虏：奴隶，仆役。⑥落魄：穷困失意。⑦立锥：插立锥尖。形容地方极小。⑧阡陌：田间道路。⑨室如悬磬：屋里就像挂着的石磬一样，一无所有。磬，乐器，中间是空的。⑩家无儋（dàn）石：家无余粮，形容十分贫困。儋石，指少量的米粟。

【译文】人的寿命长短是有定数的，人的富贵贫贱是由上天来安排的。只有君子能够安贫乐道，达观的人明白命理并顺其自然。“贯朽粟陈”，是称赞羡慕别人财富多的说法；“紫标”“黄榜”，是查封钱库所做标记的名称。贪心爱恋钱财的人称为“钱愚”，嗜好购置田宅的人称为“地癖”。“守钱虏”，用来讥讽那些一心聚敛财物而不花销的人；“落魄夫”，用来形容那些失去工作无所依靠的人。贫穷的人连插一把锥子的地方都没有，富有的人田产连成一片。“室如悬磬”，是说人处境非常窘迫；“家无儋石”，是说人生活极其贫困。

【原文】

无米曰“在陈”①，守死曰“待毙”②。富足曰“殷实”③，命蹇曰“数奇”④。“苏涸鲋”⑤，乃济人之急；“呼庚癸”⑥，是乞人之粮。“家徒壁立”⑦，司马相如之贫；“扊扅为炊”⑧，秦百里奚之苦。“鹄形”“菜色”⑨，皆穷民饥饿之形；“炊骨爨骸”⑩，谓军中乏粮之惨。饿死留君臣之义，伯夷、叔齐；资财敌王公之富⑪，陶朱、猗顿⑫。石崇杀伎以侑酒⑬，恃富行凶；何曾一食费万钱⑭，奢侈过甚。

【注释】①在陈：孔子周游列国，从陈国去蔡国途中，被陈国人包围，绝粮七天。②毙：死亡；失败。③殷实：充实，富裕。④蹇（jiǎn）：不顺利。数奇（jī）：遇事不利。古人认为偶数象征遇合，奇数象征不遇。⑤苏涸鲋（fù）：使干枯车辙中的小鱼复生。涸，干枯。鲋，小鱼。⑥庚癸：原古代军队中向对方借贷粮食的隐语。⑦家徒壁立：西汉时卓文君跟司马相如私奔，回到司马相如的家乡成都，只见他家穷得只有四面墙。徒，只。⑧扊扅（yán yí）为炊：百里奚是春秋时虞国大夫，后来做了秦国丞相。据说当初他非常穷，外出求取前程时，妻子只能杀了家里仅有的一只母鸡，用门闩烧火煮熟，为他送行。扊扅，门闩。⑨鹄（hú）：天鹅。菜色：因主要用菜充饥而导致营养不良，脸上出现青黄色。⑩炊骨爨（cuàn）骸：用死人的尸骨做饭。炊、爨，都指烧火做饭。⑪敌：相当。⑫陶朱：陶朱公，即春秋时越国大夫范蠡。范蠡辅佐越王勾践灭掉吴国后，认为勾践为人可以共患难，不能共安乐，于是离开越国到了齐国，后来居住在陶，称朱公，经商而成为巨富。猗顿：春秋时鲁国人，向陶朱公学习畜牧，到猗氏地区（今山西临猗南）发展牛羊畜牧业，成为巨富。⑬杀伎以侑（yòu）酒：西晋巨富石崇每次宴请重要客人，总要命令美人在一旁劝酒，如果客人不喝完酒，就杀死劝酒的美人。伎，歌女或舞女。侑酒，为饮酒者助兴。⑭一食费万钱：何曾在西晋初任丞相、太傅，生活奢华讲究，一天吃饭要耗费万钱，还说没处下筷子。

**【译文】**断绝粮米叫作“在陈”，干坐等死叫作“待毙”。家境富裕物资充足，叫作“殷实”，命运不好遇事不顺，叫作“数奇”。“苏涸鲋”，是指接济别人于危急之中；“呼庚癸”，是向别人借粮食的隐语。“家徒壁立”，是形容西汉司马相如家的贫穷状况；“扊扅为炊”，是说春秋时秦国丞相百里奚当初的贫苦情形。“鹄形”“菜色”，都是形容穷苦民众忍饥挨饿时的相貌；“炊骨爨骸”，是说军队中缺乏粮草的惨状。即使饿死也要坚持君臣之间的忠义，这是说商朝的伯夷和叔齐；资产财富可以抵得上王侯公卿那样富足，这是说春秋时期的范蠡和猗顿。西晋的石崇以杀美女来劝客人喝酒，这是持仗豪富而行凶作恶；西晋的何曾一天的饮食花费上万钱，这实在是太奢侈了。

**【原文】**

二月卖新丝，五月粜新谷，真是剜肉医疮①；三年耕而有一年之食，九年耕而有三年之食，庶几遇荒有备②。贫士之肠习黎苋③，富人之口厌膏粱④。石崇以蜡代薪，王恺以饴沃釜⑤。范丹釜中生鱼⑥，破甑生尘；曾子捉襟见肘⑦，纳履决踵⑧。子路衣敝缊袍，与轻裘立⑨，贫不胜言；韦庄数米而炊⑩，称薪而爨，俭有可鄙。总之，饱德之士，不愿膏粱；闻誉之施⑪，奚图文绣⑫？

**【注释】**①剜肉医疮：唐代聂夷中作有《伤田家》一诗：“二月卖新丝，五月粜新谷。医得眼前疮，剜却心头肉。”意思是说农民为了求得眼前生存，不得不将尚未产出的农产品预先贱价抵押。②庶几：差不多，可以。③习黎苋：习惯于吃藜藿和苋菜。形容生活清苦。④厌膏粱：吃厌了精细的食品。⑤饴：麦芽糖的糖稀。沃釜：洗锅。⑥范丹：东汉人，字史云，桓帝时被任为莱芜长，因为给母亲守丧而没有到任。生活非常贫困，有时家中断粮，但是安然自若。当时有歌谣称：“甑中生尘范史云，釜中生鱼范莱芜。”釜中生鱼，形容久不做饭，锅灶冷落。⑦捉襟见肘：拉一下衣襟，胳膊肘就露出来了。⑧纳履决踵：一提上鞋就露出脚后跟。纳履，穿鞋。决踵，鞋后跟裂开。⑨轻裘：轻暖珍贵的狐皮袍子。⑩韦庄：唐末诗人，据说他生性非常吝啬。⑪闻誉之施：听见到处流传的美名。施，散布。⑫奚图：为什么还会贪图。

**【译文】**二月蚕刚孵化就出卖丝，五月禾苗刚刚插上就开始出卖新谷，这真是剜却心头的肉而医治眼下的疮疤的无奈之举啊。耕种三年而预备一年的粮食，耕种九年而预备三年的粮食，这样差不多，遇到饥荒就可以有备无患了。贫困人的肠胃习惯了粗粮野菜，富人的嘴厌腻了精肉细粮。西晋的石崇拿蜡烛当柴烧，王恺用麦芽糖洗锅。东汉的范丹境况十分贫穷，锅里可以养鱼，饭盆落满灰尘。春秋时鲁国曾子穷得拉一下衣襟，胳膊肘就露出来了，一提上鞋，脚后跟就露出来了。子路穿着破袍子，跟穿着轻暖珍贵狐皮袍子的人并肩而立，他贫寒的样子实在是不能用言语来表达。唐朝诗人韦庄数着米粒做饭，称柴草重量烧火，这种节俭方法让人瞧不起。总之，道德高尚的人不会渴求别人的大鱼大肉；听到传播出去的美名，难道还会贪图华服绣衣吗？

## 疾病死丧

【原文】

福寿康宁，固人之所同欲；死亡疾病，亦人所不能无。惟智者能调①，达人自玉②。问人病，曰“贵体违和”③；自谓疾，曰“偶沾微恙”④。罹病者⑤，甚为造化小儿所苦⑥；患病者，岂是实沈、台骀为灾⑦。病不可为，曰“膏肓”⑧；平安无事，曰“无恙”⑨。“采薪之忧”⑩，谦言抱病；“河鱼之患”⑪，系是腹疾。“可以勿药”⑫，喜其病安；“厥疾弗瘳”⑬，言其病笃⑭。疟不病君子⑮，病君子正为疟耳；卜所以决疑⑯，既不疑复何卜哉。

【注释】①调：调理，调养，这里指保养身体，防御疾病。②达人自玉：乐观豁达的人懂得自行珍重。玉，珍重，爱护。③违和：身体失去调和而不舒适。④偶沾微恙：偶然得了小病。恙，疾病。⑤罹病者：遭受疾病折磨的人。罹，遭受。⑥造化小儿：戏称司命神，用来指命运，是一种风趣的说法。⑦实沈、台骀为灾：春秋时期晋侯生病了，当时郑伯派出的公孙侨正好在晋国访问，顺便前去探问晋侯的病情。叔向就向公孙侨请教说：“此次君主的疾病，占卜的人说是实沈和台骀作祟导致的。史官没听说过实沈和台骀，请问您知道这是什么神吗？”实沈，古代神话中高辛氏的小儿子，是参宿之神。台骀，传说中的汾水之神。⑧膏肓：古代医学称心膈之间的部位，是人体内主要部位。膏，心尖脂肪。肓，心脏与膈膜之间。⑨无恙：没有疾病。⑩采薪之忧：身患疾病，不能外出打柴。⑪河鱼之患：鱼烂一般先从腹内开始。⑫勿药：不用吃药病就可以自愈。⑬厥疾弗瘳（chōu）：那个病不容易好。厥，其，那个。瘳，病愈。⑭病笃：病势沉重。⑮疟不病君子：西晋传说疟鬼不敢侵犯正人君子。有一个小孩为父亲买治疟疾的药，店主人说：“你父亲是有德行的君子，为什么会害疟疾？”小孩回答说：“正是因为这个病侵犯君子，所以才会叫作‘疟’。”这里小孩是用“疟”和“虐”同音来为父亲开脱。疟，一种按时发冷发烧的急性传染病。⑯卜所以决疑：唐朝初年，长孙无忌等人劝李世民除掉兄弟建成和元吉。李世民叫占卜者进行占卜。张公瑾从外面闯进来，将占卜的工具摔到地上说：“占卜是用来决断疑难的，现在事情势在必行，没有疑难，有什么占卜的必要？”

【译文】幸福、长寿、健康、安宁，都是人们共同的愿望；死亡与疾病，也是每个人都不可避免的。只有有智慧的人才懂得调理身心，贤明通达的人能自我珍重。探望问候病人，就说“贵体违和”；自己说自己得病，就说“偶沾微恙”。遭受疾病折磨的人，被“造化小儿”所困扰；患了疾病，怎会是“实沈”“台骀”所祸害的？病已经没办法医治，就说病人“膏肓”；平安无事，就说“无恙”。“采薪之忧”，用以谦称自己得病；“河鱼之患”，是指腹部的疾病。“可以勿药”，是说高兴于病将愈痊；“厥疾弗瘳”，是说病势沉重，不容易好。传说疟病鬼不敢侵犯君子，真的侵犯了君子才称得上是“虐”；占卜是用来决断疑难的，既然没有什么疑难又为什么要占卜？

【原文】

谢安梦鸡而疾不起①，因太岁之在酉②；楚王吞蛭而疾乃痊③，因厚德之及人。“将属纩”“将易箦”④，皆言人之将死；“作古人”“登鬼箓”⑤，皆言人之已亡。亲死则“丁忧”⑥，居丧则“读礼”⑦。在床谓之

"尸"，在棺谓之"柩"⑧。报丧书曰"讣"⑨，慰孝子曰"唁"⑩。往吊曰"匍匐"⑪，庐墓曰"倚庐"⑫。"寝苫枕块"⑬，哀父母之在土；"节哀顺变"⑭，劝孝子之惜身。男子死，曰"寿终正寝"⑮，女人死，曰"寿终内寝"⑯。

【注释】①谢安梦鸡而疾不起：有一次，谢安对身边人说："从前大将军桓温在的时候，我常担心自己不能保全。忽然有一次梦见坐着桓温的车走了十六里，见到一只白鸡才停下来。乘桓温的车，预示我会替代他的职位；走了十六里才停止，意味着我代替他十六年；白鸡代表酉，如今太岁在酉，我的病恐怕是好不了啦！"②太岁：即太岁神。古代数术家认为，凡是太岁神所在的方位和与之相反的方位，都非常凶险。酉：十二地支之一，既代表十二属相的鸡，也代表一个具体的年份，即酉年。③蛭（zhì）：即水蛭，俗称"蚂蟥"，生于池沼或水田中，吸食人畜血液。④属纩（kuàng）：用新绵置于临死者鼻子前，观察是否断气。属，注目，观察。纩，絮衣服的新绵。易箦（zé）：更换床席。鲁国的大夫季孙子为了表示对曾子的敬意，特意送给他一张大夫专门用的竹席。后来，曾子得了重病，因为他不是大夫，不应该用这种席子，所以让儿子帮他换掉。更换席子后还没有躺稳，曾子就去世了。箦，竹编的床席。⑤作古人：也称"作古"。鬼箓：也作"鬼录"，古人认为人死后在阴间有一份名册。⑥丁忧：古代礼仪，父母死后，子女要在家中守丧三年，不做官，不婚娶，不赴宴，不应考。⑦读礼：古人守丧在家，要读有关丧祭的礼书。⑧柩（jiù）：装着尸体的棺材。⑨讣（fù）：讣告，报丧的通知。⑩慰孝子曰唁（yàn）：慰问死者的儿子叫作吊唁。孝子，父母死后居丧的人。唁，对遭遇丧事的人的慰问。⑪匍匐：既匍匐求之。《诗经·邶风·谷风》中说："凡民有丧，匍匐求之。"意思是，只要乡亲们遇了难，就是爬着也要去相救。⑫庐墓：为父母服丧期间在墓旁搭盖小屋居住，守护坟墓。⑬寝苫（shān）枕块：古礼规定，从父母去世直到下葬，子女不能住在屋子里，只能睡在草席上，以土块做枕头。苫，居丧时睡的草席。⑭节哀顺变：节制悲哀，顺应变故。⑮寿终正寝：年老死在家里。正寝，住宅的正屋。⑯内寝：内室，也专指妇女的居室。

【译文】晋朝宰相谢安梦见白鸡而一病不起，是因为太岁神正好在鸡年；楚惠王吞吃下水蛭，疾病反而痊愈，是因为他平时将仁爱道德施与了他人。"将属纩""将易箦"，都是说人将要死了；"作古人""登鬼箓"，都是说人已经去世。父母死了要"丁忧"，为父母守丧要"读礼"。人死后停在床上称作"尸"，装进棺材里称作"柩"。通报死丧的书信称为"讣"，问候抚慰死者家居丧的人称为"唁"。克服困难前去死者家吊唁，称为"匍匐"；在墓旁建小屋为父母守坟，称为"倚庐"。"寝苫枕块"，是为父母快要入土下葬致哀；"节哀顺变"，是劝说死者家居丧的人要珍惜自己的身体。男子死了，叫作"寿终正寝"；女人死了，叫作"寿终内寝"。

【原文】

天子死曰"崩"①，诸侯死曰"薨"②，大夫死曰"卒"，士人死曰"不禄"③，庶人死曰"死"，童子死曰"殇"④。自谦父死曰"孤子"，母死曰"哀子"，父母俱死曰"孤哀子"；自言父死曰"失怙"，母死曰"失恃"，父母俱死曰"失怙恃"⑤。父死何谓"考"？考者，成也，已成事业也；母死何谓"妣"？妣者，媲也⑥，克媲父美也。百日内曰"泣血"⑦，百日外曰"稽颡"⑧。期年曰"小祥"⑨，两期曰"大祥"。不缉曰

“斩衰”⑩，缉之曰“齐衰”⑪，论丧之有轻重；九月为大功⑫，五月为小功⑬，言服之有等伦。三月之服曰“缌麻”⑭，三年将满曰“禫礼”⑮。

【注释】①崩：即把天子的死比作山崩。②薨（hōng）：专称诸侯之死。③不禄：不终其禄。禄，官禄。④殇（shāng）：未成年而死。⑤失怙（hù）恃："怙"和"恃"都有依靠、依赖的意思。⑥媲（pì）：匹配，比得上。⑦泣血：泪尽血出，形容极度悲伤。⑧稽颡（sǎng）：一种跪拜礼，用于居丧时答拜宾客，表示极度的悲痛和感谢。⑨期年：一年。⑩缉：一种缝纫方法，一针对一针地缝，多用于缝衣边。斩衰：古代五种丧服中最重的一种。用粗麻布制成，左右和下边不缝。服期三年。⑪齐衰：古代五种丧服之一，用粗麻布制成，衣服缝边。一般服期一年。⑫大功：古代五种丧服之一，用熟麻布做成，服期九个月。⑬小功：古代五种丧服之一，用熟麻布做成，服期五个月。⑭缌（sī）麻：古代五种丧服中最轻的一种，用细麻布做成，服期三个月。⑮禫（dàn）礼：除去孝服时举行的祭祀。

【译文】皇帝死叫“崩”，诸侯死叫“薨”，大夫死叫“卒”，士人死叫“不禄”，平民百姓死叫“死”，还没成年的人死叫“殇”。父亲死了，可谦称自己为“孤子”；母亲死了，可谦称自己为“哀子”；父母都死了，就谦称自己为“孤哀子”。说自己父亲死了可说“失怙”，母亲死了可说“失恃”，父母都死了可说“失怙恃”。父亲死了为什么称作“考”？“考”就是“有成”的意思，就是说父亲的事业有成；母亲死了为什么称作“妣”？“妣”就是“媲配”的意思，就是说母亲能媲配父亲。父母去世后，百天以内称作“泣血”，百天以外称作“稽颡”，一周年的祭礼称作“小祥”，两周年的祭礼称作“大祥”。不缝衣边的孝服称为“斩衰”，缝衣边的称为“齐衰”，这表明丧葬之礼是有轻重之分的；要穿九个月的孝服，称为“大功”，穿五个月的，称为“小功”，这表明孝服是有等级亲疏不同的。穿戴时间为三个月的孝服，称为“缌麻”，守孝三年期限将到，举行的仪式称为“禫礼”。

【原文】

孙承祖服，嫡孙杖期①；长子已死，嫡孙承重。死者之器曰“明器”②，待以神明之道；孝子之杖曰“哀杖”③，为扶哀痛之躯。父之节在外，故杖取乎竹④；母之节在内，故杖取乎桐⑤。以财物助丧家，谓之“赙”；以车马助丧家，谓之“赗”；以衣殓死者之身⑥，谓之“襚”；以玉实死者之口⑦，谓之“琀”⑧。送丧曰“执绋”⑨，出柩曰“驾輀⑩”。吉地曰“牛眠地”⑪，筑坟曰“马鬣封”⑫。墓前石人，原名“翁仲”；柩前功布⑬，今曰“铭旌”⑭。

【注释】①嫡孙：即嫡长孙，嫡长子正妻所生的长子。杖期：拄哀杖一年。②明器：即冥器，专为随葬而制作的器物，一般用竹、木或陶土、纸制成。③哀杖：孝子因为哀痛而身体羸弱，所以手中要拄杖。俗称“哭丧棒”。④杖取乎竹：因为竹子外面有节，以表示亡父的节操在外。⑤杖取乎桐：因为桐与“同”谐音，以表示丧母后心中的哀痛和丧父相同。⑥殓（liàn）：给死者穿衣入棺。⑦实：充实，填塞。⑧琀（hán）：放在死者口中的玉。⑨执绋（fú）：以手牵引灵柩的大绳，帮助灵柩行进。绋，拴在灵柩上的绳索。⑩輀（ér）：古代载运棺柩的车。⑪牛眠地：晋朝陶侃还没有发迹时，其父母去世了，准备安葬的时候，家里的牛忽然不见了。一位老人对陶侃说：“我在前面山冈上看见一头牛睡在污泥中，在那个地方安葬死者，后代能当上大官。”⑫马鬣（liè）封：坟墓上封土的一种形状。⑬功布：古代丧礼中用来指引灵柩的布，一般用三尺长的白布悬于竿头，略似旗旛。⑭铭旌：竖在灵柩前标志死者官职和姓名的旗幡。

【译文】孙辈为爷爷奶奶服丧时，嫡系长孙要拄哀杖一年。如果嫡系长子已经去世，那么嫡系长孙承接服丧的重任。死者的器物称作“明器”，对待它们要以对待神明的方式；孝子所扶的木杖称作“哀杖”，是用来支撑哀痛的身体的。父亲的节操变现在家外，所以孝子的哀杖选用竹子；母亲的节操变现在家内，所以哀杖选用桐木。用财物来帮助丧葬人家，称作“赙”；用车马来帮助丧葬人家，称作“赗”。给死者穿衣物准备入棺，称为“襚”，把玉放进死者嘴里，称为“琀”。将死者送去安葬叫“执绋”，运出灵柩叫“驾輀”。风水好的墓地称作“牛眠地”，修筑坟墓称作“马鬣封”。坟墓前面的石刻人本来叫作“翁仲”，灵柩前的布幔现在叫作“铭旌”。

【原文】

挽歌始于田横①，墓志创于傅奕②。生圹曰“寿藏”③，死墓曰“佳城”④。坟曰“夜台”⑤，圹曰“窀穸”⑥。已葬曰“瘗玉”⑦，致祭曰“束刍”⑧。春祭曰“禴”，夏祭曰“禘”，秋祭曰“尝”，冬祭曰“烝”。饮杯棬而抱痛⑨，母之口泽如存⑩；读父书以增伤，父之手泽未泯⑪。子羔悲亲而泣血⑫，子夏哭子而丧明⑬。王裒哀父之死⑭，门人因废《蓼莪》诗；王修哭母之亡⑮，邻里遂停桑柘社⑯。树欲静而风不息，子欲养而亲不在，皋鱼增感⑰；与其椎牛而祭墓⑱，不如鸡豚之逮存⑲，曾子兴思。故为人子者，当思木本水源⑳，须重慎终追远㉑。

【注释】①挽歌始于田横：田横，秦末人，楚汉战争中自立为齐王，不久被刘邦打败。汉朝建立后，他率领五百名部下逃亡到一个海岛。汉高祖命令他去洛阳，他在途中自杀了。其部下听到消息，也全部自杀于海岛上。挽歌，送葬时所唱的哀歌。②墓志创于傅奕：傅奕是唐朝初年的学者，据说他是中国历史上第一个为自己撰写墓志铭的人。墓志，放在墓里刻有死者生平事迹的石头，上面记有死者姓名、籍贯和生平等资料。也指墓志上的文字，即墓志铭。③生圹：人活着时自己建的墓穴。④佳城：指墓地。汉代夏侯婴死了，送葬途中，运灵柩的马突然不往前走了，用蹄刨地，悲愤地嘶鸣。刨开马蹄下的地方，得到一块石头，上面有字：“佳城郁郁，三千年，见白日，吁嗟滕公居此室。”于是就把夏侯婴安葬在这个地方。⑤夜台：坟墓中不见光明，故称。⑥圹（kuàng）：墓穴。窀穸（zhūn xī）：厚夜，长夜的意思。窀，厚。穸，夜。⑦瘗（yì）玉：古代祭山礼仪，礼毕后在坑里埋玉。这里借玉指死人，指死人已经埋葬。瘗，埋葬。⑧束刍：捆草成束。东汉郭林宗的母亲去世了，朋友徐稚前去吊唁，放了一捆草在房子前就走了。众人都觉得很奇怪，郭林宗说：“这肯定是南州的高士徐孺子呀。《诗经》中说：生刍一束，其人如玉。我没有德行配得上呀。”刍，草秆。⑨杯棬（quān）：也做“杯圈”，一种木制的饮水器具，一般是妇女使用。⑩口泽：指津液。⑪泯：消灭，丧失。⑫子羔：春秋时人高柴，字子羔，孔子弟子。⑬子夏：春秋时卫国人卜商，字子夏，孔子弟子。⑭王裒（póu）：字伟元，晋朝人，他伤痛父亲王仪被司马昭所杀，发誓不担任晋国官职。母亲死后，读《诗经·蓼莪》中“哀哀父母，生我劬劳”一句时，流泪哭泣不停，他的门人因此不再提及《蓼莪》这一篇。⑮王修：三国时魏人，字淑冶，七岁时母亲在祭祀土地神的社日去世。第二年，又逢社日，王修非常哀伤，邻里都被他感染，于是停止了社祭活动。⑯桑柘社：社祭。桑柘，农桑之事。⑰皋鱼：春秋时人。⑱椎牛：杀牛。⑲逮：及，等到。⑳木：树的根。㉑慎终追远：慎重地办理父母丧事，虔诚地祭祀远代祖先。终，人死。远，指祖先。

【译文】送葬挽歌开始于秦朝末年的田横死后，写墓志铭是唐朝的傅奕所开创的。人在世时为自己建的墓穴叫“寿藏”，人死之后的墓穴叫“佳城”。坟墓称作“夜台”，墓穴称作“窀穸”。死者已经安葬称为“瘗玉”，前去祭祀死者称为“束刍”。皇帝和诸侯要到庙堂进行四个季节的祭奠大礼，春天的祭祀叫作“禴”，夏天的祭祀叫作“禘”，秋天的祭祀叫作“尝”，冬天的祭祀叫作“烝”。用杯棬喝水时而心中悲痛，是因为感到母亲的津液仿佛还留存在上面；读父亲留下来的书时就更加伤悲，是因为感到父亲的手气还没有消失。春秋时的子羔因为悲痛父母离世而哭泣到吐血，子夏痛失爱子而哭泣到双目失明。晋朝的王裒一读到《诗经·蓼莪》就哀痛父亲的离世，他的学生们就因此而杜绝了这篇诗；三国时的魏人王修在社稷日时哀哭母亲的去世，邻里们受感染便停止了社稷活动。树想要静下来但风却不停息，儿子想要赡养老人尽孝心但老人却离世了，春秋时候的皋鱼为此而感叹不已；与其老人离世后杀牛到坟墓前祭祀，不如趁他们在世时杀鸡宰猪来孝敬，这是春秋时的曾子的感想。所以说做人子女的，应当追本溯源，牢记父母的养育恩德，必须谨慎郑重地按礼仪办理父母的丧事，虔诚恭敬地祭祀自己的祖先。

## 文　事

【原文】

多才之士，才储八斗①；博学之儒，学富五车②。三坟五典③，乃三皇五帝之书；八索九丘④，是八泽九州之志⑤。《书经》载上古唐虞三代之事，故曰《尚书》⑥；《易经》乃姬周文王周公所系⑦，故曰《周易》。二戴曾删《礼记》⑧，故曰《戴礼》；二毛曾注《诗经》⑨，故曰《毛诗》；孔子作《春秋》⑩，因获麟而绝笔⑪，故曰《麟经》。荣于华衮⑫，乃《春秋》一字之褒；严于斧钺⑬，乃《春秋》一字之贬⑭。“缣缃”“黄卷”⑮，总谓经书；“雁帛”“鸾笺”⑯，通称简札⑰。

【注释】①才储八斗：南北朝诗人谢灵运曾夸耀说：如果说天下才华总共有一石，曹植独得八斗，我得一斗，古今其他人则共用一斗。②学富五车：形容读书多，学问广博。富，富有。五车，五车书。③三坟五典：三坟，指伏羲、神农、黄帝之书。五典，指少昊、颛顼、高辛、唐、虞之书。④八索九丘：相传为古代书名。⑤八泽九州：古代分中国为九州，并有八大水泽。志：记载的文字。⑥尚：同“上”。⑦姬周：周朝君主姓姬。系：指《周易·系辞》。⑧二戴：指西汉戴德、戴圣叔侄两人。戴德删《礼记》为85篇，称《大戴礼记》。戴圣又将其删为49篇，称《小戴礼记》。现在我们看到的《礼记》是《小戴礼记》。⑨二毛：指西汉的毛亨和毛苌。毛苌是毛亨的弟子。⑩《春秋》：儒家经典之一，现存最早的编年体史书，相传是孔子根据鲁国史官所编《春秋》加以整理修订而成。⑪麟：麒麟。⑫华衮（gǔn）：古代王公贵族的漂亮礼服，常用以表示极高的荣宠。⑬斧钺（yuè）：古代军法中用来杀人的斧子，泛指兵器。⑭一字之贬：《春秋》文字简短，却寓有褒贬之意，后世称为“春秋笔法”。⑮缣缃（jiān xiāng）：双丝织的微带黄色的细绢，供书写用。黄卷：书籍。古代人用辛味、苦味之物染纸以防虫咬，所以纸色发黄。⑯雁帛：书信或是传递书信的人的代称。雁，大雁。帛，丝织品，这里指帛书。鸾笺：即彩笺，代指书信。据说蜀人曾造十色笺，上面隐有花木麟鸾图纹。⑰简札：古代书写用的竹简和木片，还没有编成册时称“简札”，后来指书信。

【译文】多才多艺的人，称为“才储八斗”；学识丰富之士，称为“学富五车”。“三坟五典”，是三皇五帝时期留传下来的书；“八索九丘”，是记载关于八个水泽和九州的典籍。《书经》中记载着上古时期尧、舜、禹三代的史料，所以又称作《尚书》；《易经》相传是由周文王姬昌所作的系辞，所以又称作《周易》。西汉的戴德、戴圣叔侄二人，一度删改完善过《礼记》，因此《礼记》又叫作《戴礼》；西汉的毛亨、毛苌师徒二人注解过《诗经》，因此《诗经》又叫作《毛诗》。相传孔子编撰《春秋》一书时，听到了鲁哀公获得神物麒麟的消息，因而停笔了，所以《春秋》又叫作《麟经》。“荣于华衮”，是形容《春秋》里面一个字的褒奖带给人的荣耀；“严于斧钺”，是形容《春秋》里面一个字的责贬带给人的痛苦和羞辱。“缣缃”“黄卷”，这些都是对经书的总称；“雁帛”“鸾笺”，这些都是简札的别称。

**【原文】**

“锦心绣口”①，李太白之文章；“铁画银钩”②，王羲之之字法。“雕虫小技”③，自谦文学之卑；“倚马可待”④，羡人作文之速。称人近来进德，曰“士别三日，当刮目相看”⑤；羡人学业精通，曰“面壁九年⑥，始有此神悟”。“五凤楼手”⑦，称文字之精奇；“七步奇才”⑧，羡天才之敏捷。誉才高，曰“今之班马”⑨；羡诗工，曰“压倒元白”⑩。汉晁错多智⑪，景帝号为“智囊”；王仁裕多诗，时人谓之“诗窖”⑫。“骚客”即是诗人⑬，“誉髦”乃称美士⑭。自古诗称李杜⑮，至今字仰钟王⑯。

**【注释】**①锦心绣口：比喻文章构思巧妙，用词华美。李白有首诗的序中提到，他的堂弟喝醉了问他，兄长的心肝五脏难道都是锦绣吗？不然，为什么能开口成文，挥笔雾散？②铁画银钩：比喻书法笔姿挺拔。画，笔画。钩，勾勒。③雕虫小技：比喻写作辞赋为小技、末道。雕，雕刻。虫，指鸟虫书，古代汉字的一种字体，西汉学校必学的一种字体。④倚马可待：倚在即将出发的战马前起草文件，可以等着完稿。⑤刮目相看：用新眼光看人。刮目，擦眼睛。⑥面壁：佛教徒称坐禅为“面壁”，即面对墙壁默坐静修。南朝梁时，天竺僧人菩提达摩来到中国，相传他在嵩山少林寺面壁坐禅，整天一句话也不说，一共坐了九年。⑦五凤楼手：借喻文章写得好的人。唐和后梁在洛阳都建有五凤楼。宋朝的韩浦和韩洎兄弟俩都有文名，但是韩洎一直对哥哥韩浦不是很服气，有一次他说：“我哥哥写文章，就像造草棚茅屋，只能聊以避风雨。我写文章，就像造五凤楼的高手。”⑧七步奇才：指曹植七步成诗的典故。见卷二“兄弟”。⑨班马：汉代历史学家班固和司马迁的并称，两人也都是著名的散文大家。⑩元白：指唐代著名诗人元稹和白居易，两人都以诗工闻名，在当时享有极高的声誉。据说，有一次元稹、白居易和杨汝士等人即席赋诗，杨汝士诗最后写完，但是写得最好，连元稹和白居易都叹服。杨汝士回家对子弟们说：“我今日压倒元白了。”⑪晁错：西汉政论家，善于分析辩论。⑫诗窖：比喻满腹诗才、作诗很多的诗人。五代文学家王仁裕，字德辇，平生作诗逾万首，当时人称“诗窖子”。⑬骚客：指诗人。屈原作《离骚》以后，后人多仿效，所以称诗人为“骚人”。⑭誉髦：有名望的英杰之士。髦，毛中的长毫，比喻英俊杰出之士。⑮李杜：唐代著名诗人李白、杜甫的合称。⑯钟王：三国魏人钟繇和晋人王羲之的并称，两人都是著名的书法大家。

**【译文】**“锦心绣口”，这是称颂李太白的文章文思精巧、辞采华美的；“铁画银钩”，这是比喻东晋书圣王羲之的书法遒劲而秀美的。“雕虫小技”，用来谦称自己文才卑下；“倚马可待”，用来表达羡慕别人创作文章速度之快。夸奖别人近段时间以来才识增进非常快，就说“士别三日，当刮目相看”；敬羡别人学业精通，就说“面壁九年，始有此神悟”。“五凤楼手”，这是称赞别人文章词句的精彩奇妙；“七步奇才”，这是借三国曹植七步成诗之典故表达羡慕天才人物的才思敏捷。赞誉别人才学很高，就说“今之班马”；称颂别人诗写得工整优美，就说“压倒元白”。汉朝时期的晁错论事很有智慧，汉景帝便称他为“智囊”；五代时期的王仁裕作了很多诗，当时人们称他为“诗窖”。“骚客”是指诗人，“誉髦”是称赞俊杰人士的。自古以来在诗歌上李白和杜甫最受称道，时至今日在书法上钟繇和王羲之最受仰仗。

**【原文】**

“白雪阳春”①，是难和难赓之韵②；“青钱万选”③，乃屡试屡中之文。“惊神”“泣鬼”④，皆言词赋之雄豪；“遏云”“绕梁”⑤，原是歌音之嘹亮。涉猎不精⑥，是多学之弊；“咿唔”“占毕”，皆读书之声。连篇累牍⑦，总说多文；“寸楮”“尺素”⑧，通称简札。以物求文，谓之“润笔”之资⑨；因文得钱，乃曰“稽古”之力⑩。文章全美，曰“文不加点”⑪；文章奇异，曰“机杼一家”⑫。应试无文，谓之“曳白”⑬；书成绣梓⑭，谓之“杀青”⑮。袜线之才⑯，自谦才短；记问之学⑰，自愧学肤。裁诗曰“推敲”⑱，旷学曰“作辍”⑲。

**【注释】**①白雪阳春：古代楚国的歌曲名，属于非常高雅的音乐。据说有位歌者在楚国郢都唱歌，开始唱《下里》《巴人》，国中跟着一起唱和的有数千人。后来唱《阳春》《白雪》，跟着唱和的不过数十人。②难和难赓：难以唱和，难以继作。赓，继续、连续。③青钱万选：青钱，即青铜钱，为古代铜钱中的上品。唐代张鷟，在参加吏部铨试时，四次都获得了吏部的第一名，有人称他的文辞就像青铜钱，万选万中。④惊神、泣鬼：杜甫曾称赞李白：“笔落惊风雨，诗成泣鬼神。”⑤遏云、绕梁：歌声优美，使游动的浮云停下来静听，似余音绕着屋梁不愿散去。遏，停止。据说战国时的歌唱家秦青，其歌声能使路边的林木震动起来，使得天上的云彩停住。⑥涉猎：读书学习时只作肤浅的阅览或探索，不求深入研究掌握。⑦累牍：累，重叠；牍，古代写字用的竹、木简。⑧寸楮、尺素：都代指书信。寸楮，一寸长的短笺。尺素，古代用绢帛书写，通常长一尺，故称写文章或书信所用的短笺为“尺素”。⑨润笔：请人作诗文书画的酬劳。隋文帝命令大史令作诏书恢复大臣郑译的爵位，大臣高颎开玩笑说：“笔干了，写不了了。”郑译说：“我出外做地方官，听到有新的任命，立刻骑马回朝，一文钱也没有带，拿什么给你们润笔呢？”⑩稽古：指苦读古典经书。东汉桓荣被封为少傅后，召集儒生们集会，然后陈列自己的车马、官印和绶带，对大家说：“这些都是稽古得来的，可以勉励你们！”⑪文不加点：文章一气写成，无须修改。点，涂改。⑫机杼一家：文章自成一派。机杼，原指古代织布机械，后比喻诗文构思和布局新巧。⑬曳白：唐朝天宝年间选进士，御史中丞张倚的儿子张奭被判为高等。落第者不服，唐玄宗在勤政殿亲自复试，结果张奭在答卷的白纸上一个字也没写，人称“曳白”。⑭绣梓：将写成的书雕制在木板上。古代书版以梓木最好，所以称雕板为“绣梓”。绣，刺，引申为刻。⑮杀青：古时把书写在竹简上，为防虫蛀须先用火烤干水分，叫“杀青”。⑯袜线：形容才艺多但是没有一种很精通的。五代前蜀大臣韩昭兴趣非常广范，文章及琴、棋、书、算、射、法等都有所涉猎，因此受到恩宠。有人讽刺说：韩昭的各项技能，就像拆下来的袜子线一样，没有一条是长的。⑰记问：指无真知灼见，记诵书本的目的只是为了应答别人的问难或资助谈兴。⑱推敲：斟酌字句。⑲作辍：时作时歇，不能持久。辍，停止。

【译文】“白雪阳春”，是难于随着唱、难于继续做下去的高雅曲调；“青钱万选”，是屡次考试屡次都能中的好文章。“惊神”“泣鬼”，都是形容诗文词赋雄奇豪迈的气势；“遏云”“绕梁”，都是比喻清亮悠长的歌声。学习面广但不专业，这是学习贪多求全的坏习惯；“咿唔”“占毕”，都是读书时口中发出的声音。“连篇累牍”，通常是形容文章字数多而内容重复啰唆；“寸楮”和“尺素”，是书信的通称。用财物求取文章，就叫作“润笔”的酬劳；用写文章来获得钱财，便称作“稽古”的效力。文思泉涌一笔写到底，通篇完美无缺，称作“文不加点”；文章新奇迥异，有自我风格，称作“机杼一家”。考试时交白卷，称作“曳白”；书写成后刻板付印，称作“杀青”。“袜线之才”，用以谦虚说自己才疏学浅，“记问之学”，用以愧疚称自己学识肤浅。剪裁诗歌，称作“推敲”；读书不能持久，称作“作辍”。

【原文】

文章浮薄①，何殊月露风云；典籍储藏②，皆在兰台石室③。秦始皇无道，焚书坑儒；唐太宗好文，开科取士④。“花样不同”，乃谓文章之异；“潦草塞责”⑤，不求辞语之精。邪说曰“异端”⑥，又曰“左道”⑦；读书曰“肄业”⑧，又曰“藏修”⑨。作文曰“染翰”“操觚”⑩，从师曰“执经”“问难”⑪。求作文，曰“乞挥如椽笔”⑫；羡高文，曰“才是大方家”⑬。竞尚佳章⑭，曰“洛阳纸贵”⑮；不嫌问难，曰“明镜不疲”⑯。称人书架曰“邺架”⑰，称人嗜学曰“书淫”⑱。

【注释】①浮薄：轻薄，不朴实。②典籍：指法典、图籍等重要文献；亦泛指古今图书。③兰台石室：泛指古代收藏图书档案的处所。兰台，汉代宫内藏图书的地方。④开科取士：开设科目以选拔人才。唐代选士除了进士科外，还有秀才、明法、明书、明算等科目一共五十余种。唐太宗还设弘文馆，广收天下儒生。⑤潦草塞责：形容做事马虎，敷衍了事，不负责任。潦草，草率，不认真；塞，搪塞。⑥异端：古代儒家称其他持不同见解的学派。⑦左道：邪门歪道。⑧肄（yì）业：古代指修习课业。现在称在校学习而未毕业。肄，研习，学习。⑨藏修：指专心学习。⑩染翰、操觚（gū）：以笔蘸墨、抓取木简，都指写作文章。翰，笔。操，持，拿。觚，古代用来书写的木简。⑪执经、问难：指跟着老师学习。执经，指手执经书。问难，诘问辩驳，析疑解惑。⑫如椽笔：晋武帝时，大臣王珣梦见有人给了他一支很大的笔，笔杆像屋椽那么粗。他说：“这预示着我将干大手笔的事！”不久，晋武帝逝世，哀册之类的文件全都由王珣负责起草。后来人们便以“如椽笔”比喻笔力雄健，尤言“大手笔”。椽，房梁。⑬大方家：懂得大道理的人。大方，懂得大道理。⑭尚：仰慕，夸耀。⑮洛阳纸贵：晋朝左思作《三都赋》，构思十年才完成。皇甫谧为文章作序，张载、刘逵为之作注，马上引起了人们注目。富豪之家争相传阅抄写，洛阳的纸因此贵了起来。⑯明镜不疲：明镜无论照多少次也不会疲倦。晋朝孝武帝让谢安兄弟和其他人学习《孝经》，并派车武子去考察谢安兄弟。车武子对袁羊说：“问题问得不周全，怕他们对《孝经》的理解有遗漏；问得太多太仔细，又怕辛苦他们。”袁羊说：“你什么时候见过明镜多照会疲劳，清澈的流水会害怕风吹？”⑰邺架：唐人李泌封邺侯，家里藏书有三万册之多。后来就用“邺架”比喻藏书之多，也指书架。⑱书淫：古代称嗜书成癖、好学不倦的人。

【译文】文章浮华浅薄，和月下的露水、风中的云朵有什么不同呢？转瞬即逝；法典、图籍这些珍贵东西的储藏，都在兰台石室这样的地方。秦始皇嬴政残暴无道，焚烧书籍、坑杀儒生；唐太宗李世民推崇文理，开设发展科举制度，选拔人才。“花样不同”，是说文章各有风格特色；“潦草塞责”，是说做文章不求言语词句的准确工妙。不符合正统与公理的学说叫作“异端”，也叫作“左道”；读书求学叫“肄业”，也叫“藏修”。写作文章叫“染翰”“操觚”，跟从老师学习叫“执经”“问难”。求别人写作文章，就说“乞挥如椽笔”；称赞别人文章高妙，就说“才是大方家”。纷纷推崇好文章，称作“洛阳纸贵”；不厌烦别人求疑问难，称作“明镜不疲”。称赞别人书架上藏书丰富、数量多可说“邺架”，夸奖别人嗜好读书、勤学不止可说“书淫”。

【原文】

白居易生七月，便识“之、无”二字；唐李贺才七岁，作《高轩过》一篇①。开卷有益②，宋太宗之要语；不学无术③，汉霍光之为人。汉刘向校书于天禄，太乙燃藜④；赵匡胤代位于后周，陶谷出诏⑤。江淹梦笔生花⑥，文思大进；扬雄梦吐白凤⑦，词赋愈奇。李守素通姓氏之学，敬宗名为“人物志”⑧；虞世南晰古今之理，太宗号为“行秘书”⑨。茹古含今⑩，皆言学博；咀英嚼华⑪，总曰文新。文望尊隆⑫，韩退之若“泰山北斗”⑬；涵养纯粹⑭，程明道如“良玉精金”⑮。李白才高，咳唾随风生珠玉⑯；孙绰词丽，诗赋掷地作金声⑰。

【注释】①高轩过：传说唐代诗人李贺幼年所作的诗篇。高轩，即高级车马，也代指显贵者。②开卷有益：宋太宗每天阅读《御览》三卷，如果有事情耽误了阅读，就一定要抽时间追补上，他说：“开卷有益，我不觉得很辛苦。”③不学无术：班固在《汉书》中评价霍光“不学亡术，暗于大理”，即说他不读书，没有学识，不明白关乎大局的道理。霍光是汉武帝、汉昭帝、汉宣帝三朝重臣。④太乙燃藜：传说西汉经学家刘向一天晚上在天禄阁独自校书时，出现了一位穿着黄衣服，拄着根青藜杖的老人，自称是“太乙之精”。他对着青藜杖吹了一下，顶端就冒出烟来，火光可以照明。⑤陶谷出诏：宋太祖赵匡胤原本是后周世宗柴荣的殿前都点检，掌握兵权。柴荣死后，赵匡胤看继位的皇帝年幼，便发动了陈桥兵变。当时的翰林学士陶谷，看出赵匡胤的篡位野心，早暗中写好禅位诏书，此时从衣衫中拿出当廷宣读，赵匡胤便正式即位称帝。⑥梦笔生花：南朝时梁朝文学家江淹，梦见有人给他一支五色笔，于是才思大有长进，很快便以文章著名。晚年又梦见一位自称郭璞的人，向他索要五色笔，从此作诗再无佳句，人称“江郎才尽”。另外，唐朝诗人李白也曾梦见自己所用的毛笔，笔头上开出花来。⑦吐白凤：据说西汉学者、辞赋家扬雄模仿《周易》撰写《太玄》时，曾梦见自己吐出凤凰，停在他的著作上。⑧人物志：唐初时李守素精通姓氏之学，时人号为“行谱”。大臣许敬宗对虞世南说：“行谱这个外号不是很雅，应该改一个。”虞世南说：“从前的任彦升善谈经书典籍，人称‘五经笥’，李守素可以称为‘人物志’吧。”⑨行秘书：唐初书法家、文学家虞世南博学多才，明晰古今之理。有一次唐太宗出行，有关部门请运载书册相随。太宗说：“不用了，有虞世南在，就是一个移动的秘书阁。”后来用“行秘书”比喻博闻强记的人。⑩茹古含今：通古博今。茹，容纳、覆盖。含，也做“涵”，包含，涵盖。⑪咀英嚼华：比喻读书汲取其精华。咀，细嚼，引申为体味。英、华，这里指精华。⑫文望：善于为文的声望。⑬泰山北斗：古代认为泰山在五岳中最高，北斗在群星中最亮，常用“泰山北斗”指众人所敬仰的人。韩退之即韩愈，唐代著名散文家，被列为“唐宋八大家”之首。⑭纯粹：纯正不杂，精纯完美。⑮良玉精金：程颢，字伯淳，世称明道先生，北宋理学的奠基者之一。他的弟弟程颐曾形容他“纯粹如精金，温润如良玉”。⑯咳唾：咳嗽吐唾液。比喻谈吐，议论。随风生珠玉：比喻文字优美，出口即成佳句。李白《妾薄命》诗中有“咳唾落九天，随风生珠玉”。⑰掷地作金声：东晋文学家孙绰，以文才著称，曾作《天台山赋》，刚写完的时候，拿给朋友范荣期看，说：“你可以试着扔到地上，一定会发出金石的声音。”

【译文】大诗人白居易出生七个月，就识会了“之、无”这两个字；唐代李贺刚七岁，便写出了《高轩过》这首诗。打开书本就多多少少能获得些益处，这是宋太宗的名言；不学习而胸无韬略头脑空空，这是汉朝霍光的为人。汉朝的刘向在天禄阁校书时，神人太乙老人吹燃手中的藜杖为他照明；赵匡胤发动兵变想取代后周的柴氏做皇帝，翰林学士陶谷便拿出早拟写好的禅让诏书当庭宣读。江淹梦见有人给他一支五色笔，李白梦见笔端开出花朵来，文才大有进步；扬雄梦见自己口中吐出白凤，诗文辞赋更加新奇雄壮。唐代李守素掌握了姓氏的学问，许敬宗等人给他冠以“人物志”的名号；唐朝大臣虞世南博闻强记，深入了解古今的道理，唐太宗称他为“行秘书”。“茹古含今”，是说人学问大、见识广；“咀英嚼华”，一般是指人文章新颖。唐朝韩愈在做文章方面的声望很大很高，就好像“泰山北斗”；北宋的程颢学识修养精深高尚，就如同“良玉精金”。李白诗才很高，咳唾之间就能吟出珠玉一般的奇文佳句；东晋孙绰辞采华丽，所作诗赋摔在地上能发出金石落地的声音。

## 科　第①

【原文】

士人入学曰“游泮”②，又曰“采芹”；士人登科曰“释褐”③，又曰“得隽”④。“宾兴”即大比之年⑤，“贤书”乃试录之号⑥。“鹿鸣宴”⑦，款文榜之贤；“鹰扬宴”⑧，待武科之士。文章入式⑨，有朱衣以点头⑩；经术既明，取青紫如拾芥⑪。其家初中，谓之“破天荒”⑫；士人超拔，谓之“出头地”⑬。

【注释】①科第：科举考试。②游泮：西周诸侯所设的大学前有半圆形的水池，名为“泮水”，故学校称为“泮宫”。《诗经·鲁颂·泮水》中有“思乐泮水，薄采其芹”的句子，所以称进入大学读书为“入泮”“游泮”或“采芹”。③登科：科举考试被录取。释褐：脱去平民所穿的布衣。④得隽：中试，中选。⑤宾兴：原指地方官设宴招待应试科举的考生。大比之年：明、清两代称乡试为“大比”，每三年举行一次。到时候各县、州、府的应试者聚集在省城，由朝廷派官员主考。录取者称为举人。⑥贤书：指中试的名榜。试录：指将乡试、会试考中的举子姓名、籍贯、名次及优等的文章刊刻成册。⑦鹿鸣宴：为新科举子而设的宴会。由州县长官宴请考官、学政和考中的考生，在宴会上要唱《诗经·小雅》中《鹿鸣》一诗，所以取名“鹿鸣宴”。⑧鹰扬宴：清朝武科乡试放榜后，考官和考中武举的人共同参加的宴会。鹰扬，威武如老鹰飞扬。⑨入式：即“中试”，科举考试被录取。⑩朱衣以点头：相传宋代欧阳修主持贡院举试，每次批阅试卷，总觉得座位后有一位穿红衣服的人，红衣人点头的，文章就合格。可是回头一看，却又看不到这个红衣人。⑪青紫：古代高官印绶、服饰的颜色。比喻高官显爵。拾芥：拾取地上的小草。比喻事情不费多大气力就能办到。芥，小草。⑫破天荒：唐代制度规定，凡是考中进士的人，都由地方解送入京城。当时荆州南部地区四五十年竟没有一个考中，被人们称为“天荒”。唐宣宗时，荆南刘蜕考中了进士，总算破了“天荒”。刺史崔铉特地赐给他七十万贯“破天荒”钱。⑬出头地：宋代苏轼的文章得到欧阳修赏识，欧阳修对梅圣俞说：“我应该给这个人让出一块出头的地方。”后来演化为成语“出人头地”。

【译文】学习的人经过考试进入学府叫作“游泮”，又叫作“采芹”；学习的人科举考试考中叫作“释褐”，又叫作“得隽”。“宾兴”就是指每三年举行一次的乡试，“贤书”是考试考中之后的说法。“鹿鸣宴”，是款待文科考试中的上榜人和贤能人士；“鹰扬宴”，是招待武科考试中的中榜人士。文章能够被录取，自有红衣人在后面暗中点头；诸子百家通晓明白，获取高官显爵就如同拾取地上的小草。某家第一次有人考中进士，称作“破天荒”；学习者学业出类拔萃，称作“出头地”。

【原文】

中状元，曰“独占鳌头”①；中解元，曰“名魁虎榜”②。琼林赐宴③，宋太宗之伊始④；临轩问策⑤，宋神宗之开端。同榜之人，皆是“同年”⑥；取中之官，谓之“座主”⑦。应试见遗，谓之“龙门点额”⑧；进士及第，谓之“雁塔题名”⑨。贺登科，曰“荣膺鹗荐”⑩；入贡院⑪，曰“鏖战棘闱”⑫。金殿唱名曰“传胪”⑬，乡会放榜曰“撤棘”⑭。

【注释】①独占鳌（áo）头：唐宋时期，皇宫大殿前有一块雕刻着龙和大龟的石板，科举考试后发榜时，规定状元站在这里迎榜，因此称中状元为“独占鳌头”。②名魁虎榜：名字在龙虎榜上居首位。龙虎榜，简称“虎榜”，本来指进士榜。解元是乡试第一名，再于第二年春天参加会试、殿试，这是预贺人的恭维说法。③琼林赐宴：宋太宗的时候，开始在皇家园林琼林苑赐宴给新科进士，以后就有了“琼林宴”的说法。后来一度改为“闻喜宴”，元、明、清时称为“恩荣宴”。④伊始：开端，开始。⑤临轩问策：皇帝不坐正殿而亲临殿前平台，用策问考试贡士。轩，宫殿中前堂与台阶之间，两边有栏杆。宋神宗曾亲自到集英殿，对进士们进行考试。⑥同年：唐代指同榜考中进士者，明清两代乡试、会试同时考中者都称为“同年”。⑦座主：唐代进士对主考官的称呼。⑧龙门点额：传说鲤鱼三月份游到龙门，跳跃过去的变成龙，跳不过去的额头便撞到石壁。⑨雁塔题名：相传唐代科举考试中考中的新进士，常在慈恩寺内的大雁塔上题写自己的名字。⑩荣膺鹗荐：荣幸地被推荐。荣膺，荣幸地接受或担当。东汉的孔融曾向皇帝推荐祢衡做官，说：“鸷鸟累百，不如一鹗。使衡立朝，必有可观。”意思是一百只鸷鸟（一种鹰类）加起来也不如一只鹗（一种雕类），假使让祢衡为朝廷出力，成就必然可观。后来人们就称举荐人才为“鹗荐”。⑪贡院：科举时代考试的地方。清代贡院两旁建号舍，给应试者居住，以数十间或数百间为一列，形状就像一条条长长的巷子，每条巷子编号。应试者入内即封好栅栏，只交卷的时候才打开。为了防止放榜时考生喧闹以及考试时传递作弊，历代都在贡院的围墙上插荆棘，使人不能攀爬，因此又称为“棘闱”或“棘院”。⑫鏖（áo）战：竭力苦战。⑬传胪：科举制度中，在殿试后由皇帝宣布登第进士名次的典礼。胪，古代上级传语给下一级。明代二三甲的第一名称传胪，清代则专门称二甲第一名。⑭撤棘：科举考试结束，放榜后要撤去贡院围墙插上的荆棘。

【译文】殿试考试中考中第一名，叫作“独占鳌头”；乡试考试中获得第一名，叫作“名魁虎榜”。皇帝宴请在考试中中榜的人，这是从宋太宗的时候开始的；皇帝亲自到殿前平台，用策问考新科进士们，这是从宋神宗的时候开始的。考试中上同一张榜单的人，都称之为“同年”；负责考试的官员被中榜考生们称为“座主”。考试没有中榜，称为“龙门点额”，考中进士，称为“雁塔题名”。祝贺人考试考中，就说“荣膺鹗荐”；祝贺人进入贡院考试，就说“鏖战棘闱”。在皇帝主持的考试中宣布新科进士次第叫作“传胪”，乡试考试和会试考试后贴榜单公布结果叫作“撤棘”。

【原文】

“攀仙桂”“步青云”①，皆言荣发；“孙山外”“红勒帛”②，总是无名。“英雄入吾彀”③，唐太宗喜得佳士；“桃李属春官”④，刘禹锡贺得门生。薪，采也，槱，积也，美文王作人之诗⑤，故考士谓之“薪槱之典”⑥；汇，类也，征，进也，是连类同进之象⑦，故进贤谓之“汇征之途”⑧。“赚了英雄”⑨，慰人下第；“傍人门户”⑩，怜士无依。虽然，有志者事竟成⑪，伫看荣华之日；成丹者火候到⑫，何惜烹炼之功⑬。

【注释】①仙桂：神话传说月亮中有一棵桂树。青云：喻指高官厚禄。②孙山外：相传吴人孙山和同乡的儿子一起去参加考试，只有孙山考取了最后一名。回到家乡，同乡打听自己儿子的情况，孙山委婉地说：“解名尽处是孙山，贤郎更在孙山外。”红勒帛：原指红帛制的腰带。《梦溪笔谈》中记载，宋代刘几作文喜欢用险怪的语言，欧阳修非常厌恶。后来刘几应试，正好赶上欧阳修当考官。他看到卷子有段话很怪，认为这肯定是刘几的卷子，于是就用红笔在试卷上打了一个大横杠，全部抹掉，判为不合格，“谓之红勒帛”。名单公布，果然是刘几。后来人们就用“红勒帛”喻指用红笔涂抹文章，简称“红勒”。③英雄入吾彀（gòu）：唐太宗曾经悄悄地驾临端门，看见新科进士一个接一个地出来，高兴地说：“天下英雄都进入我的彀中了。”彀，张满弓弩。入彀，指进入弓箭射程所及的范围内，比喻掌握之中。④桃李属春官：刘禹锡写过一首诗，祝贺礼部侍郎得到人才：“一日声名遍天下，满城桃李属春官。”桃李，比喻所栽培的门生或所举荐的人才。春官，指礼部。⑤作人：培育人才。⑥薪槱（yǒu）之典：《诗经·大雅·棫朴》里有“芃芃棫朴，薪之槱之”的句子，《毛诗序》认为这是一首歌颂周文王善于选拔和任用人才的诗。后来就称考试为“薪槱之典”。⑦象：卦象。⑧汇征之途：《周易》解释“泰”卦的初爻时说：拔起茅草，根系相连，这是同类汇聚相互牵引而出；往前进发就会获得吉祥。⑨赚了英雄：唐代进士科最被看重，很多人因此而老死在考场上，当时有诗说：“太宗皇帝真长策，赚得英雄尽白头。”⑩傍人门户：投靠权贵，不能自立。⑪竟：终于。⑫成丹：道家将朱砂等药物配好放在鼎内，用火炼成丹药。火候：指道家炼丹时对火力强弱、温度高低、时间长短的节制。⑬烹炼：冶炼。

【译文】“攀仙桂”“步青云”，都是说人获得功名荣耀发达；“孙山外”“红勒帛”，都是说人考试没有中榜名落孙山。“英雄入吾彀”，是唐太宗李世民看到新考上的进士后心情喜悦说的话；“桃李属春官”，是考试揭榜后唐朝的刘禹锡祝贺礼部侍郎得到一批新门生。“薪”指采伐开采，“槱”指堆积聚积。“薪之槱之”是赞美周文王善于培育和任用人才的诗句，所以就把科举考试称为“薪槱之典”。“汇”指汇集同类，“征”指进取进步，这在《周易》中是连接同类共同进取的卦象，所以就把举荐贤达人士称为“汇征之途”。“赚了英雄”，这是安慰考试落榜人时说的话；“傍人门户”，这是怜悯读书人无所依靠时说的话。虽然这样，志向远大坚定的人一定可以取得成功，肯定能看到他荣华富贵的那一天；能够炼成金丹的人是因为火候到了，那么为何要吝惜冶炼的苦功夫呢？

## 制　作

【原文】

上古结绳记事①，苍颉制字代绳②。龙马负图③，伏羲因画八卦；洛龟呈瑞，大禹因别九畴④。历日是神农所为⑤，甲子乃大挠所作⑥。

算数作于隶首⑦，律吕造自伶伦⑧。甲、胄、舟、车⑨，系轩辕之创造⑩；权、量、衡、度⑪，亦轩辕之立规⑫。伏羲氏造网罟⑬，教佃渔以赡民用⑭；唐太宗造册籍⑮，编里甲以税田粮⑯。

【注释】①上古：远古，指有文字以前的时代。②苍颉：也作仓颉，相传是黄帝的史官，汉字的创造者。③龙马：传说中长着龙头的神马。④九畴：治理天下的九类大法。畴，类。⑤历日：历书，历法。⑥甲子：甲是天干首位，子是地支首位，干支依次相配，统称甲子。古人用它来纪日，后来主要用于纪年，所以常用甲子指岁月、年龄。⑦算数：计数的方法。⑧律吕：音乐术语，是“六律”和“六吕”的合称，即十二律。⑨甲、胄、舟、车：指铠甲、头盔、船和马车。⑩轩辕：即黄帝。传说黄帝住在一个名叫轩辕的小山坡上，所以叫轩辕。⑪权、量、衡、度：权，秤锤；量，计量物体体积的容器；衡，秤杆，计量物体重量的器具；度，计量物体长短的标准。⑫立规：定下的规矩。⑬网罟（gǔ）：用绳线结成的捕鱼或鸟兽的工具。⑭佃渔：捕获猎物和捕鱼。佃，通“畋”，打猎。赡：富足，足够。⑮册籍：簿册，这里指户籍和田亩册。唐朝赋税实行租庸调制，指按人口缴纳定额的赋税并服一定的徭役。⑯里甲：古代州县统治的基层组织，一百一十户为里，十户为甲。实际上是从明代开始设立的。

【译文】远古时代，人们用在绳子上打结的方法帮助记事，后来黄帝的史官仓颉创制了文字，从而取代了结绳记事。传说中长着龙头的神马驮着“河图”从黄河中出现，伏羲就根据河图绘制成了八卦；神龟背着“洛书”从洛水中出现，大禹从中识别出了治理天下的九类大法。历法是神农所创造的，甲子记时法是黄帝的史官大挠所开创的。计算的方法是黄帝的臣子隶首制定的，音律十二律是黄帝的乐师伶伦总结制定的。铠甲、头盔、舟船、车马都是黄帝轩辕氏发明创制的，计量物体轻重、多少、长短的各种器具也是黄帝轩辕氏规定或创制的。伏羲氏发明了网子，教会了人们获得猎物和打渔的方法，使得人们的日子富足起来；唐太宗李世民造设了户籍册子来登记人口和田地，编设里甲制度用以征收田粮税收。

【原文】

兴贸易，制田耒耜①，皆由炎帝；造琴、瑟，教嫁娶②，乃是伏羲。冠、冕、衣、裳，至黄帝而始备；桑、麻、蚕、绩③，自元妃而始兴④。神农尝百草，医药有方；后稷播百谷，粒食攸赖⑤。燧人氏钻木取火⑥，烹饪初兴⑦；有巢氏构木为巢，宫室始创。夏禹欲通神祇⑧，因铸镛钟于郊庙⑨；汉明尊崇佛教⑩，始立寺观于中朝⑪。周公作指南车⑫，罗盘是其遗制⑬；钱乐作浑天仪⑭，历家始有所宗。

【注释】①耒耜（lěi sì）：古代耕地翻土的农具。后来泛称农具。②教嫁娶：制定婚嫁的各种礼节。③绩：把麻搓捻成线或绳。④元妃：正妃，第一位妻子。相传黄帝的正妃嫘祖是养蚕治丝的发明者，螺祖也被尊为“蚕神”。⑤攸赖：所依赖。攸，所。⑥燧人氏钻木取火：远古时代人们吃生食，茹毛饮血，后来有人钻木取火，使人们吃上熟食，被称为燧人氏。燧人氏是古代传说中人工取火的发明者。⑦烹饪：做饭做菜，烧煮食物。⑧神祇：天地神灵的总称。在天上的称为神，在地上的称为祇。⑨镛钟：大钟，古代的一种乐器。⑩汉明：东汉的汉明帝。相传他派遣全都到天竺求佛经，这是佛教传入中国的开始。⑪寺观：佛寺和道观。僧人住的称寺，道士住的称观。这里主要指佛教的寺庙。中朝：指中国。⑫指南车：传说黄帝和蚩尤在涿鹿的野外交战，蚩尤变出一片大雾，将士们都迷失了方向，黄帝于是造了一座指南车，用来指示方向。后来周公、张衡、马钧和祖冲之都制造过指南车。⑬罗盘：一种确定方向的器械，静止时，大致指南、北方向。宋朝时海船上已经用罗盘辨别方向。⑭浑天仪：我国古代观测天体位置的仪器，类似现代的天球仪，东汉张衡所造。到魏晋时候，晋武帝得到张衡制作的浑天仪，但是已经损坏，不能显示星辰了。南朝宋时太史令钱乐重新铸造出小浑天仪。

**【译文】**起步发展货物买卖，制作农具，都是由炎帝创造的；制作琴、瑟，教会人们出嫁和迎娶，则是伏羲的功劳。帽子和衣服，到黄帝时才开始齐备起来；种植桑麻、养蚕织布、制作绳子，到了黄帝的第一位妻子元妃时就开始兴旺了。神农氏尝遍了百草，找到了人们医治伤病时的有效方法；后稷教人们试着播种各种各样的谷粮，人们吃的粮食才有了依赖。燧人氏钻木取火，吃熟食的方法才开始兴起；有巢氏用木头搭建了屋子，房舍就开始建造了。夏禹想要与天地神灵沟通，因此铸造了一口大钟放置在郊庙中；东汉的汉明帝尊信崇敬佛教，开始在国内修建佛庙寺院。周公制作了一辆指南车，后世的罗盘就是他遗留下来的式样；南朝宋时太史令钱乐制作出了小浑天仪，后面的历法家观察天象时才有了依据。

**【原文】**

育王得疾①，因造“无量宝塔”；秦政防胡，特筑“万里长城”。叔孙通制立朝仪②，魏曹丕秩序官品。周公独制礼乐，萧何造立律条。尧帝作围棋，以教丹来；武王作象棋，以象战斗。文章取士，兴于赵宋；应制以诗，起于李唐。梨园子弟乃唐明皇作始③；《资治通鉴》乃司马光所编④。笔乃蒙恬所造⑤，纸乃蔡伦所为。凡今人之利用，皆古圣之前民⑥。

**【注释】**①育王：即阿育王，古印度摩揭陀国孔雀王朝的国王，在位期间立佛教为国教，并修建了很多寺庙。传说阿育王生病后，一天建造了八万四千座宝塔。佛教称这些佛塔为“无量宝塔”。②朝仪：本指古代帝王临朝的典礼，后来也称大臣朝见君主的礼仪为“朝仪”。汉朝建立后，博士叔孙通与众儒生一起制定了朝仪。③梨园子弟：唐玄宗曾挑选乐工三百人，宫女数百人，在梨园教授乐曲，并亲自订正他们演奏的错误，号称“皇帝梨园子弟”。后世称戏班为“梨园”，戏曲演员为“梨园子弟”。④《资治通鉴》：北宋史学家司马光领衔编撰的编年体通史，包括从战国到五代共1362年的历史。⑤蒙恬：秦国名将，秦朝建立后，曾率兵在北方修筑长城。⑥前民：引导人民。

**【译文】**古印度的阿育王得了病，因此一天之内建造了很多的“无量宝塔”；秦始皇嬴政为了防止胡人侵袭，特地修筑了“万里长城”。汉朝的疏孙通制定了朝廷的礼仪；魏文帝曹丕规定了官位的品级秩序。周公特别制定了礼乐制度；汉朝的大臣萧何主持制定了当时的律法条文。尧帝发明了围棋，用以调教儿子丹朱改邪归正；周武王发明了象棋，用以形象演示战争中的进退攻守。根据所写文章选拔人才，兴起于赵氏的宋朝；在考试是用诗歌来答卷，是从李氏的唐朝开始的。“梨园子弟”，是从唐明皇李隆基开始的；《资治通鉴》这本书，是由北宋的司马光主持编纂的。毛笔是由秦国名将蒙恬创造的，纸张是由东汉蔡伦发明的。凡是现今人们所使用的，都是前面的圣贤能士们引导人民文明开化的。

## 技　艺

【原文】

医士业岐轩之术[①]，称曰“国手”[②]；地师习青乌之书，号曰“堪舆”。卢医、扁鹊[③]，古之名医；郑虔、崔白[④]，古之名画。晋郭璞得《青囊经》[⑤]，故善卜筮地理；孙思邈得龙宫方[⑥]，能医虎口龙鳞。善卜者，是君平、詹尹之流[⑦]；善相者，即唐举、子卿之亚[⑧]。推命之人即“星士”，绘图之士曰“丹青”。“大风鉴”，相士之称；“大工师”，木匠之誉。若王良、若造父[⑨]，皆善御之人；东方朔、淳于髡[⑩]，系滑稽之辈。

【注释】①岐（qí）轩之术：即中医学。岐轩，岐伯和轩辕黄帝的合称。岐伯是古代名医，黄帝的大臣。相传有一次轩辕黄帝和岐伯讨论医学，讨论的内容编成《内经》一书。后世称“岐轩”或“岐黄”为医家之祖，称医药学和医术为“岐轩之术”或“岐黄之术”。②国手：才艺技能冠绝全国的人。③卢医：战国时的医学家，家在卢国，原名秦越人，因为医术高明，被人们比作传说中轩辕黄帝时代的神医扁鹊。④郑虔、崔白：郑虔是唐代画家，唐玄宗曾经称赞他的诗、书、画为“三绝”。崔白是北宋画家，擅长画花竹、禽鸟。⑤郭璞得《青囊经》：郭璞是东晋文学家，博学多识，又喜欢阴阳卜筮之术。据说他的师父从青囊中拿出九卷书传给了他。后世的堪舆术士著有《青囊经》，托名郭璞作序。⑥孙思邈得龙宫方：孙思邈是唐代医学家，一生从事医学研究，著有《千金要方》《千金翼方》。传说他曾救治的一条青蛇是龙王的儿子，龙王便召他进龙宫，赠送给他水府药方三十帖。还传说他曾为病龙点鳞，为老虎取出吞进的金钗。⑦君平、詹尹：君平指严君平，名遵，西汉隐士。汉成帝时，在成都市卜筮，每天得一百钱就停业，闭门讲授《老子》。詹尹指郑詹尹，战国时人，为掌管卜筮的官员。⑧唐举、子卿：唐举是战国时梁人，擅长相术。子卿是春秋时期赵国相士，姓姑布，字子卿，曾给孔子和赵襄子看过相。亚：同“桠”，物体的分支。⑨王良、造父：古代善于驾车的人。王良是春秋时晋国赵简子的车夫。造父是周穆王的车夫。⑩淳于髡（kūn）：战国时齐国人，姓淳于，曾受髡刑（截去头发），因此以髡为名。以博学、滑稽和善辩著称。曾经以隐语讽谏齐威王。

【译文】医生这一职业所从事的事情称为“岐轩之术”，水平最高的人称为“国手”；风水先生钻研青乌子的书，又叫作“堪舆”。“卢医”“扁鹊”，都是古代著名的医生。“郑虔”“崔白”，都是古代著名的画家。东晋文学家郭璞获得了师父相传的“青囊经”，所以擅长于占卜和察看风水；唐朝医药学家孙思邈得到了龙王赠送的药方，因此能够从虎口里取出吞食的金钗，为生病的龙点鳞。擅长于卜卦的，是西汉隐士君平、战国时官员詹尹这类人；擅长于相面的，是战国时梁人唐举、春秋时赵人子卿这类人。推算命运的人就是“星士”，绘描图画的人叫作“丹青”。“大风鉴”是相面先生的称谓，“大工师”是对木匠的美称。像春秋时晋国赵简子的车夫王良、周穆王的车夫造父这样的人，都是善于驾驶车马的人；像东方朔、战国时淳于髡这样的人，都是博学善辩、幽默诙谐的人。

【原文】

称善卜卦者，曰“今之鬼谷”[①]；称善记怪者[②]，曰“古之董狐”[③]。称诹日之人曰“太史”[④]，称书算之人曰“掌文”。掷骰者，喝雉呼卢；

善射者，穿杨贯虱。樗蒲之戏⑤，乃云双陆⑥；橘中之乐⑦，是说围棋。陈平作傀儡⑧，解汉高白登之围⑨；孔明造木牛⑩，辅刘备运粮之计。公输子削木鸢⑪，飞天至三日而不下；张僧繇画壁龙⑫，点睛则雷电而飞腾。然奇技似无益于人，而百艺则有济于用⑬。

**【注释】**①鬼谷：相传是战国时楚人，隐居在鬼谷，因此号称“鬼谷子”或“鬼谷先生”，擅长养性持身和纵横捭阖之术，著有《鬼谷子》一卷。②记怪：搜集记录神怪之事。③董狐：春秋时晋国史官，世袭太史职。因为记载赵盾弑君（见卷一“武职”），被孔子称为“良史”。④诹（zōu）日：商量选择吉日。太史：古代官名。商末、西周、春秋时掌管起草文书，策命诸侯卿大夫，记载史事，编写史书，兼管国家典籍、天文历法、祭祀等。魏晋以后，太史仅掌管推算历法。⑤樗（chū）蒲：古代一种赌博游戏，以掷骰决胜负。⑥双陆：又称“双六”，古代一种赌博游戏，局如棋盘，左右各有六路，子称作“马”，黑白各十五枚，通过掷骰行马，白马从右到左，黑马反之，先出完者胜。⑦橘中之乐：传说古代有人家里的橘园结了两个特别大的橘子，剖开一看，每个橘子里有两个老头，都相对坐着在下象棋。后来就称象棋为“橘中戏”。此处的“围棋”，应该是“象棋”。⑧傀儡：木头人。⑨白登之围：公元前200年，刘邦在白登山被匈奴冒顿包围，断绝粮食七天。包围圈有一面是冒顿妻阏氏的兵马，陈平打听得知阏氏妒忌心很强，于是制作了一个木偶美人，通过机关在城墙上跳舞。阏氏远远望见了，以为是活人，担心攻下城后冒顿会纳美女，于是退军，因此解了白登之围。⑩木牛：用木头制造的运粮机械，外形像牛和马。⑪公输子削木鸢（yuān）：公输般又称鲁班，春秋时鲁国的著名工匠，传说他曾用木头制造了一只像鸟的飞行器（木鸢），在天上飞了三天都没有落下来。⑫张僧繇画壁龙：南朝梁著名画家张僧繇在金陵安乐寺画了四条白龙，却不点眼睛，说：“点了眼睛龙就飞走了。”别人都觉得很荒诞，固执地请他画上眼睛。结果不一会儿，一道雷电击中墙壁，两条龙乘云飞上天空，只有两条没有点上眼睛的龙还在。⑬济：有益，有利。

**【译文】**称赞善于占卜算卦的人，就说“今之鬼谷”；称赞善于搜集记录奇闻异事的人，就说“今之董狐”。择取好日子的人称为“太史”，记录、算账的人称为“掌文”。形容人摇掷骰子，可以说“喝雉呼卢”；形容人非常善于射箭，就说“穿杨贯虱”。樗蒲这种游戏，说得就是双陆这种赌博的方法；“橘中之乐”是指下围棋。陈平制作了一个木头美人，替被匈奴围困在白登山上的汉高祖刘邦解了围；诸葛亮制造了木牛流马，这是帮助刘备运输粮草的锦囊妙计。春秋时鲁国的公输般用木头削制了一只鸢鸟，在天上飞了三天三夜没有降下；南朝梁著名画家张僧繇在墙壁上画了四条龙，等点上眼睛后就电闪雷鸣，其中两条龙从墙壁上腾空飞走了。然而奇门怪技好像对人们没有什么用处，而普通的技艺却有利于人们的日常之用。

## 讼　狱

**【原文】**

世人惟不平则鸣，圣人以无讼为贵。上有恤刑之主①，桁杨雨润②；下无冤枉之民，肺石风清③。虽囹圄便是福堂④，而画地亦可为狱。与人构讼，曰“鼠牙雀角”之争⑤；罪人诉冤，有抢地吁天之惨。狴犴⑥，猛犬而能守，故狱门画狴犴之形；棘木，外刺而里直，故听讼在棘木之下。乡亭之系有“岸”⑦，朝廷之系有“狱”，谁敢作奸犯科⑧；死者不可复生，刑者不可复续，上当原情定罪。

**【注释】**①恤刑：指用刑慎重。②桁（háng）杨雨润：比喻贤明的君主慎于用刑而罪犯受感化向善，如雨水滋润万物。桁杨，古代加在囚犯颈上或脚上的刑具。③肺石：古代设在朝廷门外的石头，因为颜色发红、形状像肺而得名，百姓可以敲击石头鸣冤，也可以站在石头上控诉地方官吏。④囹圄（líng yǔ）：监狱，相传始于周朝。⑤鼠牙雀角：原意是因为强暴者的欺凌而引起争讼，后比喻打官司的事。鼠、雀，比喻强暴者。⑥狴犴（bì àn）：传说中的猛兽，生得勇猛肥大。⑦乡亭：古代基层行政单位。汉朝十里设一亭，十亭设一乡。系：拴，拘囚。这里指关押犯人的地方，即监牢。岸：同“犴”，乡间牢狱。⑧作奸犯科：为非作歹，触犯法令。奸，坏事。科，法律条文。

**【译文】**世上的人如果遭遇不公平，就会发出不满的呼喊；圣贤的人以生活中没有官司打为可贵景象。上面如果有慎重用刑的长官，则下面犯罪之人就会像受到雨露滋润一样，受到感化而向善；下面如果没有蒙冤受屈的民众，则衙门旁边的肺石就只会受到清风的吹拂，显得人间太平。只要监狱里面的人弃恶从善、心地净明，那么监狱就是幸福的殿堂；而如果胡作非为、弃善行恶，那么即使在地上画个圈也可以成为人的牢狱。与别人发生法律纠纷，称作“鼠牙雀角”之争；犯了罪的人诉说心声，经常有“抢地吁天”的悲惨状况。狴犴是一种传说中的猛兽，善于把守，所以牢狱大门上画有狴犴图案；棘木是一种表皮多刺而枝干很直的木料，取“外刺里直”的寓意，所以审判官审理诉讼就在棘木桌子前。乡里、亭里有“岸”这个机构来关押犯人，京城朝廷里有“狱”这个机构来关押犯人，这样哪个人敢为非作歹、触犯律法；一个人死了就不可能再活过来，受了刑法缺手断足的人，也不可能再长出来，所以上面的执法人员就应当严格依据真实案情来定罪定刑。

**【原文】**

“囹圄”是周狱，“羑里”是商牢①。桎梏之役②，用拘罪人之具；缧绁之中③，岂无贤者之冤。两争不放，谓之“鹬蚌相持”④；无辜牵连，谓之“池鱼受害”⑤。“请公入瓮”⑥，周兴自作其孽；“下车泣罪”⑦，夏禹深痛其民。好讼曰“健讼”⑧，累及曰“株连”⑨。为人解讼，谓之“释纷”⑩；被人栽冤，谓之“嫁祸”⑪。徒配曰“城旦”⑫，谴戍是“问军”⑬。

**【注释】**①羑（yǒu）里：古代城名，商纣王曾经把周文王囚禁在羑里。②桎梏：脚镣和手铐。③缧绁（léi xiè）：捆绑犯人的绳索。引申为牢狱。④鹬蚌相持：即“鹬蚌相争，渔翁得利”。蚌张开壳晒太阳，鹬去啄它，嘴被蚌壳夹住，双方各不相让，都被渔翁捉住了。比喻双方争执两败俱伤，便宜第三者。鹬，一种水鸟，长嘴灰背，喜欢吃小鱼和贝类。⑤池鱼受害：即“城门失火，殃及池鱼”。城门着了火，人们到护城河里打水灭火，水干了，鱼也就死了。比喻无缘无故受连累。⑥请公入瓮：也作“请君入瓮”。瓮，大坛子。⑦下车泣罪：夏禹出外见到一个犯罪的人，马上下车问罪犯的情况并哭泣起来。⑧健讼：喜欢打官司。《易经》“讼”卦的卦辞中有“险而健，讼”的句子，意思是有人心怀险恶，性格又刚健，所以才会打官司。后人误将“健”和“讼”连读。⑨株连：指一人有罪而牵连他人。⑩释纷：消除纠纷。⑪嫁祸：把灾祸转到别人头上。徒配：判徒刑流放做苦役。徒，强制犯人服劳役的刑罚。配，发配，流放。⑫城旦：秦汉时的一种刑罚，强制筑城四年的劳役。⑬谴戍：发送犯人守边疆，用服兵役来抵罪。问军：问罪充军。

【译文】“囹圄”是周朝时候牢狱的名称，“羑里”是商朝时候牢狱的名称。手铐和脚镣，是用来束缚拘捕犯罪之人的器具；牢狱之中，哪能没有被冤屈的好人。两相争斗互不相让，叫作“鹬蚌相争”；无缘无故被牵连受到损害，叫作“池鱼受害”。“请公入瓮”，这是唐代酷吏周兴自己犯下的罪孽；“下车泣罪”，这是夏禹对自己的子民表示深深的怜悯和痛心。喜欢打官司称作“健讼”，被牵连受到伤害称作“株连”。为人调解诉讼称作“释纷”，被人栽赃陷害蒙受冤屈，称作“嫁祸”。被判流放做苦役称作“城旦”，充军守卫边疆称作“问军”。

【原文】

“三尺”乃朝廷之法①，“三木”是罪人之刑②。古之五刑③，墨、劓、剕、宫、大辟；今之律例④，笞、杖、死罪、徒、流⑤。上古时削木为吏⑥，今日之淳风安在；唐太宗纵囚归狱，古人之诚信可嘉。“花落讼庭间，草生囹圄静”，歌何易治民之简⑦；“吏从冰上立，人在镜中行”，颂卢奂折狱之清⑧。可见治乱之药石，刑罚为重；兴平之粱肉⑨，德教为先。

【注释】①三尺：古时把法律条文写在三尺长的竹简上，称为“三尺法”，简称“三尺”。②三木：古代加在犯人颈、手、足上的三件刑具。③五刑：古代的五种刑罚，各朝不一致，最早的记载是墨、劓（yì）、剕（fèi）、宫、大辟。墨，在脸上刺字。劓，割鼻子。剕，把脚砍掉。宫，阉割男子生殖器。大辟，死刑。④律例：刑法的正条及案例。律，法律的本文。例，补充律文不足而设的条例或例案。⑤笞（chī）、杖、死罪、徒、流：隋朝至明、清的五刑。笞，用竹板或荆条打犯人脊背或臀腿。杖，用鞭或用木棍打。死罪，绞刑或斩首。徒，拘禁罚做苦役。流，流放到边地。⑥削木为吏：用木头削成的狱吏。相传上古民风淳朴，将木吏放在犯人家里，到开庭审理时，犯人自己抱着木吏到法庭听讼。⑦何易：即何易于，唐朝益昌县令，廉洁爱民，人民都不打官司，公堂非常闲，县里三年没有囚犯，监牢里都长野草了。当地人民歌颂说：“花落讼庭闲，草生囹圄静。”⑧卢奂：唐玄宗时任南海太守。南海很富饶，前几任大守都因贪污腐败被查处。卢奂到任后断案清正廉明，当地人民歌颂他：“抱案吏从冰上立，诉冤人在镜中行。”意思是处理公事的官吏像在冰上行走一样小心谨慎，诉说冤情的人像在镜子中一样，事情都清清楚楚。⑨粱肉：精米肥肉，指精美的饭食。

【译文】“三尺”是指朝廷的律法，“三木”是指犯罪之人所用的三件刑具。古时候的五种刑罚是墨、劓、剕、宫、大辟；后来的律例改为了笞、杖、死罪、徒、流。上古时期，用木头削成官吏的模型，就能使人们到厅堂接受律法，而到今天，像这样淳朴的民风在哪里呢？唐太宗李世民宽怀大度放囚犯回家，但到了规定时间全部又回到了监狱，古人的这种诚实守信的品质，确实让人赞叹。“花落讼庭间，草生囹圄静”，这是歌咏治理民众为何不政简刑轻呢？“吏从冰上立，人在镜中行”，这是百姓赞美唐朝判官卢奂断案清正廉明。由此可见，治理混乱世道的良药，是以刑法、律例为侧重点；而治理和平兴盛世道的好方法，是把德行教化放在首位。

## 释道鬼神

**【原文】**

如来、释迦①，即是牟尼，原系成佛之祖；老聃、李耳②，即是道君，乃为道教之宗。“鹫岭”“祇园”③，皆属佛国④；“交梨”“火枣”⑤，尽是仙丹⑥。沙门称释⑦，始于晋道安⑧；中国有佛，始于汉明帝。篯铿即是彭祖⑨，八百高年；许逊原宰旌阳⑩，一家超举。波罗犹云彼岸⑪，紫府即是仙宫⑫。曰“上方”、曰“梵刹”⑬，总是佛场⑭；曰“真宇”、曰“蕊珠”⑮，皆称仙境。

**【注释】**①如来、释迦：即佛教创始人释迦牟尼，原名乔答摩·悉达多，本为古代印度北部迦毗罗国净饭王的儿子，释迦族人。“释迦牟尼”是佛教徒尊称他的圣号，意思是“释迦族的圣人”。如来，释迦牟尼的十种称号之一。②老聃（dān）、李耳：即春秋时期思想家老子。老子，姓李，名耳，字聃。③鹫岭：即灵鹫山，在中印度，为佛祖说法的地方。祇园：“祇树给孤独园”的简称。相传释迦牟尼成佛后，富翁给孤独长者用大量黄金购置祇陀太子的园林，修筑精舍，请释迦牟尼说法。祇陀太子被他感动，贡献了园内的树木，所以园林用两人的名字命名。④佛国：佛的出生地，指天竺，即古印度。⑤交梨、火枣：道教称神仙所食的两种果品。⑥仙丹：仙人服用的灵丹。⑦沙门：梵语音译“沙门那”的简称，指僧侣，僧徒。释是中国佛教徒对释迦牟尼的简称，后来泛指佛教。⑧晋道安：东晋僧人道安以“释”为姓，开了中国汉族僧尼称释的先河。⑨篯（jiǎn）铿：传说中最长寿的人，活了八百岁。⑩许逊：字敬之，东晋道士。曾经当过旌阳县令。他跟随吴猛学习道法，传说他一家四十二口人连同房子一起飞升上了天。宋代封他为神功妙济真君，世称许真君或许旌阳。⑪波罗：即波罗密，梵语的音译。彼岸：佛教以有生有死的世俗人生为“此岸”；以超脱生死的涅槃境界为“彼岸”。⑫紫府：道家称仙人居住的地方。⑬上方：指仙、佛所住的天上。梵刹：泛指佛寺。梵，清净。刹，佛寺。⑭佛场：佛教礼拜、诵经、祭祀的场所。⑮真宇：道家真人住的庭院。蕊珠：道家传说天上有蕊珠宫，是神仙居住的地方。

**【译文】**如来就是释迦牟尼，佛教的始祖；老子姓李名耳，又叫老聃，被尊为道教始祖。“鹫岭”和“祇园”，都是释迦牟尼曾经讲法的地方；“交梨”和“火枣”，全是神仙吃的仙丹。和尚以释为姓，是从东晋僧人道安开始的；中国有佛教，开始于东汉明帝。传说中的篯铿就是彭祖，活了八百多岁；许逊原本是旌阳县令，得道之后全家飞升。梵语“波罗”就是汉语所说的“到彼岸”“紫府”就是仙人居住的宫殿。说“上方”“梵刹”，都指佛教活动场所；说“真宇”“蕊珠”，都指仙人住的仙境。

**【原文】**

伊蒲馔①，可以斋僧；青精饭②，亦堪供佛。“香积厨”③，僧家所备；“仙麟脯”④，仙子所餐。佛图澄显神通⑤，咒莲生钵；葛仙翁作戏术⑥，吐饭成蜂。达摩一苇渡江⑦，栾巴噀酒灭火⑧。吴猛画江成路⑨，麻姑掷米成珠⑩。“飞锡”“挂锡”⑪，谓僧人之行止；“导引”“胎息”⑫，谓道士之修持。和尚拜礼曰“和南”⑬，道士拜礼曰“稽首”⑭。

**【注释】**①伊蒲馔：在家修行的男性佛教徒的饮食。伊蒲，梵语“伊蒲塞”的音译简称，又叫优婆塞、邬婆索迦，指不出家的男性佛教徒。馔，食物。②青精饭：用乌饭树的树叶汁泡米，蒸出来的饭颜色发绿。道家所创，据说能滋补身体。古代民间常在农历四月初八食用，并用来祭祀祖先。③香积厨：佛家称寺院里的厨房。④仙麟脯：即麟脯仙馔，传说仙家所吃的用麒麟制成的干肉。⑤佛图澄：西晋末僧人，本姓帛，先后用方术取得石勒、石虎的信任，被尊为大和尚。有一次石勒要考察他的道术。佛图澄用钵盛水，烧香念咒，一会儿钵中生出青莲花，石勒于是更相信他了。⑥葛仙翁：即葛玄，三国时吴国方士，传说跟左慈学道，得到《九丹金液仙经》，修炼成仙。人称葛仙公，又称太极仙翁。相传他曾喷饭，变成数百只蜜蜂；再一张口，蜜蜂又飞入嘴巴，变回了饭。⑦达摩一苇渡江：达摩即菩提达摩，又作达磨，中国佛教禅宗的创始人。相传他曾用一根芦苇渡过了长江。⑧栾巴噀（xùn）酒灭火：栾巴是东汉人，通晓道术，桓帝时任尚书。有一天举行朝会，栾巴最后到，桓帝赐给他美酒，他竟把酒向西南喷去。有关官员弹劾栾巴对皇帝不敬，栾巴说：“因为成都失火，我刚才是在灭火。”皇帝立即派人去成都，当地人说：“大白天确实失火，突然有大雨，从东北方向来，火被浇熄了，雨带有酒气。”噀，含在口中而喷出。⑨吴猛：晋朝人，有一次过江，没有船，就用白羽扇划开江水，出现一条路走过去。⑩麻姑：神话中的仙女。传说她在东汉桓帝时曾出现，把米撒到地上，都变成了珍珠。⑪锡：锡杖，上面有环，是僧侣随身的物品。后世称僧人四处游方为“飞锡”。僧人远游时手持锡杖，休息时不能把锡杖放在地上，必须挂起来，称为“挂锡”。⑫导引：中国古代一种强身除病的养生方法，后来也被道家和医家所用。胎息：练气功时一种功力较深的呼吸法，中国古代养生方法之一。⑬和南：梵语音译，指僧人合掌问礼。⑭稽首：道士举一手向人行礼。

**【译文】**伊蒲馔，施舍给僧侣；青精饭，用来供养神佛。“香积厨”，指的是僧寺里的厨房；“仙麟脯”，是仙人所吃的食品。佛图澄大显神通，顷刻间钵中长出青莲花；葛仙翁变戏法，吐出的饭变成一群蜜蜂。达摩踏着一根芦苇就能渡过长江；栾巴喷出一口酒，就浇灭了千里之外的大火灾。吴猛把扇子一挥，便在江水中划开了一条道路；麻姑把米撒在地上，米粒立刻变成了珍珠。“飞锡”和“挂锡”，指的是僧人出游和停歇；“导引”和“胎息”，说的是道士的修炼方法。和尚双手合十的行礼方式，称作“和南”；道士一只手向人行礼，称作“稽首”。

**【原文】**

曰“圆寂”、曰“荼毗”①，皆言和尚之死；曰“羽化”②，曰“尸解”③，悉言道士之亡。女道曰“巫”，男道曰“觋”④，自古攸分；男僧曰“僧”，女僧曰“尼”，从来有别。“羽客”“黄冠”⑤，皆称道士；“上人”“比丘”⑥，并美僧人。“檀越”“檀那”⑦，僧家称施主；烧丹炼汞⑧，道士学神仙。和尚自谦，谓之“空桑子”⑨；道士诵经，谓之“步虚声”⑩。“菩”者，普也，“萨”者，济也，尊称神祇，故有“菩萨”之誉⑪；水行龙力大，陆行象力大，负荷佛法⑫，故有“龙象”之称⑬。

**【注释】**①圆寂：佛教术语，即涅槃。荼毗：梵语音译，“焚烧”的意思，指佛教僧尼死后，将尸体火化。②羽化：原指成仙，取变化飞升的意思。③尸解：指人遗弃肉体成仙。④觋（xí）：与“巫”同类，专门以装神弄鬼替人祈祷为职业的人。⑤羽客：因为道士说能飞升成仙，所以用“羽客”“羽人”来作为道士的别称。黄冠：道士所戴的束发之冠。用金属或木类制成，多为黄色。⑥上人：原指智德兼备可以为众僧师父的高僧。比丘：梵语音译，“乞者”的意思，佛教指出家的男僧，即和尚。尼姑称比丘尼。⑦檀越、檀那：佛教对向寺院施舍财物、饮食的世俗信徒的尊称。⑧烧丹炼汞：道教的道术之一。原指将朱砂等药物放在炉火中烧炼，以制成“长生不死”的丹药。丹，指丹砂。汞，即水银。⑨空桑子：即“无父母”的意思。传说古代有莘氏女采桑时，在一棵空心桑树里拾得一个婴儿，这个婴儿长大后就是伊尹。⑩步虚声：仿效空中神仙的声音。传说曹植游山，忽然听到空中有诵经声，清远嘹亮，有人说是神仙的声音。虚声，天空的声音。⑪菩萨：梵语“菩提萨埵”音译的简称，意思是既能自身解脱，也能普度众生。原来是释迦牟尼修行尚未成佛时的称号，后来泛称所崇拜的神像为菩萨。⑫负荷：继承。⑬龙象：佛教用语，本来比喻诸罗汉中修行勇猛最大力者，后来指高僧。

【译文】“圆寂”“荼毗”，都是说和尚去世；“羽化”“尸解”，都是指道士死亡。女道士称作“巫”，男道士称作“觋”，男僧人称作“僧”，女僧人称作“尼”，从来就有这样的区别。“羽客”和“黄冠”，都是对道士的称呼；“上人”和“比丘”，都是对和尚的尊称。“檀越”和“檀那”，就是佛家所说的“施主”；烧丹炼汞，都是道士学仙的道术。和尚自谦，说自己是“空桑子”；道士诵经，说它是“步虚声”。“菩”是普遍的意思，“萨”是救助的意思，因此尊称天地神灵便用“菩萨”；水里行进时，龙的力量最大，地上行走时，象的力量最大，所以称继承传扬佛法者为“龙象”。

【原文】

儒家谓之“世”，释家谓之“劫”①，道家谓之“尘”，俱谓俗缘之未脱②；儒家曰“精一”③，释家曰“三昧”④，道家曰“贞一”⑤，总言奥义之无穷。达摩死后，手携只履西归⑥；王乔朝君，舄化双凫下降⑦。辟谷、绝粒⑧，神仙能服气炼形；不灭不生⑨，释氏惟明心见性。梁高僧谈经入妙，可使岩石点头⑩，天花坠地⑪；张虚靖炼丹既成，能令龙虎并伏，鸡犬俱升⑫。藏世界于一粟，佛法何其大；贮乾坤于一壶⑬，道法何其玄。

【注释】①劫：佛教用语，原指极为久远的时节，后指人间天灾人祸。②俗缘：道教、佛教称世俗的人事牵累。③精一：指道德修养的精粹纯一。④三昧：佛教用语，梵文的音译，意思是止息杂念，使心神平静。⑤贞一：专一，道家指保持本性，自然无为。⑥只履西归：达摩死在少林寺，葬在熊耳山定林寺。传说他死后很久，北魏使者宋云在葱岭看见达摩手提一只鞋从东方走来，宋云问：“大师到哪里去？”达摩说：“往西天去。”⑦舄（xì）化双凫（fú）：鞋子变成两只野鸭。舄，古代一种厚底鞋。凫，野鸭。⑧辟谷、绝粒：中国古代的一种修养方法，即不吃谷物只吃特定药物，进行调息修炼。⑨不灭不生：佛家用语，指超脱生死的境界。⑩岩石点头：传说南朝梁代高僧道生法师在苏州虎丘山讲佛法，开始无人相信，他便聚石为徒，当讲到《涅槃经》，提到万物皆有佛性时，岩石都点头。⑪天花坠地：传说梁武帝时云光法师讲经，感动上天，天上落下各种颜色的鲜花。⑫鸡犬俱升：张虚靖为道教张道陵张天师的七世孙，他学长生不老之术，遍游名山，据说得道时，龙降虎伏，白日升天。飞升的时候，他炼丹药的器具留在屋子里，家里的鸡和狗舐了，也跟着得道升天。⑬贮乾坤于一壶：见卷一“地舆”费长房故事。

【译文】儒家说“世”，佛家说“劫”，道家说“尘”，都是说还没有摆脱世俗的人事牵累；儒家所说的“精一”，佛家所说的“三昧”，道家所说的“贞一”，都是说要一心一意地深求真理。达摩死后很久，有人看见他提着一只鞋往西方走去；王乔每月都要从住所朝见君主两次，他的鞋子变成两只野鸭从空中落下来。“辟谷”和“绝粒”，是指神仙不吃五谷，用气息吐纳之法修炼身体；“不灭不生”，是指释迦牟尼靠自己的内在智慧大彻大悟，超脱生死。梁朝高僧道生法师说法到妙处，能够使石头点头，云光法师能够使天上纷纷落下鲜花。张虚靖修炼成仙后，能够降龙伏虎，他家的鸡和狗也一起升了天。把整个世界储藏在一粒米中，佛家的法力多么强大；将整个乾坤装在一把壶中，道家的法术多么玄妙。

【原文】

安诞之言，载鬼一车①；高明之家②，鬼瞰其室③。无鬼论作于晋之阮瞻④，《搜神记》撰于晋之干宝⑤。颜之渊、卜子夏，死为地下修文郎⑥；韩擒虎、寇莱公⑦，死作阴司阎罗王⑧。至若土谷之神曰“社稷”⑨，干旱之鬼曰“旱魃”⑩。魑魅、魍魉⑪，山川之祟⑫；神荼、郁垒⑬，啖鬼之神⑭。仕途偃蹇⑮，鬼神亦为之揶揄⑯；心地光明，吉神自为之呵护。

【注释】①载鬼一车：装满了一车的鬼。出自《易经·睽》卦辞，形容十分荒诞离奇。②高明：指显贵者。③瞰（kàn）：从高处往下看，俯视。④无鬼论：晋人阮瞻认为世界上没有鬼。传说一天有位客人来拜访，客人认为有鬼，阮瞻说没有鬼，两人争论很长时间，谁也不能说服谁。客人突然脸色大变说：“鬼神的观念古今圣贤都认为有，您为什么认为没有呢？我便是鬼。”说完就变了形状，很快消失不见了。⑤《搜神记》：东晋干宝撰写的志怪小说集。⑥修文郎：晋人苏韶死后，他的堂弟苏节大白天看见了苏韶，询问他幽冥的事情。苏韶说：“孔子的学生颜渊和卜子夏都在地下当修文郎。”⑦韩擒虎：隋朝大将，以胆略著称，后来俘虏了陈后主，因功被封为“上柱国”。寇莱公：即寇准。传说他死后，僧人克勤曾在曹州境内见到他。僧人询问跟在后面的骑士，骑士告诉他说：“这是阎罗王交接政务。”⑧阴司：阴间，阴曹地府。⑨社稷：社，古代指土地神；稷，古代指五谷之神。⑩旱魃（bá）：古代传说中的旱神。⑪魑魅（chī mèi）、魍魉（wǎng liǎng）：原为古代传说中的山神鬼怪。⑫祟：指鬼怪祸害人。⑬神荼、郁垒：相传远古时神荼与郁垒为一对兄弟，都擅长捉鬼，如有恶鬼出来骚扰百姓，他们便将其擒伏，捆绑喂老虎。后来人们为了驱凶，就在门上画神荼、郁垒像。⑭啖（dàn）：吃。⑮仕途偃蹇：做官的道路困顿不顺利。偃蹇，困顿。⑯揶揄（yé yú）：嘲笑，戏弄。东晋罗友，博学能文，曾当过大将军桓温手下的副官。有一次桓温召集幕僚给出任郡守的人送行，罗友最后到，对桓温说：“我在半路上碰到一个鬼，他取笑我说：‘只见你送别人去做郡守，不见别人送你去做郡守。’”桓温于是推荐罗友为襄阳太守。

【译文】荒诞离奇的言论，可用“载鬼一车”形容；显达富贵的人家，鬼都会窥望他的家室。“无鬼论”开始于晋朝的阮瞻，《搜神记》是晋朝的干宝撰写的。颜之渊和卜子夏死后在阴间当了修文郎；韩擒虎和寇准死后在阴间做了阎王。至于土地神和谷神，人们称为“社稷”；导致干旱的鬼神称作“旱魃”。魑魅和魍魉，都是山川野外的精怪；神荼和郁垒，都是吃鬼的门神。为官之路困顿连鬼也会嘲笑他；心地光明磊落，吉神自然会呵护他。

## 鸟兽

【原文】

麟为毛虫之长①，虎乃兽中之王。麟、凤、龟、龙，谓之“四灵”；犬、豕与鸡②，谓之“三物”③。騄駬、骅骝④，良马之号；太牢、大武，乃牛之称。羊曰“柔毛”，又曰“长髯主簿”⑤；豕名“刚鬣”⑥，又曰“乌喙将军”⑦。鹅名“舒雁”⑧，鸭号“家凫”⑨。鸡有五德，故称之曰“德禽”；雁性随阳，因名之曰“阳鸟”。

**【注释】**①麟：即麒麟，传说中的仁兽。②豕：猪。③三物：古人在结盟、立誓的时候，用动物的血滴入酒中，饮酒盟誓。君王间用猪血，大臣间用狗血，百姓间用鸡血。④騄駬（lù ěr）、骅骝（huá liú）：均为周穆王的八匹骏马之一。⑤长髯（rán）主簿：羊有胡子，所以得到这个名称。髯，颊毛，胡须。⑥鬣（liè）：某些兽类脖颈上的长毛。猪脖子上的毛很硬。⑦乌喙：黑色的嘴。⑧舒雁：鹅的形状像雁，走得非常缓慢，所以称舒雁。⑨凫：野鸭。

**【译文】**麒麟是毛虫的首领，老虎是百兽之王。麒麟、凤凰、乌龟和龙，合称为“四灵”；狗、猪和鸡，合称为“三物”。骅骝、騄駬都是古时良马的称号；太牢、大武，都是祭牛的名称。羊毛很柔软，所以把羊称“柔毛”，或长髯主簿；猪鬃很硬，猪嘴很黑，所以称作“刚鬣”，或“乌喙将军”。鹅叫“舒雁”，鸭称“家凫”。鸡有五种美德，所以称为“德禽”；大雁跟随阳气，所以叫“阳鸟”。

**【原文】**

“家狸”“乌圆”①，乃猫之誉；“韩卢”“楚犷”②，皆犬之名。“麒麟”“驺虞”③，皆好仁之兽；“螟”“螣”“蟊”“贼”④，皆害苗之虫。“无肠公子”，螃蟹之名；“绿衣使者”⑤，鹦鹉之号。“狐假虎威”，谓借势而为恶；“养虎贻患”⑥，谓留祸之在身。“犹豫多疑”，喻人之不决；“狼狈相倚”⑦，比人之颠连⑧。胜负未分，不知鹿死谁手⑨；基业易主⑩，正如燕入他家⑪。雁到南方，先至为主，后至为宾⑫；雉名陈宝⑬，得雄为王，得雌为霸。

**【注释】**①狸：狸猫，形状似猫。②韩卢、楚犷：均为古时候的良犬。③驺虞：传说中的义兽。④螟（míng）、螣（tè）、蟊（máo）、贼：危害禾苗的四种小虫子。⑤绿衣使者：相传唐玄宗时，长安富豪杨崇义养了一只鹦鹉。杨妻刘氏与邻居李弇私通。李弇杀死杨崇义并把尸体埋到井中，刘氏到官府去报告丈夫失踪。县官到杨家搜查，架上的鹦鹉突然说：“杀主人的是李弇。”于是严刑审问，得到事情的真相。这件事一直传到了唐玄宗那里，玄宗封鹦鹉为绿衣使者。⑥养虎贻患：秦末楚汉战争中，双方以鸿沟为界停战，项羽带兵向东，刘邦准备回西边去。张良和陈平对刘邦说：“现在汉有大半天下，楚国兵饥饿疲惫，正是消灭他们的最好时机。如果让他们回去，就像是养了一只老虎，最后给自己留下祸患。”贻，遗留。⑦狼狈：传说狈是跟狼同类的野兽，前腿极短，行走时常将腿搭在两条狼的背上，没有狼就不能行走。而狼前两腿长，后两腿短，没有狈就无法站立。⑧颠连：困顿不堪；困苦。⑨鹿：指猎取对象，比喻政权，也比喻争夺追逐的对象。⑩基业：作为根基的事业。多指国家政权。⑪燕入他家：唐朝诗人刘禹锡《乌衣巷》诗：“朱雀桥边野草花，乌衣巷口夕阳斜。旧时王谢堂前燕，飞入寻常百姓家。”乌衣巷是东晋时王导、谢安等豪门大族的住地。⑫后至为宾：传说中秋节以前飞到南方的大雁就是主人，中秋节后到达的则是客人。⑬雉（zhì）：野鸡。秦穆公时，有人挖掘出一个怪物，像羊不是羊，像猪不是猪，准备去献给穆公，在路上碰到两个小孩，说：“这个怪物叫媪，常在地下食死人脑。如果要杀它，用柏树敲打它的脑袋就行了。”媪说：“这两个小孩叫陈宝，得到雄的可以天下称王，得到雌的可以雄霸诸侯。”那个人于是丢下媪去追小孩，两个小孩变成野鸡飞走了。这个人马上去告诉秦穆公，穆公下令猎捕，得到雌的，后来果然称霸。

**【译文】**“家狸”“乌圆”，都是猫的美名；“韩卢”“楚犷”，都是良犬的名称。“麒麟”“驺虞”都是喜好仁义之神兽；“螟”“螣”“蟊”“贼”，都是残害庄稼的害虫。“无肠公子”是螃蟹的别名，“绿衣使者”是鹦鹉的外号。“狐假虎威”，比喻借别人的权势做坏事；“养虎贻患”，形容纵容敌人自留后患。“犹豫多疑”，比喻人遇事迟疑不决；“狼和狈相倚”，比喻人困顿窘迫的境况。争夺某物而胜负未分时，就说不知鹿死谁手；基业换了主人，好像燕子飞入别家。大雁飞往南方，先到的是主人，后到的是宾客；雉鸡又名陈宝，抓住雄雉可以为王，抓住雌雉可以称霸。

**【原文】**

“刻鹄类鹜”①，为学初成；“画虎类犬”②，弄巧反拙。美恶不称③，谓之“狗尾续貂”④；贪图不足，谓之“蛇欲吞象”⑤。祸去祸又至，曰“前门拒虎，后门进狼”；除凶不畏凶，曰“不入虎穴，焉得虎子”⑥。鄙众趋利，曰“群蚁附膻”⑦；谦己爱儿，曰“老牛舐犊”⑧。无中生有，曰“画蛇添足”；进退两难，曰“羝羊触藩”⑨。“杯中蛇影”⑩，自起猜疑；“塞翁失马”⑪，难分祸福。“龙驹”“凤雏”⑫，晋闵鸿夸吴中陆士龙之异；“伏龙”“凤雏”⑬，司马徽称孔明、庞士元之奇。

**【注释】**①刻鹄（hú）类鹜（wù）：画天鹅不成，有些像鸭子。比喻模仿的人或事物，虽然不逼真，但还相似。刻，刻画。鹄，天鹅。类，似，像。鹜，鸭子。②画虎类犬：画老虎不像，反像一条狗。比喻模仿得不像，反而不伦不类。③不称：不相称，不相符。④狗尾续貂（diāo）：貂是一种皮毛珍贵的动物，古代皇帝的侍从用貂尾做帽子的装饰。据《晋书》记载，赵王司马伦篡位后，大肆封赏自己的手下，奴仆们也都封了爵位，貂尾不够，就用狗尾代替。当时人们就用“貂不足，狗尾续”加以讽刺。⑤蛇欲吞象：传说南海中有一种巴蛇，长八百丈，能够吞下大象。⑥不入虎穴，焉得虎子：不深入到老虎的洞穴中，就得不到老虎幼崽。⑦群蚁附膻（shān）：许多蚂蚁追逐羊肉的气味。附，依附。膻，羊肉的气味。⑧老牛舐（shì）犊：老牛舔小牛。舐，用舌头舔东西。犊，小牛。⑨羝（dī）羊触藩：公羊用角顶篱笆，角被缠住，进退不得。羝羊，公羊。藩，篱笆。⑩杯中蛇影：也作“杯弓蛇影”。晋代乐广当河南尹时请客人喝酒，有张弓挂在墙壁上，影子落在杯子里像条蛇，客人喝酒时心中怀疑酒中有蛇，回家就生了病。乐广于是又请他喝酒，杯中又出现蛇时，告诉客人那是弓的影子。客人心中的疑虑打消了，病立刻就好了。⑪塞翁失马：古代边塞上有个老人，他家的马跑到胡人那边去了，邻居们都来安慰他，他说：“这说不定是一件好事呀。”过了一个多月，他家的马带着一匹胡人的骏马回来了。⑫龙驹、凤雏：指幼龙和幼凤。陆云，字士龙，他小的时候，尚书闵鸿见到他非常惊奇，说：“这个孩子如果不是龙驹，就一定是凤雏。”⑬伏龙、凤雏：指诸葛亮和庞统。善于识人的司马徽向刘备推荐两个人，一个是号称“卧龙”的诸葛亮（字孔明），另一个是号称“凤雏”的庞统（字士元）。伏龙，即卧龙。

**【译文】**刻鹄却像鹜，是说刚刚学成；画出来的老虎像狗，比喻弄巧成拙。美丑不相称，叫作“狗尾续貂”；贪得无厌，称作“蛇欲吞象”。“前门拒虎，后门进狼”，是说刚消除一个祸患，又遇上一个灾难；“不入虎穴，焉得虎子”，指除凶就要敢冒危险。世俗之人追逐钱财利益，好像群蚁附在膻腥上；谦称自己喜爱儿女，如同老牛舔小牛。“无中生有”，是画蛇添上了脚；“进退两难”，好比羊角触撞了篱笆。无端产生了疑虑恐惧，就叫作“杯中蛇影”。塞上老翁丢失马，很难说是祸是福。晋闵鸣夸赞吴郡陆云的文采，说他是“龙驹”“凤雏”；司马徽称赞孔明、庞统为“伏龙”“凤雏”。

【原文】

吕后断戚夫人手足，号曰“人彘”①；胡人腌契丹王尸骸，谓之“帝羓”②。人之狠恶，同于梼杌③；人之凶暴，类于穷奇④。王猛见桓温，扪虱而谈当世之务⑤；宁戚遇齐桓，扣角而取卿相之荣⑥。楚王轼怒蛙⑦，以昆虫之敢死；丙吉问牛喘⑧，恐阴阳之失时。以十人而制千虎，比言事之难胜；走韩卢而搏蹇兔⑨，喻言敌之易摧。兄弟如鹡鸰之相亲⑩，夫妇如鸾凤之配偶⑪。有势莫能为⑫，曰“虽鞭之长，不及马腹”⑬；制小不用大，曰“割鸡之小，焉用牛刀”⑭。

【注释】①人彘（zhì）：即“猪人”。汉高祖刘邦宠爱戚夫人，想要立戚夫人生的赵王如意为太子。刘邦死后，吕后就砍断戚夫人的手脚，挖掉她的眼睛，熏聋她的耳朵，让她喝哑嗓子的药，住在厕所里。彘，指猪。②帝羓（bā）：五代后晋时，契丹王耶律德光率兵南侵，半路病死，契丹人剖开他的肚子，在里面填上盐，制成干尸运回北方。汉人看见了，称为“帝羓”。羓，干尸。③梼杌（táo wù）：古代传说中的一种猛兽。④穷奇：传说中的恶兽名。⑤扪虱而谈：东晋大将军桓温第一次北伐时，有个穿着破旧衣裳的读书人到军营前来求见。桓温正想招揽人才，很高兴地接见了他。这个人名叫王猛，学问渊博。桓温想试试他的学识才能，就请他谈谈当时天下的形势。王猛把南北双方的政治军事形势分析得一清二楚，见解十分精辟。桓温不禁暗暗佩服。王猛一面谈，一面把手伸进衣襟里摸虱子，左右的兵士们见了，差一点儿笑出来。王猛却神色自如，谈得很起劲。扪虱，在身上捉虱子，形容放达任性、毫无拘束的样子。⑥扣角：敲打牛角。卿相之荣：执政大臣的荣耀。相传春秋时卫人宁戚家贫，为人赶车到了齐国，在牛车下吃饭，正好遇见齐桓公，卫戚便敲打牛角而吟。齐桓公听见卫戚的歌吟，觉得他很有才能，便让管仲去接见他，拜为上卿。⑦楚王轼怒蛙：楚王出门看见鼓气发怒的青蛙，便手扶车前的横木，低头向青蛙致敬，因为他认为青蛙具有一种不怕死的精神。轼，车前横木。古代男子站在车上的时候，向人致敬时便低头、手扶着轼。⑧丙吉问牛喘：丙吉是西汉丞相，有一次外出，看见一群人在路边打架，死伤很多，问都不问就走过去了。又看见有人在追一头牛，牛吐着舌头喘粗气，便派人去问：“追着这头牛跑了几里呀？”事后丙吉解释说：“民众打架自然有相关官吏去管束，宰相不管这些小事情。现在刚到春天，应该不是很热，我担心牛是因为太热喘气，这就关系到节气失调，恐怕会有大的灾害。三公的职责就是调和阴阳，这是我范围内的事情，所以我应该过问。”⑨走韩卢而捕蹇兔：驱赶良犬韩卢去追赶跛脚的兔子。蹇，跛，行走困难。⑩兄弟如鹡鸰：见卷二“兄弟”。⑪鸾凤：鸾鸟和凤凰。比喻夫妻。⑫势：势力，力量。⑬虽鞭之长，不及马腹：即“鞭长莫及”。春秋时期，宋国得罪了楚国，都城被楚国围住。宋国派大夫乐婴去向晋国求助，晋景公准备出兵救援，大臣伯宗劝谏道：“鞭子再长，也打不到马的肚子上。现在楚国很强盛，我们又怎么斗得过它呢？”⑭割鸡之小，焉用牛刀：杀鸡这样的小动物，何必要用杀牛的刀子呢？

【译文】吕后砍断戚夫人手足，放在厕所里，叫作“人彘”；胡人用盐腌契丹王尸体，称为“帝羓”。狠毒凶恶的人，如同梼杌；凶残暴戾的人，就像穷奇。王猛进见桓温，捉着虱子谈论当时的大事；宁戚遇到齐桓公，敲着牛角唱歌取得卿相的荣耀。越王尊敬发怒的青蛙，因为昆虫敢死；丙吉询问喘气的牛，唯恐阴阳失调。用十个人制伏千只老虎，比喻事情难以成功；用猛狗捉跛脚的兔子，比喻敌人容易摧毁。兄弟应像鹡鸰那样的亲爱，夫妇该如鸾凤那样的配偶。有力量却用不上，就如马鞭再长，也打不到马腹；小题不必大做，杀鸡何必用杀牛的刀子。

**【原文】**

鸟食母者曰“枭”①，兽食父者曰“獍”②。苛政猛于虎③，壮士气如虹④。“腰缠十万贯，骑鹤上扬州”⑤，谓仙人而兼富贵；“盲人骑瞎马，夜半临深池”⑥，是险语之逼人闻。黔驴之技⑦，技止此耳；鼯鼠之技⑧，技亦穷乎。强兼并者曰“鲸吞”⑨，为小贼者曰“狗盗”⑩。养恶人如养虎，当饱其肉，不饱则噬；养恶人如养鹰，饥之则附，饱之则飏。“隋珠弹雀”⑪，谓得少而失多；“投鼠忌器”⑫，恐因甲而害乙。

**【注释】**①枭（xiāo）：猫头鹰一类的鸟。传说小枭长大后会吃掉母枭。②獍（jìng）：传说中像虎豹的恶兽，会吃它的父亲。③苛政：繁重的赋税和徭役。苛，烦琐。政，通“征”，指赋税徭役。④壮士气如虹：传说燕太子丹派侠客荆柯去刺秦王时，曾出现过“白虹贯日”的景象。⑤“腰缠”二句：古代有几个人在一起谈论平生最大的志向，有一人想当扬州刺史，另一人想得到很多财富，还有一人想成仙骑鹤上天，最后一个人则说：“腰缠十万贯，骑鹤上扬州。”意思是三者都想拥有。⑥“盲人”二句：东晋南郡公桓玄、荆州刺史殷仲堪和参军顾恺之在一起谈论“使人害怕的话”。桓玄说：“在矛尖上淘米，在剑尖上煮。”殷仲堪说：“一百岁的老头手里拄着一根枯树枝。”顾恺之说：“水井的辘轳上躺着一个婴儿。”这时，殷仲堪手下的一位参军说：“盲人骑瞎马，夜半临深池。”殷仲堪感觉心惊，因为他正好盲了一只眼睛。⑦黔驴之技：黔，指贵州。贵州本来没有驴，有个人运了一头去，放在山下。老虎看见这个庞然大物，以为是什么神，躲在树林子里偷偷看。驴一叫，老虎就害怕，但是看来看去，没看出驴有什么特殊能力，就走近一些去戏弄驴。驴非常生气，抬蹄踢老虎。老虎大喜：“也只有这个本事呀！”于是扑过去咬死了驴。⑧鼯（wú）鼠之技：鼯鼠，应该是“鼫（shí）鼠”，传说鼯鼠有五种技能，但是都不精，反而落入困境。⑨鲸吞：像鲸鱼一样地吞食。⑩狗盗：像狗一样钻进别人家里偷东西。⑪隋珠弹雀：用夜明珠去弹鸟雀。隋珠，即隋侯的明月珠。⑫投鼠忌器：想打老鼠，又怕打坏了近旁的器物。投，用东西去掷。忌，怕，有顾虑。

**【译文】**长大之后吃掉母亲的鸟叫“枭”，吃掉父亲的兽叫“獍”。苛酷的政令，比老虎还凶猛；壮士的气概，犹如天上的长虹。“腰缠十万贯，骑鹤上扬州”，是说世人既想富贵又想成仙；盲人骑着瞎马，半夜临深池，是为威胁人家而说险语。黔驴的本领不过如此而已，鼯鼠的能力最易穷尽。强者兼并弱者，称为“鲸吞”。做小偷，叫作“狗盗”。重用坏人好比养虎，应给它吃饱肉，不饱就会咬人；重用坏人好比养鹰，饿时依附你，饱了就飞走。用明珠去弹鸟雀，比喻得到的少失去的多；“投鼠忌器”，是指做事有所顾忌，唯恐伤害他人。

**【原文】**

事多曰“猬集”，利小曰“蝇头”。心惑似“狐疑”，人喜如“雀跃”。“爱屋及乌”①，谓因此而惜彼；“轻鸡爱鹜”②，谓舍此而图他。唆恶为非③，曰“教猱升木”④；受恩不报，曰“得鱼忘筌”⑤。倚势害人，真是“城狐社鼠”⑥；空存无用，何殊“陶犬瓦鸡”⑦。势弱难敌，谓之“螳臂当辙”⑧；人生易死，乃曰“蜉蝣在世”⑨。小难制大，如越鸡难伏鹄卵⑩；贱反轻贵，似鸴鸠反笑大鹏⑪。小人不知君子之心，曰“燕雀焉知鸿鹄志”⑫；君子不受小人之侮，曰“虎豹岂受犬羊欺”。

【注释】①爱屋及乌：因为爱一个人而连带爱他屋上的乌鸦。②轻鸡爱鹜：轻视鸡而喜爱野鸭。东晋庾翼是个书法家，与王羲之齐名，看到人们都学习王羲之的字，他心中愤愤不平，给别人写信说：“你们这不是轻视家鸡而喜爱野鸭子吗。”鹜，野鸭。③唆（suō）：挑动别人去做坏事。④教猱（náo）升木：教唆猴子爬树。猱，猴子的一种，擅长爬树。⑤得鱼忘筌（quán）：捕到了鱼，忘掉了渔具。筌，捕鱼用的竹器。⑥城狐社鼠：城墙上的狐狸，社庙里的老鼠。因为居住在“城”和“社”中，人们有所顾忌，不敢放手驱捕它们。社，土地庙。⑦陶犬瓦鸡：陶土做的狗，泥土塑的鸡。⑧螳臂当辙：也作“螳臂当车”，螳螂举起前肢企图阻挡车子前进。当，阻挡。⑨蜉蝣（fú yóu）：一种小飞虫，其成虫的生存期极短。⑩越鸡难伏鹄卵：越地的小鸡难以孵化天鹅蛋。越鸡，越地所产的鸡，较小。伏，孵。鹄卵，天鹅蛋。⑪鸴（xué）鸠反笑大鹏：目光短浅的人不能理解别人的远大志向。鸴鸠，也作“学鸠”，雀类小鸟，即斑鸠。大鹏，传说中的大鸟。⑫燕雀焉知鸿鹄志：燕雀怎么能够了解天鹅的志向呢？燕雀，又叫花雀，比喻见识短浅的人。鸿鹄，天鹅，比喻有远大抱负的人。

【译文】事情多，叫“猬集”；利小，叫“蝇头”。心存疑惑，称作“狐疑”；人们高兴，叫作“雀跃”。“爱屋及乌”，比喻因爱人而爱护他有关的一切；看轻家鸡而爱野鹜，形容舍此求彼。教唆坏人做坏事，好比教猴子爬树；受了恩惠不知报答，好比得了鱼忘了捉鱼的筌。仗着别人的势力害人，就像城社里的狐鼠；空有其表，和陶做的狗、瓦料做的鸡，有什么区别呢？势单力薄，难抵强敌，如同螳螂用前脚去挡车子一样；人的生命短暂而脆弱，就像蜉蝣朝生夜死一样短暂。才能小的人难成大事，就像越鸡难以孵化天鹅蛋；低贱的反而看不起那高贵的，好比鸴鸠嘲笑大鹏。小人不知道君子的心思，燕雀哪里明白鸿鹄的志向；君子不受小人的侮辱，虎豹怎能让犬羊欺负。

【原文】

跖犬吠尧①，吠非其主；鸠居鹊巢②，安享其成。“缘木求鱼”③，极言难得；“按图索骥”④，甚言失真⑤。恶人借势，曰“如虎负嵎”⑥；穷人无归⑦，曰“如鱼失水”。“九尾狐”⑧，讥陈彭年素性谄而又奸⑨；“独眼龙”，夸李克用一目眇而有勇⑩。“指鹿为马”⑪，秦赵高之欺主；“叱石成羊”⑫，黄初平之得仙。卞庄勇能擒两虎，高骈一矢贯双雕⑬。司马懿畏蜀如虎⑭，诸葛亮辅汉如龙。

【注释】①跖（zhí）犬吠（fèi）尧：战国时期，齐国有个辩才出众的人叫貂勃，讲了相国田单很多坏话。田单听说后，备了酒席宴请他，问道：“我有什么得罪你的地方？”貂勃说：“盗跖的狗见到尧就狂叫不止，这不是因为跖高贵而尧低贱，狗只是去咬不是自己主人的人罢了。”田单于是用貂勃做了谋士，以后又推荐他做了朝廷的大官。跖，人名，相传是春秋时率领九千人横行天下的大盗，所以也称为盗跖。吠，狗叫。②鸠居鹊巢：斑鸠非常笨拙，不善于筑巢，一般都住在喜鹊建好的巢中。鸠，斑鸠。③缘木求鱼：爬到树上去找鱼。缘木，爬树。④按图索骥：按照图画去寻求好马。索，找。骥，良马。⑤失真：失去本意或本来面貌。⑥如虎负嵎（yú）：像老虎背靠着山中险地，没有人敢靠近。负，凭借。嵎，也作“隅”，山势弯曲险峻的地方。⑦无归：没有归宿，没有依靠。⑧九尾狐：传说中的奇兽，后来成为妖魅多诈的象征。⑨陈彭年：北宋人，当时人说陈彭年奸诈谄媚，给他起了个外号叫“九尾狐”。⑩李克用：唐朝末年人，在战场上冲锋陷阵，骁勇善战，军中称为“飞虎子”。又因为一只眼睛失明，绰号“独眼龙”。眇（miǎo）：眼瞎。⑪指鹿为马：秦朝丞相赵高想要谋反，又害怕群臣不肯服从，就预先做了个试验，以测人心。赵高牵来一只鹿送给秦二世，说：“献给您一匹好马。”秦二世笑着说：“丞相弄错了吧，把鹿说成马。”又问左右的大臣是鹿还是马，大臣们有的沉默不语，有的迎合赵高说是马，而那些说是鹿的，都被赵高找借口杀死了。以后，大臣们再也不敢反对赵高了。⑫叱（chì）石成羊：传说魏晋时人黄初平十五岁的时候在山上放羊，被一个道士带到金华山学仙。哥哥去找他，问他羊在哪儿。黄初平说在山的东面，哥哥却只看见一堆堆的白石头。黄初平大叫一声：“羊儿快起来！”石头都变成了羊。⑬高骈：唐朝末年人，年轻时看见两只大雕并排飞过，说：“我如果会发达，肯定能射中一只。”射了一箭居然穿过两只大雕。后来高骈当上秦州刺史和淮南节度使。⑭司马懿畏蜀如虎：三国时，诸葛亮率军出祁山伐魏，魏军统帅司马懿依仗险要的地势，坚决不出战。诸葛亮派人送去一套妇人的衣裳，好激怒司马懿，可是司马懿依然不出战。贾诩和魏平说：“您怕蜀国就像怕老虎一样，这不是让天下人看笑话吗？”

**【译文】**跖的狗冲着尧狂叫，因为尧不是它的主人。鸠占据鹊巢，这是坐享别人的成就。竭力形容目的无法达到，用“缘木求鱼”；强调与事情的本来面目相去甚远，用“按图索骥”。凶恶的人又有依靠的势力，称作“如虎负嵎”；穷苦的人没有地方容身活命，称作“如鱼失水”。九尾狐，是讥讽陈彭年本性谄媚而奸诈；独眼龙，是夸奖李克用虽用一目作战却英勇。秦赵高欺辱二世，指着鹿说是马；黄初平得到仙术，能够使叱石变成羊。卞庄勇猛有力，能擒两只老虎；高骈射一箭，能贯穿两只大雕。司马懿怕蜀军如怕老虎，诸葛亮辅助蜀主好像龙。

**【原文】**

鹪鹩巢林①，不过一枝；鼹鼠饮河②，不过满腹③。人弃甚易，曰“孤雏腐鼠”④；文名共仰，曰“起凤腾蛟”⑤。“为公乎，为私乎”，惠帝问虾蟆⑥；“欲左左，欲右右”，汤德及禽兽⑦。鱼游于釜中⑧，虽生不久；燕巢于幕上⑨，栖身不安。妄自称奇，谓之“辽东豕”；其见甚小，譬如“井底蛙”⑩。父恶子贤，谓是“犁牛之子”⑪；父谦子拙，谓是“豚犬之儿”⑫。出人群而独异，如“鹤立鸡群”；非配偶以相从，如“雉求牡匹”⑬。

**【注释】**①鹪鹩（jiāo liáo）：一种鸟，因为筑巢非常精巧，所以俗称巧妇鸟。②鼹鼠：俗称田鼠，善于掘洞。③不过满腹：《庄子》中说，尧觉得许由很贤能，准备把帝位禅让给他。许由说：“您治理天下已经很好了，我现在来替代您，不是沽名钓誉吗？鹪鹩在森林中筑巢，不过占用一根树枝；鼹鼠到黄河边饮水，不过喝满肚子。您还是打消念头回去吧，天下对我来说没有什么用处啊！”④孤雏腐鼠：孤独的小鸟，腐烂的老鼠。雏，幼鸟。⑤起凤腾蛟：宛如凤凰起舞，蛟龙腾空。⑥虾蟆：同“蛤蟆”，青蛙和蟾蜍的统称。晋惠帝司马衷曾在华林园听见蛤蟆叫声，就问身边的人：“这些蛤蟆是为公家叫呢，还是为私人叫？”⑦德及禽兽：见卷三“器用”篇的字词解释“幸开汤网”。⑧釜：锅。⑨幕：帐幕。⑩井底蛙：井底下的青蛙只能看到井口那么大的一块天。⑪犁牛之子：孔子将自己的学生仲弓比为“犁牛之子”，认为他有做官的才能。犁牛，杂色的耕牛，据说仲弓的父亲只是个普通的贫民。⑫豚犬之儿：豚犬，猪和狗。三国时期曹操看见孙权的部队后叹息说："生儿子应该像孙权这样，刘表和他的儿子，都像猪狗一样。"刘表是当时的荆州刺史，平庸无能。⑬雉求牡匹：野鸡和公兽匹配。飞禽的公母叫雌雄，走兽的公母叫牡牝。雉（野鸡）应该去和飞禽中的异性配偶，却去寻求公兽，比喻不是一类的动物淫乱。

【译文】鹪鹩在林中筑巢，仅要一根树枝；鼹鼠到河边饮水，只是喝饱肚子。抛弃人极容易，就像"孤雏腐鼠"；文章大家敬仰，说是"起凤腾蛟"。那些蛤蟆为公家叫还是为私人叫？惠帝问身边的人；想去左去左，想往右往右，汤德施及于禽兽。鱼在锅中游，活的不会太久；燕巢建在军中帐幕上，栖身不会安全。少见多怪妄自称奇，就像辽东豕一样；一个人见识短浅，如同井中的青蛙。父恶子贤，说是"犁牛之子"；父谦子拙，说是"豚犬之儿"。才华卓越出众，就像鹤站立在鸡群之中；不是配偶，私自相从，叫作"雉求牡匹"。

【原文】

"天上石麟"①，夸小儿之迈众；"人中骐骥"②，比君子之超凡。"怡堂燕雀"③，不知后灾；"瓮里醯鸡"④，安有广见。"马牛襟裾"⑤，骂人不识礼义；"沐猴而冠"⑥，笑人见不恢宏。"羊质虎皮"⑦，讥其有文无实；"守株待兔"⑧，言其守拙无能。恶人如虎生翼⑨，势必择人而食；志士如鹰在笼，自是凌霄有志⑩。"鲋鱼困涸辙⑪，难待西江水"，比人之甚窘；"蛟龙得云雨⑫，终非池中物"，比人大有为。"执牛耳"⑬，谓人主盟；"附骥尾"⑭，望人引带。"鸿雁哀鸣"⑮，比小民之失所；"狡兔三窟"⑯，诮贪人之巧营。

【注释】①天上石麟：五代时的徐陵八岁就能写文章，著名僧人宝志摸着他的头顶说："这是天上的仁兽石麒麟呀。"②骐骥（qí jì）：良马。③怡堂燕雀：小鸟住在安适的堂屋里。怡，安适。④瓮里醯（xī）鸡：瓦罐中的小虫。醯鸡，一种比蚊还小的飞虫。⑤马牛襟裾：马和牛即使穿着衣服，本质还是牲畜。襟裾，指衣服。⑥沐猴而冠：猕猴戴着人类的帽子。沐猴，猕猴。⑦羊质虎皮：羊虽然披上虎皮，还是见到草就喜欢，碰到豺狼就怕得发抖，它的本性没有变。质，本性。⑧守株待兔：战国时宋国有一个农民，看见一只兔子撞在树根上死了，便放下锄头在树根旁等待，希望再得到撞死的兔子。株，露出地面的树根。⑨恶人如虎生翼：如果帮助坏人作恶或助长坏人的气势，坏人就会像长了翅膀的老虎，更加肆无忌惮。⑩凌霄：迫近云霄。⑪鲋鱼困涸辙：见卷三"贫富"。⑫蛟龙得云雨：三国时刘备拜见孙权，请求出任荆州都督。周瑜劝孙权说："刘备是一个枭雄，手下又有关羽、张飞这样的将领，肯定不会屈居人下。现在想担任荆州都督，恐怕就像蛟龙得到云雨一样飞上天空，终究不会是困在水池中的东西呀。"⑬执牛耳：古代诸侯歃血为盟，割牛耳取血，盛牛耳于盘中，由主盟者执盘，因此称主盟者为"执牛耳"。⑭附骥尾：附在千里马的尾巴上。⑮鸿雁哀鸣：鸿雁悲哀地鸣叫。⑯狡兔三窟：狡黠的野兔筑巢时备有相通的三个洞窟。窟，洞穴。

【译文】"天上石麟"，是夸小儿才华超过众人；"人中骐骥"，比喻君子杰出超凡。住在堂上的燕雀，不知灾难即将来临；住在瓮里的醋虫，哪有广远的见识。牛马穿着衣服，是骂人不懂得礼仪；猕猴戴了帽子，是笑人见识短浅。"羊质虎皮"，是讥讽人外表强硬内心虚怯；"守株待兔"，是说人死守狭隘的经验，笨拙无能。恶人如同老虎长了翅膀，必定择人来吃；有志之士好似雄鹰关在笼中，仍有凌云壮志。鲋鱼困在干涸的车辙中，等不及引来西江水，比喻人处境窘迫；蛟龙只要得到云雨便会腾越天空，终究不是池中之物，形容有才华的人只要得到机会，就能大显身手。“执牛耳”，是说人居于领导地位；“附骥尾”，是盼望他人提携引荐。“鸿雁哀鸣”，比喻灾民流离失所；狡猾的兔子筑有三个巢穴，好比奸诈的人善于为自己谋利益。

【原文】

“风马牛”①，势不相及；“常山蛇”②，首尾相应。“百足之虫③，死而不僵”，以其扶之者众；“千岁之龟，死而留甲”④，因其卜之则灵。大丈夫宁为鸡口，毋为牛后⑤；士君子岂甘雌伏，定要雄飞。毋偈促如辕下驹⑥，毋委靡如牛马走⑦。猩猩能言⑧，不离走兽；鹦鹉能言⑨，不离飞鸟。人惟有礼，庶可免相鼠之刺⑩；若徒能言，夫何异禽兽之心。

【注释】①风马牛：春秋时期齐国率领诸侯伐楚。楚君派人对诸侯的军队说：“你们在北海，我们在南海，就是马牛雌雄相引诱，也不会走失至对方的地界。”风，雌雄相引诱。②常山蛇：传说常山有一种蛇叫“率然”，攻击它的头则尾部来救援，攻击它的尾部则头部来救援。③百足：虫名，又名马陆或马蚿，有十二环节，切断后仍能蠕动。④千岁之龟，死而留甲：古人认为龟是有灵性的神兽，寿命也很长，因此龟死后人们留下龟甲来占卜吉凶。⑤宁为鸡口，毋为牛后：鸡嘴虽小，可以自由啄食；牛屁股虽大，只能任人鞭打。⑥偈促：同“局促”，拘谨，拘束，不自然。辕下驹：车辕下不习惯驾车的幼马。驹，小马。⑦牛马走：像牛马一样供人驱使。⑧猩猩：一种大型哺乳动物，叫声就像小孩，所以传说能说人话。⑨鹦鹉：羽毛色彩美丽的小鸟，经过训练能够模仿人说话。⑩相鼠：《诗经·鄘风·相鼠》中“相鼠有体，人而无礼。人而无礼，胡不遄死？”意思是说，看看连老鼠都有皮、有齿、有体，人只有讲礼仪，才可以避免不如老鼠的讽刺。

【译文】风马牛，比喻事物之间互不侵犯；常山蛇，形容事物头尾相应。百足之虫死了之后，还不会僵掉，因为脚多的缘故；千岁神龟，死了之后留下龟甲，因为用其龟甲占卜非常灵验。大丈夫宁做鸡口不做牛后；士君子岂愿甘心雌伏，一定要雄飞。不要局促畏缩，如车辕下的马；不要萎靡不振，像管牛马的仆从。猩猩虽能讲话，还是走兽；鹦鹉虽能说话，还是飞鸟。人唯有有礼，才能避免被讽刺为不如老鼠；如果仅是会讲话，那与禽兽又有什么两样呢？

## 花　木

【原文】

植物非一，故有“万卉”之名①；谷物甚多，故有“百谷”之号②。“如茨如梁”③，谓禾稼之蕃④；“惟夭惟乔”⑤，谓草木之茂。莲乃“花中君子”⑥，海棠“花内神仙”⑦。“国色天香”⑧，乃牡丹之富贵；“冰肌玉骨”⑨，乃梅萼之清奇⑩。兰为“王者之香”，菊为“隐逸之士”⑪。竹称“君子”⑫，松号“大夫”⑬。

【注释】①卉：草的总称。②百谷：谷类的总称，百是约数。③如茨（cí）如梁：像茅草屋顶那么厚，像屋梁那么高。茨，用芦苇、茅草盖的屋顶。④禾稼：谷类作物的统称。蕃：茂盛，繁多。⑤惟夭惟乔：形容草木茂盛的样子。夭，茂盛的样子。乔，高大。⑥花中君子：莲花品格高洁，所以说它是花中的君子。⑦花内神仙：海棠花颜色艳丽而不妖冶，没有香气，所以说它是花内神仙。⑧国色天香：牡丹花的香色可贵，不同于一般花卉。⑨冰肌玉骨：形容梅花不畏严寒。⑩梅萼（è）：梅花的蓓蕾。⑪隐逸之士：菊花在百花凋零后的九月开放，所以周敦颐称它为“花之隐逸者”。⑫君子：阳明子说，竹有君子的四种美德，即根牢、身直、心空、有节，所以竹被称为“君子”。⑬大夫：相传秦始皇上泰山封禅的时候，下起了暴雨，于是在一棵松树下休息，后来封这棵树为“五大夫”。五大夫是爵位名，秦朝、汉朝时二十等爵位的第九级。

【译文】植物不止一种，所以有“万卉”的说法。谷物种类很多，所以称作“百谷”。“如茨如梁”，是形容谷物大获丰收；“惟夭惟乔”，是说草木非常丰茂。莲花是花中的君子；海棠是花中的神仙。“国色天香”，是说牡丹富贵艳丽；“冰肌玉骨”，是形容梅花的清秀俊奇。兰花有王者之香，尊贵高雅；菊花如隐逸之士，孤傲高洁。竹子称君子；松树喻指大夫。

【原文】

萱草可忘忧①，屈轶能指佞②。“筼筜”③，竹之别号；“木樨”④，桂之别名。“明日黄花”⑤，过时之物；“岁寒松柏”⑥，有节之称。樗栎乃无用之散材⑦，楩楠胜大用之良木⑧。“玉版”，笋之异号；“蹲鸱”⑨，芋之别名。瓜田李下⑩，事避嫌疑；秋菊春桃⑪，时来尚早。南枝先，北枝后，庾岭之梅⑫；朔而生，望而落，尧阶蓂荚⑬。

【注释】①萱草：俗称黄花菜，古人认为种植此草可以使人忘记忧愁烦恼。②屈轶能指佞（nìng）：屈轶又名“指佞草”，是传说中的一种仙草，见到佞人就弯下指着佞人的方向。佞，指奸伪谄媚之徒。③筼筜（yún dāng）：生长在水边的大竹子。④木樨：也作“木犀”，即桂花。⑤明日黄花：苏轼《九日次韵王巩》一诗有这样两句：“相逢不用忙归去，明日黄花蝶也愁。”黄花，指菊花。古人多在重阳节赏菊，重阳过后菊花就逐渐萎谢。⑥岁寒松柏：岁寒，一年的寒冬。松树和柏树天气再寒冷也不会凋零。⑦樗栎（chū lì）：樗树和栎树，都不是好木料。散材：不成材的树木。⑧楩（pián）楠：黄楩木和楠木。⑨蹲鸱：大芋头形状像蹲伏的鸱鸟。⑩瓜田李下：古乐府《君子行》有这样两句：“瓜田不纳履，李下不正冠。”是说经过瓜田不要弯腰提鞋子，走过李树下不要举手扶正帽子，以避免偷瓜和摘李子的嫌疑。⑪秋菊春桃：秋天的菊花九月开，春天的桃花三月开。⑫庾岭：即大庾岭，在今江西、广东交界处，古代种了很多梅树，所以又称为“梅岭”。因为南暖北寒，所以庾岭的梅花往往南枝已经凋谢，北枝才刚刚开放。⑬尧阶蓂（míng）荚：相传尧帝时有土阶三尺，下面长着一种仙草叫蓂荚。

【译文】萱草也叫忘忧草，可以使人忘掉忧愁；屈轶别号指佞草，能够指出坏人。“筼筜”，是竹子的代称；“木樨”，是桂花的别号。黄菊花过了时令便凋谢，“明日黄花”比喻过时的事物；松柏在严寒时依然苍翠，“岁寒松柏”是称赞有气节的人。樗栎，是无用的散材；楩楠，是能作栋梁的佳木。“玉版”，是笋的外号；“蹲鸱”，是芋的别名。在瓜田中不要提鞋，李树下不要整理帽子，以避免偷瓜摘李的嫌疑；桃花三月放，菊花九月开，是说展示才华的时间有早有迟。庾岭的梅花，南枝先开，北枝后开；尧阶的蓂荚，朔日生出，望日凋谢。

【原文】

苾芻背阴向阳①，比僧人之有德；木槿朝开暮落②，比荣华之不长。“芒刺在背”③，言恐惧不安；“薰莸异气”④，犹贤否有别。桃李不言，下自成蹊⑤；道旁苦李，为人所弃。老人娶少妇，曰“枯杨生稊”⑥；国家进多贤，曰“拔茅连茹”⑦。蒲柳之姿⑧，未秋先槁⑨；姜桂之性，愈老愈辛⑩。王者之兵，势如破竹；七雄之国⑪，地若瓜分⑫。苻坚望阵，疑草木皆是晋兵⑬；索靖知亡⑭，叹铜驼会在荆棘。

【注释】①苾芻（bì chú）：一种植物，据说它有五种美德，背阴向阳是其中的一种。②木槿（jǐn）：一种落叶灌木，夏秋早上开花晚上闭。③芒刺在背：像有芒刺扎在背上一样。芒刺，植物茎叶、果壳上的细刺。④薰莸异气：香草和臭草的气味不一样。薰，香草，比喻善类。莸，臭草，比喻恶物。⑤桃李不言，下自成蹊（xī）：比喻人只要真诚、忠实，就能感动别人。蹊，小路。⑥枯杨生稊（tí）：枯萎的老杨树又长出了芽。稊，植物的嫩芽。⑦拔茅连茹：拔起茅草，根连在一起。茅，白茅，一种多年生的草。茹，植物根部互相牵连的样子。⑧蒲柳之姿：指早衰，香蒲和柳树的叶子都是将到秋天就凋零。这是古时候称自己体质弱的客套话。蒲，一种草本植物。⑨槁：枯干。⑩愈老愈辛：用来比喻人年纪越大性格越刚强。辛，辣味。⑪七雄：指战国时秦、楚、燕、齐、韩、赵、魏七国。⑫瓜分：像切瓜一样地分割或分配。⑬草木皆是晋兵：东晋时，前秦苻坚率领大军南下攻晋，晋朝的谢安、谢玄等率兵在淝水大败苻坚。交战前，苻坚登上城头观察晋军，见部阵整齐，将士精锐，八公山上的草木也都像人形，以为都是晋兵。⑭索靖知亡：索靖是西晋尚书，知道天下将会大乱，有一次指着洛阳宫门口的铜骆驼叹息道：“下次恐怕会在荆棘丛中见到你了。”

【译文】苾芻背阴向阳，比喻僧人有德；木槿的花朝开暮落，比喻荣华富贵不会长久。“芒刺在背”，形容恐惧不安；熏草香、莸草臭，是说好坏有别。桃李虽不会说话，但它们果实甜美，惹人喜爱，人们在它们下面走来走去，就走出了一条小路；苦李长在路旁，终会被人摒弃。老人娶年轻的姑娘，叫“枯杨生稊”；国家用贤才，叫作“拔茅连茹”。蒲柳之姿，比喻未老先衰；姜桂之性，是说愈老愈辣。行王道的军队，摧敌如破竹；战国七雄，分地如分瓜。苻坚见风吹草木，以为都是晋兵；索靖预测晋朝将亡，感叹铜驼将落入荆棘。

【原文】

王祐知子必贵，手植三槐①；窦钧五子齐荣，人称五桂②。钼麑触槐③，不忍贼民之主④；越王尝蓼⑤，必欲复吴之仇。修母画荻以教子⑥，谁不称贤；廉颇负荆以请罪⑦，善能悔过。弥子瑕常恃宠，将余桃以啖君⑧；秦商鞅欲行令，使徙木以立信⑨。王戎卖李钻核⑩，不胜鄙吝⑪；成王剪桐封弟⑫，因无戏言。齐景公以二桃杀三士，杨再思谓莲花似六郎⑬。倒啖蔗⑭，渐入佳境；蒸哀梨⑮，大失本真。煮豆燃萁⑯，比兄残弟；砍竹遮笋⑰，弃旧怜新。

【注释】①三槐：相传周朝宫廷外种有三棵槐树，三公朝见天子时，面向三槐而立。所以后人以三槐比喻三公。北宋王祐在房子前栽下三棵槐树，说：“我的后人中肯定会有当上三公的，这就是标志。”后来他的二儿子王旦在宋真宗时当上了宰相。②五桂：五代后周窦禹钧，五个儿子相继考中进士。冯道赠诗一首："燕山窦十郎，教子以义方，灵椿一枝老，丹桂五枝芳。"当时人称为"窦氏五龙""燕山五桂"，俗称"五子登科"。③钼麑触槐：春秋时，晋灵公无道，赵盾屡次进谏，惹得晋灵公很不高兴，就派壮士钼麑前去刺杀赵盾。钼麑来到赵家，看见赵盾早早就穿好衣服准备上朝，态度非常恭敬，叹息道："赵盾是百姓的主啊！杀害百姓的主，是不忠；不履行国君的使命，是不守信用。这两者只要有一种，都不如死了。"于是便一头撞死在槐树上。④贼：杀害。⑤越王尝蓼：春秋时越王勾践卧薪尝胆，立志复仇，眼睛困了就涂蓼驱除睡意。蓼，一种草，茎叶辛辣。⑥画荻以教子：宋朝欧阳修四岁丧父，母亲郑氏亲自教儿子读书，家里贫穷买不起纸笔，就用荻秆在沙地上画字学习。荻，一种植物，长得像芦苇。⑦负荆以请罪：见卷三"人事"。⑧余桃以啖君：春秋时，弥子瑕非常受卫灵公的宠爱。有一天，弥子瑕和灵公在果园游玩，弥子瑕吃到一个桃子非常甜，就把剩下的一半给灵公吃。灵公说："你真是爱我呀，忘记自己的口味来给我吃。"等到弥子瑕老了得不到灵公的宠爱了，灵公则说："当时还把吃剩的桃子给我吃！"⑨徙木以立信：战国时秦相商鞅实行变法，恐怕民众不信，就先在国都南门立了一根十米长的木头，下令谁能扛到北门就赐十两金子。民众觉得很奇怪，没有人敢去扛。又下令能扛走者赐五十两金子，有一个人扛到北门，马上赐给五十两金子，以表示不会欺骗。于是颁布新法，在民众中顺利推行。⑩卖李钻核：西晋的王戎家里有一棵好李子树，他唯恐别人将种子留着栽培，因此出卖李子前常用钻子钻穿李核。⑪鄙吝：这里指过分爱惜钱财，吝啬。⑫剪桐封弟：周成王与弟弟叔虞玩游戏，把一片桐叶剪成玉圭的形状给叔虞，说："我把这个封给你。"一个名叫佚的史官请挑选日子册封叔虞，成王说："我是和弟弟开玩笑的。"佚说："天子不能有开玩笑的话，说出来就要记录到史书上。"⑬莲花似六郎：唐朝张昌宗，小名叫六郎，容貌俊美，受到武则天的宠爱。内史杨再思奸佞谄媚，奉承说："人们都说六郎面似莲花，我认为是莲花像六郎。"⑭倒啖蔗：见卷三"人事"篇的字词解释"渐入佳境"。⑮蒸哀梨：南京有家姓哀的人，家里所产的梨子又大又甜，入口即化，如果蒸了吃，反倒失去原来的味道。⑯煮豆燃萁：见卷二"兄弟"。⑰砍竹遮笋：砍掉竹子去遮护竹笋。多指在爱情上或对事物喜爱不专一。

**【译文】**王佑知道子孙将为公卿，预先在院中种下三棵槐树；窦钧有五个儿子皆显贵，世人称为五桂折枝。钼麑撞槐树自杀，不忍心杀害忠臣；越王卧薪尝蓼，决心要报吴国之仇。欧阳修的母亲以荻秆当笔，教子写字，谁不称赞她的贤德；廉颇背负荆条向蔺相如请罪，好在自己知道悔过。弥子瑕依仗得宠，把咬过的桃子给卫灵公吃；秦国商鞅为行法令，让人搬木头树威信。王戎卖李子钻核，真是卑鄙吝啬；周成王剪桐叶分封弟弟，因为天子不能有戏言。齐景公借刀杀人，用两个桃子使三位壮士自相残杀；杨再思阿谀谄媚，说莲花好像张六郎。倒吃甘蔗，指渐入佳境；把哀梨蒸来吃，就失去本味。煮豆燃萁，比喻兄弟相残；砍竹遮笋，形容弃旧爱新。

**【原文】**

元素致江陵之柑①，吴刚伐月中之桂②。捐资济贫，当效尧夫之助麦③；以物申敬④，聊效野人之献芹⑤。冒雨剪韭⑥，郭林宗款友情殷；踏雪寻梅⑦，孟浩然自娱兴雅。商太戊能修德，祥桑自死⑧；寇莱公有深仁，枯竹复生⑨。王母蟠桃⑩，三千年开花，三千年结子，故人借以祝寿诞；上古大椿⑪，八千岁为春，八千岁为秋，故人托以比严君⑫。去稂莠正以植嘉禾⑬，沃枝叶不如培根本。世路之蓁芜当剔⑭，人心之茅塞须开⑮。

【注释】①江陵之柑：唐朝方士董元素懂得仙术，有天晚上，唐宣宗召见他说："现在江南的柑橘熟了，你能给我弄点来吗？"董元素于是拿了一个盒子放在皇上的座位前，一阵微风吹过后打开盒子，里面装满了柑橘。董元素说："这是江陵枝江县产的柑橘。"②月中之桂：传说月亮中有一棵桂花树，有一个名叫吴刚的人，因为学仙犯了错误，被罚去砍树，但是桂花树被砍的地方马上又长好了。③尧夫：宋朝范仲淹的二儿子范纯仁，字尧夫。④申敬：表示敬意。⑤野人之献芹：见"人事"篇。⑥冒雨剪韭：东汉人郭泰，字林宗，学识非常渊博。他种了一块菜园，有一次朋友范达晚上来了，郭林宗冒着大雨到地里割韭菜，做汤饼请朋友吃。⑦踏雪寻梅：唐代诗人孟浩然，曾经在大雪天骑着一头毛驴去寻找梅花。⑧祥桑自死：商朝第十代帝王太戊在位时，国都有棵桑树和楮树长在一起，一夜之间就长到一抱那么粗，并且纠缠在一起，百姓们都说有妖怪。太戊也很害怕，就问伊陟。伊陟说："我听说妖怪也害怕圣明的人，您只要勤于修德，妖怪也会害怕的。"太戊于是听从伊陟的话，过了几天桑树就枯死了。祥，本指吉凶的征兆，这里指凶兆、妖怪。⑨枯竹复生：北宋宰相寇准，封莱国公，宋真宗时被贬到雷州，在路上，他剪下一根笔杆插在神祠前说："寇准如果没有辜负国家的话，这根枯竹一定会再活过来。"不久枯竹果然活了。⑩王母蟠桃：相传汉武帝过生日时，天上的王母送来七颗桃。汉武帝想留下桃核做种子，王母说："这桃树三千年开花，三千年结果，不是人间所能种植的。"⑪上古大椿：《庄子·逍遥游》中说上古有一棵大椿树，以八千岁为春，八千岁为秋。⑫严君：指父亲。⑬稂莠（láng yǒu）：稂和莠都是形状像禾苗的杂草，比喻害群之马。⑭世路：指人世的经历。蓁（zhēn）芜：指杂乱丛生的草木。比喻人生道路上的各种艰难险阻。蓁，通"榛"，丛生的草木。芜，杂乱的草。⑮茅塞：见卷三"人事"篇。

【译文】董元素能把江陵的柑橘搬至长安的宫殿；吴刚被惩罚，砍伐月中的桂树。捐财救济贫困，当学范尧夫把一船的麦子送人；用物品表达敬意，姑且仿效山野之民献芹菜。郭林宗款待友人，冒雨去菜园剪韭菜；孟浩然自乐有雅兴，踏雪寻梅花。商代太戊修德政，作祸的祥桑自己枯死；寇准仁德深厚，枯竹复生枝叶。西王母的蟠桃，每三千年开一次花，三千年结一次果，所以人们用蟠桃来祝寿；上古有大椿树，八千年才算一春，八千年才算一秋，故而人们借它来比喻父亲。除去稂和莠，是为了培植好苗；使枝叶肥厚，不如培育根本。人生道路上的艰难险阻，应当剔除干净；愚昧就是人心里的茅草，应当拔除。

# 名物蒙求

[宋]方逢辰

《名物蒙求》在古代常识教学中是最值得称道的常识教材，宋代方逢辰编，有《小四书》本。该书介绍自然和社会的各种名物知识。含天文、地理、鸟兽、花木、日用器物、耕种操作，以及当时社会上的亲属、家庭等关系之种种称谓。广而不繁，共2720字。四言叶韵，通顺易懂。

作为蒙学课本之一，《名物蒙求》流行于旧时中国。“名物”指事物的名号及其貌象声色；“蒙求”义取《易·蒙卦》“匪我求童蒙，童蒙求我”。

《名物蒙求》犹如一本中国古代名物知识方面的百科小辞书。全书共分十六个部类，依次叙录天文、地理、山川、园圃、城邑、伦理、职官、林木、花草、鸟兽、农事、时令、饮食、服饰、居室、器用的名称以及与之有关的一些成语典故。

**【原文】**

天尊地卑，乾坤定住①。轻清为天，重浊为地。

**【注释】**①乾坤:《周易》中的两个卦名，指阴阳两种对立势力。乾指天，坤即地。

**【解析】**上尊为天，下卑为地。乾指天，象征阳性势力；坤指地，象征阴性势力。两者相生相克，构成世界万物。阳气轻清上扬形成天，阴气重浊下沉聚成地。

**【原文】**

丽乎天者①，日月星辰。润以雨露，鼓以风霆。

**【注释】**①丽：附着，依附。

**【解析】**天与日月星辰，相依相生。天上拥有日月星辰，人间发生昼夜晦冥。世间万物在被雨水、霜露滋润的同时，还为风暴、雷霆所洗礼，以至茁壮成长、生机勃勃。

**【原文】**

云维何兴？以水之升。雨维何降？以去之烝。

阳为阴系，风旋飚回。阳为阴蓄，迸裂而雷。

**【解析】**为什么产生云？因为水在空中升腾冷却凝成云；为什么会降雨？因为云在空中厚积融化成水滴而下雨。大风回旋飘举源自阴气依附着阳气；雷电迸裂轰鸣源自阴气蓄积转为阳气。这就是阴阳之间的互相依存、互相转化。

【原文】

惟雾斯虹，惟震斯电。散为烟霞，凝为雹霰。
日中则昃，月满则亏。往来进退，消息盈虚。

【解析】彩虹只能出现在雨后初晴之时；闪电必然与隆隆雷声相伴。云烟丹霞是天地之气散开之后的形成物，冰雹雪珠来自天地之气的凝结与聚集。正当中天之时，太阳已经开始西斜；正当盈满之刻，月亮已然渐渐缺损。世间万物的来去、消长、盈亏，仿佛太阳要东升西落、月有阴晴圆缺一样。

【原文】

是以圣人，抑阴崇阳。《诗》防霰雪①，《易》戒冰霜②。

【注释】①《诗》：即《诗经》，五经之一，中国最早的诗歌总集。②《易》：即《周易》，五经之一，也称《易经》。

【解析】所以消极、退守、柔弱等阴性特征为古代圣人所抑制，积极、进取、刚强的阳性特征为他们所崇尚。为防止如霰雪般坏思想的侵袭，就要诵读《诗经》，陶冶情操；为防备似冰霜样恶势力的进犯，就要学习《周易》，通晓阴阳之道。

【原文】

丽乎地者，山川岳渎①。高平为原，窈深为谷。
山脊曰冈，山足曰麓。邱言其高，阿言其曲。

【注释】①渎：小渠，小溪。

【解析】大地与山川河岳相生相依。大片平地中地势较高的是高原，两山之间的狭长低凹地带是峡谷。山脊叫山冈，山脚叫山麓。丘陵是指这个地带较高，山阿是指这个地方崎岖不平。

【原文】

土山为阜，大阜为陵。岩崖岛屿，巘嶂岫岭①。
孤峰峭壁，绝峤平峦②。凡此之类，皆名为山。

【注释】①巘：小山。嶂：屏嶂似的山。岫：峰峦。②峤：高而峭的山，也代指五岭。

【解析】土山是阜，大阜是陵。岩石、悬崖、小岛，峰峦叠嶂，山岭逶迤，孤高的山峰，陡峭的石壁，高而陡且无路可走的山，平缓的土阜，小而尖的丘峦。凡此种种，都叫作山。

【原文】

滔滔者水，涓涓者泉。激为滩濑，深为潭渊。有涯有涘，有源有流。

【解析】波涛汹涌的是江水，涓涓喷涌的是山泉。水流湍急的叫河滩和石濑，深不见底的叫水潭和深渊。它们有涯岸有边际，有源头有水道。

【原文】

渡口为津，沙碛为洲。地泽陂塘，渚汀浦溆。坎井波涛，皆隶乎水。

【解析】渡口是津，水中小块陆地是洲。洼地湖泽，池沼水塘；水中小洲，水边平地；江河湖海之滨，地下的井、渠，波涛汹涌的大海，这一切都因水而名，都属于水的范畴。

【原文】

小路为径，通道为衢。闹则市井①，静则郊墟。
林圃苑囿，皆谓为园。畦畴垄亩，皆谓之田。

【注释】①市井："立市必四方，若造井之制"，故名。

【解析】小路叫径，通行无阻的大道是衢。繁荣热闹的地方是市井，冷清僻静的地方是郊野、村落。园包括种植林木的林圃、畜养禽兽的苑囿，田包括肥沃的畦畴、贫瘠的垅亩。

【原文】

高原下隰①，西陌东阡。一耒之土②，万民之天。

【注释】①隰：低下的湿地。②耒：古代一种耕地翻土的农具的木柄。

【解析】高高的平原、低低的原野，东西南北纵横交错的田间小路，乃至区区尺寸之地，都是千千万万的百姓赖以生存的根基。

【原文】

洞蠡灭苗，峭函亡秦。险不如德，地不如人。

【解析】虽然占据着洞庭湖和鄱阳湖，但是古氏族三苗族最终还是覆灭了；虽然秦王朝凭借雄控大川的险峻峭山和千古雄关函谷关，却也逃脱不了灭亡的命运。由此看来，施行仁德胜于险固的关隘，取信于民比凭借战略要地更重要。

【原文】

中于天地，惟人最灵①。耳目鼻口，具人之形。
得其清者，圣人贤人。得其浊者，愚夫凡民。

【注释】①人：古人认为"天出其精，地出其形"。

【解析】人是天地之间最有灵性的动物。地造就了人的外形——耳目鼻口。获得天地的清灵之气，人就成为圣人贤人。获得天地的混浊之气，人就成为愚夫平民。

【原文】

读书为士，耕田为农。行商坐贾，技艺百工。
是谓四民，各有所业。其为士者，豪俊英杰。

【解析】读书学道的是士人，耕田种地的是农民，从商卖货的是商人，有技艺造器具的是工人。这些人通称为四民，他们各有所长。其中读书学道的人，是其中最优秀的。

【原文】

秩序五典①，维持三纲②。君臣以立，父子以匡。

【注释】①五典：封建社会的五种行为准则，即父义、母慈、兄友、弟恭、子孝。②三纲：封建社会中三种主要道德关系，即君为臣纲、父为子纲、夫为妻纲。纲，比喻主要和支配的位置。

【解析】只有遵守五种行为准则，社会才能整齐有序；只有维持三种道德关系，才能建立道德风范。君臣要以此建立国家，父子要以此匡正自己的行为。

【原文】

假之者霸，由之者王。用之者治，不用则亡。

【解析】能借助五典三纲，统一天下的人，就能成就霸业；能审时度势，顺随五典三纲，感化天下的人，就能称王天下。能用五典三纲治理国家，列举纲纪，布施德泽，上下安顺，国家就太平安定；不能用五典三纲治理国家，国家就会灭亡。

【原文】

四民之外，僧道医卜。或为佣工，皂隶僮仆①。

【注释】①皂隶僮仆：古代对奴隶或差役的称谓。皂：马牢，古时奴隶与牛马同牢，故名皂。

【解析】除了士人、农民、商人、工人这四种人之外，还有僧侣、道士、医生和算命先生，以及受雇于人的帮佣、雇工、差役、奴隶、奴婢、仆夫。

【原文】

人生而群，不可无教。君仁臣忠，父慈子孝。
别而夫妇，信而友朋。长幼有序，是谓人伦。

【解析】天下人各按其道划分群体，教化不能没有。君主仁德圣明，臣子进献忠心；父亲爱抚儿子，儿子孝敬父亲；夫妇有别，夫唱妇随；朋友之间，言而有信；长幼有序，尊长爱幼。这就是人与人之间不可改变的常道，叫作“人伦”，也称“五伦”。

【原文】

出而交际，师友主宾。入而亲睦，伯叔弟兄。

【解析】出外交际，有礼有节，不卑不亢。师友主宾要分清。对老师，要以尊敬为根；对朋友，要以信用为本。当主人的要雅致，当客人的要谦恭。在家要亲密和睦，尊伯敬叔，兄弟和睦。如果兄弟不和，子侄便无法友爱。

【原文】

诸姑姊妹，皆父党亲①。曰姨曰舅，母党之姻。

【注释】①党：亲族。

【解析】各位姑妈，都是父亲那一族的亲人。叫姨母、舅父的，都是母亲那一边的姻亲。他们和你在血缘上同出一源，也应长幼有序，尊老爱幼，相互友爱，和睦相处。不可疏远亲情，要遵守“睦于父母之党”的道德标准。

【原文】

高曾祖父，在己身前。由己而后，子孙曾玄。是为九族。教人亲亲。

【解析】以自己为起点，自己以上的父亲、祖父、曾祖父、直至高祖父，自己以下的儿子、孙子、曾孙、直至玄孙。他们都是血缘上同出一源的直系亲族，称为宗亲九族。要教导人亲近自己的宗亲，还要和各代亲族的亲人和睦相处。

【原文】

妻父曰婚，婿父曰姻①。同姓之亲，宗族百世。异姓之亲，姑舅甥婿。

【注释】①婚、姻：古代指亲家，与今义不同。

【解析】妻子的父亲叫婚，女婿的父亲叫姻。双方的父母之间结为婚姻，也就是结为亲家。同姓的亲族，代代相亲，百世不绝。异姓亲族，有姑、舅、甥、婿。

【原文】

生民有欲，无主则争。乃立之君，辅以公卿。

【解析】人天生就有私欲，若没有人来管理，他们就会互相争利。于是就立了君主来管事，使百姓团结和谐，并且通过三公九卿来辅佐君主处理政事。

【原文】

大夫及士，分职朝廷。外置诸侯，各治其民。

【解析】在朝廷里，大夫和士等一般的官员，分别担任朝廷中的一般官职。在朝廷外，土地实行分封制，爵位和土地被帝王赐给臣子，在各个封疆内设置隶属于帝王之下的诸侯王。这些诸侯在其封疆内，世代独揽统治大权，统治封地里的百姓。

**【原文】**

封建一变，为郡为县。乃置守令，佐以丞掾①。

**【注释】**①丞掾：古代属官的通称。

**【解析】**秦始皇改变了诸侯割据的封建制，以地主政权代替领主政权，实行专制主义中央集权。皇帝独裁，下设郡县两级，郡各管若干县。郡县的行政长官郡守、县令由朝廷任命，随时可以调动。郡守县令以下再设若干属官帮助处理政事。

**【原文】**

小争则讼，大争则兵。乃置军旅，将帅专征。
以御蛮夷，以遏寇贼。凡此设官，皆为民极。

**【解析】**产生小的争论会诉诸官司，大的争论就用战争解决。于是就建立军队，设置军旅，由将帅掌握军权，专门负责征伐，用来抵御四方的少数民族，用来制服流寇和盗贼。这样上自朝廷，层层设官，掌管着巨大的统治机器。这是万民必须遵守的法则。

**【原文】**

民物之初，同一太极①。全者为人，偏者为物。

**【注释】**①太极：古代哲学术语。古人认为"太极"是派生万物和人的本原。

**【解析】**最初，人和世间万物是同一本原的，都属于混沌广大之气，即太极。太极生天地，天地的阴阳之气创造了人和世间万物。得天地全部清灵之气的是人，只得了一部分的是物。

**【原文】**

物有知者①，鸟兽之属。物无知者，为草为木。

**【注释】**①有知、无知：自然界中具有生命的物体，包括植物、动物和微生物。古代分为有知、无知两类。

**【解析】**万物中那些有知觉的，是各类动物，诸如鸟兽；万物中那些没有知觉的，就成为各类植物，诸如草木。

**【原文】**

椅桐梓杞，楩楠豫章。杶桧栝柏，皆材之良。

**【解析】**山桐子、油桐树、梓树、枸杞，属落叶乔木和灌木；黄楩木、楠木、豫章树，属常绿阔叶树；杶树、桧树、栝树、柏树，属常绿针叶树，它们都是珍贵林木。这些树，有的可入药，有的可榨油，有的可提炼香料，有的可制造器具，有的还是名贵的观赏树。

【原文】

松柏后凋，蒲柳先零。大则栋梁，小则薪蒸。

【解析】寒冬腊月，万物都凋谢了，松柏才开始落叶换新绿。秋风未起，蒲柳、杨柳望秋而凋零。大的树木，可作房屋的栋梁，支撑高楼大厦；小的草木，可以作柴火，蒸饭煮菜。

【原文】

棕长则剥，漆茂则刳。能不如拙，智不如愚。

【解析】棕榈树生长到一定时候，就要剥去老的树皮，再长再剥，这样棕榈树才能继续生长；漆树生长茂盛了，就要剖树割漆，再茂盛再剖割，这样漆树才能保持生机。灵巧能干有时不如稚拙，聪明智慧有时不如愚直。只有勤学善问，才能增能益智。

【原文】

不才自寿，惟樗惟栎。长恶自伐，惟荆惟棘。

【解析】因为有的树木不成材，没有用，所以没人砍伐它，它才得以长寿，樗栎就是这样的无用之材：它躯干臃肿不能弹墨线，小枝卷曲又不合规矩。而有的树木其无用在于长得凶狠险恶，同类之间自相残害，荆棘就是这样的灌木。它丛生于原野，阻塞了道路，所以有“披荆斩棘”的成语。

【原文】

桑柘可丝，麻枲可织。草木之功，此为第一。

【解析】白桑树、黄桑树，其叶都可养蚕缫丝；子麻、牡麻，其茎部的韧皮纤维长而坚韧，可以织麻布。要评说有功劳的草木，桑和麻应该列为第一。

【原文】

园林富贵，桃李秾华。清明杏雨，寒食梨花。

【解析】人工园林，佳景如画，富丽华贵，桃花红，李花白。清明时节，红杏色彩艳丽，甚至雨水也带花香，雨与花色相映衬而称为“杏花雨”；清明前夕是寒食节，如雪飘飞的梨花，装点着暮春园林。

【原文】

海棠夸蜀，牡丹盛唐。药翻禁掖，薇对省郎①。

【注释】①省：中书省，唐改为紫薇省。

【解析】蜀地的海棠花好，盛唐的牡丹花艳。在皇宫禁苑中芍药花飞红吐艳，紫薇花与紫薇郎悄然独放，寂然相对。

【原文】

紫槿朱榴，棣棠石竹。含笑蔷薇，凤仙罂粟。
荼蘼架上，萱草庭前。瑞香茉莉，山矾水仙。

【解析】百花园中，有紫莹莹的木槿花，红艳艳的石榴花；流黄的棣棠花，吐玉的石竹花；镶红嵌金的含笑花，融翠绽红的蔷薇花；如火的凤仙花，似霞的罂粟花；佛见笑满枝，忘忧草遍地。还有冷艳的瑞香，清香的茉莉，素妆游春的山矾，凌波微步的水仙。

【原文】

孰为幽贞，一扫浮丽。冬雪癯梅，秋风老桂。

【解析】百花之中，冬雪癯梅、秋风老桂最为清幽典雅、坚贞不移，一扫浮华靡丽的妖冶之风。梅花清瘦似仙，凌霜斗雪，气节弥坚，有“人间癯仙”之称；桂花十里清香，不畏风露霜雪，幽静绽放，有“三秋桂子”之誉。

【原文】

南国山茶，散火雪霜。兰生深林，自遁于荒。

【解析】南国的山茶花，雪里开花，高花映天，低花照地，恰如散在霜天雪地里的朵朵火焰，无愧为“雪中奇葩”。深山丛林中的兰花，素淡孤高，自甘隐居在山野里，堪称“山野处士”。

【原文】

濂溪爱莲，陶潜爱菊。莲不受污，菊拔流俗。

【解析】北宋哲学家周敦颐，著有《爱莲说》，表达酷爱莲花之情；东晋大诗人陶渊明，吟有《归园田居》，尽显独爱菊花之意。莲花洁身自好，气节清高；菊花超凡脱俗，千古高风。

【原文】

夏葵向日，乃心太阳。秋蓉拒霜，以质而章。

【解析】夏天的葵花向着太阳，秋天的芙蓉不畏寒露冷霜而绽放。二者都因其品质而名扬天下。

【原文】

花发其英，果敛其实。以充笾豆[①]，椇榛枣栗。

【注释】①笾豆："笾"用竹制，盛果脯等，"豆"用木制，盛酱汁等，是古代祭祀和宴会用的盛器。

【解析】树木的英华开放，就是鲜花；敛聚起来，就是果实。可以拿来竹笾和木豆，装满枳椇子、榛子、红枣和板栗，供奉祖宗，也可以招待客人。

【原文】

梅入商鼎，杏登孔坛。橘不逾淮，荔走长安。

【解析】盐梅是商鼎中调制汤羹的珍品；红杏登上了孔子执教讲学的讲坛，此坛就叫"杏坛"。淮南的橘子不宜移植到淮北，因为不适应环境；鲜荔枝可以被迅速送进长安，因为杨贵妃要吃。

【原文】

仁杏得名，去外食心，核桃得名，去肉取仁。楂梨菱芡，樱笋枇杷[①]。

【注释】①笋：不是竹笋，而是笋瓜，即"印度南瓜"，种子可以炒来吃。

【解析】因为剥去外面的果壳而吃它的核心，所以取名"杏仁"；因为剥去肉质的外果皮而取它的种子，所以取名"核桃"。还有山楂、梨子、菱角、芡实、樱桃、笋瓜子、枇杷等等，一般来说，取其名，大多有其因。

【原文】

采莲折藕，沉李浮瓜。梁圆椑柿，唐真柑橙。大柚小橘，同类异名。

【解析】采莲即收莲子，折藕即挖莲藕；朱李沉在寒水中，甜瓜浮在清泉上。梁圆家种的油柿、甘柿，唐真家种的蜜柑、甜橙以及大柚子和小橘子，它们都是水果，只是名字不同罢了。

【原文】

孰如五谷，能养万民。黍稷菽麦，与稻则均。

【解析】要说能养活千千万万的人，什么能比得上五谷呢？黄米、谷子、大豆、麦子、水稻这五种粮食作物号称五谷。

【原文】

种之曰稼，敛之曰穑。其穗曰颖，其实曰粒。可酿者秫，可炊者粳。

【解析】种植五谷叫稼，收获谷物叫穑，谷物的穗叫颖，谷物的果实叫粒。可以酿酒的是高粱，可以烧粥做饭的叫粳稻。

【原文】

惟蔬与菜，可以芼羹。蘋蘩召南，葵菽豳风。

【解析】唯独蔬菜，既可以做菜，也可以杂肉做成菜羹。《诗经·召南》中记载了农妇少女采摘大蘋和白蒿供祭家庙和宫庙的事；《诗经·豳风·七月》记载了农夫烧吃百菜之王冬葵和大豆的事。

【原文】

春初早韭，秋末晚菘。蒌蒿之苗，荻笋之茁。苣苦荠甘，芥辛莼滑。

【解析】初春时节，韭菜青青；晚秋时节，大白菜、油白菜和黄芽菜都已成熟。白蒿吐苗，荻笋出土。苣荬菜味苦涩，荠菜味甘淡；芥菜辛辣，莼菜滑爽。

【原文】

脆琼芦菔，甜冰蔓菁。西风菰芋，深雪菠荧。

【解析】萝卜清脆爽口，洁白如玉；蔓菁它甘甜爽口，清凉如冰。秋风起，茭白生出了肥大的嫩茎，芋艿也大量上市。严冬雪天，人们却也可以吃到鲜绿菠菜、洁白荧菜。

【原文】

笋蕨葱薤，瓜瓠苋蒲①。可以为齑，可以为菹。

【注释】①瓠：瓠瓜，草质藤本植物，夏天开花，果实长圆形，嫩时可以吃。

【解析】笋菜、蕨菜、香葱、韭菜、瓜菜、苋菜、嫩蒲，这些东西有的可以被做成新鲜菜，有的可以被腌渍起来。

【原文】

乱为荑稗，反害稼穑。蔓为藤萝①，旁附荆棘。

【注释】①蔓：乱。

【解析】滥种茅草和稗草，就妨碍了其他作物菜蔬的种植和收割。如果任由它们到处攀爬，那么旁边的田地就荆棘丛生。

【原文】

其生无根，曰水上萍。青蒲翠荇，红蓼白蘋。

【解析】水上浮萍生来就没有根蒂，在水上面随风漂荡。青蒲长满湖泽的堤岸，湖面上的绿色荇菜左右漂流。河滩上，摇动着红蓼花；浅水中，白蘋随风摇摆。

【原文】

待霜葭菼，鸣雨芭蕉。或从小人，蒿艾蓬萧。

【解析】白露为霜的时候，芦荻就长遍塘堤河滩；听到潇潇的秋雨声，芭蕉展尽数尺心。与芦荻的气势、芭蕉的风韵相比，蒿艾蓬萧就是小人。

【原文】

为莸杂薰，为赍及葹。或比君子，为兰为芝。

【解析】臭莸和香薰不能同处，因为香易消，臭难除。蒺藜和苍耳不能同在，因为它们不但见人就刺，而且自相残害。与之相反，香兰和灵芝就好比君子，它们可以和睦相处。

【原文】

茝蘅芳芷，荃蕙江蓠。丝苓相附，蓬麻夹持。

【解析】蘼、蘅芜和芳芷，仿佛君子美德，流芳百世。香荃用来比喻君主；蕙心用来比喻纯美之心；江蓠如龙须飘飞，又叫龙须草。兔丝藤与卷耳总是互相依附；蓬草生在麻地里，自然挺直，因为麻搀扶着蓬。

【原文】

木身为干，别为枝条。木末曰杪，枝杪曰梢。

【解析】树干指树木的躯体部分，旁逸斜出的叫枝条，树木的末端叫杪，树枝的杪头叫梢。

【原文】

方苞为蕊，下承为萼。结子为实，陨叶为萚。

【解析】初长成而未开的花叫花苞，在下面承托花冠的绿色嫩片叫花萼，花谢后结出来的子叫果实，草木脱落的叶叫萚。

【原文】

始生曰茁，再生曰蘖。复命归根，勾伸甲拆。

【解析】草本初生出地面叫茁，萌发新芽叫蘖。繁茂的草木，最后都要归到根部，归根即静，安静就是复还生命，所以叫复命归根。春天，枝条伸展，以果仁为种子，嫩芽顶着浮甲出土；以果核作种子，浮甲开裂，嫩芽破甲而出。

【原文】

草木之外，鸟兽虫豸。彼虽微物，亦有天理。

【解析】除花草树木之外，还有禽鸟、野兽、虫豸。虽然它们都是小生物，但符合天地万物之理。

【原文】

蜂蚁君臣，虎狼父子。慈鸟反哺，羔羊跪乳。

【解析】对于君臣之礼，蜜蜂、蚂蚁也懂得；老虎和狼也念父子之情，有舐子之爱。小鸟出生，老鸟哺育，小鸟长大，反哺老鸟；羔羊吃母奶，必然跪地。

【原文】

雎鸠有别，鸿雁有序。豺獭报本，犬马恋主。

【解析】雎鸠鸟懂得夫妇有别；鸿雁知道长幼有序；豺和水獭知道报答父母养育之恩；犬和马依恋主人。

【原文】

驺不履草，恶伤乎物。狐必首丘，不忘所出。

【解析】长尾兽驺虞是仁义之兽，它不践踏草木，并憎恨那些残害生物的行为。传说，狐狸临死时，头一定向着自己的巢穴，不忘记生它养它的地方。

【原文】

兽有麒麟，禽有凤凰。世治则出，世乱则藏。

【解析】古代传说中，象征吉祥的动物麒麟是百兽之王，祥瑞之鸟凤凰是百鸟之王。当国运昌盛、天下大治之时，麒麟便游走于郊外沼泽，凤凰就栖息在梧桐树上；战争频繁，天下混乱之时，麒麟藏匿不见，凤凰高飞不下。

【原文】

鸢飞戾天①，高凌云烟。鹏搏九万，顺风孤骞②。

【注释】①戾：到。②骞：振翅奋飞。

【解析】鹞鹰飞上天，高高直抵云霄；大鹏飞到南海，扶摇直上九万里，它背负青天，傲然顺风，振翅奋飞。

【原文】

维彼鸷禽，能击鸟雀。维鹯维鹘，鹰隼雕鹗。

【解析】凶悍的禽鸟能用爪抓取弱小的鸟雀，鹯鸟疾驶如晨风，鹘鸼春去冬来专管营造之事。还有鹰、隼、雕、鹗腾跃于空旷原野之上。

【原文】

喧啾众禽，各适其情。鸤鸠鸣雨[1]，布谷催耕。

【注释】①鸤鸠：即布谷。后两句实际上指的是一种鸟，意思是布谷鸟鸣雨催春。

【解析】百鸟喧哗吵闹、啾啾和鸣，这些都合乎它们各自的天性。鸤鸠的鸣叫声，仿佛春雨飘摇，如丝飞落；布谷鸟声声“布谷”，好像催促农夫趁着春天到来，快点“播谷”。

【原文】

北雁宾秋，蜀鹃送春。莺鹂求友，燕雀依人。

【解析】大雁迁徙，秋天来到。杜鹃啼鸣，声声送春。黄莺飞出深谷，为了寻找它的旧友。营巢檐下的燕雀，总是要寻找往年的主人。

【原文】

水禽鸳鹭，鸥凫之属。家禽翰音，匪鹅伊鹜[1]。

【注释】①匪……伊……：关联词，“不是……就是……”。

【解析】有的水禽，偶居不离，好似鸳鸯。白鹭小不逾大，飞行有序，它是海鸥、水凫的同类，属于鸥科水鸟。有的家禽，发出的声音能飞扬入天，它不是鹅，就是鸭。

【原文】

维彼恶鸟，为鸱为鸮。毒人曰鸩，不孝曰枭。

【解析】一些凶狠的鸟，比如鹞鹰，它振翅强悍，眼光里充满攫取的意味，称为“鸱视”；另一些凶悍的鸟，诸如猫头鹰，专门捕食小动物，迅捷、凶猛，称为“雕悍”。传说中的鸩鸟能把人毒死；传说中的枭忘恩负义，不仅不孝，还会食母。

【原文】

兽则牛羊，犬豕麋鹿。羊子曰羔，牛子曰犊。

【解析】兽中有牛、羊、犬、猪，还有麋和鹿。小羊叫羊羔或羔羊，小牛叫牛犊。

【原文】

豕子曰豚，鹿子曰麛。犬属为狮，狮子曰猊。

【解析】猪崽叫豚，幼鹿叫麛。犬的同类是狮子，狮子又叫狻猊。

【原文】

孰为猛兽？虎豹熊罴。为犀为象，为貅为貔。

**【解析】**凶猛的野兽有哪些？有老虎、豹子、熊和罴。还有犀牛和大象，以及古籍中记载的画在旗帜上用来警戒其他猛兽的貅和貔。

**【原文】**

马称其才，骐骥骅骝。兽恶其诈，猩狙猿猴。

**【解析】**马闻名于世在于它的才能；骐骥和骅骝，是能日行千里的良马。因为精于表演、善于伪装和长于欺诈，有些兽类动物留下了坏名声。比如能模仿人的语言和动作的猩猩；偷奸耍滑、暗中埋伏、伺机出手的猕猴；攻守自如的长臂猿；还有人家豢养的猴子，既能表演猴戏，又会谄媚、耍奸。

**【原文】**

鼫鼠五技，狡兔三穴。技多则穷，巧多则拙。

**【解析】**诡谲的鼫鼠具有五种技能，狡猾的兔子拥有三个藏身之窝。技能虽多，但没有一个高招绝技，遇到困难、危险也无可奈何；谋生之术不止一个，貌似灵巧，实则会弄巧成拙。

**【原文】**

狐凭于城，则不可焚。鼠依于社，则不可熏。凡此之类，以比小人。

**【解析】**因为怕烈火烧坏了城池，所以狐狸躲于城墙里就是安全的。因为怕烟火熏坏了社庙，所以老鼠藏于社庙中就是安全的。因为城狐、社鼠依靠城、社，所以它们有恃无恐。城狐、社鼠之类均比喻仗势为奸的小人。

**【原文】**

羽毛之外，又有介鳞。天池之鲲，龙门之鲤。

**【解析】**除了野兽禽鸟，还有水生鳞甲动物。天池里的大鱼叫鲲。每年暮春，鲤鱼逆流而上，跃过黄河龙门的就能化为龙身。

**【原文】**

曰鲸曰鲵，鲈鳜鳣鲔。凡此之类，谓之鳞虫。鳞虫之长，曰蛟曰龙。

**【解析】**水生动物包括鲸、大鲵、鲈鱼、鳜鱼、鳣鱼和鲔鱼。蛟和龙是鳞类水族中的老大。

**【原文】**

如彼介虫，鼋鼍龟鳖。为蟹为虾，螺蚌蜗蛤。

【解析】带有甲壳的水生动物包括绿团鱼（俗称癞头鼋）、扬子鳄（俗名猪婆龙）、龟、甲鱼（鳖）、蟹、虾、田螺、海螺、河蚌、蜗牛和蛤蜊。

【原文】

维彼倮虫①，无鳞介羽。蚯蚓蜥蜴，鳅鳝蛇虺。

【注释】①“倮”：同“裸”。

【解析】那些没有鳞甲也没有羽毛的爬虫，包括蚯蚓、蜥蜴、壁虎、泥鳅、黄鳝、灵蛇、巴蛇和毒虺等。

【原文】

他如微物，总曰虫豸。鸣为蝉蛩，网为蛛蟢。

【解析】其余小生物，总的来说可以叫作虫豸。能鸣叫的有知了（蝉），既善鸣又好斗的就是蟋蟀（蛩），能吐丝结网的是蜘蛛，还有一种是能吐丝但不能结网的长腿小蜘蛛。

【原文】

湿腐为蚋，草腐为萤。飞为蜂蝶，螫为蚊蝇。

【解析】蚋虫从潮湿腐败的东西中生出。萤火虫从枯草腐烂的地方生出。能飞的是蜜蜂和蝴蝶。蚊子和苍蝇，它们从污物中孳生出来。

【原文】

蠹木曰蚁，害稼曰螟。维此原蚕，衣被万民。

【解析】白蚁蛀蚀木头，螟蛾危害庄稼。只有蚕，吐丝作茧，茧可缫丝，丝可制衣，使千万百姓有衣穿。

【原文】

天地之初，既有民物。苟无四时，何以作息。

【解析】天地开始形成的时候，就蕴育出万民万物。假若没有四时，拿什么来安排劳作和休息的时间呢?

【原文】

春生夏长，秋收冬藏。春为木德，盛于东方。

【解析】春天是万物生长的时候，夏天是万物茂盛的时候，秋天是万物成熟的时候，冬天是万物归根的时候。按五行说，春季是一年四季之始，属甲乙东方木，是耕种的最好时机。

【原文】

草木甲坼，鸟兽孳育。人民在田，播种五谷。

【解析】春天，草木吐出幼芽，百鸟生殖，群兽繁育。农民到田间，播种五谷。

【原文】

夏为火德，万物欣荣。人民在田，以耔以耘。

【解析】夏在五行中属于丙丁南方火。夏天，光明炎热，万物生长，欣欣向荣。农夫来到田间，有的给禾苗培土，有的除草。

【原文】

金行于秋，万物敛揫。是为西成，无种不收。

【解析】秋在五行中属于庚辛西方金。秋天，万物收聚成熟。春天不播种，夏天不耕耘，秋天就无收获。

【原文】

冬为水德，万物闭塞。三时务农，一时休息。

【解析】冬在五行中属于壬癸北方水。冬天，万物掩藏封闭。农事分配：三季务农，一季休息。

【原文】

四时之内，美景良辰。寒食禁火，元夕放灯。

【解析】一年四季之中，堪称美景良辰的佳节甚多。清明前一两天的寒食节，禁火一日。正月十五元宵节，花灯竞放，叠灯成山。

【原文】

上巳流杯，清明插柳。端午蒲觞，重阳菊酒。

【解析】每逢三月上旬的上巳节，人们把酒杯放置在环曲的水流上，取流动的酒杯饮酒，以求吉祥如意；清明佳节，杨柳插家门之上；五月初五端午节，菖蒲插起，蒲酒饮之，从而驱灾辟邪；九九重阳节，饮用菊酒，以辟恶、御寒。

【原文】

七夕穿针，中秋赏桂。冬至书云，除夜守岁。

【解析】七夕（农历七月初七），妇女要穿七孔针，乞求智巧，缝制合欢扇；八月十五中秋之夜，共赏明月桂花。冬至来到，登高望远，把所见景物气色，抒写下来，刻在简策上，以占卜来年吉凶。除夕夜，全家守岁，彻夜不眠，辞旧迎新。

【原文】

生民之初，未有火食。始自庖牺[①]，教民炮炙。

【注释】①“始自”句：一说燧人氏教人熟食。

【解析】远古时代的先民，只有生食，没有吃过用火烧过的熟食。伏羲氏既教百姓捞鱼打猎、畜牧养殖，又教百姓用火把鱼和肉烤熟。人类从此开始吃熟食，茹毛饮血的生活结束了。

【原文】

生民之初，未有粒食。始自农稷，教民稼穑。

【解析】远古时代的先民，以采集渔猎为生，没有稻谷一类的粮食可吃。于是五谷之神后稷教百姓种百谷，从此百姓才有谷物可吃。

【原文】

古之圣贤，奉己甚薄。饭以粝粢，羹以藜藿。

【解析】古代的圣人贤人，生活异常简朴。吃的是粗米饭、小米饭，喝的是野菜汤。

【原文】

禹恶旨酒，孔饭疏食。孝以菽水，礼以鸡黍。

【解析】大禹讨厌美酒，孔子吃的是便饭。君子供养父母，是用最普通的豆和水；而招待宾客时，为表示礼貌，都用鸡肉和黄米。

【原文】

世之愚人，醉酞饱腥。万钱下箸，五斗解酲。

【解析】世间的愚蠢之人，每日豪饮酒气冲天，饱食鱼肉荤腥。那些好吃的人，一顿饭花万钱之多，还说下不了筷子，没法吃，实在非常奢侈；那些好喝酒的人，要饮五斗酒，才能解酒瘾。

【原文】

盘有肴核，馔有膻荤。翠釜紫驼，玉盘素鳞。

【解析】高脚盘里盛有精美肉类、菜品和果品，人吃的是荤腥佳肴。名贵的紫驼峰在青色陶器里煮着，鲜鱼在水晶玉盘里放着。

**【原文】**

解鼋胹蹯①，烹龙炮玉。味薄齑盐，食厌粱肉。

**【注释】**①蹯：兽足掌。

**【解析】**剖开鼋，把它的脚掌煮烂；将龙肝豹胎烹饪，把琼脂玉浆炮制。用腌菜、酱菜和盐等调味品来解决味道寡淡的问题，精致饭食和美味佳肴都已吃得厌腻。

**【原文】**

亦有圣贤，为礼薄厚。仲尼膰肉，穆生醴酒。

**【解析】**也有些圣人贤人，讲究礼遇薄厚。孔子感到对他怠慢，是因为没有给他送祭肉；穆生认为对他倦怠，是因为没设醴酒。

**【原文】**

亦有君子，嗜味之清。庾郎之韭，张翰之莼。

**【解析】**也有些君子，爱吃清纯不杂的菜味。南齐的庾杲只吃炒韭菜、煮韭菜、生韭菜。晋朝时，在京城做官的张翰，见秋风起，思念家乡的菰菜、莼羹、鲈鱼脍，于是辞官回乡，这就是“莼鲈之思”。

**【原文】**

饮食之末，祸福之机。宋羹之偏，华元覆师。

**【解析】**饮食虽然是细微末节的小事，却是祸福的细微的迹象和先兆。春秋时宋国的大夫华元在宋文公四年率兵攻打郑国。在战前，华元宰羊煮羊肉羹犒劳将士，但在分食羊肉羹的时候，由于他有偏心，分得不均匀，与郑国交战时，他的御者将车驶入郑军中，华元被俘，全军覆灭。

**【原文】**

鲁酒之薄，邯郸受围。是故君子，必谨其微。

**【解析】**鲁国酒滋味清薄，赵国酒滋味醇厚。楚国的主酒官暗中把醇厚的赵酒换成了清薄的鲁酒进献上去，楚宣王于是派兵包围了邯郸，理由是赵献薄酒对楚不敬。因此，君子对待那些细枝末节的小事，一定要谨慎。

**【原文】**

生民之初，未有衣服。或衣羽皮，或衣草木。

【解析】远古时的先民，没有衣服。他们身上不是披着大鸟的羽毛、野兽的皮，就是用树枝树叶聊以蔽体。

【原文】

中古圣人，易以衣服。由朴而文，由略而详。

【解析】中古神农氏的时代，缝制衣服替代了羽毛、兽皮、野草和树枝。于是，最简朴的兽皮草衣发展成了具有锦绣文采的华丽美艳衣衫，最初简略单一的蔽体御寒衣，发展成了实用性和美观性兼具的衣服和饰品。

【原文】

冠曰弁冕，屦曰履舄。有簪有缨，有绚有繶。

【解析】帽子又叫弁和冕，鞋子又叫履和舄。在古代，显贵人士的帽上都有簪和缨两件冠饰；鞋头上有穿系鞋带的孔，孔里穿着圆浑的丝带。

【原文】

纨绔公子，锦障豪家。楚客珠履，杨姨锦花。

【解析】富贵人家的公子哥儿穿着细绢裤；富豪大家都用彩色大花锦遮隔视线的步障。拥有食客三千的楚春申君的家里，食客个个都穿着缀有明珠的鞋子。杨贵妃的姊妹，服装绚丽，繁复美艳，繁华似锦。

【原文】

夏而絺绤①，冬而狐貉。昼日绣衣，香风罗幕。

【注释】①絺：细葛布。绤：粗葛布。

【解析】炎热的夏天有滑爽透气的细、粗葛布衣服；寒冷的冬天有柔软暖和的狐皮和貉绒大衣；白天，身上穿着用丝制的绣衣；晚上，房里挂着芬芳的帐幕和帘幕。

【原文】

芰制高人，蓉裳逸客。裋褐长裙，角巾短帻。

【解析】超尘拔俗的高士所穿的衣服是用荷叶、荷花做的，不同凡响的逸客所穿的裙子是收集芙蓉花缝制而成的。还有，穿粗布上衣和粗布下裙的是朴素之人。此外，那些更似神仙的人，扎头发用短帻，戴葛布做的头巾。

【原文】

亦有矫情，伪为洁己。孝廉垢衣，丞相布被。

**【解析】**有些人为了掩饰自己的穷奢极欲，假装心思纯洁、行为清廉。故意弄脏衣服，做出能尽孝道和正直、清廉的姿态，以展示其作风勤俭。

**【原文】**

惟儒守正，其服必端。章甫逢掖，博带峨冠。

**【解析】**能够保持自身纯正品格的，只有那些博才多学的儒家学者，衣冠端正对他们来说是必须的。穿逢掖的宽袖单衣，戴章甫的黑色布帽，对他们来说是入乡随俗。系宽带，戴高帽，这是古代名士大夫最具标志性的儒雅装束。

**【原文】**

生民之初，穴处巢居。中古圣人，易以室庐。

**【解析】**远古先民，聚集在一起，栖息在山洞内。巢居的出现，使先民筑巢于树上，从而避免野兽侵袭。到了神农氏时代，木屋、茅舍代替了山洞和木巢。

**【原文】**

以御风寒，上栋下宇。以御冬寒，塞向墐户。

**【解析】**房屋有栋梁和屋檐，这是为了抵御狂风暴雨的侵袭。每年初冬既要用茅草帘堵住向北的窗子，又要用泥涂抹竹门的缝隙，这是为了抵御冬天冰雪风霜的侵扰。

**【原文】**

户扇为扉，户本为枢。境门曰关，里门曰闾。内寝曰室，外寝曰堂。

**【解析】**扉即门扇，枢即门户的转轴，关即地域境界的门，闾即里巷的大门，室即内屋、卧房，堂即外屋、前房。

**【原文】**

门侧为塾，两庑为厢。寄托曰庐，居土曰舍。累土曰台，有屋曰榭。

**【解析】**古时候，塾即门内东西两侧的堂屋，有东塾、西塾之分。厢房即正房两边的廊屋，有东厢、西厢之别。庐即客居他乡或暂寓的房子。舍即在故土的房子，如田舍、寒舍。台即用土堆起来的高而平整、供眺望和游览用的建筑，榭即建在高土台上的敞屋。

**【原文】**

周垣曰院，堂前为庭。客舍曰馆，停止曰亭。

**【解析】**院即房屋四周围墙以内的空地，庭即厅堂前的空地，它们合称庭院。馆即接待宾客的房舍，如客馆、驿馆，亭即止步停憩的建筑，如醉翁亭、劳劳亭、短长亭、孺子亭。

【原文】

门关禁暴，栏杆防危。窗牖明通，阶阤等差。

【解析】为了禁止暴徒施暴、盗贼行盗，所以设置门关。为了防止危险情况的发生，所以使用竹、木、石和金属制的栏杆，例如：栅栏、井栏。为了透光通风，所以开窗、开牖；窗开在屋顶上，牖开在墙上。斜石用来登堂入屋，就砌在台阶旁，它们各级之间的级差相等。

【原文】

天子之居，堂尊陛卑。金门玉阙，紫殿丹墀。

【解析】天子的居所有尊卑之分，朝堂即为尊，殿前台阶即为卑。金门即金马门，两旁有铜马，是宦署的大门。玉阙即汉白玉台上的铭功和装饰，左右各一，中有空缺。紫殿是皇帝的居处，以紫微星垣为喻；丹墀即宫殿前的台阶，是用红色丹漆涂饰的。

【原文】

昔之圣贤，示民以质。尧尚茅茨，禹卑宫室。朴桷不斫，土阶无华。

【解析】古代的圣贤，以自己的质朴示人。唐尧崇尚茅草房，大禹住低矮的宫室。他们造房所用的木材与椽子未经整饰，用泥土垒筑的台阶朴实无华。

【原文】

胡为后王，改俭为奢。峻宇雕墙，丹楹刻桷。五步一楼，十步一阁。

【解析】后世肆意妄为的君主，变简朴为奢华。轩昂的殿宇被建起，宫墙为彩画所装饰，宫殿前的大柱子用丹漆涂饰，殿顶上的一根根方椽经过雕刻。还有五步路起一楼，十步路建一阁，于是宫殿内形成了一个庞大的建筑群。

【原文】

秦皇阿房，汉武建章。临春结绮，花萼披香。

【解析】阿房宫由秦始皇营建，建章宫为汉武帝建造。临春阁、结绮阁是陈后主修造的，花萼楼是唐玄宗修建的，还有座披香殿建于西汉。

【原文】

侯王甲第，公子豪家。画栋飞云，绣甍结霞①。

【注释】①甍：屋脊。

【解析】侯王家的甲第及巨富权贵之家的豪宅中，流动的彩云被画在栋梁上，五彩的流霞挥洒在屋脊之上。

【原文】

舞榭歌楼，凉台燠馆。岩壑高人①，溪山伟观。

【注释】①高人：高士。苏轼："青山偃蹇如高人。"

【解析】舞台上，舞者长袖飘飞，春风拂面而来；歌楼里，歌者歌声阵阵，浓浓春意醉人。夏天，站在屋顶的凉台，凉风徐徐；冬天，住在暖屋里，暖意融融。宫苑里的山崖沟壑仿佛隐居的高士，婉转屈曲、伸展自如；溪涧假山伟岸壮观。

【原文】

药房荪壁，竹户松关。白云一屋，明月三间。

【解析】湘夫人的水中居，用白芷装饰房子；荪草长满了墙壁，紫贝点缀着中庭。周宣王的宫室，用枝节坚固的竹子作门户，以枝叶繁茂的松树当关隘。隐士住的山中白茅屋，如白云飘浮，与超凡脱俗、清高飘逸的隐士相匹配。汉代的三座明光殿，处处有明月珠，昼夜光明，与浮靡奢华的皇家相辉映。

【原文】

儒者之居，其室环堵。圭窦筚门，瓮牖蓬户。

【解析】读书人住的房屋，四周都是土墙。小门开在墙壁上，是用荆竹树枝编成的，上尖下方，形如古代的礼器圭。窗子是用破瓮做成的，房门是用蓬草编成的。

【原文】

太古之初，未有用器。圣人始教，创物以智。

【解析】远古时期的人类，猎取鸟兽、采摘果子，甚至进行原始群落之间的争斗，都只会本能地使用天然工具，还不能制造劳动工具。后来，圣人开始教人们用智慧制造各种工具器物，服务于生活。

【原文】

为网为罟①，教民佃渔②。为耒为耜，教民菑畬③。

【注释】①罟：网的总称。②佃：通"畋"，打猎。③菑：初耕的田。畬：已种三年的熟田，引申为开荒、耕种。

【解析】在伏羲氏时代，圣人用线绳编成网具，教人们打猎捕鱼；在神农氏时代，圣人制作农具，教人们开荒种地，开启农业时代。

【原文】

杵臼舟车，弦弧剡矢。器物之兴，礼乐以起。

【解析】在黄帝时代，圣人用木头做棒槌，拿石头做舂米臼，用大木造独木舟，拿烤木制成小车，把牛筋和韧木条结合制成弓，将木条削尖做成箭。随着制造器物的手工业兴起，与敬神活动相配的音乐也渐渐发展起来。

【原文】

古人燔黍，未有甑釜。抔饮污尊，蒉桴土鼓。

【解析】古人祭天，是把黍稷和其他祭品一起放在柴堆上焚烧，因为那时还没有甑和釜等炊器来蒸和煮。那时既没有酒器也没有乐器，人们双手捧酒敬神，用泥、陶和兽皮制成鼓槌、鼓框和土鼓。在祭祀时，人们敲打当作音乐。

【原文】

由朴而文，鼎鼐及鼒。笾豆簠簋，壶尊罍彝。

【解析】祭祀的礼器，最初粗陋简朴，后来饰有彩纹。这些礼器包括：大鼎鼐、小鼎鼒，竹笾、木豆、陶豆、方簠和圆簋，还有青铜壶、青铜尊、青铜罍。

【原文】

饮以爵盏，罚以觯觥。瓮以实醢，俎以载牲。

【解析】古代宴席上，温酒和盛酒用的是一种青铜制作的三足酒器，而酒盏是向人敬酒时用的。为取乐助兴而行酒令的时候，会用青铜觯和青铜觥惩罚违令者或输者。用来装肉酱的是那些陶瓮。用来摆放祭祀用的家畜的是俎，它是一种祭祀用的礼器，用青铜制成或者以木制漆饰。

【原文】

瓒以为灌，洗以为盥。礼以乐兴，登歌下管。

【解析】瓒是一种玉杓，以圭为柄，灌酒之用；盥洗用的青铜盘是洗。礼因音乐的发展而兴盛。歌台上人们唱颂歌，歌台下簧管伴奏。

【原文】

堂上之乐，戛击鸣球①。搏拊琴瑟②，以歌以讴。

【注释】①球：玉磬。②搏拊：革制鼓形打击乐器。

【解析】古代帝王举办大典，要在高坛上举行隆重的仪式。高坛之音是主旋律。乐师们一边敲击玉磬、拊拍搏拊和弹奏琴瑟，一边和着乐声唱着颂歌。

【原文】

堂下之乐，箫管鼗鼓。间以笙镛，作柷止敔。

【解析】伴奏音乐在高堂之下。排箫、簧管由小乐师吹奏；长柄小鼗被小乐师摇着，大堂鼓任由小乐师打着。此外，玉笙为他们轮番吹奏，大钟由他们撞击。左右击方柷，音乐骤然而作，这是雅乐将要开始；用木棒敲击形如伏虎的敔，音乐戛然而止，这是雅乐将要结束。

【原文】

埙土笙匏，龠笛为竹。孰为木音？如敔如柷。

【解析】陶土制的埚，吹起来，发出嘟嘟的声音。匏壳制的笙，吹起来，发出呜呜的声音。用竹管制成的龠和笛，它们的声音与竹管一样清亮。木音是什么？就是击木敔、敲方柷所发出的声音。

【原文】

渔家之器，扁舟短棹。雪蓑雨笠，浪桨烟篙。

【解析】有一条小船既作打鱼器具又作住家房屋，短桨在风平浪静时作摇船之用；在大雪封江时，有棕皮和蓑衣可以挡雪御寒；在春雨霏霏时，有竹箬和斗笠，可以避雨挡风；在风高浪急时，有长桨劈波斩浪；在烟波浩渺中，有竹篙撑出绿水青山。

【原文】

商舸万柁，蛮舶千艘。帆影秋风，橹声月夜。

【解析】一个秋高气爽的夜晚，千万艘通商船舶乘风破浪，白帆鼓秋风，橹声伴月夜，声声相催。

【原文】

僧家之器，鼓磬钟鱼。道家之器，茶灶丹炉。

【解析】佛教僧侣的器具包括庙鼓、引磬、铜乐磬、寺钟、直形木鱼和圆形木鱼。道教道士的器具包括茶灶和炼丹炉。

【原文】

攻战之器，金鼓铙镯[①]。甲胄戈矛，剑弓刀稍。

【注释】①铙镯：两种钟状的打击乐器。

【解析】兵家进攻和作战的器具包括金鼓、金铙、金镯、头盔、长柄铁戈、长柄铜矛、双锋宝剑、羽箭弯弓、丈二大刀、丈八长槊。